AF618513

Les Amusements

MAX SLEVOGTS INSPIRATIONEN
DURCH BÜHNE UND LITERATUR

Karin Rhein und Wolf Eiermann

Mit Beiträgen von Wolf Eiermann,
Karoline Feulner, Nicole Hartje-Grave,
Karin Rhein, Carola Schenk,
Armin Schlechter und Robert Seegert

Museum Georg Schäfer, Schweinfurt

SANDSTEIN VERLAG

Les Amusements

MAX SLEVOGTS INSPIRATIONEN DURCH BÜHNE UND LITERATUR

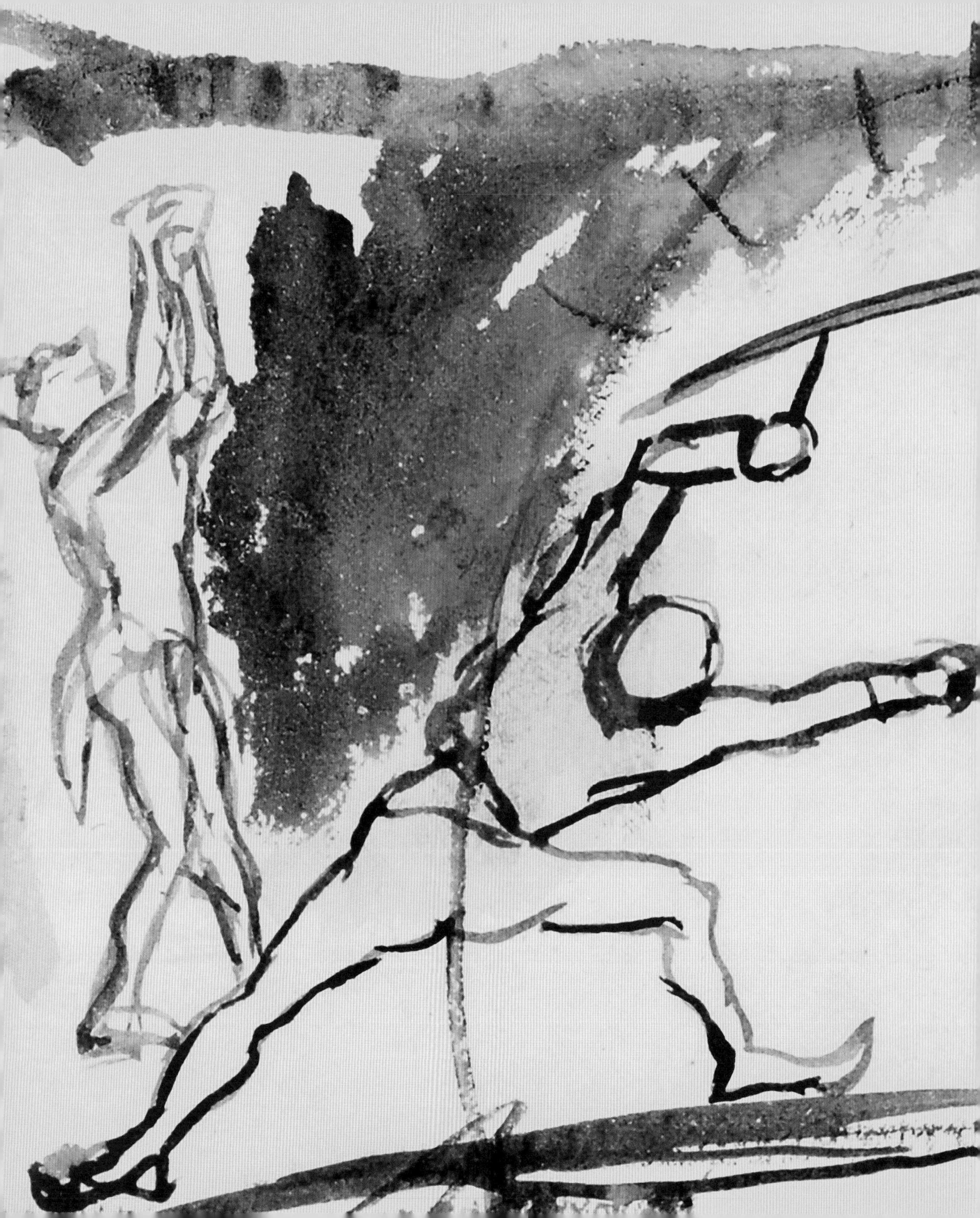

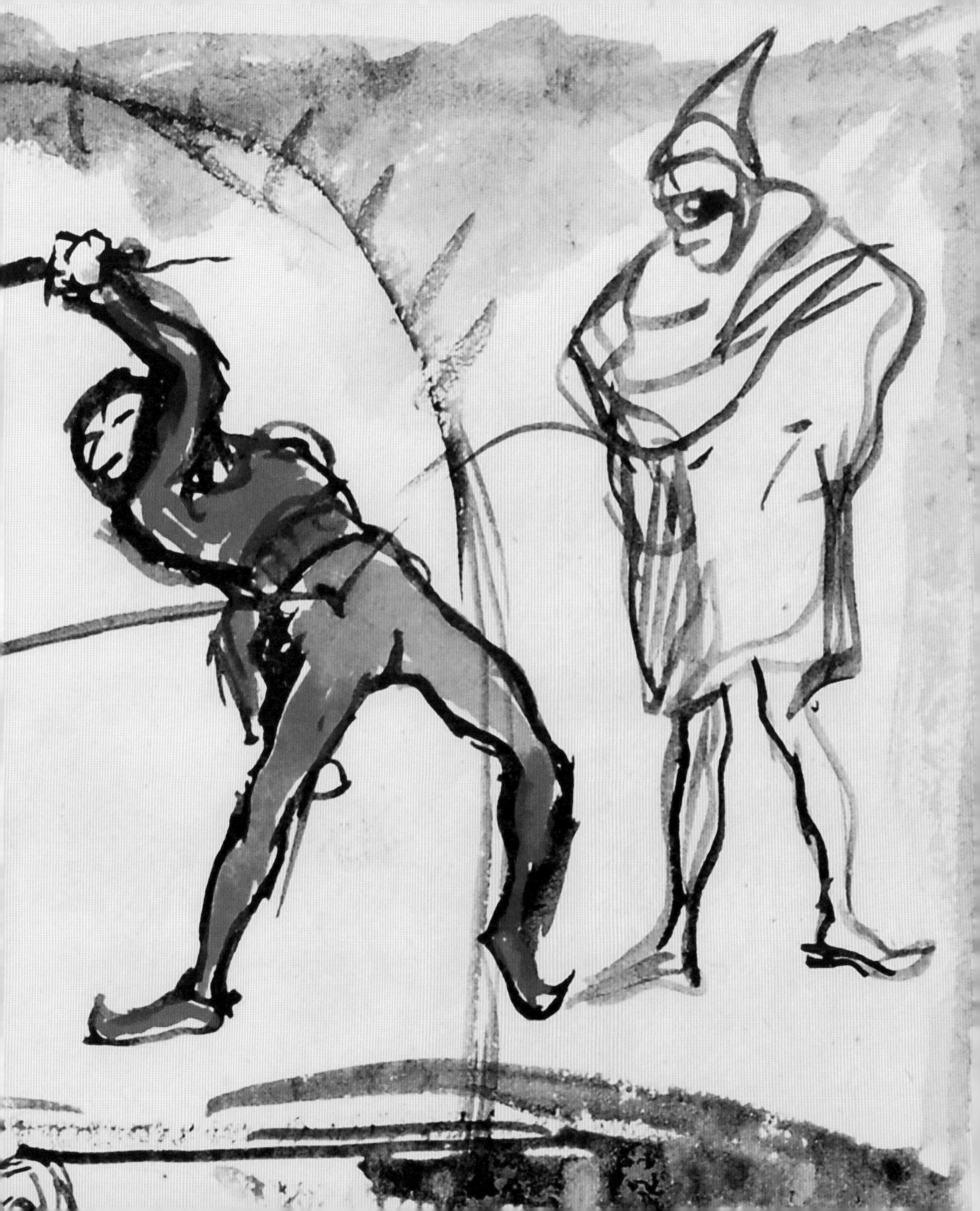

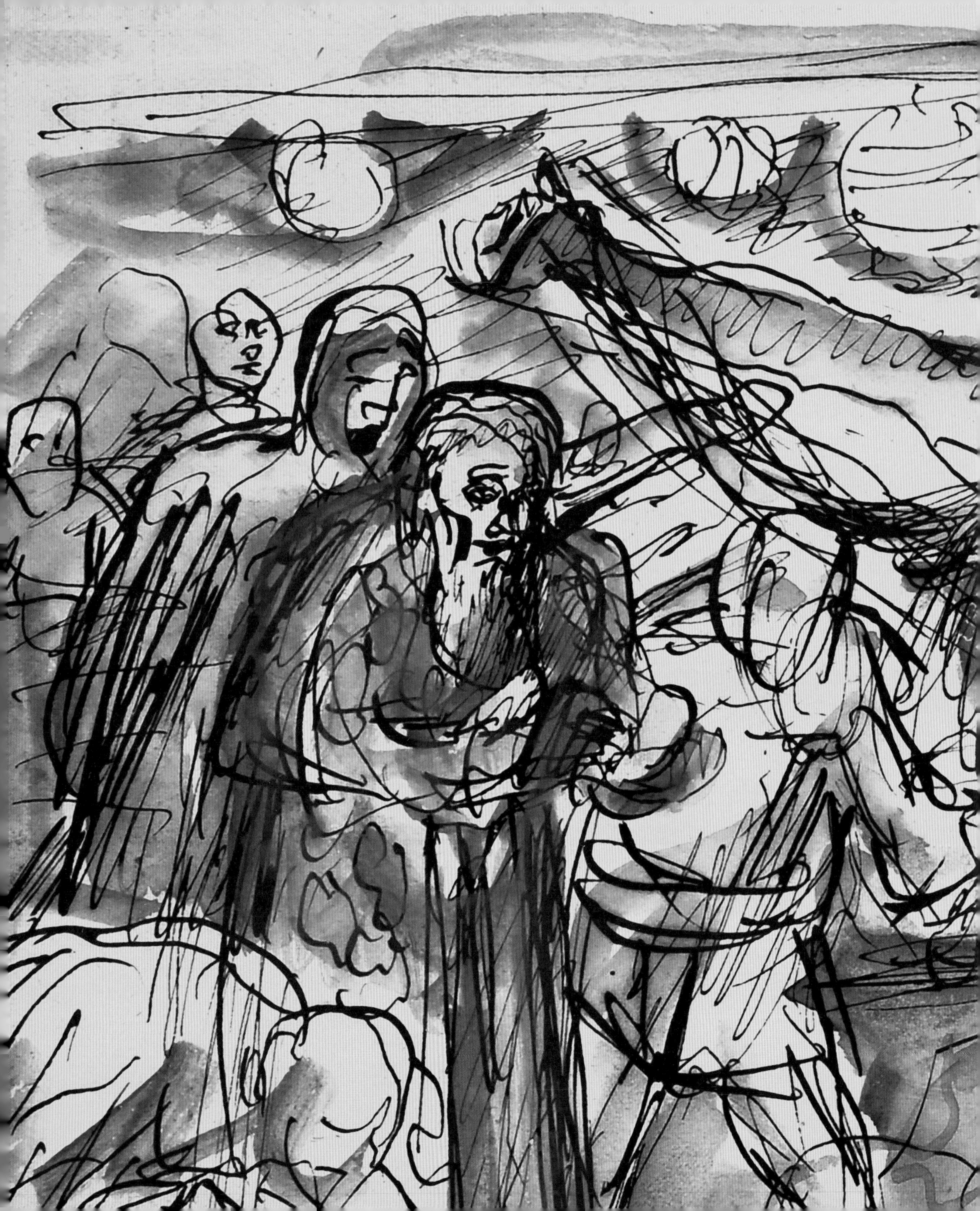

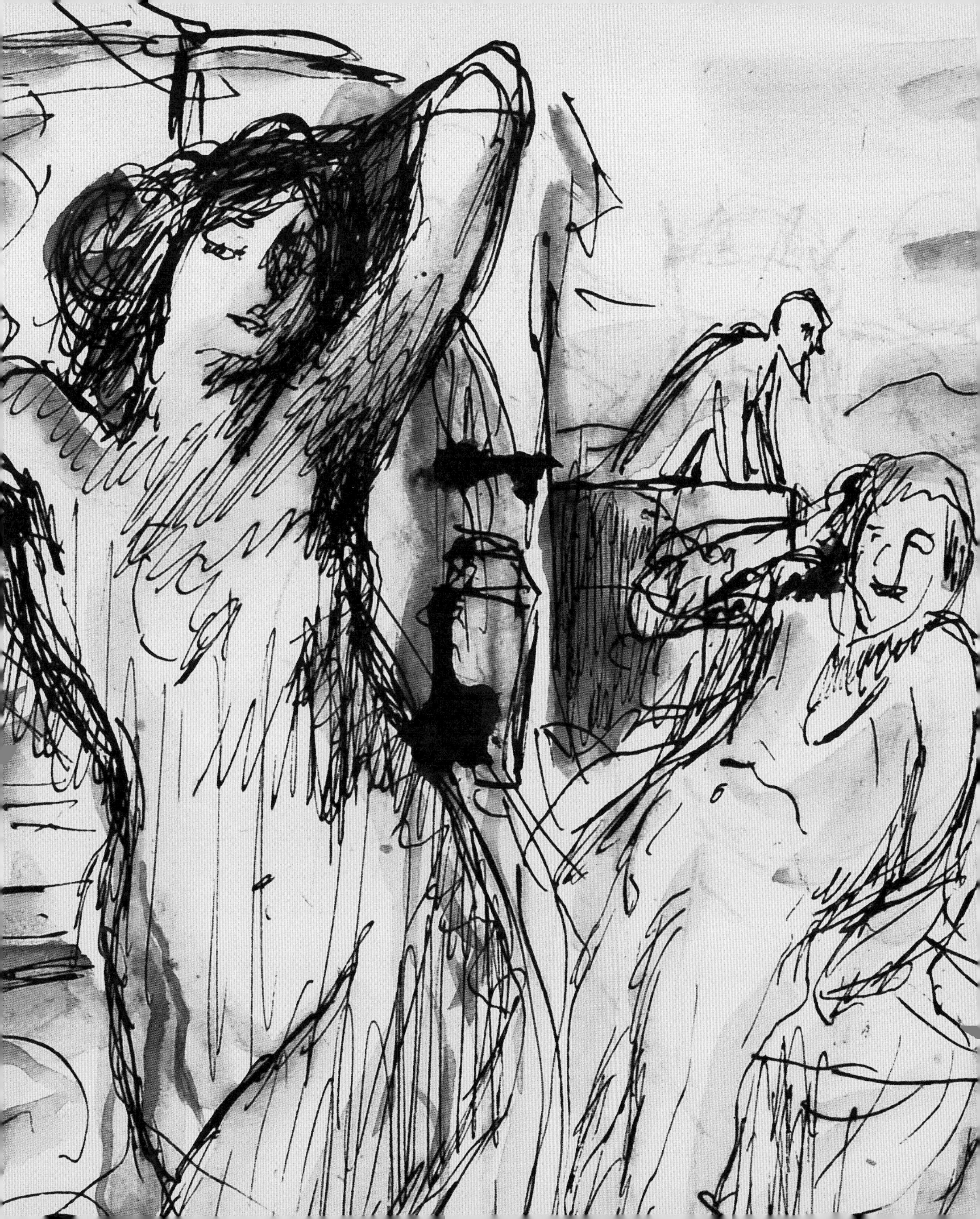

Vorwort

Kurz nach einer großen Ausstellung zu Karl Hagemeister (2020/21) widmet sich das Museum Georg Schäfer nun erneut einem deutschen Impressionisten, Max Slevogt. Doch um die Auseinandersetzung mit dem Impressionismus, zu dem sich Slevogt noch im Jahr 1928 klar bekannte, geht es dabei nicht primär: In den Fokus des Interesses rücken vielmehr die Amusements und jene Inspirationen, die er durch Bühne und Literatur empfing und in Gemälde und Zeichnungen, vor allem aber in Illustrationen verwandelte. Zu Letzteren war im führenden Künstlerlexikon seiner Zeit zu lesen, dass Slevogt bald nach Beginn seiner Tätigkeit als Illustrator darin die unbestrittene Vormachtstellung in der deutschen Kunst erlangte. Welch ein Superlativ!

Die Autorinnen und Autoren unseres Katalogs berichten davon, dass er zusammen mit seinem Freund Eduard Fuchs Karikatur und Satire liebte, dass er vor allem dank des Verlegers Bruno Cassirer nichts weniger als die Buchillustration revolutionierte, dass er das weitgefächerte Geschehen auf den deutschen Bühnen verfolgte und dass er mit den ungewöhnlichen Rollenporträts von Stars seiner Zeit einen neuen Bildtypus mit Leben füllte.

Geschichten illustrierte er, indem er sie Szene für Szene bravourös fortentwickelte – aber nur, wenn das Thema ihn und seine Fantasie mit sich fortriss. Sein kaum zu zügelndes Maltemperament führte zu Motiven, die noch heute auf die Betrachtenden in einer gefühlten Spanne zwischen diabolisch und irrwitzig, zwischen märchenhaft und realistisch wirken. Die damalige Kunstkritik erkannte spät, dass sich Slevogt, auch wenn er die Kunstentwicklung seiner Zeit klar vor Augen hatte und Theaterstücke sowie Filme verarbeitete, allen Maler- und Stilklischees entzog. Impressionist, so scheint es, war er nur en passant.

Die Ausstellung mit etwa 130 Gemälden, Zeichnungen, Druckgrafik, Briefen und Fotografien gliedert sich in vier Themenbereiche:
Den Auftakt bilden Slevogts teils großformatige Gemälde von Tänzerinnen und Bühnenstars seiner Zeit, unter ihnen Sada Yakko, Anna Pawlowa und Francisco d'Andrade.

PROF. DR. WOLF EIERMANN
Direktor Museum Georg Schäfer

DR. KARIN RHEIN
Graphische Sammlung
Museum Georg Schäfer

Ein weiteres Kapitel widmet sich seinen Bühnenprojekten und Bühnenbildentwürfen, etwa für Gerhart Hauptmanns *Florian Geyer* und natürlich für die von ihm so hochgeschätzten Komponisten Mozart und Wagner, für Inszenierungen der *Zauberflöte*, des *Don Giovanni* oder der *Walküre*. Ein größerer Komplex umfasst das Illustrationsschaffen, seine Arbeiten zu Märchen aus *1001 Nacht*, zu europäischen Märchen und Wildwestgeschichten, aber ebenso zu Mythos und Sage wie *Hektor, Achill* oder den *Nibelungen* sowie zu Cervantes, *Don Quichote*, Shakespeares *Macbeth* und Goethes *Faust*. Schließlich gibt die Ausstellung, auch dank des eigenen Sammlungsbestands und zusätzlicher Leihgaben aus der Neuen Pinakothek in München, einen Einblick in Slevogts Leben und Schaffen über Bühne und Literatur hinaus.

Dank

Unser Dank gilt den Autorinnen und Autoren, die sich sofort auf das Thema und die Exponate eingelassen haben. Wir danken zudem ganz besonders Dr. Karoline Feulner, Dr. Armin Schlechter, Dr. Kathrin Elvers-Švamberk, Dr. Mona Stocker, Dr. Michael Lailach und dem Architekten Thorsten Holch für die freundliche Unterstützung bei der Auswahl der Leihgaben und die Möglichkeiten für Recherchen vor Ort. Befördert mit Rat und Tat haben unser Vorhaben auch Dr. Birgit Heide, Prof. Dr. Bernhard Maaz, Dr. Joachim Kaak und Dr. Andrea Jahn.

Wie immer wäre die Umsetzung ohne das fleißige Team des Museums Georg Schäfer nicht möglich gewesen. Ein besonderer Dank gilt dem Volontär Robert Seegert und dem Techniker Matthias Langer. Auch das Team des Sandstein Verlags hat mit Begeisterung am Projekt gearbeitet.

Schließlich bedanken wir uns herzlich bei den überaus großzügigen Leihgebern:

Generaldirektion Kulturelles Erbe Rheinland-Pfalz, Landesmuseum Mainz

Stiftung Saarländischer Kulturbesitz Saarlandmuseum, Saarbrücken

Staatliche Museen zu Berlin, Kunstbibliothek

Staatliche Kunstsammlungen Dresden, Albertinum / Galerie Neue Meister

Städel Museum, Frankfurt am Main

Hamburger Kunsthalle

Kunsthalle Kiel

Theaterwissenschaftliche Sammlung der Universität zu Köln

Bayerische Staatsgemäldesammlungen, Neue Pinakothek, München

Museum Otto Schäfer, Schweinfurt

Landesbibliothekszentrum Rheinland-Pfalz, Pfälzische Landesbibliothek, Speyer

Stiftung Schlösschen im Hofgarten, Wertheim

Österreichische Galerie Belvedere, Wien

und den privaten Sammlern und Sammlungen

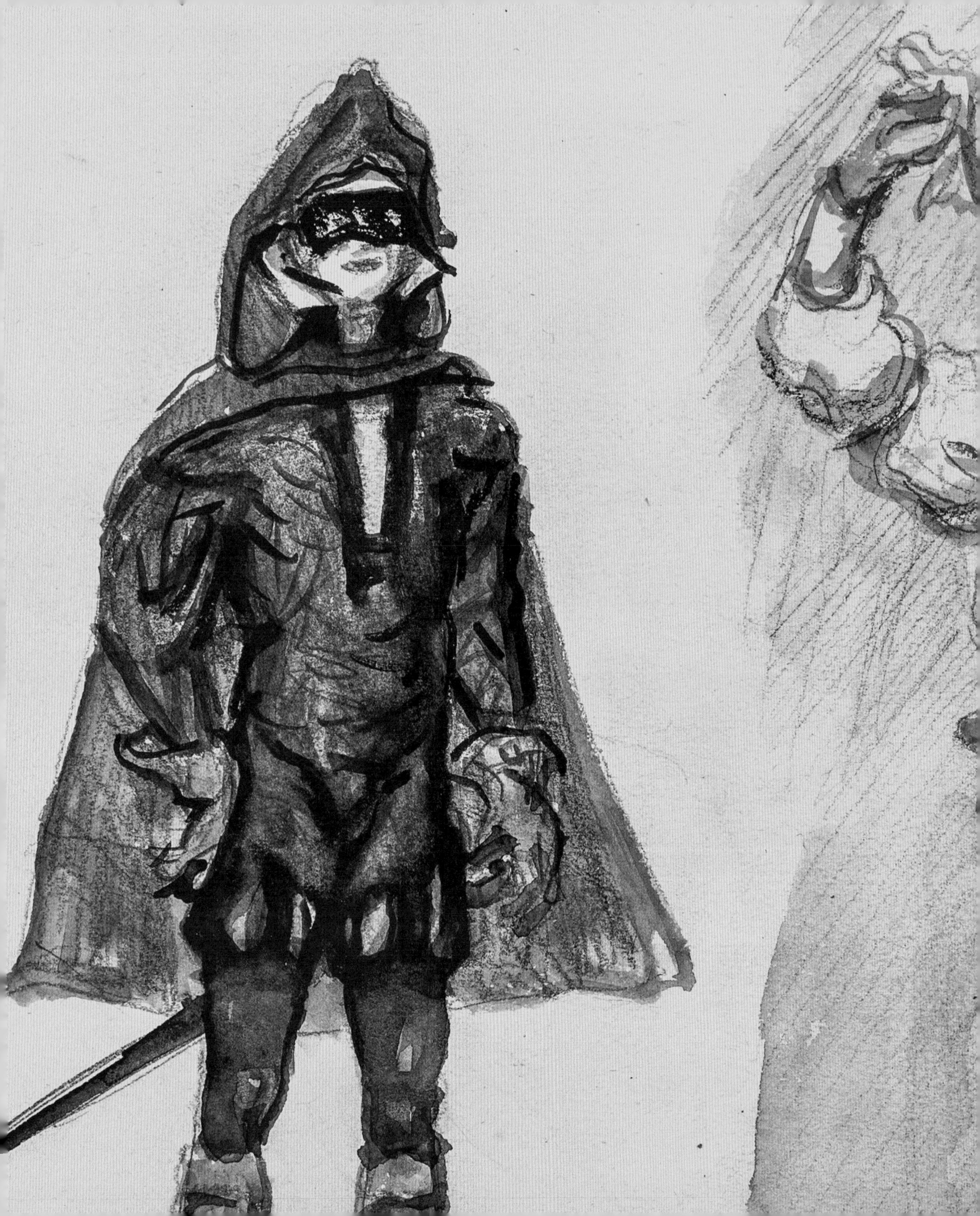

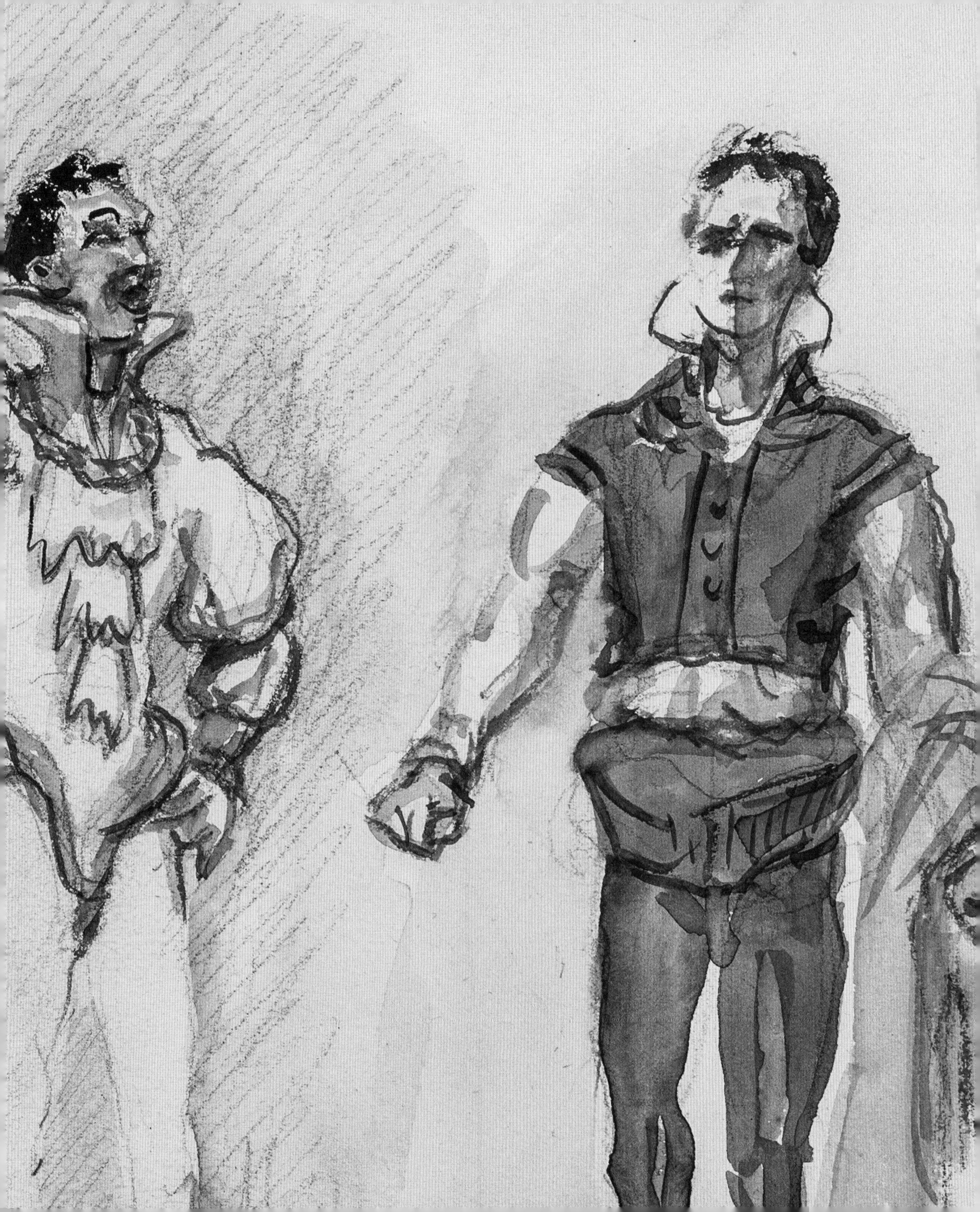

NICOLE HARTJE-GRAVE

BÜH

»T

Polyp

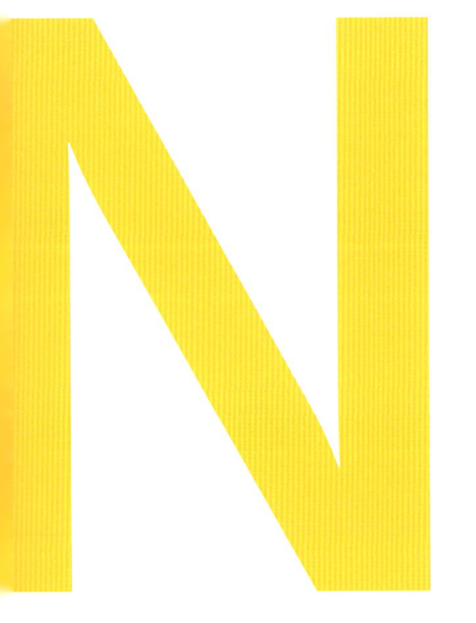

NE

ka

MAX SLEVOGTS
KÜNSTLER- UND ROLLEN-
PORTRÄTS UND SEINE
BILDNISSE VON TÄNZERINNEN

empo
honie
Musi-
lität«

Max Slevogt kam 1901 zu einer Zeit nach Berlin, als die aufstrebende Metropole in der bildenden Kunst, aber auch im Hinblick auf Oper, Schauspiel, Kabarett, Revue und Ausdruckstanz ein Kristallisationspunkt der Moderne war. Mit zeitgemäßen Inszenierungen bekannter Intendanten und herausragenden Schauspielern, Sängern und Tänzern war Berlin zu Beginn des 20. Jahrhunderts ein Zentrum aller darstellenden Künste. Musikalisch hoch begabt, mit einer exzellenten Singstimme ausgestattet und bei den klassischen Autoren belesen, genoss Slevogt das reiche kulturelle Angebot der Hauptstadt, besuchte regelmäßig Theater- und Opernaufführungen, suchte den Kontakt zu Opernstars, Schauspielern und Tänzerinnen und schuf aus dieser Begeisterung heraus das »Künstler-Rollenporträt«, einen in der Bildniskunst völlig neuen Porträttypus.[1]

Vor allem in den frühen Berliner Jahren von 1901 bis 1912 setzte Slevogt sich intensiv mit Musik-, Tanz- und Theaterthemen auseinander.[2] Er entwarf Bühnenbilder, etwa für die Neuinszenierung von *Florian Geyer* von Gerhart Hauptmann (vgl. Kat. 25, 26), und malte Instrumentalisten und Sänger, so 1902 etwa den Bariton Francisco d'Andrade in seiner Rolle als *Don Giovanni*, den *Weißen d'Andrade* (Abb. 1).

In den ersten Jahren des neuen Jahrzehnts entstanden auch seine wichtigen Tänzerinnenbilder, darunter *Sada Yakko* (Kat. 6), *Marietta di Rigardo* (Kat. 10), *Anna Pawlowa* (Kat. 8 und *La Argentina* (Kat. 14). Slevogt interessierte sich dabei vor allem für die Darstellung von Bewegung und Rhythmus. Gleichzeitig frönte er der damaligen Faszination für alles Fremdländische und Exotische. In diesem Sinne malte er – abgesehen vom klassischen Balletttanz – auch japanische Tänze, spanischen Flamenco, französisches Varieté-Theater und orientalische Schleiertänze. Künstlerisch setzte er sich mit den Schauspieler- und Tänzerinnenbildern Édouard Manets auseinander, kannte aber auch die berüchtigten Tanzeinlagen der Französin Yvette Guilbert in der Umsetzung von Henri de Toulouse-Lautrec (Kat. 4).

Zu den Künstlerbildnissen gehört auch das 1922 entstandene *Bildnis des Violinisten Andreas Weißgerber*, mit dem Slevogt sich bewusst von den kurz zuvor gemalten Fassungen Max Liebermanns und Lovis Corinths absetzte.

Theaterreformen, Opernstars, Kabarett und Revue

Vergnügungen in der Metropole Berlin

Um die Wende vom 19. zum 20. Jahrhundert erlebte das Theater in Berlin einen enormen Schub in Richtung Moderne. 1883 rief der Theaterkritiker Adolph L'Arronge ein neues Theater, das spätere Deutsche Theater, ins Leben und erarbeitete einen Spielplan mit klassischen, aber auch zeitgenössischen Stücken. Als 1894 die erste Aufführung der *Weber* von Gerhart Hauptmann stattfand, kündigte Kaiser Wilhelm II. aus Protest die Hofloge – die Reformierung des Theaters war angestoßen. Von 1894 bis 1903 leitete Otto Brahm (1856–1912) das Deutsche Theater. Er brachte weitere zeitgenössische Stücke auf die Bühne und setzte Autoren wie Hauptmann, August Strindberg und Arthur Schnitzler durch. Ihm folgte 1905/06 Max Reinhardt (1873–1943) als Intendant und Eigentümer. Mit einem umfassenden Repertoire an Stücken, verschiedenen Stilrichtungen und einem exzellenten Ensemble machte er das Deutsche Theater binnen weniger Jahre zum Zentrum deutscher Theaterkunst. Reinhardt war nach Brahm einer der ersten Intendanten, der für die Gestaltung der Bühnenbilder gezielt mit Malern zusammenarbeitete, so mit Edvard Munch, Lovis Corinth und seit 1904 auch mit Max Slevogt.[3]

Auch die ehemals Königliche Hofoper im historischen Zentrum Berlins erlangte in den ersten Jahren des 20. Jahrhunderts durch Dirigenten wie Richard Strauss internationale Bedeutung.[4] Nach dem Zusammenbruch des Kaiserreichs wurde sie 1918 zur Staatsoper Unter den Linden und konnte durch das Engagement von Wilhelm Furtwängler, Erich Kleiber und Otto Klemperer an ihren Ruhm der Vorkriegszeit anknüpfen. Zu den Opernstars dieser Zeit gehörte der portugiesische Bariton Francisco d'Andrade (1859–1921).[5] In Mailand ausgebildet und 1882 in Verdis *Aida* in San Remo zum Durchbruch gelangt, führten ihn verschiedene Gastspiele an die Opern in Rom, Moskau und London, bis er sich 1891 in Berlin niederließ, wo er 1897 in der Krolloper seinen ersten Auftritt in seiner Paraderolle als Don Giovanni hatte. Als er Ende des Jahres 1901 im Theater des Westens erneut als Don Giovanni auftrat, war Slevogt nachweislich live dabei.[6] Seine größten Erfolge feierte d'Andrade als Graf Almaviva in der *Hochzeit des Figaro*, als Rigoletto und als Don Giovanni, dessen Rolle er bis zu seinem Abschied von der Opernbühne 1919 sang.

Abgesehen vom modernisierten Theaterbetrieb etablierten sich im Berlin der 1920er Jahre auch andere Vergnügungen.[7]
Die Schnelllebigkeit der Metropole, die wechselnden politischen Kräfte und die unterschiedlichen Lebenswelten der modernen Stadt förderten die Entstehung des Kabaretts und der Tanzrevue. Die Zurschaustellung des leicht bekleideten, weiblichen Körpers in Verbindung mit exotischen Kostümen und schnellen Rhythmen wurde bald zur Erfolgsformel. Gemieden von den einen und begeistert aufgenommen von anderen, waren Musikdarbietungen, Theateraufführungen und Revuen auch für Slevogt eine höchst willkommene Inspirationsquelle.

»Mit Ohren und Augen durch Jahrzehnte begleitet«[8]

Slevogt malt Francisco d'Andrade in seiner Paraderolle

Mehr noch als Theater- und Revuevorstellungen haben Opernaufführungen – allen voran Mozarts *Don Giovanni* und *Die Zauberflöte* – Slevogts Fantasie beflügelt und zur Entwicklung des Künstler-Rollenporträts geführt.[9] Noch lange vor dem Umzug nach Berlin entdeckte er in München seine Faszination für die Oper.

Auf Empfehlung des Theaterkritikers Theodor Goering besuchte Slevogt 1894 eine Aufführung der Oper *Don Giovanni* und erlebte erstmals den portugiesischen Sänger Francisco d'Andrade: »Der Dirigent hatte die Proben nicht selber geleitet und gab beim Champagnerlied entsprechenden Einsatz. Aber was war das? Der Gast riß ihn von Takt zu Takt in immer tollerem Tempo mit, so dass am Schluss der Kapellmeister [...] den Taktstock hinwarf und begeistert klatschte: ›Da capo! Da capo‹! Jetzt war's der Dirigent, der mit seinem Orchester ein rasendes Tempo nahm. Aber Francisco d'Andrade übertrumpfte es!«[10] Wie der Slevogt-Freund und Biograf Johannes Guthmann (1876–1956) weiter berichtete, war Slevogt restlos begeistert: »Er hatte nicht nur in der Vollendung der Sangeskultur [...] geschwelgt, sondern hatte auch [...] den Triumph des geborenen Operngenies erlebt.«[11] Der glanzvolle Auftritt hatte musikalisch einen nachhaltigen Eindruck hinterlassen – künstlerisch blieb das Erlebnis zunächst ohne Folgen.
Mitte der 1890er Jahre beschäftigten Slevogt ganz andere Themen. 1893 hatte er mit der *Ringerschule* ein großformatiges Aktbild vorgestellt, das motivisch an Leibl erinnernde Bild *Feierstunde* vollendet und an verschiedenen historischen Sujets gearbeitet.[12]

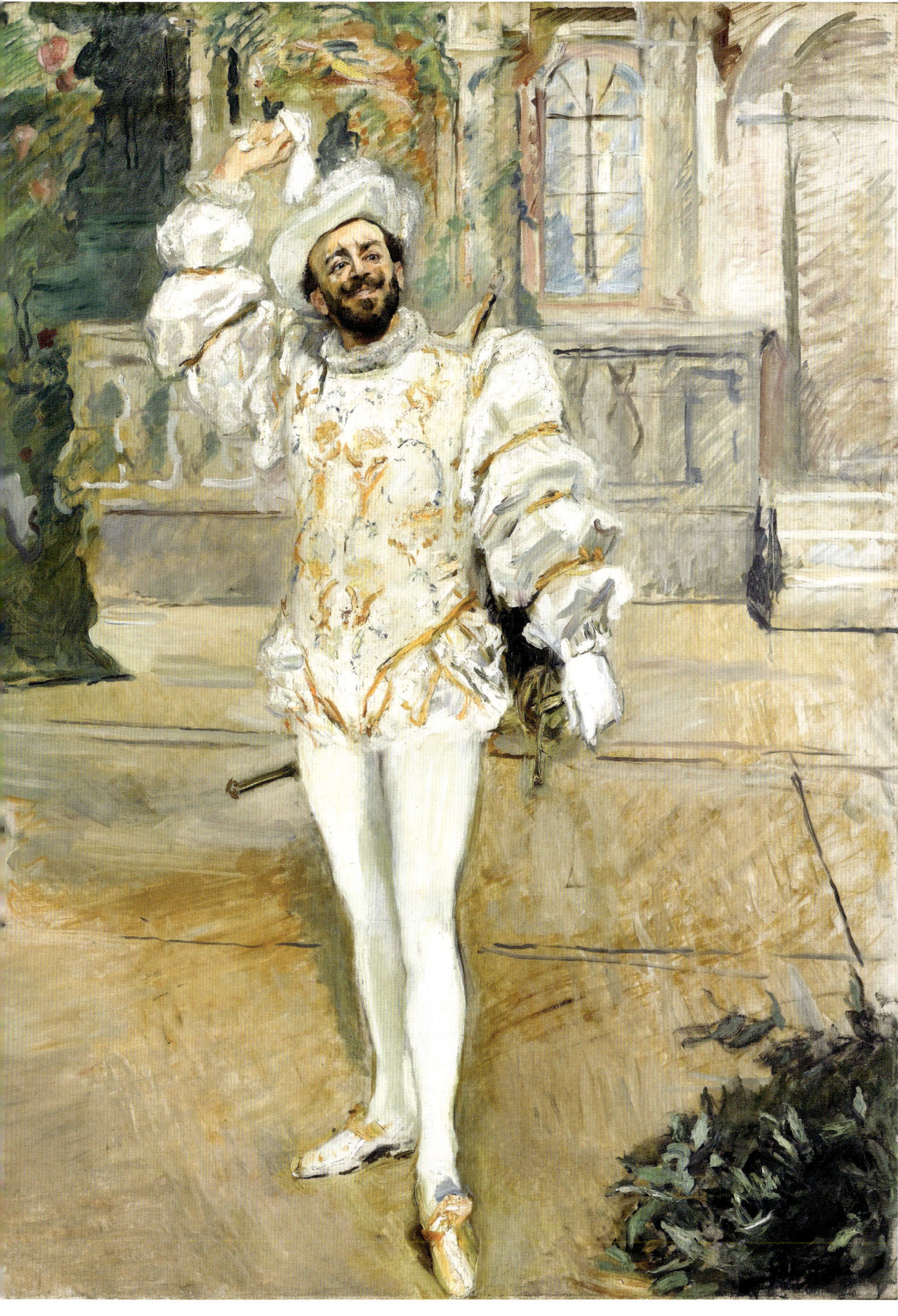

Abb. 1
Der weiße d'Andrade (Champagnerlied)
– 1902 – Öl auf Leinwand – 215 × 160 cm – Staatsgalerie Stuttgart –

Erst im Frühjahr 1900 kündigte er in einem Brief an seine Frau an, dass er »den letzten Akt von Don Juan mit dem Comthur« malen wolle.[13] Mitte des Jahres 1901 konkretisierte sich diese Idee, und es entstanden erste Skizzen zu *Don Giovanni mit dem Standbild des Komturs*.[14] Nachdem Slevogt d'Andrade auch in Berlin mehrfach in seiner Paraderolle erlebte, entschied er sich für eine andere Szene aus *Don Giovanni* und malte ihn stattdessen im Moment seines größten Triumphs während der *Champagnerarie*. Inzwischen hatten sich Maler und Sänger persönlich kennengelernt und zum Modellsitzen getroffen. In den folgenden Monaten schuf Slevogt zahlreiche Bleistift- und Federskizzen sowie Ölstudien, die den Entwicklungsprozess zum großformatigen Gemälde des *Weißen d'Andrade* (Abb. 1) lückenlos dokumentieren. Im Laufe dieses Prozesses wird deutlich, dass er den Bildausschnitt immer weiter verkleinerte, bis er Anfang 1902 das anfängliche Bildkonzept komplett verwarf und sich auf die Figur des Sängers konzentrierte. Aus dem anfänglichen Handlungsablauf hatte er einen einzigen Moment herausgelöst: die *Champagnerarie* als stärksten Ausdruck von dessen unwiderstehlichem Charakter.

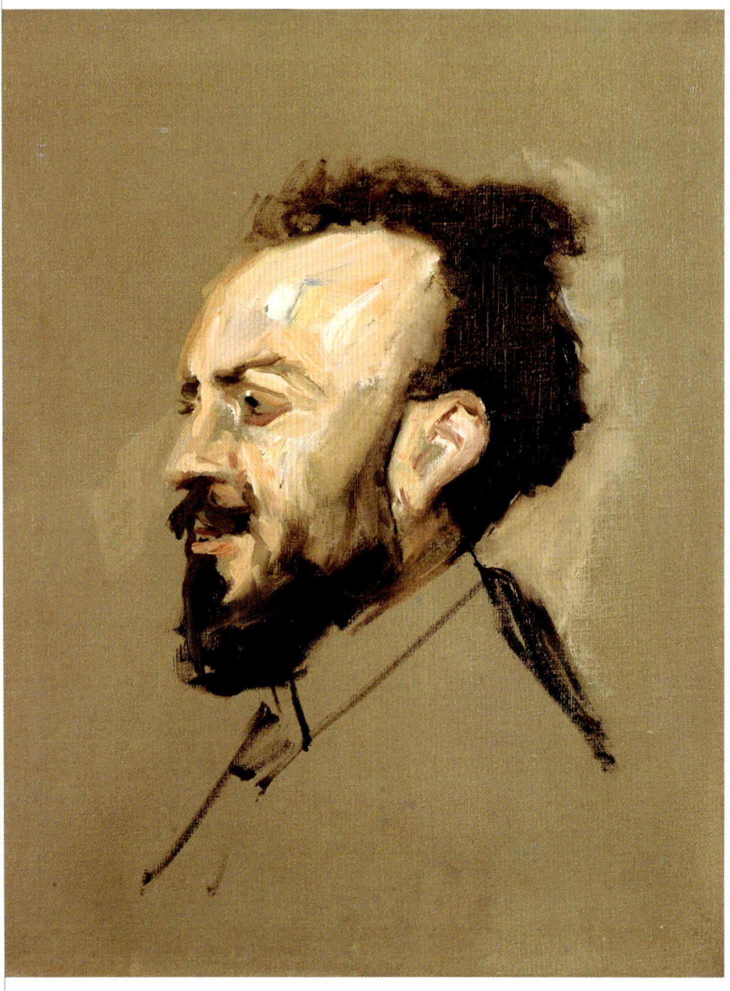

Abb. 2
Bildnis Francisco d'Andrade (Studie)
– 1902 – Öl auf Leinwand – 50 × 40 cm – Edenkoben – Max Slevogt-Galerie, Schloss Villa Ludwigshöhe –

Als Slevogt das Gemälde 1902 vollendete, hatte er damit sein erstes Künstler-Rollenporträt geschaffen, indem er die Gesichtszüge des Sängers mit den Charaktereigenschaften der Figur verschmolz. Francisco d'Andrade als selbstgerechter Feudalherr, der im teuflischen Übermut die *Champagnerarie* schmettert.

Im Zusammenhang mit diesem und weiteren Bildnissen d'Andrades als Don Giovanni steht die mit Kohle ausgeführte *Kopfstudie* (Kat. 16) aus dem Museum Georg Schäfer, die nach Modell entstanden sein dürfte. Slevogt zeigt d'Andrade im strengen Profil nach links gewandt und betonte damit den schönen Kopf und die feinen Gesichtszüge des Portugiesen. Die Lippen deuten ein zaghaftes Lächeln an. Durch den sparsamen Einsatz der Bildmittel steht die Zeichnung der zeitgleichen Studie d'Andrades (Abb. 2) aus der Max Slevogt-Galerie nahe, die Slevogt wahrscheinlich im Anschluss anfertigte und durch eine zurückhaltende Farbigkeit mit Ocker, Braun, Weiß und Rosé weiter konkretisierte.[15]

1903 nahm Slevogt seine anfängliche Bildidee zur Darstellung Don Giovannis mit dem Komtur wieder auf. Unter Zuhilfenahme von Fotos und Bewegungsstudien, wie der aus der Hamburger Kunsthalle (Kat. 17), schuf er 1903 den *Schwarzen d'Andrade*.

In schwarz-gelbem Kostüm auftretend, interpretierte er Don Giovanni in der dramatischen Todesszene. Die Umgebung der Bühne ist nun völlig ausgeblendet. Stattdessen erscheint Don Giovanni vor einem unruhig flackernden, dunklen Hintergrund und konzentriert sich ganz auf die Hand des Komturs, die gerade noch von links ins Bild ragt. Der *Schwarze d'Andrade* psychologisiert das im Rollenspiel aktualisierte Bühnengeschehen und verdichtet es in einer einzigen Geste. Im Unterschied zum triumphierenden *Weißen d'Andrade* ist die zweite Fassung düster und muss vom inhaltlichen Kontext erst vom Betrachter erschlossen werden. Die vielen Bühnenauftritte in Berlin und die zwei glanzvollen Ganzfigurenporträts hatten Slevogt und d'Andrade zu Freunden werden lassen. Der Opernsänger schätzte sich glücklich über seine Bildnisse und lud den Maler schon 1903 in seine Villa nach Bad Harzburg ein, wo er ihm für den *Schwarzen d'Andrade* nachweislich Modell stand. Bei diesem Aufenthalt entstanden nicht nur zahlreiche Fotos der beiden, sondern auch ein Porträt von d'Andrades Schwiegermutter sowie ein intimes Bildnis des Sängers bei der Zeitungslektüre.[16]

Über die Freundschaft des kongenialen Paares gibt auch eine Postkarte (Kat. 19) d'Andrades Auskunft.[17] Am 1. Mai 1905 wandte er sich fragend an Slevogt: »Bis jetzt haben wir weder Eure Nachricht noch mein Bild erhalten. Was ist damit geschehen? Herzliche Grüße von Haus zu Haus, F. d'Andrade.« Der Opernsänger meinte mit dem angesprochenen »Bild« den *Schwarzen d'Andrade*, den Slevogt ihm zur Ausstattung seiner Berliner Wohnung versprochen hatte.[18]

Die dritte und letzte Rolleninterpretation aus Mozarts bekannter Oper, der *Rote d'Andrade* (Abb. 3), entstand erst nach einer Unterbrechung von neun Jahren und dies auf Veranlassung von Ludwig Justi (1876–1957), dem damaligen Direktor der Nationalgalerie.[19] Schon sein Vorgänger Hugo von Tschudi (1851–1911) war auf Slevogt aufmerksam geworden und hätte gern den *Weißen d'Andrade* nach seiner glanzvollen Präsentation auf der fünften Secessionsausstellung im April 1902 für die Nationalgalerie erworben – erhielt aber eine Absage von der Ankaufskommission. Nachdem Justi ebenso vergeblich versucht hatte, den *Schwarzen d'Andrade* für Berlin zu sichern, sprach er 1911 mit Slevogt über die dritte Fassung: »Slevogt hatte wohl auch von vornherein an die Galerie gedacht. Er nahm eine ungewöhnlich große Leinwand und wählte einen besonders malerischen Eindruck: Don Giovanni auf dem Friedhof, den toten Komtur lästerlich einladend, ›o statua gentilissima‹, den Degen lockernd; hinter ihm ängstlich Leporello«,

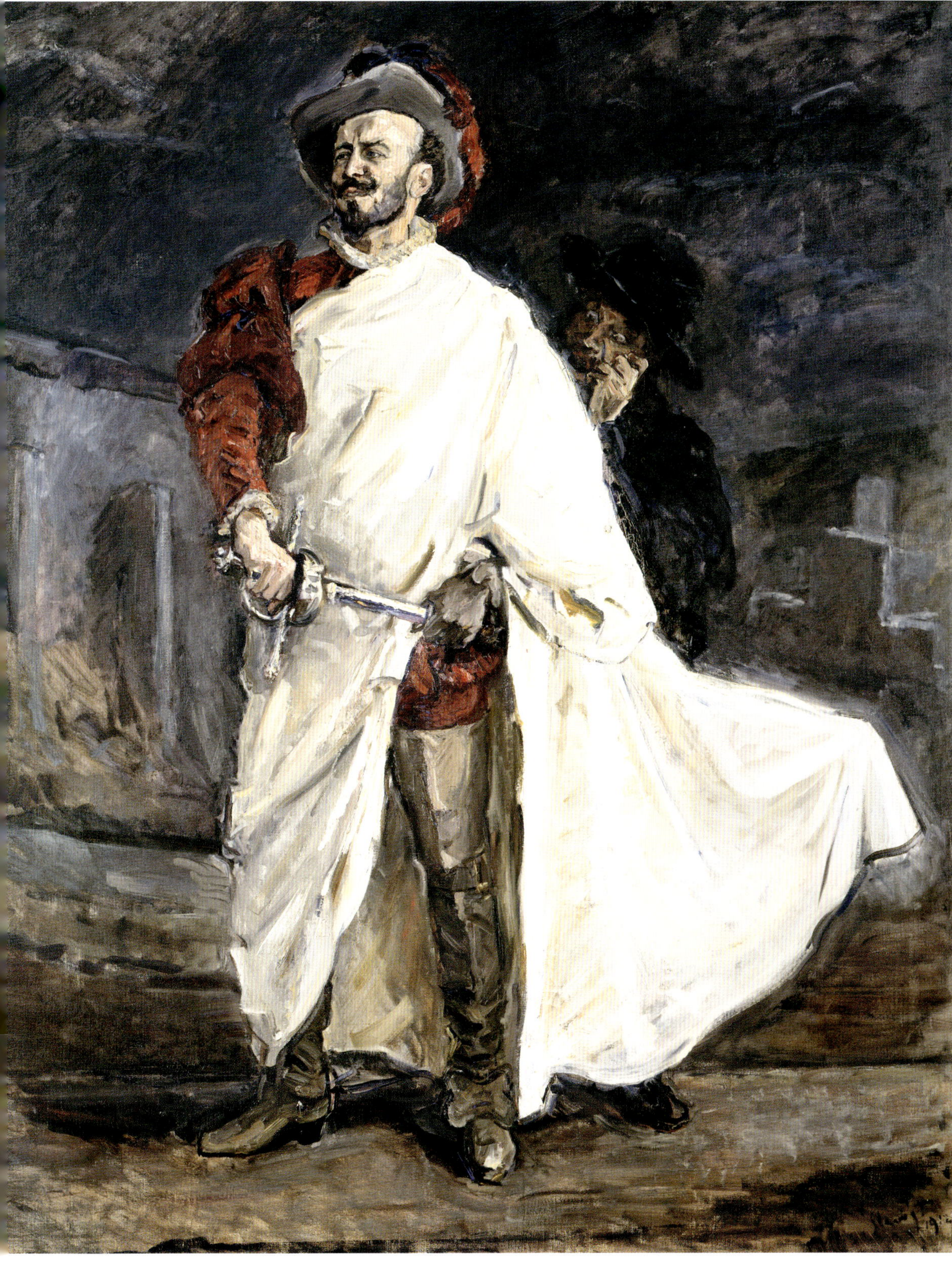

Abb. 3
Der Sänger Francisco d'Andrade als Don Giovanni
– 1912 – Öl auf Leinwand – 210 × 170 cm – bezeichnet rechts unten: Slevogt – Staatliche Museen zu Berlin, Nationalgalerie –

notierte Justi in seinen Erinnerungen.[20] Als der *Rote d'Andrade* (Abb. 3) 1912 vollendet war, lud Slevogt den Direktor ein, das Werk mit ihm zu betrachten: »Er sagte mir, es schiene ihm das Beste, das ihm bisher gelungen sei. Derselben Meinung waren auch andere Bewunderer Slevogts, Künstler wie Kenner.«[21] Dieses Mal stimmte man dem Ankauf zu, und Justi konnte es als Hauptstück seiner Erwerbungen in der Querhalle im Erdgeschoss platzieren. Von den zwei bekannten Vorstudien dürfte die ausgestellte Fassung (Kat. 18) dem Monumentalbild in der Alten Nationalgalerie unmittelbar vorausgegangen sein.[22] Sie zeigt Don Giovanni nahezu frontal vor einem dunklen Hintergrund, vor dem sich der weiße, schwere Umhang dramatisch abhebt. Slevogt interpretierte ihn in dem Augenblick, als er den Degen zückt und seinem Gegner ins Auge sieht. Während die Auftragsfassung gleich mehrere Bewegungsmomente aufweist, besticht die Ölstudie durch die malerische Ausführung. Betrachtet man den Knauf des Degens, das Gesicht und den Umhang, wird die Souveränität deutlich, mit der Slevogt glitzernde Details und schimmernde Stoffe wiedergab.

Wie modern und neuartig Slevogts Künstlerbildnisse waren, zeigt eindrucksvoll ein Vergleich mit dem 1905 entstandenen *Bildnis der Sängerin Frieda Halbe* (Kat. 9) von Lovis Corinth (1858–1925).[23] Im Unterschied zu Francisco d'Andrade als Don Giovanni malte Corinth die Sängerin nicht auf der Bühne oder bei den Proben, sondern ließ sie in neutraler Umgebung auf einem Stuhl sitzend für ihn posieren. Durch die gewählte Haltung, den Oberkörper zum Betrachter gedreht und den Kopf im strengen Profil, wirkt ihr Porträt statuarisch und steif. Bis auf das weiße, bläulich schimmernde Ballkleid und die Stola mit Pelzbesatz weist nichts auf ihren Beruf hin – keine Notenblätter, kein begleitendes Instrument. Lediglich ihre aufrecht-gespannte Haltung verrät, dass ihr ein Auftreten vor Publikum vertraut ist. Während Slevogts Bildnisse d'Andrades Bewegung, Musikalität und gesteigerte Emotionen vermitteln, verharrt Frieda Halbe in unbewegter Pose. Dennoch gerät das Bildnis zum bravourösen Stück Malerei: Mit wenigen Pinselzügen skizzierte Corinth ihr Kleid, ließ die Arme unter der transparenten Stola erahnen und formte aus fetter Farbmaterie eine Stoffblume.[24] Die Sängerin Frieda Halbe gehörte zum erweiterten Bekanntenkreis von Corinth.

Sie war die Cousine seines langjährigen Freundes Max Halbe (1865–1944), den er über Walter Leistikow schon in München kennengelernt hatte und 1917 porträtierte.[25] Halbe ist einer der weniger bekannten Schriftsteller des deutschen Naturalismus, dessen Bühnenstück *Jugend* nach Gerhart Hauptmanns *Die Weber* um die Jahrhundertwende zum regelmäßig aufgeführten Drama wurde.

Von Bewegung und Rhythmus gleichermaßen inspiriert

Slevogt und der Tanz

Eine weitere wichtige Inspirationsquelle war für Slevogt der zeitgenössische Tanz.[26] Noch vor den Theaterreformen wurden Ende des 19. Jahrhunderts neue, freie Tanzformen zum Spiegelbild einer im Aufbruch befindlichen Epoche.[27] Von etwa 1892 an, dem ersten Auftritt der Amerikanerin Loïe Fuller (1862–1928) in Paris, bis etwa 1933 entwickelten sich in Europas Hauptstädten vielfältige Formen des Tanzes – der wilde Cancan auf französischen Varieté-Bühnen, der Schleier- und Serpentinentanz von Interpretinnen wie Fuller und Isadora Duncan (1877–1927) sowie exotische Tänze, die aus Indien und Japan in europäische Theater gelangten.

Wie Sigrun Paas in dem für Slevogts Tänzerinnenbilder wichtigen Aufsatz schreibt, war »rauschhafter Lebensgenuss im Sinnbild des Sichdrehens, Taumelns, des Schreitens und Schwebens ein die Zeit erfassendes, in Künstler- und Literatenkreisen grundlegendes Lebensgefühl«.[28] Zeitschriften wie *Pan*, *Jugend* und *Simplicissimus* trugen mit Titelbildern von Tänzerinnen zur Verbreitung dieser Stimmung bei. Alle bedeutenden Tänzerinnen dieser Jahre, unter ihnen Isadora Duncan, Loïe Fuller, Mary Wigman, Anita Berber und Sada Yakko, haben in Kunst und Literatur der Zeit ihren Niederschlag gefunden. Sie wurden – abgesehen von Slevogt – auch von Franz von Stuck, Georg Kolbe und Fritz Klimsch porträtiert und literarisch von Klaus Mann und Karl Scheffler verewigt. Angesichts der neuartigen Tänze und der dabei vermittelten Erotik waren die Zeitgenossen entweder schockiert oder ließen sich wie Slevogt davon begeistern. Von Kindheit an musikalisch geschult und in Münchner Tagen ein begeisterter Tänzer, setzte er sich sein gesamtes Schaffen hindurch mit der Darstellung von Tanz auseinander und schuf mindestens 15 Bilder von Tänzerinnen.

Unter dem Eindruck der Zeitstimmung schuf Slevogt um 1895 gleich mehrere Gemälde zum Thema Tanz. Neben dem Historienbild *Tanz der Salomé* (Abb. 4) und dem Schweinfurter *Totentanz* (Kat. 133) malte er auch das *Triptychon des Tanzes*, von dem nur die linke Tafel *Tänzerin in Silber* (Kat. 1) und die rechte Tafel *Tänzerin in Gold* (Kat. 2) erhalten sind.[29] Obwohl er schon einen Rahmen für das dreiteilige Gemälde entworfen hatte, blieb es aus unbekannten Gründen unvollendet. Inspiriert wurden seine frühen Darstellungen von den Darbietungen Loïe Fullers, die Slevogt von Fotografien kannte und deren atemberaubende Schleiertänze er ebenfalls 1895 zeichnerisch (Kat. 3) festhielt. Fuller war mit Tänzen wie *La Serpentine*, *La Violette* und *Le Papillon* bekannt geworden und setzte zu ihrer Inszenierung vielfarbige Scheinwerfer ein, die ihre für Augenblicke in der Luft schwebenden Schleier magisch aufblitzen ließen. Diese neuartigen Spezialeffekte mögen Slevogt zur *Tänzerin in Silber*, *Grün* und *Gold* angeregt haben, verwendete er doch für jedes der Bilder eine andere schimmernde Farbigkeit. Abgesehen von den exaltierten Bewegungen der Tänzerinnen hatte Slevogt sich bei dem Triptychon auch mit der Darstellung von Bewegung beschäftigt. »Liest« man die Bilder von links nach rechts, entsteht vor dem Auge eine flüssige Bewegung, ausgehend von der schwebenden Tänzerin links über die kokett lächelnde Frau in der Mitte bis hin zur rückwärtigen Tänzerin in Gold.

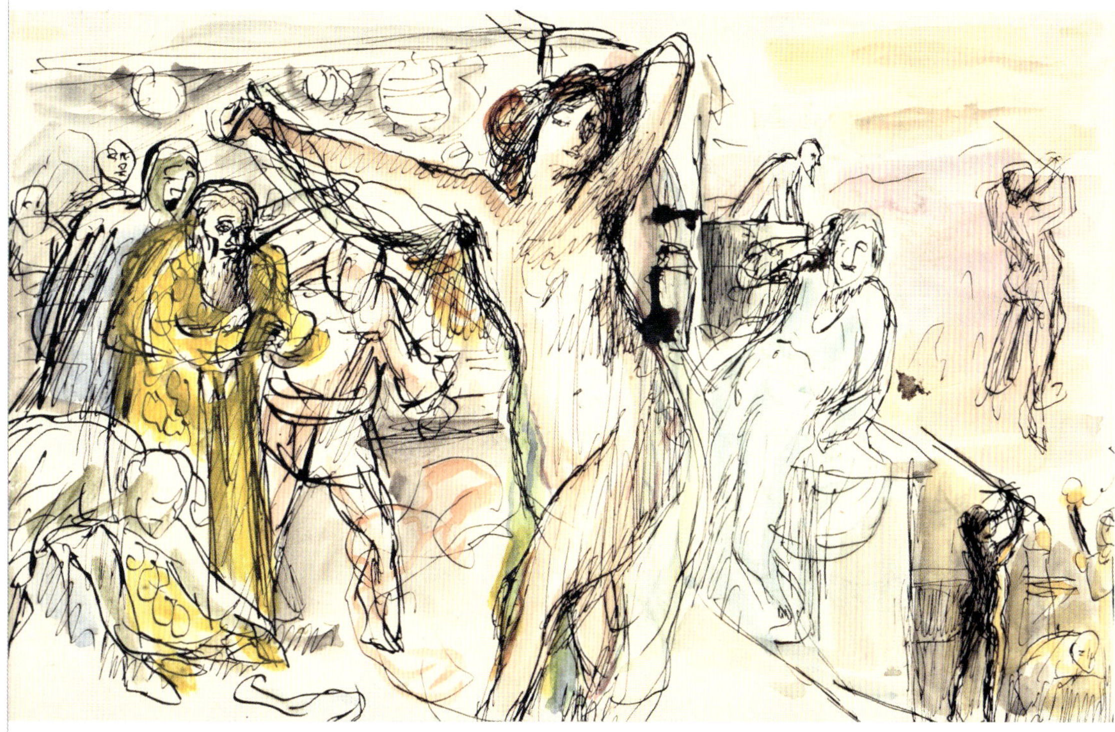

Abb. 4
Tanz der Salomé (Skizze zur Gesamtkomposition)
– 1895 – Kat. 88

Noch im Jahr des Umzugs 1901 nach Berlin nahm Slevogt die Themenreihe der Tänzerinnen wieder auf und schuf ein Bildnis der japanischen Tänzerin *Sada Yakko* (Kat. 6).[30] Doch im Unterschied zu den Tänzerinnen des *Triptychons* malte Slevogt von nun an nur bestimmte, meist berühmte Interpretinnen bei den von ihnen einstudierten Tänzen. Im Fall des 1901 entstandenen Bildnisses handelt es sich um Sada Yakko Kawakami (1871–1946), die als junges Mädchen eine Ausbildung zur Geisha absolviert hatte und in Musik, Gesang und Tanz versiert war. Mit ihrem Ehemann, dem Schauspieler und Bühnenautor Otojiro Kawakami, gründete sie 1896 in Tokio ein Theater, mit dem sie zu Gastspielen in die USA (1899), nach London (1900) und 1901/02 nach Berlin reiste.

Ihr Auftritt galt überall als Sensation. Slevogt hatte sie 1901 in dem Stück *Der Shogun* gesehen und fertigte noch während der Aufführung auf der Rückseite des Programmblatts eine erste Skizze (Kat. 7) des japanischen Ensembles. Zurück im Atelier entschied er sich für die Einzelfigur Sada Yakkos. Es entstanden zwei Fassungen, das ausgestellte Bild aus dem Saarlandmuseum (Kat. 6) und die Version von 1906 in Privatbesitz, auf der sie mit ihrem Ziehsohn Raikichi zu sehen ist.[31] Slevogt war fasziniert von der exotischen Erscheinung der jungen Frau, von ihrem farbintensiven Kimono und ihrem blass geschminkten Gesicht mit Lippenstift als Akzent.

Ihre dezenten Bewegungen zur fremdländischen Musik vermittelte er durch die leichte Drehung des Kopfes, das aufgeschlagene rote Futter und die langstielige Orchidee.
Mit schnellen, sicheren Pinselzügen ist ihr Auftritt nur skizzenhaft erfasst – Slevogt konzentrierte sich stattdessen auf die Leuchtkraft und den Glanz der japanischen Stoffe.
1901 reüssierte auch die französische Sängerin Yvette Guilbert (1865–1944) in Berlin. Sie arbeitete zunächst als Verkäuferin im Pariser Warenhaus Printemps, bevor sie am Théâtre des Variétés 1889 mit selbstgeschriebenen Chansons ihr Debüt gab. Schnell zu Erfolg gekommen, trat sie in den bekannten Pariser Varietés, so auch dem Moulin Rouge, auf und beeindruckte weniger durch ihre Sangeskunst als vielmehr durch ihre exaltierte Vortragsweise, mit der sie ihre zeitkritischen und scharfen Texte intonierte.

Für den Maler und Grafiker Henri de Toulouse-Lautrec war sie durch ihr Aussehen – rothaarig, dürr und auffallend blass – und ihren vordergründigen, robusten Charme ein willkommenes Modell.[32] Im Sommer 1894 erschien sein *Yvette-Guilbert*-Album mit 16 ausschließlich der Diseuse gewidmeten, lithografierten Randillustrationen, die ihre Auftritte in Pariser Konzertcafés karikierend in Szene setzten.[33] Als seine *Série anglaise* 1898 erschien, dürfte Slevogt Blätter wie *Yvette Guilbert grüßt ihr Publikum* (Kat. 4) gesehen haben, denn mit seiner um 1901/02 entstandenen Kreidezeichnung (Kat. 5) nahm er offenbar darauf Bezug.[34] Wie zuvor schon Lautrec zeigte auch Slevogt Guilbert von hinten und folgte ihrem Blick in den überfüllten Theatersaal. In fahles Bühnenlicht getaucht, stechen ihr schneeweißes Kleid und ihre überlängten, behandschuhten Arme geradezu grotesk heraus. Auch ohne ihr Gesicht zu zeigen, signalisieren die schwarzen Handschuhe, dass es nur Yvette Guilbert sein kann, die hier die Bühne betreten hat.
Nach der fernöstlich-dezenten Vorstellung Sada Yakkos und den grellen Auftritten der Französin Guilbert beschäftigte Slevogt sich 1904 mit den mitreißenden Rhythmen des Flamencos. Das für den andalusischen Volkstanz so typische Zusammenspiel von Musik, Gesang und Bewegung verkörperte in Berlin die Philippinin Marietta di Rigardo (1880–1966).[35]

Abb. 5
Lola de Valence
– Édouard Manet – 1862 –
Öl auf Leinwand – 123 × 92 cm –
bezeichnet links unten: EManet –
Musée d'Orsay, Paris –

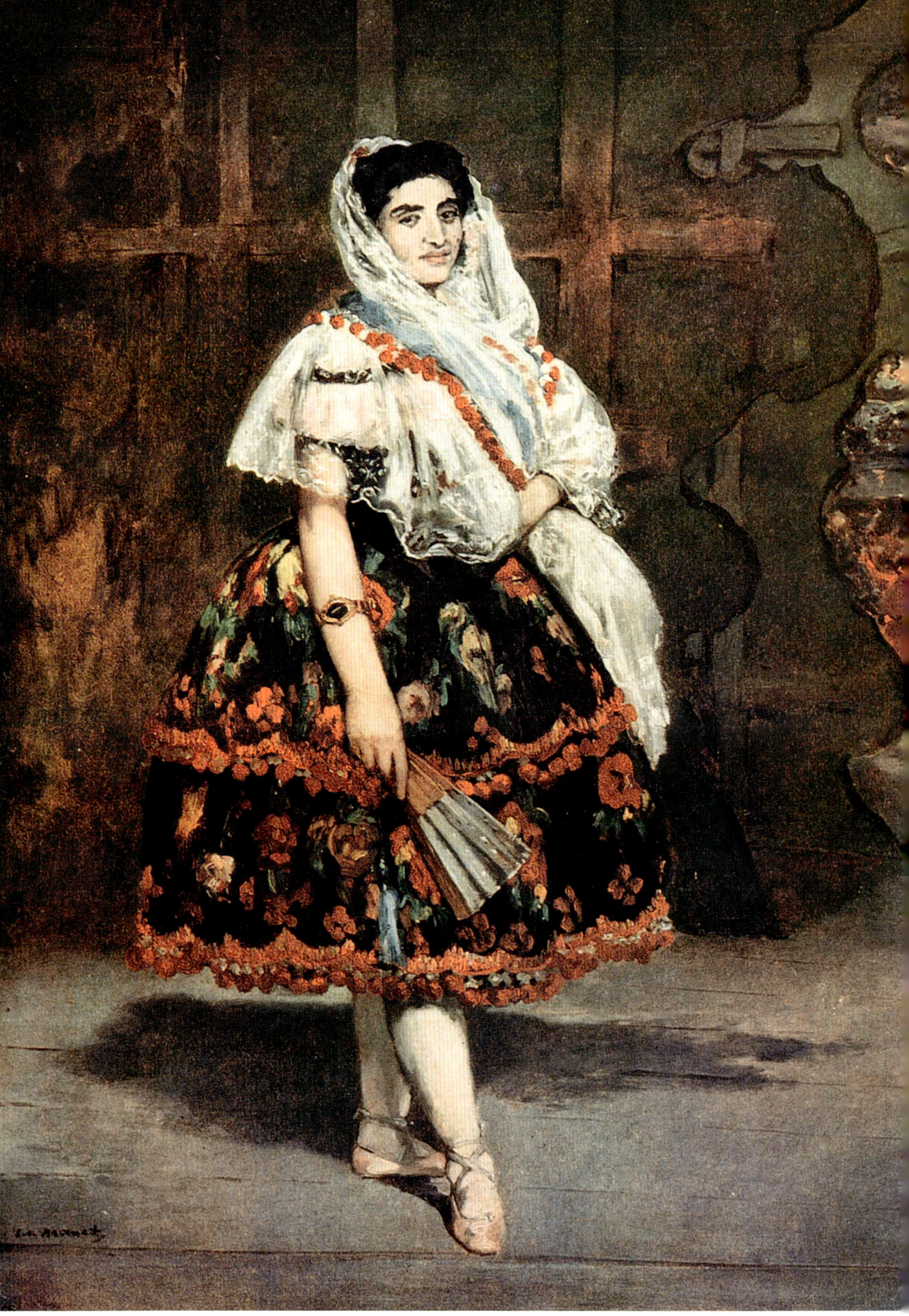

Slevogt muss sich über einen längeren Zeitraum mit dem Bildnis beschäftigt haben, denn vor der Ausführung des Großformats, heute in der Galerie Neue Meister Dresden, entstanden mindestens acht Zeichnungen und Ölstudien, mit denen er Figur, Haltung und Umgebung auslotete. In einer der fortgeschrittenen Studien (Kat. 10) verband er die Darstellung der Tänzerin erstmals mit einer Gruppe von Instrumentalisten rechts im Hintergrund, die das damalige Bild des volkstümlichen Spanien perfekt machten. In erster Linie ging es ihm aber um die Darstellung von Bewegung. In eleganter Drehung hält Marietta mit ausgebreiteten Armen die Rhythmus gebenden Kastagnetten. Der lange gelbe Fransenschal folgt ihren Bewegungen, und noch schneller bewegen sich die kreisenden blauen und gelben Pinselzüge über den Malgrund. Wie in keinem der bekannten Bilder von Tänzerinnen orientierte Slevogt sich für die *Marietta* am Porträt der *Tänzerin Lola de Valence* (Abb. 5) von Édouard Manet von 1862, mit der er der Spanienbegeisterung des 19. Jahrhunderts Ausdruck verlieh.

1909 setzte Slevogt seine Werkgruppe mit Bildnissen von Tänzerinnen fort und wählte mit der russischen Primaballerina Anna Pawlowa (1881–1931) erneut eine berühmte Interpretin. In St. Petersburg geboren, ließ sie sich an der kaiserlichen Ballettschule ihrer Heimat ausbilden und tanzte schon bald am renommierten Mariinsky-Theater.[36] Schon früh wurde sie Mitglied der Ballets Russes des genialen Impresarios Sergej Djagilew, der ihre Auftritte durch Hinzunahme weiterer Tänzer, namhafter Bühnenbildner und bekannter Komponisten wie Maurice Ravel und Claude Debussy zu Gesamtkunstwerken erhob. Weltruhm erlangte sie 1907 mit dem zweiminütigen *Pas seul* aus dem *Sterbenden Schwan*.
Slevogt sah Anna Pawlowa wahrscheinlich in der Galavorstellung am 5. oder 7. Mai 1909 in der Berliner Krolloper.[37] Diese Veranstaltung wurde von der Berliner Secession mitorganisiert und bot beim anschließenden Bankett im Hotel Esplanade die Gelegenheit zum Gespräch. Als er die Tänzerin bat, ihm für ein großformatiges Porträt (Kat. 8) Modell zu stehen, musste er eine Weile verhandeln und seine charmante Freundin Tilla Durieux um Hilfe bitten, damit diese die Primaballerina über die »Langeweile der Modellsitzungen« hinwegplauderte.[38] Pawlowa beherrschte unterschiedliche Tanzstile und trat, abgesehen vom klassisch-romantischen Ballett, auch in Debussys *Le Martyre de Saint Sébastien* auf. In diesem Sinne malte Slevogt sie auch nicht in ihren Rollen als Giselle oder Sterbender Schwan, sondern als Bajadere, als indische Tempeltänzerin, im gleichnamigen Ballett von Marius Petipa. Seinem Sinn für Dramatik folgend, interpretierte er sie während des Todestanzes, als sie ein letztes Mal vergeblich um den Krieger Solor wirbt und dafür all ihre Verführungskünste einsetzt. Dabei legte Slevogt den Akzent auf ihr exotisches Kostüm – ein bauchfreies Trikot mit transparentem Schleier, das ihren grazilen Körper mehr enthüllt als verdeckt. Als Hintergrund wählte er eine an ein Rokokoschloss erinnernde Flügeltür.

Nach fast 20 Jahren machte Slevogt 1926 mit *La Argentina* (Kat. 14) erneut eine Flamencotänzerin zum Thema eines Künstlerporträts.[39] Im Unterschied zur *Marietta*, deren Bild durch das Format, die Komposition und die Requisiten ganz auf Repräsentation hin angelegt war, hat sein letztes Tänzerinnenbild einen eher privaten und spontan entstandenen Charakter.[40] Slevogt ließ sie seitlich posieren, in der für den Flamenco charakteristischen Haltung mit einem erhobenen und einem in die Hüfte gestemmten Arm.[41] Über die rechte Schulter blickt sie lächelnd zurück. La Argentina trägt ein figurumspielendes, weißes Kleid und einen roten Fransenschal, der die Drehung ihres Körpers optimal zum Ausdruck bringt.

Die Volants an den Ärmeln und am Saum sorgen für die nötige Bewegungsfreiheit. Obwohl die rhythmusschlagenden Kastagnetten kaum sichtbar sind, konnte Slevogt durch die Armhaltung, die wippenden Rüschen und das nach vorn gestellte Bein die typischen Bewegungen des Flamencos vermitteln. Anders als bei der *Marietta* ist auch die Malweise. Slevogt hatte sich in den letzten Jahren eine viel freiere Pinselführung zugelegt, mit der er die schwingenden Volants und die Fransen souverän in Szene setzte. *La Argentina* ist vielleicht das beste Beispiel dafür, dass Slevogt nur durch seine Doppelbegabung – Musikalität und künstlerisches Talent – in der Lage war, »klingende Porträts« wie dieses zu schaffen.

Späte Auseinandersetzung mit Eugène Delacroix

Der Violinist Andreas Weißgerber

In den 1920er Jahren galt das Spiel des Violinisten Andreas Weißgerber (1900–1941) in Berlin als Sensation. Zunächst studierte der gebürtige Grieche in Budapest bei Janö Hubay, später bei Issay Barmas in Berlin, wo vermögende Bewunderer seiner Kunst, allen voran David Leder und Erich Goeritz, sein weiteres Studium förderten. Schnell war auch die Verbindung zu den Künstlern der Berliner Secession hergestellt, und schon 1919 schuf Corinth im Auftrag des Ehepaars Leder zwei Porträts des Geigers.[42] Noch im gleichen Jahr porträtierte ihn Max Liebermann, und 1922 folgte Slevogt mit zwei Bildnissen, unter ihnen die ausgestellte Fassung (Kat. 20) aus dem Saarlandmuseum.[43] Mit ihren ganzfigurigen Bildnissen standen Liebermann, Corinth und Slevogt alle unter dem Eindruck des bekannten Paganini-Porträts von Eugène Delacroix (Abb. 6) aus dem Jahr 1831, das 1907 als Teil der Sammlung Chéramy bei Paul Cassirer ausgestellt war und den drei genannten Malern bekannt gewesen sein dürfte.[44] Die Verarbeitung des Vorbilds erwies sich aber als sehr unterschiedlich. Während Liebermann dem Dargestellten gegenüber Distanz wahrte, erscheint Weißgerber (Abb. 7) bei Corinth ganz in sein Spiel versunken und eingebunden in ein bürgerliches Interieur. Ein gemusterter Teppich, zwei angeschnittene Gemälde im Hintergrund und der geöffnete Geigenkasten vermitteln den Eindruck eines privaten Hauskonzerts.[45] Slevogt hingegen verzichtete auf die Andeutung einer Umgebung und nutzte die gesamte Bildfläche für das Porträt.

Abb. 6
Paganini
– Eugène Delacroix – 1831 – Öl auf Pappe – 44,8 × 30,2 cm – The Phillips Collection, Washington, D. C. –

Sein Interesse galt der angespannt-konzentrierten Haltung des Musikers, der den Bogen sicher führt und dem Klang seines Instruments mit geschlossenen Augen lauscht. Auch die grün-braune Farbigkeit ist zurückhaltend gewählt, nichts lenkt von der Beobachtung des Geigenspiels ab. Mit skizzierenden, diagonalen Pinselzügen deutete Slevogt die Bewegung des den Bogen führenden Arms und die Schnelligkeit der Musik an; die Ausarbeitung der Kleidung und Hände wurde zur Nebensache. Wie so viele jüdische Künstler nutzte auch Weißgerber die Möglichkeit, Deutschland nach der Machtergreifung der Nationalsozialisten zu verlassen. Er emigrierte nach Israel und fand dort schnell Aufnahme in das Palästina-Symphonie-Orchester. »Tempo – Polyphonie – Musikalität, das sei es, was seine [Slevogts] Kunst von der anderer unterscheide.«[46] Diese Einschätzung hatte Slevogt eines Tages seinem langjährigen Freund Guthmann anvertraut. Vergleicht man die Vielzahl und Bandbreite seiner Darstellungen von Sängern, Schauspielern, Instrumentalisten und Tänzerinnen, seine Bühnenbildentwürfe und schließlich seine Illustrationen von Mozarts *Zauberflöte* mit denen seiner Zeitgenossen, mag man seiner Aussage Glauben schenken. In diesem Sinne ist auch eine Begegnung mit dem Dirigenten Furtwängler zu interpretieren, der Slevogts Inszenierung des *Don Giovanni* 1928 für die Berliner Staatsoper übernehmen wollte: »Es soll nicht ganz leicht sein, Herr Professor, Ihre musikalischen Wünsche zu befriedigen?« Slevogt ließ sich dadurch nicht beirren und erwiderte: »In der Tat. In der Musik verstehe ich keinen Spaß, so wenig wie in der Kunst.«[47]

– **1** Einen Überblick über Slevogts frühe Künstler- und Rollenbildnisse bieten Imiela 1968, S. 69–102, Hartje 2005 und Hartje 2014. – **2** Zu Slevogts Verhältnis speziell zum Theater und seinen Bühnenbildentwürfen vgl. Schenk 2015 (Link zur online veröffentlichten Dissertation: https://edoc.ub.uni-muenchen.de/19391/1/Schenk_Carola.pdf [10. 12. 2021]), Schenk 2016 sowie ebenfalls Schenk 2021. – **3** Vgl. hierzu ausführlich Schenk 2021, S. 47–50. – **4** Zur Bedeutung des ältesten Berliner Opernhauses vgl. Schmitz 2017. – **5** Zur Biografie d'Andrades vgl. Paas 1999. – **6** Weitere Gastspiele im Theater des Westens fanden am 15., 17. und 19. November sowie am 11., 15. und 19. Dezember 1901 statt. – **7** Weiterführende Hinweise zur Showkultur Berlins bei Moeller 2017. – **8** Guthmann 1948, S. 67. – **9** Zur Entstehung der d'Andrade-Bilder ist Imielas Katalog immer noch grundlegend: Imiela 1991 a. Vgl. auch Mainz 2014, S. 171–181. – **10** Guthmann 1948, S. 66 f. – **11** Ebd., S. 67. – **12** Vgl. zu Slevogts Münchner Schaffen Mitte der 1890er Jahre Paas 2014 und Hartje-Grave 2018. – **13** In Gänze lautet die Briefstelle wie folgt: »Zuerst wollte ich den letzten Akt von Don Juan mit dem Comthur usw. malen. Aber ein nicht litterarisches Motiv ist mir doch sympathischer u. so male ich ein Paar, das beieinander sitzt, u. hauptsächlich Malerei werden aber auch dunklen Empfindungen Spielraum lassen soll.« Zit. nach Imiela 1991 a, S. 8. Bei dem beschriebenen Gemälde handelt es sich um *Feierstunde* (1900/1901, Öl auf Leinwand, 126 × 155 cm) in den Bayerischen Staatsgemäldesammlungen München. – **14** Der Entstehungsprozess mit zahlreichen Skizzen und Ölstudien ist bei Imiela 1991 a, S. 8–22, aber auch im Mainzer Katalog von 2014 (Kat. 135–152) mit der Abbildung aller Vorarbeiten nachzuvollziehen. – **15** Max Slevogt, *Bildnis Francisco d'Andrade*, 1902, Öl auf Leinwand, 50 × 40 cm, Max Slevogt-Galerie, Schloss Villa Ludwigshöhe, Inv.-Nr. SL 76. – **16** Von Imiela haben wir Kenntnis über die beiden genannten Bildnisse. Das *Porträt des lesenden d'Andrade* misst 40 × 50 cm, war lange im Besitz des Dargestellten und gelangte 2006 als Geschenk Imielas an die Nationalgalerie Berlin. Imiela 1991 a, S. 24. – **17** Postkarte von Francisco d'Andrade an Slevogt vom 1. Mai 1905, Landesbibliothekszentrum Speyer, Kat. 19.

Abb. 7
Andreas Weißgerber
– Lovis Corinth – 1919 – Öl auf Leinwand – 209 × 118 cm – Kunstforum Ostdeutsche Galerie Regensburg (Leihgabe der Bundesrepublik Deutschland) –

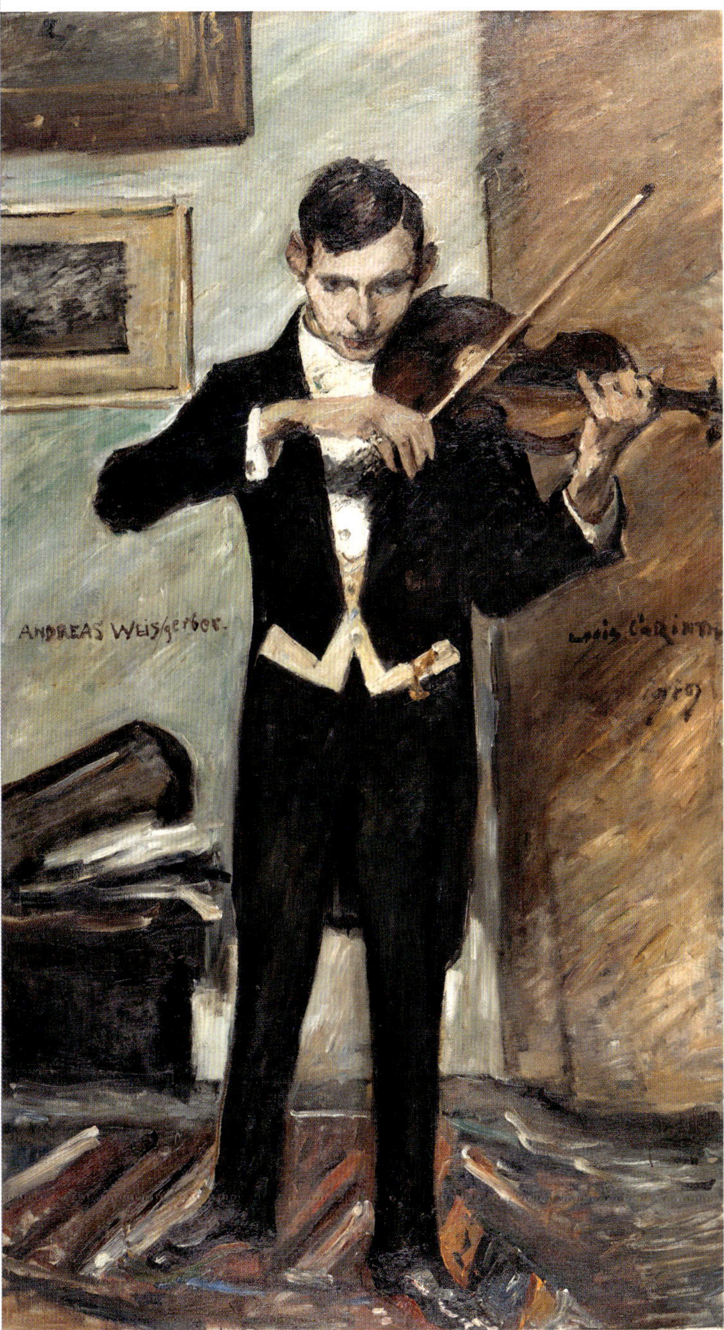

– **18** Es ist zwar nicht bekannt, wann d'Andrade in den Besitz des Bildes kam, sicher ist aber, dass es später in seiner Wohnung hing. Nachweislich hatte er sich vom *Weißen d'Andrade* eine verkleinerte Kopie anfertigen lassen. Vgl. Abb. 38 bei Imiela 1991a, S. 25. – **19** Zur Geschichte des Erwerbs durch die Nationalgalerie vgl. Wesenberg 2002, S. 400 f. – **20** Zit. nach ebd. – **21** Zit. nach Wesenberg 2002, S. 401. – **22** Die zweite Ölstudie befindet sich in der Hamburger Kunsthalle. Max Slevogt, *Francisco d'Andrade als Don Giovanni*, 1912, Öl auf Mahagoniholz, 56 × 46,5 cm, Kunsthalle Hamburg, Inv.-Nr. HK-2921.

– **23** Vgl. weiterführend zu dem Bild: Berend-Corinth 1958, S. 94, Nr. 321, und Wien 2009, S. 68–71. Slevogt und Corinth kannten sich aus ihrer gemeinsamen Zeit in München und bildeten seit Beginn des neuen Jahrzehnts mit Max Liebermann das sogenannte »Dreigestirn des deutschen Impressionismus«. – **24** Das Bildnis muss in relativ kurzer Zeit entstanden sein. Deutlich sichtbare Reuezüge im Bereich des Hinterkopfs verraten, dass Corinth den Kopf anfangs anders – vielleicht mit einem Hut – geplant hatte. – **25** Zur Biografie von Frieda Halbe ist leider wenig bekannt, selbst die Lebensdaten waren nicht zu ermitteln. Vgl. zu ihrem Cousin Max Halbe den Text von Otten 2009, S. 68. – **26** Eine umfassende Untersuchung von Slevogts Tanzbildern erfolgte im Rahmen der Ausstellung *Tänzerinnen um Slevogt*, Edenkoben 2007. Siehe hierzu auch Hartje-Grave 2014. – **27** Zur Tanzbegeisterung um die Jahrhundertwende vgl. Krischke 2007. – **28** Edenkoben 2007, S. 10. – **29** Zur Entstehung des Triptychons vgl. Edenkoben 2007, S. 12 f., 54–57, und Hartje-Grave 2014, S. 149. – **30** Vgl. Imiela 1968, S. 78, 374, Anm. 15, und Edenkoben 2007, S. 60–62, sowie Mainz 2014, S. 156–159. – **31** Max Slevogt, *Sada Yakko mit ihrem Ziehsohn*, 1906, Öl auf Leinwand, 131,2 × 110,2 cm, rechts mit japanischen Schriftzeichen, Privatbesitz, zuletzt Kunsthaus Lempertz, Köln, 25. Mai 2013. Vgl. Köln/München 2001, S. 198 f. – **32** Zur Biografie Guilberts und den Interpretationen Toulouse-Lautrecs vgl. Tübingen 1986, S. 178–181. – **33** Adriani 1986, S. 74–89. – **34** Slevogts Kreide- und Bleistiftzeichnung ist nicht datiert, dürfte aber aufgrund ihrer Komposition mit angeschnittener Bühne und weißer Hauptfigur in zeitlicher Nähe zur *Champagnerarie* im Landesmuseum Hannover ebenso um 1901/02 entstanden sein. Die Zeichnung war ein Geschenk an den Autor und Sammler Eduard Fuchs, der eine Vorliebe für Slevogts groteske Szenen hatte. Vgl. hierzu auch Stocker 2018. – **35** Marietta Trinidad de la Rosa wurde als Tochter eines Schweizers und einer Inderin in Manila geboren. Nach einer Erziehung bei französischen Ordensschwestern ließ sie sich in Europa zur Tänzerin ausbilden und heiratete früh den Berliner Schriftsteller und Komponisten Georg D. Schulz, der das Kabarett *Zum siebten Himmel* leitete und ihr hier eine Bühne für ihre Tanzkünste bot. – **36** Vgl. zur Biografie Paas in Edenkoben 2007, S. 34. – **37** Slevogt hätte die Pawlowa auch schon bei ihrem Berliner Debüt 1907 erleben können, und auch im Frühjahr 1909 hätte er mehrfach die Möglichkeit gehabt, sie auf der Bühne zu sehen. Es spricht aber einiges dafür, dass er sie bei der Veranstaltung der Secession 1909 gesehen hatte. – **38** Zu dem großformatigen Bild in der Galerie Neue Meister in Dresden vgl. Imiela 1968, S. 130, 386, Anm. 11, und umfassend Edenkoben 2007, S. 34 f., 80–87. Slevogt hatte die Schauspielerin Durieux über ihren Mann Paul Cassirer kennengelernt. 1921 malte er sie als *Weib des Potiphar in der Josefslegende*. – **39** La Argentina hieß mit bürgerlichem Namen eigentlich Antonia Mercé und hatte sich den Künstlernamen nach ihrem Geburtsland gegeben. Sie war die Tochter eines Ballettmeisters der Madrider Oper, wo sie schon mit neun Jahren als Primaballerina auftrat. Später kehrte sie dem klassischen Tanz den Rücken zu und wurde eine bekannte Folkloretänzerin, die im Moulin Rouge und auf anderen bekannten Bühnen auftrat. Sie arbeitete mit García Lorca, Paul Valéry und Maurice Ravel zusammen und gründete mit den Ballets espagnol eine eigene Tanztruppe. – **40** Zur Argentina vgl. Imiela 1968, S. 249, 434, Anm. 8, und Paas in Edenkoben 2007, S. 33, 94 f. – **41** Im Unterschied zu den anderen Tänzerinnenbildern haben sich für *La Argentina* keine Vorzeichnungen erhalten. Es existieren aber mehrere Fotografien, die die Tänzerin beim Modellstehen zeigen. – **42** Lovis Corinth, *Andreas Weißgerber* (Halbfigur, sitzend), 1919, Öl auf Leinwand, 97 × 76 cm, Verbleib unbekannt und *Andreas Weißgerber* (stehend), 1919, Öl auf Leinwand, 209 × 118 cm, Kunstforum Ostdeutsche Galerie, Regensburg. Vgl. Berend-Corinth 1958, Nrn. 776, 778. – **43** Zur Fassung im Saarlandmuseum vgl. Imiela 1968, S. 246, 432, Anm. 4; Saarbrücken/Mainz 1992, S. 462, Nr. 155, und Chemnitz 2011, S. 68. Das zweite, leicht vergrößerte Bildnis (70 × 55 cm), heute in Privatbesitz, zeigt den Musiker frontal und im Frack. Es steht dem *Paganini*-Bildnis deutlich näher. – **44** Eugène Delacroix, *Porträt Paganini*, 1831, Öl auf Pappe, 44,7 × 30 cm, The Philips Collection Washington D. C. – **45** Wie Corinths Frau Charlotte schrieb, stand Weißgerber ihrem Mann in der gemeinsamen Wohnung in der Klopstockstraße Modell. Die angeschnittenen Gemälde dürften daher Werke von Corinth selbst sein. Vgl. Berend-Corinth 1958, S. 224 f. – **46** Guthmann 1948, S. 46. – **47** Ebd., S. 70.

Tanz, Star- und Rollenporträts

BÜHNE

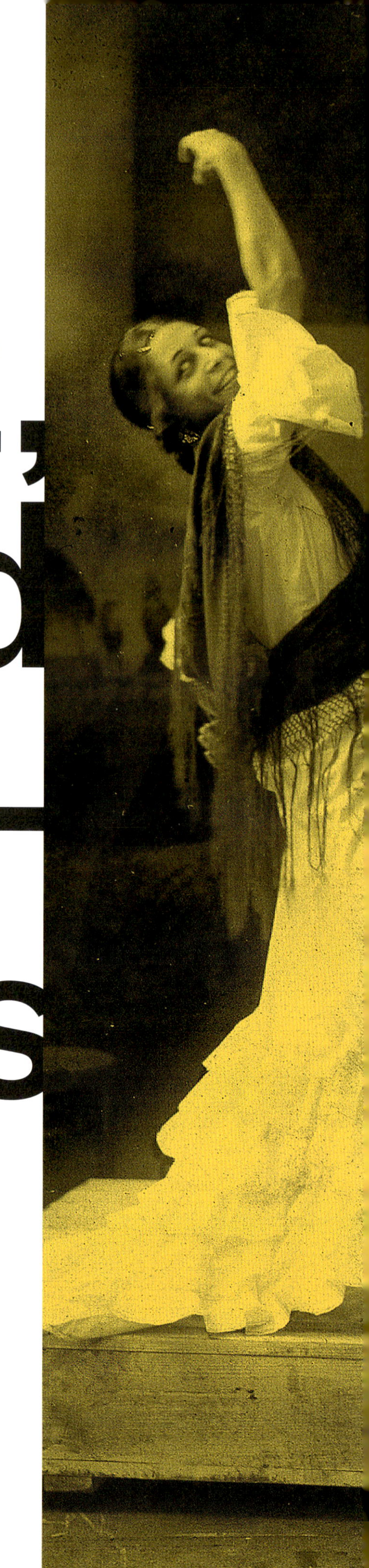

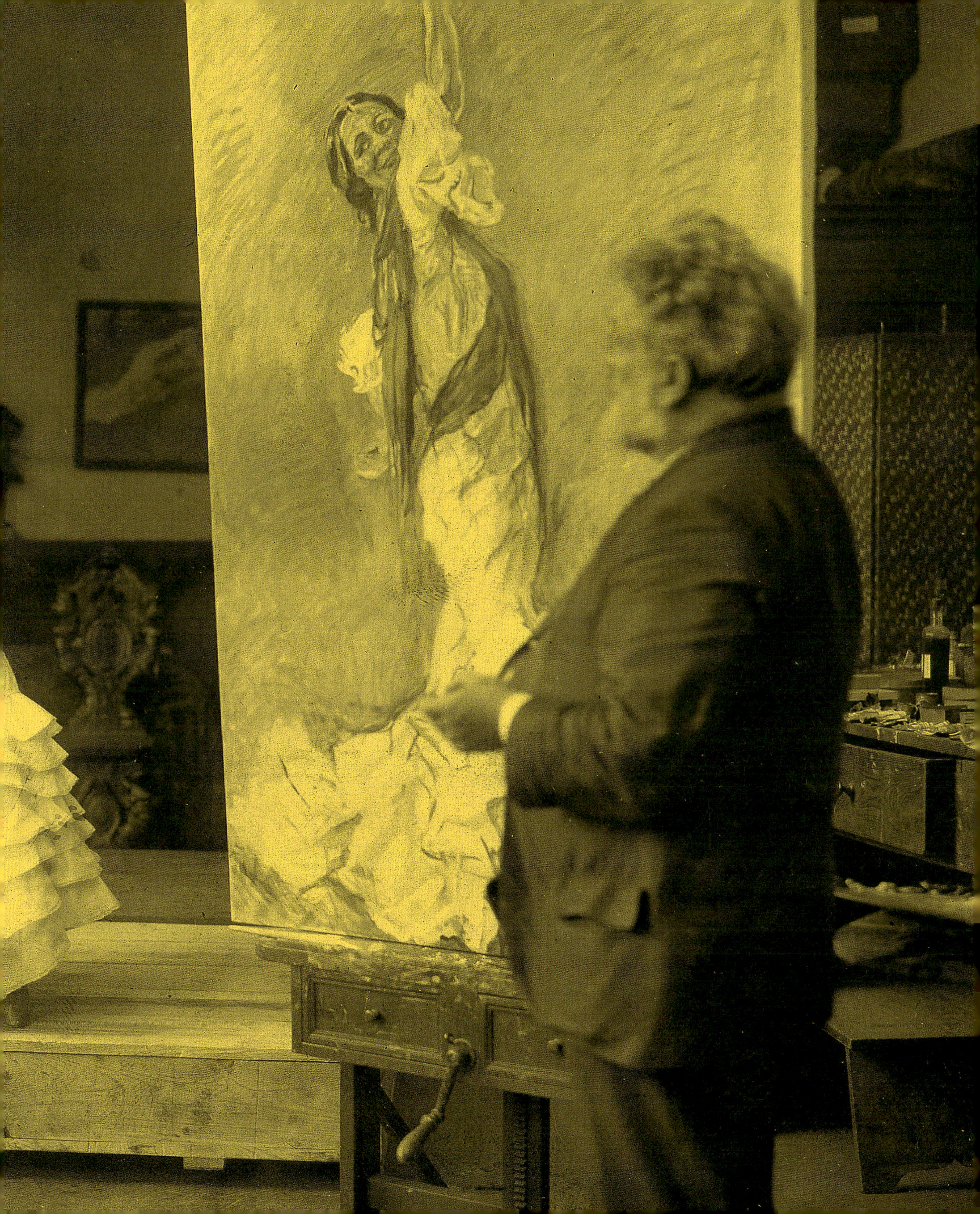

001

Tänzerin in Silber

– 1895 – Öl auf Leinwand – 78,5 × 65,3 cm – bezeichnet oben rechts: Slevogt 1895 – GDKE – Direktion Landesmuseum Mainz – Inv.-Nr. MP 76/217 –

002

Tänzerin in Gold

– 1897 – Öl auf Leinwand, aufgezogen auf Hartfaserplatte – 78,5 × 65,3 cm – bezeichnet unten links: Slevogt – GDKE – Direktion Landesmuseum Mainz – Inv.-Nr. SL 59 –

Lit.: Voll 1912, Nr. 16, 24, 25. – Alten 1926, S. 16. – Imiela 1968, S. 33, 353, Anm. 32. – Saarbrücken/Mainz 1992, Kat. 26, S. 17 f., 434. Edenkoben 2005, S. 90 f. – Frankhäuser/Krischke/Paas 2007, S. 11–13, 54–56. – Mainz 2014, S. 25, Kat. 117, Kat. 119.

Die beiden Gemälde *Tänzerin in Silber* und *Tänzerin in Gold* bildeten zusammen mit der verloren gegangenen *Tänzerin in Grün* ein von Slevogt geplantes Triptychon. Anhand von Notizen kann das Konzept rekonstruiert werden, wonach die *Tänzerin in Silber* links und die in Gold rechts platziert werden sollte. In ihrer Thematik gehören sie zum Werkkreis *Tanz der Salomé* (vgl. Kat. 88) und *Totentanz* (Kat. 133) aus dem Jahr 1895. Sie sind Beispiele für Tendenzen des Symbolismus und typisch für das Fin de Siècle. Die Erotik wird sinnlich erfahrbar gemacht und spiegelt das Lebensgefühl der Bohème wider. Slevogt kannte die zahlreichen Nackttanz-Darbietungen auf den Bühnen der Großstädte.[1]

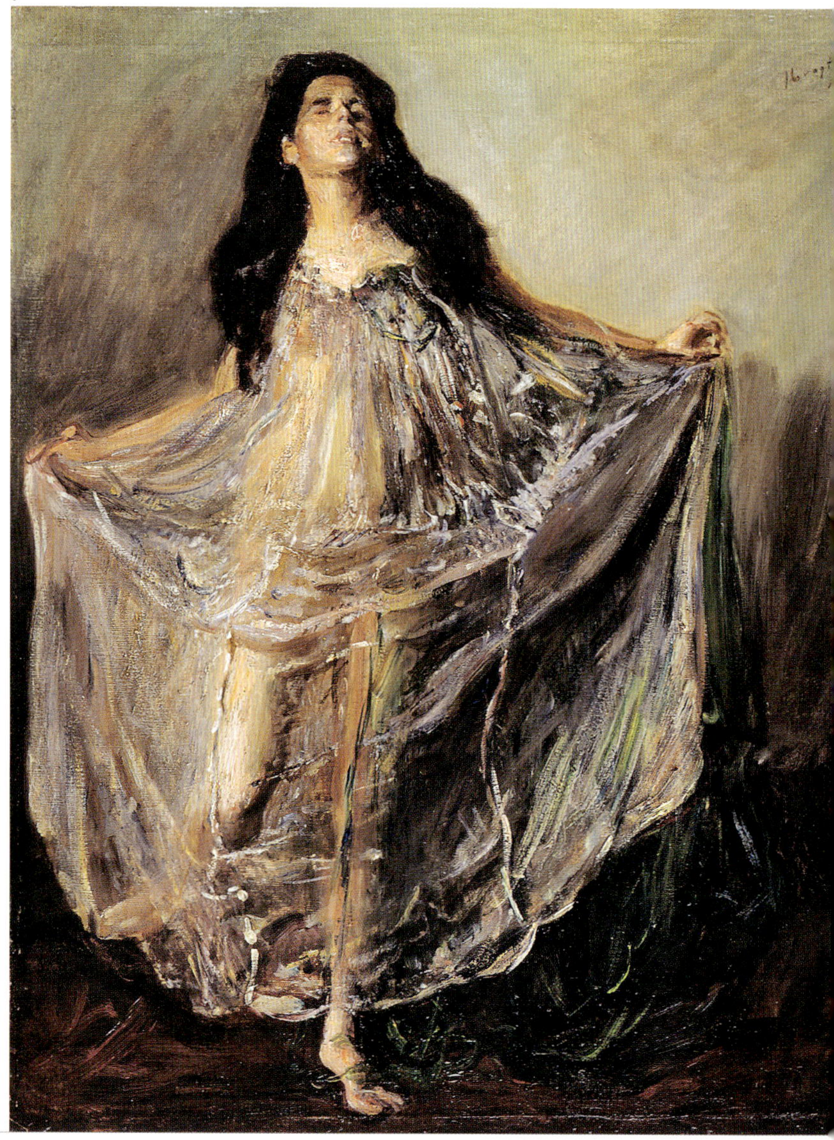

Aber auch die Varietévorstellungen der Amerikanerin Loïe Fuller (Marie Louise Fuller, 1862–1928), die mit ihren Schleiertänzen »in der Art« der Salome das Publikum »verführte« (vgl. Kat. 3), faszinierten den Maler, obwohl Fuller sich nicht entblößte.

Slevogts Tänzerinnen verkörpern verschiedene Stadien der Nacktheit und der Bewegung im Tanz. Die Frau in Silber ist dem Betrachter zugewandt, aber in sich versunken – sie gibt sich ganz dem erotisierenden Schleiertanz hin, ohne ihr Gegenüber in den Blick zu nehmen. Ihr halbdurchsichtiger Schleier, in metallischen Grün- und Silbertönen gehalten, kontrastiert mit dem expressiven Gesichtsausdruck und den dunklen Haaren. Die *Tänzerin in Grün*, für die Mitte des Triptychons vorgesehen, lächelt den Betrachter kokett an. Gleichzeitig öffnet sie sich ihm in vorgebeugter Haltung und präsentiert ihren fast nackten Körper, nur ein hauchdünner Schleier umspielt diesen. Wieder anders erscheint die in ein goldglänzendes Gewand gehüllte dritte Tänzerin. Ihre sich abwendende Haltung mit dem fast ins Profil gedrehten Gesicht und die Geschlossenheit der Körperkontur wirken dominant. Mit beiden Händen hält sie einen Stab hinter ihrem Nacken verschränkt. Ihr Gebärden lässt sich frivol-erotisch deuten. In ihrer dunklen Farbigkeit entsprechen die Tänzerinnen ganz der frühen Phase in Slevogts Schaffen. Die Goldeffekte und Pinselstriche erinnern gerade bei der goldenen Tänzerin an Rembrandts Spätwerk, das sich durch einen pastosen Farbauftrag und die starke Haptik der Stoffe auszeichnet. – **RS**

– **1** Frankhäuser/Krischke/Paas 2007, S. 11.

Tänzerin in Grün
– 1895 – Öl auf Leinwand – Maße unbekannt – verschollen –

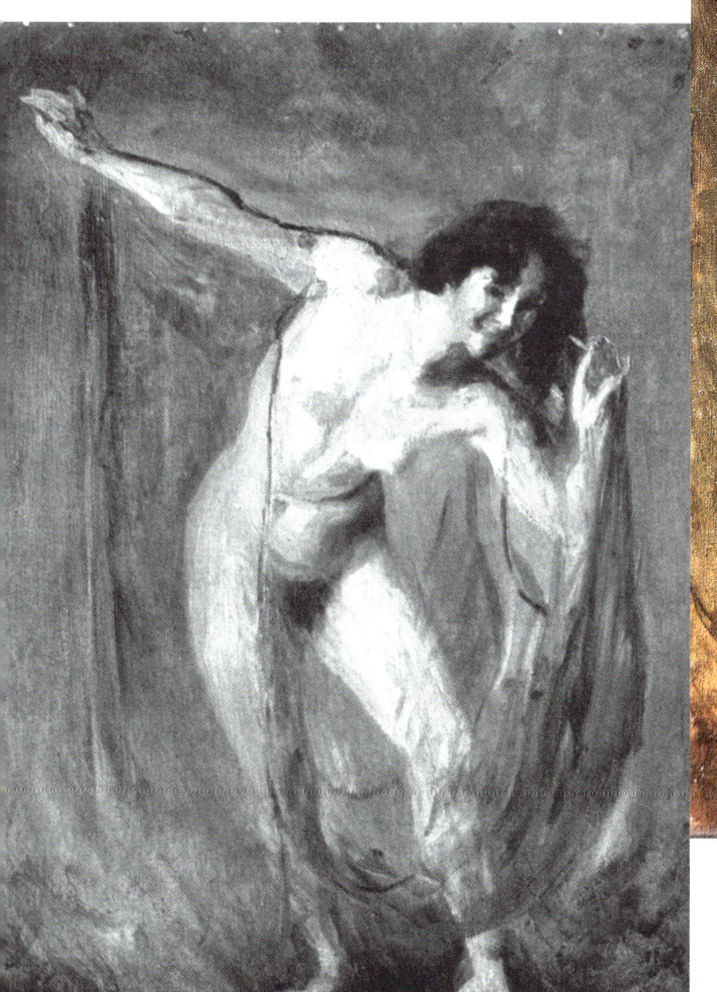

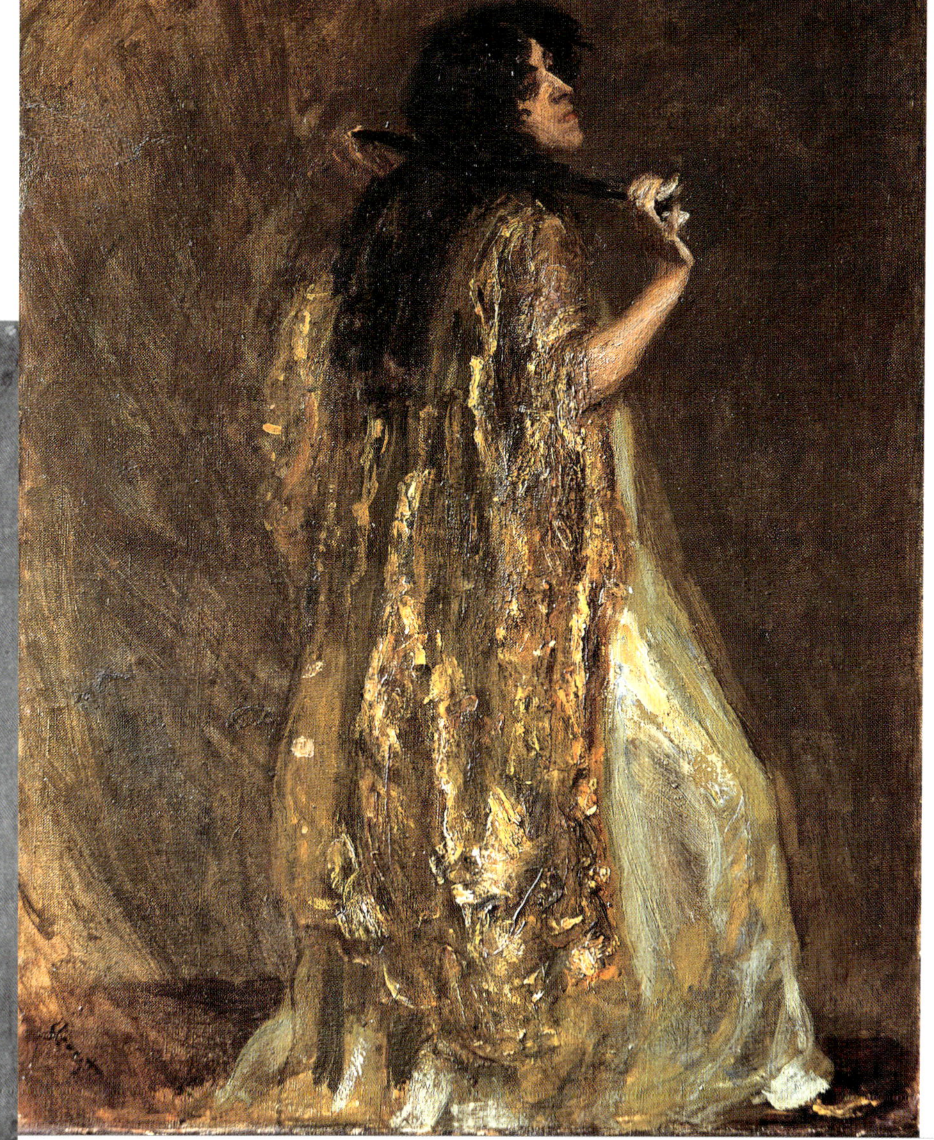

003

– 1895 – Buntstift in Blau und Braun auf einer Doppelseite eines Skizzenbuchblatts – 20,9 × 33,1 cm – GDKE – Direktion Landesmuseum Mainz, Slevogt-Archiv, Grafischer Nachlass – Inv.-Nr. DL SL NL 2021/104

Lit.: Mainz 2014, Kat. 115, Abb. S. 150. – Schenk 2015, S. 59 f., 440, Abb. 7.

Zwei Bewegungsstudien einer Schleiertänzerin (Loïe Fuller?)

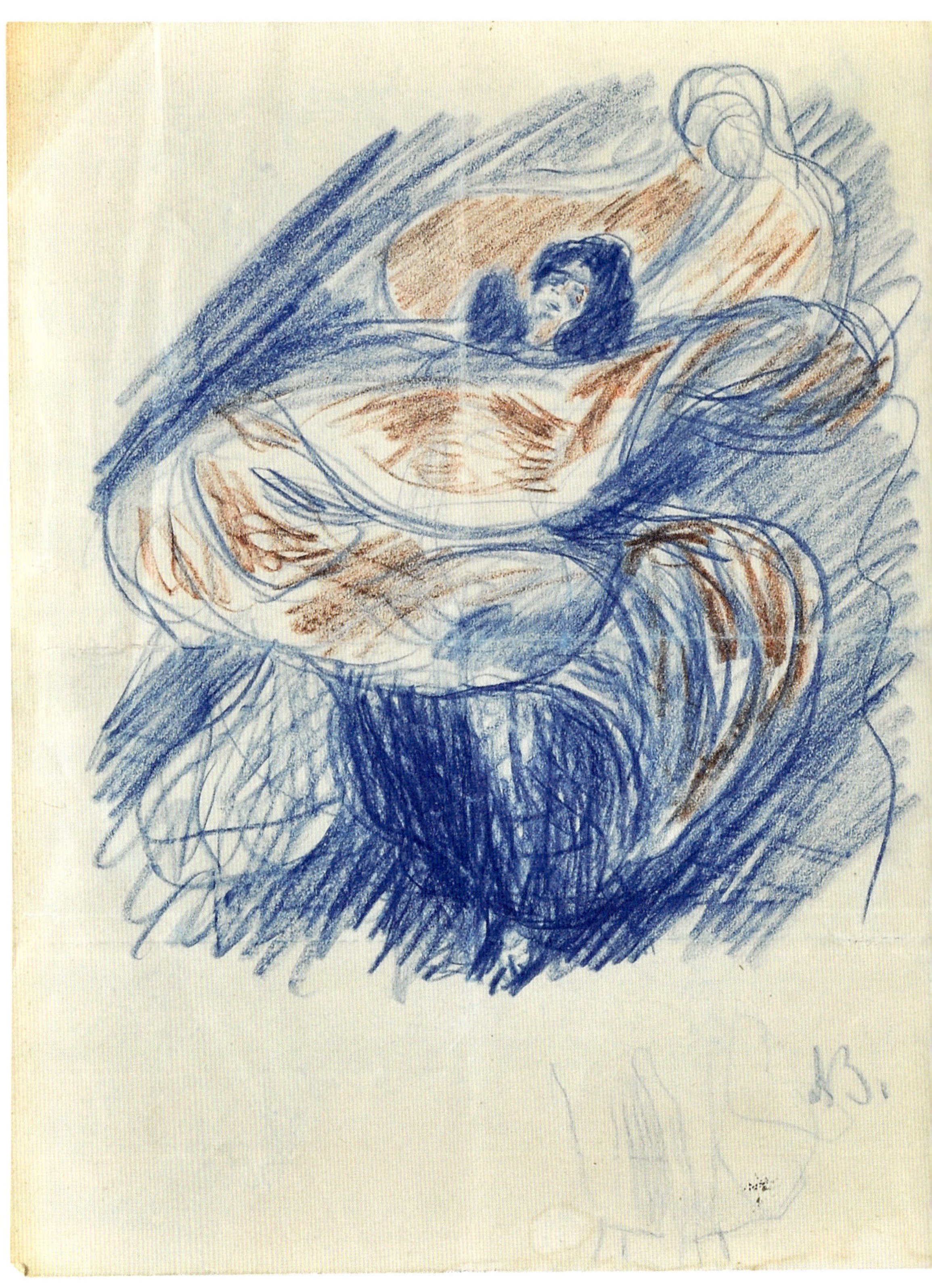

Loïe Fuller zeigte 1892 in den Folies Bergère in Paris ihre Schleiertänze mit Titeln wie *La Serpentine/Die Schlangenlinie* oder *Le Papillon/Der Schmetterling* als moderne Form des Schleiertanzes der Salome. Wenn sie auf der Bühne die glänzenden Stoffbahnen an langen Stäben um sich wirbelte, beleuchtet von einer damals spektakulären Lichttechnik, stellte sie damit dem klassischen Ballett etwas völlig Neues gegenüber. Fuller war ein europaweites Tanzphänomen und ein Star, der bald auch von anderen kopiert wurde. Diese Art des Schleiertanzes, die die fließende Linie, das Arabeskenhafte und den stetigen Wandel von Formen im Licht zum Thema machte, faszinierte zahlreiche bildende Künstler, unter ihnen Vertreter des Impressionismus, des Jugendstils und des Symbolismus, bekannte Namen wie Henri de Toulouse-Lautrec und Thomas Theodor Heine.

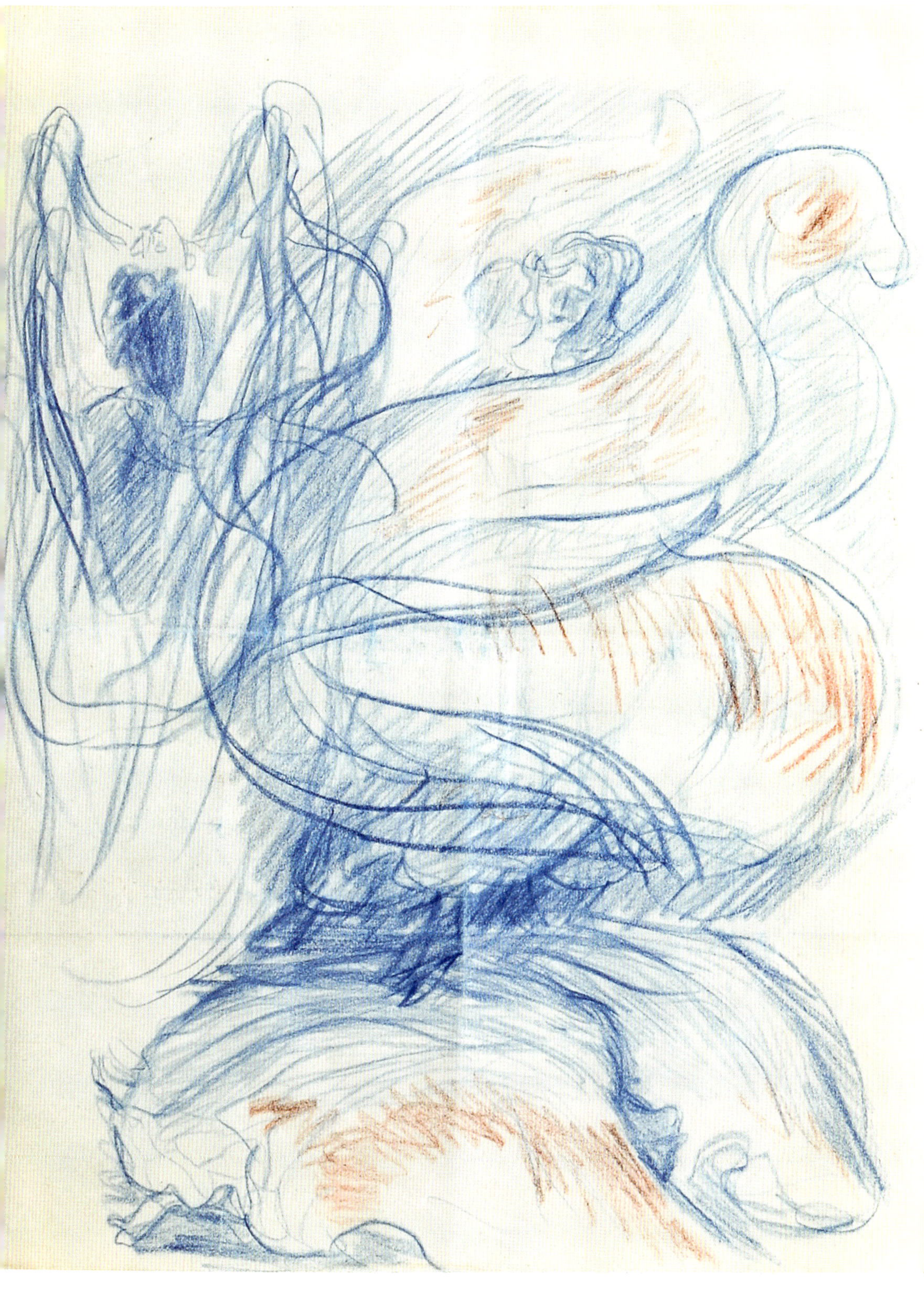

Leider gibt es bislang keinen eindeutigen Beleg dafür, dass Slevogt Fuller auf der Bühne erlebt hat. Sie war allerdings als »Compagnon« der japanischen Theatertruppe um Sada Yakko 1901 mit in Berlin – aber eben erst nach der Entstehung der vorliegenden Zeichnung. Die Bewegungsstudien könnten somit auch auf eine Fuller nachahmende Vorführung zurückgehen, z. B. der Mlle. Ancion, die schon 1895 von den Gebrüdern Skladanowsky gefilmt wurde. Die schwingenden, sich mit jeder Bewegung verändernden Stoffbahnen, die den Körper der Tänzerin verschwinden und zu einem weitgehend abstrakten Inbild von Formen in Bewegung werden lassen, müssen für einen leidenschaftlichen Zeichner von Bewegung, wie Slevogt es war, von großem Reiz gewesen sein. – **KR**

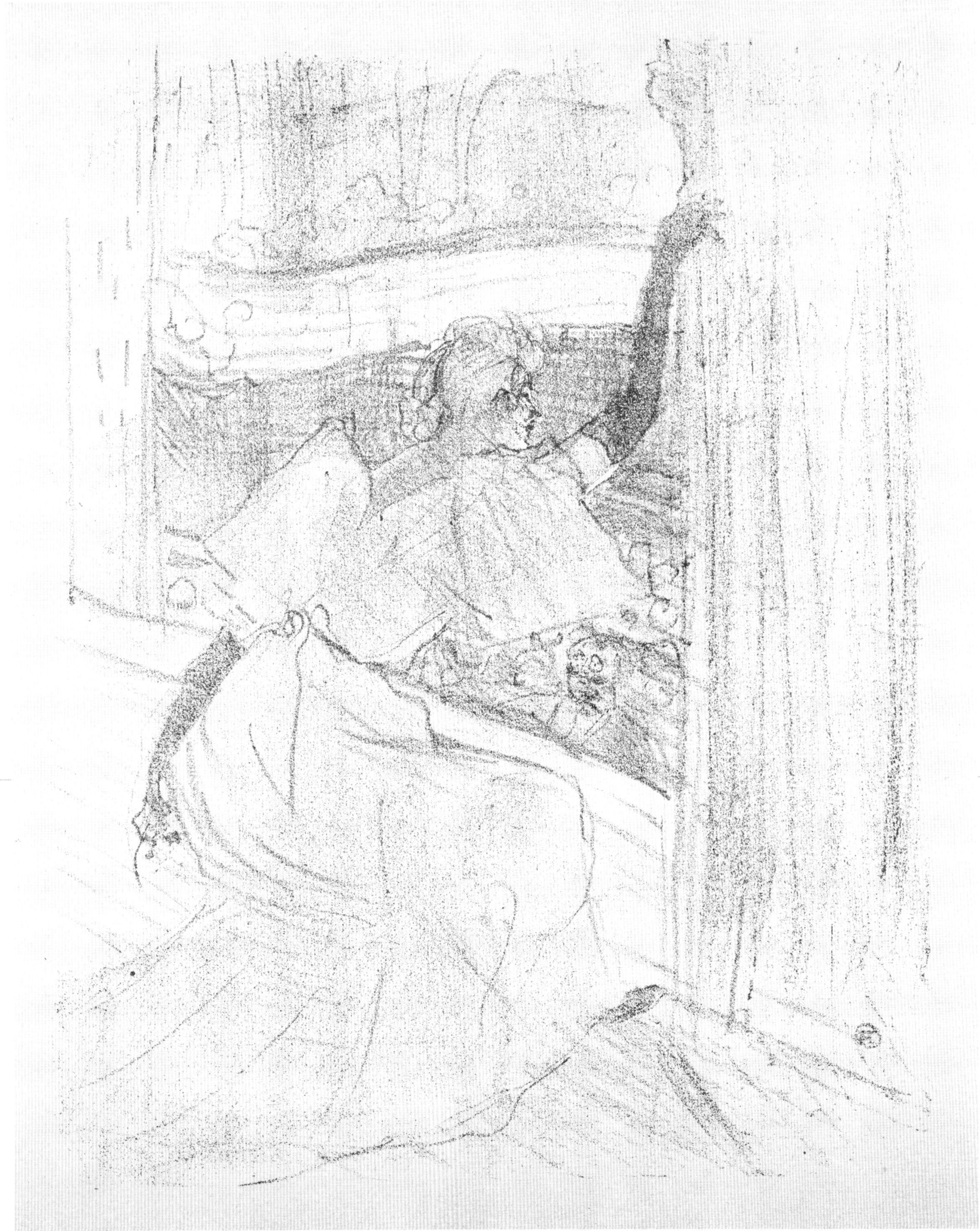

004

– Henri de Toulouse-Lautrec (Albi 1864 – 1901 Schloss Malromé, Gironde) – 1898 – Kreidelithografie in Schwarz auf beiger Tonplatte auf Büttenpapier – 49,8 × 37,5 cm (Blatt), 32,2 × 26,5 cm (Darstellung) – Saarlandmuseum – Moderne Galerie, Saarbrücken, Stiftung Saarländischer Kulturbesitz, aus der Sammlung Kohl-Weigand – Inv.-Nr. L 44/401-10 –

Lit.: Adriani 1986, S. 306, Abb. S. 318, Nr. 258. – Saarbrücken 2018, S. 140, 284, Abb. S. 80, Kat. 187.

Yvette Guilbert grüßt das Publikum (Blatt 8 des »Albums Yvette Guilbert«)

005

– o. J. (ca. 1900 – 1910) – Bleistift und Kreide auf Tempera – 29,8 × 43,8 cm – bezeichnet unten rechts: s. l. Ed. Fuchs/Max Slevogt – Theaterwissenschaftliche Sammlung, Universität zu Köln – Inv.-Nr. G16702 –

Lit.: Saarbrücken 2018, S. 140, 280, Abb. S. 81, Kat. 105.

Yvette Guilbert. Die Diseuse

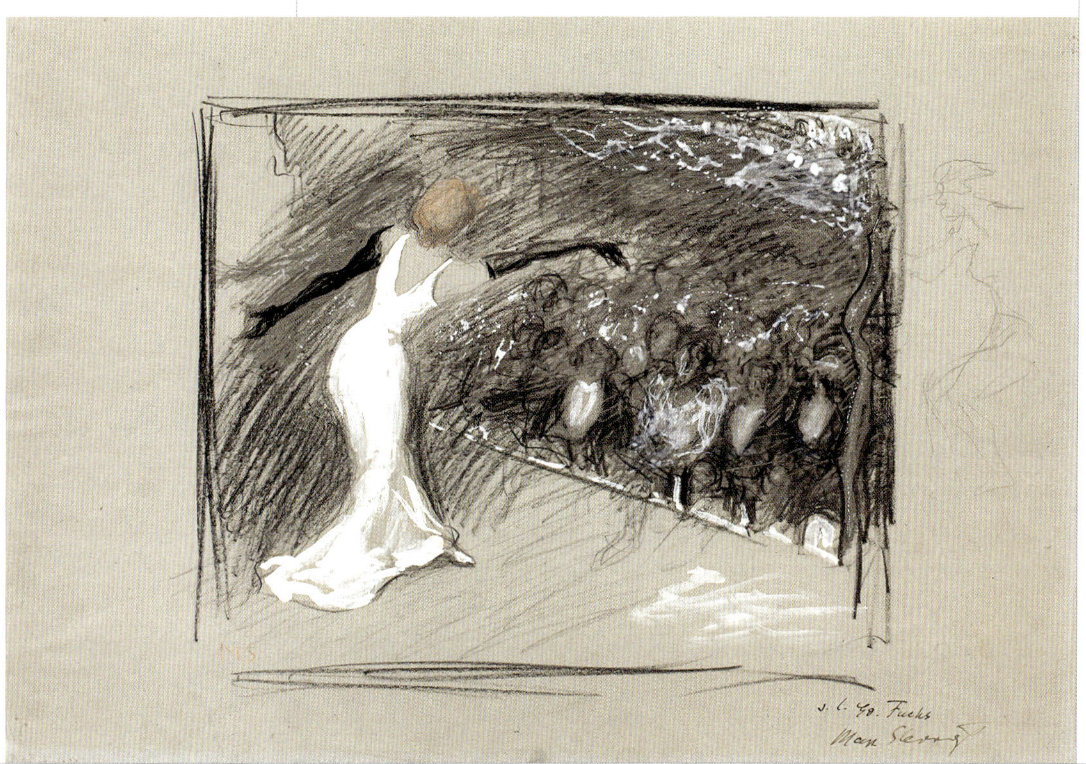

Vermutlich kannte Slevogt solche Darstellungen und orientierte sich in seiner eher früh anzusetzenden Zeichnung *Yvette Guilbert. Die Diseuse* daran. Auch bei ihm liegt die Betonung auf Pose und Körperlinien, den ausgestreckten Armen, der Biegung des Körpers und seiner Rundungen, die sich durch das Weiß des Kleides markant abheben. Dahinter verschwimmen in nervösen dunklen Linien und mit einer interessanten Sprenkeltechnik das Publikum und der Saal. – KR

Die französische Sängerin und Schauspielerin Yvette Guilbert (1865 – 1944) hatte seit 1890 die Pariser Bühnen des Divan Japonais und des Moulin Rouge erobert und wurde bald auch über die Grenzen Frankreichs hinaus bekannt. Tourneen führten sie Ende des Jahrhunderts nach London, New York und 1898/99 nach Berlin. Vom 24. Januar bis zum 2. Februar 1898 und vom 4. bis zum 18. Februar 1899 trat sie im Apollo-Theater in Berlin auf. 1901 und 1928 folgten weitere Auftritte in Deutschland, bei denen Max Slevogt sie erlebt haben könnte. Guilbert begeisterte das Publikum und die Künstler weniger mit ihrer Stimme als durch die Art ihres Auftretens und ihre Erscheinung. Henri de Toulouse-Lautrec schuf die wohl charakteristischsten Darstellungen der Sängerin, in denen er ihre zwei Markenzeichen – das rote Haar und die langen schwarzen Handschuhe an den schlanken, die Darbietung gestisch untermalenden Armen – zu Hauptelementen seiner Bilder machte. 1898 erschien das Blatt *Yvette Guilbert grüßt das Publikum (Yvette Guilbert, salutant le public)* als Teil der sogenannten *Série anglaise* anlässlich ihrer Auftritte in London 1899.[2] Von der Bühne aus zeigte Toulouse-Lautrec sie in einer extrovertierten Pose, die den Körper tänzerisch, expressiv und ornamenthaft im Profil inszeniert.

– **2** *Album Yvette Guilbert/Série anglaise*, 1898, verlegt bei Bliss and Sands in einer Auflage von 350 Exemplaren, mit einem Text von Arthur Byl. Die London-Auftritte sollten eigentlich 1898 stattfinden, wurden dann aber ins folgende Jahr verlegt.

006

– 1901 – Öl auf Leinwand – 129 × 83,4 cm – bezeichnet unten links: M. Slevogt 1901 (rückseitig auf umgeschlagener Leinwand japanische Beischrift: Dezember 1901. Japan. Sada Yakko Kawakami) – Saarlandmuseum – Moderne Galerie, Saarbrücken, Stiftung Saarländischer Kulturbesitz, aus der Sammlung Kohl-Weigand – Inv.-Nr. KW 4 G –

Lit.: Imiela 1968, S. 78, 373, Anm. 15. – Saarbrücken/Mainz 1992, Kat. 48, S. 439. – Pantzer 2003, S. LXIV, LXXI. – Wuppertal/Berlin 2005, S. 148. – Frankhäuser/Krischke/Paas 2007, S. 18 f., 60–62. – Chemnitz 2011, Kat. 4, S. 30. – Mainz 2014, Kat. 125, S. 156.

Sada Yakko

Sada Yakko Kawakami (1871–1946) war vor ihrer Karriere als Kabuki-Tänzerin, die Ende der 1890er Jahre begann, eine der bekanntesten Geishas Japans. Sie gehörte damals zu den ersten Frauen, die eigentlich traditionell von Männern gespielte Rollen interpretieren durften. 1894 heiratete sie den japanischen Theaterpionier Kawakami Otojirō. Mit dem Ensemble ihres Mannes ging sie auf Welttournee und verzauberte von November bis Dezember 1901 auch das Berliner Publikum. Wohl während der Vorstellung von *Die Geisha und der Ritter* im Metropol-Theater sah Max Slevogt die asiatische Schönheit. Daraufhin versuchte er mehrfach, sie zum Modellstehen zu gewinnen. So entstand dieses Gemälde schließlich im Atelier nach Skizzen, die Slevogt zuvor, am 2. Dezember 1901, hinter der Bühne des Berliner Zentraltheaters angefertigt hatte.

Sada Yakko versah später das am 6. Dezember fertiggestellte Bild mit einer Beischrift in Japanisch: »Dezember 1901. Japan. Sada Yakko Kawakami«. Slevogt griff in diesem Gemälde wieder das Motiv einer Tänzerin auf, stellte aber erstmals eine bekannte Persönlichkeit dar. Unmittelbar und vor einem undefinierten Hintergrund positioniert, betonte der Maler die Figur mit ihrem bunten Kostüm in Blau, Rosé, Rot und Gelb. Slevogt wendete sich in diesem Gemälde einer neuen Malweise zu und legte die dunkle und tonige Farbigkeit ab, die noch in seiner Münchner Zeit vorherrschte. Vor dem neutralen und hellen Hintergrund, der weder Räumlichkeit oder eine Verortung zulässt, rückte Slevogt mittels kontrastreicher Farbigkeit von Kimono, Make-up und einer teils zart-duftigen Malweise Sada Yakko in den Fokus.

Mit leichter Körperdrehung ist sie dem Betrachter zugewandt, hält in ihrer linken Hand einen Orchideenzweig empor und entspricht damit in vollkommener Weise dem europäischen Bild einer Geisha, das sie in der Hauptrolle des Stückes *Die Geisha und der Ritter* darbot. Wie treffend scheint da folgendes Zitat einer Tageszeitung über den Auftritt der Gruppe: »Ein Gemälde, aus der Hand eines ersten Meisters hervorgegangen, glänzend und schimmernd in all den seidenen Farben, die wir von den Holzschnitten und Stickereien der Japaner kennen. Ein Gemälde steht vor uns, und diese Malerei fängt an zu leben und sich zu bewegen und setzt sich um in tausend immer neue Bilder, eins ebenso vollendet wie das andere.«[3]

– **RS**

– **3** Zit. nach Pantzer 2005, S. LXIV.

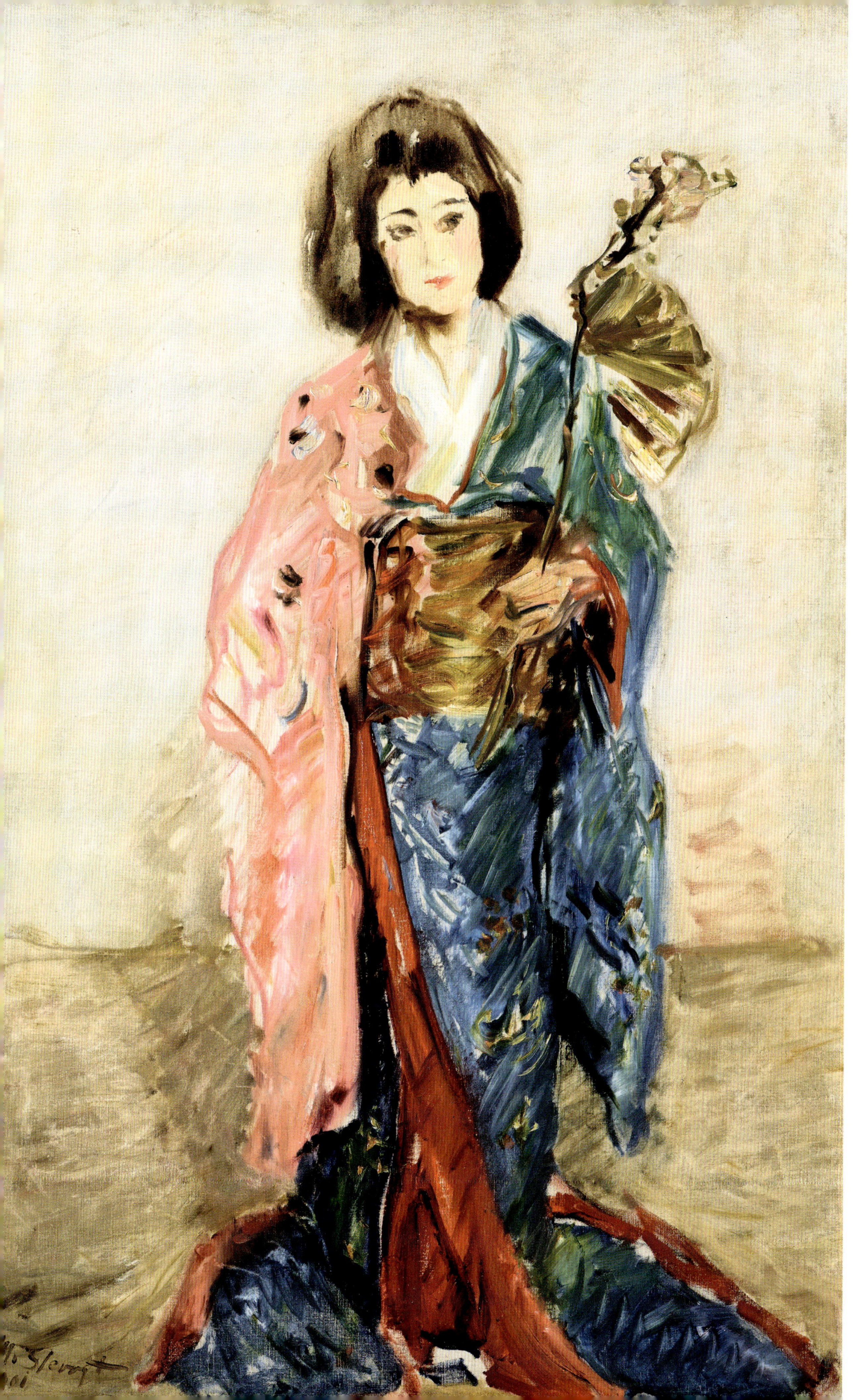

007

Theaterszene aus »Der Shogun« mit Sada Yakko

– 1901 – Bleistift auf der Rückseite der Darstellerliste des japanischen Theaterstücks *Der Shogun* – 14,6 × 23 cm – unter der Darstellerliste eine Adressnotiz – GDKE – Direktion Landesmuseum Mainz, Slevogt-Archiv, Grafischer Nachlass – Inv.-Nr. DL SL NL 2021/103 –

Lit.: Imiela 1968, S. 373, Anm. 15. – Pantzer 2005, S. XXXI, LXXII, 30, 43 f., 55 f., 86, 100 f. – Mainz 2014, Kat. 127, Abb. S. 158. – Feulner 2021 a, S. 12–15.

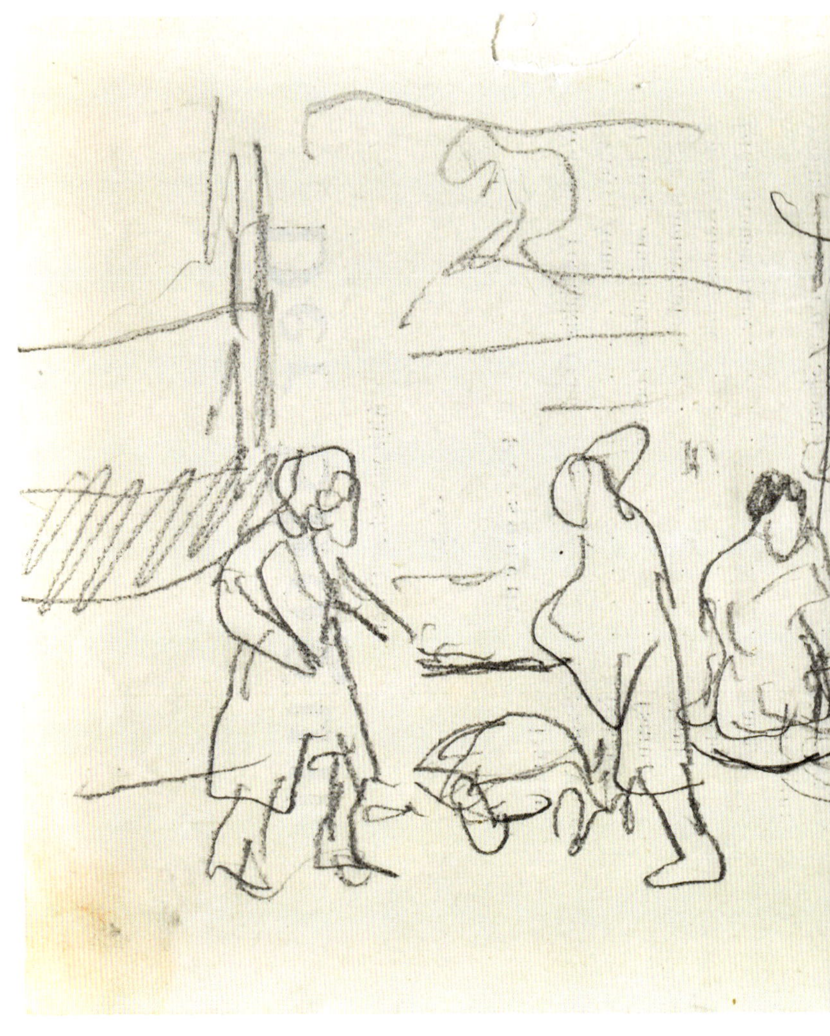

Der Shogun.

Altjapanisches Drama.

Personen:

	Damen:
Wakaba, Yoshiakis Frau	**Sada Yacco.**
Sanaye, Amme	Nakakichi.
O Kiku, Michisukés Tochter	Tsuru.
Erste Kammerzofe	Nami.
Zweite Kammerzofe	Toshi.
Dritte Kammerzofe	Tane.
	Herren:
Yoshmori, der Prinz Shogun	**Kawakami.**
Yoshiaki, sein junger Bruder	**Fujisawa.**
Michisuké	Matsumoto.
Daitaro, Michisukés Sohn	Nozaki.
Ujitomo, Yoshiakis Sohn	Hattori.
Haruo, junger Bruder der Wakaba	Der kleine Raikichi.

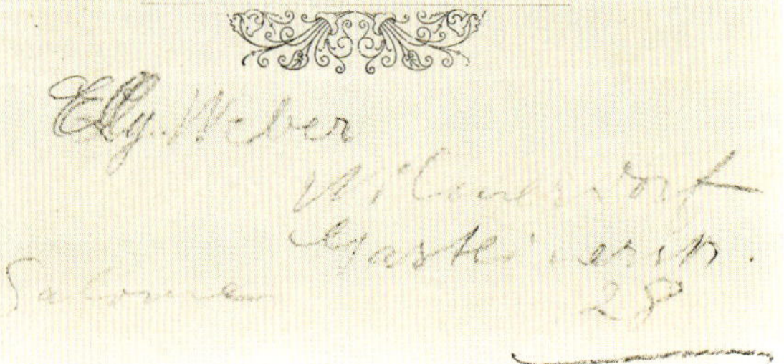

Sada Yakko bereiste 1901 mit der Schauspieltruppe ihres Mannes Kawakami Otojirō zum zweiten Mal Europa und kam dabei auch in 21 deutsche Städte, darunter Köln, Berlin, Hannover, Hamburg, Leipzig, Dresden, Frankfurt, Stuttgart und München. Am 18. November fand der erste Auftritt im Berliner Zentral-Theater statt, wo die Truppe zwei verschiedene Stücke spielte. Aufgrund des großen Erfolgs schloss sich ein weiteres Auftreten im neu eröffneten Bunten Theater im Berliner Stadtteil Luisenstadt an. Fünf Tage lang wurde dort eine japanisierte Szene aus Shakespeares *Kaufmann von Venedig* gebracht, dann vier Tage lang, vom 16. bis zum 19. Dezember das Stück *Der Shogun*, das im 14. Jahrhundert spielt. Darin geht es um zwei verfeindete Brüder aus dem Haus Ashikaga, der ältere von den beiden Shogun. Dieser plant die Ermordung des jüngeren Bruders, der aber überlebt und zurückkommt, um sich zu rächen. Die beiden Männer töten sich schließlich gegenseitig im Kampf vor den Augen der dem Wahnsinn verfallenen Ehefrau des jüngeren.

Sada Yakko spielte die Rolle der Ehefrau mit dem Namen Wakaba, Kawakami Otojirō den Shogun Yoshmori. Slevogt hatte Sada Yakko schon 1900 auf der Weltausstellung in Paris erlebt,[4] wo seine *Scheherazade* ausgestellt war. 1901 besuchte er dann die Vorstellungen in Berlin. Während des Besuchs im Bunten Theater Mitte Dezember entstand wohl die vorliegende Skizze. Das japanische Theater mit seinen starken Gesten und eindrucksvollen Szenenbildern in teils leuchtenden Farben wie auch mit seiner intensiven Mimik war damals in Europa etwas sehr Neues und Ungewohntes und wurde nicht nur von Slevogt, sondern auch von anderen Künstlern wie Max Liebermann oder Emil Orlik mit großem Interesse beobachtet. Die Truppe Otojirōs präsentierte allerdings eine moderne, stärker optisch wirkende Form, nicht das klassische Kabuki – auch, weil das Publikum die Texte nicht verstehen konnte. Im Dezember 1901 malte Slevogt dann das große Porträt Sada Yakkos Im Atelier (vgl. Kat. 6). – **KR**

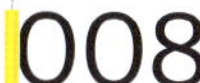

008

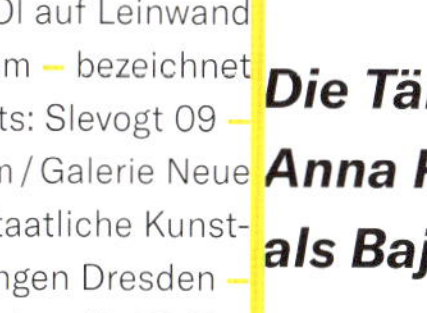

Die Tänzerin Anna Pawlowa als Bajadere

– 1909 – Öl auf Leinwand – 173 × 128 cm – bezeichnet unten rechts: Slevogt 09 – Albertinum / Galerie Neue Meister, Staatliche Kunstsammlungen Dresden – Inv.-Nr. 2548 –

Lit.: Alten 1926, S. 58, Abb. 60. – Imiela 1968, S. 130, 386, Anm. 11. – Saarbrücken/Mainz 1992, S. 483. – Wuppertal/Berlin 2005, S. 153. – Frankhäuser/Krischke/Paas 2007 S. 80 f. – Mainz 2014, Kat. 130, S. 162. – Hannover 2018, Kat. 71, Abb. S. 254.

Anna Pawlowa war um 1900 eine gefeierte »prima ballerina assoluta«. Sie gastierte 1907 und 1909 in Berlin, wo Slevogt sie während verschiedener Aufführungen sah. Wohl nach einer Galavorstellung am 5. Mai 1909, die in der Krolloper gegenüber des Reichstags stattfand, lernte er die Tänzerin bei einem Bankett im Hotel Esplanade kennen und bat sie, ihm Porträt zu sitzen. Nach langer Überredung stimmte sie schließlich zu. »Als Slevogt sie malte«, hat seine Freundin, die Schauspielerin Tilla Durieux, »sie über die Langeweile der Sitzung hinweggeplaudert«, um die Startänzerin bei Laune zu halten.[5]

Statt des Motivs vom sterbenden Schwan, für das die Tänzerin berühmt war, wählte Slevogt die Darstellung als Bajadere, einer indischen Tempeltänzerin mit Schleier. Diese sinnlich-kokette Form entsprach mehr seinen Vorstellungen als die anmutige Dramatik der Schwanen-Choreografie.

– **4** Vgl. dazu die 1900 datierte aquarellierte Tuschezeichnung *Sadda Yako mit zwei Samurai Kriegern* im Landesmuseum Mainz. – **5** Durieux 1979, S. 117.

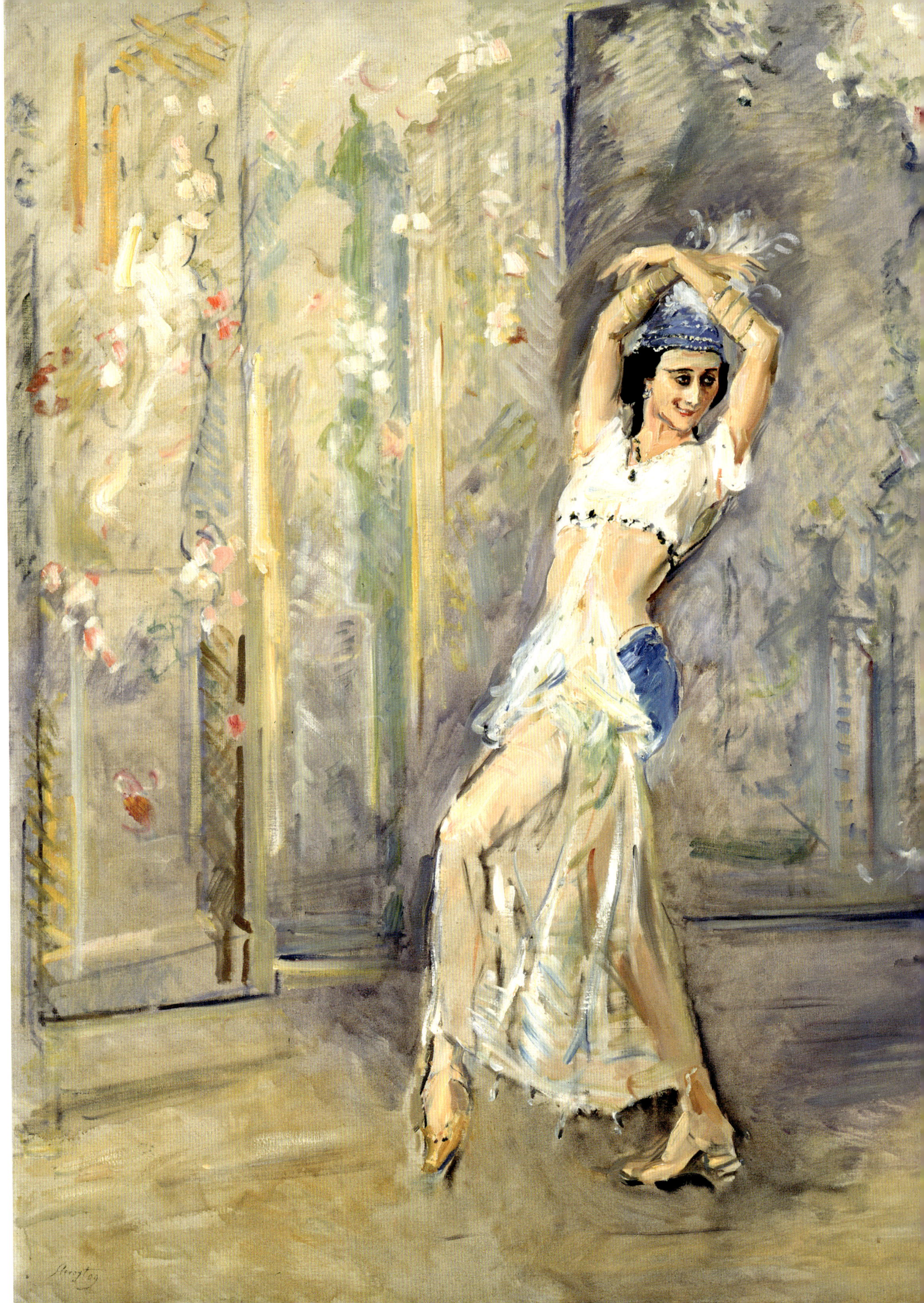

Als Vorlage für die Haltung wählte er eine Skizze aus, die er während einer der zahlreichen Tanzvorstellungen schuf. Für den Ausdruck saß sie ihm aber im Atelier Porträt. Vor dem Hintergrund, bei dem es sich wohl um eine Kulissendekoration in der Art einer exotisch-floralen Chinoiserie handelt, tanzt die Pawlowa. Die emporgereckten und überkreuzten Arme umrahmen das Gesicht mit seinem markanten Ausdruck. Der eher neutral und flächig gestaltete Boden lässt die Schrittstellung der von einem durchsichtigen Schleier umhüllten Beine besonders deutlich hervortreten. Wieder einmal legte Slevogt Wert auf den Bewegungsmoment. Einem Balanceakt gleich hebt die grazile Tänzerin ihr linkes Bein an und beugt sich gleichzeitig mit ihrem Oberkörper nach hinten. Unterstichen wird die Grazilität mittels des aquarellartigen Farbauftrags. Die Freizügigkeit der Kleidung und der auffordernde Ausdruck ihres Gesichts lassen den Betrachter in die Welt des Exotischen eintauchen. – RS

009

Die Sängerin Frieda Halbe

– Lovis Corinth (Tapiau/Ostpreußen 1858–1925 Zandvoort/Holland) – 1905 – Öl auf Leinwand – 120 × 90 cm – bezeichnet oben rechts: Lovis Corinth 1905 pinxit – Österreichische Galerie Belvedere, Wien – Inv.-Nr. 3837

Lit.: Wien/Saarbrücken 2021, S. 120 f. – Wien 2009, S. 68 f.

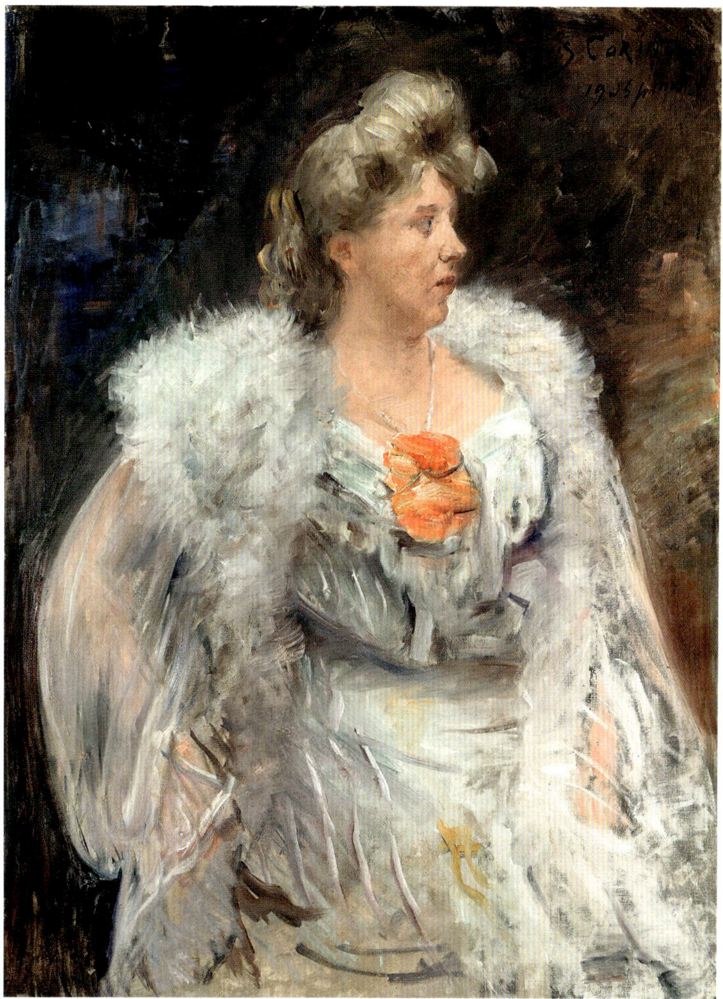

Bei dem lebensgroßen Porträt der Sängerin Frieda Halbe handelt es sich um ein sogenanntes Kniestück. Es zeigt die Cousine des Dichters Max Halbe, der mit Corinth seit den 1890er Jahren in München befreundet war. Das Bildnis gehört zu einer Reihe von Porträts, die der Maler für die Familie des Dichters anfertigte. So kamen wohl auch der Kontakt und Auftrag für jenes Werk zustande. Ganz der Opulenz und dem Selbstverständnis der bekannten Opernsängerin Frieda Halbe entsprechend, setzte Lovis Corinth sie in diesem beeindruckenden Künstlerinnen-Porträt in die imposante und zugleich üppig-sinnliche Pose, ohne sie aber als Sängerin auszuzeichnen. Der teils pastose Farbauftrag wirkt in seiner Malweise fast pastellig. Geschickt verwischte Corinth im Bereich der Arme die Farbe so, dass sie halbdurchsichtig erscheint. Dadurch kommt der wohl mit Federn besetzte Umhang besonders gut zur Geltung. Auch der dunkle Hintergrund lässt die in Weiß gekleidete Sängerin regelrecht erstrahlen und lenkt den Blick direkt auf die Porträtierte, ähnlich wie es Slevogt später im Bildnis *La Argentina* (vgl. Kat. 14) ausführte. Unterstützt wird die stolze Haltung durch die in die Hüfte gestützten Hände, das ins Profil gedrehte Gesicht und die geschlossene Kontur. Als kontrastreicher Blickfang prangt am Dekolleté eine große orangerote Blüte, die das Sinnliche zusätzlich betont. – RS

010

– 1904 – Öl auf Pappe – 49,5 × 52,2 cm – Albertinum / Galerie Neue Meister, Staatliche Kunstsammlungen Dresden – Inv.-Nr. 2549A

Die Tänzerin Marietta di Rigardo (Studie)

Die gebürtige Philippinerin Marietta di Rigardo (eigentlich Maria Trinidad de la Rosa, 1880–1966) war mit dem Berliner Schriftsteller und Komponisten Georg David Schulze, in dessen Kabarettstücken sie auftrat, verheiratet. Zu jener Zeit wurde sie für ihre spanischen Tanzvorführungen gefeiert, denen auch Max Slevogt beiwohnte. Derart fasziniert von ihren Bewegungen und ihrer erotischen Ausstrahlung schuf Slevogt ein geradezu monumentales Porträt von ihr. Die hier gezeigte Ölstudie stellt die wohl letzte Stufe im Werkprozess für dieses großformatige Bildnis der Tänzerin dar, das Slevogt 1904 vollendete und sich heute in der Dresdner Gemäldegalerie Neue Meister befindet. Mit wenigen, aber gezielten Pinselstrichen fror er die rhythmischen Bewegungen der Flamencotänzerin ein, die mit ausgestreckten Armen die Kastagnetten erklingen lässt. Die Dynamik wird noch in den dunkelblauen und kreisenden Linien am Saum ihres Kleides sichtbar. Bereichert wird die Szene durch den Gitarrenspieler und einen Klatscher in der oberen rechten Bildecke, die auf Stühlen Platz genommen haben. Blaue und gelbe Linien umschlingen regelrecht den Körper der Tänzerin und betonen so ihre Figur und unterstreichen ihre Bewegung. Stolz und Anmut werden in dieser Studie sichtbar, wenngleich das spätere Ölbild deutlich an Bewegtheit des Moments verloren hat. Weder die Studie noch das spätere großformatige Porträt gehörten zum Besitz der dargestellten Tänzerin. Die Gemälde waren – anders als die Rollenbilder des Sängers d'Andrade, die für ihn oder im Auftrag von Galeriedirektoren entstanden – wohl für den freien Verkauf gedacht bzw. verblieben in Slevogts Besitz. – RS

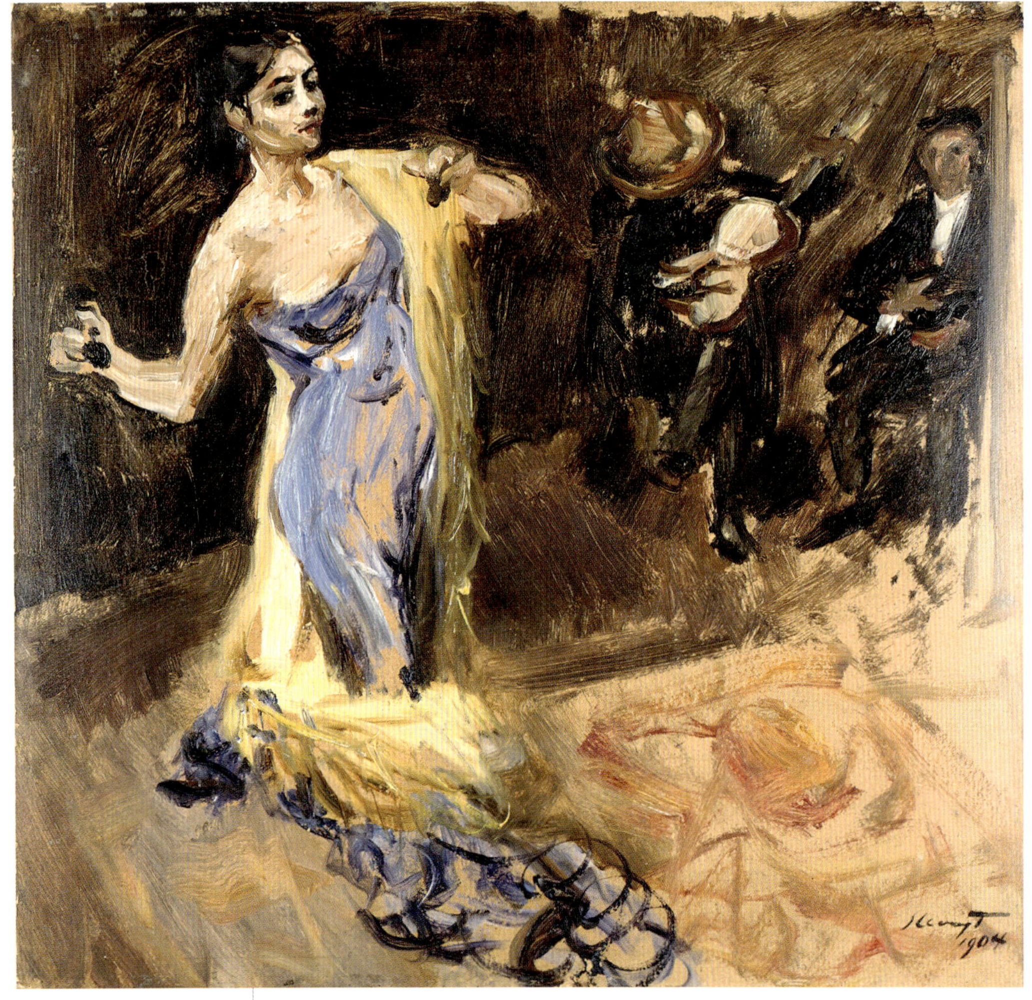

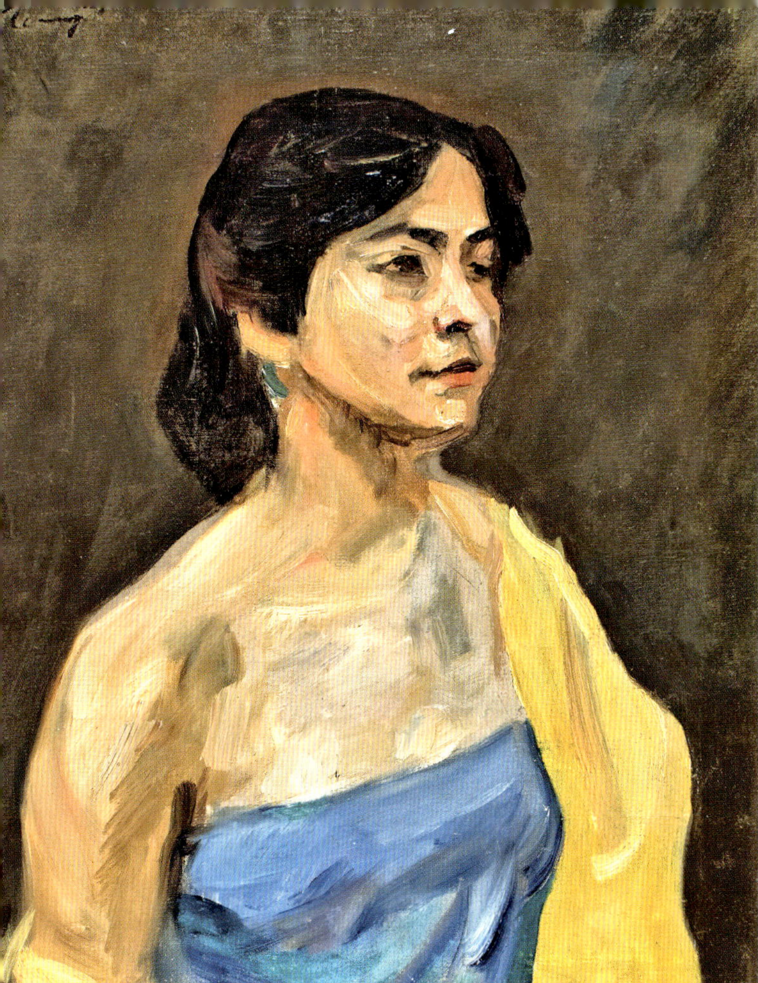

012

– 1904/05 – Ätz- und Kaltnadelradierung auf Japanpapier – 52,6 × 42,5 cm (Blatt), 31,9 × 24 cm (Platte) – Saarlandmuseum – Moderne Galerie, Saarbrücken, Stiftung Saarländischer Kulturbesitz, aus der Sammlung Kohl-Weigand – Inv.-Nr. KW 5563

Lit.: Sievers/Waldmann 1962, Nr. 10, Abb. 10. – Saarbrücken 2018, S. 277, Kat. 32, Abb. S. 79.

Tänzerin (Marietta di Rigardo, Bl. 6 der Folge »Schwarze Szenen«)

Die Serie der *Schwarzen Szenen*, Slevogts erster druckgrafischer Zyklus, erschien 1905 mit einer Auflage von 30 signierten und nummerierten Exemplaren im Verlag von Bruno Cassirer in Berlin. Die Radierung geht auf eine Studie der philippinischen Tänzerin Marietta di Rigardo von 1904 und das Gemälde aus demselben Jahr zurück. Sie erweitert jedoch die Szene, indem der Tänzerin, die trotz ihrer Kleidung fast nackt und umso ausgelieferter erscheint, ein männliches, recht düster-bedrückendes Publikum gegenübergestellt wird. Eine Inspiration für die Serie der *Schwarzen Szenen* fand Slevogt in Goyas *Caprichos* und *Disparates*. – KR

011

– 1904 – Öl auf Leinwand – 57,5 × 48 cm – bezeichnet oben links: Slevogt – Stiftung Museum »Schlösschen im Hofgarten«/Provenienz Sammlung Wolfgang Schuller, Wertheim

Lit.: Saarbrücken/Mainz 1992, Kat. 61, S. 442. – Wuppertal/Berlin 2005, Kat. 77, S. 152, 164. – Frankhäuser/Krischke/Paas 2007, S. 66, 70–73. – Mainz 2014, S. 26, Kat. 129, S. 160. – Hannover 2018, Kat. 69, Abb. S. 252.

Bildnis der Tänzerin Marietta di Rigardo

Das fast lebensgroße Brustbild der Tänzerin diente dem Maler als Porträtstudie, die in demselben Kontext entstanden sein dürfte wie die Studie für das lebensgroße Ganzkörperporträt. Vor dem monochromen, dunklen Hintergrund heben sich das tiefschwarze Haar, die helle Haut und die komplementäre Farbkombination des Kleides aus Gelb und Blau ab. Mit breiten und gezielten Pinselstrichen fing Slevogt den Charakter und die würdevolle Ausstrahlung der Tänzerin ein. – RS

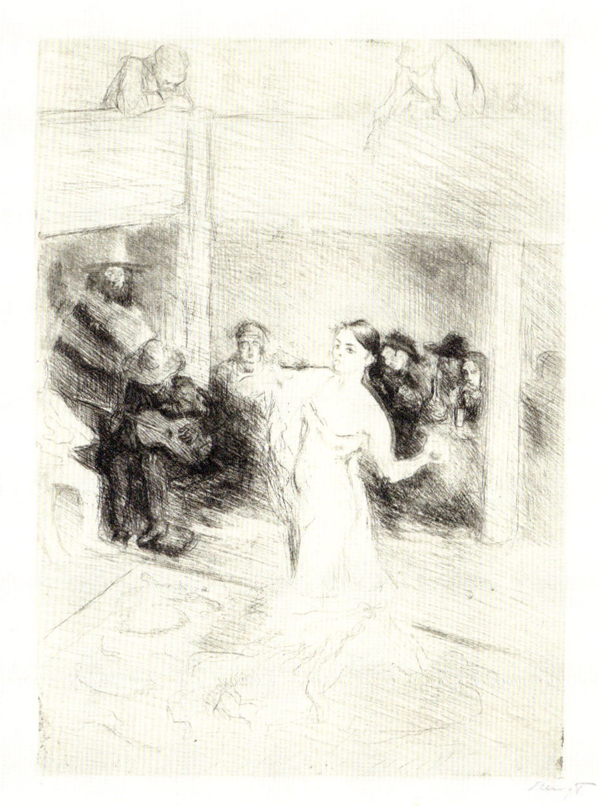

013

– Albert von Keller (Gais 1844–1920 München) – 1908 – Öl auf Leinwand – 116 × 52 cm – bezeichnet unten links: Albert v. Keller – Museum Georg Schäfer, Schweinfurt – Inv.-Nr. MGS 1926

Lit. zur Tänzerin: Müller 1981, S. 130 f. – Bott 2009, S. 168, Kat. 120.

Die Tänzerin Rosario Guerrero

Rosario Guerrero wurde um 1876/1880 in Sevilla geboren und erregte in den ersten Jahren des 20. Jahrhunderts in ihrer Rolle als Tanzpantomimin in Georges Bizets Femme-fatale-Oper *Carmen* Aufsehen. Nicht nur im Pariser Folies Bergère, in London und New York trat sie auf, auch im Deutschen Theater in München war sie zu sehen. Ein Zeitungsartikel aus dem Jahr 1906 berichtet, dass die Gehirne der Männer, die die »temperamentvolle, impulsive Frau« sahen, geradezu vom »sinnlichen Rhythmus des Tanzes […] überrollt wurden«.[6] Demselben Bericht nach tanzte »sie sich buchstäblich in den Wahnsinn« und wurde wohl zwischen 1906 und 1908 in einer Wiener Nervenheilanstalt behandelt.

Ihre Spur verliert sich um das Jahr 1912, nachdem sie ab 1908 wieder auf den Bühnen der Metropolen auftrat.

Die spanische Tänzerin wurde in der Zeit um 1900 von zahlreichen Künstlern ob ihrer Schönheit gemalt. Neben Friedrich August von Kaulbach (1850–1920), der sie auch als Carmen konterfeite, porträtierten Franz von Lenbach (1836–1904) und Albert von Keller sie häufiger.

Der Journalist und Schriftsteller Otto Julius Bierbaum (1865–1910) zeichnet in seiner *Kleinen Reise* ein treffendes Bild von der Ausstrahlung der Spanierin: »Indessen vertrieb die himmlische Rosario Guerrero, die wirklich ein Rosenkranz von Schönheit, Grazie und Kunst genannt werden darf, alle schwarzblütigen Anwandlungen. Alle Gnaden, mit denen der Himmel die romanischen Völker ausgezeichnet hat, sind über sie ausgegossen. Alles an ihr ist lauterste Schönheit, und zwar, mit Feuerbach zu reden, ›Schönheit mit lebendigem Inhalt‹. Es erscheint wie ein unbegreifliches Wunder, dass derlei Offenbarungen sich in ihrer Reinheit erhalten können, obwohl sie täglich produziert, zur Schau gestellt werden.«[7]

Keller inszenierte sie in unserem Bild in der typischen Art einer Flamencotänzerin mit einer Hand in die Hüfte gestützt, die andere erhoben und ein Tamburin haltend. In ihr schwarzes Haar ist kontrastreich eine rote Blüte gesteckt. Sie trägt ein enges Kleid mit üppigem Blumenschmuck, um das ein grüner Fransenschal geschlungen ist.

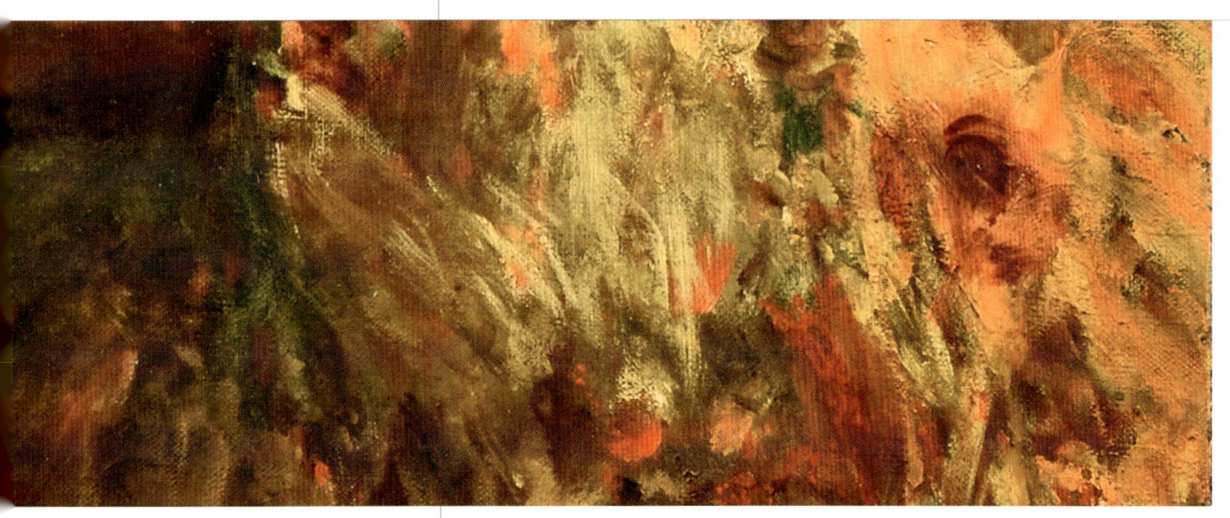

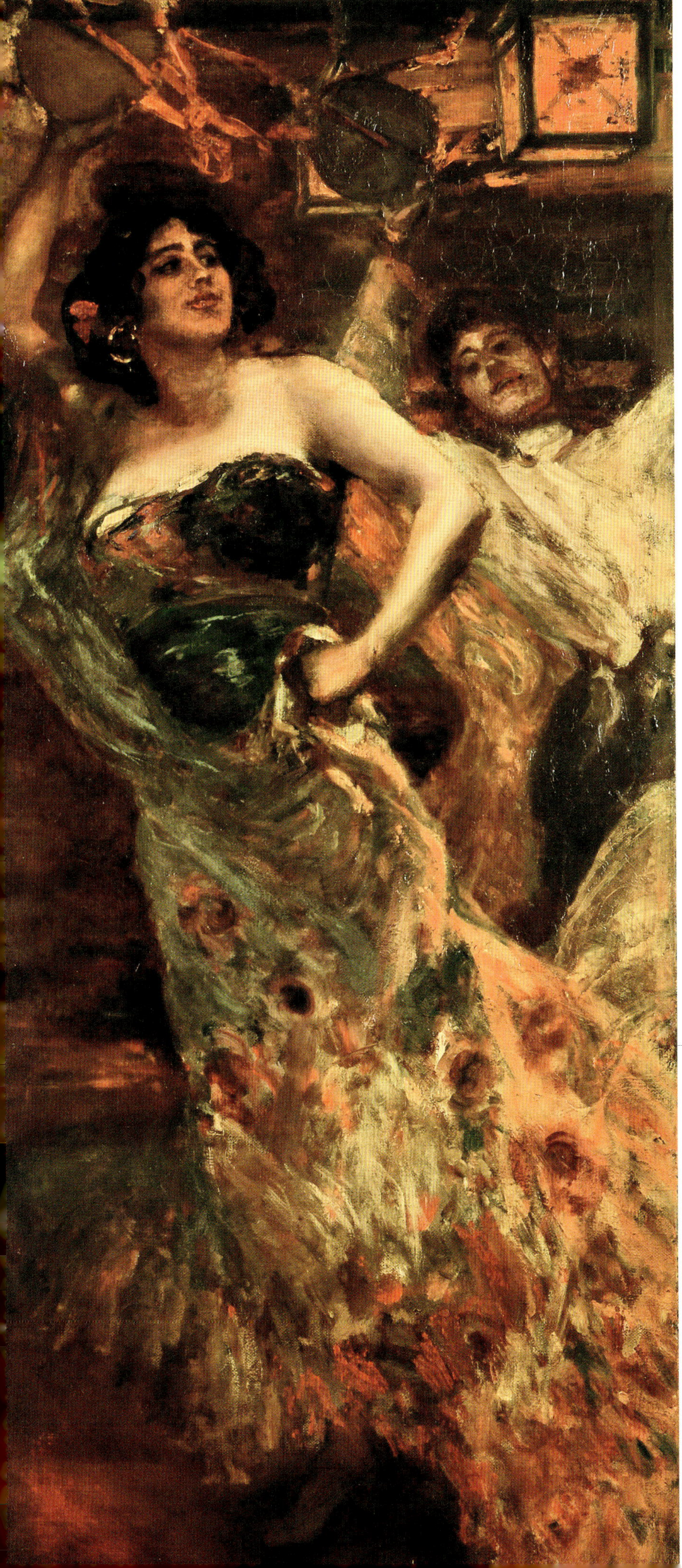

Im Hintergrund erscheint ein junger Mann mit weißem Hemd, der ebenfalls ein Tamburin schlägt und die Bewegung der Tänzerin wiederholt. Auch hier werden Tanz und Musik malerisch eingefangen, ähnlich wie es Slevogt bei den (Flamenco-) Tänzerinnen Marietta di Rigardo (Kat. 10) und Antonia Mercé (Kat. 14) tat. In seiner teils pastosen und schwungvollen Malweise legte Keller dennoch Wert auf eine detailreiche Ausführung. Anders als Slevogt, der seinen Tänzerinnen eine große »Bühne« im Bild bietet, scheint sich Rosario Guerrero in Kellers Gemälde regelrecht aus dem beengten Format, das gleichzeitig ihren schlanken Körper betont, hinauszutanzen.

— **RS**

— **6** *Statesman Journal*, 9. Dezember 1906, S. 10. — **7** Zit. nach Bott 2009, S. 168.

014

La Argentina

– 1926 – Öl auf Leinwand – 160,8 × 105,5 cm – bezeichnet unten rechts: Slevogt 26 – Saarlandmuseum – Moderne Galerie, Saarbrücken, Stiftung Saarländischer Kulturbesitz, aus der Sammlung Kohl-Weigand – Inv.-Nr. KW 37 G

Lit.: Saarbrücken/Mainz 1992, Kat. 194, S. 470. – Wuppertal/Berlin 2005, S. 153 f. – Frankhäuser/Krischke/Paas 2007, S. 20 f., 94 f. – Chemnitz 2011, Kat. 28, S. 78. – Mainz 2014, Kat. 134, S. 168. – Hannover 2018, Kat. 71, Abb. S. 255.

Bei dem großformatigen Rollenporträt handelt es sich um Slevogts letztes wichtiges Bildnis einer Tänzerin. Antonia Mercé (1890–1936), gebürtig aus Buenos Aires, war die Tochter eines Ballettmeisters der Madrider Oper. Dort verbrachte sie ihre anfängliche Karriere als Primaballerina und wurde später mit ihren spanischen Tänzen unter dem Namen »La Argentina« bekannt. Mit ihrer Tanztruppe Ballets espagnols tourte sie durch die ganze Welt, trat beispielsweise im Moulin Rouge auf und arbeitete u. a. mit Maurice Ravel zusammen. Auf einer ihrer zahlreichen Tourneen durch Europa malte Max Slevogt sie 1926, als sie in Berlin war. Eine Fotografie (Abb.) zeigt sie im Atelier von Slevogt, die Pose für das Porträt vorstellend.

Im Gegensatz zum Bildnis von Anna Pawlowa (Kat. 8) oder jenem der Marietta di Rigardo (Kat. 10) verzichtete der Maler gänzlich auf einen räumlich definierten Hintergrund. Auch füllte er die gesamte Bildhöhe mit ihrem Körper aus. Außerdem zeigt Slevogt nur einen Fuß der Tänzerin, der zudem auch noch angeschnitten wird. In gestreckter und gedrehter Pose – einer manieristischen Bronzestatue gleich – hielt Slevogt die Tanzbewegung des Flamencos fest. Mit einem Lächeln blickt uns die Tänzerin über ihre Schulter an und hält ihre Arme in typischer Flamenco-Manier. Sie trägt ein weißes Kleid mit Rüschen an Ärmeln und Saum. Ein roter Schal ist um Körper und Schultern gewickelt und betont so die drehende Bewegung.

Der unruhig gemalte Hintergrund unterstreicht zusätzlich die Dynamik des Tanzes und suggeriert die Töne der Musik. Slevogt gelang es mit diesem Rollenbildnis, sowohl das Erotisch-Aggressive als auch das Temperamentvoll-Kraftvolle auf die Leinwand zu bannen.

Neben dem »Reiz des Exotischen«, den das Bild ausstrahlt, ist es eines der »klingendsten Porträts« überhaupt, das Slevogt von einer Tänzerin schuf.[8] – RS

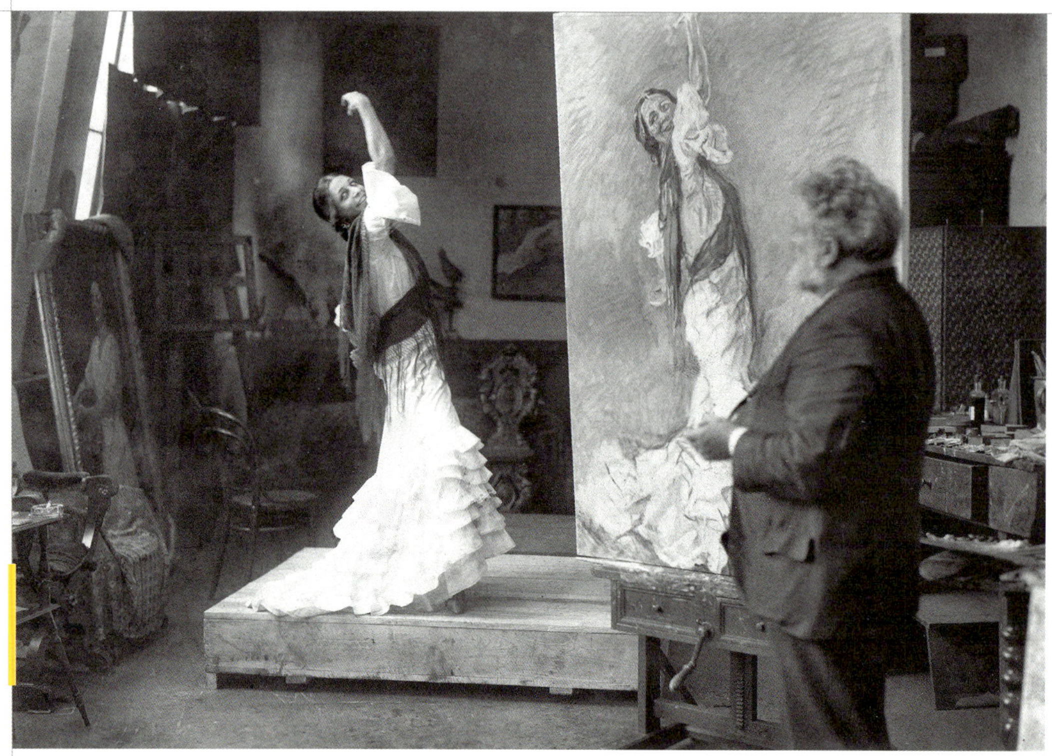

Max Slevogt im Atelier mit der Tänzerin »La Argentina« (Antonia Rosa Mercé y Luque), deren Bildnis er malt
– 1926 – Fotografie – ullstein bild –

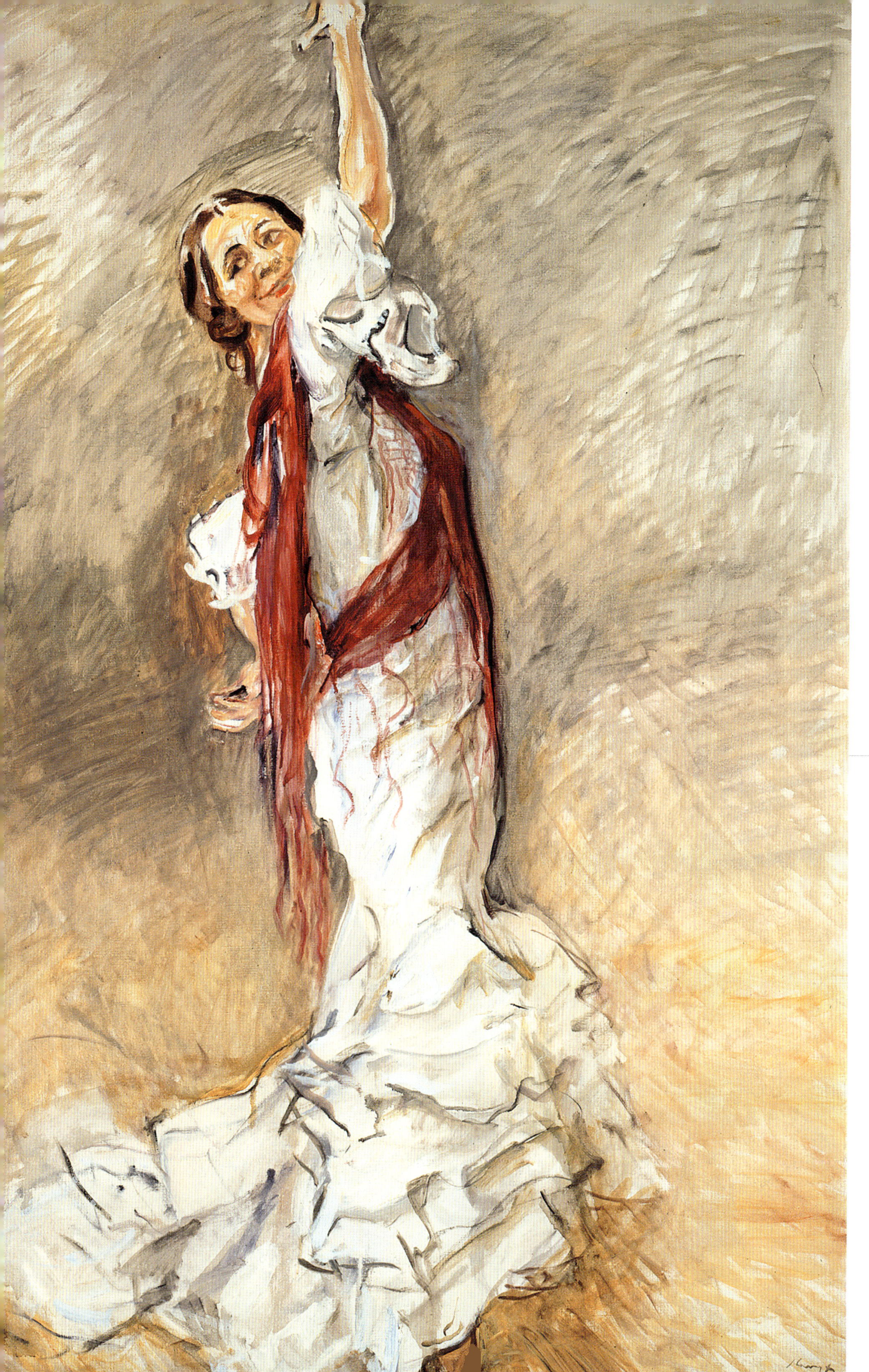

– **8** Nicole Hartje-Grave,
in: Chemnitz 2011, S. 78.

015

— 29,8 × 23 cm — GDKE – Direktion Landesmuseum Mainz, Slevogt-Archiv, Grafischer Nachlass — o. Inv.-Nr.

Programmheft »Argentina«, für die Aufführung am 3. Mai 1931 im UFA-Palast in Berlin

Antonia Mercé, »La Argentina«, trat 1926 erstmals in Berlin auf und wurde während dieses Aufenthalts von Max Slevogt gemalt (Kat. 14). 1931 kam sie erneut in die Stadt. Sie zeigte am 3. Mai im UFA-Palast wieder *Spanische Tänze* mit Klavierbegleitung durch Luis Galve. Die Musik stammte u. a. von Soler, Turina, de Falla und Alberniz.

In dem einführenden Text des Programmhefts schrieb Artur Michel, die Tänzerin sei bei ihrem ersten Besuch vier Jahre zuvor noch unbekannt gewesen, nun aber kenne fast jeder ihren Namen.

Weiter heißt es: »[…] und wenn sie dahingleitet, in langsamen, königlichen Schwüngen, während die Hände, die eine hocherhoben, die andere auf- und niedersteigt, die Kastagnetten schlagen, um plötzlich an die Stelle des großen Schwingens die knappen, nervösen Stampfschritte zu setzen und nun, zurückgebogenen Leibes, das strahlende Lächeln über die Schultern euch zugewendet, die Rampe entlang zu schweben, dann wird sie euch hinreißen.« — KR

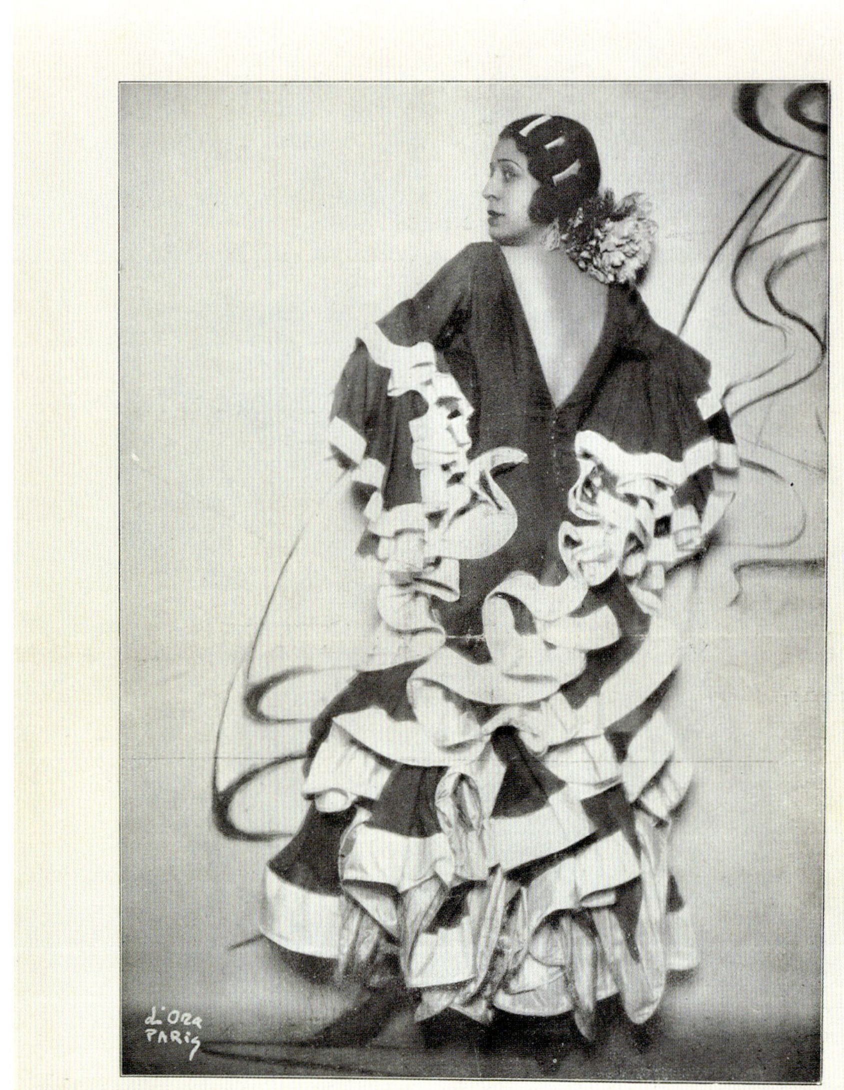

016

– 1902/03 – Kohle auf der Rückseite eines Kunstdrucks – 40,7 × 28,7 cm – signiert unten rechts: Slevogt; unten links: Sammlerstempel HS (ligiert); am unteren Rand von fremder Hand: B. Körner/16.XII.924.; in der rechten unteren Ecke ebenso: Kopf des Francesco d'Andrade/Studie zu dem großen Gemälde der Stuttgarter/Galerie – Kohle. 350.-; – Museum Georg Schäfer, Schweinfurt – Inv.-Nr. MGS 3052A

Lit.: Imiela 1968, S. 372, Anm. 1. – Schweinfurt 1983, Nr. 123, Abb. S. 210. – Schweinfurt 2010, S. 162 f., Abb. S. 162, Kat. 52.

Kopfstudie des Sängers Francisco d'Andrade

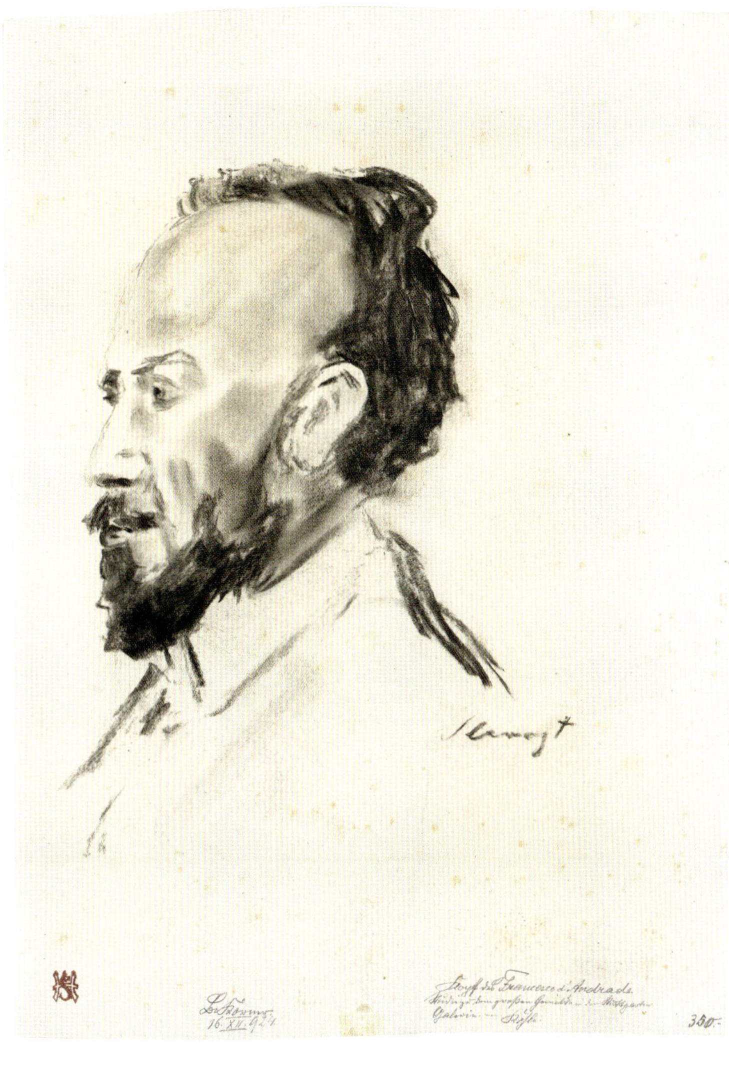

Francisco d'Andrade (1859–1921) gilt bis heute als einer der bedeutendsten Mozartsänger seiner Zeit. Der portugiesische Bariton hatte bei Miraglia und Roni in Mailand gelernt und debütierte 1882 in San Remo. Gastspiele führten ihn quer durch Europa, bis er sich 1891 in Berlin niederließ. Zu den von ihm verkörperten, gefeierten Rollen zählen neben dem Don Giovanni auch der Figaro, Graf Luna und Rigoletto.

Max Slevogt erlebte d'Andrade erstmals 1894 auf der Bühne, als er in der Münchner *Don-Giovanni*-Inszenierung von Hermann Levi die Titelrolle – seine Paraderolle – sang. 1901 sah ihn der Künstler erneut als Don Giovanni im Berliner Theater des Westens. In diesem Jahr entstanden auch die ersten Skizzen, die 1902 in dem Gemälde *Die Champagner-Arie aus Don Giovanni (d'Andrade an der Rampe)* mündeten, das Slevogt auf der Ausstellung der Berliner Secession vorstellte. Schon die Bekanntheit des Sängers sicherte der Darstellung die Aufmerksamkeit des Publikums. Zwischen dem Maler, der selbst in München Gesangsunterricht genommen hatte, und dem Opernsänger entwickelte sich seitdem eine enge Freundschaft. Dem Thema des *Don Giovanni* und d'Andrade als dessen idealer Verkörperung blieb der Künstler über viele Jahre hinweg treu.

Die Zeichnung des Museums Georg Schäfer kommt zwei Ölstudien von 1902 und 1903 in der Max Slevogt-Galerie, Schloss Villa Ludwigshöhe, und in der Niedersächsischen Landesgalerie Hannover sehr nahe,[9] in denen der Sänger nicht im Kostüm auf der Bühne, sondern im Anzug und Brustbild dargestellt ist. Die Zeichnung zeigt ihn nur stärker im Profil und ohne Fliege. Vermutlich entstand sie, wie die Ölstudie, im Sommer 1903 im Bad Harzburger Landhaus d'Andrades.[10] Die dort gezeichneten und gemalten Skizzen und Studien dienten der Vorbereitung eines weiteren Rollenporträts, des *Schwarzen d'Andrades* (1903, Hamburger Kunsthalle). Größere Ähnlichkeit weist das Blatt aber auch mit einer Ölstudie von 1902 auf, die den Sänger als weißen Don Giovanni im Profil zeigt.[11] – KR

– **9** Öl auf Leinwand, 50 × 40 cm, Inv.-Nr. SL 76 und Öl auf Leinwand, 50,5 × 40,3 cm, Inv.-Nr. KM Slg. Wrede I, 10. – **10** Vgl. Paas 1999, Nr. 12, S. 53/53 und Schenk 2005, S. 158–160. – **11** Ehem. Sammlung Joh. Guthmann, Schreiberhau, abgebildet in: Homburg 1956, S. 27.

017

– 1903 – Öl auf Pappe – 54,5 × 38,8 cm – Hamburger Kunsthalle – Inv.-Nr. 5639

Lit.: Alten 1926, S. 24–26. – Saarbrücken/Mainz 1992, Kat. 55, S. 440. – Mozarteum Salzburg 1996, S. 14. – Wuppertal/Berlin 2005, Kat. 74, S. 160. – Mainz 2014, S. 171.

Studie für den Schwarzen d'Andrade

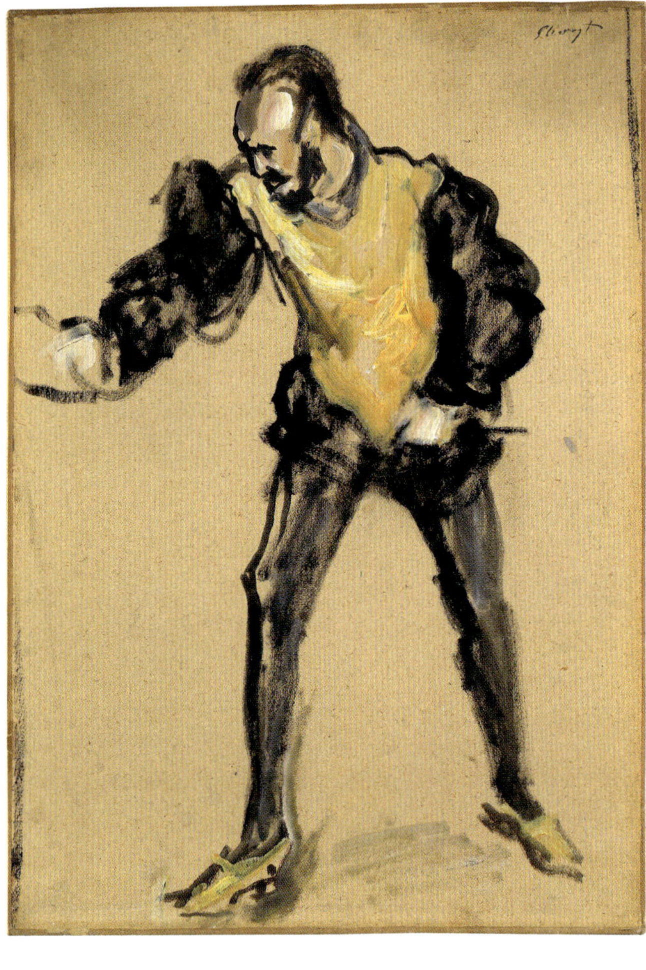

In den Jahren nach 1901, als Slevogt begann, zahlreiche Studien von Francisco d'Andrade in seinen Rollen als Don Giovanni anzufertigen, entstand ein ganzer Werkkomplex, der dieses Thema aufnahm. Dazu gehören drei große Hauptwerke: der *Weiße d'Andrade/Champagnerlied* (Staatsgalerie Stuttgart), der *Schwarze d'Andrade* (Hamburger Kunsthalle) und der *Rote d'Andrade* (Alte Nationalgalerie Berlin). Unter Zuhilfenahme einiger Kopfstudien (Kat. 16) und Fotografien fertigte Slevogt 1903 das große Rollenporträt des *Schwarzen d'Andrade* als Don Giovanni an. In der hier präsentierten Vorstudie legte der Maler die Körperhaltung der schwarz und gelb gekleideten Hauptfigur fest.

Don Giovanni wird hier in seiner Todesszene gezeigt, als die Marmorhand der Grabstatue die seine ergriffen hat. Sowohl die Studien als auch die Fotografien entstanden auf dem Landsitz des Opernsängers in Bad Harzburg. Schon in der kleinformatigen Studie verzichtete Slevogt auf eine Hintergrund- bzw. Bühnengestaltung, die es dem Betrachter erleichtern würde, den Kontext der Darstellung zu erschließen. – RS

018

– 1912 – Öl auf Leinwand – 54,5 × 45,3 cm – bezeichnet unten links: Slevogt – Saarlandmuseum – Moderne Galerie, Saarbrücken, Stiftung Saarländischer Kulturbesitz, aus der Sammlung Kohl-Weigand – Inv.-Nr. KW 19 G

Lit.: Imiela 1968, S. 69–83, 370–374. – Saarbrücken/Mainz 1992, Kat. 111, S. 451. – Mozarteum Salzburg 1996, S. 15. – Saarbrücken 2006, S. 10 f. – Chemnitz 2011, Kat. 14, S. 50. – Mainz 2014, S. 171.

Francisco d'Andrade in Rot (Skizze) als Don Giovanni in der Kirchhofszene

Die Saarbrücker Studie deutet auf die spätere lebensgroße Fassung der Berliner Nationalgalerie voraus. Slevogt wählte den Moment, in dem Don Giovanni auf dem Friedhof unerschrocken seinen Degen aus der Scheide zieht, als die Statue auf dem Grab des Komturs, den er getötet hatte, seine Stimme erhebt. Leporello, der sich hinter seinem weiten weißen Umhang versteckt, fehlt in der Studie allerdings. Hier hebt sich besonders kontrastreich der weiße Umhang vor dem viel dunkleren Hintergrund ab und verdeutlicht so die Nachtszene. Das wenige Rot, das vom Umhang freigegeben wird, setzt einen kräftigen Farbakzent und grenzt so teilweise Schwarz und Weiß voneinander ab. – RS

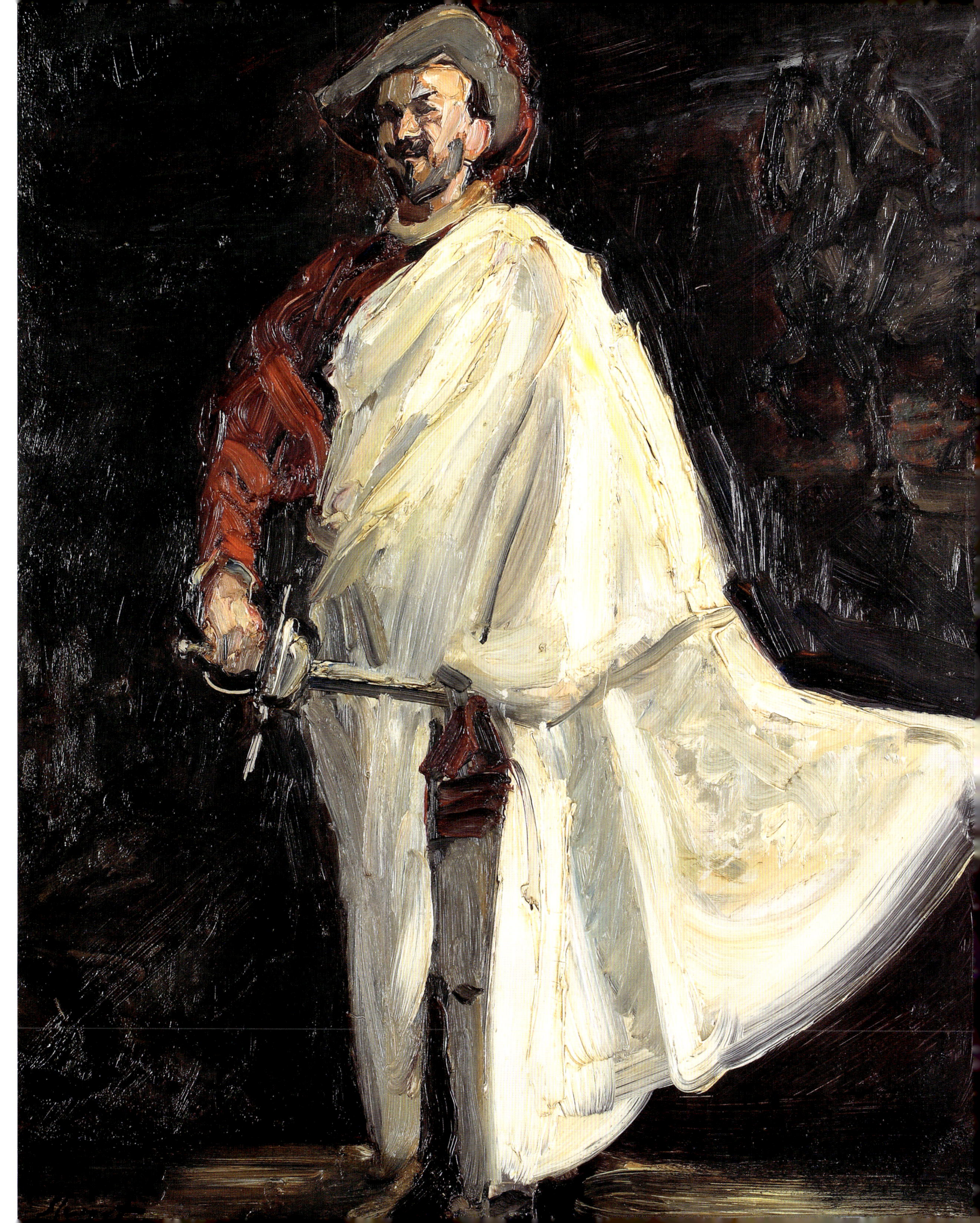

019

– Francisco d'Andrade – Bad Harzburg, 1. Mai 1905 – Postkarte, 9,1 × 13,8 cm – Landesbibliothekszentrum Rheinland-Pfalz/Pfälzische Landesbibliothek Speyer – Nachlass Max Slevogt N 100

Lit.: Slevogt 1924, S. 176. – Guthmann 1955, S. 265–267. – Imiela 1968, S. 69–83, 217 f., 234–236, 370–372, Anm. 1 f. – Imiela 1991 a. – Cymbron 1999.

Bildpostkarte an Max Slevogt

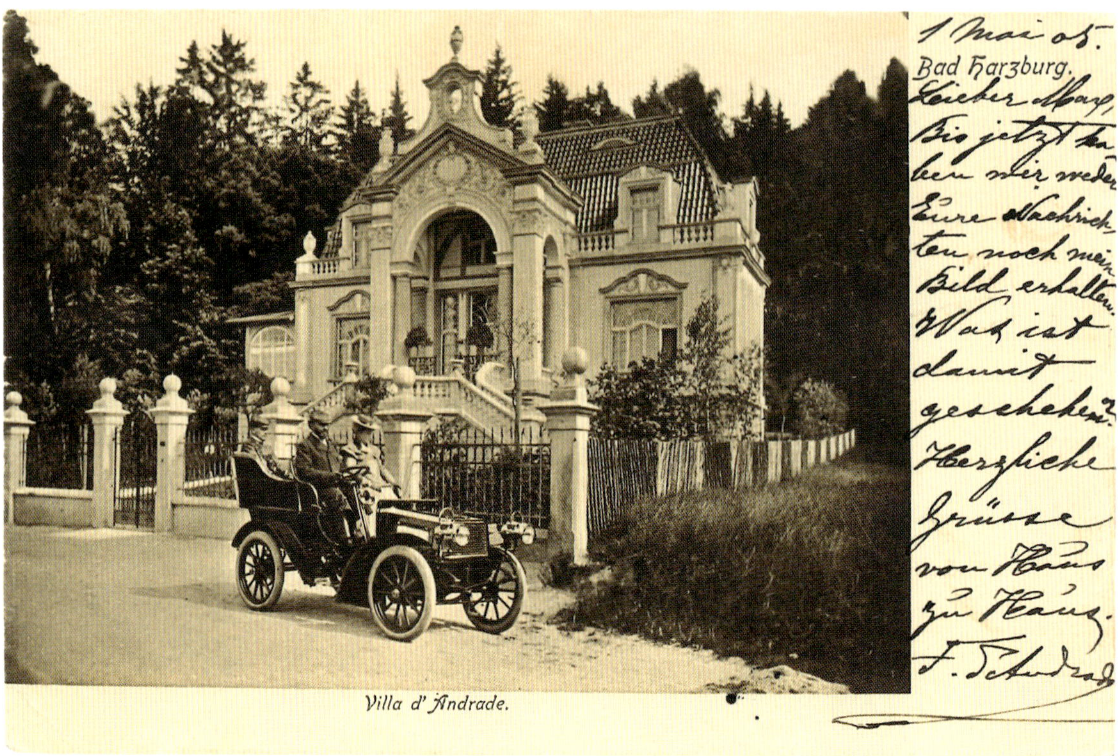

Den größten Erfolg hatte Francisco d'Andrade um die Wende vom 19. zum 20. Jahrhundert mit seiner Darstellung des Don Giovanni, bei dem ihm seine Vehemenz der Diktion und sein entfesseltes Temperament zugutekamen. Slevogt sah d'Andrade in dieser Rolle zum ersten Mal 1894 in München und war von ihm tief beeindruckt. Es entwickelte sich eine für den Maler inspirierende Freundschaft, die bis zum Tod des Sängers andauerte.

Wie etliche Skizzen und Gemälde Slevogts zeigen, verschmolzen d'Andrade und Don Giovanni als Held der Oper Mozarts künstlerisch zu einer Einheit. Nach dem Tod des Freundes am 8. Februar 1921 malte Slevogt ihn als aufgebahrten Don Giovanni. Postum erschien der Sänger in dieser Paraderolle mit gezogenem Schwert vor dem Komtur auch bei der Ausmalung des Musikzimmers auf dem Slevogthof im Jahr 1924.

Im Zusammenhang mit der *Don-Giovanni*-Aufführung im gleichen Jahr in Dresden charakterisierte Slevogt ihn und seinen Darsteller d'Andrade als »die Kraft, die das Leben lebenswert macht«. Die Postkarte zeigt den Sänger am Steuer seines Automobils vor seiner Villa in Bad Harzburg. – AS

Der gebürtige Grieche Andreas Weißgerber (1900–1941) kam als Wunderkind im Alter von sechs Jahren nach Berlin. Dort wurde er vor allem durch den Kunstsammler David Leder und seine Frau gefördert, was ihm ein Studium ermöglichte. Nach dem baldigen Kontakt des Geigers zu den Künstlern der Berliner Secession schufen zuerst Lovis Corinth und Max Liebermann im Jahr 1919 Porträts des begnadeten Violinisten. 1922 entstanden dann zwei Bildnisse aus der Hand von Max Slevogt, von denen eines hier präsentiert wird. Anregung für alle Porträts des impressionistischen Dreigestirns war jenes des berühmten Geigenvirtuosen Paganini von Eugène Delacroix, das bereits 1907 bei Paul Cassirer ausgestellt war.

Ähnlich wie bei Delacroix ist auch bei Slevogt der Hintergrund undefiniert, doch ließ der französische Maler den en face dargestellten Teufelsgeiger und den dunklen Fond regelrecht zu einer Einheit verschmelzen. Der deutsche Impressionist hingegen nutzte einen farblich hellen und neutralen Hintergrund, vor dem sich der Geiger abhebt, um die Fokussierung und Konzentration auf den Musiker und sein Spiel besonders augenscheinlich zur Geltung zu bringen. Bei ihm ist Andreas Weißgerber zwar auch stehend, aber mit dem Gesicht ins Profil gedreht abgebildet. Die geschlossenen Augen verdeutlichen das konzentrierte Musizieren. Die langen Pinselstriche um den Oberkörper herum deuten auf Slevogts Interesse an Bogen- und Armbewegung. So werden auch in diesem Künstlerporträt Musik und Bewegung durch den Duktus spürbar zum Ausdruck gebracht. – RS

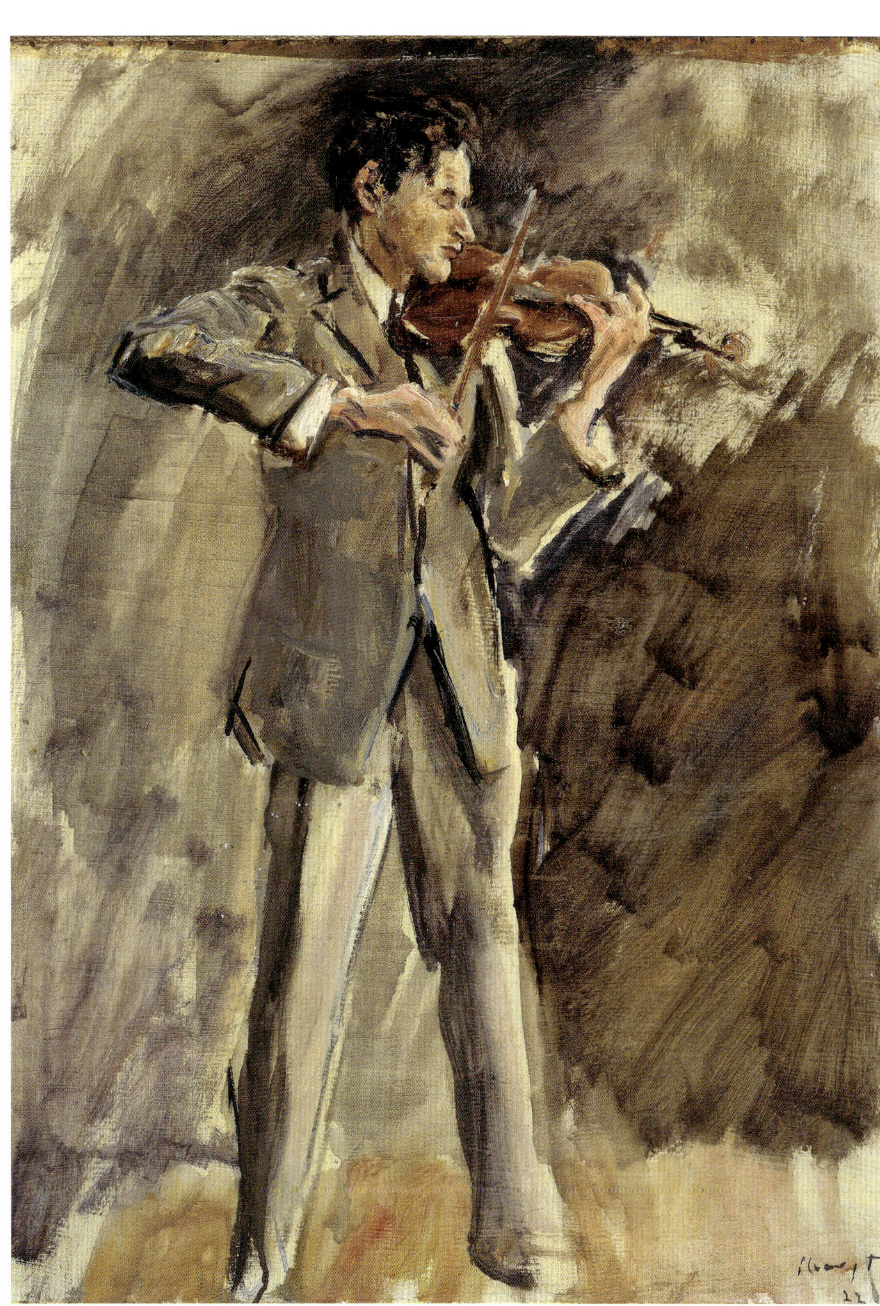

020

Der Geiger Andreas Weißgerber

– 1922 – Öl auf Pappe auf Leinwand – 55,2 × 41,3 cm – bezeichnet unten rechts: Slevogt 22 – Saarlandmuseum – Moderne Galerie, Saarbrücken, Stiftung Saarländischer Kulturbesitz, aus der Sammlung Kohl-Weigand – Inv.-Nr. KW 29 G

Lit.: Imiela 1968, S. 246, 432, Anm. 4. – Saarbrücken/Mainz 1992, Kat. 155, S. 462. – Chemnitz 2011, Kat. 23, S. 68.

CAROLA SCHENK

BÜH
NE

Max S
als Bü
b

evogt nen- ldner

SHAKESPEARE, HAUPTMANN, MOZART – UND AM ENDE STEHT WAGNER

Seit seiner frühen Münchner Zeit waren die Musik und Oper neben der Malerei Slevogts große Leidenschaften. Sein musikalisches Talent hatte sich schon früh gezeigt. So erhielt er seit Kindertagen Klavierunterricht und später auch eine Gesangsausbildung.[1]
»[...] weil mir Auge und Ohr im künstlerischen Sinne nicht verschiedene Organe sind.«[2] Dieser Ausspruch verdeutlicht die große Bedeutung der Musik in Slevogts Leben und in seiner Malerei. Bereits in seinen frühen Werken finden sich Arbeiten, die sich mit musikalischen Themen auseinandersetzen oder Konzert- und Bühnenansichten zeigen.[3]
Eng verbunden mit Slevogts musikalischer Neigung war sein großes Interesse am Theater. Das spiegelt sich in seinen Bühnendarstellungen, Bühnenbild- und Kostümentwürfen, Wandgemälden sowie Tänzerinnen-, Sänger- und Schauspielerbildnissen wie auch in zahlreichen seiner Illustrationen wider.

Zwei Berliner Theaterleiter lassen Slevogt Bühnenbilder entwerfen

Kurz nachdem er 1901 von München nach Berlin übergesiedelt war und in der Hauptstadt künstlerisch Fuß gefasst hatte, setzte Slevogt sich zunehmend mit Theaterthemen auseinander. Er nahm sogleich rege am vielseitigen kulturellen Leben der aufstrebenden Metropole teil. Rasch knüpfte er Kontakte zur Kunstszene und vernetzte sich darüber hinaus durch zahlreiche Theater-, Konzert- und Opernbesuche in Theaterkreisen.
Seinen Einstieg als Mitglied der Berliner Secession – der angesagtesten Künstlervereinigung seinerzeit in Berlin – gab Slevogt 1902 auf der fünften Jahresausstellung mit einem monumentalen Theaterbekenntnis: dem Gemälde *Das Champagnerlied* – auch der *Weiße d'Andrade* genannt (vgl. Abb. S. 17) –, einem Rollenporträt des portugiesischen Sängers Francisco d'Andrade (1856–1921) als Don Giovanni. Dieses Gemälde steht wie kein anderes für die immer wichtiger werdende Beschäftigung mit Theaterthemen im Werk des Malers.[4]

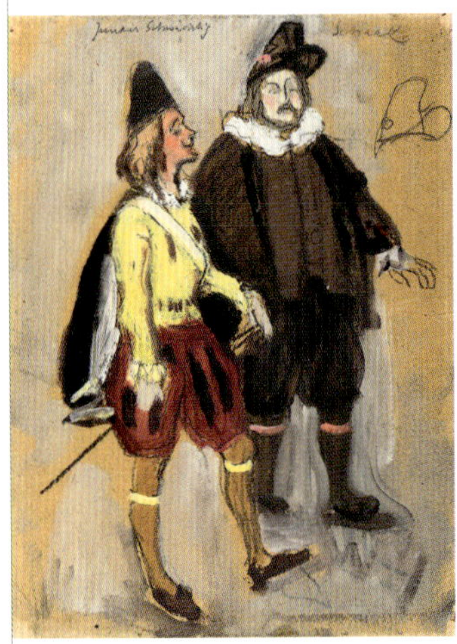

Abb. 1
***Junker Schmächtig und Schaal,* Kostümentwürfe zu »*Die Lustigen Weiber von Windsor*«**
– 1904 – Kat. 21 –

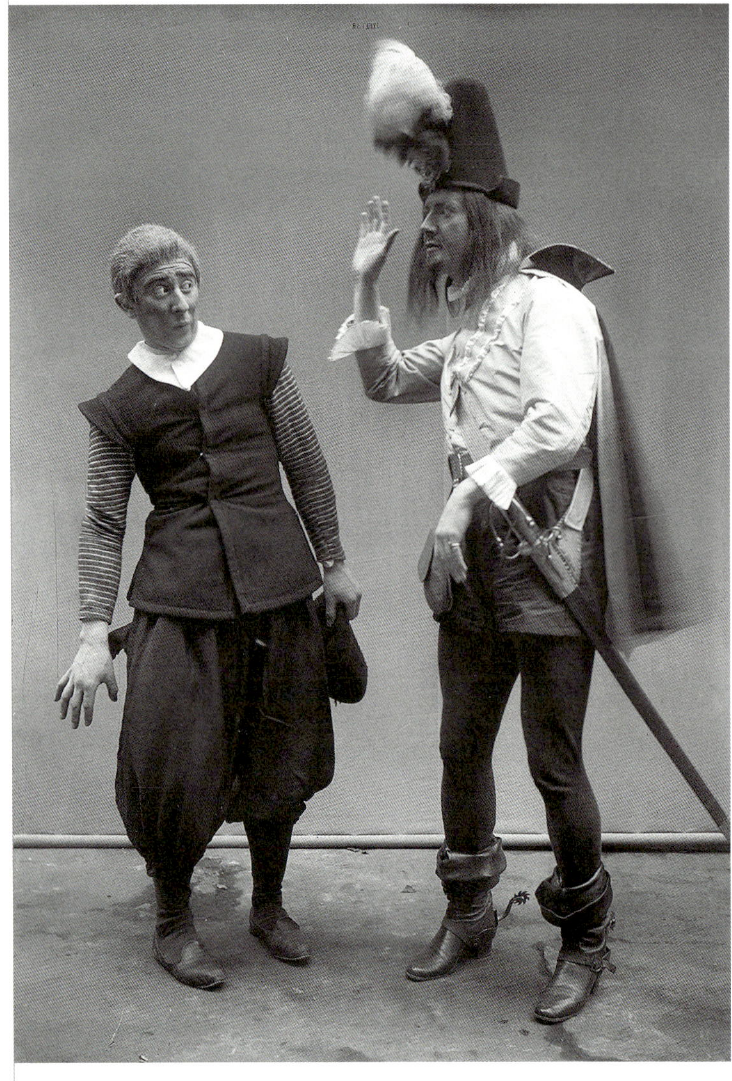

Abb. 2
Hans Wassmann als Junker Schmächtig mit Richard Grossmann als sein Diener »Einfach/ Simpel« in »Die lustigen Weiber von Windsor«
– 1904 – Foto: Hugo Leo Held, Bildarchiv der Österr. Nationalbibliothek Wien, ÖNB/Wien, NB 601.177C –

Zu Beginn des 20. Jahrhunderts bestimmten die beiden konkurrierenden Theaterleiter Otto Brahm (1856–1912) und Max Reinhardt (1873–1943) das Berliner Theaterleben.[5]
Otto Brahm konnte Slevogt 1904 für seine Neuinszenierung von Hauptmanns Bauernkriegsdrama *Florian Geyer* (vgl. Kat. 25, 26) gewinnen.[6] Der Maler wurde sowohl für Entwürfe zu Kostümen als auch für Entwürfe zu Bühnenbildern angefragt. Überliefert sind jedoch nur Szenenentwürfe, in denen sich Slevogt sehr genau an Hauptmanns Szenenanweisung hielt und wenig Raum für eigene Bildvorstellungen blieb.
Etwa zeitgleich entwarf Slevogt auch Bühnenbilder und Kostüme für Max Reinhardts Neuinszenierung der Komödie *Die lustigen Weiber von Windsor* von William Shakespeare.[7] Neben den zahlreichen Bühnenbild- und Kostümentwürfen sind zudem das Regiebuch mit Bühnenskizzen der jeweiligen Szenen und einzelne Szenenfotos und Rollenfotos der Schauspieler in ihren Kostümen erhalten geblieben. Diese ermöglichen einen direkten Vergleich mit Slevogts Entwürfen und deren Ausführung auf der Bühne. So lassen sich Slevogts Kostümideen und deren Ausführungen beispielsweise am Kostümentwurf *Junker Schmächtig und Schaal* (Abb. 1, Kat. 21) anhand eines Rollenfotos (Abb. 2) nachvollziehen: Das Foto, auf dem u. a. der Schauspieler Hans Wassmann (1873–1932) als Schmächtig zu sehen ist, zeigt, dass Slevogts Ideen weitgehend umgesetzt worden sind.

Die von Slevogt vorgesehene kurze Pumphose bei Schmächtig wurde jedoch als langes, enganliegendes Beinkleid auf der Bühne verändert.
In diese Zeit fällt auch Slevogts Beschäftigung mit der Gestaltung eines neuen Hauptvorhangs für Reinhardts Theater, in deren Zusammenhang offensichtlich zwei Aquarellentwürfe entstanden sind (Kat. 23, 24).[8]

Slevogt entwirft Bühnenbilder für Mozartopern

Slevogts innige Beziehung zur Musik Mozarts und dessen Opern *Don Giovanni* und *Die Zauberflöte* spiegelt sich in zahlreichen Gemälden und Zeichnungen wider. Den Sänger d'Andrade, mit dem er später befreundet war und der für ihn zum Inbegriff des Don Giovanni schlechthin wurde, hat er unzählige Male porträtiert. Auch in den Wandmalereien in seinem Pfälzer Domizil setzte sich Slevogt thematisch intensiv mit Szenen aus den Mozartopern *Die Zauberflöte* und *Don Giovanni*, aber auch mit Wagners *Ring des Nibelungen* auseinander (Abb. 3–5).

Abb. 4
Wandbild zur »Zauberflöte«, Königin der Nacht auf der Mondkugel/Papageno
– 1924 – Musikzimmer Hofgut Neukastel –

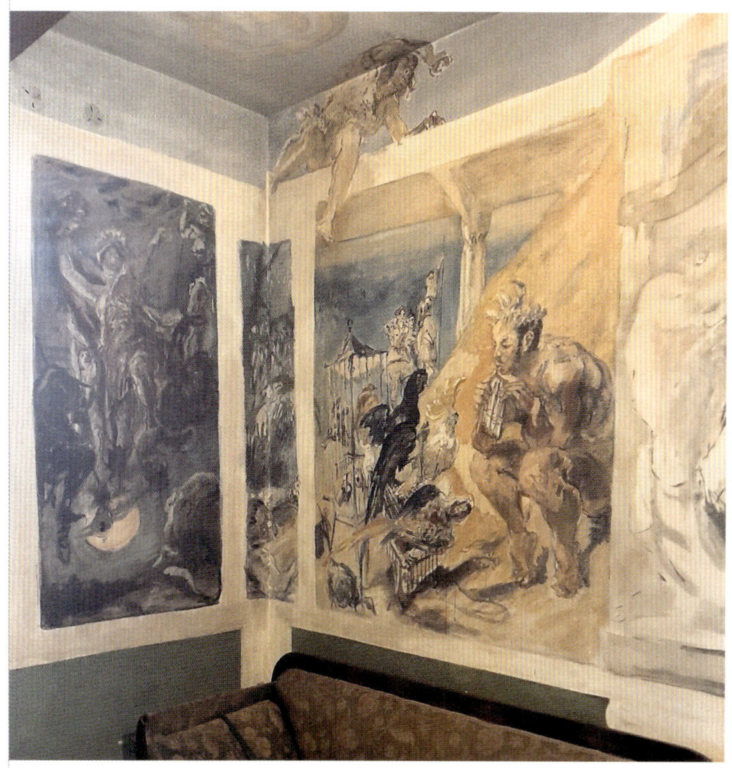

Abb. 3
Wandbild zu »*Don Giovanni*«, *Flucht und Ballsaalszene/ Don Giovannis Tod*
– 1924 – Musikzimmer Hofgut Neukastel –

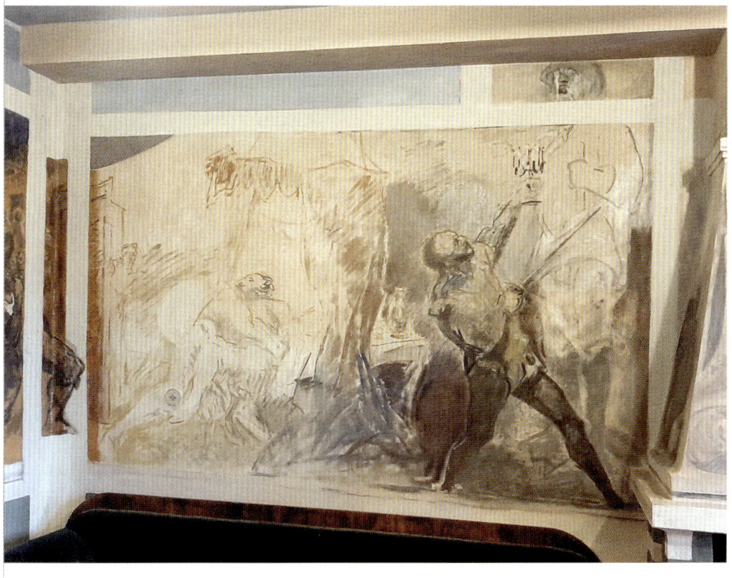

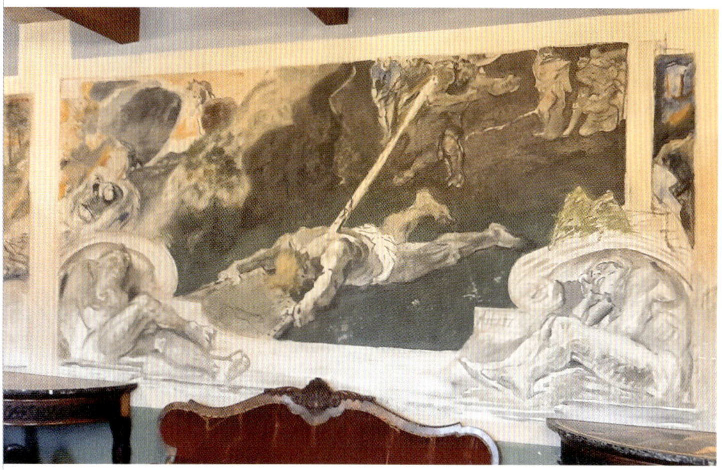

Abb. 5
Wandbild *Siegfrieds Tod*
– 1924 – Musikzimmer Hofgut Neukastel –

Im Jahr 1895 scheint sich Slevogt erstmals künstlerisch am Theater eingebracht zu haben,[9] als er auf Anregung von Richard Strauss (1864–1949) der Opernintendanz des Münchner Nationaltheaters Kostümvorschläge für Mozarts Oper *Titus* »an Hand ausgewählter Rokoko Reifrock Darstellungen«[10] machte. Seine Entwürfe sollen jedoch vom Generalintendanten Ernst von Possart (1841–1921) abgelehnt worden sein.[11]

Im Jahr 1924 erhielt Slevogt von der Dresdner Intendanz den Auftrag, Bühnenbildentwürfe für die Neuinszenierung von *Don Giovanni* zu entwerfen. Dies wurde das bekannteste und zudem das einzige auf der Bühne realisierte Opernprojekt Slevogts.[12]
»In Don Giovanni ist die Kraft, die das Leben lebenswert macht«,[13] formulierte Slevogt im Oktober 1924 – ein halbes Jahr nach der Premiere der Neuinszenierung – in einem ausführlichen Artikel in der Musikzeitschrift *Melos* die Faszination, die *Don Giovanni* auf ihn ausübte.

Die öffentliche Darstellung seines Mitwirkens an den Bühnenbildern zur *Don-Giovanni-*Inszenierung war Slevogt äußerst wichtig. Ausführlich erläuterte er in dem Aufsatz seine Auffassung und Interpretation der Oper. Selbstbewusst legte er dar, wie er seine Stellung als Bühnenbildner im Verhältnis zum Regisseur und Dirigenten in dieser Inszenierung sieht, nämlich nicht nur in einer dienenden Funktion, sondern in einer persönlich gestalterischen, »selbstverständlich von der Musik Mozarts und seiner dramatischen Idee ausgehend«.[14] Eine bestmögliche Operninszenierung stellte er sich als »eine Einheit [...] von Kapellmeister und Maler, nicht eine solche von Regisseur und Maler – natürlich am besten eine Einheit von allen dreien«[15] vor.

Abb. 6
Ballsaal, Festsaal (Finale des 1. Akts von »Don Giovanni«)
– 1924 – Kat. 31

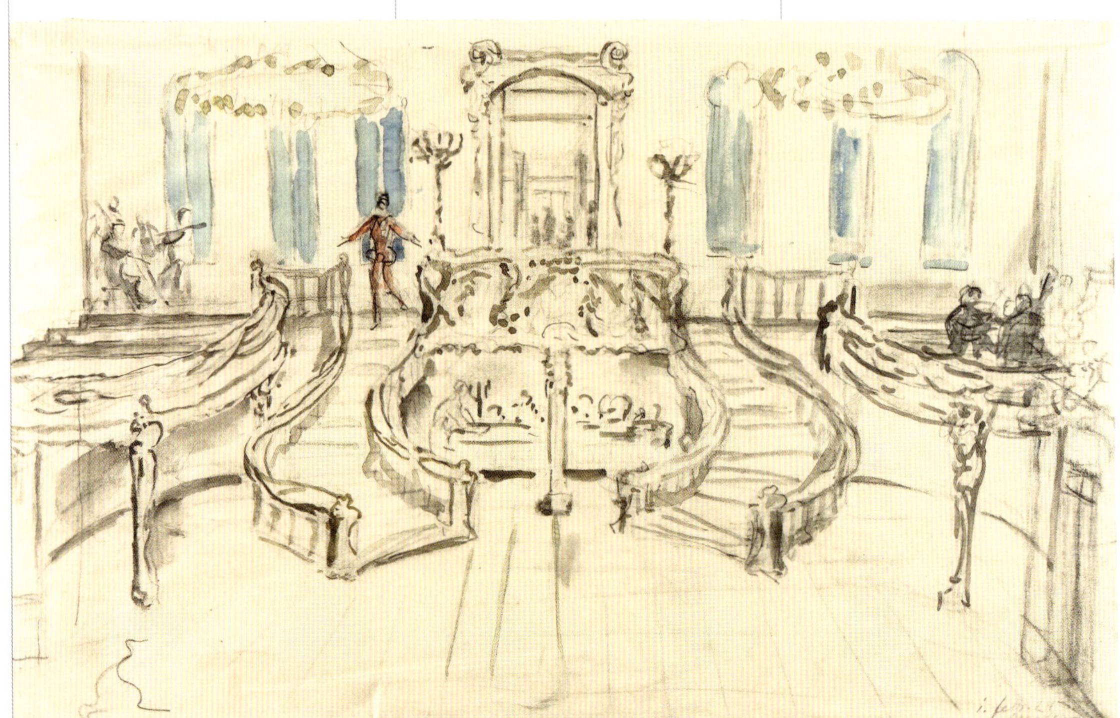

Besonderen Wert hat Slevogt auf die Gestaltung des Bühnenbilds für das Finale des Ersten Akts gelegt, der im Ballsaal des Schlosses von Don Giovanni spielt.[16] Der Entwurf zeigt einen prächtigen, symmetrisch angelegten Ballsaal mit Empore und ausladender Doppeltreppe mit barockisierendem Ornamentschmuck (Abb. 6, Kat. 31). Die vorgesehenen Treppen und Türen sind auf der Bühne wichtige Wege, auf denen die Interpreten wandeln und agieren können. Begleitend zur Aufführung eröffnete die Dresdner Galerie Arnold eine Ausstellung mit Slevogts Originalentwürfen zur Inszenierung. Etwa zur gleichen Zeit erschienen die Bühnenbildentwürfe auch als Mappenwerk mit zehn Kreidelithografien bei Bruno Cassirer (1872–1941) in Berlin.[17]

1928 – vier Jahre später – bot sich für Slevogt die Gelegenheit, Bühnenbilder und Kostüme für die Neuinszenierung von Mozarts *Zauberflöte* an der Berliner Oper Unter den Linden zu entwerfen.[18] Slevogts Name war zu dieser Zeit bereits eng mit Mozart und der *Zauberflöte* verbunden, hatte er doch etwa zehn Jahre zuvor seine *Randzeichnungen* sowie eine Aquarellserie zur *Zauberflöte* geschaffen.[19] Kurze Zeit später reichte er seine Entwürfe ein. Nach längerem Warten und Korrespondenz über eine etwaige Verschiebung erhielt Slevogt schließlich eine Absage: Seine bühnenbildnerischen Ideen seien in der Kürze der Zeit leider nicht umsetzbar. Slevogt war enttäuscht.

Auch erschien ihm die Begründung für die Absage nur vorgeschoben. Eine stattdessen in Aussicht gestellte Inszenierung von Carl Maria von Webers (1786–1826) *Freischütz* kam ebenfalls nicht zustande.[20] Slevogt arbeitete für *Die Zauberflöte* zahlreiche Bühnenbildentwürfe in Aquarell aus, die durch Skizzen ergänzt wurden. Hervorzuheben ist seine intensive Auseinandersetzung mit der technischen Umsetzung seiner Entwürfe, was seine Grundrissskizzen auf der Rückseite einiger Entwürfe zeigen. Ihm war die Stimmung, die seine Bühnenbilder und Kostüme auf der Bühne erzeugen würden, viel wichtiger als technische Spielereien. Bewusst entschied er sich, nicht alle ihm zur Verfügung stehenden bühnentechnischen Möglichkeiten auszuschöpfen. Er plädierte dafür, »nicht etwa die technischen neuen Möglichkeiten aus[zu]schalten, aber sie nur so [zu] verwenden, daß sie der reinen Phantasie dienen [...] u. sie nicht zerstören«.[21]

»[...] – ich habe von neuem mein Herz für Wagner entdeckt [...]«[22]

Das Werk Richard Wagners (1813–1883) spielte im Leben Max Slevogts musikalisch und thematisch eine bedeutende Rolle. Wann immer sich die Gelegenheit bot, sah sich der Maler Wagneropern an, zunächst

Abb. 7
Bühnenbildentwurf zu »Tristan und Isolde« (Auf König Markes Schiff), 1. Akt
— 1931 — Kat. 46 —

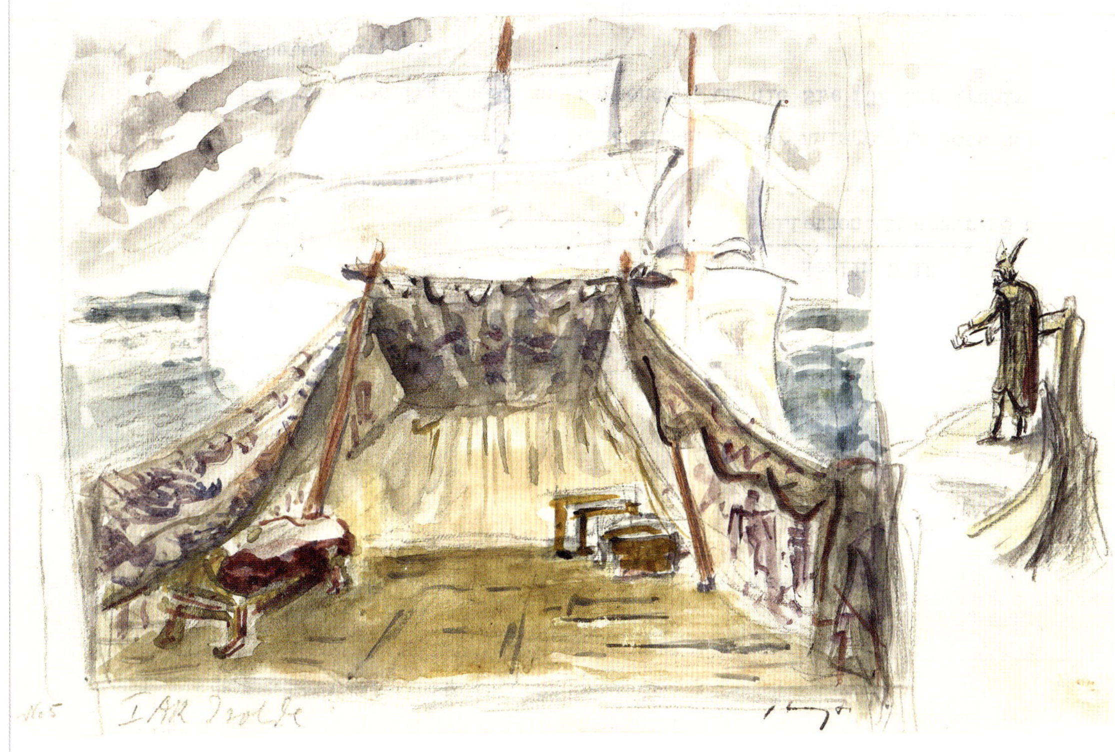

noch in München, dann in Berlin, von seinen diversen Kuraufenthalten aus und schließlich regelmäßig in Bayreuth: *Tristan und Isolde*,[23] *Tannhäuser*,[24] *Meistersinger*,[25] *Parsifal* und *Der Fliegende Holländer*.[26]
Besonders beeindruckte Slevogt der vierteilige Opernzyklus *Der Ring des Nibelungen*, bestehend aus *Das Rheingold*, *Die Walküre*, *Siegfried* und *Götterdämmerung*.
Seit Ende des Ersten Weltkriegs 1918 beschäftigte er sich erstmals intensiver mit dem Nibelungenthema.[27] Neben einer Holzschnittserie[28] (Kat. 99–101) entstand bereits im Jahr 1919 ein Wandbild im Esszimmer auf Neukastel, das neben Darstellungen von Orpheus und Papageno auch Siegfried im Kampf mit Brünnhilde zeigte.[29]
Im Juli 1924 fanden erstmals nach dem Ersten Weltkrieg wieder Aufführungen im Festspielhaus in Bayreuth statt. Slevogt hatte bereits seit Längerem mit großem Interesse die Vorbereitungen auf dem Grünen Hügel verfolgt und bemühte sich Anfang August 1924 über den Dirigenten Fritz Busch um Festspielkarten (vgl. Kat. 49).[30]

Dank erfolgreicher Reservierung reiste Slevogt Mitte August im Anschluss an seinen Kuraufenthalt in Bad Kissingen mit seiner Frau und seinem Schwager nach Bayreuth und sah sich *Siegfried*, *Götterdämmerung*, *Meistersinger* und *Parsifal* an.[31]

Noch unter dem Eindruck dieses Besuchs begann er kurze Zeit später mit der Ausmalung seines Musiksaals auf Neukastel und erkannte, dass er »von neuem [...] [sein] Herz für Wagner entdeckt« habe.[32] Neben Motiven aus der *Zauberflöte* und *Don Giovanni* entstanden auch die drei Wandgemälde zum Thema *Ring des Nibelungen* mit Darstellungen von Siegfried und den Rheintöchtern.[33]

Slevogt will Bayreuth reformieren

In seinen letzten drei Lebensjahren beschäftigte sich Slevogt immer intensiver mit Ideen für eine Erneuerung der Bühnenausstattung in Bayreuth.
Zu Wagners Liebesdrama *Tristan und Isolde* schuf er im Jahr 1931 einen Bühnenbildentwurf in zarten Farbtönen zum ersten Akt (Abb. 7, Kat. 46). Die Szene spielt auf König Markes Schiff. Das Gemach Isoldes ist einem Zelt nachempfunden, womit sich Slevogt sehr stark an Wagners Vorgaben hielt. Seine Ausarbeitung des Bühnenbildentwurfs steht kompositorisch in der Tradition der ersten Inszenierungen Wagners in München und Bayreuth.[34]

In diese letzten Lebensjahre sind auch Slevogts Bühnenbildentwürfe zur *Walküre* einzuordnen, die entweder aus dem reinen Wunsch heraus, sich in Bayreuth einzubringen,[35] oder im Zusammenhang mit einem im Raum stehenden *Walküre*-Projekt in Darmstadt entstanden sind.[36]
Aus dem Nachlass des Malers sind fünf Aquarellentwürfe sowie zwei Blätter mit Kostümentwürfen zur *Walküre* erhalten. Slevogts Entwurf für den ersten Aufzug zeigt, ziemlich getreu Wagners Vorgaben folgend, eine Innenansicht von Hundings Hütte (Kat. 47), in deren Zentrum der mächtige Stamm einer Esche durch das Dach hindurch emporragt.[37]

Siegmund und Sieglinde lehnen sich in inniger Umarmung an den Baumstamm. Durch die weit geöffnete rückwärtige Tür beleuchtet Sonnenlicht den Raum.
Seine Entwürfe für Bühnenbild und Kostüme zu Wagners *Walküre* zeigen, dass er sich in seinen Ideen – wie bei den Entwürfen zu *Tristan und Isolde* – stark an den historischen Inszenierungen seit der Uraufführung orientierte,[38] sie jedoch in seiner eigenen Interpretation von Wagners Verständnis und persönlichem Stil im Aufbau behutsam veränderte. In der Wirkung von Farbe, Licht und Dramatik sollten Slevogts Bühnenbilder der Musik Wagners deutlicher als bisher Ausdruck verleihen und somit das »Gesamtkunstwerk«[39] Wagners vollenden. Die Kostüme sind schlicht und einfach gehalten. Slevogt wollte den *Ring* nicht radikal modernisieren und ließ zeitgenössische Ideen bewusst beiseite.

Nach seinem Bayreuth-Besuch 1930 wandte sich Slevogt kurze Zeit später in einem Brief an den Dirigenten Arturo Toscanini (1867–1957, vgl. Kat. 51). Er bat ihn, sich in Bayreuth auch für die Neugestaltung des *Ring des Nibelungen* einzusetzen, da er für das Bühnenbild großen Reformbedarf sah: »nicht so sehr auf dem Gebiet der technischen Fortschritte, als der Monumentalität«.[40] Eine Antwort erhielt er vom Dirigenten nicht.

Ein Jahr nach seinem Brief an Toscanini traf Slevogt im August 1931 durch die Vermittlung von Cosima Wagners Tochter Gräfin Blandine Gravina (1863–1941) den Dirigenten in Bayreuth persönlich.[41] Toscanini habe sich schließlich auch an seinen Brief aus dem letzten Jahr erinnert. Erfolgreich war dieses Treffen ebenfalls nicht.[42] Nach diesem Besuch reiste Slevogt nach Aachen zur Kur. Von dort aus schickte er einen ausführlichen Brief an seinen Freund Johannes Guthmann, in dem er über die Gebrechlichkeit und Vergänglichkeit, aber auch über seinen Wunsch, für Bayreuth arbeiten zu dürfen, nachdachte:

»Sie haben Recht: warum haben wir in diesem kurzen Leben nicht öfter ›Bayreuth‹! […] Diesmal verließ ich es in ziemlicher / u. besonderer Melancholie. […] So aber erschien es / für / mich wie ein Abschied. Es kommt dazu, daß ich immer mit dem Gedanken ›spielte‹, wie Sie wissen, den Bayr. Spielen auch bildmäßig ein Besonderes zu geben. Das war ein eigener Anreiz, – der mich sogar vom rein geniessenden abzog, aber heimlich mitaktiv machte! Hätte ›man‹ mich aufgefordert, so wäre ich sicher sofort sehr schwierig geworden u. keineswegs dazu gelaunt. Sie werden / trotzdem / den Widerspruch leicht verstehen können! – Diesmal sah ich klarer – u. friedvoller, – ich selbst habe den ungewollten Plan aufgegeben, (der ja wohl durch Parteianschluß zu erreichen wäre) – es wurde mir verständlich, daß ~~der~~ / mein / Trieb / dazu nur/ der unbewußte Hang des ~~Deutschen~~ Künstlers war, zu einer größeren Gesellschaft in einem allgemein verständlichen Symbol zu sprechen – wozu die Malerei mangels allgemein ~~interessierender~~ geteilter Ideale keine Gelegenheit mehr bietet. […] Es gäbe heute wohl nur eins: /das / sociale Allgemein- / Symbol! u. dies ist ~~mir~~ leider oder Gott sei Dank – meiner /… / Natur nicht eigentlich eigen. ~~Das~~ / Mein / menschliche [sic!] Verständnis setzt sich nicht in Produktionszwang um, wie bei anderen! Mit diesem Mangel muß ich mich bescheiden – hierfür bin ich kein Prophet! ~~u.~~ Sänger! […].«[43]

Es war tatsächlich ein Abschied, denn es sollte sein letzter Bayreuth-Besuch sein. Auch wird deutlich, dass Slevogt in seinen Theaterprojekten zunehmend auf den politischen Widerstand des sich ausbreitenden Nationalsozialismus stieß.[44]

Am 29. Juli 1932 erwähnte Slevogt in einem Schreiben an Guthmann, dass er einen Brief an Winifred Wagner (1897–1980)[45] geschrieben und ihm diesen als Abschrift beigelegt habe.[46] Slevogt hatte aus der Zeitung erfahren, dass sich Bayreuth zur Neugestaltung des *Rings* entschlossen habe und war sehr enttäuscht, dass man ihn nicht mit einbezogen hatte.[47]

»Verehrte Frau Wagner! Zeitungsnachrichten entnahm ich, dass Sie die Neugestaltung der szenischen Einrichtung des ›Rings‹ beschlossen haben, und ich begrüsse diese Notwendigkeit mit Genugtuung. Es schmerzt mich nur etwas, dass Sie dabei den von mir oftmals angebotenen unabhängigen künstlerischen Rat nicht in Anspruch genommen haben. Darin sehe ich eine deutliche Ablehnung meiner Person d. h. in diesem Falle der künstlerischen Anschauung, die ich vertrete. Dies bedaure ich als Freund Ihres Hauses – und vor allem Richard Wagners Werks – aufrichtig! […] Nur möchte ich Sie nochmals beschwören: behalten Sie klaren Blick! Keinen gezähmten Wagner!!! Mit Theatererfahrung – mit geschmackvoller künstlerischer Gestaltung ist bei diesem cyklopischen Werk so wenig Zukunftsträchtiges gethan […] Eine verwaschene internationale Gefälligkeit kann die Forderungen nicht decken, die wir heute aus Wagners Werken heraus stellen müssen (– die zu Wagners Zeiten technisch kaum erfüllbar waren, heute unter dem Übermass moderner Mittel im entscheidenden abgeschwächt sind: in der Bildgestaltung!-) – Bayreuth hat aber immer noch die Aufgabe, die Eigenwilligkeit Wagners, die nicht nur in den unmässigen Ansprüchen an die Technik, mehr noch in seiner überlebensgrossen Vorstellung von dem Werke sich ausdrückt, für das Auge zu ›gestalten‹ […]

Aber Bayreuth muss sich diesen, sagen wir ruhig deutschen Stil (deutsch im Sinne Wagners, dass alles zum Ganzen bedeutend und bedeutungsvoll sei) erkämpfen u. durchkämpfen, und sich bewusst sein, dass ein oberflächlicher heimischer oder internationaler Beifall nicht das Ziel sein kann. Mit dem Wunsch, dass die ›Ausführung‹ Ihrer Entschlüsse sich mit diesen kurzen angedeuteten – Gedanken über Wagners Bühnenbild, – im entscheidenden Punkte sich [sic] decken möge verbleibe ich mit ergebensten Grüßen Ihr Max Slevogt […]«[48]

Kurz darauf erhielt Slevogt einen Antwortbrief von Winifred Wagner (vgl. Kat. 52):[49]

»[…] Sehr geehrter Herr Professor Slevogt. Haben Sie herzlichen Dank für Ihre so interessanten Ausführungen über Ihre Ideen der Neugestaltung des Rings. Ich bin stolz darauf, sagen zu können, dass sie sich vollkommen mit den meinigen decken und ich hoffe, dass Sie zufriedengestellt sein werden. Wir haben hauptsächlich den Walkürenfelsen ins Erhabene zu steigern versucht […].«[50]

Auch wenn Slevogt den Brief eher wohlwollend aufgenommen haben wird, so ist seine Enttäuschung deutlich erkennbar: Nur wenig später zeichnete sich Slevogt auf einem Brief an Guthmann mit Pinsel »bewaffnet« im Boxring gegen zwei Figuren kämpfend – gegen Winifred Wagner, »der der bestürzte Generalintendant Tietjen vergeblich zu Hilfe eilt.« (Abb. 9)[51] Die Zeichnung ist unterschrieben mit: »Wie M.S. seine Weltkleisterschaft [sic!] verteidigt, im ›Ring‹ jedoch nicht zugelassen wird! s.l. Freunden eine Bayreuther Erinnerung.«[52] Dies war zum einen Slevogts bitterer Kommentar zur Absage aus Bayreuth, zum anderen waren es aber auch die letzten Zeilen an seinen Freund Johannes Guthmann.

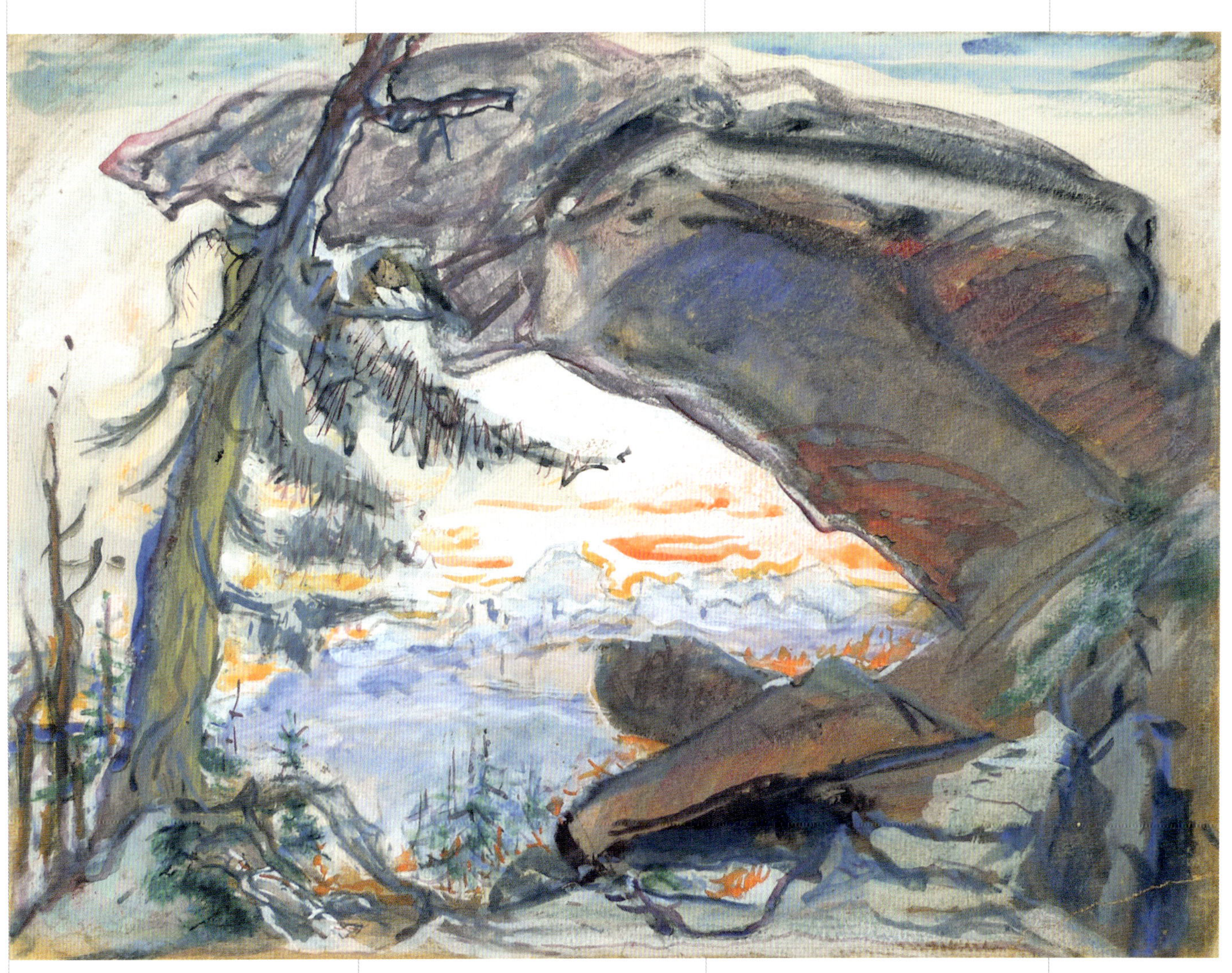

Abb. 8
Walkürenfelsen, 3. Akt
– um 1931 – Gouache auf gebräuntem Karton – 39 × 52,8 cm – GDKE – Landesmuseum Mainz, Slevogt-Archiv/Grafischer Nachlass – Inv.-Nr. DL SL NL 2015/91 –

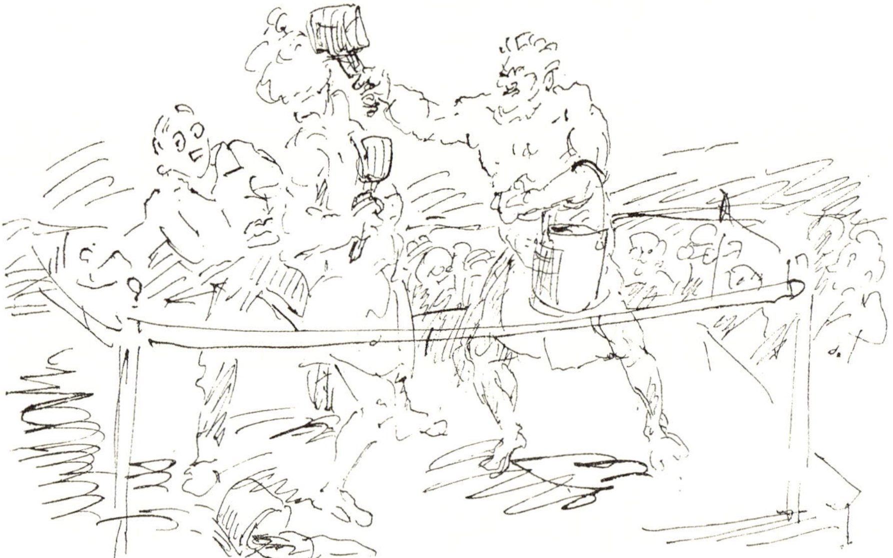

Abb. 9
Wie M. S. seine Weltkleisterschaft* [sic!] *verteidigt
– Zeichnung zu einem Brief an Guthmann, 21. August 1932
– in: Guthmann 1948, S. 192 –

Der Grafiker und Bühnenbildner Emil Preetorius (1883–1973), der 1932 von Winifred Wagner zum szenischen Leiter von Bayreuth berufen worden war, erwähnte wenige Monate später in seinem Nachruf auf Slevogt dessen Brief an Winifred Wagner:

»[…] S. [Slevogt] war nicht nur Verehrer Mozarts, sondern auch Wagners, und ein treuer Gast der Bayreuther Festspiele. Seit Jahren mochte er in sich den Wunsch gehegt haben, der Erneuerer der Wagnerszene zu werden. Bis man mich aber zu dieser Aufgabe berief, da schrieb er einen traurig-resignierten, ja bitteren Brief an Frau Wagner, der unverhohlen seine tiefe Enttäuschung kundtat. Auch in dieser schmerzlichen Äusserung noch blieb er nobel, voll Anerkennung der Leistungen eines jüngeren Kollegen und voll der Hoffnung, dass die geplante Arbeit dem Geiste Wagners ein würdig Sinnbild gebe […].«[53]

Johannes Guthmann berichtete, dass Slevogt häufig sein großes Interesse an den Inszenierungen des *Rings* und deren Entwicklung und Veränderungen im Regiebuch und Bühnenbild gegenüber Siegfried Wagner und seiner Frau Winifred bekundete habe und auch immer wieder auf die Notwendigkeit einer Erneuerung hinwies.[54] Slevogt habe »am Ende die Inszenierung des ›Ringes‹ als die ›ungelöste Aufgabe seines Lebens‹« angesehen.[55]
In seinen letzten Lebensjahren bis kurz vor seinem Tod beschäftigte er sich intensiv mit dem Werk Wagners und dessen szenischer Umsetzung. Leidenschaftlich verfolgte er die Entwicklung in Bayreuth. Sein großer Wunsch, sich in Bayreuth künstlerisch einzubringen, wurde ihm indes verwehrt.

– **1** Slevogts Mutter, Caroline von Slevogt (1840–1913), förderte bereits früh die künstlerische Entfaltung ihres Sohnes. Vgl. Imiela 1968, S. 11. In den 1890er Jahren überlegte Slevogt ernsthaft, eine Sängerkarriere einzuschlagen. Vgl. Schenk 2015, veröffentlicht 2016: https://edoc.ub.uni-muenchen.de/19391/1/Schenk_Carola.pdf (10.12.2021), S. 70 f., sowie Schenk 2018, S. 26. – **2** Aus einem Brief Max Slevogts an Karl Scheffler, in: Scheffler 1940, S. 42. – **3** *Schumann-Sonate* (Kat. 53), *Beethoven-Sonate* oder *Chopin Präludien*, vgl. Schenk 2015, S. 66. Auch das nach einer Konzertaufführung im Münchner Odeon im Jahr 1889 entstandene Gemälde *Das Konzert* und dessen Vorarbeiten sind in diesem Zusammenhang zu sehen. Vgl. Schenk 2015, S. 56. – **4** Seine zahlreichen Theatereindrücke der ersten Berliner Zeit verarbeitete Slevogt neben den Rollenbildnissen d'Andrades in Tänzerinnen-Rollenporträts der japanischen Schauspielerin Sada Yakko (1871–1946, Kat. 6), in Tänzerinnen-Rollenbildnissen der Marietta di Rigardo (Kat. 10), Anna Pawlowa (Kat. 8) und La Argentina (Kat. 14). Hinzu kamen Schauspieler-Rollenporträts von Emil Thomas (1903), Tilla Durieux (1907, 1921) und Elsa Berna (1908), die seinen Ruf als aufstrebender Künstler in der Hauptstadt festigten. Vgl. Schenk 2005, Mainz 2014, S. 48–185, und Schenk 2018, S. 27–30.
– **5** Beide Theaterleiter arbeiteten in dieser Zeit mit namhaften Malern zusammen, wobei Max Reinhardt hierbei der Vorreiter war. Er überlegte sich genau, welcher Maler am geeignetsten für ein geplantes Theaterstück wäre und vermarktete gekonnt seine Zusammenarbeit mit bildenden Künstlern. Vgl. hierzu Schenk 2015, S. 78–146, Schenk 2016 und Schenk 2021. – **6** Zu diesem Projekt und zu Slevogts weiterer Zusammenarbeit mit Brahm vgl. Schenk 2015, S. 78–105, sowie Schenk 2021, S. 49–58. – **7** Vgl. hierzu Schenk 2015, S. 106–146, sowie Schenk 2021, S. 58–66. Reinhardt legte besonderen Wert auf die genaue Übertragung von Slevogts Vorgaben zu Farbe und Licht auf die Bühne. Zu Slevogts weiterer Beschäftigung mit den Werken Shakespeares vgl. Schenk 2015, S. 109–111. – **8** Vgl. Schenk 2015, S. 119, sowie Schenk 2021, S. 64, Anm. 64. – **9** Der früheste Versuch einer Bühnendekoration Slevogts ist in der Literatur um 1886 belegt. J. Guthmann schreibt, Slevogt habe für ein Schmierentheater eines »Direktors« Mosbacher in Garmisch ein »schnaubendes Ross« mit »Blitz und Dampf aus den Nüstern« gemalt. Vgl. hierzu Guthmann 1948, S. 169 f. – **10** Max Slevogt, undatiertes Blatt mit Bemerkungen zu *Scherz und Laune*, Archiv Saarlandmuseum Saarbrücken, B105, zit. nach Slevogt 2018, S. 71. Vgl. auch Schenk 2015, S. 147. Vielleicht sind zwei unbezeichnete Tuschzeichnungen (*Kopf mit Rokokofrisur* und ein *Kostümentwurf*) in diesem Zusammenhang zu sehen. Vgl. Schenk 2015, S. 436, Kat. 12.9 und 12.10. Zu einer weiteren geplanten Zusammenarbeit mit Strauss vgl. Schenk 2015, S. 67, Anm. 240. – **11** Vgl. Guthmann 1920, S. 58. Walter Petzet berichtet hingegen: »Die erste Mozartoper sollte ›Titus‹ sein, als kühle Festoper ganz eigenartig stilisiert. Richard Strauß [sic!] war begeistert von den Entwürfen und wollte mit dem Maler zusammenarbeiten. Da weigerte sich ein unentbehrlicher Tenor den vorgeschriebenen Reifrock anzuziehen und das Ganze kam zu Fall.« Petzet 1928, S. 1140.

12 Am 17. April fand die Premiere der Neuinszenierung des *Don Giovanni* an der Dresdner Staatsoper statt. Regie führte Alois Mora (1872–1947), die musikalische Leitung hatte Fritz Busch (1890–1951) inne. Ausführlich zu den Bühnenbild- und Kostümentwürfen sowie dem Zustandekommen der Inszenierung 1924 in Dresden und der Wiederaufnahme 1930 in Berlin Charlottenburg vgl. Schenk 2015, S. 148–222. **13** Slevogt 1924, S. 176. **14** Ebd., S. 173. **15** Ebd., S. 175. **16** Vgl. Schenk 2015, S. 182–187. **17** Vgl. ebd., S. 154. **18** Bereits 1918 soll Slevogt für das Sächsische Landestheater in Leipzig angefragt worden sein, eine Zusammenarbeit kam jedoch nicht zustande. Eine weitere Anfrage zur *Zauberflöte* soll Slevogt 1926 aus Hannover erhalten haben. Vgl. Schenk 2015, S. 229 f. **19** Bildlich lässt sich das Thema *Zauberflöte* erstmals im Jahr 1910 fassen. Zu Slevogts Beschäftigung mit dem Thema vgl. Mainz 1991, S. 76–143, Mozarteum Salzburg 1996, S. 15–24, 27 f., Schenk 2015, S. 224–256, und Dieckmann 2018. **20** Vgl. Schenk 2015, S. 229–235. **21** Briefentwurf, Gedanken von Slevogt auf der Rückseite eines Briefes von Franz Ludwig Hörth, Staatsoper Berlin, 27. Januar 1928, vgl. Kat. 41, Schenk 2015, S. 255. **22** Brief vom 31. Oktober 1924, in: Imiela 1960, S. 46, sowie in: Slevogt 2018, S. 101. Vgl. auch Schenk 2015, S. 267. **23** Bereits im Jahr 1886 machte eine Bayreuther Inszenierung von Wagners Oper *Tristan und Isolde* großen Eindruck auf den damals 17-jährigen Slevogt. Vgl. Guthmann 1948, S. 140 f. **24** Auch mit dem *Tannhäuser*-Thema und Wagners Musik dieser Oper hat sich Slevogt beschäftigt. Im Jahr 1908 hielt Slevogt das Thema des Venusbergs aus Wagners erstem Akt des *Tannhäuser* auf einer kleinen Ölskizze fest und betitelte es *Hörselberg*. Vgl. Imiela 1968, S. 305, Abb. 148. Zwei Jahre später stellte er 1910 ein monumentales Gemälde zu demselben Thema in der Ausstellung der XX. Berliner Secession aus. *Der Hörselberg*, 1910/1931, Öl auf Leinwand, 290,5 × 370,2 cm, bezeichnet unten links: Slevogt / 1910, Museen der Stadt Nürnberg, Kunstsammlungen, erworben 1931. Zum Zeitpunkt der Ausstellung war das Gemälde noch unvollendet. Slevogt änderte bis zum Jahr 1931 immer wieder etwas an dem Gemälde, da er mit seiner malerischen Umsetzung des Themas unzufrieden war und sich künstlerisch überfordert fühlte. Sein Freund Guthmann betont die Wichtigkeit, die das Gemälde für Slevogt gehabt hat. »Von keinem seiner Werke [Hörselberg] hat er so oft gesprochen wie von diesem Tannhäuser, an keinem Jahre um Jahre immer wieder die bessernde Hand erprobt. Mit einer gewissen Beharrlichkeit erklärte er es für sein Hauptwerk, aber ich glaube, daß seine Phantasie bis zuletzt an einer anderen, endgültigen Darstellung des gewaltigen Vorwurfs gearbeitet hat.« Guthmann 1948, S. 150 f. Zu *Tannhäuser* und dem Gemälde *Hörselberg* vgl. auch Schenk 2015, S. 260–262 sowie Kat. 45. **25** Der Aachener Intendant Heinrich K. Strohm (1895–1959) hatte noch im Jahr 1931/32 Pläne für ein gemeinsames *Meistersinger*-Projekt gehabt, was Slevogts Tod jedoch verhinderte. Vgl. Schenk 2015, S. 263, 319. **26** Vgl. ebd., S. 263. **27** Vgl. ebd., S. 264. **28** Dieser Zyklus bezieht sich jedoch nicht auf Wagners Werk, sondern auf das Nibelungenlied selbst. Im Zusammenhang mit dieser Auseinandersetzung mit dem Nibelungenlied sind zwei Holztafeln in Mischtechnik erhalten. Vermutlich dienten sie als Vorlagen zu den Holzschnitten. Vgl. ebd., S. 265.

29 Vgl. ebd., S. 265. **30** Mit dem Dirigenten Fritz Busch stand Slevogt während des Dresdner *Don-Giovanni*-Projekts wenige Monate zuvor in enger Verbindung. **31** Vgl. ebd., S. 266 f. Slevogt verpasste in den Jahren von 1927 bis 1931 kaum eine Festspielsaison, scheute sich jedoch immer wieder, sich rechtzeitig um die begehrten Karten zu kümmern. Vgl. ebd., S. 268 f., Anm. 1084.

32 Brief vom 31. Oktober 1924, in: Imiela 1960, S. 46, sowie in Slevogt 1918, S. 101. Vgl. auch Schenk 2015, S. 267.

33 Zu Slevogts Wandbildern auf Neukastel und den zugehörigen Aquarellentwürfen vgl. Imiela 1968, S. 226–237, sowie Schenk 2015, S. 149, 227, 267.

34 Vgl. hierzu u. a. Imiela 1968, S. 341, Abb. 235 (s/w), S. 444, Anm. 5 sowie Schenk 2015, S. 257–259. **35** Slevogt hatte lange Zeit den tiefen Wunsch gehegt, für Bayreuth tätig zu werden und teilte Guthmann nach seinem letzten Bayreuth-Besuch 1931 mit, dass dieses Verlangen ihn »heimlich mitaktiv machte«. Vgl. Brief vom 31. August 1931 aus Aachen, in: Slevogt 2018, S. 146. In älterer Transkription in: Imiela 1960, S. 67 f., und Schenk 2015, S. 272–281.

36 Im November 1931 erhielt Slevogt vom Darmstädter Intendanten Gustav Hartung (1887–1946) eine Anfrage für eine Inszenierung des *Rings*. Vgl. Guthmann 1948, S. 178–180, sowie Imiela 1968, S. 444, und Schenk 2015, S. 274–276. So sehr ihn diese Anfrage gereizt haben musste, war er doch durch Krankheit gezeichnet. Letztendlich scheiterte das Projekt.

37 Vgl. Schenk 2015, S. 282 f. **38** Slevogt hielt sich sehr eng an die von Wagner geforderten Details und ließ sich kompositorisch von den Bühnenbildern von Heinrich Döll (1824–1892), Josef Hoffmann (1831–1904) und Max Brückner (1836-1919) anregen. Vgl. Schenk 2015, S. 281. **39** Der Begriff »Gesamtkunstwerk« bezieht sich im allgemeinen Sprachgebrauch heute zumeist auf die generelle Verschmelzung verschiedener Kunstgattungen. Der Ausdruck selbst stammt von Richard Wagner, der ihn in seinen theoretischen Schriften erwähnte. Wagner selbst bezog den Ausdruck auf das Musiktheater und sah in der künstlerischen Vereinigung von Musik, Dichtung und bildender Kunst ein »Gesamtkunstwerk«. **40** Abschrift eines Briefes vom 16. September 1930, Kat. 51. Beigelegt dem Brief Slevogts an Guthmann vom 20. November 1930, in: Slevogt 2018, S. 145. Ausschnitte dieser Abschrift auch in: Imiela 1960, S. 67 (ältere Transkription). Vgl. auch Schenk 2015, S. 269. **41** Slevogt erwähnte dieses Treffen in einem Brief an seine Frau und schilderte, dass die Verständigung – auch durch wiederholte Zwischenübersetzung – zunächst etwas schwierig gewesen sei. Vgl. Imiela 1968, Anm. 11, S. 445. Der Verbleib des Briefes ist unbekannt. Brief zit. nach Imiela auch in: Schenk 2015, S. 271. **42** Vgl. ebd., S. 271 f. **43** Brief Slevogts an Guthmann vom 31. August 1931 aus Aachen, in: Slevogt 2018, S. 146. In älterer Transkription in: Imiela 1960, S. 67 f., und Schenk 2015, S. 272 f. **44** Bereits 1923 war Hitler das erste Mal in Bayreuth im Haus Wahnfried gewesen. Seit 1924 war Bayreuth von den Nationalsozialisten geprägt. 1925 besuchte Hitler die Festspiele, und im Jahr 1926 trat Winifred Wagner in die Partei ein. Vgl. Schenk 2015, S. 273. **45** Winifred Wagner hatte seit dem Tod ihres Ehemanns Siegfried 1930 die Festspielleitung übernommen.

46 Brief Slevogts an Guthmann vom 29. Juli 1932, in: Slevogt 2018, S. 155. Vgl. auch in älterer Transkription Imiela 1960, S. 73, sowie Schenk 2015, S. 276 f.

47 Vgl. auch Guthmann 1948, S. 190.

48 Abschrift eines Briefes von Slevogt an Winifred Wagner vom 27. Juni 1932, in: Slevogt 2018, S. 155 f. **49** Slevogt legte Winifred Wagners Antwortschreiben einem Brief an Guthmann und dessen Lebensgefährten Jochen Zimmermann bei. Brief Slevogts an Guthmann und Zimmermann vom 13. August 1932, in: Slevogt 2018, S. 157, auch in: Imiela 1960, S. 73. Guthmann erkannte die Wichtigkeit dieses Briefes von Winifred Wagner, verfasste einen Auszug daraus und legte ihn seiner Briefesammlung bei.

50 Brief Winifred Wagners an Slevogt vom 2. August 1932, in: Slevogt 2018, S. 157. Eine Kopie des Briefes von Winifred Wagner an Slevogt befindet sich im Archiv des Saarlandmuseums, Saarbrücken, F I/B143. Siehe auch Kat. 52. Diese Neuinszenierung des *Rings* 1933 durch Tietjen und Preetorius läutete in Bayreuth einen moderneren Inszenierungsstil ein. **51** Guthmann 1948, S. 192. **52** Brief Slevogts an Guthmann vom 21. August 1932, in: Slevogt 2018, S. 74, erwähnt auch in: Guthmann 1948, S. 192. Mit dieser Karikatur und dem Monogramm »M.S.« in der Bildunterschrift spielte Slevogt sowohl auf den Bayreuther *Ring* als auch auf den berühmten deutschen Boxer Max Schmeling (1905–2005) an, der in den Jahren 1930 und 1931 als erster Europäer Boxweltmeister im Schwergewicht wurde. Schmeling versuchte, 1932 seine Weltmeisterschaft zu verteidigen, verlor jedoch seinen Weltmeistertitel am 21. Juni 1932 gegen Jack Sharkey. Vgl. Schenk 2015, S. 278. **53** Emil Preetorius: Typoskript für Hörbericht 18. Oktober 1932, »Slevogt – Orlik –Chérel †«, S. 5, Nachlass Emil Preetorius, Preetorius Stiftung München. Zit. auch in: Schenk 2015, S. 277. Zu Preetorius' Bühnenschaffen vgl. u. a. Preetorius 1944. **54** Guthmann 1948, S. 174, vgl. auch Schenk 2015, S. 270. Die Familie Wagner habe Slevogts vorsichtige Anfragen mit dem Hinweis auf die schwierige finanzielle Lage abgelehnt. Sein Freund Johannes Guthmann ließ anscheinend gegenüber der Familie Wagner vermittelnd durchblicken, dass »von einem Künstlerhonorar nicht viel zu reden sein werde«. Guthmann 1948, S. 175, vgl. auch Schenk 2015, S. 271. **55** Guthmann 1948, S. 169. Sein Freund glaubte sogar, dass eine Inszenierung mit Bühnenbildern von Slevogt in Bayreuth »einer Wiedergeburt der Werke aus ihrem eigenen Geiste heraus gleichgekommen« wäre. Guthmann 1948, S. 175.

Bühnenpro-jekte

BÜHNE

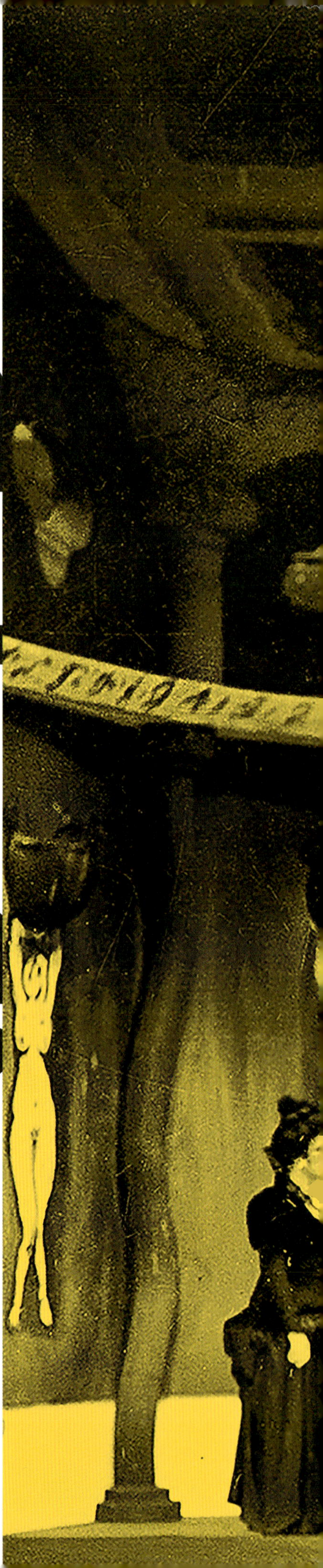

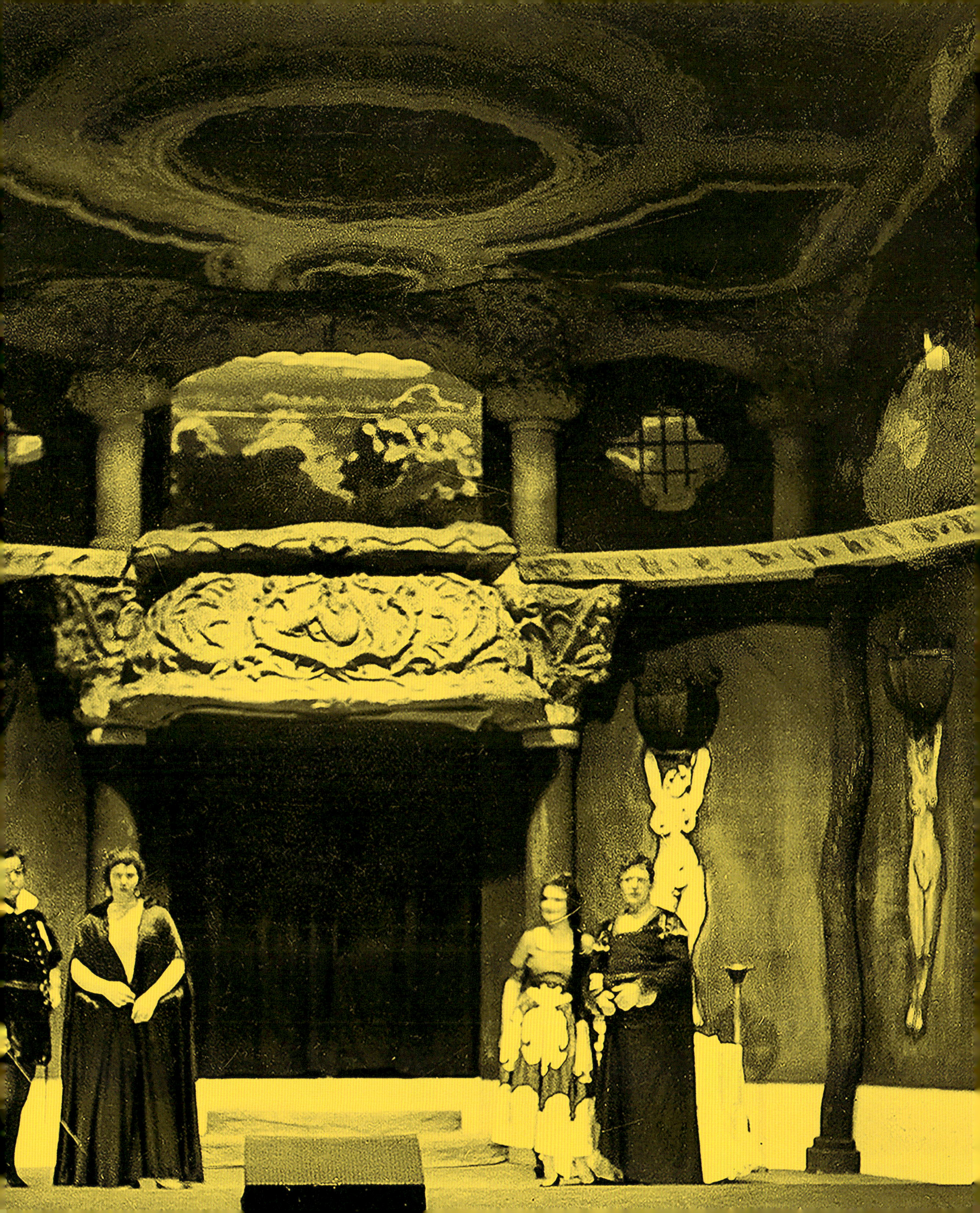

Die lustigen Weiber von Windsor 1904

021

— 1904 — Gouache über Bleistift auf Karton — 31 × 23 cm — bezeichnet oben links: Junker Schmächtig; oben rechts: Schaal; verso signiert und bezeichnet: Die lust. Weiber von Windsor; nummeriert: No. 10.; bezeichnet mit Bleistift unten mittig: P. Cassirer — Privatsammlung Süddeutschland — o. Inv.-Nr. —

Lit.: Schenk 2015, S. 114–146, v. a. 140 f., Anm. 547, Abb. 67.

Junker Schmächtig und Schaal, Kostümentwürfe zu »Die Lustigen Weiber von Windsor«

Slevogt wurde 1904 mit Entwürfen für Bühnenbilder und Kostüme zu Shakespeares *Die lustigen Weiber von Windsor* im Neuen Theater am Schiffbauerdamm in Berlin beauftragt. Initiator war Max Reinhardt, der seit 1903 das Kleine Theater leitete und bis 1933 mit seinen »Reinhardt-Bühnen« in Berlin das moderne deutsche Theater maßgeblich prägte. Die Regie bei den *Lustigen Weibern* führte allerdings Richard Vallentin, jedoch unter Mitwirkung Reinhardts. Dieser hatte ein großes Interesse an modernen Interpretationen von Shakespeares Werken. Hierbei zählte er auf die Hilfe von zeitgenössischen bildenden Künstlern wie Max Slevogt.

Für die *Lustigen Weiber* sollte zudem erstmals eine Drehbühne zum Einsatz kommen, die Regisseur und Bühnengestalter wohl aber vorerst nur begrenzt nutzten. Da Shakespeares Textbuch kaum Angaben zu den Bühnenbildern macht, hatten Vallentin und Slevogt wenige Vorgaben. Nach der Zusammenführung einiger Szenen durch Reinhardt und Vallentin entwarf Slevogt sieben Bühnendekorationen, darunter eine Straßenansicht, ein Gasthaus, das Haus von Dr. Cajus, einen Garten, Windsorpark und Fluths Haus.

Seine Aufgabe war ebenfalls das Skizzieren der Kostüme, bei denen er sich an der Mode aus Shakespeares Zeit orientierte. Der ausgestellte Entwurf zeigt den Friedensrichter Schaal und seinen Neffen Schmächtig, die sich über das Verhalten Falstaffs empören, der mehreren Frauen gleichzeitig die Ehe versprochen hat. Der Vergleich mit einem Rollenfoto belegt, dass die Entwürfe weitgehend so umgesetzt wurden, wie sie Slevogt erfunden hatte (vgl. Abb. 54). Offensichtlich machte ihm auch die Charakterisierung der beiden Figuren große Freude.

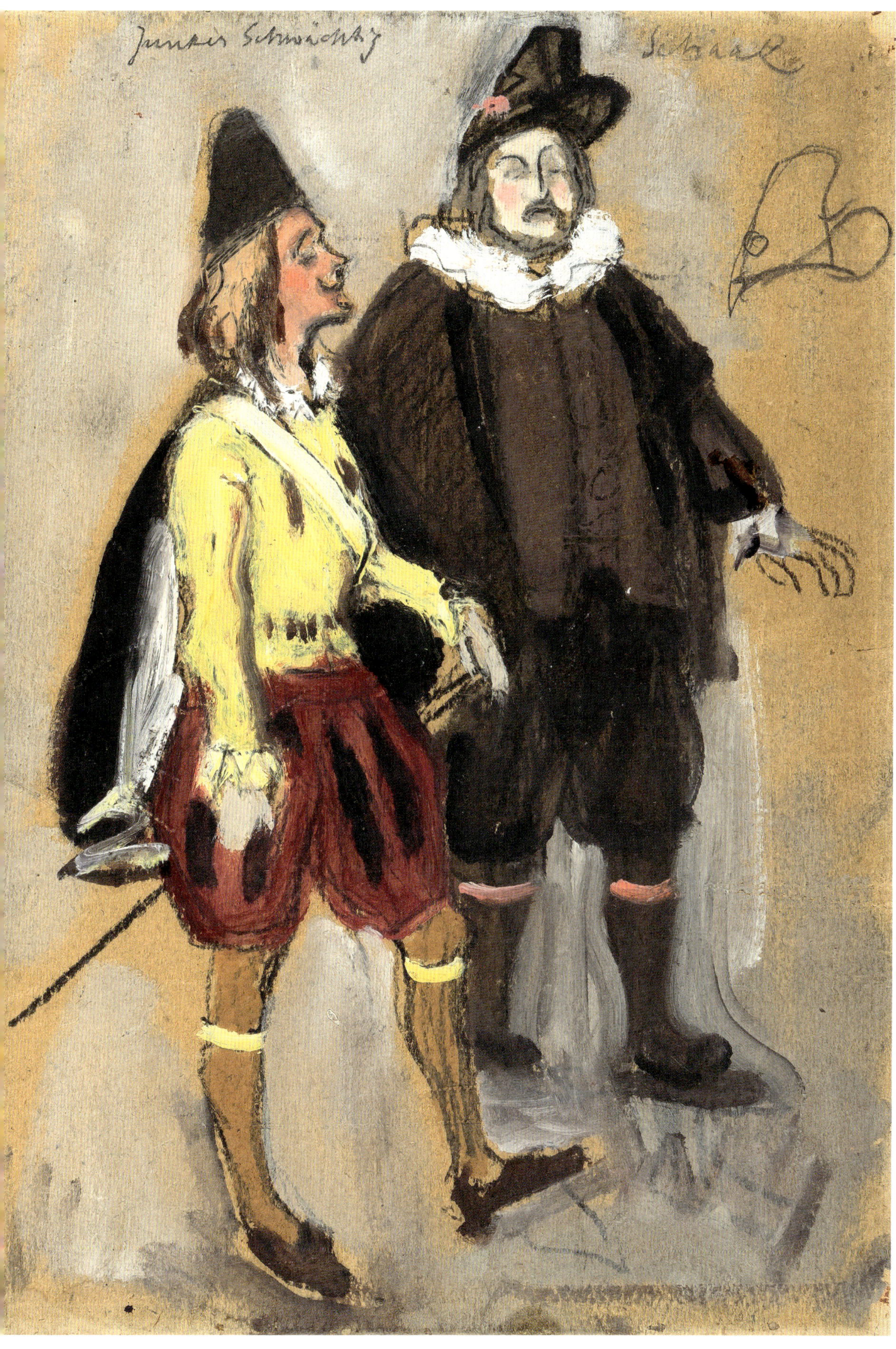

Die Premiere des Stückes fand am 21. Oktober 1904 statt. Die Kritiken zur Bühnengestaltung waren recht unterschiedlich; sie reichten vom Lob der »einfachen Echtheit und oft packenden Schönheit« hin zum Zweifel am »zu sehr in das Secessionistische, fast in das Überbrettlmäßige« Gehenden und Tadel an der »derben und kleinbürgerlichen Stimmung«,[1] die aber Vallentin so beabsichtigt hatte. Eine Fortsetzung der Zusammenarbeit zwischen Reinhardt und Slevogt war für Hebbels *Gyges und sein Ring* 1907 geplant – **KR**

– **1** Vgl. Schenk 2015, S. 113, 146.

022

Brief an Max Slevogt

– Max Reinhardt und Felix Hollaender – Berlin, 29. Dezember 1908 – 1 Doppelblatt, 17,5 × 13,4 cm – Landesbibliothekszentrum Rheinland-Pfalz/Pfälzische Landesbibliothek Speyer – Nachlass Max Slevogt N 100 –

Lit.: Imiela 1968, S. 80, 130, 265, 275, 373, Anm. 19, 386, Anm. 7, 441, Anm. 10, 444, Anm. 1. – Schlechter 2014, S. 36 f., Nr. 8. – Slevogt 2018, S. 263 f., Nr. 44. – Schenk 2021, S. 65 f. – Fiedler 2003, S. 357–359.

Der aus Baden bei Wien stammende Max Reinhardt (1873–1943) arbeitete zuerst als Schauspieler und entwickelte sich um die Wende vom 19. zum 20. Jahrhundert zu einem der bedeutendsten Regisseure seiner Zeit. 1902 machte er sich als Theaterleiter selbstständig und suchte umgehend die Zusammenarbeit mit den in der Berliner Secession organisierten Künstlern, unter ihnen Lovis Corinth und Max Slevogt. Aus dem Jahr 1904 haben sich verschiedene Kostümentwürfe Slevogts für Reinhardts Aufführung der *Lustigen Weiber von Windsor* erhalten. Zu einem Zerwürfnis kam es 1907. Slevogt verwahrte sich dagegen, dass er auf einem Programmzettel als Mitarbeiter genannt wurde, und ging sogar gerichtlich dagegen vor. Mit einiger Wahrscheinlichkeit war der Stein des Anstoßes eine Aufführung von Friedrich Hebbels *Gyges und sein Ring*, die am 2. Mai 1907 Premiere hatte. Mit dem Brief vom 29. Dezember 1908 bemühten sich Reinhardt und sein Dramaturg Felix Hollaender um eine Beilegung des Konflikts, »den alten Zwist im alten Jahre noch aus der Welt zu schaffen«: »Seien sie nicht länger böse und verstimmt auf uns. Wir haben einen so hohen Respekt vor Ihrer Persönlichkeit, daß wir niemals die uns trennenden Geschehnisse leicht aufnehmen. Sie dürfen es uns glauben, daß auch auf unserer Seite ein Mißverstehen, nie jedoch eine bösartige Tendenz vorlag. Und psychologisch werden Sie es heute verstehen, daß wir durch die Schärfe Ihres ersten Angriffs und die Härte jener damaligen Auseinandersetzungen uns verletzt fühlen mußten«. Die Kontakte zwischen Reinhardt und Slevogt bestanden allerdings trotz dieses Konflikts weiter. 1928 wurde er gebeten, für eine Aufführung von *Cäsar und Cleopatra* von George Bernard Shaw unter der Leitung Reinhardts die Bühnendekoration zu übernehmen, was er aber ablehnte. Im Folgejahr erwog Slevogt, sich an der Ausmalung von Reinhardts Theater zu beteiligen. – AS

023

– 1904 (?)/Widmungsdatum: 1921 – Gouache über Kreide auf festem Papier – 23,4 × 29,4 cm – auf der Rückseite bezeichnet, von fremder Hand: Familie August Croissant gewidmet/von Prof. M. Slevogt. Weihnacht 1921 – Saarlandmuseum – Moderne Galerie, Saarbrücken, Stiftung Saarländischer Kulturbesitz, aus der Sammlung Kohl-Weigand – Inv.-Nr. KW 328 –

Lit.: Schenk 2015, S. 119, Anm. 451, 434, Kat. 11.1, Abb. S. 434 und Abb. 249. – Schenk 2021, S. 64, Anm. 64.

Entwurf zu einem Theatervorhang

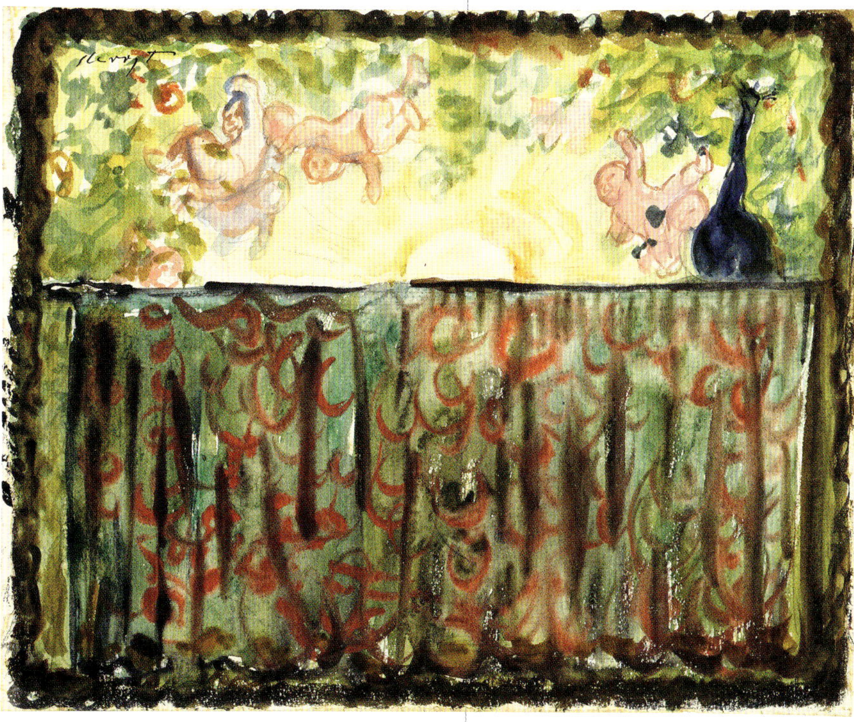

Leider konnte bislang nicht eindeutig geklärt werden, ob dieser und der folgende Entwurf mit einem konkreten Theaterprojekt in Verbindung stehen. Man weiß, dass Slevogt im Auftrag Max Reinhardts einen Vorhang für das Neue Theater und die dortige Neuinszenierung der *Lustigen Weiber von Windsor* entwerfen sollte. Carola Schenk legte dar, dass die beiden Entwürfe durchaus hierfür entstanden sein könnten. Das vorliegende Blatt schenkte Slevogt Weihnachten 1921 dem Landauer Kunstmaler August Croissant und schrieb dazu, es handle sich um einen »älteren Aquarellentwurf für einen Theatervorhang«.[2] – **KR**

– **2** Vgl. Schenk 2021, S. 64, Anm. 64.

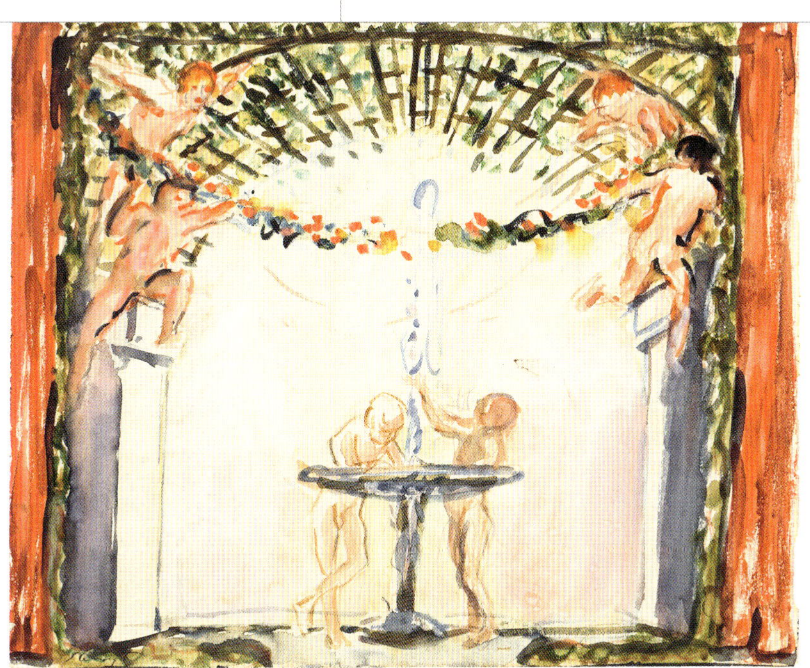

024

– 1904 (?) – Gouache auf Papier – 22,9 × 28,5 cm – Saarlandmuseum – Moderne Galerie, Saarbrücken, Stiftung Saarländischer Kulturbesitz, aus der Sammlung Kohl-Weigand – Inv.-Nr. KW 341 –

Lit.: Schenk 2015, S. 119, Anm. 451, Kat. 11.2, Abb. S. 434 und Abb. 248. – Schenk 2021, S. 64, Anm. 64.

Entwurf für ein Bühnenbild (oder Theatervorhang?)

Florian Geyer 1904

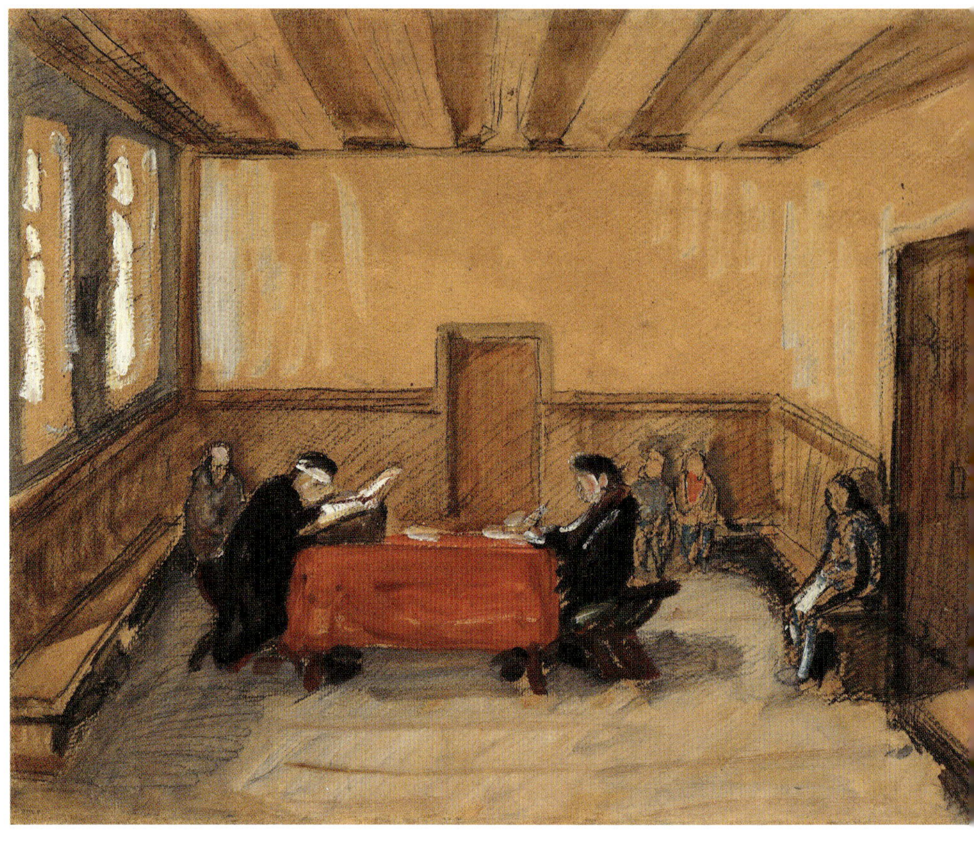

025

– 1904 – Gouache über Kohle auf Papier, aufgezogen auf Karton und mit Passepartoutmaske versehen – 40,7 × 57 cm – Saarlandmuseum – Moderne Galerie, Saarbrücken, Stiftung Saarländischer Kulturbesitz, aus der Sammlung Kohl-Weigand – Inv.-Nr. KW 8586 –

Lit: Schenk 2015, S. 94 f., Anm. 357, 381, Kat. 3.1.1, Abb. S. 381 und Abb. 13, S. 443. – Schenk 2016, S. 117, Abb. S. 118.

Kapitelstube des Neu-Münsters zu Würzburg, Bühnenbildentwurf zu »Florian Geyer« von Gerhart Hauptmann, 1. Akt

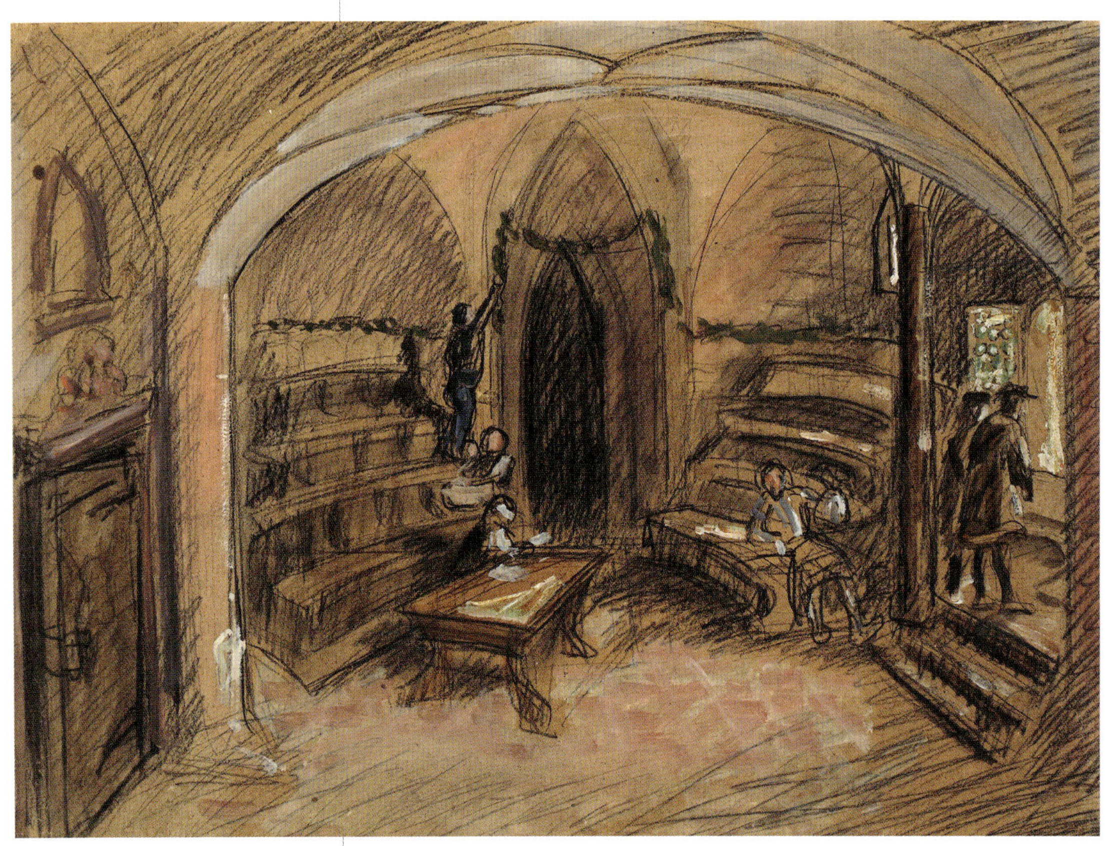

026

– 1904 – Gouache über Kohle auf bräunlichem Karton, rundum mit Papierstreifen eingefasst – 39,5 × 49,5 cm (mit Randstreifen), 35 × 44,7 cm (Darstellung) – Saarlandmuseum – Moderne Galerie, Saarbrücken, Stiftung Saarländischer Kulturbesitz, aus der Sammlung Kohl-Weigand – Inv.-Nr. KW 8577 –

Lit.: Schenk 2015, S. 99, Anm. 373, Kat. 3.1.4, Abb. S. 382 und Abb. 18 S. 445. – Schenk 2021, S. 49–55.

Im Rathaus zu Schweinfurt, Bühnenbildentwurf zu »Florian Geyer« von Gerhart Hauptmann, 3. Akt

Für das Jahr 1904 plante Otto Brahm eine Neuinszenierung von Gerhart Hauptmanns Drama *Florian Geyer* im Berliner Lessing-Theater, dessen Leitung er gerade übernommen hatte. Das Stück hatte 1896 im Deutschen Theater – ebenfalls unter Brahm – eine etwas enttäuschende Uraufführung erlebt. Die Neuinszenierung sollte nun das Publikum überzeugen. Im Januar erkundigte sich Hauptmann bei Brahm danach, wer die Bühnenbilder entwerfen sollte. Der Theaterleiter wünschte sich die Zusammenarbeit mit Max Slevogt. Der jedoch zögerte, weil er zum einen zeitgleich für den »Rivalen« Max Reinhardt arbeitete,[3] zum anderen nicht zum öffentlichkeitswirksamen Zugpferd der Theater und schließlich auch nicht zum Konkurrenten Corinths, der ebenfalls an Bühnenprojekten betelllgt war, werden wollte. Er willigte schließlich dennoch ein, bestand aber darauf, dass sein Name nicht genannt würde.

Slevogt wurde von Brahm zudem auch für eine Inszenierung des *Richters von Zalamea* von Caldéron beauftragt. Die Premiere des *Florian Geyer* fand am 22. Oktober 1904 statt. Die deutlich verschlankte Fassung wurde zum Erfolg. Das 1894/95 geschriebene Drama spielt 1524/25 in der Zeit der Bauernkriege in Franken. Geyer, neben Götz von Berlichingen einer der Ritter, die sich den Aufständischen angeschlossen hatten, setzt sich als Anführer, militärischer Berater, Mahner und Motivator der Revoltierenden ein, wird aber am Ende verraten und muss sterben.

Der 1. Akt nach dem Vorspiel findet in der Kapitelstube des Neu-Münsters zu Würzburg statt. In der gekürzten Fassung des Lessing Theaters begann hier die Handlung. Die Kapitelstube ist der Versammlungsort der Aufständischen des »Schwarzen Haufens«. Florian Geyer als ihr militärischer Anführer mahnt zu Besonnenheit vor dem Angriff auf die Veste Marienberg. Slevogt hielt sich bei seinen Entwürfen an Hauptmanns Szenenanweisungen sowie die Regie- und Beleuchtungspläne Emil Lessings. In dem vorliegenden Entwurf stellte er nicht nur den Raum dar, sondern fügte auch einige der Figuren ein: Man erkennt den Feldschreiber Lorenz Löffelholz vorn am Tisch sowie Martin, der Girlanden aufhängt, die ihm von den Boten Finkenmäuslin und Kunzlin gereicht werden. Rechts auf der Bank sitzt der Ritter Stephan von Menzingen, rechts am Fenster sieht man Rektor Besenmeyer und den Schultheiß von Ochsenfurt, Bezold.

Bei der Szene im Rathaus zu Schweinfurt im 3. Akt geben sich die Bauernführer gegenseitig die Schuld an der Niederlage in Würzburg. Geyer geht hart mit ihnen ins Gericht. Auf Slevogts Entwurf sitzt links am Tisch Löffelholz mit verbundenem Kopf, rechts Satorius. Die Bühnenbilder der Inszenierung sind vom Naturalismus geprägt, streben aber keine historische Genauigkeit der Handlungsorte an. Die gewünscht sparsame, nüchterne Ausstattung und die Vorstellungen von Dichter und Regisseur ließen dem Künstler vermutlich recht wenig Spielraum für eigene Ideen. – KR

– **3** Als Brahm erfuhr, dass Slevogt auch für dessen Inszenierung der *Lustigen Weiber von Windsor* arbeitete, war er sehr verärgert, vgl. Schenk 2021, S. 51.

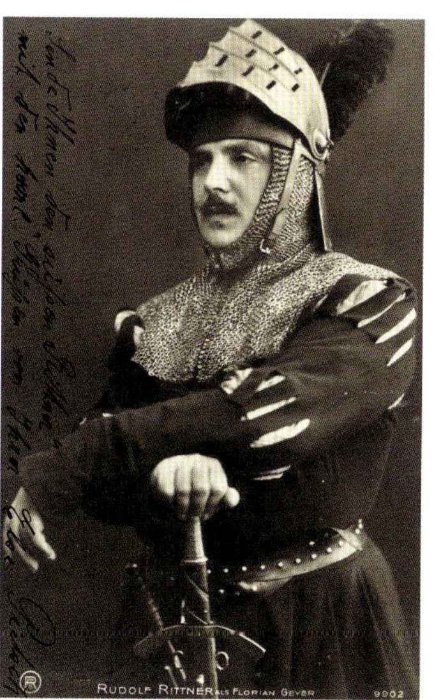

Rudolf Rittner als Florian Geyer in der Inszenierung im Lessing-Theater in Berlin
– 1905 – Reproduktion einer Fotografie – 13,9 × 8,9 cm – Stiftung Stadtmuseum Berlin – Reproduktion: Dorin Alexandru Ionita, Berlin –

Don Giovanni 1924

Im Februar 1918 wies der Musikschriftsteller und Musiker Walter Petzet Slevogt in einem Brief darauf hin, dass der neue Intendant der Dresdner Oper Mozarts Hauptwerke neu beleben wolle. Petzet dachte zunächst daran, dass Slevogt bei einer Neuinszenierung der *Zauberflöte* mitwirken könnte.[4] Daraus wurde aber nichts. 1924 ergab sich dann jedoch die Zusammenarbeit für eine Inszenierung des *Don Giovanni.* Hierfür vermittelte Ludwig Wilhelm Gutbier, Inhaber der Dresdner Galerie Arnold, zwischen dem Künstler und dem Generalmusikdirektor der Dresdner Oper, Fritz Busch.[5]
Bei einem Besuch Slevogts in Dresden Anfang Februar 1924 entstanden bereits erste Bühnenbildentwürfe (vgl. Kat. 31), noch davor erste Kostümentwürfe (Kat. 29); der Vertrag zur Zusammenarbeit wurde am 15. Februar unterzeichnet. Kurz zuvor mussten noch Honorardifferenzen geklärt werden, da der Künstler und sein Meisterschüler Karl Dannemann Wünsche äußerten, die weit über den üblichen Gagen lagen.[6]
In einer Ausgabe der Musikzeitschrift *Melos* erschien 1924 ein interessanter, von Slevogt verfasster Artikel,[7] der sein Herangehen an das *Don-Giovanni*-Projekt erläuterte: Nicht als Fachmann, sondern unbefangen wollte der Künstler die Bühnenbilder und Kostüme entwerfen. Er sah diese Oper als eine ganz »eigenartige Schöpfung« Mozarts an, die deshalb auch den Dekorationen mehr Selbstständigkeit abverlangen würde. Hier argumentierte er ganz ähnlich wie zu seinen Illustrationen (vgl. Kat. 117).
Zwei Dinge beschäftigen ihn ausführlich. Zum einen die Frage der Beleuchtung: Sie erschien ihm wichtiger als komplizierte Dekorationen oder »unsicher experimentierender Theaterunfug«. Slevogt sprach sich ausdrücklich für das altmodische Rampenlicht aus, da es erst die typische Theaterdistanz erzeuge. Außerdem ging es ihm darum, eine Einheit aus Musik und Bühnenbild einerseits, Dekorationen und Charakter der Hauptfigur Don Giovanni andererseits zu schaffen. Als Bühnenbildner hätte er gerne noch größeren Einfluss auf das dramatische Geschehen gehabt. Er betonte Mozarts Bezeichnung »dramma giocoso«; aus ihr sollten für das Spiel, für Dekorationen und Kostüme folgen, dass sie Luftigkeit und »Elastizität« des Helden, Spiel, Spaß und Übermut von dessen Lebensweise zum Ausdruck brächten.
Briefe und Dokumente im Slevogt-Nachlass in Speyer belegen ebenfalls, wie sich der Künstler im Verlauf des Projekts mit Fragen der Regie, der Beleuchtung und Musik beschäftigte. Statt eines undurchführbaren Dekorationswechsels in der Schlussszene schlug er beispielsweise einen Beleuchtungswechsel vor und ergänzte seine Entwürfe deshalb um zusätzliche Fenster. Mit Fritz Busch gab es eine Diskussion darüber, ob man auf das Sextett verzichten könne (Brief von Busch vom 4. März 1924 aus Dresden). Mit dem Leiter der Ausstattung, Leonhard Fanto, war Slevogt im Austausch über die Kostüme. Der Regisseur Mora setzte durch, dass einige Schauplätze zusammengelegt wurden, um Handlung und Musik so wenig wie möglich zu unterbrechen. Letztlich gab es acht Bühnenbilder und einen von Slevogt entworfenen Vorhang.
Die Premiere der Oper, die Slevogt besuchte,[8] fand am 17. April 1924 statt und wurde zum Erfolg. Regisseur war Alois Mora, es dirigierte Fritz Busch, den Don Giovanni sang Robert Burg. Danach wünschte der Künstler noch einige Änderungen. Als Gutbier dann im Mai noch einmal eine Aufführung mit der zweiten Besetzung besucht hatte, schrieb er lobend an Slevogt: »Man empfindet doch sehr deutlich, dass hier die Hand eines Malers und dazu eines Mozartspezialisten etwas Aussergewöhnliches geschaffen hat.«[9] Er verwies jedoch auch auf einige schimpfende Kritiker. Karl Scheffler bemerkte zur Inszenierung, dass es eine Wohltat gewesen sei, es weder mit Wirklichkeitsimitation noch Abstraktion, sondern mit einer »melodisch beschwingten Malkunst zu tun« gehabt zu haben.[10]
Einige der Entwürfe wurden parallel zur Aufführung in der Galerie Arnold in Dresden ausgestellt.
Die Inszenierung lief bis Juni 1926. Für eine Wiederaufnahme 1928 wurde sie überarbeitet. – KR

027

Brief an Max Slevogt

– Ludwig Gutbier –
Dresden, 12. Februar 1924
– 4 Blatt, 28,2 × 22,3 cm –
Landesbibliothekszentrum Rheinland-Pfalz/Pfälzische Landesbibliothek Speyer –
Nachlass Max Slevogt N 100 –

Lit.: Slevogt 1924, S. 173–176. – Imiela 1968, S. 226–228, 427, Anm. 2 f. – Imiela 1991 b, S. 60–75. – Negendanck 1998, S. 107, 197 f. – Biedermann 2014, S. 44 f. – Schenk 2016, S. 122–126.

Der Dresdner Kunsthändler Ludwig Gutbier (1873–1951), Inhaber der Galerie Ernst Arnold, war maßgeblich am Verkauf der Bilder der Ägyptenreise von Max Slevogt an die Gemäldegalerie Dresden im Jahr 1915 beteiligt. Slevogt zählte auch sonst zu den bevorzugten Künstlern des Galeristen und wurde schon 1904 mit einer ersten Ausstellung gewürdigt. Gutbier versuchte, mit diesem Brief zwischen Slevogt und der Staatsoper in Dresden zu vermitteln, insbesondere in der Frage der Entlohnung für dessen Meisterschüler Karl Dannemann (1896–1945). Die Dresdner Staatsoper hatte Slevogt Ende 1923 gebeten, die Bühnenbilder für eine Inszenierung von Mozarts *Don Giovanni* unter der musikalischen Leitung von Fritz Busch (Kat. 49) zu entwerfen. Auf erste Skizzen noch im gleichen Jahr folgten Aquarelle und Detailzeichnungen, die Dannemann in Zusammenarbeit mit den operneigenen Werkstätten ausführte.

In einem Aufsatz der Zeitschrift *Melos* äußerte sich Slevogt zu seinem Vorgehen. Mozarts Oper sei »so weit von jedem Opern-Schema entfernt«, dass dem »Dekorativen die Aufgabe einer eigenen Selbständigkeit eingeräumt werden« müsse. Er wolle »persönlich […] gestalten« wie »Kapellmeister, Sänger und Regisseur«, »selbstverständlich von der Musik Mozarts und seiner dramatischen Idee« ausgehend. Besondere Bedeutung maß er der »Wirkung der Ausnützung des Lichtes als eine der Wirkung des Orchesters am nächsten kommende« zu. Die Premiere am 17. April 1924 besuchte Slevogt mit seiner Tochter Nina. Während der Opernaufführungen fand in der von Gutbier geleiteten Galerie eine Ausstellung statt, in der die Originalentwürfe Slevogts zur Inszenierung gezeigt wurden. Noch im gleichen Jahr erschien die Mappe *Don Giovanni* mit neun Lithografien Slevogts. – AS

Galerie Ernst Arnold
Inhaber: L. W. Gutbier
Telegramm-Adresse: Galerie Arnold Dresden
Telephon 21156.

Bankkonto:
nstädter u. Nationalbank, Dresden
ostscheckkonto: Dresden Nr. 15901

Dresden, 12. Febr. 1924
Schloßstr. 34

Herrn

Professor Max S l e v o g t ,

B e r l i n ,

Lietzenburger Str. 8a

Hochverehrter Herr Professor!

Für Ihre reizende Karte danke ich Ihnen auf das Herzlichste. Sie haben mir mit derselben eine grosse Freude gemacht und ich lese zwischen den Zeilen – vor allen Dingen aus der entzückenden Zeichnung – das der Don Juan Sie noch reichlich beschäftigt. Was die Don Juan- Inszenierung anlangt, habe ich nach Ihrer Abreise fast täglich Besprechungen gehabt, die erste mit Herrn Professor Fanto, um mich über Zahlen am Theater zu orientieren. Ich bat daraufhin die Theaterleitung, Ihnen über diese einfachen Dinge mal Aufschluss zu geben, da ich der Ansicht bin, dass die ungemütliche schiefe Ebene – auf die die Verhandlungen geraten sind – dadurch am besten beseitigt würde. Jedenfalls sind die Summen, die beim Theater in Frage kommen, so überraschend niedrig im Verhältnis zu den Zahlen, die der Verkehr mit Kunstwerken aufweist, dass ich der Überzeugung war, Sie würden die Situation nach deren Kenntnis wahrscheinlich anders beurteilen. Nun nehme ich selbst an, dass die Zahlen von Fanto etwas reichlich pessimistisch waren. Er meinte u.a. es würde schwer halten, auf 10 Aufführungen zu kommen. Ich war anderer Ansicht. Die Einnahmen von 10 ausverkauften Häusern sind jedenfalls so, dass eine eventuelle Ausgabe von 5000 M für Inszenierung tatsächlich einen ganz aussergewöhn-

– **4** Brief von Walter Petzet an Slevogt, 24. Februar 1918 aus Dresden, LBZ/Pfälzische Landesbibliothek Speyer. – **5** Vgl. Schenk 2015, S. 151. – **6** Gutbier vermittelte zwischen beiden Seiten und erklärte, dass die Löhne am Theater wesentlich niedriger wären als in der freien Kunst und zudem die Einnahmen nicht sehr hoch geschätzt würden. Vgl. dazu den Brief von Ludwig Wilhelm Gutbier, Galerie Ernst Arnold in Dresden, Kat. 27. – **7** Slevogt 1924. – **8** Vgl. Schenk 2015, S. 155. – **9** Brief Gutbiers an Slevogt, 2. Mai 1924, LBZ/Pfälzische Landesbibliothek Speyer, Nachlass Max Slevogt N 100. – **10** Scheffler 1924, S. 267.

028

– 1924 – Bleistift, Aquarell auf Passepartoutkarton – 39 × 52,8 cm – GDKE – Direktion Landesmuseum Mainz, Slevogt-Archiv, Grafischer Nachlass – Inv.-Nr. DL SL NL 2021/99 –

Lit.: Schenk 2015, S. 210 (Anm. 863), 209 f., 304 (Anm. 1202), 417, Kat. 8.2.9, Abb. S. 417 und Abb. 170.

Kostümentwürfe Don Giovanni, 1. Akt, Champagnerarie, Finale

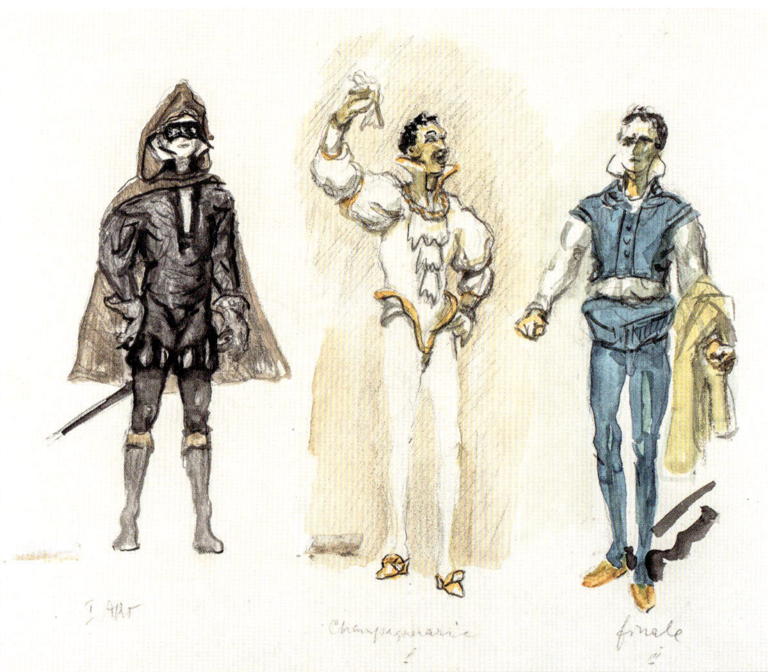

Am 8. April sollte die erste Dekorations- und Kostümprobe stattfinden. Für Don Giovanni gibt es Entwürfe für mehrere Kostüme. Zum Teil sind sie mit den entsprechenden Auftritten bezeichnet. Man erkennt, dass die Farben der Kostüme auch den Charakter der jeweiligen Szene betonen. – **KR**

– **11** Vgl. Schenk 2015, S. 208.

Die Kostüme waren für Slevogt keine kleine Zugabe, sondern von großer Bedeutung. Sie sollten mit den Bühnendekorationen eine ästhetische Einheit bilden. Slevogt hielt sie in einfachen, leuchtenden, klaren Farben. Die Verortung der Handlung in Spanien ist in ihnen leicht zu erkennen. Der Künstler versuchte zudem, den Charakter der Figuren durch ihre Kleidung zu unterstreichen. Briefe belegen, dass es einige Diskussionen um angemessene oder unvorteilhafte Bekleidungen gab, bei denen Leonhard Fanto aus Dresden mit dem Künstler in Kontakt stand. So war der Interpretin der Elvira das Kostüm zu kokett, und Slevogt musste Änderungen zugestehen (siehe auch Kat. 30).[11] Am 28. März teilte Fanto mit, dass die Kostüme nach den Skizzen ausgeführt und Wünsche und Geschmäcker von Sängern keine Berücksichtigung finden würden.

029

– 1924 – Aquarell und Bleistift – 29 × 22,5 cm – GDKE – Direktion Landesmuseum Mainz, Slevogt-Archiv, Grafischer Nachlass – Inv.-Nr. DL SL NL 2021 100 –

Lit.: Schenk 2015, S. 208 (Anm. 855), 416, Kat. 8.2.4, Abb. S. 416.

Kostümentwürfe für Leporello, Don Giovanni, Donna Elvira, Donna Anna und Zerlina, auf der Rückseite eines Briefes von E. A. Seemann, Leipzig, v. 25. Januar 1924

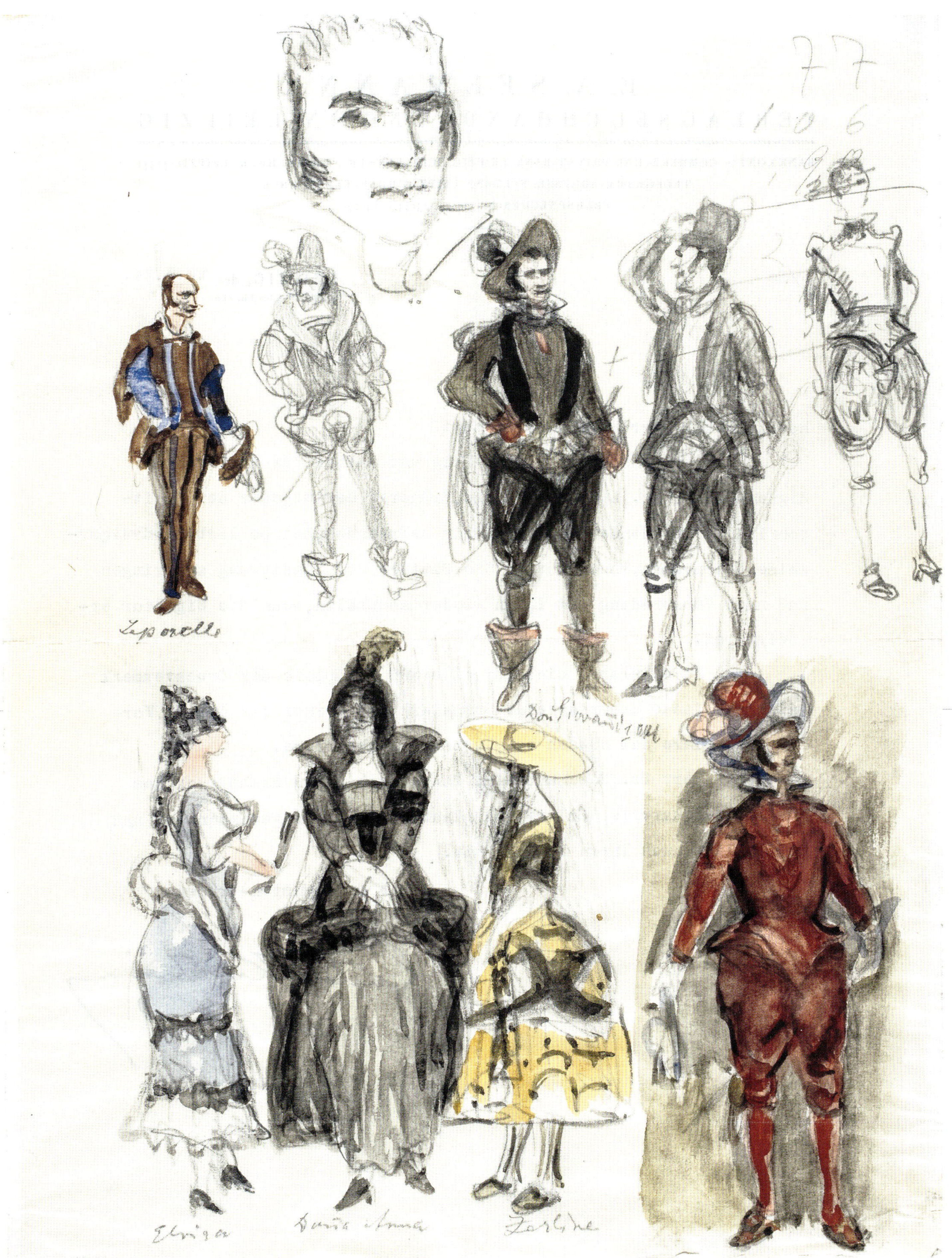
Leporello
Don Giovanni
Elvira
Donna Anna
Zerline

030

– Leonhard Fanto,
Dresden, 31. März 1924 –
1 Blatt, 29 × 22,4 cm –
Landesbibliothekszentrum
Rheinland-Pfalz/Pfälzische
Landesbibliothek Speyer –
Nachlass Max Slevogt
N 100 –

Lit.: Slevogt 1924, S. 173–176.
– Imiela 1968, S. 427, Anm. 2.
– Trier 2003, S. 552.

Brief an Max Slevogt

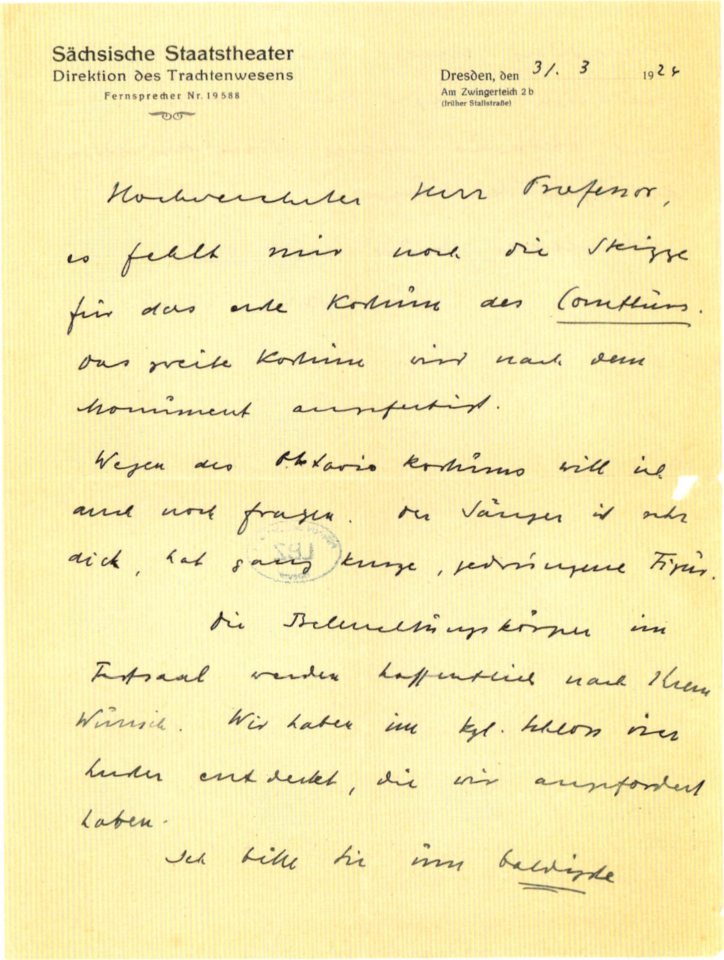
Sächsische Staatstheater
Direktion des Trachtenwesens
Fernsprecher Nr. 19588

Dresden, den 31. 3 1924
Am Zwingerteich 2 b
(früher Stallstraße)

Hochverehrter Herr Professor,
es fehlt mir noch die Skizze für das erste Kostüm des Comthurs. Das zweite Kostüm wird nach dem Monument angefertigt.
Wegen des Oktavio kostüms will ich auch noch fragen. Der Sänger ist sehr dick, hat ganz kurze, gedrungene Figur.
Die Beleuchtungskörper im Festsaal werden hoffentlich nach Ihrem Wunsch. Wir haben im kgl. Schloss vier Lüster entdeckt, die wir angefordert haben.
Ich bitte Sie um baldigste

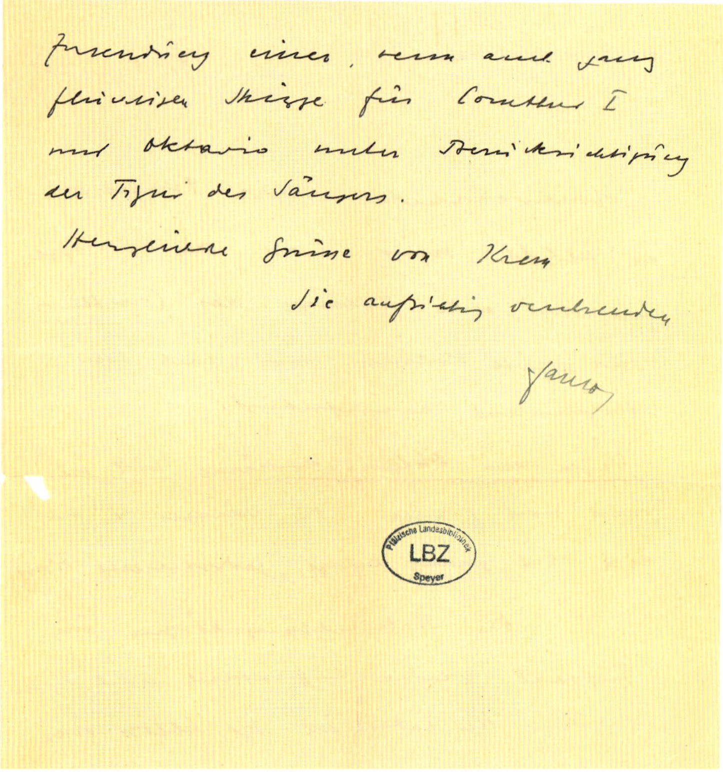
Zusendung einer, wenn auch ganz flüchtigen Skizze für Comthur I und Oktavio unter Berücksichtigung der Figur des Sängers.
Herzlichste Grüsse von Ihrem
Sie aufrichtig verehrenden
Fanto

Der Maler, Bühnenbildner, Grafiker und Zeichner Leonhard Fanto (1874–1958) stammte aus Wien. Nach seiner Ausbildung in Paris wirkte er zuerst in seiner Heimatstadt und tat sich u. a. als Porträtmaler hervor. 1902 wechselte er nach Dresden, wo er künstlerischer Vorstand für das Kostümwesen am Hoftheater wurde und die Bühnen- und Kostümausstattungen der Neuinszenierungen entwarf. Im Zusammenhang der *Don-Giovanni*-Aufführung in Dresden im Jahr 1924 haben sich vier Schreiben Fantos an Slevogt vom März und April erhalten. Im Brief vom 31. März 1924 bat Fanto um die »Skizze für das erste Kostüm des Comthurs«; das zweite Kostüm werde nach dem steinernen Monument angefertigt. Probleme gab es mit dem Kostüm des »Oktavio«; der Sänger sei »sehr dick«, habe eine »ganz kurze, gedrungene Figur«. Fanto war offensichtlich auch für die Beleuchtungen zuständig. Aus dem königlichen Schloss habe er »vier Lüster« angefordert. In zwei anderen Briefen bat Fanto Slevogt, für die Kostümprobe am 8. April 1921 nach Dresden zu kommen; seine Anwesenheit sei »unbedingt erforderlich«. In seinem Aufsatz *Meine Inszenierung des Don Giovanni* ging Slevogt im gleichen Jahr auch auf Fragen der Kostüme und der Beleuchtung ein. Die zeitliche Verortung der Oper in einen von ihm erfundenen, zeitlosen Barockstil habe zur Folge, dass »auch die Kostüme in gleichem Sinn zu erfinden« wären. Er sprach sich gegen »alle möglichen Finessen der modernen Beleuchtungstechnik zugunsten des »altmodische[n] Rampenlicht[s]« aus, »das allein dem Theater die notwendige unwirkliche Distance gibt und zugleich dem einfachen Bedürfnis des Zuschauers Rechnung trägt, den Mund und die Mimik des Darstellers zu sehen«. – AS

031

– 1924 – Kreide, Bleistift und Aquarell auf Transparentpapier – 25,2 × 41 cm – bezeichnet unten rechts: 1. Feb. 24 Dresden – GDKE – Direktion Landesmuseum Mainz, Slevogt-Archiv, Grafischer Nachlass – Inv.-Nr. DL SL NL 2021 65 –

Lit.: Imiela 1996, S. 25. – Schenk 2015, S. 183, 408, Kat. 8.1.20, Abb. S. 408 und Abb. 103.

Ballsaal, Festsaal (Finale des 1. Akts)

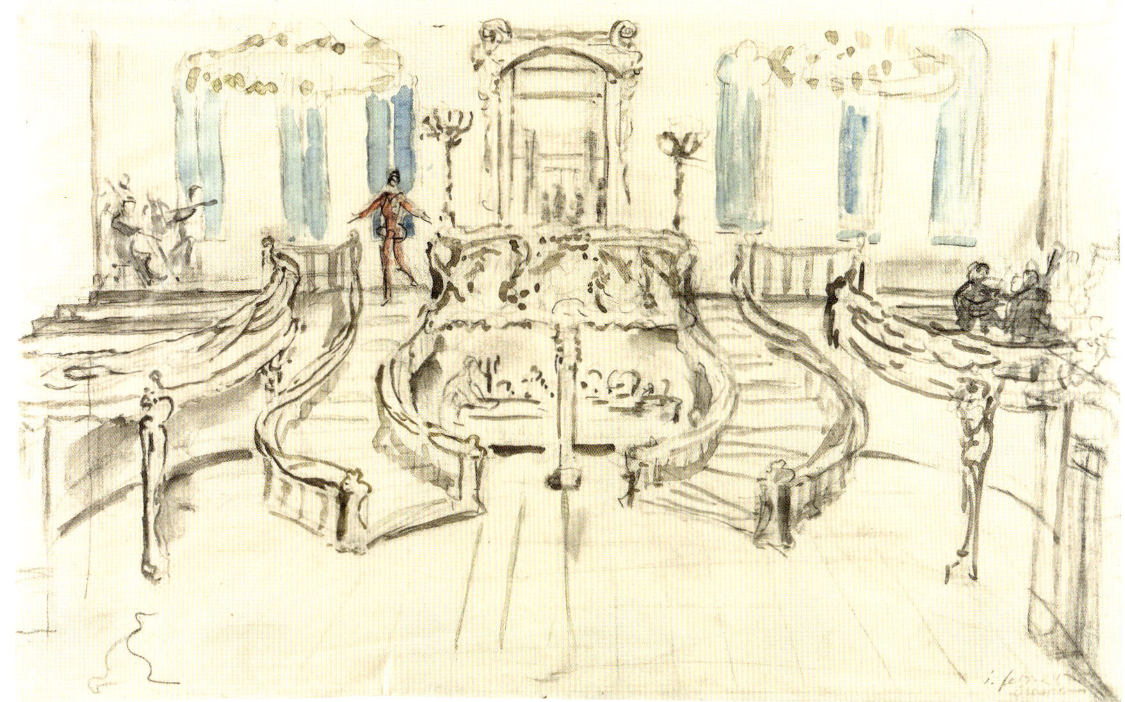

Dieser Entwurf gehört zu den ersten Einfällen Anfang Februar 1924 und wurde sehr ähnlich umgesetzt. Slevogt schrieb dazu: »Das Finale des ersten Aktes sollte nicht nur Dekoration eines Festsaals, sondern eine bildliche Verkörperung der ungeheuren Lebensfreude des Don Giovanni geben.«[12] Er wählte wohl auch deshalb eine barocke, üppige Architektur, wenngleich die zeitliche Verortung der Handlung eigentlich die Renaissance ist. Eine Empore, ausladende Treppen, Balkone, Rundbogenfenster, mächtige Kandelaber erschaffen das Inbild eines Palastsaals zur Repräsentation und zum ausschweifenden Feiern. Etwas Abkühlung bringt die Farbigkeit in Weiß und Blau.

Das Libretto nennt für die 20. Szene einen »erleuchteten und für einen großen Ball vorbereiteten Saal«. Hier macht Don Giovanni Zerlina den Hof. Donna Anna, Donna Elvira und Don Ottavio kommen maskiert hinzu, Leporello soll Masetto ablenken. Don Giovanni fliegt trotz Ablenkungsmanöver als Verführer auf und flüchtet schließlich. – KR

– **12** Slevogt 1924, Heft 3, S. 173.

032

– 1924 – Kreide/Bleistift und Aquarell auf Papier – 25 × 41 cm – bezeichnet: 1. Feb. 24 Dresden – GDKE – Direktion Landesmuseum Mainz, Slevogt-Archiv, Grafischer Nachlass – Inv.-Nr. DL SL NL 2001/102 –

Lit.: Schenk 2015, S. 167, 188, Anm. 772, Kat. 8.1.28, Abb. S. 410 und Abb. 114.

Straße in Sevilla

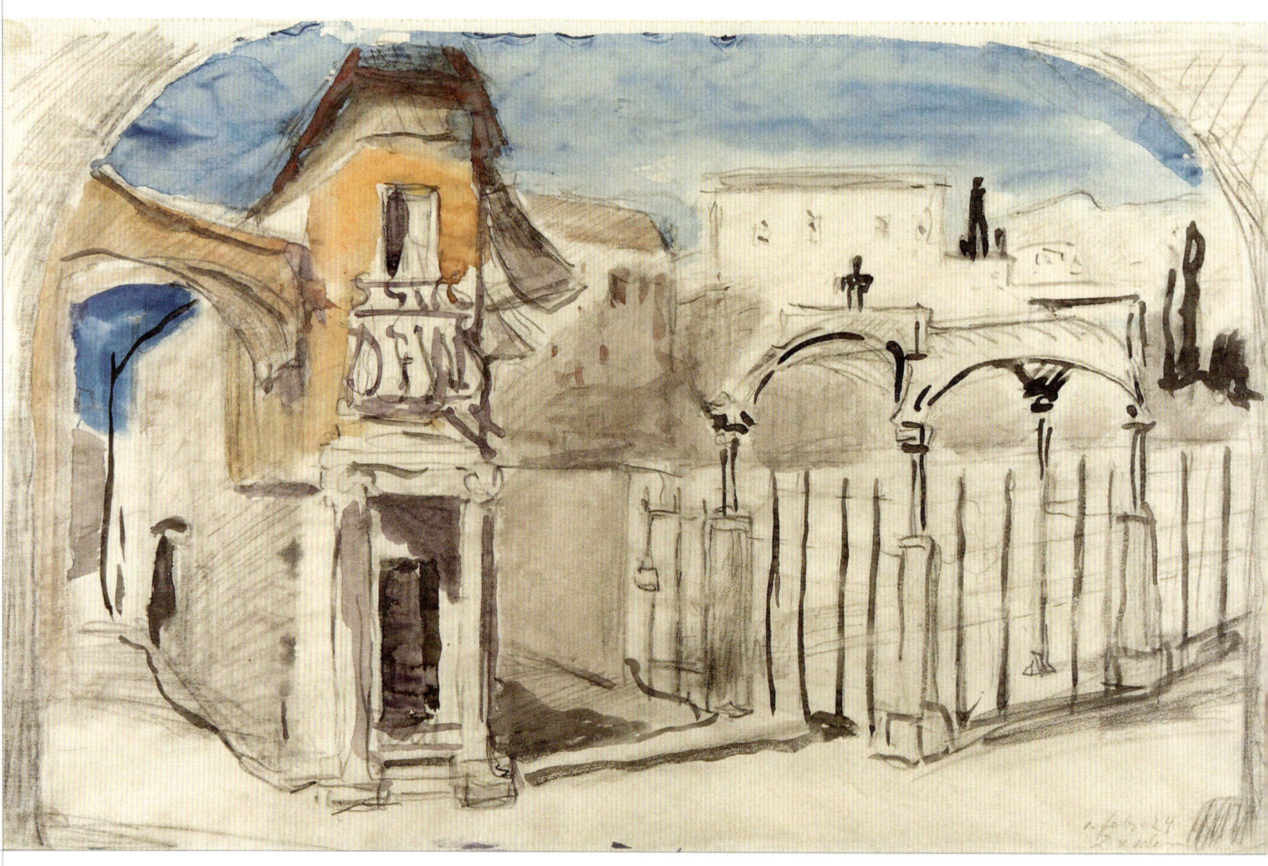

Es ist der 2. Akt, die 1. Szene: Aus der Festgesellschaft auf die Straße geflüchtet, will Leporello seinen Herrn verlassen, der ihn kurz zuvor zum Sündenbock machen wollte. Beide schließen wieder Frieden und gehen die nächste Annäherung Don Giovannis an Donna Elviras Kammermädchen an. Dann erscheint Donna Elvira selbst am Fenster.

Slevogts Bühnenbild zeigt zwei aufeinandertreffende Straßenzüge und eine Hausecke. Der Bühnenaktionsraum ist stark begrenzt von Mauer, Haus und Zaun. Am Fenster des schmalen Hauses mit dem kleinen Balkon kann Elvira auftreten. Tatsächlich erinnert die Architektur an eine südspanische Stadt wie Sevilla. – KR

033

– 1924 – Bleistift und Aquarell auf Transparentpapier – 25 × 40,8 cm – GDKE – Direktion Landesmuseum Mainz, Slevogt-Archiv, Grafischer Nachlass – Inv.-Nr. DL SL NL 2021/78 –

Lit.: Schenk 2015, S. 195, Anm. 805, S. 413, Kat. 8.1.49, Abb. S. 413 und Abb. 137.

Don Giovannis Nachtmahl

Es handelt sich hier um das Bühnenbild für die Schlussszene der Oper. Der Handlungsort ist ein reich dekorierter Speisesaal im Hause Don Giovannis mit einem gedeckten Tisch. Der Eingang wird von einem Balkon bekrönt. Stuckmedaillons an der Decke, gewundene Säulen und Nischen mit weiblichen Figuren, die Lampen tragen, dazu Rottöne – all das vermittelt Opulenz und Sinnlichkeit.

Die Szene hier beginnt dunkel mit Kerzenbeleuchtung und erhellt sich gegen Ende, als ob das Tageslicht den Raum erfüllen würde. Die wechselnde Beleuchtung wurde bei diesem Bühnenbild benutzt, um den Raum und seine Stimmung vom Unheimlichen hin zu einem glücklichen Ende zu verwandeln.

Die höllischen Mächte, die über Don Giovanni herfallen, wollte Slevogt mittels eines »Transparents« umsetzen, das nach dem Verschwinden des Komturs die Wände durchsichtig erscheinen und Höllenfratzen erkennen lassen sollte.[13] Dieser Effekt gelang allerdings nicht wie gewünscht. Slevogt selbst war nicht zufrieden, ebenso einige Kritiker. – KR

– **13** Ebd., S. 173 f.

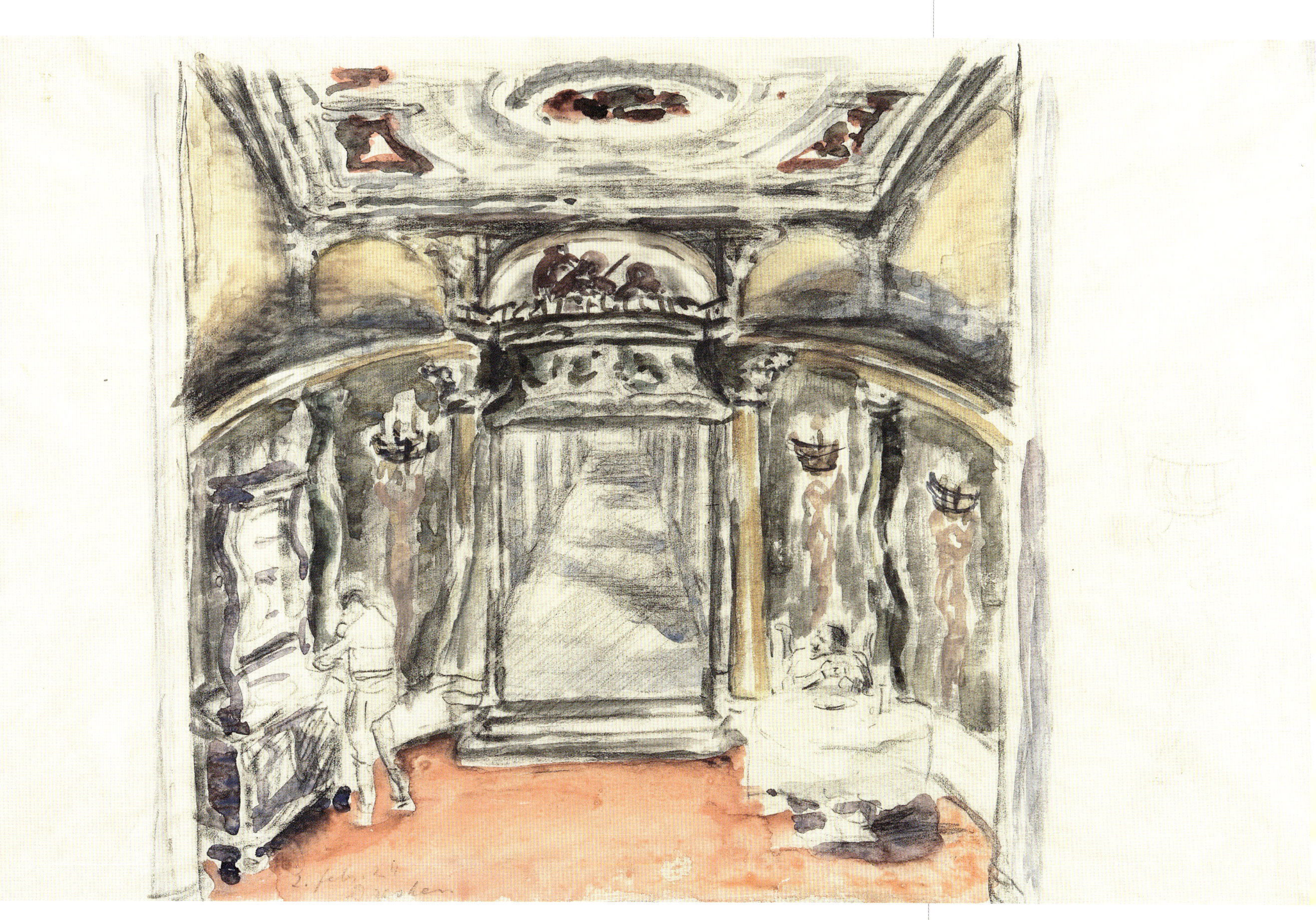

Szenenbild 1. Bild, Max Hirzel als Don Ottavio und Charlotte Viereck als Donna Anna, »Don Giovanni (Don Juan)«, Oper von W. A. Mozart, Staatsoper Dresden – Neuinszenierung 17. April 1924 – Fotografie – SLUB/Deutsche Fotothek –

Ballsaal, Szenenbild 4. Bild, »Don Giovanni (Don Juan)«, Oper von W. A. Mozart, Staatsoper Dresden – Neuinszenierung 17. April 1924 – Fotografie – SLUB/Deutsche Fotothek –

Ständchen des Don Giovanni (Robert Burg) vor Donna Elviras Haus, »Don Giovanni (Don Juan)«, Oper von W. A. Mozart, Staatsoper Dresden – Neuinszenierung 17. April 1924 – Fotografie – SLUB/Deutsche Fotothek –

Schlussbild, »Don Giovanni (Don Juan)«, Oper von W. A. Mozart, Staatsoper Dresden – Neuinszenierung 17. April 1924 – Fotografie – SLUB/Deutsche Fotothek –

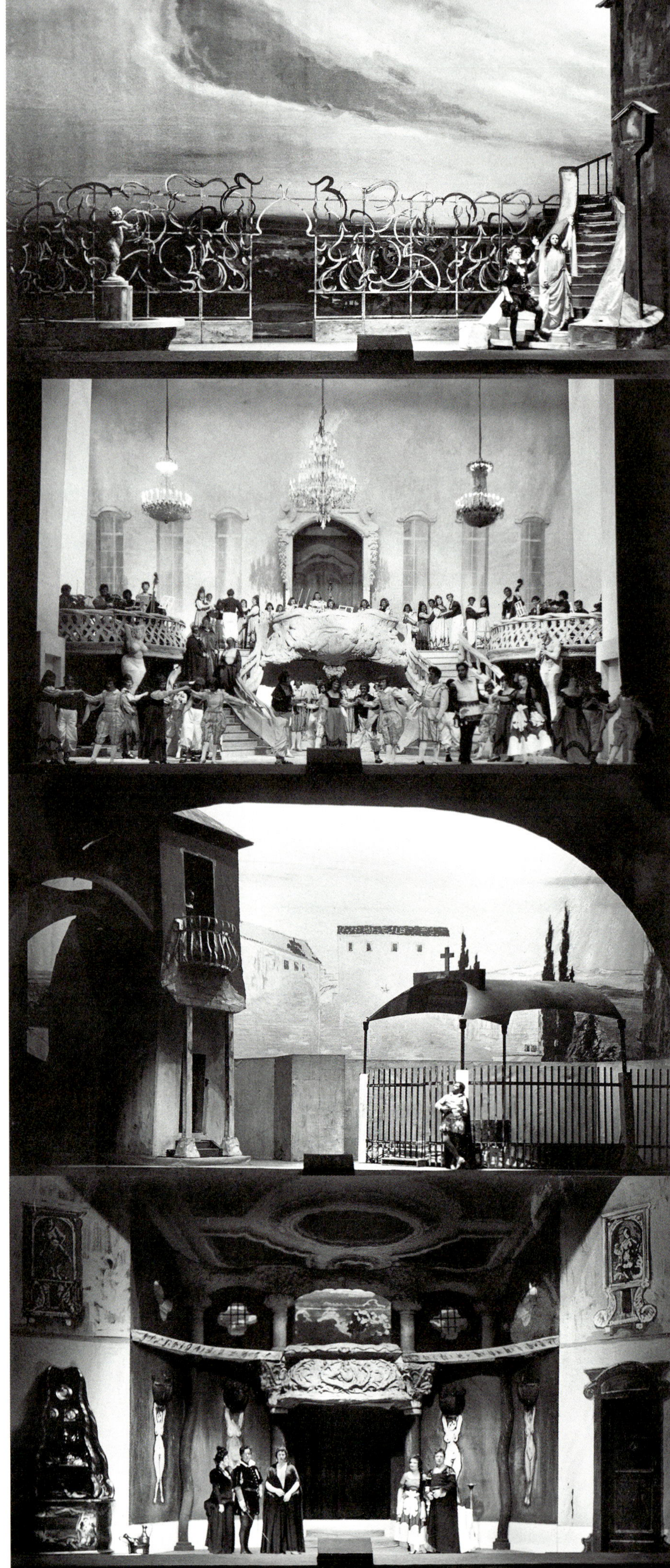

034

— Sächsische Staatstheater. Opernhaus, hg. von Hans Tessmer — Dresden, Verlag der Buchdruckerei der Wilhelm und Bertha v. Baensch Stiftung — 1924 — Museum Georg Schäfer, Schweinfurt — o. Inv.-Nr. —

Zur Neu-Inszenierung und -Einstudierung von Mozarts »Don Giovanni« im Auftrag der Leitung der Staatsoper

Die Premiere des *Don Giovanni* fand am 17. April 1924 in der Dresdner Staatsoper statt. Regie führte Alois Mora, es dirigierte Fritz Busch, die Titelrolle sang Robert Burg. Als Programm entstand das vorliegende Heft mit einer Titelillustration von Slevogt, drei Texten von Hermann Abert, Hans Tessmer und Hildebrand Gurlitt, mehreren Rollenfotos und zwei Bühnenentwürfen Slevogts. — KR

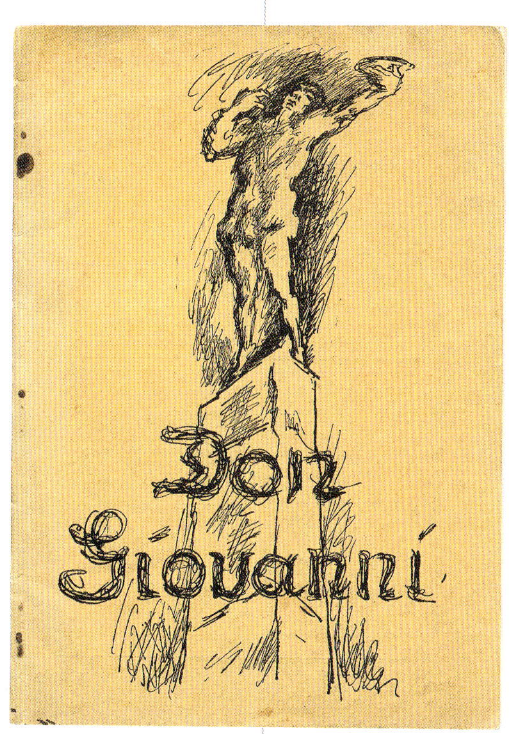

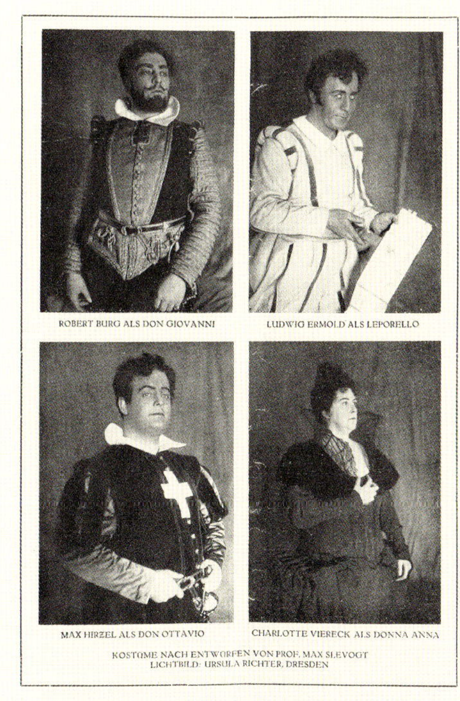

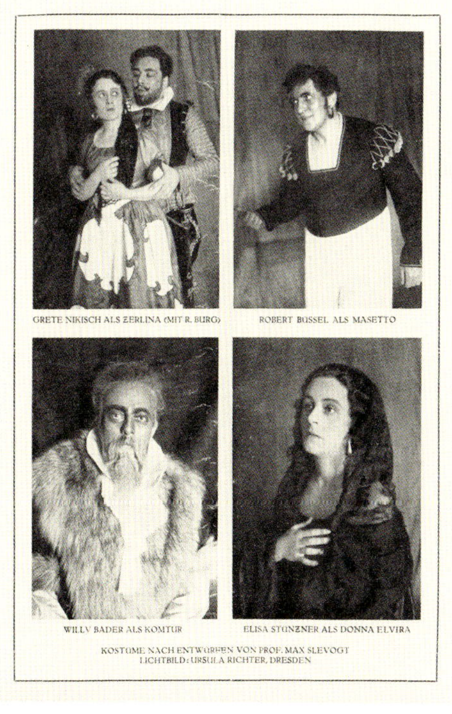

035

– Textbuch aus der Druckerei der Taubstummen, Wien 1788 – Ausgabe A auf Bütten, Nr. XVII von 50 Ex., in rotes Saffian gebunden, alle Vollbilder vom Künstler signiert – Berlin, Fritz Gurlitt, 1921 – LBZ/Pfälzische Landesbibliothek Speyer – Inv.-Nr. 1a 2256 (rara) – 1957.2704 –

Lit.: Söhn 2002, 381–404, Nr. 398. – Schenk 2015, S. 148, 199.

Der steinerne Gast hält Don Juans Hand aus: Don Juan. Heiteres Drama in zwei Akten von Lorenzo da Ponte mit zwanzig Zeichnungen von Max Slevogt in Holz geschnitten von Reinhold Hoberg, S. 126 f.

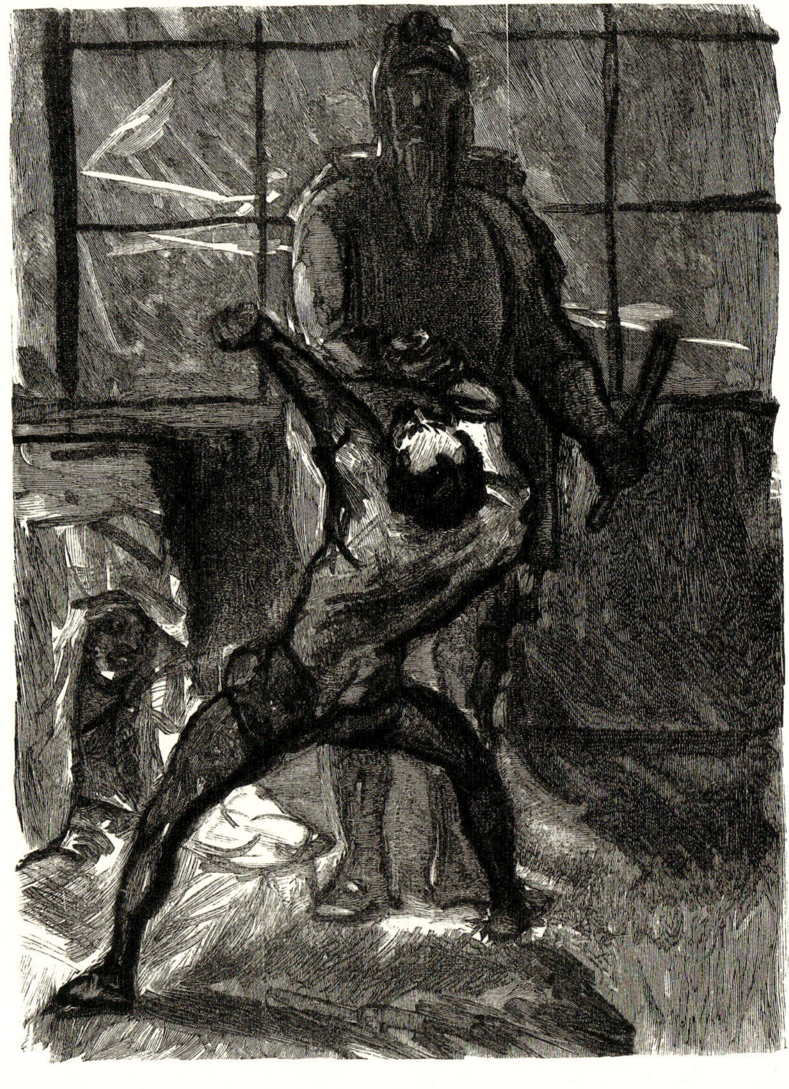

Don Giovanni beschäftigte Slevogt auch schon vor seinen Bühnenentwürfen. Seine Illustrationen zu Lorenzo da Pontes Libretto *Don Juan,* nach dem Mozart seine Oper *Don Giovanni* schuf, erschienen 1921, im Todesjahr Francisco d'Andrades. Der Sänger war am 8. Februar verstorben. Wie sehr der Sänger für Slevogt die Titelfigur der Oper verkörperte, wird auch in seinen Bildern deutlich.

Das Jahr 1921 war für den Künstler zudem eine sehr arbeitsintensive Zeit – vor allem grafisch, denn es erschienen auch die folgenden Publikationen mit seinen Illustrationen: *Hektor*, *Die tapferen Zehntausend*, *Der Waldläufer*, *Des Publius Ovidius Naso Lehrbuch der Liebe* und *Die Inseln Wak Wak* (vgl. Kat. 91–98, 81, 102, 73).

Da Pontes Text in italienischer Sprache nach der Ausgabe von 1788 wird in dem von Fritz Gurlitt verlegten Band mit 20 Bildern illlustriert. Bei der Darstellung des Steinernen Gastes, der Don Juans Hand hält, handelt es sich um Szene 15 des 2. Akts: Die Statue des Komturs sucht Don Giovanni heim. Leporello hat sich unter dem Tisch versteckt. Der Komtur fragt Don Giovanni, ob er mit ihm zum Essen kommen würde. Dieser will nicht feige sein und schlägt ein. Der Komtur erfasst die Hand Don Giovannis, der sich unter Schmerzen krümmt und aufschreit. Die skulpturale, monumentale, geschlossen wirkende, dunkle Figur des Komturs, dessen Gesicht nicht zu erkennen ist, steht dem bewegten Körper Don Giovannis gegenüber. Aufzuckende Blitze dramatisieren zusätzlich den Untergang des Bösewichts. Eine spiegelbildliche Vorlage zu diesem Blatt befindet sich in der Sammlung des Saarlandmuseums, Saarbrücken (Pinsel in Schwarz, Braun, Grau und Deckweiß auf Buchsbaumholz, 18,5 × 13,6 cm, Inv.-Nr. KW 6934). – KR

036

– um 1917/1920 – Feder und Pinsel in Schwarz, Grau und Deckweiß auf Buchsbaumholz – 18,5 × 13,6 cm – Saarlandmuseum – Moderne Galerie, Saarbrücken, Stiftung Saarländischer Kulturbesitz, aus der Sammlung Kohl-Weigand – Inv.-Nr. KW 6931 –

Lit.: Söhn 2002, Nr. 399, Abb. 399. – Saarbrücken 2006, S. 13, Abb. S. 34. – Schenk 2015, S. 199, Anm. 820, Abb. 145. – Saarbrücken 2018, S. 278, Kat. 74, Abb. S. 87.

Don Juan vor dem Höllenabgrund (Entwurf für Bl. 19 der Folge »Don Juan«)

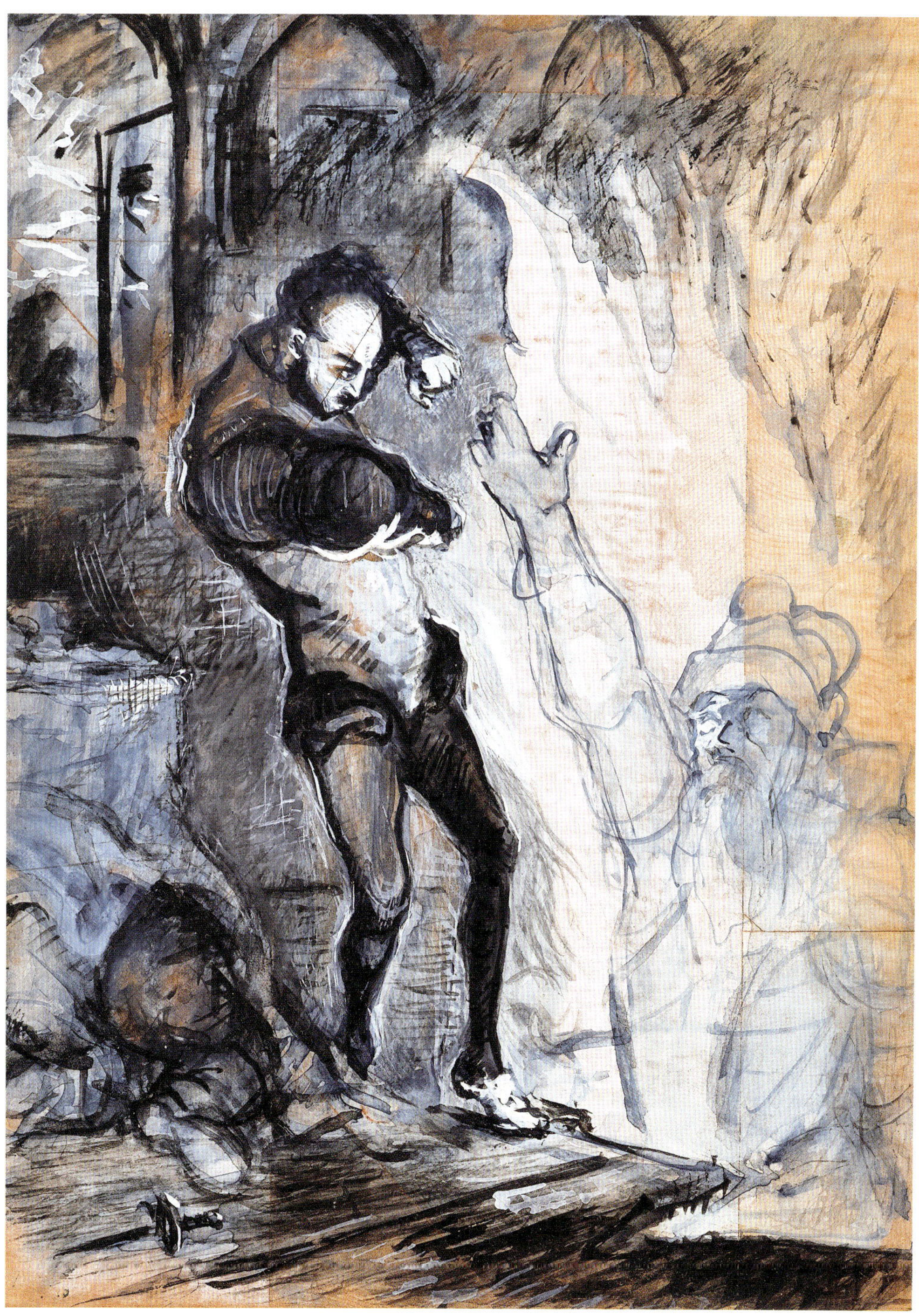

Die Darstellung ist ein Entwurf für den Holzstich mit gleichem Titel in *Don Juan. Heiteres Drama in 2 Akten nach Lorenzo da Ponte*, das 1921 im Verlag von Fritz Gurlitt erschien (Kat. 35). Sie zeigt den dramatischen Untergang Don Giovannis. Die Statue des Komturs ist gekommen und klopft an seine Tür. Der Diener Leporello versteckt sich unter dem Tisch. Man sieht ihn hier unten links unter dem Tischtuch. Der Komtur fragt Don Giovanni, ob er mit ihm zum Essen käme und dieser sagt zu. Die Statue fordert ihn zur Reue auf. Als Don Giovanni diese verweigert, umschließen ihn Flammen – die Erde verschlingt ihn. Bei Slevogt erscheint der Komtur aus der Tiefe und scheint ihn mit sich ziehen zu wollen. Er ist von Flammen umgeben. Don Giovanni schreckt bleich zurück. – KR

Zauber-flöte

037

— um 1925 — Gouache über schwarzer Kreide, weiß gehöht, auf Transparentpapier, aufgezogen auf leichten Karton — 27 × 20,5 cm (Blatt), 25,5 × 18,4 cm (Darstellung) — Saarlandmuseum – Moderne Galerie, Saarbrücken, Stiftung Saarländischer Kulturbesitz, aus der Sammlung Kohl-Weigand — Inv.-Nr. KW 40 —

Lit: Bremen 1959, Kat. 28, Abb. S. 17. — Saarbrücken/Mainz 1992, S. 490, Kat. 359, Abb. 359. — Saarbrücken 2006, S. 16 f. — Schenk 2015, S. 228, Anm. 930, Abb. 195.

Die Königin der Nacht aus der »Zauberflöte«

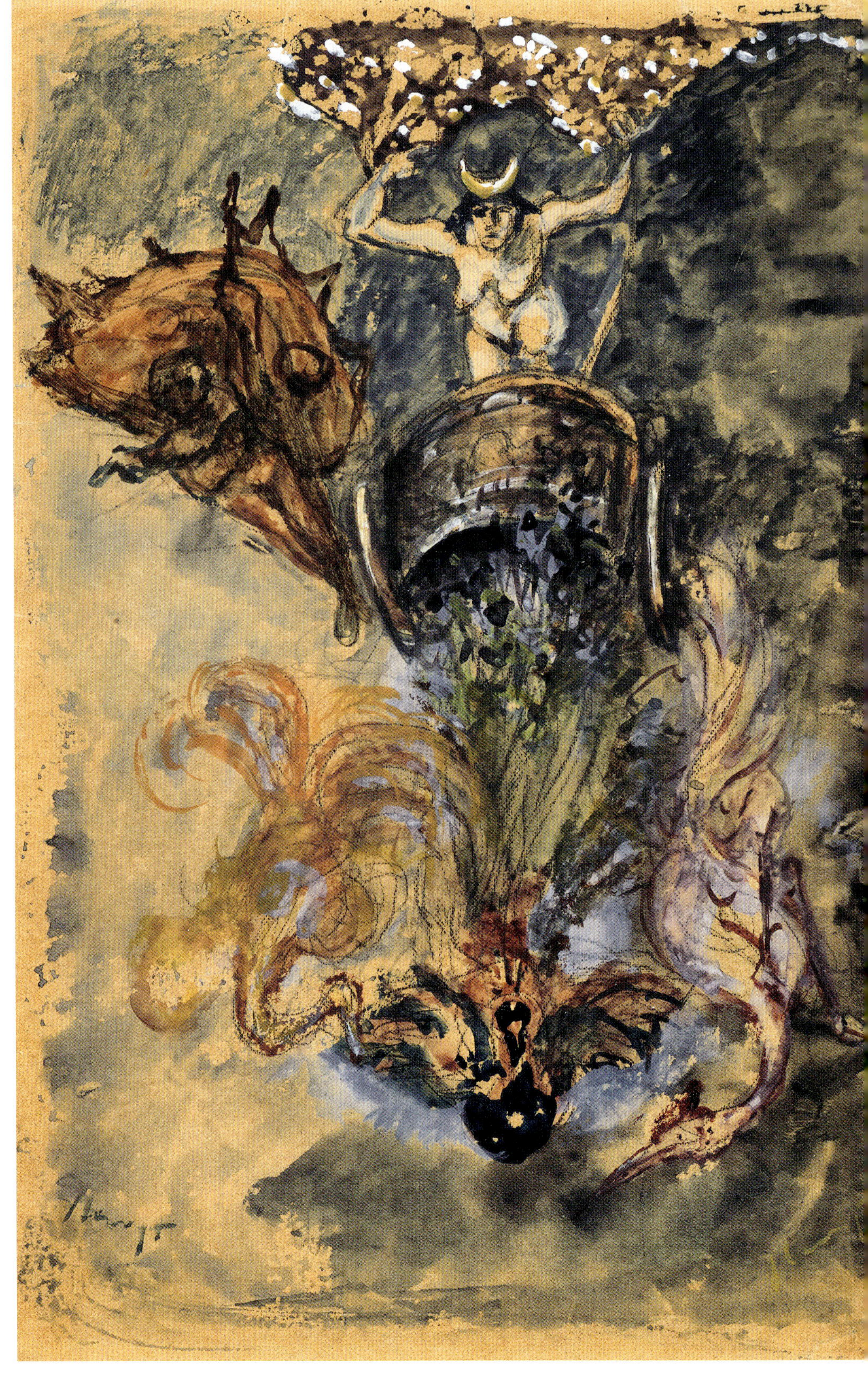

Kurze Zeit nach der Beschäftigung mit der *Zauberflöte* für die Wandbilder in Neukastel malte Slevogt drei Aquarelle, darunter auch das vorliegende. Es zeigt die Königin der Nacht auf einem von Pfauen gezogenen Himmelswagen in Anlehnung an die Göttin Hera/Juno, aber auch als ein Gegenbild zum Sonnengott Apoll. Die Pfauen stehen hier für die Königswürde, Schönheit, Eitelkeit und Leidenschaft.

Slevogt malte das Erscheinen der Königin als einen Auftritt mit Furor: Sie kommt aus der Höhe, nackt, nur mit einer Mondkrone geschmückt, das nächtliche Himmelszelt ausbreitend. — **KR**

038

Triumph, Triumph, du edles Paar

– aus: Max Slevogt, *Die Zauberflöte. Randzeichnungen zu Mozart's Handschrift*, o. S. – Tafeln in Kupfertiefdruck nach den Radierungen – Berlin, Paul Cassirer, 1924 (Volksausgabe) – Museum Georg Schäfer, Schweinfurt – o. Inv.-Nr. –

Lit.: Imiela 1956, S. 36–38. – Imiela 1928, S. 210–215. – Imiela 1996, S. 15–24. – Schenk 2015, S. 225–227.

Slevogt begann 1917 im Auftrag Paul Cassirers mit den Randzeichnungen zu Mozarts *Zauberflöte.* Die Idee zur künstlerischen Einfassung der Noten geht jedoch noch weiter zurück. Schon 1910 entstanden erste Skizzen zur Musik der *Zauberflöte*. 1917, noch während des Krieges, nutzte Slevogt dann zuerst die gedruckte Partitur der Oper als Grundlage, schnitt die ihn interessierenden Partien aus, klebte sie auf Zeichenpapier und fügte seine vignettenartigen Zeichnungen mit Bleistift, Feder oder Kreide hinzu. Später arbeitete er mit fotomechanischen Reproduktionen von Mozarts Handschrift aus der Berliner Staatsbibliothek. Die Zeichnungen wurden nun zu Randzeichnungen. Eine dritte Fassung übertrug der Künstler schließlich auf die Kupferplatte zur Ausarbeitung der Radierung.

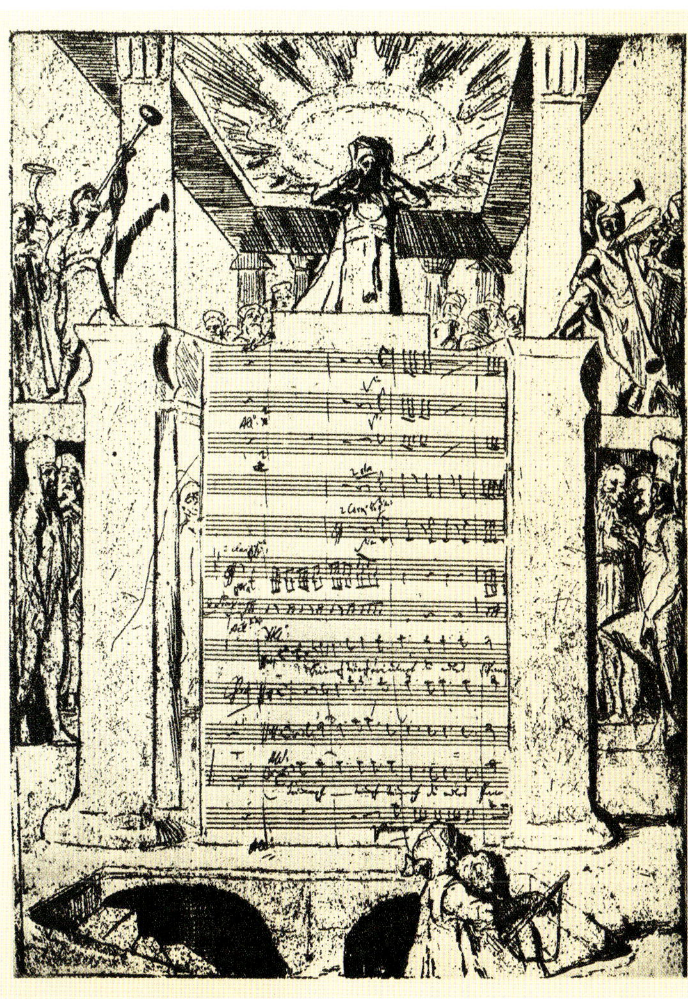

Mitinitiator war der Pianist Leo Kestenberg, der Slevogt auf den Mozart-Autografen aufmerksam gemacht hatte und ihm bei der Auswahl der zu illustrierenden Stellen unterstützte, indem er sie vorspielte. Es wurden schließlich 47 Radierungen, die 1920 als XVII. Werk der Pan-Presse erschienen. 1924 folgte die günstigere »Volksausgabe«.

Bei den Zeichnungen griff Slevogt Elemente der Handlung auf, erweiterte sie aber auch um eigene Deutungen und Assoziationen, um Rückblicke und Visionen.[14] Er sah Mozarts Notenschrift als einen lebendigen Organismus und interpretierte diesen entsprechend.

Auf dem Titel brachte er beispielsweise die Geschichte von der Entstehung der Flöte mit Mozarts Vater in Verbindung. Papageno, der Vogelfänger, wird bei ihm zum Mädchenfänger und weist bisweilen Ähnlichkeit mit Mozart auf. Die drei Knaben führen den Betrachter durch die Handlung. Sarastro tritt als christlicher Friedensstifter auf, aber auch der Krieg ist präsent: Zart erkennt man zwischen den Figuren zu den Zeilen »O wär ich eine Maus […]« das Datum »5. Okt 18«. An diesem Tag sprach sich der neue Reichskanzler Prinz Max von Baden für den Abschluss eines Verständigungsfriedens mit den deutschen Kriegsgegnern sowie die Errichtung eines Völkerbunds aus.

Slevogts Figuren erscheinen zum Teil freigestellt ohne räumlichen Bezug über und neben der Notenschrift, vereinzelt tauchen architektonische Elemente als zusätzliche Rahmungen auf und schließlich gibt es bühnenartige Szenen wie bei dem Blatt *Triumph, Triumph, du edles Paar*. Dies singt der Chor nach der erfolgreich bestandenen Feuer- und Wasserprobe Taminos und Paminas beim Einzug in den Tempel. – **KR**

– **14** Vgl. Imiela 1968.

039

– um 1920 (?) – Gouache auf Leinwand, auf Malpappe – 50,2 × 61,3 cm – signiert unten links: Slevogt – Privatbesitz Michael Klimpke, Gunzenhausen –

Tanzende Sklaven mit Papageno

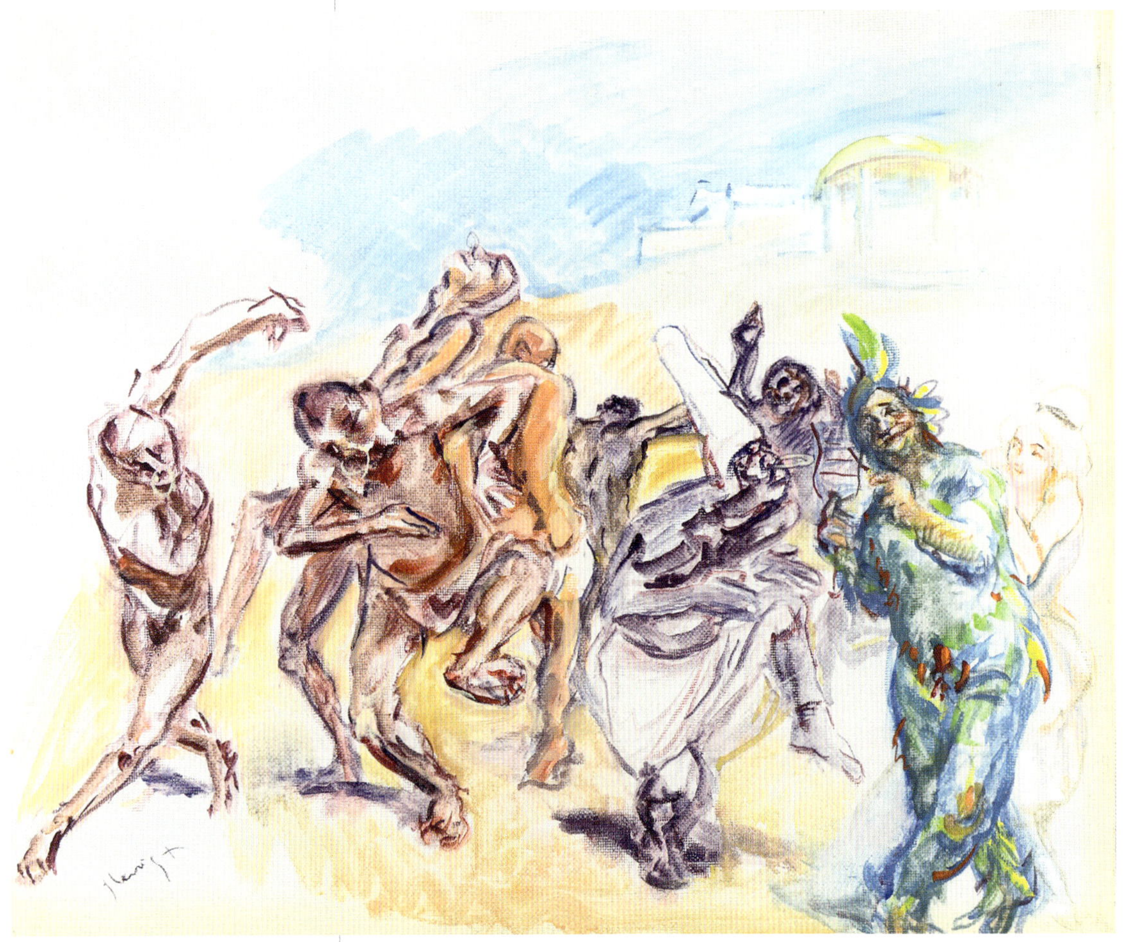

In einem größeren Format griff Slevogt hier eine Szene aus der *Zauberflöte* auf, die er auch in den *Randzeichnungen zu Mozarts Zauberflöte* als Blatt 16, *Das klingt so herrlich*, und in einem Aquarell, *Vertreibung des Monostatos und der Sklaven*, aus dem Konvolut *Einfälle zur Zauberflöte* (1920, Kunsthalle Mannheim) darstellte. Das Motiv war zudem Zentrum eines »Zauberflötenfrieses«, den er 1917 für einen privaten Musiksalon in Hannover entworfen hatte (heute Alte Nationalgalerie Berlin). Im 17. Auftritt des 1. Akts der Oper entdecken Monostatos und die Sklaven Papageno und Tamina und wollen sie fesseln. Papageno bringt sein Glockenspiel zum Klingen:

»Papageno:
Wer viel wagt, gewinnt oft viel,
Komm du schönes
Glockenspiel!
Laß die Glöckchen
klingen, klingen,
Daß die Ohren ihnen singen.

(Er schlägt auf sein Instrument, sogleich singen Monostatos und die Sclaven, und gehen unter dem Gesang marschmäßig ab.)

Monostatos und Sclaven:
Das klinget so herrlich, das
klinget so schön!
Tralla lala la Trallalala!
Nie hab ich so etwas gehört
und geseh'n!
Trallalalala Tralla lalala. (ab.)«

Rechts erkennt man deutlich Papageno in seinem Federkostüm, der auf dem Glockenspiel musiziert. Direkt vor ihm tanzt gebannt Monostatos, dahinter die anderen Sklaven in einem fast schon ekstatischen Reigen. Ganz rechts hinter Papageno sieht man auch Pamina. Im Hintergrund erhebt sich ein Rundtempel, wie im Libretto für den 15. Auftritt beschrieben: »ein Hain, im Grunde der Bühne ein schöner Tempel, der Tempel der Weisheit«. – KR

Bühnenentwürfe zur *Zauberflöte* 1924

Als Max Slevogt 1928 die Anfrage erhielt, für die Berliner Staatsoper Unter den Linden Bühnenbilder und Kostüme zur *Zauberflöte* zu entwerfen, hatte er sich schon fast 20 Jahre lang mit dieser Mozartoper beschäftigt. Man hatte ihn außerdem schon zweimal um Bühnenbildentwürfe gebeten: 1918 plante der damalige Generaldirektor des Sächsischen Landestheaters, Georg von der Gabelentz, eine Beauftragung des Künstlers für eine *Zauberflöten*-Inszenierung, aber Slevogt lehnte das Projekt zu diesem für ihn ungünstigen Zeitpunkt ab.[15] 1926 gab er einen Auftrag für Hannover an seinen Schüler Dannemann weiter. Erst Berlin konnte ihn also ganz für sich gewinnen. Die Staatsoper war gerade technisch modernisiert worden und sollte mit der *Zauberflöte* wiedereröffnen. Am 27. Januar 1928 wurde Slevogt von Opernleiter Franz Ludwig Hörth angeschrieben, der seinen Vorschlag begründete: »Mit der ›Zauberflöte‹ ist aber Ihr Name durch Ihr herrliches Werk für immer verbunden. Deshalb erlaube ich mir bei Ihnen anzufragen, ob Sie Lust und Zeit hätten, [...] die Gesamtausstattung zu übernehmen [...].«[16] Schon Ende Februar überreichte der Künstler der Intendanz seine Entwürfe. Dann aber kam es zur Verschiebung der Inszenierung und schließlich zur enttäuschenden Absage.[17] Der bekannte Bühnenbildner Panos Aravantininos übernahm das Projekt. – KR

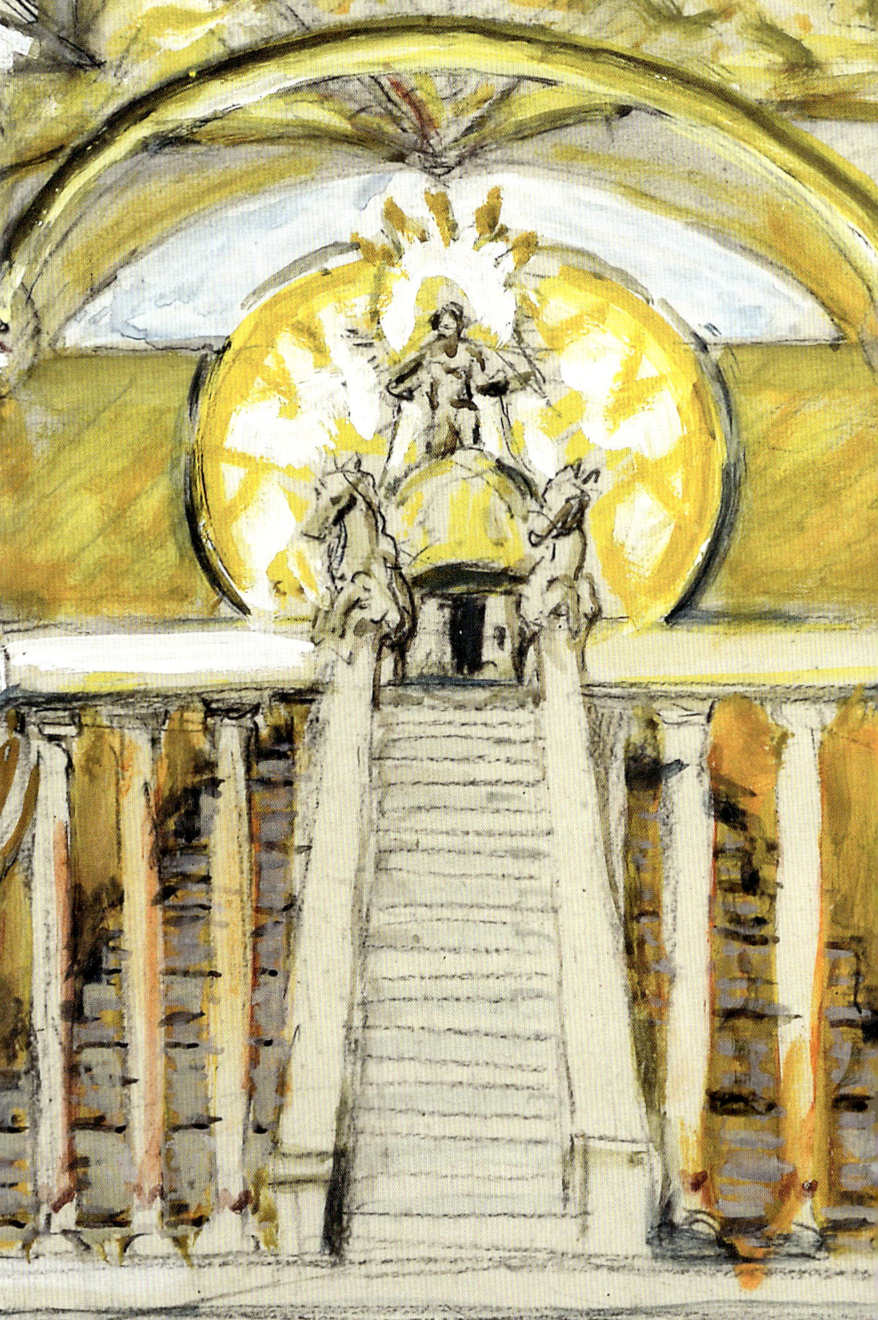

Sarastros Thronsaal
– Detail – Kat. 43 –

– **15** Vgl. Schenk 2015, S. 229. Ein Brief von Walter Petzet, der daran mitwirkte und bei Slevogt vorfühlte, vom 24. Februar 1918 im Landesbibliothekszentrum/Pfälzische Landesbibliothek Speyer, Nachlass Max Slevogt. – **16** Franz Ludwig Hörth an Max Slevogt, Brief vom 27. Januar 1928, LBZ/Pfälzische Landesbibliothek Speyer, Nachlass Max Slevogt N 100. – **17** Vgl. die Briefe Hörths und Heinz Tietjens an Slevogt vom 3. und 7. März 1928, LBZ/Pfälzische Landesbibliothek Speyer, Nachlass Max Slevogt N 100. Generalintendant Tietjen fragte noch, ob der Künstler sich vielleicht stattdessen des *Freischütz* annehmen wolle. Im Februar 1930 trugen Tietjen und der Dirigent Wilhelm Furtwängler an Slevogt die Idee heran, er könne in der Städtischen Oper Berlin die Gestaltung des *Don Giovanni* übernehmen, Brief vom 17. Februar 1930, Landesbibliothekszentrum/Pfälzische Landesbibliothek Speyer, Nachlass Max Slevogt N 100.

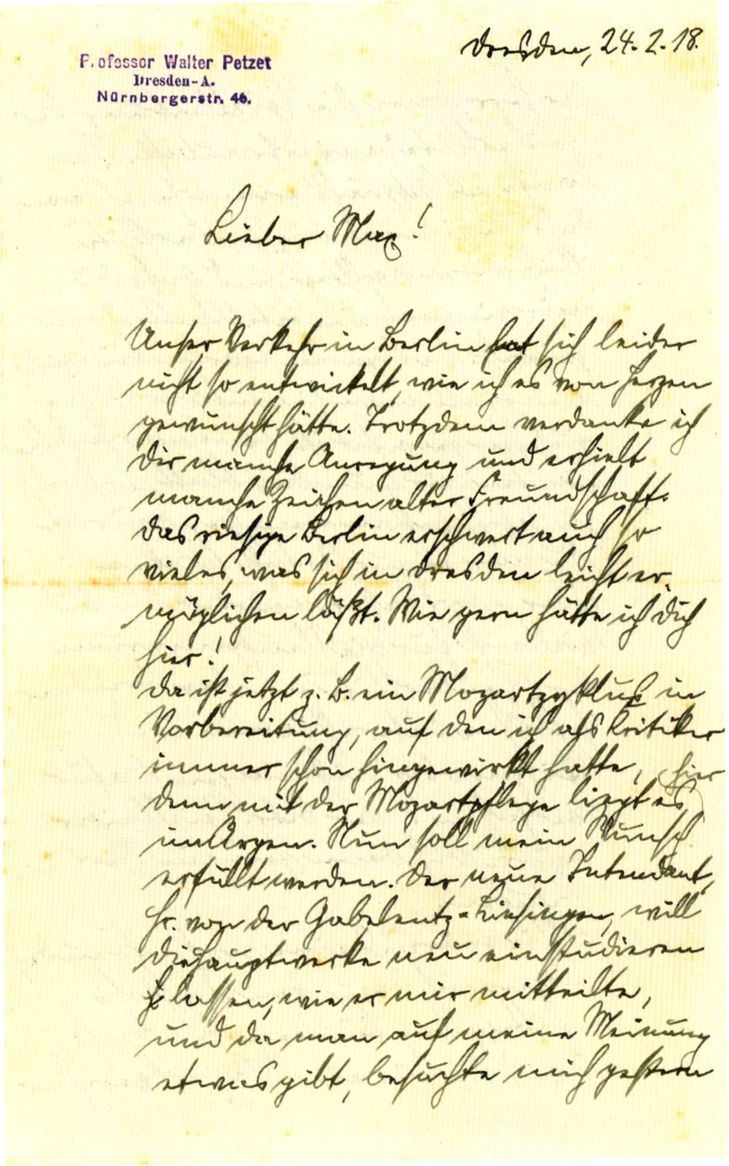

040

Brief an Max Slevogt

— Walter Petzet — Dresden, 24. Februar 1918 — 1 Doppelblatt, 22,2 × 14,3 cm — Landesbibliothekszentrum Rheinland-Pfalz/Pfälzische Landesbibliothek Speyer — Nachlass Max Slevogt N 100 —

Lit.: Imiela 1968, S. 210–215. — Petzet 1991, S. 152. — Sievers/Waldmann 1962, Nr. 420. — Vierhaus 2007, S. 771. — Keitz 2009.

Zu den Freunden von Max Slevogt gehörte der aus Breslau stammende Musiker und Musikkritiker Walter Petzet (1866–1941). Er wirkte nach seinem Studium in München und Frankfurt von 1887 bis 1898 in den USA und in Skandinavien und im Anschluss als Klavierlehrer in Karlsruhe und Weimar. Von 1916 bis 1921 war Petzet Musikreferent der *Dresdner Neusten Nachrichten* und Lehrer am Konservatorium in Dresden. Im Gefolge eines Berlin-Besuchs, bei dem sich Slevogt und Petzet getroffen hatten, informierte Petzet den Freund am 24. Februar 1918 aus Dresden, dass, nachdem lange Zeit in Dresden die »Mozartpflege [...] im Argen« gelegen habe, nun ein »Mozartzyklus« geplant sei. Dies stehe in Zusammenhang mit der Berufung des Schriftstellers Georg von der Gabelentz zum stellvertretenden Generaldirektor des sächsischen Hoftheaters in Dresden.

Petzet nahm weiter Bezug auf Slevogts geplante Illustrationen zur *Zauberflöte* und insbesondere auf ein 1910 entstandenes Titelblatt zu diesem Werk, das die »Figuren« der Oper »weit märchenhafter« darstellte. Der Musiker bat um Zusendung des Blattes und trug Slevogt einen ambitionierteren Plan vor: »[W]ürdest du dich vielleicht für die Neuinszenierung der ›Zauberflöte‹ an der Dresdner Hofbühne interessieren und Skizzen oder Zeichnungen dafür verfassen?« Slevogt lehnte ab, da er wieder an den Randzeichnungen zur *Zauberflöte* arbeitete, die die Partitur mit »Umrandungen, Randglossen und Arabesken« versehen sollten: »Die Handschrift Mozarts ist schon allein ein Kunstwerk, und hoffentlich wird es mir gelingen, die Fassungen dieser edlen Gesteine mit einiger Anmut auszuführen.« — AS

Der Musiker, Schauspieler und Dirigent Franz Ludwig Hörth (1883–1934) promovierte 1906 in Erlangen. Nach einem Intermezzo an der Metropolitan Opera in New York im Jahr 1913 wechselte er als Oberspielleiter an die Berliner Staatsoper, der er schließlich als Direktor vorstand.

Am 27. Januar 1928 schrieb Hörth an Slevogt, dass das von ihm »geleitete staatliche Opernhaus Unter den Linden Anfang April« mit einer Aufführung der *Zauberflöte* eröffnet werden solle. Er bat den Künstler um Äußerung, ob er die »Gesamtausstattung« übernehmen und »dabei alle Vorzüge und neuen technischen Eigenschaften der Bühne zur Geltung« bringen könne. Die *Zauberflöte*, mit der er sich nachweisbar ab 1910 beschäftigte, spielte in Slevogts Werk eine große Rolle. 1920 erschienen seine *Randzeichnungen zu Mozarts Zauberflöte* (Kat. 38), denen Reproduktionen der Originalpartitur zugrunde lagen und auf die Hörth in seinem Brief explizit Bezug nahm, und 1924 malte er das Musikzimmer auf dem Slevogthof u. a. mit einer Darstellung Papagenos aus. Slevogts Interesse an diesem Projekt zeigt sich an einem ganzseitigen Konzept einer Antwort auf der Rückseite von Hörths Brief; hier schrieb er u. a., dass die »technischen neuen Möglichkeiten« so verwendet werden sollten, »daß sie der reinen Phantasie dienen«. Weiter schuf er 16 Bühnenbildentwürfe. Anfang März hatte sich das Projekt zerschlagen. Hörth schrieb Slevogt am 3. März 1928, das eine Verschiebung der Premiere der *Zauberflöte* nicht möglich sei; der zeitliche Vorlauf war offensichtlich zu kurz gewesen. Johannes Guthmann äußerte dagegen rückblickend, dass Slevogts Reserviertheit gegenüber den neuen technischen Möglichkeiten ein Grund für das Scheitern gewesen wäre, auch die Ablehnung des Impressionismus aus politischen Gründen könnte eine Rolle gespielt haben. – AS

Der Direktor
der Staatsoper

Berlin, den 27. Januar 1928.

Hochverehrter Herr Professor !

Bei den Erwägungen, mit welcher Vorstellung das von mir geleitete staatliche Opernhaus Unter den Linden Anfang April eröffnet werden soll, ist auch "Die Zauberflöte" genannt worden. Mit der "Zauberflöte" ist aber Ihr Name durch Ihr herrliches Werk für immer verbunden. Deshalb erlaube ich mir bei Ihnen anzufragen, ob Sie Lust und Zeit hätten, bis zu diesem Termin die Gesamtausstattung zu übernehmen und dabei alle Vorzüge und neuen technischen Eigenschaften der Bühne zur Geltung zu bringen.

Mit hochachtungsvollen Grüssen
Ihr
sehr ergebener
Franz Ludwig Hörth

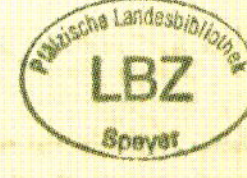

104. 500 9. 27.

041

– Franz Ludwig Hörth – Berlin, 27. Januar 1928 – 1 Blatt, 31,6 × 21,5 cm – Landesbibliothekszentrum Rheinland-Pfalz/Pfälzische Landesbibliothek Speyer – Nachlass Max Slevogt N 100 –

Brief an Max Slevogt

Lit.: Guthmann 1948, S. 179 f. – Imiela 1968, S. 210–215, 230–237, 275, 421, Anm. 4 u. 6, 444, Anm. 2. – Roland 1991, S. 138–143. – Vierhaus 2006, S. 39. – Schenk 2016, S. 126–129.

042

– Gouache/Aquarell und Kohle auf Karton – 39,7 × 49,9 cm – GDKE – Direktion Landesmuseum Mainz, Slevogt-Archiv, Grafischer Nachlass – Inv.-Nr. DL SL NL 2018/56 –

Lit.: Schenk 2015, S. 246 f., Anm. 1002, 429, Kat. 9.1.19, Abb. S. 429, Abb. 213.

In diesen heil'gen Hallen/Gewölbter Raum mit Säulenstellung

Der Entwurf zeigt Slevogts Idee zum 2. Aufzug, 12. Auftritt: Sarastro weiß, dass Pamina ihn im Auftrag ihrer Mutter ermorden soll, wünscht aber, dass Tamino die Prüfungen besteht und mit Pamina glücklich wird. Er singt die bekannte Arie über Freundschaft und Vergebung:

»In diesen heil'gen Hallen,
Kennt man die Rache nicht. –
Und ist ein Mensch gefallen;
Führt Liebe ihn zur Pflicht.
Dann wandelt er an Freundeshand
Vergnügt und froh ins bess're Land. [...]«

Slevogt entwarf dafür einen erhöht liegenden, halbkreisförmigen Raum, dessen gewölbte Decke im Zentrum von einer massiven gedrungenen Säule getragen wird. Die Wände des Halbrunds sind durchbrochen und lassen zwischen sehr niedrigen Säulen das Licht hereinscheinen. Das Deckenmosaik in Gold zeigt rechts und links je eine Figur, einen Priester und einen Krieger in strahlender Rüstung.

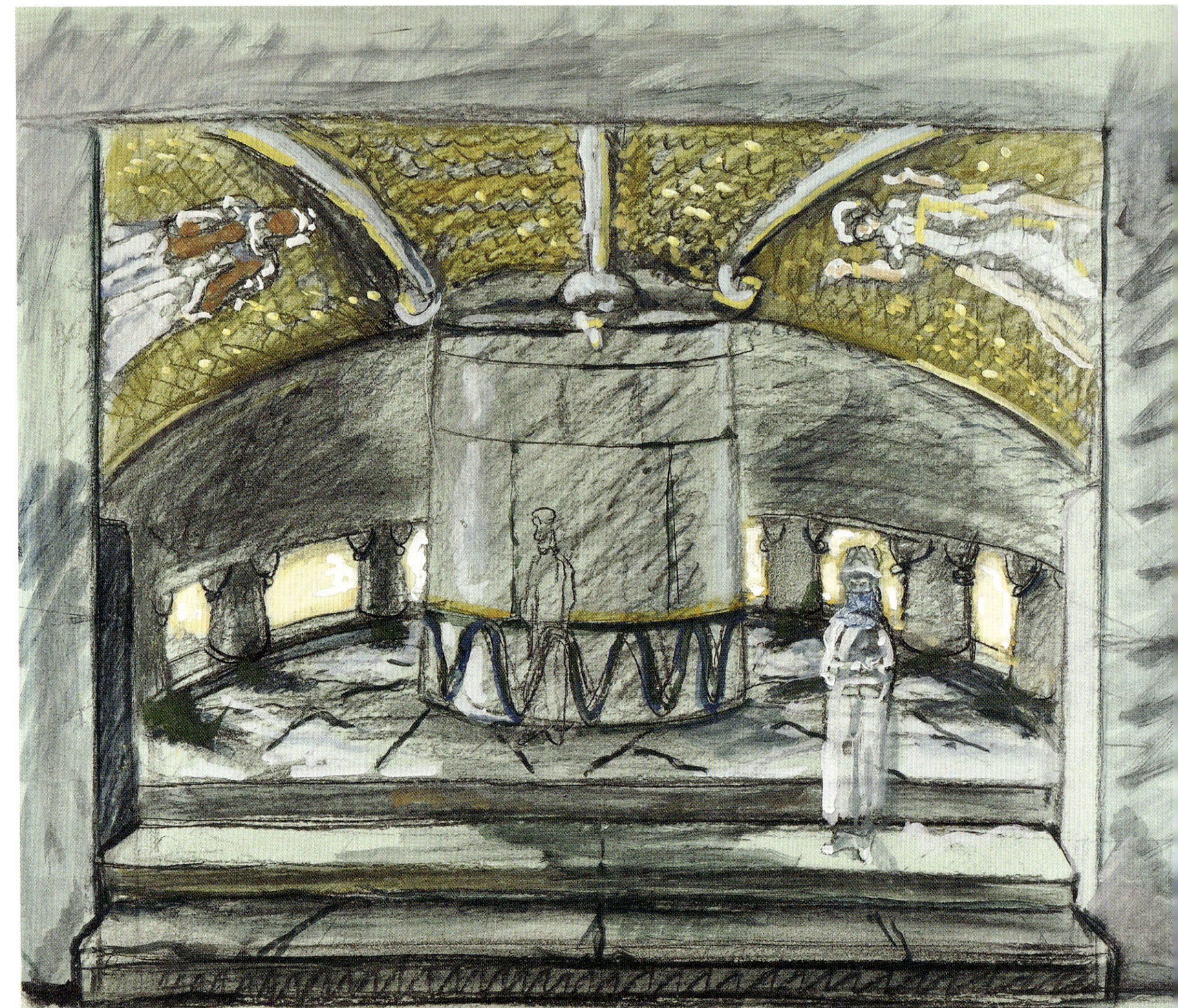

Vorn auf einer der Treppenstufen steht Sarastro, eine zweite Figur ist angedeutet. Der Charakter dieses Bühnenentwurfs lässt darauf schließen, dass Slevogt damit nicht nur der Handlung und musikalischen Stimmung folgte, sondern auch Gedanken zur tieferen Bedeutung der Oper und ihrer Figuren einfließen ließ. Sarastro und sein Kreis der Eingeweihten verkörpern den siebenfachen Sonnenkreis bzw. den Tag und das männliche Prinzip im Gegensatz zur Königin der Nacht. Es geht um eine geschlossene Gemeinschaft, einen inneren Kreis, um Rituale und Initiation, um die Vereinigung von Erde und Weltall und die Wiedervereinigung von Tag und Nacht. Das Archaische und Schwere der Architektur, das Weite und zugleich Gedrückte, Dunkel und Licht, Stein und Goldglanz bringen Gegensätzliches und Sinnbildhaftes mit ins Spiel. – KR

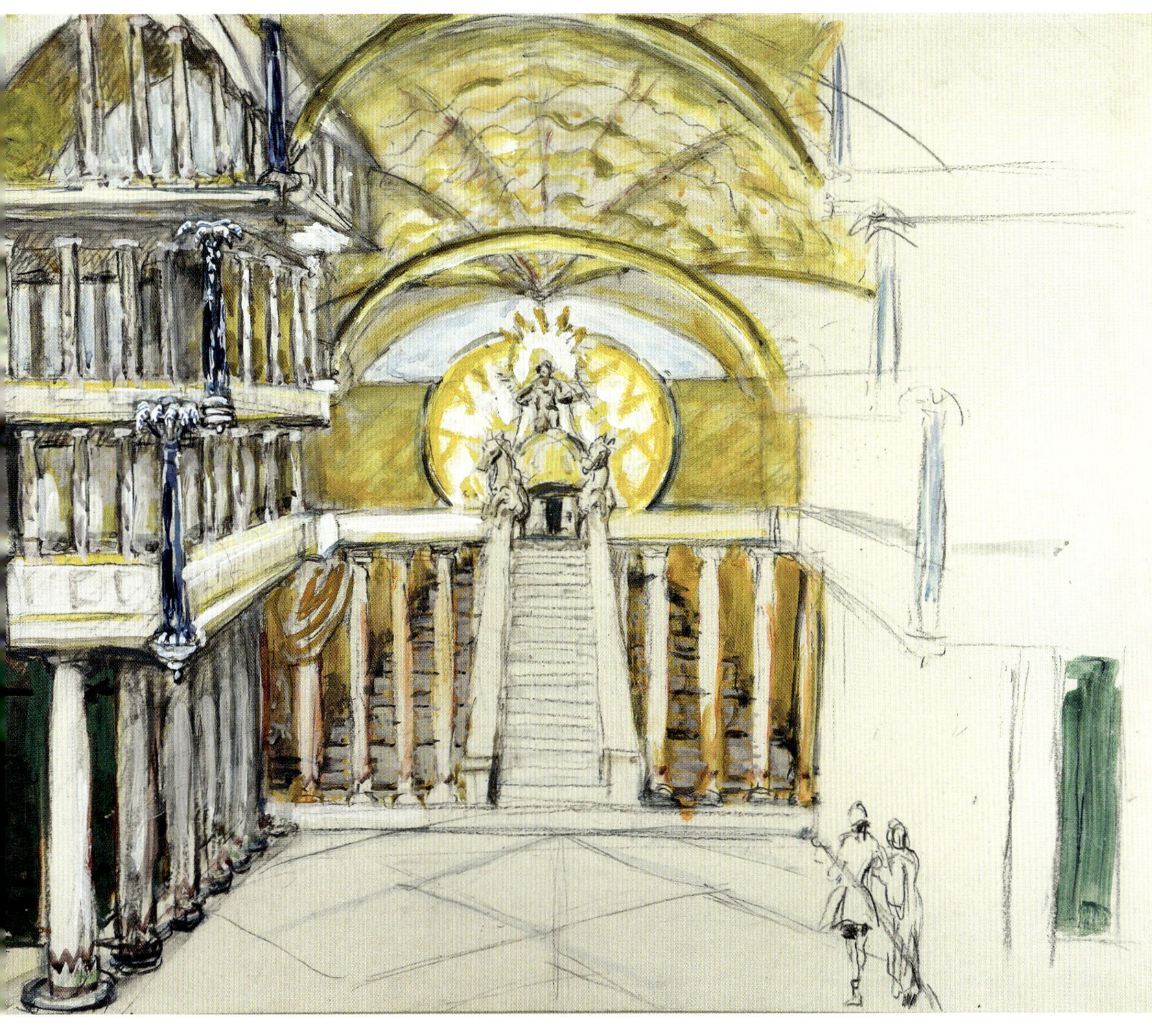

2. Aufzug, 28. Auftritt: Nach der Feuer- und Wasserprobe kommen Tamino und Pamina in einen hell beleuchteten Tempel, zu dem es im Libretto heißt: »Dieser Anblick muß den vollkommensten Glanz darstellen.« Das ganze Theater wird zum Sonnentempel.
Auf Slevogts Entwurf sieht man unten rechts das gerade eingetretene Paar. Vor ihm und dem Zuschauer erhebt sich eine hohe Halle mit vergoldeten Wänden und vergoldetem Gewölbe. Links und rechts wird sie von dreistöckigen Emporen gerahmt, wobei Slevogt nur die linke Seite ausarbeitete. An der Stirnseite steht auf einer von Säulen getragenen Plattform Sarastros Thron in der Form eines Sonnenwagens mit zwei Pferden, hinter ihm eine große Sonnenscheibe. Er erinnert an Helios oder Apollo. – KR

043

Sarastros Thronsaal

– Aquarell/Gouache und Kohle auf Karton – 39,3 × 49,8 cm – GDKE – Direktion Landesmuseum Mainz, Slevogt-Archiv, Grafischer Nachlass – Inv.-Nr. DL SL NL 2018/60 –

Lit.: Schenk 2015, S. 251, Anm. 1018, 431, Kat. 9.1.26, Abb. S. 431 und Abb. 226.

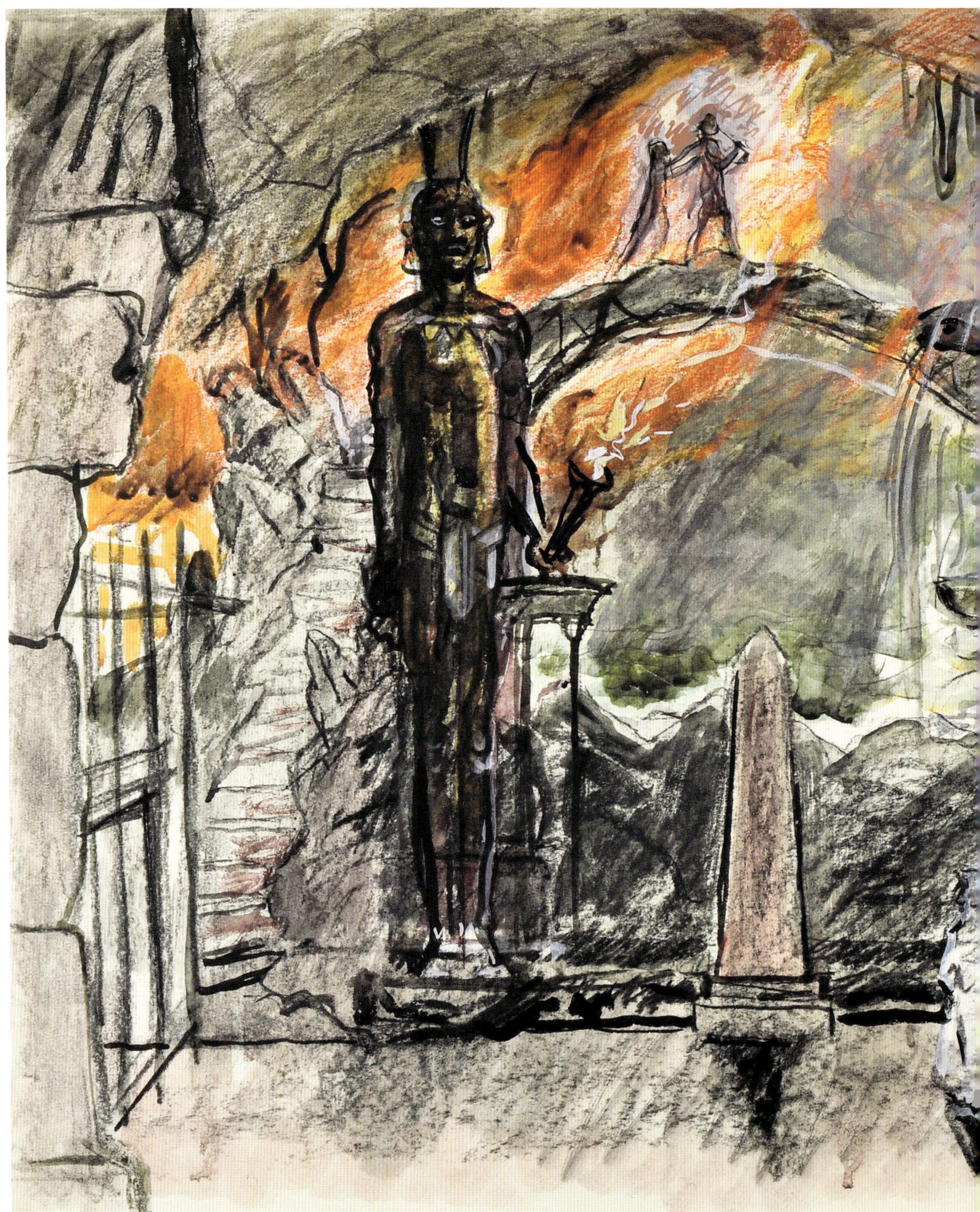

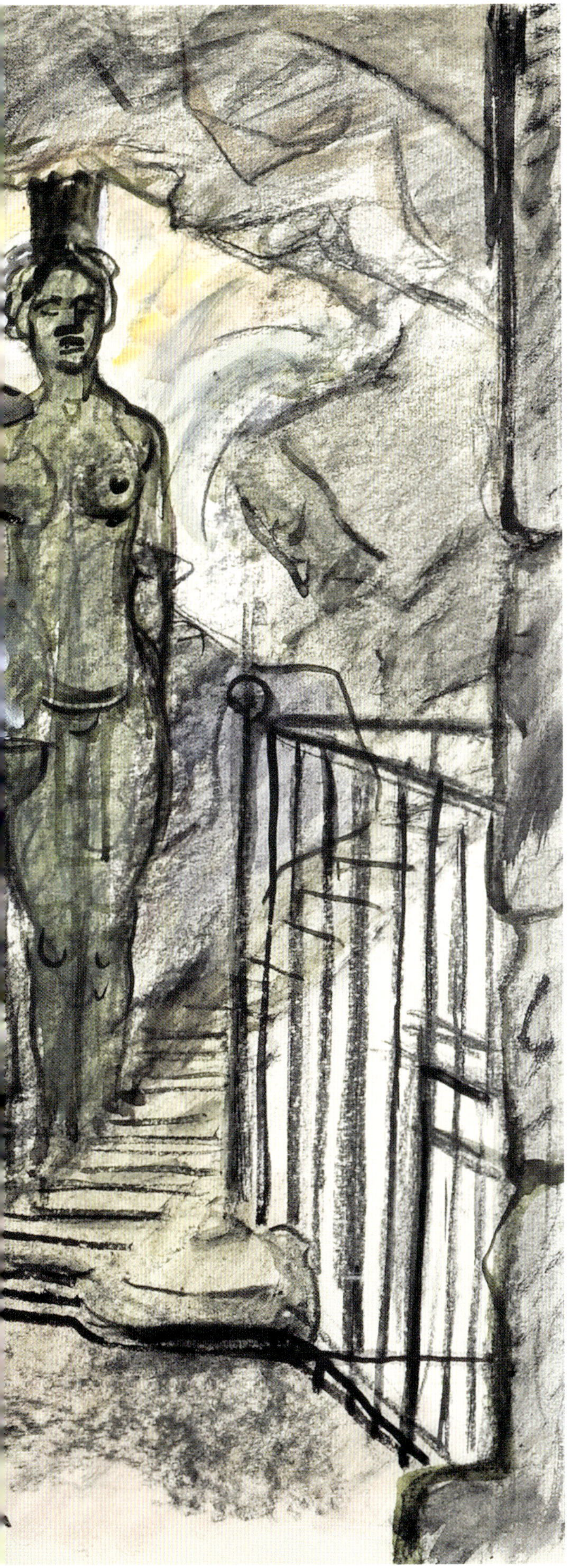

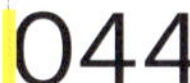

044

– Aquarell/Gouache und Kohle auf Karton – 37 × 49,6 cm – GDKE – Direktion Landesmuseum Mainz, Slevogt-Archiv, Grafischer Nachlass – Inv.-Nr. DL SL NL 2018/58 –

Lit.: Imiela 1968, Abb. 201. – Schenk 2015, S. 248, Anm. 1010, 296, Anm. 1180, 430, Kat. 9.1.23, Abb. S. 430 und Abb. 221.

Tamino und Pamina wandern durch Feuer und Wasser/Feuer- und Wasserprobe

Im 2. Aufzug, 28. Auftritt, müssen Tamino und Pamina die letzte der Prüfungen, die »Feuer- und Wasserprobe« gemeinsam bestehen und »des Todes Schrecken überwinden«. Das Libretto gibt dazu die Anweisungen, dass das Theater sich in zwei große Berge verwandle, der eine mit einem Wasserfall, der andere feuerspeiend. Durch Gitter sollten Feuer und Wasser, darüber ein vom Feuer roter Horizont und über dem Wasser schwarzer Nebel zu sehen sein. Felsen beherrschen die Szene, in der Mitte steht eine Pyramide. Bei Slevogt hingegen steht statt der Pyramide ein Obelisk. Links führt eine Treppe auf den Feuerberg, rechts erkennt man den Abstieg vom Berg mit dem Wasserfall.

Auf einer Felsenbrücke über anscheinend tosendem Wasser erkennt man Tamino, der, die Flöte spielend, vorangeht, hinter ihm Pamina. Die genannten Gitter, die »Schreckenspforten« sind vorhanden, zusätzlich gibt es zwei monumentale Figuren, die Feuer und Wasser verkörpern und dem jeweiligen Berg zugeordnet sind: eine schwarze männliche Figur mit einer Fackel und eine hellere weibliche, die eine Schale hält, aus der Wasser fließt. Neben Feuer und Wasser könnten sie auch Afrika/Ägypten und Europa darstellen. – KR

Slevogt und Wagner

Neben Mozart verehrte Max Slevogt vor allem den Komponisten Richard Wagner (1813–1883) und bemühte sich um eine Zusammenarbeit mit der Familie Wagner in Bayreuth. Schon 1896 hatte er in München eine Aufführung der *Götterdämmerung* gesehen. Er besuchte seit 1924 regelmäßig die Festspiele, stand im Austausch mit Siegfried und Winifred Wagner, erlebte noch die greise Cosima und versuchte, über den Dirigenten Toscanini die Möglichkeit zu erhalten, an einer Reform des *Rings* mitzuwirken. Diese Versuche scheiterten aber. Dennoch gibt es von Slevogt Bühnen- und Kostümentwürfe zu Wagner-Opern, zu *Tristan und Isolde* und der *Walküre*. Besondere Bedeutung hatte für ihn zudem sein großformatiges Gemälde *Der Hörselberg*, in dem er den *Tannhäuser* verarbeitete. — **KR**

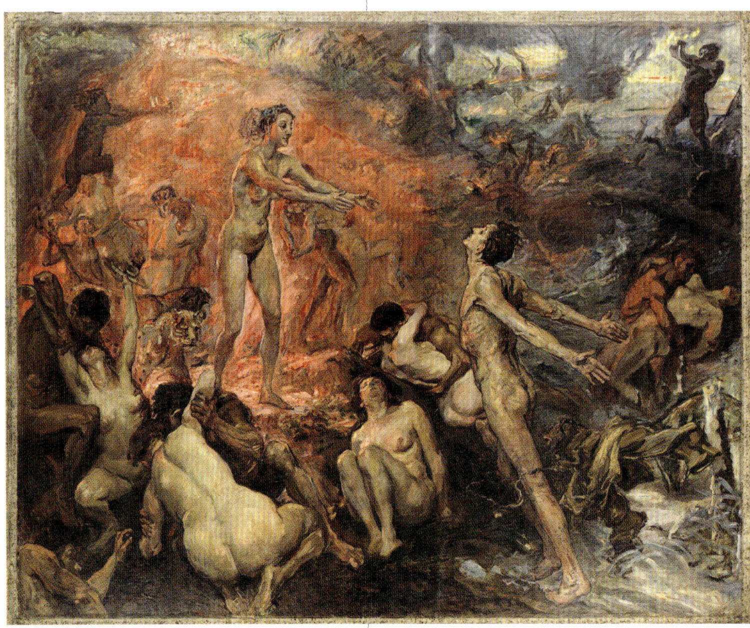

Der Hörselberg
— 1910 — Öl auf Leinwand — 290,5 × 370,2 cm — bezeichnet unten links: Slevogt 1910 — Germanisches Nationalmuseum Nürnberg, Inv.-Nr. Gm 2055 —

045

Selbstbildnis (vor dem »Hörselberg«)

— 1915 — Öl auf Holz — 80 × 64,5 cm — bezeichnet oben links: Slevogt 1915 — Museum Georg Schäfer, Schweinfurt — Inv.-Nr. MGS 1502 —

Lit.: Alten 1926, S. 68, Abb. 1. — Imiela 1968, S. 419, Anm. 2. — Schweinfurt 2010, Kat. 3, S. 66 f. — *Hörselberg:* Alten 1926, S. 48, 74, Abb. 64. — Scheffler 1940, S. 55 f. — Wedekind 2021, S. 134.

Das eindrucksvoll in kräftigen Rot-, Gelb- und Violetttönen gehaltene Selbstbildnis zeigt Slevogt vor dem Ausschnitt seines monumentalen, rund 2,9 Meter hohen und 3,7 Meter breiten Gemäldes *Der Hörselberg*, das er hauptsächlich zwischen 1908 und 1910 schuf. Rechts neben Slevogts Kopf erkennt man ein Bein der Venus – natürlich seitenverkehrt, da das Selbstbildnis mittels eines Spiegels entstand. Für das Werk *Der Hörselberg* ließ sich der Maler von Richard Wagners *Tannhäuser* inspirieren und griff dabei die Venusberg-Erzählung auf: Auf dem Weg zum Sängerwettstreit am Hörselberg, nahe der Wartburg, erblickte der Minnesänger Tannhäuser die nackte Venus in einer Höhle. Fasziniert und betört von ihrem Anblick, gab er sich ihr hin. Doch nach einem Jahr der Lust war er dieser überdrüssig und wollte beim Papst um Gnade bitten und Buße tun. Nachdem dieser Tannhäusers Reuebekundung jedoch ablehnte, kehrte der Sänger zunächst zu seiner Venus zurück, bevor er schließlich erlöst wird. Vor einem roten Flammenmeer steht die Göttin der Liebe, die sich mit ausgestreckten Armen Tannhäuser zuwendet, der in seiner Gestik den Bewegungsrhythmus der Venus aufnimmt. Um die beiden Hauptfiguren herum geben sich unzählige Paare – Aktfiguren in allen erdenklichen Posen – der Lust hin. Slevogt versuchte, die »aufreizende, farbig glühende Musik«[18] Wagners rubenshaft, mit kraftvollem Duktus abzubilden und »all das auszudrücken […], was er in der Malerei anstrebte«.[19] Die Dramatik des *Hörselberg*-Bildes spiegelt sich deutlich in Slevogts physiognomischem Ausdruck wider. Es ist »zu einem ganz besonders persönlichen Seelendokument«[20] geworden, das zugleich ein Spiegel der Zeit ist. Mehr als zwei Jahre war Slevogt am *Hörselberg* tätig. Auch nach 1910 überarbeitete er das riesige Gemälde immer wieder. Überdies blieb es zeit seines Lebens sein Sorgenkind; es war ihm aber auch »wie kein anderes Werk […] ans Herz gewachsen«.[21] — **RS**

— **18** Scheffler 1940, S. 56. — **19** Alten 1926, S. 48. — **20** Ebd., S. 68. — **21** Ebd., S. 48.

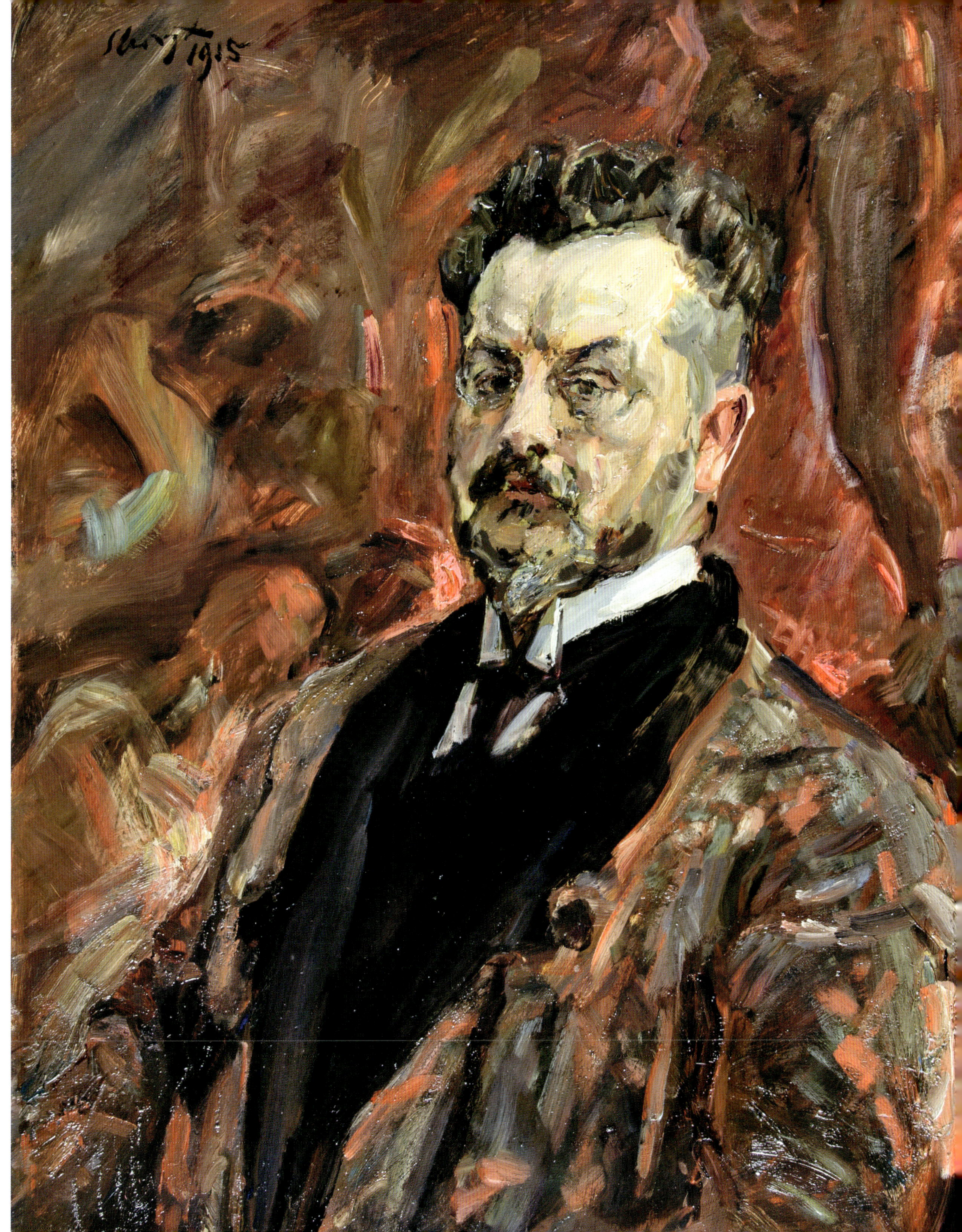

046

– 1931 – Gouache über Bleistift auf dünnem Papier (Rückseite eines Briefbogens), Blatt mit Papierstreifen eingefasst – 30,5 × 23 cm (Blatt), 14,3 × 22,4 cm (Darstellung) – bezeichnet: No 5 I. Akt Isolde (u. l) – Saarlandmuseum – Moderne Galerie, Saarbrücken, Stiftung Saarländischer Kulturbesitz, aus der Sammlung Kohl-Weigand – Inv.-Nr. KW 184 –

Lit.: Bremen 1959, Kat. 29. – Imiela 1968, S. 276, Abb. 235. – Saarbrücken/Mainz 1992, S. 490, Kat. 358, Abb. 358. – Schenk 2015, S. 18, 76, 257–259, 294, 298, 315, Kat. 10.1, Abb. S. 432 und Abb. 229.

Bühnenbildentwurf zu »Tristan und Isolde« (Auf König Markes Schiff), 1. Akt

Caroline von Slevogt, die Mutter des Künstlers, hatte 1865 die Uraufführung von Wagners *Tristan und Isolde* in München gesehen, die sie sehr beeindruckte. Ihr Sohn erlebte die Oper zum ersten Mal 1886 in Bayreuth.[22] Hier sah er sie im August 1927 erneut. Mit Wagners Musik beschäftigte sich der Künstler auch am Klavier. Es gibt einen Bericht von Walter Petzet, wonach er eine Nacht hindurch *Tristan* am Klavier fantasieren konnte.[23] Seit 1924 entwickelte er dann ein neues Interesse an Bayreuth und wünschte sich eine Zusammenarbeit, die jedoch nicht zustande kam.

Der Bühnenbildentwurf[24] zum 1. Aufzug scheint aus eigener Initiative entstanden zu sein. Er befindet sich auf der Rückseite eines Briefbogens der Kunsthandlung Paul Cassirer vom 7. August 1931.

Der 1. Akt spielt auf einem Schiff. Als Brautwerber bringt Tristan die Prinzessin Isolde von Irland zu seinem Herrn, König Marke von Cornwall. Sie ist das Friedenspfand zwischen den beiden verfeindeten Ländern. Tristan hatte zuvor Isoldes Verlobten getötet und sich unter falschem Namen von ihr heilen lassen. Die durch Tristans Verhalten gekränkte Isolde plant seine Ermordung durch einen Todestrank.

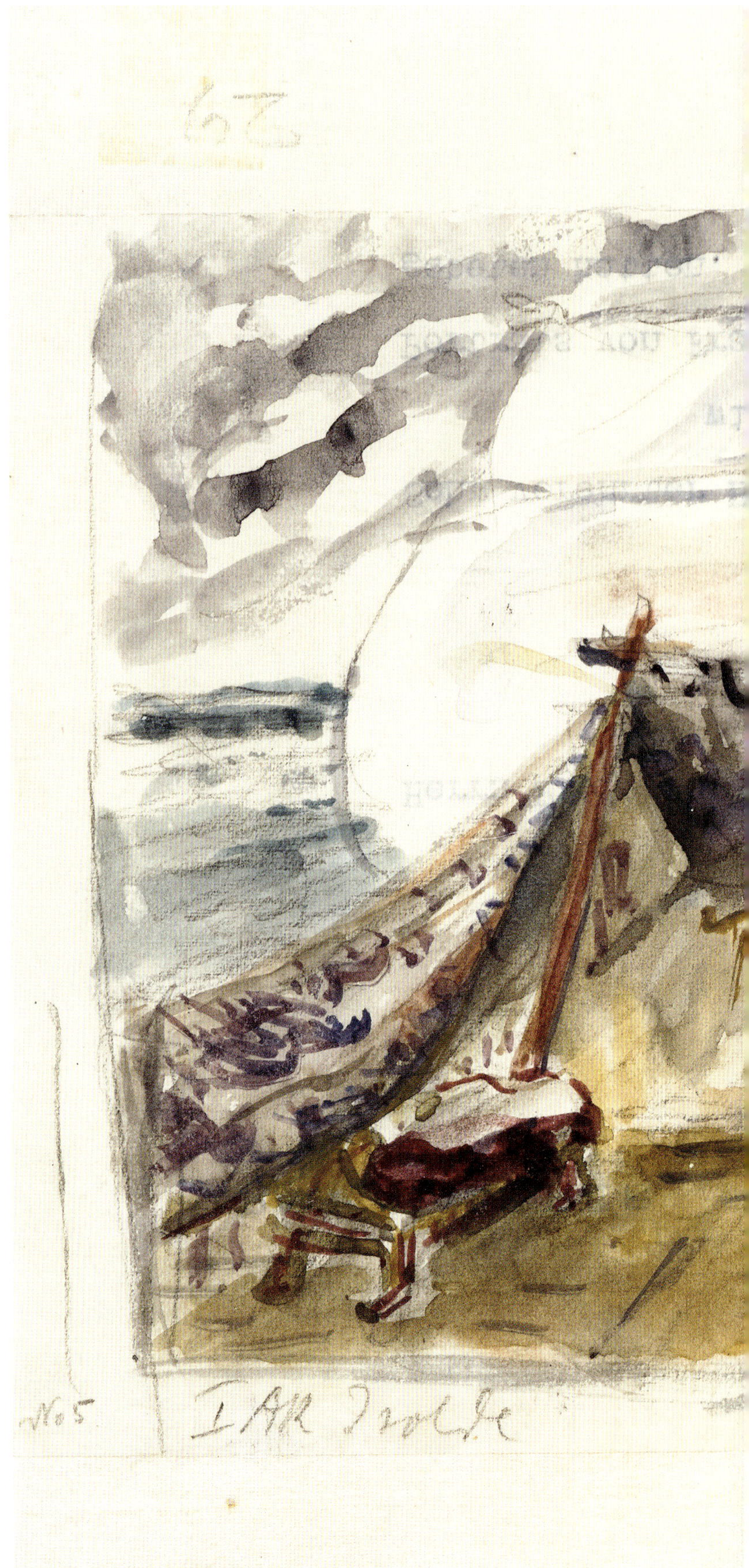

– **22** Guthmann 1948, S. 140. – **23** Vgl. hierzu Schenk 2015, S. 73. – **24** Die Frage, ob es sich wirklich um einen Bühnenentwurf handelt oder um eine »malerische Impression«, kann eher für den Bühnenentwurf entschieden werden, vgl. Schenk 2015, S. 258. – **25** Vgl. ebd., S. 259. – **26** *Tristan und Isolde*, 1837, Öl auf Holz, 37,5 × 44 cm, Staatsbesitz, zeitweise auf Burg Bitov, Tschechien, 2020: Schloss Rajec nad Svitavou (Raitz).

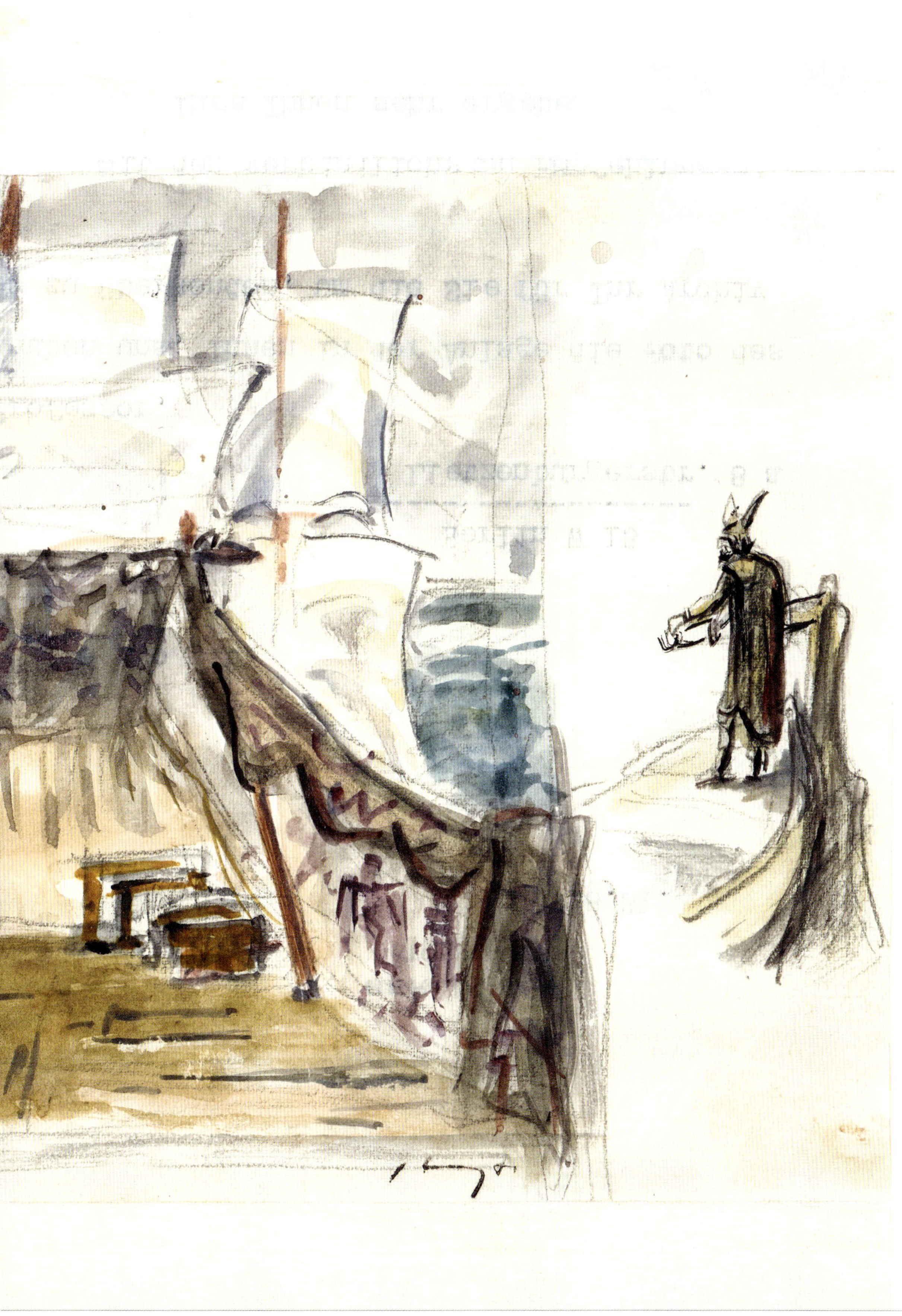

Stattdessen bringt ihnen ihre Vertraute Brangäne einen verhängnisvollen Liebestrank. In der Darstellung folgte Slevogt den Angaben Wagners: ein zeltartiges Gemach auf dem Vorderdeck des Schiffes. Er knüpfte damit auch an vorangegangene Bühnenbilder von Angelo Quaglio, Max Brückner, Carlo Brioschi und Kurt Söhnlein an,[25] ebenso an Darstellungen der Kunst zum Thema, z. B. bei Ludwig Schnorr von Carolsfeld.[26]
Im Hintergrund des Zeltes blähen sich die Segel, rechts und links sieht man das graublaue Meer, darüber einen grauen Himmel. Rechts fügte Slevogt einen Ausschnitt des Schiffsbugs an mit der Gestalt Tristans am Steuer. – KR

047

– um 1931 – Gouache/Aquarell auf gebräuntem Karton – 39 × 53 cm – GDKE – Direktion Landesmuseum Mainz, Slevogt-Archiv, Grafischer Nachlass – Inv.-Nr. DL SL NL 2021/107 –

Lit.: Schenk 2015, S. 282, Anm. 1132, 432, Kat. 11.1.1, Abb. S. 432 und Abb. 233.

In Hundings Hütte, 1. Akt in Wagners »Walküre«

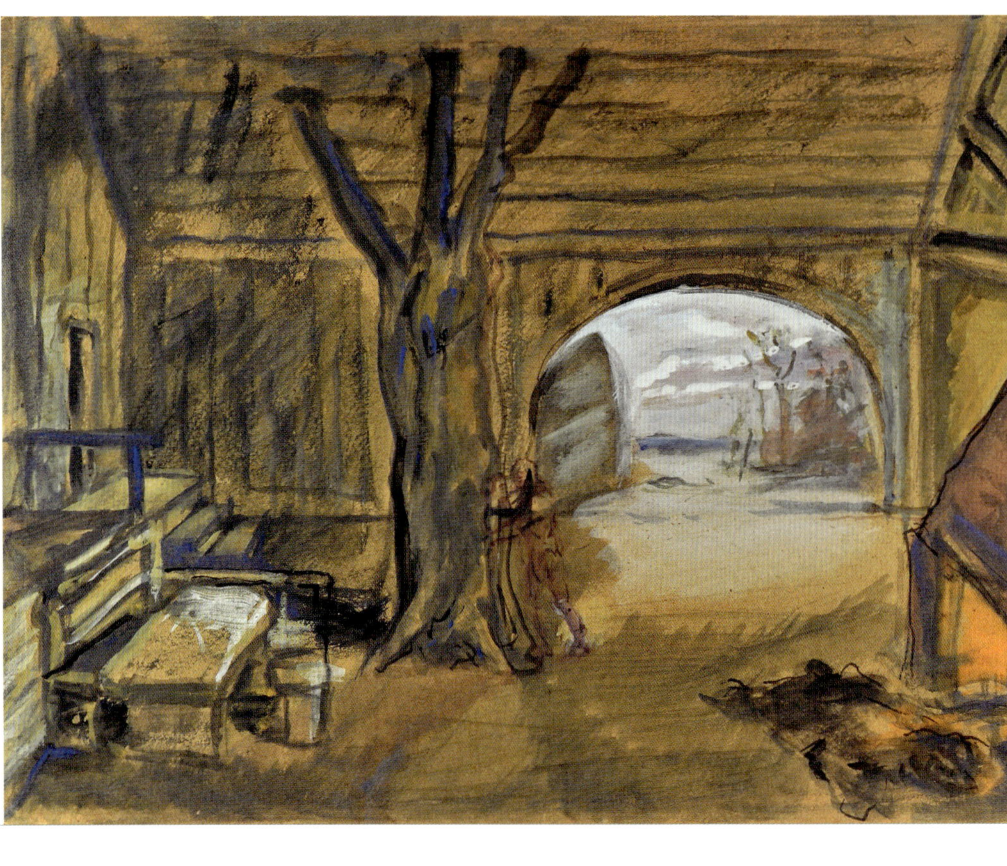

Slevogt hatte sich schon in seiner Würzburger Zeit mit Wagners *Ring des Nibelungen* beschäftigt, 1896 besuchte er in München eine Aufführung der *Götterdämmerung,* seit 1924 reiste er regelmäßig zu den Bayreuther Festspielen, auch 1930 und 1931.[27] 1930 wandte sich der Künstler an den Dirigenten Toscanini (vgl. Kat. 51), da er für die Bühnenbilder des *Rings* Reformbedarf sah. Er wollte gerne für Bayreuth tätig werden. Darüber war er auch mit Siegfried Wagner und dessen Frau Winifred im Kontakt. 1931 traf er Toscanini in Bayreuth, doch seinem Wunsch kam er dadurch nicht näher. Warum die Wagners nicht auf Slevogts Angebot eingingen, lässt sich nicht eindeutig beantworten. Fürchteten sie zu hohe Kosten oder eine zu revolutionäre Interpretation?

Noch im Oktober 1931 schrieb Slevogt, wie »gedanklich, dramatisch und musikalisch unerhört großartig« und zudem aktuell er die *Götterdämmerung* fände.[28]

Im November 1931 fragte dann der Intendant des Darmstädter Theaters, Gustav Hartung, ob Slevogt die Bühnenbilder für eine *Ring*-Inszenierung übernehmen würde. Der erkrankte Slevogt wollte für dieses Projekt höchstens die Pläne ausarbeiten und seinem Schüler Dannemann die Umsetzung überlassen. Im Sommer 1932 scheiterten die Verhandlungen.

Im Nachlass Slevogts finden sich Bühnen- und Kostümentwürfe zu Wagners *Walküre,* darunter auch die hier ausgestellten. Sie entstanden in der Zeit der Verhandlungen mit Bayreuth und Darmstadt. *In Hundings Hütte* ist der Entwurf für das Bühnenbild zu Beginn des 1. Akts: Der verfolgte Siegmund findet Schutz in der Hütte seines Feindes Hunding und dessen Frau Sieglinde. Am nächsten Morgen soll ein Kampf zwischen beiden Männern ausgetragen werden. Im Zentrum des Hauses steht der Eschenstamm, in dem das Schwert steckt, das Wotan dort platzierte. Sieglinde erzählt Siegmund heimlich, dass ein Fremder es dort hinterlassen habe, aber es bisher niemandem gelungen sei, es hinauszuziehen. Siegmund gelingt es.

Beide erkennen, dass sie Geschwister sind und lieben sich, wobei Siegfried gezeugt wird. Slevogt zeigt in seinem Entwurf das sich umarmende Paar am Fuße des Stammes. Sein Bühnenbild enthält alle wesentlichen Elemente: den Stamm, den »Herd«, Tisch und Bank, dahinter ein Zugang, hinten rechts ein breites Tor mit Blick in die Landschaft, das zugleich Lichtquelle ist. Ein avantgardistisches Bühnenbild schwebte ihm also nicht vor. Laut Johannes Guthmann mochte Slevogt die 1. Szene der *Walküre* nicht, sie war ihm zu undramatisch.[29] – KR

– **27** Ausführlich dazu: Schenk 2015, S. 266–278. – **28** Brief Slevogts an Bruno Eisner, Oktober 1931, zit. nach Imiela 1987, S. 242. – **29** Vgl. Guthmann 1948, S. 71.

048

— um 1931 — Gouache auf gebräuntem Karton — 39 × 53 cm — GDKE – Direktion Landesmuseum Mainz, Slevogt-Archiv, Grafischer Nachlass — Inv.-Nr. DL SL NL 2021/106 —

Lit.: Schenk 2015, S. 289, Anm. 1162, 433, Kat. 11.2.2, Abb. S. 433 und Abb. 245.

Blatt mit Figurinen: Fricka, Wotan und Brünnhilde, Wagners »Walküre«

Slevogts Kostümideen sind weder übermäßig modern noch entsprechen sie gänzlich älteren Vorbildern. Er verzichtete beispielsweise auf die oft üblichen Flügelhelme. Die drei Figuren sind in einer Szene dargestellt, bei der sich Fricka und Brünnhilde gegenüberstehen – die eine in gebieterischer Herrscherpose, die andere in Kampfstellung. Zwischen ihnen steht starr Göttervater Wotan. Die Konstellation spielt darauf an, dass Brünnhilde, Walküre und Wotans Lieblingstochter, auf ausdrücklichen Wunsch Frickas, aber gegen ihren eigenen Willen und den Wotans, Hunding im Zweikampf gegen Siegmund unterstützen sollte. — KR

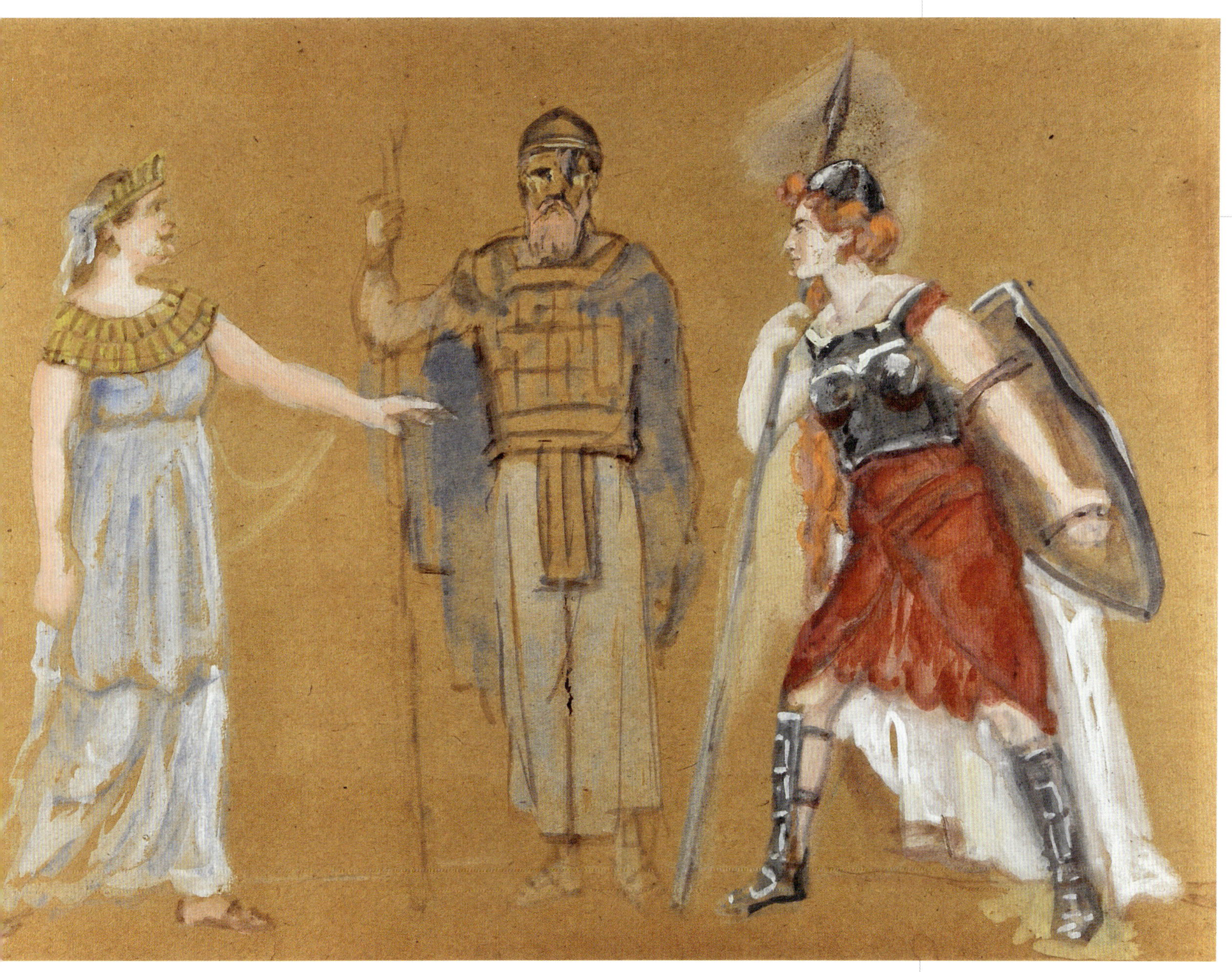

049

Brief an Max Slevogt

– Fritz Busch – [Bayreuth,] 13. August 1924 – 1 Blatt, 28,1 × 20,9 cm – Landesbibliothekszentrum Rheinland-Pfalz/Pfälzische Landesbibliothek Speyer – Nachlass Max Slevogt N 100 –

Lit.: Imiela 1968, S. 226. – Bauer 2016, S. 404 f. – Dorpheide/Elste 2000.

Verehrter Herr Professor,

verzeihen Sie meine unpünktliche Antwort. Sie können je 3 Plätze für Siegfried-Götterdämmerung und Meistersinger bekommen. Ich rate Ihnen, im Vertrauen nur zu Meistersinger am 19. August und lasse Ihnen zunächst dafür 3 Karten – leider gegen Bezahlung, da der Andrang ungeheuer! – reservieren. Quartier besorge ich gerne, ebenfalls Karten für S. und G. dämmerung, falls Sie doch hinwollen. Freue mich sehr, Sie hier zu sehen. Alles Andere mündlich. Erbitte kurze Antwort.

Auf gutes Wiedersehen

Ihr ergebener

Fritz Busch.

13.8.1924; Alexanderstr. 15

Fritz Busch war der musikalische Leiter der *Don-Giovanni*-Aufführung in Dresden, für die Slevogt die Bühnenbilder gestaltet hatte (Kat. 31–33); die Premiere fand am 17. April 1924 statt (Kat. 34). Der aus Siegen stammende Busch (1890–1951) wirkte von 1918 bis 1922 in Stuttgart, zuletzt als Generalmusikdirektor, und in der Folge bis 1933 als Chefdirigent der Semperoper in Dresden, wo er sich insbesondere um das Werk Richard Wagners bemühte. 1924 dirigierte er in Bayreuth. Nach der Machtübernahme der Nationalsozialisten musste Busch die Semperoper verlassen und ging ins südamerikanische Exil. Der Brief steht in Zusammenhang mit Buschs Wirken bei den Bayreuther Festspielen im Jahr 1924. Slevogt hatte ihn offensichtlich um Karten für verschiedene Aufführungen gebeten. Busch entschuldigte sich für seine »unpünktliche Antwort«: »Sie können je 3 Plätze für Siegfried-Götterdämmerung und Meistersinger bekommen. Ich rate Ihnen, im Vertrauen, nur zu Meistersinger am 19. August und lasse Ihnen zunächst dafür 3 Karten – leider gegen Bezahlung, da der Andrang ungeheuer! – reservieren. Quartier besorge ich gerne, ebenfalls Karten für S. und G.dämmerung, falls Sie doch hinwollen.« Die Bayreuther Festspiele wurden am 22. Juli 1924 mit einer Aufführung der *Meistersinger* nach zehnjähriger Pause wiedereröffnet und von den Veranstaltern als Fanal gegen Demokratie und Weimarer Republik inszeniert. Den vielbeschworenen »Bayreuther Geist« ergänzte die Familie Wagner durch ein Bekenntnis zu Adolf Hitler, zu dieser Zeit wegen des Hitler-Putsches im November 1923 in Haft. Der demokratisch gesinnte Busch wurde in Bayreuth mit großen Vorbehalten empfangen; er selbst empfand die Atmosphäre als abstoßend und war verwundert über die Politisierung und Radikalisierung der Festspiele. Die Nachfrage war in rechtskonservativen und dem Nationalsozialismus nahestehenden Kreisen trotzdem sehr groß, und die Aufführungen wurden ein finanzieller Erfolg. – AS

050

– Siegfried Wagner – wohl Bayreuth, 21. Oktober 1928 – 1 Blatt, 27,3 × 22,5 cm – Landesbibliothekszentrum Rheinland-Pfalz/Pfälzische Landesbibliothek Speyer – Nachlass Max Slevogt N 100 –

Lit.: Guthmann 1955, S. 356–361. – Imiela 1968, S. 250, 435 f., Anm. 9 f. u. Abb. 220. – Schlechter 2014, S. 94–97, Nr. 32 f. – Biedermann 2014, S. 56 f.

Brief an Max Slevogt

Im Sommer 1928 besuchte Max Slevogt mit Freunden die Bayreuther Festspiele, unter ihnen Johannes Guthmann (1876–1956), Kunsthistoriker, Schriftsteller und häufiger Reisebegleiter. Der Maler berichtete, dass er bei seinem ersten Besuch in dieser Stadt gehofft habe, Franz Liszt noch zu sehen, der aber am gleichen Tag, am 31. Juli 1886, verstorben war. Slevogt bedauerte, nun auch die Züge von Liszts 1837 geborener Tochter Cosima Wagner, inzwischen 90-jährig und erblindet, nicht festhalten zu können. Der Freundeskreis um Guthmann gewann Blandine von Bülow, Cosimas Tochter aus erster Ehe mit Hans von Bülow, für den Plan, die Mutter porträtieren zu lassen. Am 19. August führte Eva Chamberlain, Tochter Cosimas aus der zweiten Ehe mit Richard Wagner, Slevogt an das Krankenbett ihrer Mutter. Während sie sich mit ihr unterhielt, schuf der Künstler drei Bleistiftzeichnungen. Guthmann berichtete über dieses Ereignis: »Wir hatten auf der Straße auf Slevogt gewartet. Nach einer Stunde kam er aus dem Garten Wagners. Er war wie benommen, sein Gesicht, seine Hand tropfnaß.« Er habe diese Aufgabe »als eine schicksalhafte empfunden«. Slevogt ließ von seinen Zeichnungen Lichtdrucke herstellen, die nicht in den Handel kamen. Am 21. Oktober 1928 bezeichnete Siegfried Wagner die Zeichnungen brieflich als »ausserordentlich«: »Und weiss Gott keine kleine Aufgabe unter solchen Umständen.« Die Originale übersandte Slevogt an Blandine von Bülow, wie aus einem Dankesbrief hervorgeht, den sie am 26. Oktober 1928 von ihrem italienischen Wohnort aus an ihn schrieb. – AS

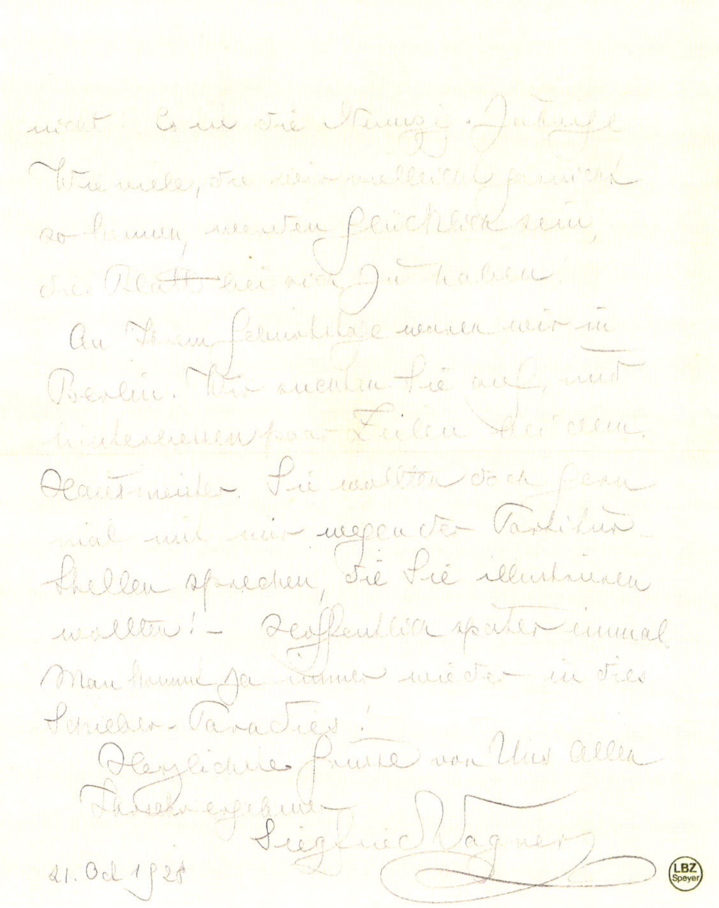

051

Brief Max Slevogts an Arturo Toscanini (Abschrift)

– Aachen, 16. September 1930 – 1 Blatt, 29,1 × 22,5 cm – Landesbibliothekszentrum Rheinland-Pfalz/Pfälzische Landesbibliothek Speyer – Nachlass Max Slevogt N 100 –

Lit.: Imiela 1960, S. 66 f. – Imiela 1968, S. 276, 444, Anm. 3 u. 4. – Slevogt 2018, S. 143–145, Nr. 93 u. 96. – Bauer 2016, S. 452–455. – Elste 2006. – Owesle 2021, S. 38–41. – Schenk 2016, S. 129–131.

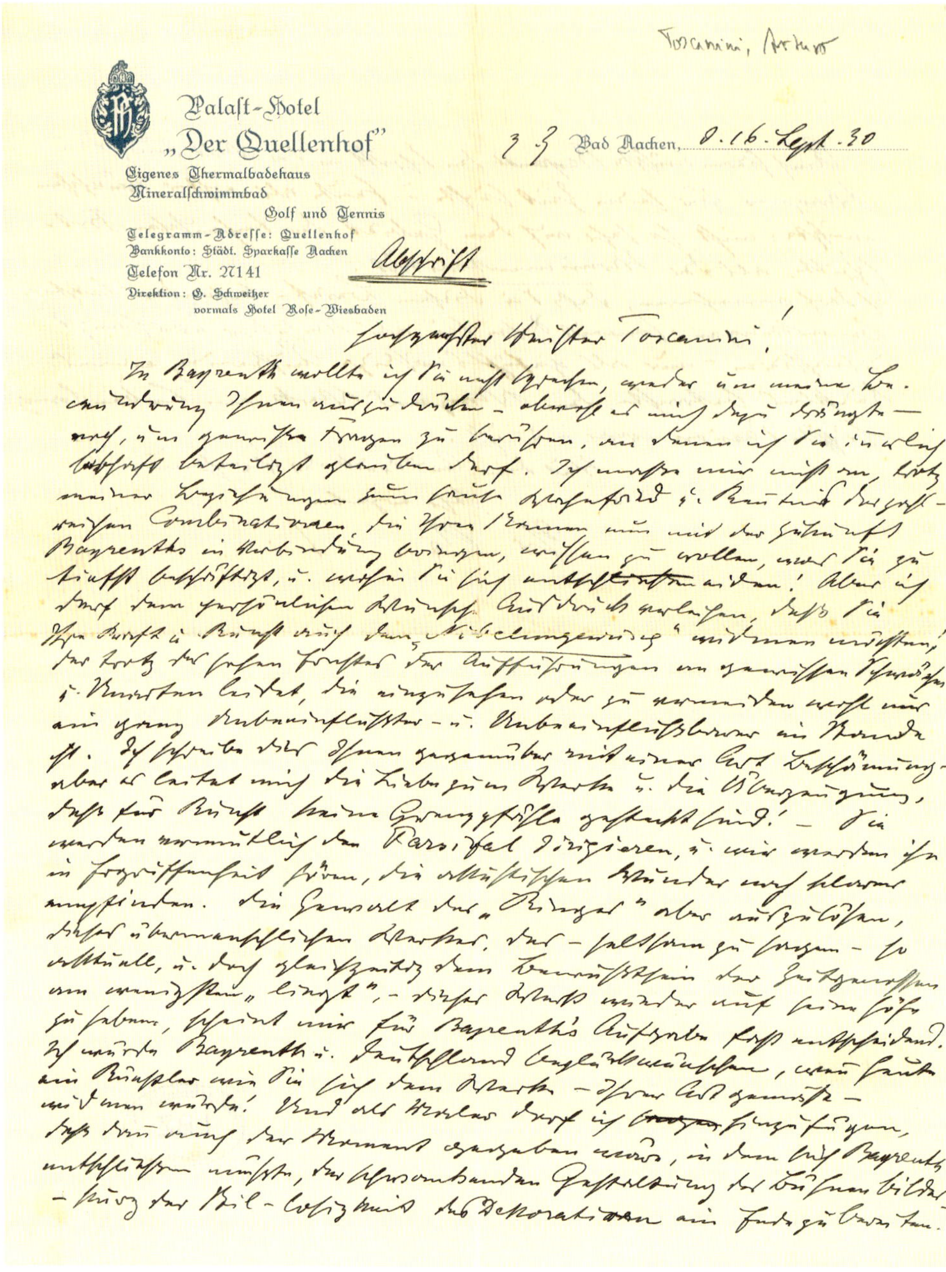
Palast-Hotel
„Der Quellenhof"
Eigenes Thermalbadehaus
Mineralschwimmbad
Golf und Tennis
Telegramm-Adresse: Quellenhof
Bankkonto: Städt. Sparkasse Aachen
Telefon Nr. 27141
Direktion: G. Schweitzer
vormals Hotel Rose-Wiesbaden

Bad Aachen,

Siegfried Wagner konnte in seiner Eigenschaft als Festspielleiter für die Richard-Wagner-Festspiele in Bayreuth 1930 den italienischen Dirigenten Arturo Toscanini (1867–1957) gewinnen. Der aus Parma stammende Toscanini wurde 1898 Künstlerischer Leiter der Mailänder Scala und warb in der Folge in Italien für das Werk Richard Wagners. Im August 1930 besuchte Slevogt die Bayreuther Festspiele, um anschließend Ende des Monats einen Kuraufenthalt in Aachen anzutreten. Am 16. September 1930 schrieb er einen Brief an Toscanini, der sich in zwei Abschriften erhalten hat, eine davon mit dem Briefkopf des Palast-Hotels Der Quellenhof, in dem sich Slevogt während seiner Kur aufhielt. Slevogt drückte Toscanini gegenüber seine Bewunderung aus und bezeichnete es als entscheidend für Bayreuths Zukunft, Wagners *Ring* wieder »auf seine Höhe zu heben«. Da in Fragen der Kunst keine »Grenzpfähle gesteckt« seien, nahm er insbesondere zur Frage der Bühnendekoration Stellung: »Und als Maler darf ich hinzufügen, daß dann auch der Moment gegeben wäre, in dem sich Bayreuth entschließen müßte, der schwankenden Gestaltung des Bühnenbildes – kurz der Stil-losigkeit des Dekorativen ein Ende zu bereiten. Auch hierin müßte Bayreuth den Schritt in der Welt tun, den Wagner für seine Zeit suchte u. heute als erster wünschen müßte: nicht so sehr auf dem Gebiet der technischen Fortschritte als der Monumentalität. Ich darf annehmen, daß sie diesen Brief – besonders letztere Bemerkungen: soweit sie Sie als Musiker überhaupt interessieren – nur als gefühlsmäßige Äußerung eines Künstlers betrachten, dem Wagners Werk ein Leben lang höchste Passion war – u. ist.« Im November 1930 schrieb er mit Bezug auf den Brief an seinen Freund Johannes Guthmann: »Natürlich u. leider blieb er unbeantwortet.« – AS

052

– Winifred Wagner – 2. August 1932 (Kopie) – 1 Blatt, 28,4 × 20,1 cm – Landesbibliothekszentrum Rheinland-Pfalz/Pfälzische Landesbibliothek Speyer, Original im Saarlandmuseum Saarbrücken – F I/B 143

Lit.: Guthmann 1955, S. 354–356. – Imiela 1968, S. 276 f., 444, Anm. 7. – Slevogt 2018, S. 146–148, Nr. 99, 155–157, Nr. 103 f.

Brief an Max Slevogt, Nussdorf am Bodensee

NUSSDORF
ÜBERLINGEN
ÜBERLINGEN 522

NUSSDORF,
POST ÜBERLINGEN
BODENSEE

II.8.32

Sehr verehrter Herr Professor Slevogt.

Haben Sie herzlichsten Dank für Ihre so interessanten Ausführungen über Ihre Ideen der Neugestaltung des Rings. Ich bin stolz darauf , sagen zu können, dass sie sich vollkommen mit den meinigen decken und ich hoffe, dass Sie zufriedengestellt sein werden. Wir haben hauptsächlich den Walkürenfelsen ins Erhabene zu steigern versucht und den zweiten Akt Götterdämmerung im Gegensatz dazu sanft wellig gehalten – den menschlichen Wohnungen angemessen – Im Schlussbild versuchen wir sämtliche Trümmer wegzuräumen und mal Wasser auf der Bühne zu bekommen. Der Siegfriedwald ist auf zwei Stimmungen abgestellt, je nach Beleuchtung : der unheimliche Fafnerwald und das Poetische des Waldwebens etc etc.
Verzeihn Sie, dass ich erst zur Bestätigung Ihres Briefes komme. Ich hatte Ende des vorigen Monats mit Arbeitseinteilungen während meiner Abwesen heit etc. allerlei zu tun und hier verlebe ich nun schönste Ferientage mit den Kindern, wobei es immer ein Entschluss bedeutet, sich an die Schreibmaschine zu setzen.
Mit den herzlichsten Grüssen, verbleibe ich, sehr verehrter Herr Professor

Ihre dankbar- ergebene

Nach der Aussage von Johannes Guthmann besuchte Slevogt ab 1924 regelmäßig die Bayreuther Festspiele. Im Zentrum seines besonderen Interesses stand Richard Wagners *Ring*. Mehrmals versuchte er erfolglos, der Familie Wagner seine Ideen für eine Neugestaltung des Bühnenbilds nahezubringen. Resigniert schrieb Slevogt am 31. August 1931 aus Aachen an Johannes Guthmann, dass er »Bayreuth aufgebe«, seinen »ungewollten Plan (der ja wohl durch Parteianschluß zu erreichen wäre)«, weil mit dem Auftrag zur Ausmalung der Friedenskirche in Ludwigshafen »eine andere Aufgabe dieses Sinnes« an ihn herantrete.[30] Nachdem sich Ende 1931 Pläne zerschlagen hatten, das Bühnenbild für eine *Ring*-Aufführung in Darmstadt zu gestalten, nahm Slevogt Zeitungsmeldungen über eine geplante »Neugestaltung der szenischen Einrichtung des ›Rings‹« zum Anlass, am 27. Juli 1932 aus Berlin an Winifred Wagner zu schreiben.

Er zeigte sich verletzt, dass man seinen »oftmals angebotenen unabhängigen künstlerischen Rat nicht in Anspruch genommen« habe; offensichtlich werde seine »künstlerische [...] Anschauung« abgelehnt. Er bat Winifred Wagner trotzdem, »klaren Blick« zu behalten: »Keinen gezähmten Wagner!« »Aber Bayreuth«, so Slevogt weiter, »muss sich diesen, sagen wir ruhig deutschen Stil (deutsch im Sinne Wagners, dass alles zum Ganzen bedeutend und bedeutungsvoll sei) erkämpfen u. durchkämpfen, und sich bewusst sein, dass ein oberflächlicher heimischer oder internationaler Beifall nicht das Ziel sein kann«. In ihrer Antwort vom 2. August 1932 teilte Winifred Wagner mit, dass sich Slevogts Ausführungen »vollkommen mit den meinigen decken« und skizzierte die Neugestaltung des Bühnenbilds. Die Differenzen zwischen dem impressionistischen Künstler und der den Nationalsozialismus fördernden Witwe von Siegfried Wagner, die unter »deutschem Stil« etwas ganz anders verstand als Slevogt, ließen sich nicht überbrücken.

– AS

– 30 Slevogt malte für die Friedenskirche in Aachen das Fresko *Golgatha*.

KARIN RHEIN

LITE
RATU

Cap
Pr

[Cap]riccio und [Ma]estissimo

MAX SLEVOGTS IMPRESSIONISTISCHE ILLUSTRATIONEN

Für Max Slevogt spielte die Musik von seiner Jugend an eine bedeutende Rolle. Seine Mutter hatte ihn in Würzburg regelmäßig zu Konzerten und Opernaufführungen mitgenommen und ihm Unterricht im Klavierspiel und Gesang ermöglicht. Weggefährten beschrieben ihn als ausgesprochen begabten Pianisten.[1] Motive aus der Welt der Musik durchziehen folglich auch sein Frühwerk. Zwischen 1886 und 1888 entstanden *Schumann-Sonate* (Kat. 53), *Beethoven-Sonate* und *Chopin Präludien.* In dem *Roten Buch* in der Graphischen Sammlung des Landesmuseums Mainz findet man Zeichnungen mit den Titeln *Andante maestoso, Bach-Fuge* sowie Illustrationen zu *Carmen, Rigoletto* und *Tristan*. Unter ein paar Zeichnungen entdeckt man sogar kurze Notenauszüge, die annehmen lassen, dass Slevogt hier ganz konkret musikalische Passagen in bildliche Ideen überführte.
Hier soll es nun aber vor allem um Parallelen zwischen Slevogts Zeichnungen und der Musik gehen. 1948 schrieb der Kunstkritiker und Publizist Karl Scheffler: »Seine [Slevogts] Malerei ergründete nicht die Erscheinung, sie musizierte mit den Formen.«[2] Der Künstler selbst erklärte, dass für ihn Auge und Ohr im künstlerischen Sinn nicht verschiedene Organe seien.[3]

Capriccio

Laune, Grille, freie Fantasie, ein launenhaftes, willkürlich scheinendes Kunstwerk, in welchem der Komponist – was Plan, Ausführung und Gedankenfolge anlangt – sich mehr seiner Laune als der strengen Ordnung und Form einer bestimmten Gattung überlässt.[4] Das Capriccio war seit Mitte des 16. Jahrhunderts eine Kompositionsform, mit der ihr Schöpfer amüsante Bilder und kleine Geschichten im Kopf der Zuhörer entstehen ließ, in denen Tierstimmen, Schlachtengetümmel oder Markttreiben musikalisch lebendig wurden. Es regte die Fantasie an, hatte Witz, war befreit von strengen Regeln und damit eine ideale Spielwiese des Virtuosen.

Max Slevogt war solch ein Virtuose der Zeichnung und Illustration, der das Capriccio aufs Papier übertrug. Er benutzte gerne die Begriffe »Capricen« und »kapriziös«,[5] weil sie seinem Empfinden nach das Prickelnde beinhalteten, das rasch Vergängliche und ein Stück Seele. In seinen gezeichneten »Capricen« gab er sich dem Vergnügen des Erfindens hin, denn: »Das Vergnügen ist eine schöne Sache. Der verdammte Ernst und Respekt der bei uns der Kunst entgegen gebracht wird, ist gerade das Hindernis u. der Knittel, der dem ernsten u. wahren Künstler zwischen die Beine geschoben wird.«[6]

Selbst wenn ihm manche Themen von den Verlegern vorgegeben wurden, wählte Slevogt als Illustrator doch diejenigen Szenen und Motive, die ihn besonders ansprachen und ihm Freude machten. Es musste nicht immer Shakespeare oder Goethe sein. Begeisterung entfachten in ihm auch Wildwest- und »Indianer«-Geschichten.[7] »Mit Hingebung hat er Coopers Lederstrumpf-Erzählungen und Ferrys ›Waldläufer‹ illustriert. Indianerromantik erfreute sein immer noch kindliches Herz«, so Karl Scheffler.[8] Dabei ließ er virtuos gleichermaßen Beobachtungen aus dem Alltag als auch kunsthistorische Vorbilder einfließen. So erinnert z. B. die Szene *Harry Hurry schleudert einen Huronen ins Wasser* (Abb. 2) aus *Der Wildtöter*, dem ersten Band der *Lederstrumpf-Erzählungen*, an klassische Darstellungen von Herkules und Antäus (Abb. 1).

Als Virtuose forderte Slevogt Anerkennung seiner schöpferischen Leistung auch und gerade im Bereich der Illustration. Hier war er ein leidenschaftlicher Vorkämpfer. Er verglich den Illustrator mit dem Liedkomponisten, dem »Vertoner eines Textes«.[9] Dieser Vergleich stammt aus dem manifestartigen *Pro domo!*, das der Künstler 1920 für den Verleger Bruno Cassirer verfasst und mit dem er seine Vorstellung von Illustration erläutert hatte (Kat. 117). Der Aufsatz war eine späte, aber ihm am Herzen liegende Reaktion auf Kritik an seiner früheren Arbeit.[10] Noch immer wirkte der anfängliche Misserfolg des *Ali Baba* (Kat. 64–68) von 1903 bei ihm nach. Cassirer hatte berichtet, wie damals Ansichtsexemplare zurückgeschickt worden waren, da man sich solche Kritzeleien verbäte.[11] Dabei hatte man damals schon ganz bewusst den Begriff »Improvisationen« im Untertitel verwendet.[12] In der Musik ist die Improvisation ein Vortrag aus dem Stegreif, ohne Vorbereitung.[13] So erfand auch Slevogt oft unmittelbar, ohne vorherige Entwürfe. Allerdings zeichnete er Motive zum Teil immer und immer wieder, immer weiter improvisierend, bis er den für ihn richtigen Moment in der passenden Form gefunden hatte. Weniger die abgeschlossene Eigenständigkeit der einzelnen Bilder als die Fortentwicklung der Geschichte lag dem Künstler am Herzen. Er konzentrierte sich auf Aktion und Geste. Slevogt war ein erzählender Zeichner. Erzählen bedeutet aber ebenso wie Musik ein Fortschreiten, nicht Anhalten.

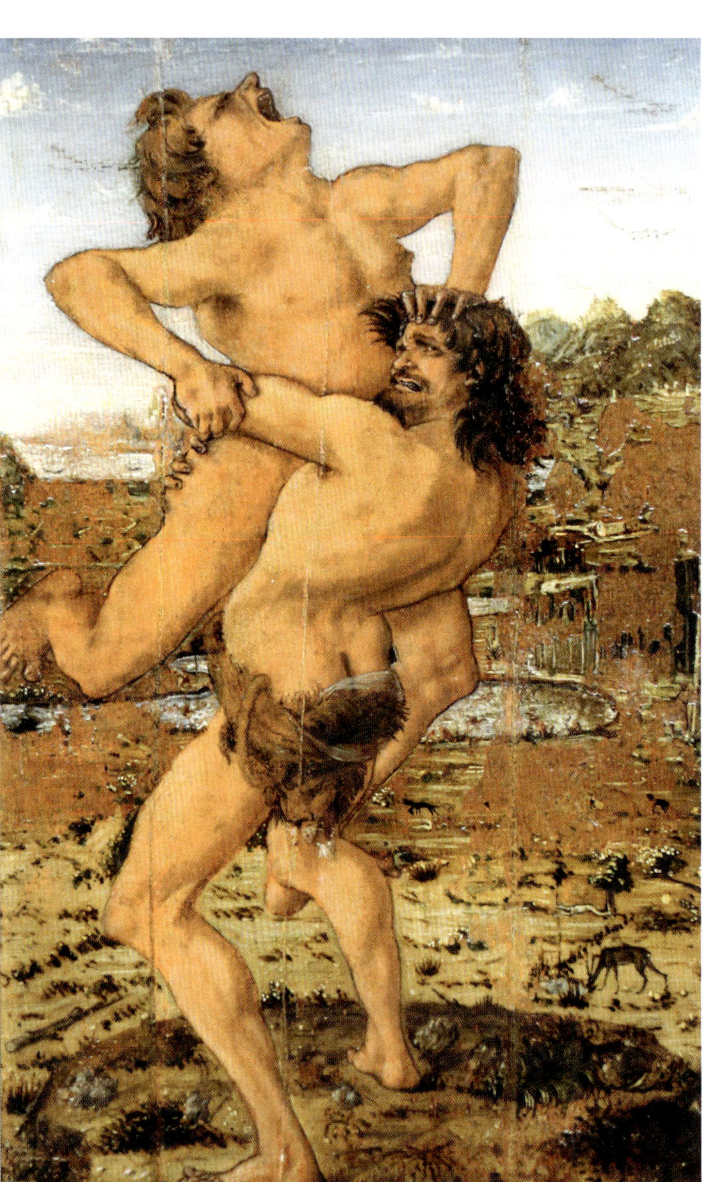

Slevogt transformierte das »Continuo« ins Skizzenhafte, in die schnell hingeschriebenen, malerischen, manchmal stückhaften, zerfressenen Linien. Das Unvollendete wurde zu seinem Prinzip und gibt der Fantasie des Betrachters Raum, die Geschichte selbst weiterzuentwickeln, den Charakter der Figuren mit zu formen und zum Mitschöpfer zu werden.[14] In den Illustrationen zu den *Alten Märchen* fordert er sein Publikum genau damit heraus und lädt zur »Mitarbeit« ein. Das Blatt *Die Geschichte vom Kalif Storch* (Abb. 3) erzählt das Hauff'sche Märchen in elf Einzelbildern, die durch eine orientalisch anmutende Architektur im Stil von Mauresken getrennt und zugleich miteinander verbunden sind. Man blickt in kleine Medaillons, Kabinette, Schaukästen und auf kleine Bühnen. Geschichten in Einzelbildern gab es schon früher – im 19. Jahrhundert z. B. in den mehrteiligen Bildern der Romantik, die ebenfalls durch architektonische Rahmen oder Arabesken verbunden und getrennt waren, oder in Bilderbögen und Bildergeschichten in Zeitschriften.

Abb. 1
Herkules und Antäus
– Antonio del Pollaiolo – etwa 1470–1475 – Tempera auf Holz – 16 × 9 cm – Uffizien, Florenz

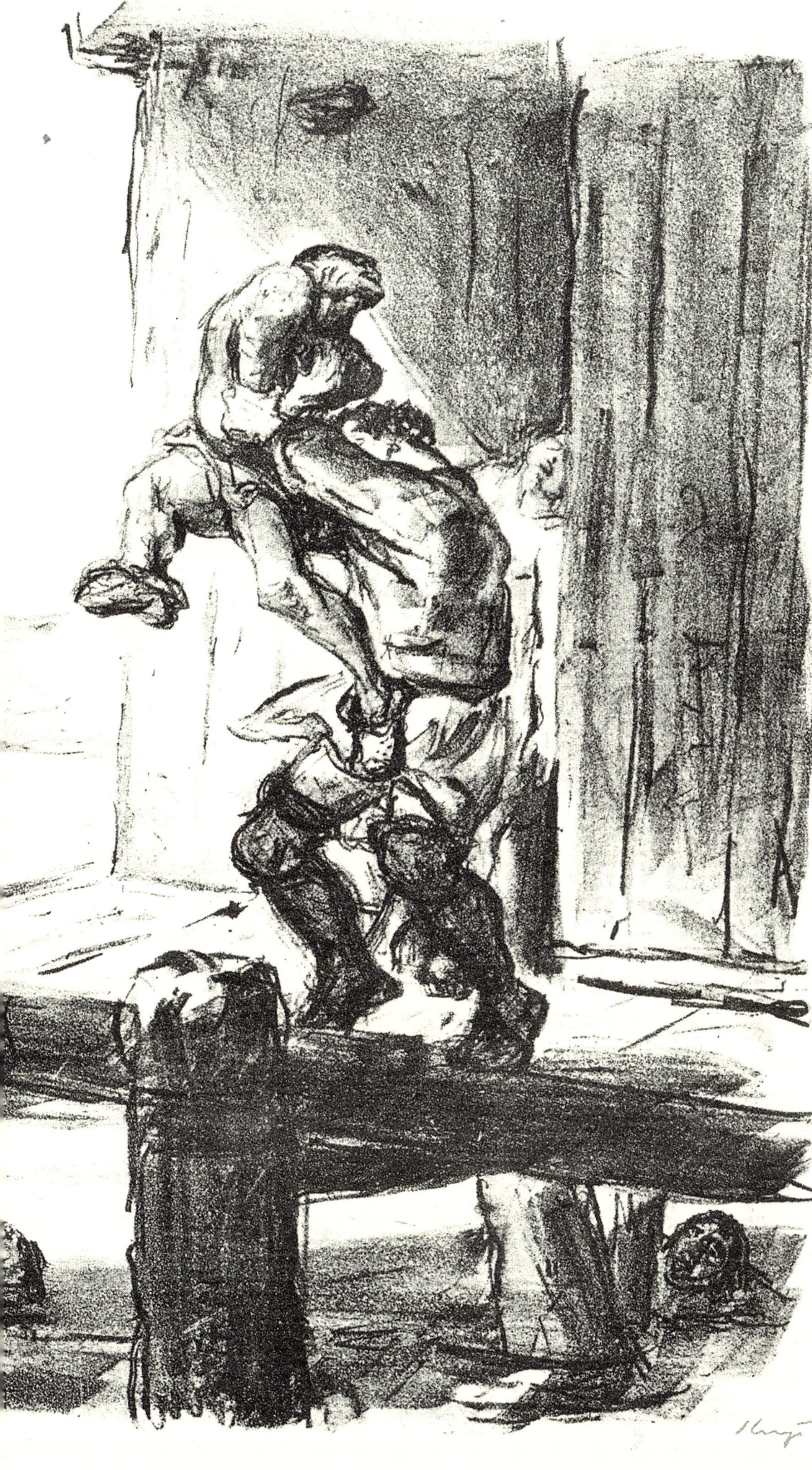

Abb. 2
Harry Hurry schleudert einen Huronen ins Wasser
– aus James Fenimore Coopers *Der Wildtöter* – Band 1 der *Lederstrumpf-Erzählungen in der ursprünglichen Form* – Berlin 1922, zwischen S. 128 und 129 – Kat. 76

Die Arabeske ist erneut ein Begriff, der sich nicht nur in der Kunst, sondern auch in der Literatur und Musik findet. Sie vermittelt einerseits das Spielerisch-Dekorative, kann aber auch allegorische oder symbolische Bedeutung haben. Sie ist scheinbar chaotisch, naturnah und im musikalischen Sinne Verzierung, aber auch wohlgegliederte Symmetrie des Ganzen und seiner Teile. Slevogts Bildaufbau für *Kalif Storch* ist symmetrisch und chaotisch, weil sich die Geschichte nicht chronologisch in der Leserichtung von links oben nach rechts unten bewegt, sondern ein paarmal ausschert. Dies zu erkennen, ist die Aufgabe der Betrachter. Darüber hinaus lädt die Komposition dazu ein, Verbindungen zwischen einzelnen Figuren herzustellen und spart ebenfalls nicht an Humor und Ironie, etwa im Hinblick auf die Selbstgefälligkeit des Kalifen und seines Wesirs zu Beginn der Geschichte.
In *Pro domo!* führte Slevogt weiter aus: Es gehe ihm um »persönlichste Gestaltung in eigenwilliger Ungebundenheit«. Statt Vollendung und Ruhe schwebte ihm die Idee des »nie sich Vollendenden« vor.

Bei Slevogt, dem Wagner-Verehrer, der u. a. auch die *Gesammelten Schriften und Dichtungen* des Komponisten in seiner Bibliothek hatte,[15] lässt dies an dessen Konzept von der »unendlichen Melodie« denken, mit der in ähnlicher Weise Auflösung der bekannten Formen, Befreiung und Vermittlung des Gedanken- oder Bewusstseinsstroms verbunden waren. Im skizzenhaften Presto scheinen sich die *Ali-Baba*-Illustrationen mit dem Text weiterzubewegen, mit der Handlung mitzuziehen, wie die Esel am Räuberhauptmann entlang (vgl. Kat. 66). Die Bilder sollten in Bewegung bleiben, so, wie Musik sich immer weiter fortbewegt.

Beweglichkeit hieß auch flexible Nutzung verschiedener Bildkonzepte, mal im Text verteilt, mal – wie in den *Alten Märchen* (Kat. 54–60) – als Bildergeschichte auf einer Seite zusammengefasst. Slevogt entfernte sich von der herkömmlichen Buchillustration und meinte: »Es mußte der Zeichner vor allem aus dem Prokrustesbette des Buches befreit werden.«[16] Prokrustes, dem Riesen der griechischen Mythologie, der Reisende in sein Bett zwang und ihnen, wenn sie zu groß dafür waren, die überstehenden Gliedmaßen abhackte, wenn sie zu klein waren, sie auf seinem Amboss streckte, wollte sich Slevogt nicht ausliefern.

Er weigerte sich, seine Illustrationen in bestehende Traditionen zu zwängen. Sie sollten nicht länger eine untergeordnete und dem Text dienende Gattung sein. Hier argumentierte er in Analogie zur Musik: Der Illustrator solle nicht länger nur »Vertoner«/Interpret, sondern mehr Komponist sein. Die Qualität eines Bildes sinke nicht dadurch, dass es auf einem literarischen Werk basiere, eigentlich sollte es nur darum gehen, ob die Bilder gut oder schlecht seien, der Anspruch hoch oder niedrig sei. Zudem entwickle sich Kunst stetig weiter: »Es giebt keine Ästhetik aus Erz, nur aus weichem Wachs.«

Slevogt beschloss seinen Text: »Wenn ich hier dem Worte Illustration eine höhere Deutung zu geben versuche, ziehe ich alle Darstellungen, gemalt oder gezeichnet, zu dieser Einsicht zusammen: Kunst. Zwei unergründbaren Quellen scheint sie zu entspringen: der Einbildungskraft, die das nie so Gesehene u. zu Sehende heraufbeschwört […] und der Gestaltungskraft […]. Je mehr diese Kräfte sich durchdringen, desto vollkommener auch – die Illustration!«[17]

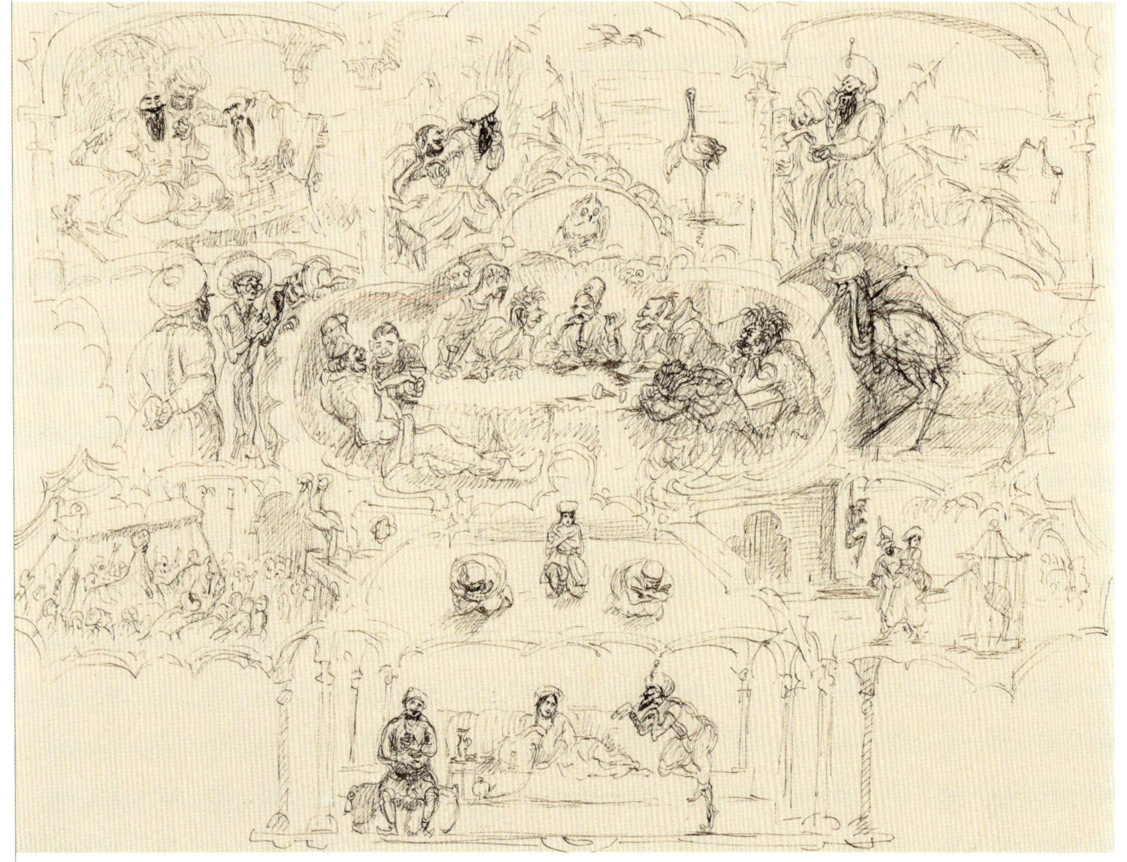

Abb. 3
Die Geschichte vom Kalif Storch (Nach Hauff) – Feder in Braun und Schwarz – Kat. 59

Presto

Johannes Guthmann schrieb 1920, Slevogt arbeite in Allegro und Presto.[18] Auch in anderen Berichten über die Arbeitsweise des Künstlers stößt man immer wieder auf Stellen, in denen es um die Geschwindigkeit seiner Produktion geht, insbesondere bei den Illustrationsprojekten. Die 80 Zeichnungen zum *Rübezahl* soll er beispielsweise in einer einzigen Nacht gezeichnet haben.[19]

Abb. 4
Slevogt bei der Arbeit
– eigenhändige Karikatur –
in: Guthmann 1920, S. 139. –

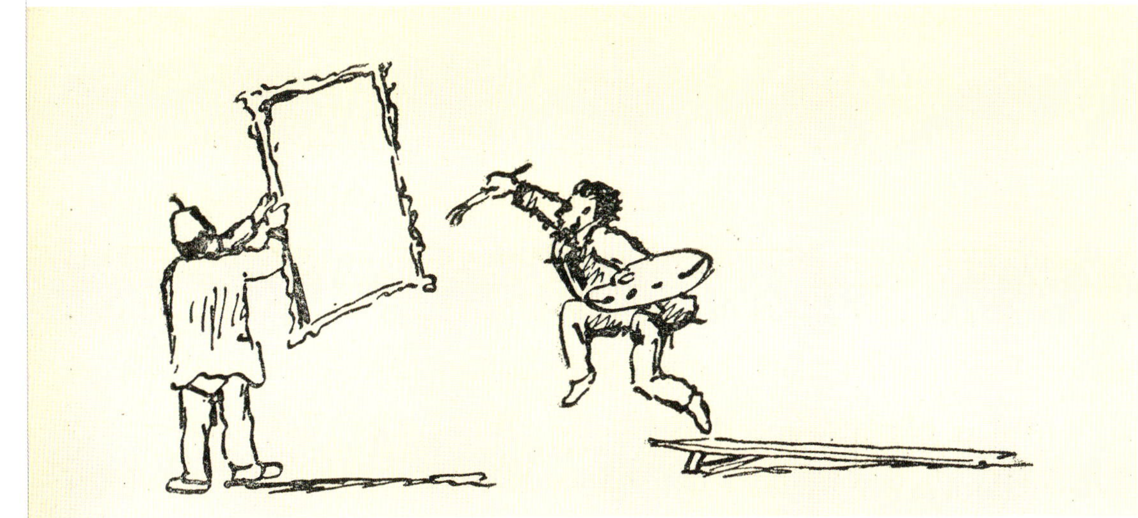

Karl Scheffler beschrieb Slevogts Arbeitsweise als stoßweise, intuitiv, improvisatorisch, schnell und konzentriert (Abb. 4). Vieles entstand in Nachtarbeit und oft in vielen Fassungen.[20]

Um 1898 fand ein entscheidender Stilwandel im zeichnerischen Werk Slevogts statt. Er wandte sich der schnellen Federzeichnung zu. Er hatte ebenfalls eine Vorliebe für Lithografien, vor allem ab 1906, da auch sie sich schnell und unmittelbar ausführen ließen und sich mit ihnen Bewegung besonders gut darstellen ließ. Als Kreidelithografien entstanden z. B. *Lederstrumpf* (Kat. 75), *Ilias* (Kat. 90–98), *Sindbad der Seefahrer* (Kat. 69–72) oder *Die Inseln Wak Wak* (Kat. 73).

Open Air statt Privatkonzert

Mit seinen Gemälden erreichte Slevogt die Kunstkenner, Sammler und Museumsleute, insgesamt aber ein vergleichsweise kleines Publikum, erst recht, wenn ein Gemälde in einer Privatsammlung landete. Mit den illustrierten Büchern machte er seine Werke hingegen einem deutlich breiteren Publikum zugänglich. Sein *Ali Baba* kostete 1903 fünf Mark.[21] 1922 schrieb ihm der Verleger des Propyläen Verlags, Emil Herz, ausdrücklich und lockend, man wolle den Künstler »einem weiten und weitesten Publikum zugängig« machen und seinen grafischen Arbeiten »zu einer tatsächlich volksmäßigen Wirkung« verhelfen.[22]

Kostenüberlegungen ließen leider oft Abstriche bei der Qualität des Drucks machen, z. B. bei den *Alten Märchen mit der Feder erzählt,* bei denen in der Reproduktion viel vom Reiz der zum Teil zweifarbigen Federzeichnungen verloren ging. Dennoch – Slevogt gab der Illustration in Deutschland wieder einen neuen Stellenwert.

Er knüpfte an Vorbilder wie Ludwig Richter und Adolph Menzel in Deutschland oder Paul Gavarni und Gustave Doré in Frankreich an, wagte sich oft aber noch stärker als diese über die Schöpfung der Dichter hinaus. Er befreite sich weitgehend von den Regeln der industriellen Buchproduktion, aber auch des Künstlerbuchs, das nur auf einen kleinen Kreis wohlhabender Buchliebhaber abzielte. Er arbeitete anarchischer, wollte weder pädagogisch wirken noch Diener des Autors sein. Max Osborn schrieb dazu mit Blick auf den *Ali Baba:* »Vom naiven Vergnügen an der alten Erzählung ist dieser moderne Illustrator himmelweit entfernt; er ironisiert sich selber als Leser und Zeichner.«[23]

Slevogt hatte bereits während seiner Münchner Zeit Bilder und Illustrationen für den *Simplicissimus* und die *Jugend* gezeichnet. In weit größerem Ausmaß und im Rahmen von eigenen Publikationen illustrierte er dann ab 1901 in Berlin. Es gab damals einige Verleger, die das Künstlerbuch neu beleben wollten und vor engagierten Projekten mit leidenschaftlichen Künstlern nicht zurückschreckten. Für Slevogt war vor allem die Zusammenarbeit mit dem 1901 gegründeten Verlag von Bruno Cassirer fruchtbar. Auch wenn das erste gemeinsame Buch *Ali Baba* 1903 noch kein Erfolg war, gab man nicht auf. In den nächsten Jahren folgten u. a. *Sindbad der Seefahrer* (1908), *Der gestiefelte Kater* (1908), *Benvenuto Cellini* (1914), *Die Eroberung Mexicos von Ferdinand Cortes* (1918), *Hektor* (1921), *Die Inseln Wak Wak* (1921), *Das blaue Licht* (1924), *Goethes Faust – Zweiter Teil* (1927, Kat. 110–116) und *Reineke* (1928, Kat. 109). Erfolge zeigten sich ab 1908.

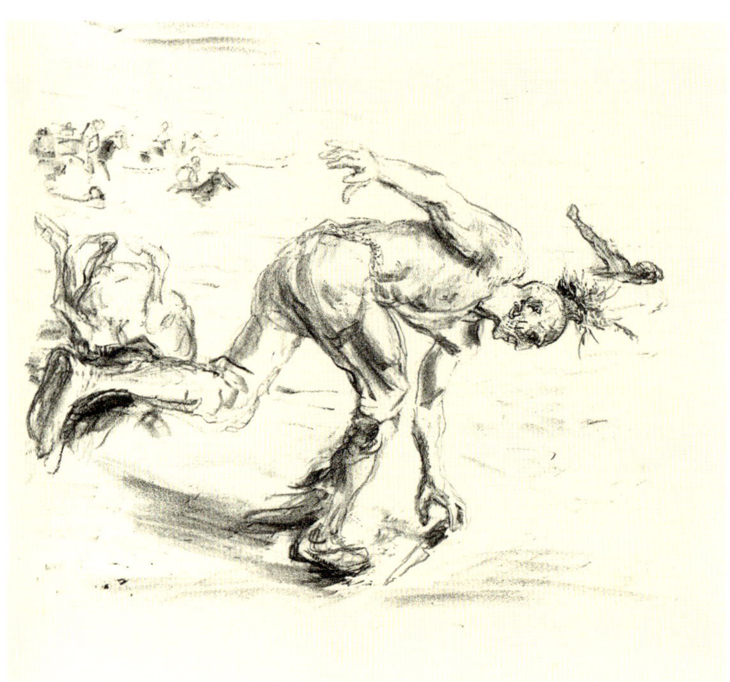

Abb. 5
Hartherz entkommt
– aus James Fenimore Coopers *Die Prärie*, Band 5 der *Lederstrumpf-Erzählungen* – Berlin 1909, Kunstbibliothek – Kat. 75

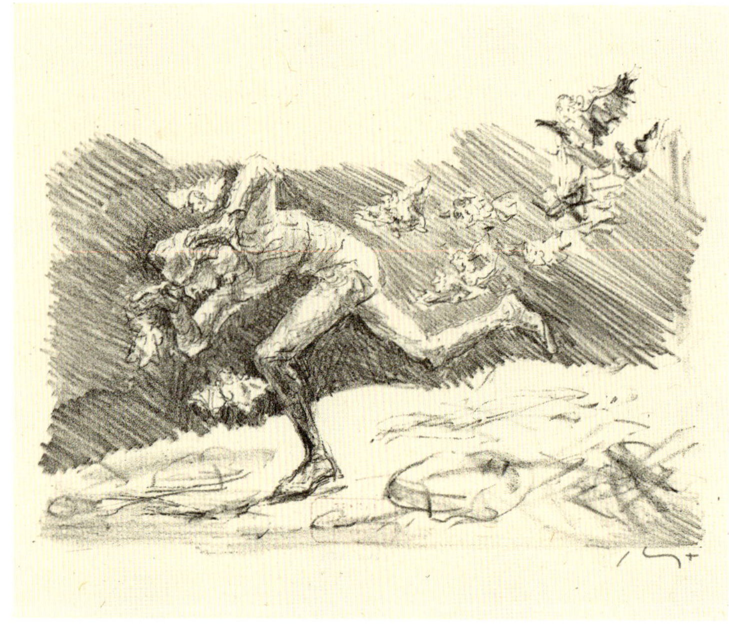

Abb. 6
Blitzartig, schwarzen Flugs umgebet den eingedrungnen Hexensohn!
– Lithografie, aus *Goethes Faust, Zweiter Teil* – Berlin 1927 – Kat. 113

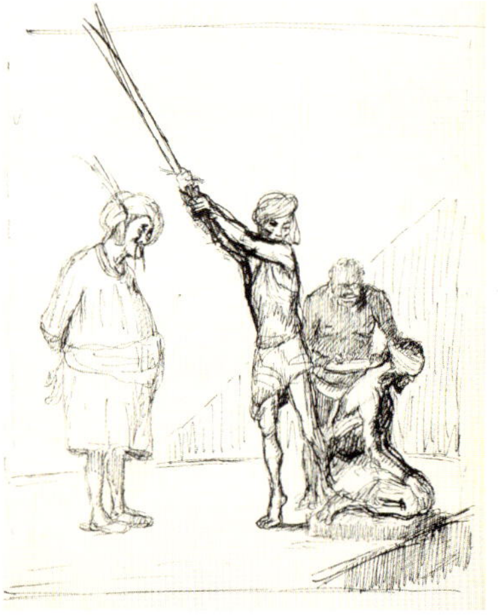

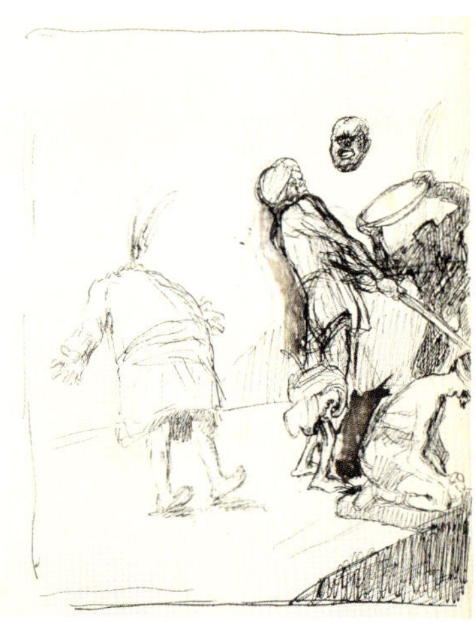

Abb. 7 a und 7 b
Misslungene Enthauptung I und II
– aus Skizzenbuch, 1907/1923 (?) – Kat. 123

Andere Verlage, mit denen der Künstler arbeitete, waren in Berlin der Verlag von Paul Cassirer – hier erschienen die *Lederstrumpf-Erzählungen* (1908/09, Kat. 75), die *Randzeichnungen zu Mozarts Zauberflöte* (1920, Kat. 38) oder *Des Publius Ovidius Naso Lehrbuch der Liebe* (1921, Kat. 102) –, der Erich Reiss Verlag, der 1919 *Herodias* (Kat. 89) herausgab und der Propyläen Verlag, der die *Alten Märchen mit der Feder erzählt* 1920, *Der Waldläufer* 1921 und *Tulifäntchen* 1923 (Kat. 61) publizierte. In München kooperierte Slevogt mit dem Verlag von Albert Langen (*Achill*, 1907, Kat. 90) und dem F. Bruckmann Verlag (*Die Goldene Kugel*, 1920). Die Inflation 1923 förderte den Kauf von Originalgrafik als Anlage. 1924 waren die Preise für Druckgrafik gut, für Gemälde hingegen schlechter. Auf die 1920er Jahre trifft somit erneut die Arbeit im Prestissimo zu, denn Slevogt illustrierte zeitweise fast fließbandartig. Allerdings war das Zeichnen eben auch in Phasen möglich, in denen es dem Künstler gesundheitlich nicht gut ging.

Con moto e con brio

Slevogt liebte sowohl in der Musik als auch bei seinen Illustrationen die Momente höchster Anspannung und die Augenblicke, in denen sich Überraschendes ereignete. Auch deshalb schätzte er Wagner und Liszt. Bildlich reizten ihn Wendepunkte in Geschichten, Aufregendes, Spannendes, oft auch Grausames.
Die Bandbreite seiner Illustrationen ist weit: Sie reicht von antiken Stoffen über europäische und orientalische Märchen bis zu den Klassikern von Shakespeare oder Goethe und ist sich nicht zu schade für banale Abenteuergeschichten oder romantisch Verspieltes. Ob antiker Held, Mephisto oder »Indianer«-Häuptling, Slevogt suchte das zeitlos Interessante, Menschliche, Dramatische oder auch Komische und zuweilen auch das Extreme, das über die herkömmliche Motivwelt hinausgeht.
Manche Motive griff er mehrfach und in leicht abgewandelter Form auf, woraus sich zuweilen spannende Bezüge herstellen lassen. So zeichnete er für die Illustration *Hartherz entkommt* zu James Fenimore Coopers *Lederstrumpf-Erzählungen* von 1909 (Abb. 5) einen flüchtenden, nach vorn stürzenden Mann. Eine ähnliche Figur findet sich 1927 im *Faust* wieder, nun als Mephisto, der von den Lamien verfolgt wird (Abb. 6).[24]

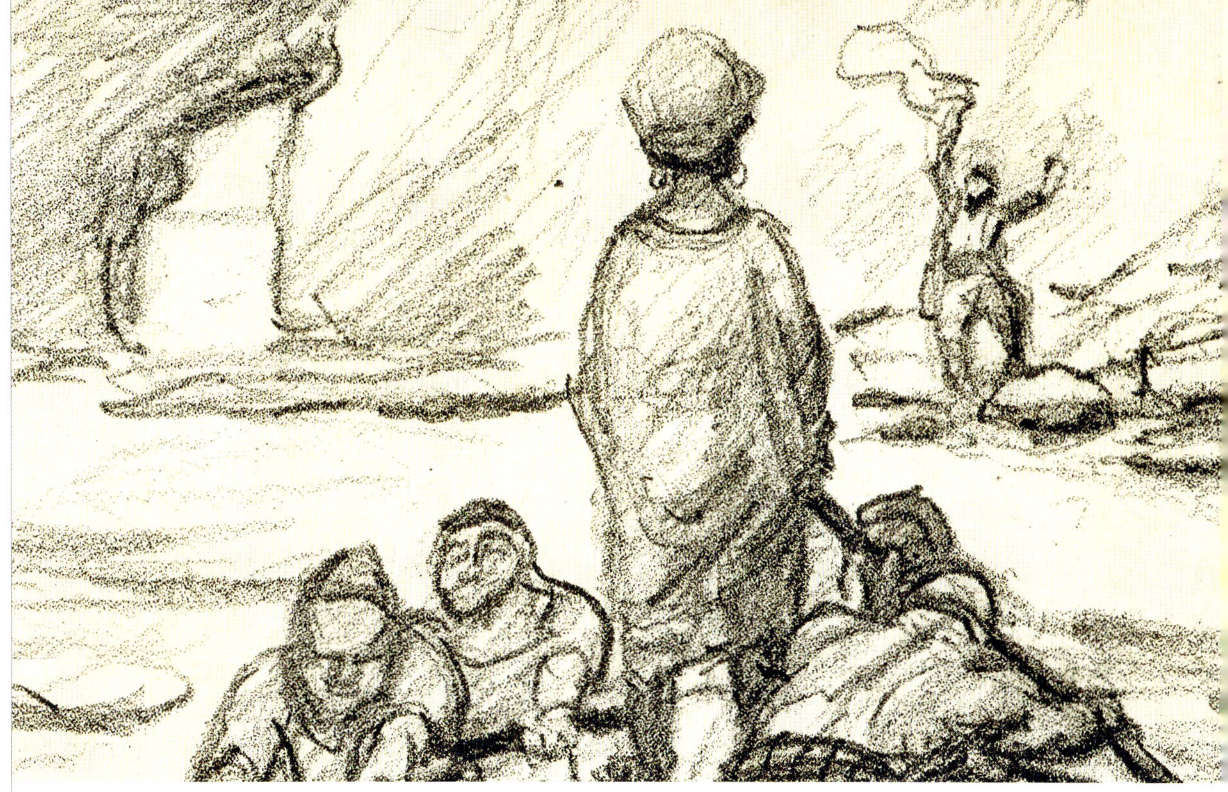

Abb. 8
Sindbad winkt vom Ufer her der herauffahrenden Schaluppe
– aus der Folge *Sindbad der Seefahrer* – 1908 – Kat. 72

Slevogt changierte zudem gerne zwischen Gewalt, Groteske und Komik. Ein Beispiel ist die missglückte Enthauptungsszene aus dem Schweinfurter Skizzenbuch (Abb. 7 a und 7 b). Der Henker holt mit seinem Schwert aus, um einen vor ihm knienden Mann zu köpfen. Links steht ein genüsslich lächelnder Zuschauer, rechts wartet ein Mann mit einem Teller auf den Kopf. Wenn nun der gespannte Betrachter die Seite des Skizzenbuchs umwendet, wird er überrascht:

Der Schlag ist getan, das Blut spritzt hoch, aber zwei Köpfe fliegen, nämlich die Köpfe der beiden Zuschauer, während der Hinzurichtende ahnungslos weiter auf sein Schicksal wartet. Die beiden Bilder sind im Grunde Slapstick.[25] Nicht nur hier fühlt man sich durch Slevogt an das (frühe) Kino erinnert.

Wie ein Film-Still, ein angehaltenes Bild aus einem Film, wirkt die Zeichnung *Sindbad winkt vom Ufer her der herauffahrenden Schaluppe* aus der Folge *Sindbad der Seefahrer* (Abb. 8). Man hat den Eindruck, als stünde die Kamera am Heck des Ruderboots und ließe den Zuschauer gemeinsam mit den anderen Bootsinsassen dem felsigen Strand entgegengleiten. Die vier Ruderer legen sich ins Zeug, am Bug steht ruhig und aufrecht der Steuermann. Sindbad winkt uns vom Ufer her zu. Die sanften Wellen schlagen rechts und links gegen das Holz des Bootes, glucksend tauchen die Enden der Ruder ins Wasser ein …
So oder ähnlich könnte eine Filmszene wirken. Der Eindruck, einer Handlung beizuwohnen, entsteht einerseits durch den modernen Ausschnitt, der den Betrachter und dessen Raum einbezieht, andererseits durch die Tiefenwirkung und die suggerierte Bewegung. Die Wirkung im Dreidimensionalen war eine Spezialität des frühen Films, auf die bereits Lumière sein filmisches Konzept ausgerichtet hatte.[26]

Voller rasanter Bewegung und an modernere »Indianer«-Filme erinnernd,[27] ist die Illustration *Der Häuptling »Schwarzvogel« jagt wilde Pferde und täuscht die Mexikaner* zu *Der Waldläufer* (Abb. 9). Die Szene: Pferde, von ein paar Indianern gejagt, kommen mit Tempo auf das Lager der Mexikaner zu. Plötzlich sitzen aber auch auf den zunächst herrenlos erschienenen Pferden Reiter. Sie hatten sich akrobatisch hängend an der Seite der Pferde versteckt. Im schmalen Querformat, sozusagen im Breitbild, rasen auf Slevogts Zeichnung sechs Pferde in gestrecktem Galopp von rechts nach links. Sie sind kaum auseinanderzuhalten, kein Huf berührt den Boden.

Die Schatten der Pferde am Boden sind den Tieren noch voraus und verstärken somit die Bewegung nach links. Ein Wechsel der gestreckten und erhobenen Pferdeköpfe ist ein weiterer dynamischer Effekt. Alle Pferde zusammen wirken wie einer Sturmflutwelle, die sich tosend nähert. Wie schon bei den Pferdebeinen und -köpfen suggerieren auch die Körper der Indianer durch die Darstellung verschiedener Stadien einer Bewegung die Bewegung selbst: Die Reiter der vorderen drei Pferde klammern sich noch an die Seite ihrer Tiere, der Reiter mittig zieht sich gerade in den Sattel. Der Angriff steht kurz bevor, Spannung baut sich auf.

Abb. 9
Der Häuptling »Schwarzvogel« jagt wilde Pferde und täuscht die Mexikaner
– zu Gabriel Ferrys *Der Waldläufer*, Teil 1, 19. Kapitel, Abb. S. 143 – Kat. 83

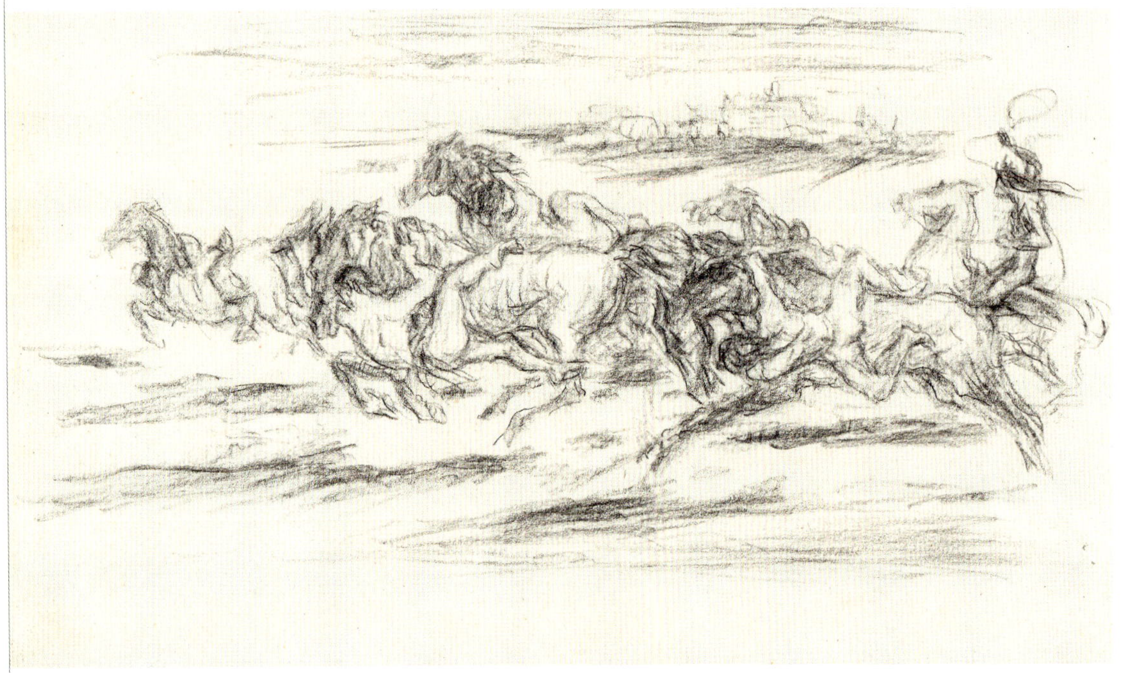

Natürlich bleibt die Zeichnung statisch und wird nicht zur Bewegungsillusion im Sinne einer optischen Täuschung, dennoch bediente sich Slevogt einiger Kunstgriffe, die sich dem Sehen von Bewegung zumindest annähern: Er verzichtete auf einen Fokus. Die Zeichnung lässt den Blick wandern. Es gibt bei der lockeren Verwendung der Kreide und den sich überlagernden Strichen keine starken Kontraste oder sich markant abzeichnende Linien, stattdessen ein Verschmelzen von Mensch und Tier in der Bewegung und mit der im Hintergrund angedeuteten Landschaft. Slevogt ahmte im Zeichnen das Sehen nach. Man weiß, dass der Künstler gerne das Kino besuchte.

Zeitlich erlebte er dessen Entwicklung von den Anfängen um 1895 über das sogenannte primitive (eher zeigende als erzählende) Kino, das klassische Erzählkino (um 1910), das sich der Theateraufführung annäherte und literarisch vor allem von Kurzgeschichten beeinflusst wurde, bis hin zum experimentellen expressionistischen Film nach dem Ersten Weltkrieg. Sein Arzt Janos Plesch erzählte, dass der Künstler sich immer wieder einen Afrikafilm angesehen habe, weil ihn der Sprung eines Löwen faszinierte.[28] Karl Scheffler berichtete in seinen Memoiren, dass Slevogt am liebsten nach dem Besuch des Romanischen Cafés ins Kino gegangen sei. »Dort liebte er besonders die Tierfilme und die Abenteuer.[29] Fritz Heinsheimer, ein Schüler Slevogts, überlieferte: »Um sieben – halb acht war es Zeit ins Kino zu gehen. Anders als auf der Bühne, im Zirkus oder sonst in der Öffentlichkeit gestattet der Film Aufschluß und Einblick in die Einzelheiten der Erscheinungen und den Ablauf ihrer Bewegungen. Es sind nicht immer die psychologischen Anliegen der künstlerischen und nicht nur die ausgesprochenen dokumentarischen Streifen, deren Verdienst es ist, von dorther Nachricht zu bringen, wo das menschliche Auge nicht mehr hinreicht. Oft bringt auch der

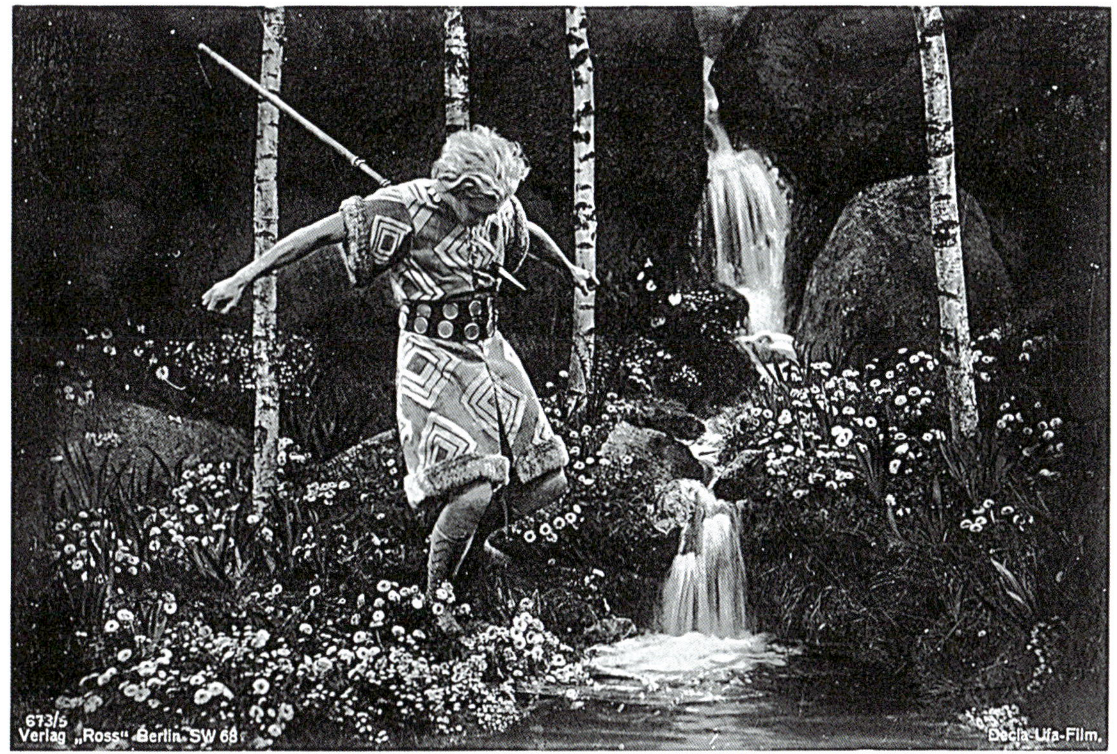

Abb. 10
Paul Richter als Siegfried, der von Hagens Speer tödlich getroffen worden ist
– Horst von Harbou – Standfoto aus dem Film *Die Nibelungen, Teil 1: Siegfried,* Regie: Fritz Lang – 1924 – Stiftung deutsche Kinemathek, Berlin (bpk)

Trubel der Abenteuer- und Kriminalfilme reiche Beute an Feinheiten der körperlichen Verhaltensweise von Mensch und Tier. […] Die Gesten der Hände, der Sitz der Gewänder ist ebenso eindringlich wie die galoppierenden, springenden Pferde in immer neuen und überraschenden Lagen. […] Um solcher ›Delikatessen‹ wegen, konnte es vorkommen, daß Slevogt sich einen beliebigen Film noch einmal ansah.«[30]

Deutsche Filme, die Slevogt in den 1910er und 1920er Jahren gesehen haben könnte, waren z. B. *Arsène Lupin contra Sherlock Holmes* (1910), *Der Totentanz* (1912), *Die Macht des Goldes* (1912), *Wenn die Maske fällt* (1912), *Das Cabinet des Dr. Caligari* (1920), *Dr. Mabuse* (1922), *Nosferatu* (1922), *Der letzte Mann* (1924), *Die Nibelungen: Siegfried* (1924), *Faust* (1926) oder *Metropolis* (1927). Mit den *Nibelungen* befasste sich Slevogt in eigenen Bildern zwischen 1918 und etwa 1930, mit *Faust* zwischen 1924 und 1927. Bei der Darstellung der Ermordung Siegfrieds findet sich eine spannende Parallele zwischen Fritz Langs und Slevogts artifizieller Todespose: Vom Speer durchbohrt, breitet Langs Siegfried im Film die Arme zur Seite aus, bevor er stürzt (Abb. 10). Slevogts Siegfried auf dem Holzschnitt reißt die Arme mit dem Schild nach oben (Abb. 11).
Seine Illustrationen weisen jedoch nicht nur Nähen zum Film auf, sondern auch zur Bühne: »[Slevogt] hob […] alles […] auf eine Bühne, beleuchtete es mit den Scheinwerfern der Illusion, umgab es mit Musik und Arienmelodien, verwandelte es in Ornament und Spiel.«[31]

Wie der Blick auf eine Theaterbühne präsentiert sich das Blatt *Die zertanzten Schuhe (Nach Grimm)* (Abb. 12) aus den *Alten Märchen.* Hier gliedert sich die Bühne in drei Etagen: einen Sockelbereich, die Hauptbühne und eine obere Etage. Wie ein Puppenhaus mit offener Frontseite zeigt sich der Schauplatz; eine Treppe verbindet obere und Hauptetage, und dem Zuschauer wird darüber hinaus auf der linken Seite der Blick nach draußen gewährt. Zwischen den Räumen, Ebenen, drinnen und draußen gibt es lebhafte Bewegung, die das Auge des Zuschauers mit sich zieht.

Abb. 11
Siegfrieds Ermordung
– aus der Folge *Die Nibelungen* – Kat. 99

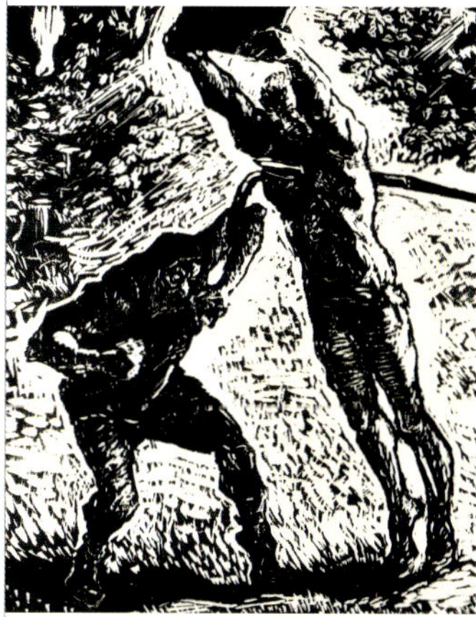

Finale

Letztlich ging es in Slevogts impressionistischen Illustrationen vor allem um die Freiheit der Form und um die Bewegung. Deshalb erscheinen sie dem bewegten Bild auch so nah. »Reiter werfen sich vorn über und schwingen ihre krummen Säbel, Pferde stampfen mit den Hufen, Räuber blicken scheu, grimmig und verwegen um sich, und halten Rat, Köpfe werden abgeschlagen, Dolche blitzen, Sterbende krümmen sich, orientalische Musik erklingt, [...].«[32]

Slevogt suchte in der Literatur gezielt nach Handlung und Aktion, nach Momenten der Überraschung und der Tat. Er ging über konventionelle Bewegungsschemata hinweg und entwickelte eine persönliche, auf genauer Beobachtung fußende Umsetzung mit leichtem, ebenso beweglichem Linienfluss. Schon früh beschäftigte ihn die »Vorstellung von körperlichen Wendungen und Figurationen, wie sie kein Modell ihm zu stellen imstande gewesen wäre.«[33] An anderer Stelle heißt es bei Guthmann, die Beobachtung sei durch Imagination und Fantasie erweitert worden – »wo die Anatomie aufhört, fängt die Kunst an«.[34] Seit dem Siegeszug der Fotografie musste die Kunst nicht mehr illusionistisch die Wirklichkeit nachahmen. Gerade der Impressionismus reagierte auf die neue Technik. Auch Slevogt ahmte keine realen Menschen, Orte oder Situationen nach. Er abstrahierte und fantasierte. Er ließ dem Leser auf diese Weise gleichzeitig mehr Raum für eigene Fantasien zum Text.

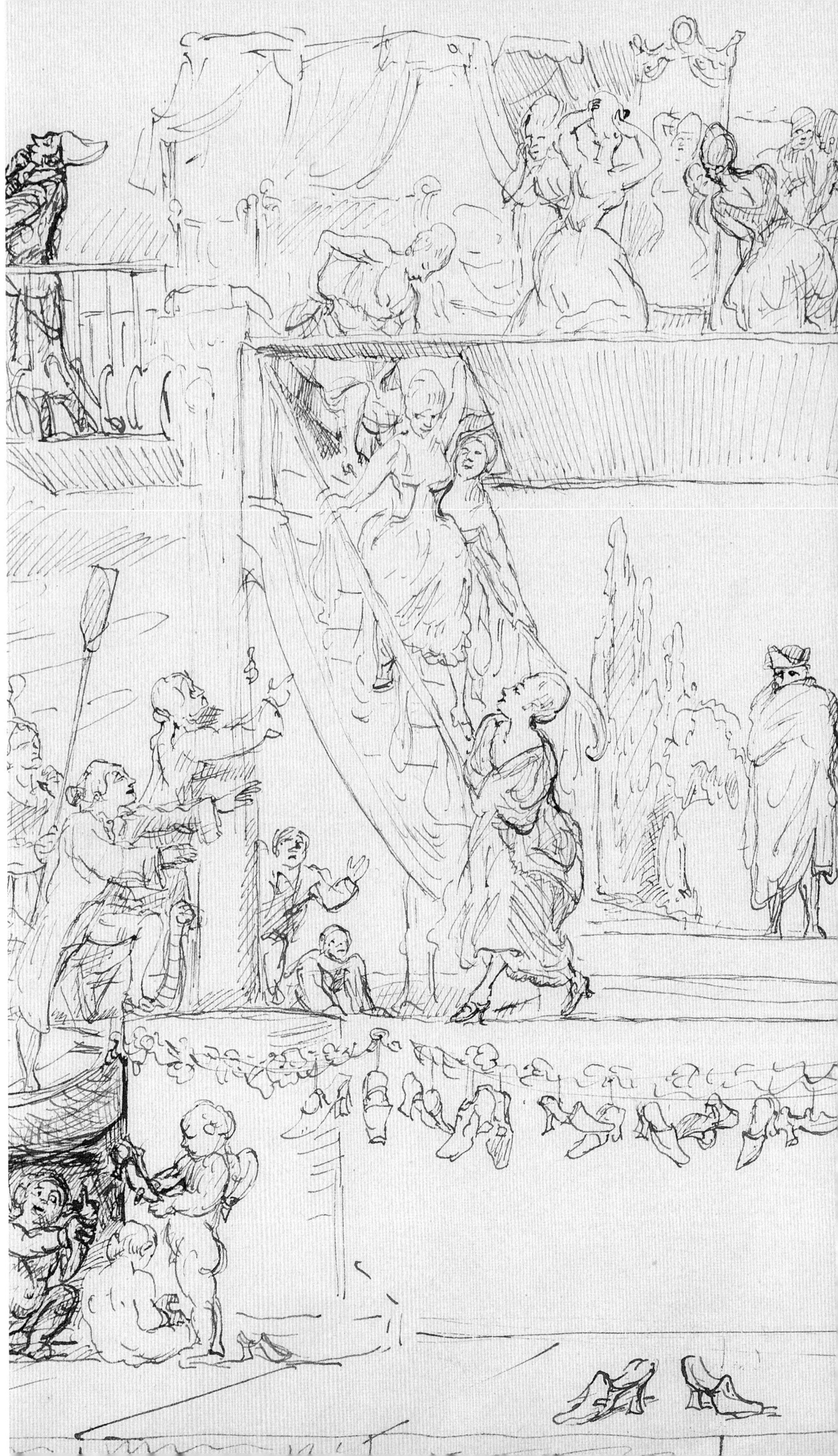

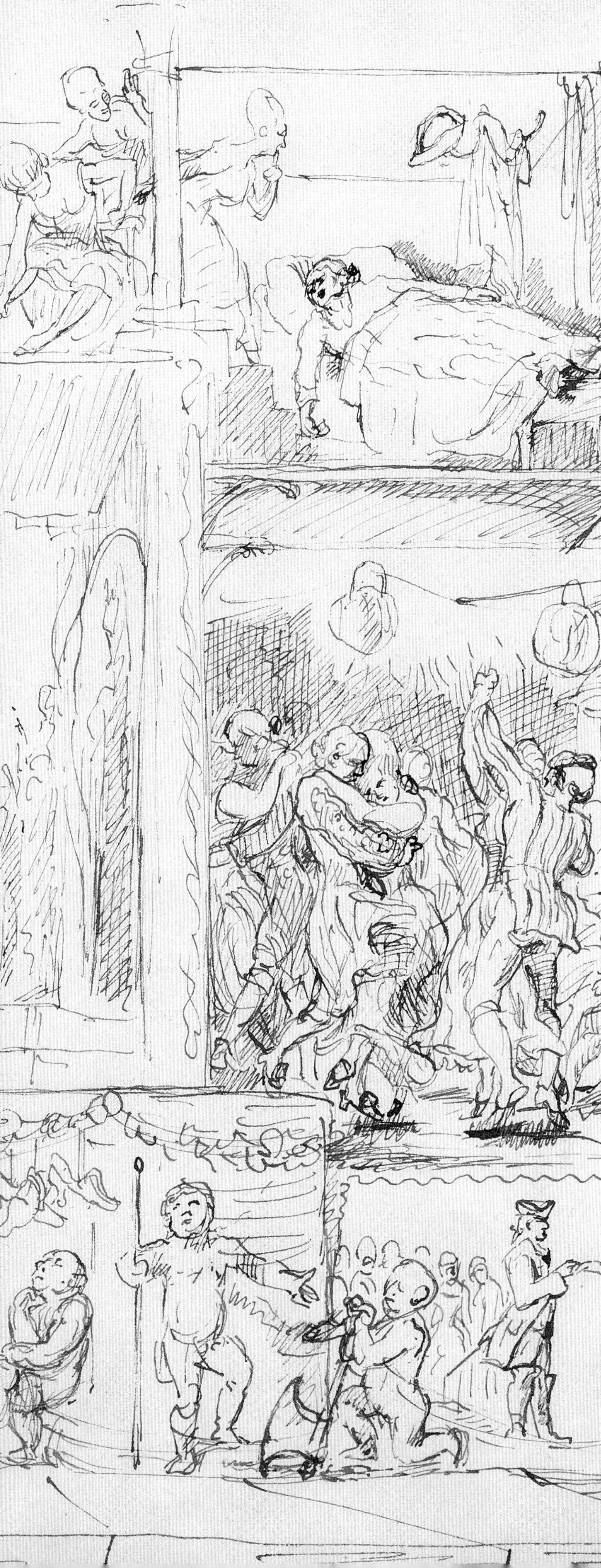

Abb. 12
Die zertanzten Schuhe (Nach Grimm)
zu *Alte Märchen mit der Feder erzählt* um 1920 Kat. 60

1 Gumppenberg 1929, S. 121 f. **2** Scheffler 1948, S. 97. **3** Scheffler 1940, S. 42. **4** Gathy 1840, S. 60. **5** Vgl. Guthmann 1920, S. 130. **6** Slevogt an Karl Voll, Brief vom 6. Januar 1908, zit. in: Imiela 1968, S. 163, 401, Anm. 43. **7** Die Darstellung Letzterer war dabei vom damaligen, oft stereotypen und nicht auf realen Erfahrungen basierenden Zeitgeist geprägt. **8** Scheffler 1948, S. 95. **9** Manuskript *Pro domo!* für den Almanach des Verlags Bruno Cassirer, undatiert, veröffentlicht 1920, vgl. Kat. 117. **10** Auch Cassirer war zuweilen irritiert und äußerte Kritik. In einem Brief ohne Jahreszahl bemängelte er, dass Illustrationen »zu wenig klar« seien, schwierig zu reproduzieren und er nicht wisse, ob es sich bei den an ihn geschickten Federzeichnungen schon um die definitiven Illustrationen oder nur Entwürfe handle. Brief Bruno Cassirers vom 28. September aus Berlin, LBZ/Pfälzische Landesbibliothek Speyer, Nachlass Max Slevogt. **11** Cassirer 1924, S. 2, 17. Bis Ende 1904 wurden 229 Exemplare zum Preis von 5 Mark verkauft, vgl. einen Brief von Bruno Cassirer an Slevogt vom 21. April 1906, LBZ/Pfälzische Landesbibliothek Speyer, Nachlass Max Slevogt. **12** Vgl. Imiela 1968, S. 64. **13** Vgl. Improvisation, in: Riemann 1882, S. 411. **14** Slevogt schrieb selbst, dass »[…] diejenigen, die Kunst genießen wollen, schon ihrerseits etwas Mitschaffende sein müssen […]. Sie müssen das Produktive, Erregende des Künstlers auffangen und in sich weiterschaffen können, oder wenigstens wollen – dann wird ein Kunstwerk in ihnen lebendig werden!« Slevogt 1907, S. 473. **15** Ausgabe in 10 Bänden von 1898, LBZ/Pfälzische Landesbibliothek Speyer, Slevogt-Nachlass. **16** Manuskript *Pro domo!,* Kat. 117. **17** Ebd. **18** Guthmann 1920, S. 14. **19** Vgl. Scheffler 1940, S. 108. **20** Vgl. Scheffler 1948, S. 95. **21** Das wären heute ca. 30–35 Euro. **22** Brief von Emil Herz an Slevogt aus Berlin, 28. Juli 1922, LBZ/Pfälzische Landesbibliothek Speyer, Nachlass Max Slevogt. **23** Osborn 1903, S. 369. **24** Ein kunsthistorisches Vorbild mag zudem Raffaels *Verjagung Heliodors aus dem Tempel* (Vatikanische Museen, Vatikan) gewesen sein. Eine Abbildung unter dem Gesichtspunkt der Bewegung befindet sich in dem Buch *Das Bewegungsproblem in der bildenden Kunst* von Ludwig Volkmann, Esslingen 1908, das in Slevogts Bibliothek stand, heute LBZ/Pfälzische Landesbibliothek Speyer, Nachlass Max Slevogt. **25** Vgl. Lexikon der Filmbegriffe, http://filmlexikon.uni-kiel.de/index.php?action=lexikon&tag=det&id=340 (11. 12. 2021): »Unter Slapstick versteht man Stumm- und Tonfilme, die sich durch eine eher raue und auf Aggressivität und bisweilen Brutalität aufbauende Komik auszeichnen. Die Slapstick-Komödie hat oft anarchistische Züge […]. Die Durchführung der Aktion ist physisch: Prügeleien, Hetzjagden, Tortenschlachten […] gehören zu den Standardelementen.« **26** Vgl. hierzu Elsaesser 2002, S. 63 f. **27** Z. B. *Winnetou und das Halbblut Apanatschi,* 1966. **28** Schenk 2015, S. 53. **29** Scheffler 1948, S. 95. Gemeinsam mit Emil Orlik gab es eine »Film-Anseh-Compagnia«, Brief von Orlik an Slevogt, 20. November 1923, Landesmuseum Mainz, DL SL NL 2014/66. **30** Heinsheimer 1968, S. 12 f. **31** Scheffler 1948, S. 82. **32** Osborn 1903, S. 369. **33** Guthmann 1920, S. 123. **34** Ebd., S. 124.

KAROLINE FEULNER

Mor tanzt ur Kater Stie

LITE RATU

SLEVOGTS MÄRCHEN-
ILLUSTRATIONEN

giane
d der
zieht
seine
fel an

Max Slevogts Illustrationen basieren laut eigener Aussage auf »zwei unergründbaren Quellen«: einerseits der Fantasie, »die Einbildungskraft, die das nie so Gesehene u. zu Sehende heraufbeschwört«, andererseits der Gestaltungskraft, »die dem entweder so vor das geistige Auge Gerufenen oder dem vor dem leiblichen Auge stehenden suggestive Ausdrucksform verleiht«.[1] Bereits 1886, mit gerade einmal 17 Jahren, versuchte sich der junge Slevogt daran, diese geheimnisvolle Einbildungskraft, deren Gabe er in so überdurchschnittlichem Maße besaß, als Allegorie dazustellen (Abb. 1). Die Personifikation der Fantasie – charakterisiert mit langen Haaren und einem mystischen Stern auf der Stirn – sitzt nachdenklich und mit trauriger Mimik auf einem Halbmond.[2] Begleitet wird sie von einem ganzen Reigen von Menschen und am unteren Bildrand von einem Wesen mit Flügeln, die sich alle zu ihr emporwinden. Einer der Akteure bläst eine Fanfare, ein anderer hält eine brennende Fackel – scheinbar der zündende Funke der Idee. All diese Geschöpfe entspringen der Fantasie eines Lesers, der in der unteren linken Ecke mit einem Buch in seiner linken Hand an einem Tisch sitzt. Er scheint melancholisch in diese Lektüre versunken gewesen zu sein, welche diese Bilder in ihm hervorrief.

Slevogts zahlreiche Buchillustrationen erwecken die Imagination des Lesers, sie entführen ihn in exotische orientalische Welten, fantastische Märchen voller Abenteuer und staunenswerter Begebenheiten, die zum Träumen anregen. Für ihn hatten diese ausdrücklich den gleichen Stellenwert wie seine Malerei und waren keine untergeordnete Gattung, die nur dazu dient, wie er selbst betonte, »den Text zu veranschaulichen oder dem Druckwerk ein stattliches Ansehen zu geben. Manche halten infolgedessen den Illustrator nicht für eigentlich schöpferisch«.[3] Um diese Vorstellungen zu verwirklichen, entwickelte Max Slevogt eine Art Credo, das er zielstrebig verfolgte: »[…] es galt nur, ein neues Ziel aufstellen zu können u. gewissen Eigenschaften der Zeichnung den vorherrschenden Platz zu geben: persönlichster Gestaltung in eigenwilliger Ungebundenheit.«[4]
Um dieses Ziel umzusetzen, benötigte es einen passenden Verleger, der ihm die entsprechenden Freiräume ermöglichte, ihn zu Illustrationsprojekten anregte und vor allem seine Leidenschaft teilte. In Bruno Cassirer, der den größten Teil seiner zahlreichen Buchprojekte herausgab, fand er den kongenialen Gegenspieler.[5] Cassirer betrieb seinen Verlag mit absoluter Hingabe:

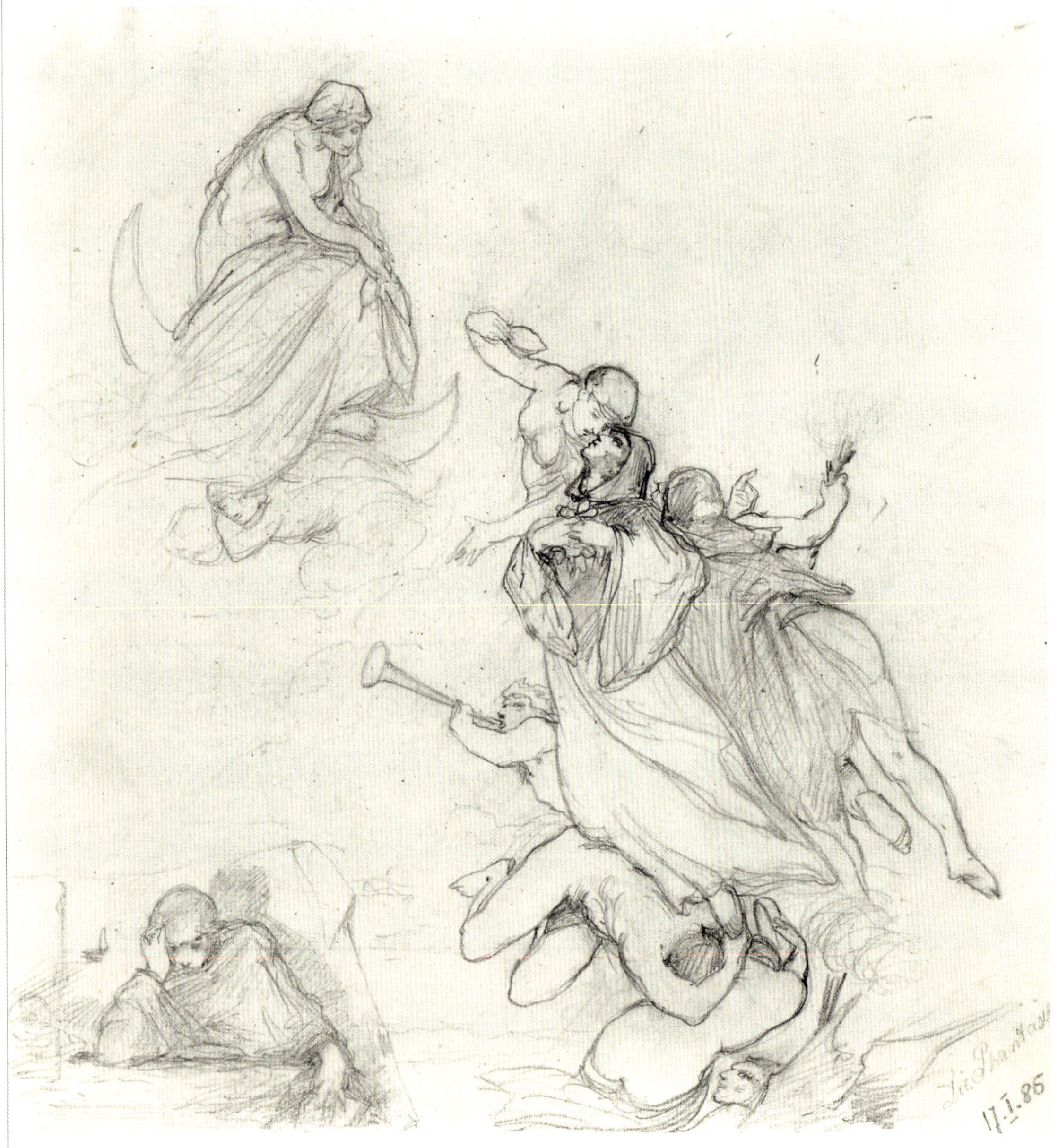

Abb. 1
Die Phantasie
– 17. Januar 1886 – Bleistift – 20,4 × 20 cm – GDKE, Landesmuseum Mainz, Slevogt-Archiv, Grafischer Nachlass – Inv.-Nr. DL SL NL 2018/1 (fol. 38 v) –

Detailliert verfolgte er die Herstellung jedes einzelnen illustrierten Bandes – sei es die Wahl des richtigen Papiers, der geeigneten Schrifttype oder des jeweiligen Buchformats –, alle Schritte mussten mit Cassirer persönlich im Verlag abgestimmt werden.[6] Das Endergebnis waren hochwertigste limitierte Liebhaberausgaben, die zum Teil handsigniert zu sehr hohen Ladenpreisen angeboten wurden. Cassirer war derjenige, der für seine Publikationen neue, innovative Wege ging und dafür der Buchillustration einen ganz anderen Stellenwert einräumte. So schrieb Slevogt über Cassirer: »Der Verleger dieses Almanach [= Bruno Cassirer] war der erste, der sogleich, – vielleicht nicht ohne Besorgnis, aber mit Bewußtsein wagte, von der klar festgelegten Form des geforderten gut illustrierten Buches abzuweichen, um einer grundsätzlich anderen Gattung öffentlich Raum zu geben.«[7]

Bei diesem gewagten Anspruch einer Erneuerung der Buchillustration denkt man vermutlich zuerst an die umfangreichen Projekte zu Goethes *Faust*, für die Slevogt allein über 500 Illustrationen schuf (Kat. 110–116), oder die *Randzeichnungen zu Mozarts Zauberflöte* (Kat. 38).[8] Doch auch die von Slevogt zahlreichen illustrierten Märchenbücher zeigen seinen Willen zum Experiment, und allein die Themenwahl – waren Märchen doch eher Kinderbüchern vorbehalten – war äußerst ungewöhnlich und verwunderte das Stammpublikum der Bibliophilen sehr. Noch dazu in einem elitären Verlag wie dem von Cassirer, der sich in erster Linie den Gattungen der Kunst, Philosophie und Literatur verschrieben hatte und mit so bedeutenden Autoren wie Frank Wedekind, Robert Walser oder Christian Morgenstern zusammenarbeitete.[9]

Abgesehen davon erschien das Thema Märchen zudem äußerst altmodisch, war es doch vor allem durch die romantischen Illustrationen von Künstlern wie Moritz von Schwind oder Ludwig Richter im ausgehenden 19. Jahrhundert en vogue gewesen.[10] Schon Emil Waldmann stellte fest: »Die Stoffe, die sich Slevogt zum Illustrieren ausgesucht hat, liegen abseits der modernen Landstraße, diese Bücher waren seit langer Zeit nicht mehr mit ernsthaften Bildern geschmückt worden, und man las sie bis dahin eigentlich kaum mehr.«[11] Wie bei fast all seinen Illustrationsprojekten bestimmte Slevogt selbst in großem Maße das Thema. Er illustrierte, was ihm Spaß machte und ihn reizte. Dies war eine Freiheit, die er bei manchen gut bezahlten Gemäldeaufträgen, beispielsweise Porträts, nicht hatte.

Dass die Abstimmung mit dem eigensinnigen Slevogt für Cassirer nicht immer einfach war, kann man aus folgenden Zeilen schließen, in welchen er schrieb, dass das Zusammenarbeiten mit Slevogt »immer neue Anregungen und Überraschungen« bot; »Texte die ihm vorgeschlagen werden, illustriert er eigentlich nie«.[12] So bat ihn dieser beispielsweise ganz zu Beginn der Zusammenarbeit mit dem Verlag Bruno Cassirer, Kleists Erzählung rund um die Amazonenkönigin Penthesilea zu illustrieren. Es entstanden zwar wenige Zeichnungen und eine Lithografie, aber das Buchprojekt wurde nicht realisiert.[13] Viele Anregungen fand Slevogt vor allem bei seinen eigenen Lieblingsbüchern. So kam auch der Vorschlag für *Ali Baba* – eine Geschichte, die ihn schon als Kind fasziniert hatte – zustande, und Cassirer war hierfür offen.[14] Karl Scheffler überliefert darüber hinaus, dass der Verlag Slevogt gerne zumindest Anregungen für Themen gab. So wählte dieser beispielsweise für Slevogt aus den Märchen der Gebrüder Grimm die schönsten heraus, die sich gut illustrieren ließen.[15] »Mit der Auswahl war Slevogt einverstanden, doch bat er immer wieder um Märchen, in denen der Teufel vorkommt. Auch Tiere zeichnete er gern und beschäftigte sich dann am Cafétisch wohl mit der Frage, wodurch ein Fuchs sich äußerlich von einem Wolf unterscheidet.«[16] Mit dem Cafétisch ist das Romanische Café gemeint, in dem Slevogt eine Art Künstlerstammtisch etabliert hatte.[17] Da Slevogt nur ungern in den Verlag kam, wurden zahlreiche Absprachen bis hin zum Signieren vieler Grafiken notgedrungen in das berühmte Café am Kurfürstendamm verlegt.

Scheherazade erzählt …

Slevogts Märchenillustrationen aus *1001 Nacht*

Das erste gemeinsame Illustrationsprojekt mit dem Verlag Bruno Cassirer wurde die Erzählung *Ali Baba und die vierzig Räuber* aus *1001 Nacht*, die 1903 veröffentlicht wurde (Kat. 64).[18] Der Held dieser Geschichte ist der gewiefte Ali Baba, der gemeinsam mit der Sklavin Morgiane an den in einer Zauberhöhle versteckten Schatz der 40 Räuber kommt. Zahlreiche Märchen und andere Projekte sollten im Lauf der Jahre folgen. Die Bandbreite reicht hier über Märchen aus dem Orient mit Geschichten wie *Sindbad dem Seefahrer* (Kat. 69–72) und den *Inseln Wak Wak* (Kat. 73) bis hin zu den bekannten deutschen Volksmärchen der Gebrüder Grimm (ab 1918) mit Erzählungen wie der *Gestiefelte Kater* (Abb. 2) oder *Das blaue Licht*.[19] Einige wenige Märchenillustrationen schuf Slevogt auch für andere Verlage, so z. B. für den Schulbuchverleger Hermann Schaffstein oder Julius Elias. Die aufwendigsten und am reichsten illustrierten Bücher sind dabei ohne Frage diejenigen, welche den Leser in das sagenumwobene Morgenland entführen.

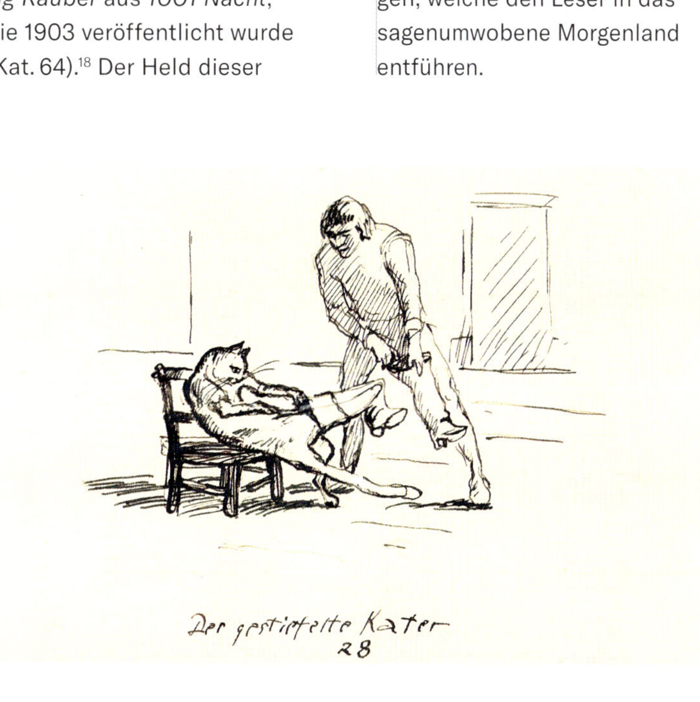

Abb. 2
Der gestiefelte Kater
– Vorzeichnung mit Korrekturen in Deckweiß – 11,4 × 18,1 cm – veröffentlicht in: *Von Hühnchen und Häschen und anderen Tieren* – Bruno Cassirer, Berlin 1920 – GDKE, Landesmuseum Mainz, Slevogt-Archiv, Grafischer Nachlass – Inv.-Nr. DL SL NL 2021/113 –

Dieser topografisch nicht genau bestimmbare imaginäre Ort übte auf Slevogt schon immer eine große Faszination aus. Diese kulminierte 1914 in seiner Ägyptenreise, bei der ihn seine Freunde Eduard Fuchs, Johannes Guthmann und Joachim Zimmermann begleiteten und vor allem die komplette Organisation übernahmen. Da Slevogt nur äußerst ungern reiste und diese zudem seine einzige Reise war, die ihn über Europa hinaus führte, lässt sich umso mehr erahnen, wie sehr ihn der Orient interessierte und welche Strapazen er dafür in Kauf nahm.[20] Auf dieser Malreise war Slevogt äußerst produktiv, in 39 Tagen entstanden allein 21 Ölbilder.[21] Interessanterweise spielt seine Faszination für den fremden Kontinent in seiner Malerei, außer bei diesen Ägyptenbildern, nur eine sehr geringe Rolle. Es finden sich lediglich zwei Gemälde in seinem malerischen Œuvre, die sich mit dem Thema »Märchen« beschäftigen und beide Szenen aus *1001 Nacht* zeigen: Es sind dies einerseits das Gemälde *Scheherazade* (Kat. 63) sowie die erotische Darstellung *Der Lastenträger mit den drei Schwestern*.[22] Die sogenannte Orientmode – u. a. ausgelöst durch den napoleonischen Ägyptenfeldzug und die damit einhergehende wissenschaftliche Erforschung – hatte im Laufe des 19. Jahrhunderts mit u. a. den Weltausstellungen einen Höhepunkt erreicht, der noch bis zu Beginn des 20. Jahrhunderts andauerte.

Ob die Musik mit Opern und Konzerten, ob Literatur oder Bildende Kunst, die ein eigenes Genre hervorbrachte – alle Bereiche der schönen Künste wurden durch die fremde und scheinbar ursprüngliche Welt inspiriert und beflügelt.[23] Der exotische Orient wurde als eine Art Gegenbild eines durch das industrielle Zeitalter geprägten Europas entworfen. Die arabische Märchenwelt war zudem die geeignete Projektionsfläche für erotische Abenteuer, die von jeglichen bürgerlichen Konventionen befreit waren.
So bot der Orientalismus den Künstlern mit Themenkreisen wie dem Harem, dem Hamam oder Sklavenmärkten zahlreiche Möglichkeiten, leichtbekleidete, höchst erotische Frauen in üppigen Gewanddraperien und verführerischen Posen zu malen.[24]
Slevogt aber wählt das Thema »1001 Nacht« nicht aus diesem Grund, sondern vor allem, weil ihm die Märchen die Möglichkeit boten, Bewegung und Dramatik einer aktionsreichen Handlung zu illustrieren. Sei es Morgianes Tanz im *Ali Baba*, bei dem sie am Ende dem Räuberhauptmann den Dolch mitten durchs Herz bohrt (Abb. 3, Kat. 68), Sindbad, wie er mit seinem Gefolge dem Riesen die Augen blendet (Kat. 70), oder der Flug von Hasan auf den Schultern des Feuerdrachens.[25]

Was für ein anderer Stoff bot solch eine packende Dramatik mit Dolchstößen, Überfällen, fliegenden Menschen, Magiern, Schiffsreisen zu sagenumwobenen Inseln und Zauberhöhlen mit unvorstellbaren Schätzen? Die fantastischen Erzählungen von Scheherazade ermöglichten es Slevogt, seine Fantasie vollumfänglich auszuleben. Es sind jeweils Geschichten, in denen der Held atemlos von einer Todesgefahr in die nächste gerät und durch List und Mut alle unbeschadet übersteht.

Die Spontaneität und Frische seiner Schöpfungen passen zum Entstehungsprozess seiner Illustrationen. Slevogt ist bekannt dafür, dass er manche Entwürfe in sehr kurzer Zeit zeichnete. So überlieferte er dies beim *Lederstrumpf* (Kat. 75), deren Plan und erste Aufzeichnungen in nur einer Nacht entstanden, als ihm zufällig das Jugendbuch wieder in die Hände kam.[26] Die Illustrationen zum *Rübezahl* sollen sogar in nur einer einzigen Nacht entstanden sein.[27]

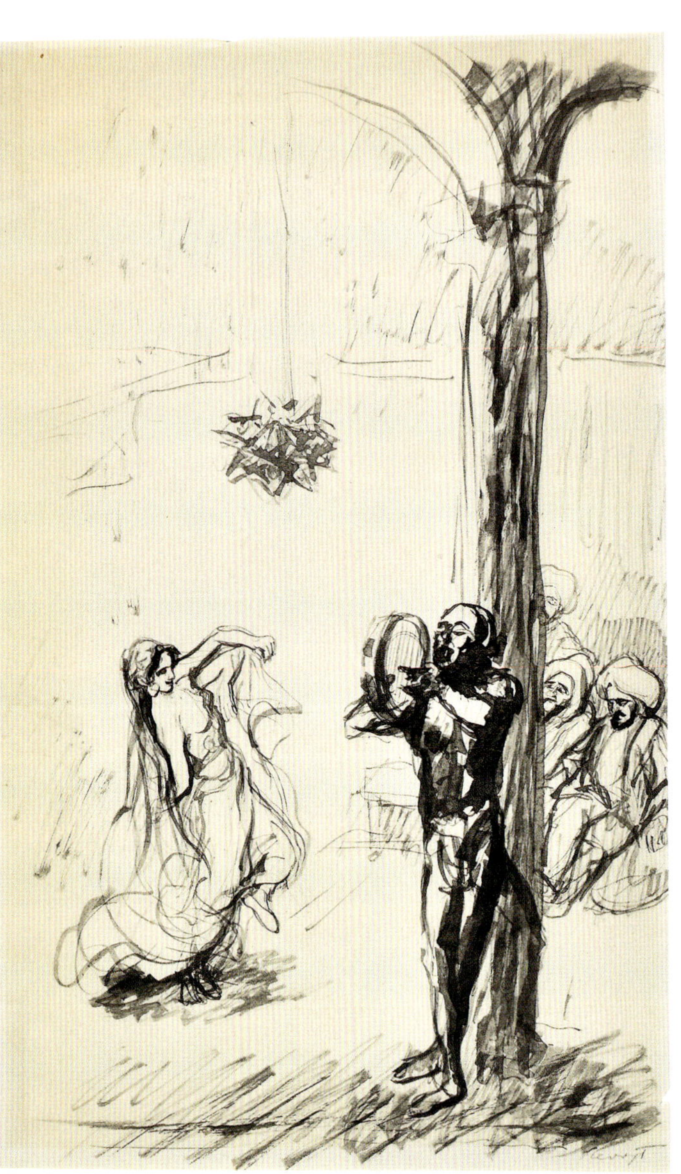

Abb. 3
Der Tanz der Morgiane
– vor 1903 – Tusche – 31,5 × 19,7 cm – GDKE, Landesmuseum Mainz, Slevogt-Archiv, Grafischer Nachlass – Inv.-Nr. DL SL NL 2021/114 –

So erinnerte sich auch Scheffler an Slevogts Arbeitsweise: »[M]anchmal zeichnete er, wenn der Furor ihn packte, sämtliche Illustrationen eines Märchens oder gar eines Buches in den schweigenden Stunden einer einzigen Nacht. Er schrieb die Zeichnungen eilig, in einem Allegro-con-brio-Tempo nur so hin. Der Verleger empfing den ganzen Stoß. Beglückt, aber mit vielen Zweifeln wurde dann erwogen, wie es mit der Reproduktion oder mit dem Arrangement, mit dem Satzspiegel und der Drucktype zu halten sei.«[28]
Bei dem Erstlingswerk *Ali Baba* lieferte er einen Stapel von 150 Zeichnungen in unterschiedlichen Formaten und Techniken an Bruno Cassirer, aus denen der Verleger dann die verbindlichen 44 festlegen musste.[29] In einem kleinen Notizbuch, dass auf dem Einband mit »Conto-Buch für Ali Baba« bezeichnet ist, listete Slevogt auf den ersten Seiten 128 dieser Zeichnungen akribisch mit Titeln auf.[30]
Bei einigen ist gekennzeichnet, ob diese bereits beim Verlag waren. Manche sind mit einem Fragezeichen versehen – hier war sich Slevogt vielleicht selbst nicht sicher, ob diese mit in die Publikation aufgenommen werden sollten oder nicht. Die Zeichnungen muss er in einem wahren Schaffensrausch gezeichnet haben, jedoch berücksichtigte er hierbei natürlich in keiner Weise das spätere fertige Buch. Das heißt, der Verleger musste den umfangreichen Stapel der Zeichnungen sortieren und ein Buchkonzept mit passender Typografie etc. erarbeiten.

Abb. 4:
Layoutbuch zu »Ali Baba und die vierzig Räuber« – Doppelseite 2–3 – 1903 – blaues Schulheft mit Tusch- und Bleistiftzeichnungen sowie Cliches – 30,5 × 21 cm – GDKE – Landesmuseum Mainz, Slevogt-Archiv, Grafischer Nachlass – Inv.-Nr. DL SL NL 2021/108 –

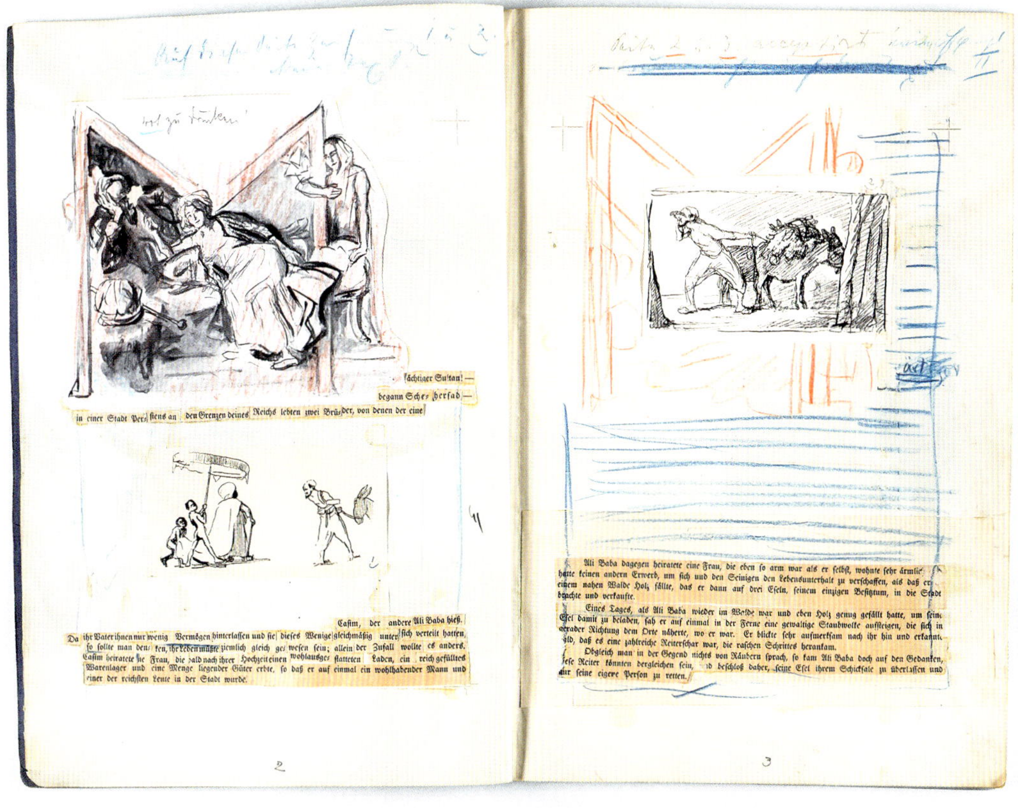

Ein weiteres Problem für den Verleger bestand darin, dass Slevogt stets illustrierte, was ihn interessierte und er nicht berücksichtigte, ob diese Passagen im Text kurz aufeinander folgten oder nicht. Ein mühsames Unterfangen war dabei laut Karl Scheffler, die Illustrationen an der passenden Textstelle unterzubringen – damals eine Kleinarbeit mit Schere, Zollstock und Gummitopf.[31] Im grafischen Nachlass Slevogts hat sich eine Art Layoutbuch zu *Ali Baba* erhalten (Abb. 4).[32] Leider ist dies sehr zerschnitten, aber die vorhandenen wenigen Seiten geben einen guten Eindruck, wie der Künstler mit dem Verleger und seinem Team versucht hat, das Buch zu erstellen und die Abbildungen entsprechend unterzubringen. Bei manchen Abbildungen notierte Slevogt, dass diese bereits bei Cassirer seien, bei manchen gibt es auch Hinweise zur Größe oder zur Platzierung. Der Text ist jeweils eingeklebt. Viele Illustrationen sind Reproduktionen (wie bei Abb. 4). Es gibt aber auch einzelne neue Tusche- sowie Bleistiftzeichnungen, die Slevogt ergänzte.

Beim Vergleich der Doppelseite zwei und drei des *Ali Baba* aus dem Layoutbuch mit der fertigen Publikation fällt auf, dass Slevogt hier noch grundlegende Änderungen wünschte. So wurde die einleitende große Initiale »M« mit Scheherazade in dem Gemach neben dem Kalifen auf die rechte Seite verlegt und mit der dort eingeklebten Federzeichnung von Ali Baba mit seinen Eseln vertauscht.[33] Auch die Anordnung des Textes wurde im Gegensatz zu diesem Entwurf noch völlig geändert (dieser ist auf der rechten Seite bereits blau schraffiert eingezeichnet). Er notierte dies oben rechts in blau: »Auf dieser Seite Zeichnung I u. II / kein Text.«[34] Oben rechts gab Slevogt die Seite frei: »Seite 2 u. 3 acceptiert! Wie Exempl II.«

Des Weiteren waren die grafischen Techniken höchst uneinheitlich und reichten von Tuschzeichnungen und lavierten Federzeichnungen bis hin zu Aquarellen und Gouachen. Alle Abbildungen hatten verschiedene Größen, selbst die Reproduktionen waren nicht einheitlich. Überwiegend wurden diese in Schwarz-Weiß, teils aber auch farbig als Strich- und Netzätzungen, farbige Ätzungen wie auch in einem Lichtdruckverfahren abgedruckt.[35] Zudem war der Satzspiegel übermäßig breit, und die Illustrationen wirkten eher willkürlich platziert. Zu guter Letzt schmückte den Buchdeckel ein ungewöhnliches Titelblatt mit einzelnen locker gezeichneten Buchstaben des Titels, in welchen sich die Protagonisten der Handlung frei bewegten.

Zusammenfassend kann man über Slevogts illustratives Erstlingswerk konstatieren, dass es allen zeitgenössischen Vorstellungen eines guten und im Zusammenspiel von Bild und Text geschlossenen Buches widersprach. Slevogt orientierte sich hier vielmehr an dem in Frankreich durch Ambroise Vollard um 1900 initiierten Malerbuch (livre de peintre), das, wie der Name suggeriert, von Malern und nicht von Buchkünstlern gestaltet wurde. Es stellte deren schöpferische Auseinandersetzung mit dem zu illustrierenden Stoff in den Mittelpunkt.[36] Diese Idee war konträr zu den Vorgaben der herkömmlichen und etablierten englischen Buchkunst, wie sie William Morris aus der Arts-and-Crafts-Bewegung vertrat.

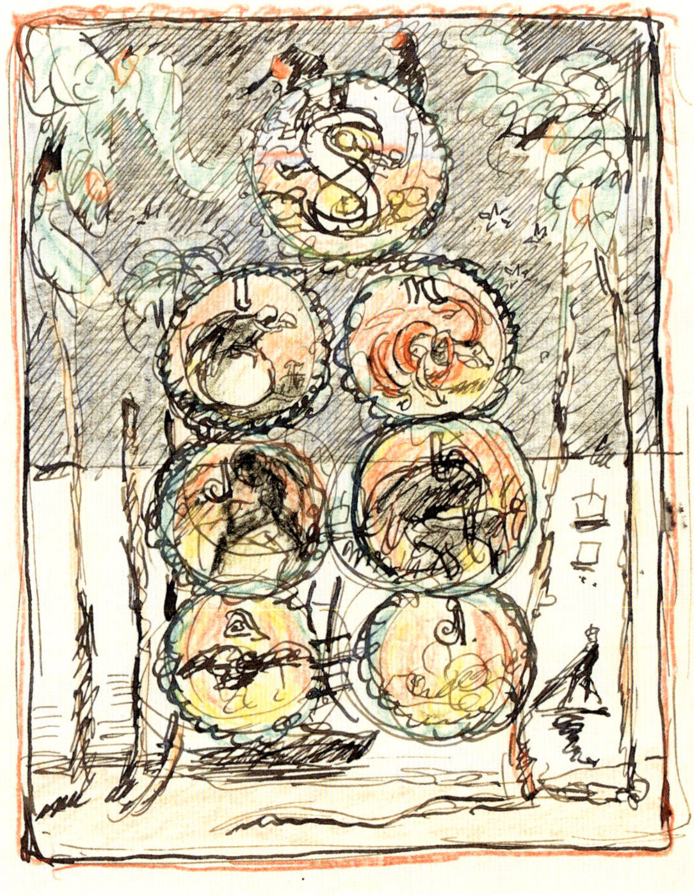

Abb. 5
Titelblattentwurf zu »Sindbad der Seefahrer« – 1907 – Feder und Farbstifte – 21 × 14,9 cm – GDKE, Landesmuseum Mainz, Slevogt-Archiv, Grafischer Nachlass – Inv.-Nr. DL SL NL 2015/504 r –

Für ihn stand ganz klar die Typografie über der individuellen künstlerischen Aussage – neben beispielsweise einer ausgewogenen Proportion von Satzspiegel und Buchseite.[37] Laut Bruno Cassirer führten diese angeblichen Erfordernisse dazu, dass die Fantasie des Künstlers streng buchtechnisch eingeengt wurde.[38] Slevogt gab *Ali Baba* den Untertitel »Improvisationen«, ein Hinweis auf seinen ursprünglichen Plan, die Zeichnungen unabhängig vom Text als »Improvisationen« zum Thema herauszugeben.[39] Dennoch plädierte Bruno Cassirer für diese neuartige Buchausgabe des Klassikers – und es wurde ein echter Flop. »Trotz des billigen Preises von 5 Mark, der kaum die Herstellungskosten deckte, wurde der *Ali Baba* ein Mißerfolg, er wurde so wenig verstanden, daß er, wenn ich ihn zur Ansicht schickte, oft mit dem Bemerken zurückgegeben wurde, daß man sich solche Kritzeleien verbäte.«[40] Trotz aller Kritik – einerseits am neuen Buchkonzept selbst, dass eher einer freien persönlichen Interpretation der Textvorlage entsprach und sehr Slevogts eigenem Stil und Ausdruck geschuldet war, und andererseits am Thema, das man Kinderbüchern zuordnete und deswegen bei der elitären Käuferschaft keinen Anklang fand – publizierte Cassirer weiterhin Märchenbücher in ähnlicher Form.

Es folgten die Buchillustrationen zu *Sindbad der Seefahrer* (1908), in denen einem Kaufmann in Basra sein wohlhabendes Leben zu eintönig wird, woraufhin er die Stadt verlässt, um die unglaublichsten Reiseabenteuer zu erleben.[41] Ein unsteter Held und Draufgänger, der u. a. auf der Insel des Vogels Roch, einer Affeninsel und einer Insel mit Menschenfressern landet, dabei mehrfach Schiffbruch erleidet und immer wieder knapp dem Tod entkommt. Auch für *Sindbad* gestaltete Slevogt ein eigenwilliges Titelblatt. Erste Entwürfe hierzu haben sich im Nachlass erhalten (Abb. 5).[42] Vor einer Meereslandschaft, gerahmt von Palmen, befinden sich in runden Medaillons die Hauptszenen aus dem Märchen. Auf dem publizierten Titelblatt verzichtete Slevogt auf den Landschaftshintergrund und gruppierte die einzelnen Szenen bzw. ihre Protagonisten lose verbunden durch runde Ornamentformen. Wie schon beim *Ali Baba* ist der Titel des Buches in freier Schrift gezeichnet. Als geeignete Technik entschied sich Slevogt hier für die Lithografie, konnte er doch mit dieser seinen lebendigen Zeichenstil am besten umsetzen.

Neu war im *Sindbad*, dass die 33 Kreidelithografien als Originalgrafik etwa halbseitig direkt zwischen den Text gesetzt wurden und somit kein mechanisches Reproduktionsverfahren mehr notwendig war, das zu einem Qualitätsverlust führte. Dabei wurden die Abbildungen manchmal oben und manchmal unten mit der Handpresse direkt in den Text gedruckt. Illustration und Text ergaben durch diese Layoutgestaltung eine stimmige Einheit, waren im Vergleich zu *Ali Baba* also viel harmonischer eingefügt. Es erschienen 300 vom Künstler signierte Exemplare auf Kupferdruckpapier sowie zehn signierte Serien mit für das Buch gezeichneten Lithografien auf Chinapapier.[43]

Das letzte Illustrationswerk aus *1001 Nacht* war die 778. bis 831. Nacht, die Scheherazade dem Kalifen erzählt (Abb. 6).[44] Sie handelt von Hassan, der sich auf die Suche nach seiner verschwundenen Gattin zu den sagenumwobenen Inseln Wak Wak begibt, in zahlreiche Liebesabenteuer verstrickt wird, vor Liebeskummer fast stirbt und natürlich mit Magiern stets den Kampf aufnimmt (Kat. 73). Auch mit diesem Stoff hatte sich Slevogt bereits in seiner Schulzeit beschäftigt (Abb. 7). Die Erzählung unterschied sich durch ihre starke erotische Note, die Slevogt mit badenden oder leicht bekleideten Frauen vor orientalischer Kulisse umsetzte, stark von den vorherigen Illustrationen zu *1001 Nacht*. Wieder wählte Slevogt die Technik der Kreidelithografie, und wieder schmückte den Band ein frei gezeichnetes Titelblatt, in das die Hauptdarsteller der Erzählung in

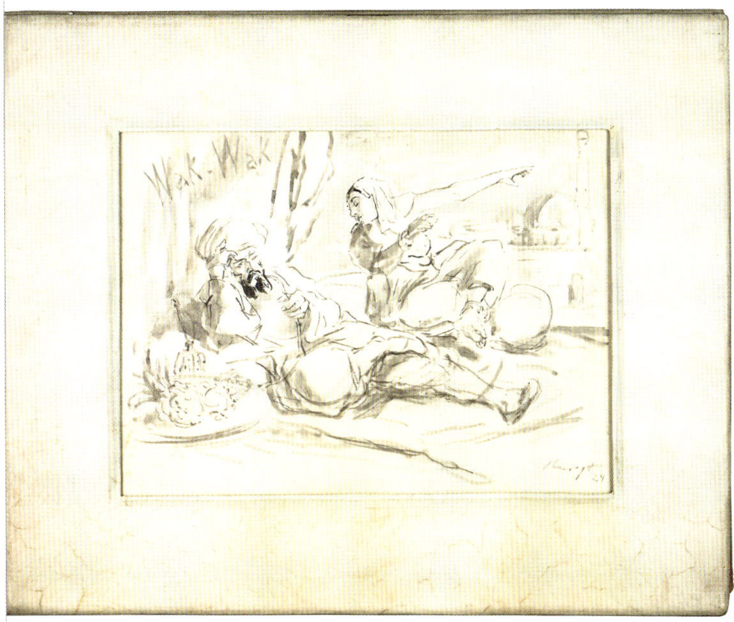

Abb. 6
Scheherazade erzählt
– persönlich für seinen Freund Josef Grünberg gestalteter Einband zur Aufbewahrung der Steinzeichnungen der Mappenausgabe der *Inseln Wak Wak* – 1924 – Tusche auf Pergament, Ganzpergamentmappe – GDKE – Landesmuseum Mainz – Inv.-Nr. Sammlung Grünberg 11 –

verschlungene Arabesken eingebunden sind. Diesmal variierten die 57 Lithografien im Format und waren teils ganzseitig, teils in kleinerem Format in den Text eingefügt. Die Illustrationen zu den zwölf Liebesliedern stechen hierbei in der Gestaltung besonders heraus: Umgeben von üppigen Arabesken und ornamentalen Figurenkompositionen, die wie spontane Randzeichnungen zu den Versen wirken, sind sie mit einer Vielzahl von Anspielungen auf den erotischen Inhalt der Lieder gespickt.[45] Auch *Die Inseln Wak Wak* erschien als limitierte Mappe mit 55 nummerierten Exemplaren und als Buchausgabe mit einer Auflage von 360 Stück, die mit den von der Handpresse eingedruckten Lithografien versehen wurden und in helle Ganzseide gebunden waren – wieder ein absolut veredeltes Sammlerstück!

Alle Märchenillustrationen aus *1001 Nacht* zeigen Slevogts Experimentierfreude und Leidenschaft für das Thema und reißen den Leser durch ihre Dramatik und den Erfindungsreichtum des Illustrators mit. Jedes dieser Bücher ist ein Künstlerbuch, in welchem er stets in der Gestaltung oder Technik etwas Neues ausprobierte und die Gattung Märchen dadurch für ein anderes Publikum öffnete. Laut Cassirer begründete der *Sindbad* »nicht nur den Ruhm Slevogts als des größten Illustrators unserer Zeit, sondern er wurde auch das Urbild der unendlichen Flut graphischer Bücher, mit denen in den folgenden Jahrzehnten Deutschland förmlich überschwemmt worden ist«.[46] Die Einzelausgaben der Lithografien zeigen am deutlichsten, dass die Illustrationen auch als eigenständige Künstler-Lithografien angesehen wurden, also losgelöst von ihrem Kontext der Buchillustration gesammelt wurden.

Dies stand in Diskrepanz zu Slevogts Ziel, die Märchenbücher vor allem auch Kindern in die Hand zu geben.[47] Doch die handsignierten Liebhaberausgaben des exklusiven Cassirer Verlags wurden wohl kaum an diese weitergegeben. In der Regel wurden die limitierten Auflagen der hochpreisigen Luxusausgaben vom finanzkräftigen Großbürgertum erworben.[48] Auch dies bedauerte Slevogt sehr und schrieb an Karl Voll: »Das dritte opus ›Sindbad der Seefahrer‹ erscheint jetzt, ist aber so kostbar in Pergament, Druck u. Lithograph., daß ich wieder verzweifeln muß, ob ich Dir ein Exemplar zustellen kann (bei Bruno Cassirer). Das ist der Fluch, daß bei unseren Verhältnissen in Deutschland der Verleger nur an ein winziges, mit gespicktem Beutel begabtes Publikum denken mag,

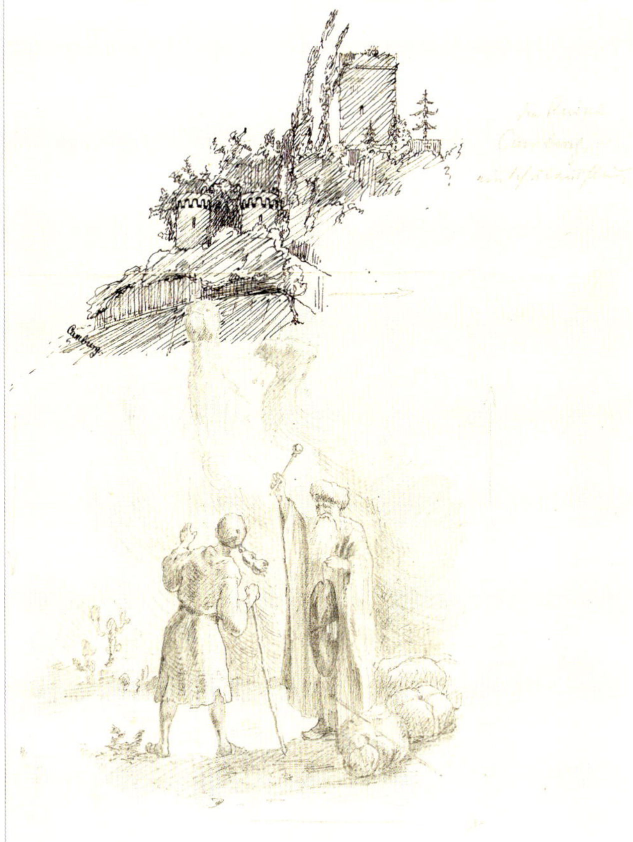

Abb. 7
Die Ruine Camburg und Szene zu den »Inseln Wak Wak«
– 1875–1884 – Tuschfeder, Bleistift – 20,7 × 16,1 cm – bezeichnet oben rechts: Die Ruine / Camburg.- / ein Schülerausflug, bezeichnet auf ursprünglichem Passepartout: Copie einer Originalzeichnung des Baron von Kleudgen (in Würzburg), der ein / ganzes Album zu 1001 Nacht gezeichnet hatte: Szene zur Insel Wak-Wak – GDKE, Landesmuseum Mainz, Slevogt-Archiv, Grafischer Nachlass – Inv.-Nr. DL SL NL 2021/116 –

- u. eine breite Auflage à la Indianergeschichte ein liebenswürdiger, aber wohl vergeblicher Versuch bleibt, den ich nur meinen persönlichen Beziehungen verdanke. – Spaß wird es Dir machen, daß ich über Weihnachten einen Rübezahl zeichnete, der auch bei Bruno Cassirer erscheinen soll, in populärer Form diesmal!«[49] Vermutlich war diese Unzufriedenheit einer der Gründe, dass Slevogt auch Märchenillustrationen bei anderen Verlagen veröffentlichte oder Cassirer zur Publikation von deutschen Volksmärchen anregte, die er in einer erschwinglichen Ausgabe für eine breitere Leserschaft veröffentlichte.

Es war einmal …

Die Illustrationen deutscher Volksmärchen

Den Anfang der Illustrationen europäischer Märchen macht die Sage des kauzigen Berggeistes *Rübezahl*, die Slevogt 1909 bei Bruno Cassirer veröffentlichte.[50] Im Untertitel steht eigens der Zusatz »Für die Jugend von Christian Morgenstern«. Es wurde also eine Auflage zu erschwinglichen Preisen, die dadurch ein breiteres Publikum erreichen sollte. Möglich war dies u.a. auch durch Slevogts Federzeichnungen, die ein weniger aufwendigeres Druckverfahren als die vorherigen Lithografien darstellten.[51] Parallel dazu veröffentlichte Cassirer auch eine limitierte Vorzugsausgabe für seine bibliophilen Sammler.

Folgend bekamen im Verlag Bruno Cassirer die deutschen Märchen einen festen Platz. Er initiierte die Märchenbuchreihe *Das Märchenbuch, eine Folge von Märchenbüchern für Kinder und Erwachsene. Mit Zeichnungen der besten deutschen Künstler*.[52] Slevogt illustrierte hierfür viele Klassiker der Grimm'schen Märchen, so u.a. auch *Schneewittchen*, *Rotkäppchen* oder *Dornröschen*. Dabei blieb er bei der schnellen und günstig zu reproduzierenden Technik der Federzeichnungen. Die Preise betrugen pro Band 3 Mark. Das Prinzip, zugleich eine teure und limitierte Vorzugsausgabe in Ganzleder für 50 Mark anzubieten, behielt Bruno Cassirer auch bei dieser Reihe bei.

Es folgten auch außerhalb dieser Reihe noch zahlreiche Märchenbücher mit Federzeichnungen oder Holzstichen von Max Slevogt, die bei Bruno Cassirer veröffentlicht wurden. Ebenso wurden manche Märchen sowohl in der Reihe als auch als Einzelausgaben publiziert. Zu nennen sind hier beispielsweise *Fitchers Vogel*, *König Drosselbart* oder *Das blaue Licht*.[53] Die Zeichnungen, die in der Buchausgabe meist halbseitig in den Text eingestreut waren, erschienen dann ebenso wieder als limitierte Mappenausgabe. Eingeleitet wurden diese Bücher in der Regel durch eine ganzseitige Titelzeichnung.

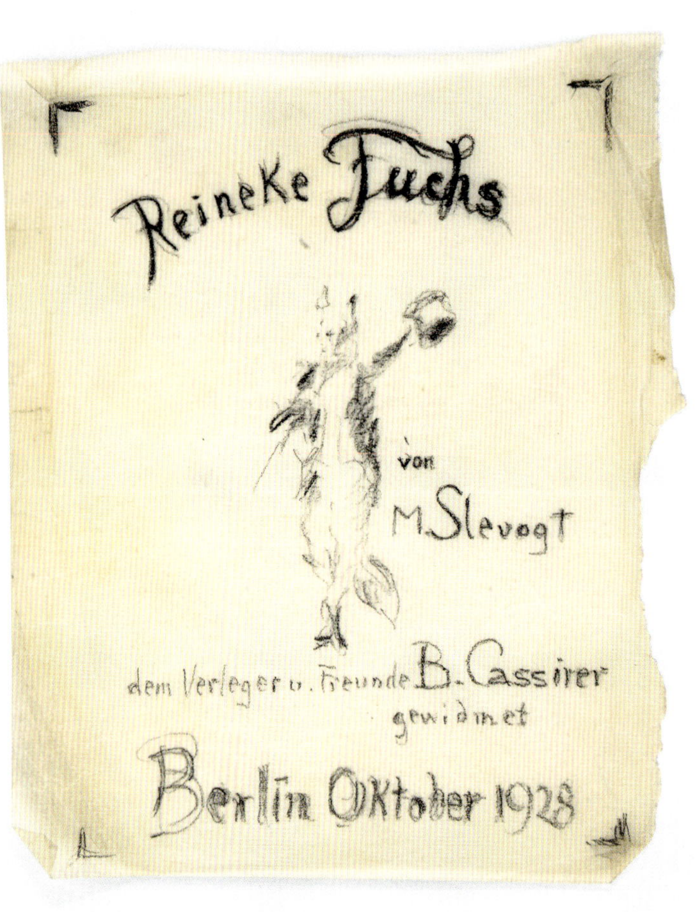

Auch bei diesen Projekten wählte Slevogt die möglichst dramatischen Höhepunkte der Geschichte für seine Illustrationen aus, z.B. wie der Wolf bei den sieben Geißlein seinen Kopf durch die Tür steckt oder wie der Hase, auf den bereits das schussbereite Gewehr gerichtet ist, bei den beiden Brüdern um Gnade bittet.[54] Diese Märchen weisen im Vergleich zu den orientalischen Illustrationen eine ganz andere Ästhetik auf, die einerseits den Handlungen in einer dem Leser vertrauten Umgebung wie etwa der heimischen Natur und andererseits natürlich auch der Technik der Federzeichnung geschuldet ist. Das letzte Projekt dieser langjährigen Märchenpublikationen schenkte und widmete Slevogt seinem Verleger und Freund Bruno Cassirer als Geburtstagsgeschenk. Es illustrierte den für Slevogt sehr vertrauten Stoff von *Reineke Fuchs* in der Ausgabe der Gebrüder Grimm (Abb. 8, Kat. 109).[55] Das enge Verhältnis dieser beiden Ausnahmepersönlichkeiten, die über Jahrzehnte hinweg immer wieder innovative Buchprojekte realisierten, wurde durch diese Widmung unterstrichen.

Abb. 8
Titelblattentwurf zu Reineke Fuchs – 1928 – Bleistift auf Transparentpapier – 11,5 × 11,3 cm – GDKE, Landesmuseum Mainz, Slevogt-Archiv, Grafischer Nachlass – Inv.-Nr. DL SL NL 2021/115 –

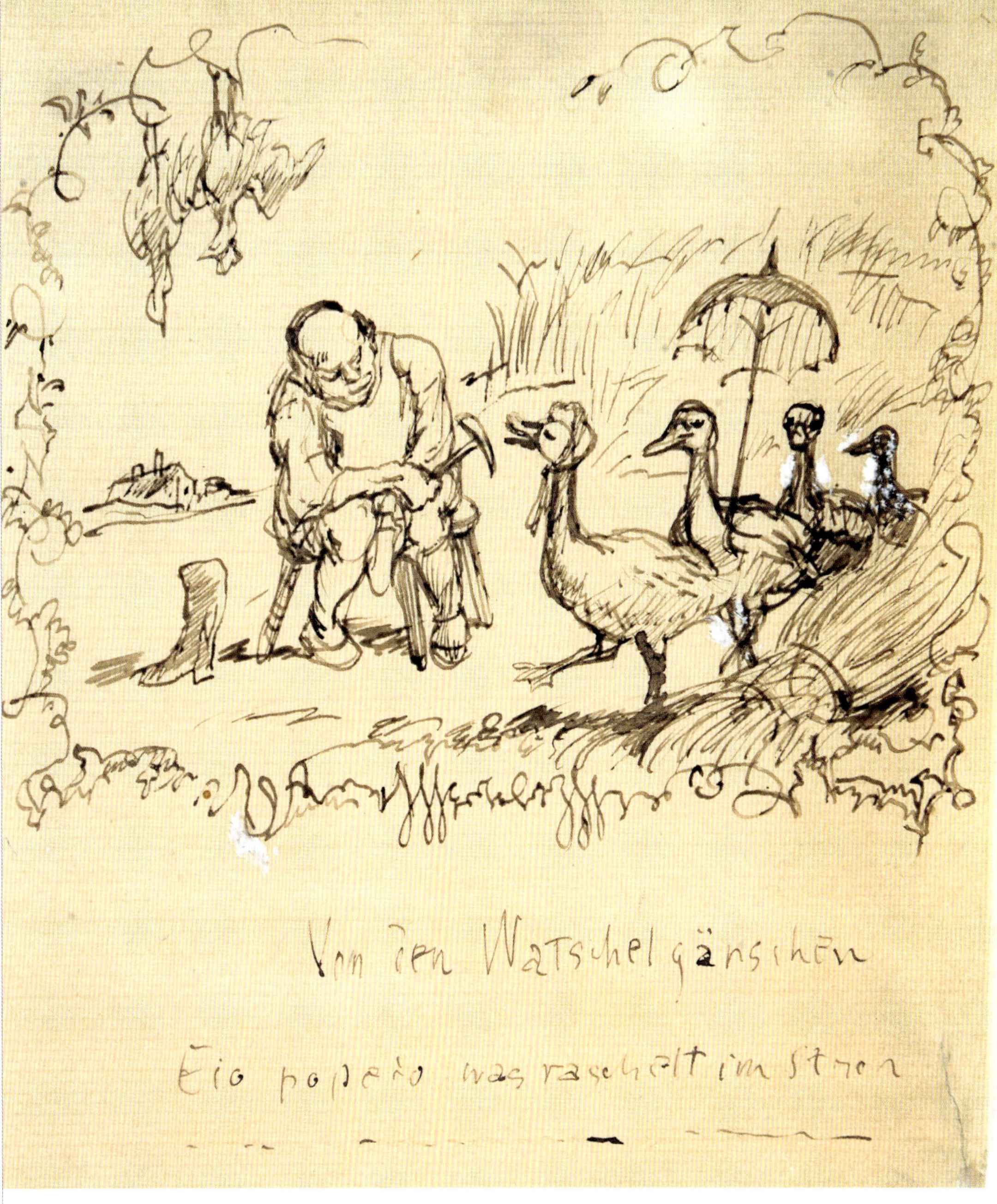

Abb. 9
Von den Watschelgänschen
– 1920 – Federzeichnung – 22,3 × 14,1 cm – veröffentlicht in: *Zeichnungen zu Kinderliedern, Tierfabeln und Märchen*, Verlag Bruno Cassirer, Berlin 1920 (Söhn 297) – GDKE, Landesmuseum Mainz, Slevogt-Archiv, Grafischer Nachlass – Inv.-Nr. DL SL NL 2021/112 b –

Ganz in Slevogts Sinn – gut gestaltete Bücher Kindern und Jugendlichen zu ermöglichen – war die Zusammenarbeit mit dem Schulbuchverleger Hermann Schaffstein (Beginn der Zusammenarbeit 1910).[56] Dieser schickte ihm von der seinerseits herausgegebenen Reihe eine Liste mit Themenvorschlägen zu. Neben einigen historischen Themen wie etwa *Aus germanischer Vorzeit* oder Berichte aus der jüngeren Geschichte wie *Im Hinterlande von Deutsch-Ostafrika* wählte er das alte Kinderlied *Tra-ri-ra* mit tanzenden Kindern und Hasen, die Tiermärchen von *Hühnchen und Hähnchen und anderen Tieren* sowie *Von Blumen und Bäumen. Märchen, Sagen und Legenden aus der Pflanzenwelt*.[57] Diese Illustrationen mit vielen heimischen Tieren wie Katzen, Füchsen, Hasen oder Gänsen richteten sich diesmal an ein ganz anderes Publikum und wirken eher beschwingt, wie es für Kinderbücher passend erscheint (Abb. 9). Slevogts Zeichnungen zu den Kinderliedern, Märchen, Sagen und Legenden aus der Pflanzenwelt wirken durch ihre Rahmungen von zarten Arabesken sehr vignettenhaft. Vor allem diese Arabesken geben den Szenen einen eher dekorativen Charakter, der im großen Gegensatz zu den ereignishaften und meist dramatischen Schilderungen der orientalischen Märchen steht.[58]

Das Repertoire von Slevogt ist durch diese Publikationen nun auch durch deutsche Märchen und Volkslieder stetig erweitert worden. Und Slevogt scheint daran richtig Spaß gehabt zu haben. Er arbeitete nachgehend auch mit anderen Verlagen wie F. Bruckmann in München (Abb. 10) oder dem Propyläen Verlag in Berlin zusammen an Märchenillustrationen. Dabei fand er immer wieder neue Gestaltungslösungen für seine Illustrationen. So sticht vor allem die dort publizierte Mappe *Alte Märchen mit der Feder erzählt von Max Slevogt – in Worte gefasst von Joachim Zimmermann*[59] (Kat. 54) heraus. Diese wurden in einer limitierten Mappe, bestehend aus einem Titelblatt und 20 reproduzierten Zeichnungen, welchen jeweils ein Blatt mit einer gekürzten Version der Erzählung beigegeben ist, veröffentlicht.[60]

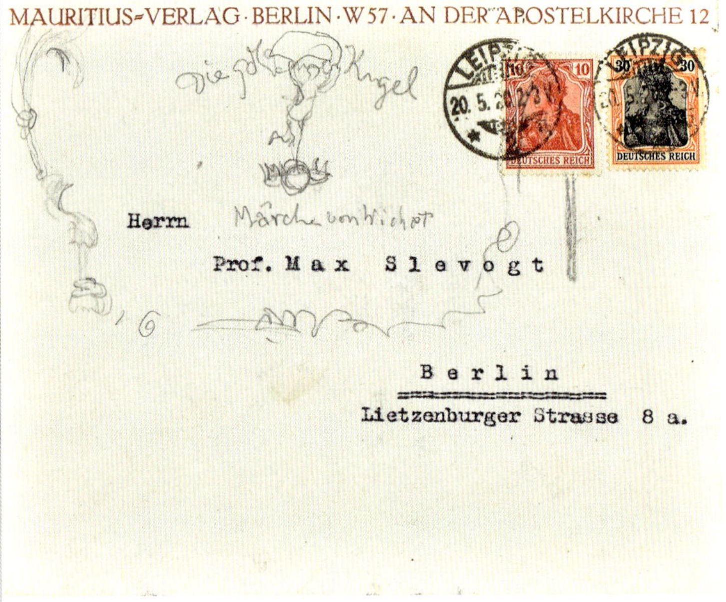

Abb. 10
Entwurfsskizze für das Titelblatt für Fritz Wicherts »Die goldene Kugel. Eine märchenhafte Geschichte«
– 1920 – Bleistiftskizze auf einem Briefumschlag – 12 × 15 cm – erschienen bei F. Bruckmann, München 1920 (Söhn 277) – GDKE, Landesmuseum Mainz, Slevogt-Archiv, Grafischer Nachlass – Inv.-Nr. DL SL NL 2014/47 –

Die Texte stammen von Joachim Zimmermann, mit dem Slevogt 1914 auch in Ägypten war. Das Stilmittel der spielerischen Arabeske, das er bei vielen Märchenillustrationen verwendete, bekommt hier eine besondere Bedeutung und verselbstständigt sich zunehmend.[61] Diese Arabesken ziehen sich als Stilmerkmal nicht nur durch seine Märchenillustrationen, sondern auch durch andere Arbeiten. Erwähnt seien hier exemplarisch nur die Covergestaltung der Zeitschrift *Kunst und Künstler* oder die Ausmalung des Pavillons in Neu-Cladow für Johannes Guthmann, den Lebensgefährten von Joachim Zimmermann.[62]

Vor allem bei den *Alten Märchen mit der Feder erzählt* wird Slevogts Rückgriff bei der Gliederung der einzelnen Szenen auf die Formen der romantischen Arabeske deutlich, die er beispielsweise auch auf dem Umschlag der Märchenausgabe von Johann Karl August Musäus in seiner Familienbibliothek fand.[63] Dort gliedern diese ast- bzw. rankenähnlichen Formen das Titelblatt in einzelne Szenen, die sich um die farbig hervorgehobene und somit zentrale Szene mit dem Titel des Buches gruppieren (Abb. 11). Auch bei seinen Interpretationen der Märchen wendete Slevogt dieses Schema an: Eine charakteristische Szene der Erzählung befindet sich im Mittelpunkt, so beispielsweise der mit dem Nagel durch den Kopf an den Mast geheftete Kapitän des *Gespensterschiffs*, der von den Leichen seiner Besatzung umgeben ist (Abb. 12), oder Jacob bei *Zwerg Nase*, als er beim Herzog um eine Anstellung als Koch bittet.

Die weiteren Illustrationen sind um diese herum gruppiert, allerdings gibt es keine logische Reihenfolge bzw. keine einheitliche Leserichtung. Der Betrachter muss sich die Reihenfolge selbst erschließen. Als Hilfestellung hierfür dienen die beigelegten Märchentexte, die deutlich Bezug auf die entsprechenden Darstellungen nehmen.[64] Wie in dem einführenden Text erklärt, dienen die Texte dazu, »damit ihr leichter den munteren Sprüngen der Feder folgend könnt. Zumal da der Zeichner leider keinen allzugroßen Ordnungssinn bewiesen hat. […] sucht also umher auf diesen Blättern von oben nach unten, von rechts nach links, die kreuz und quer.«

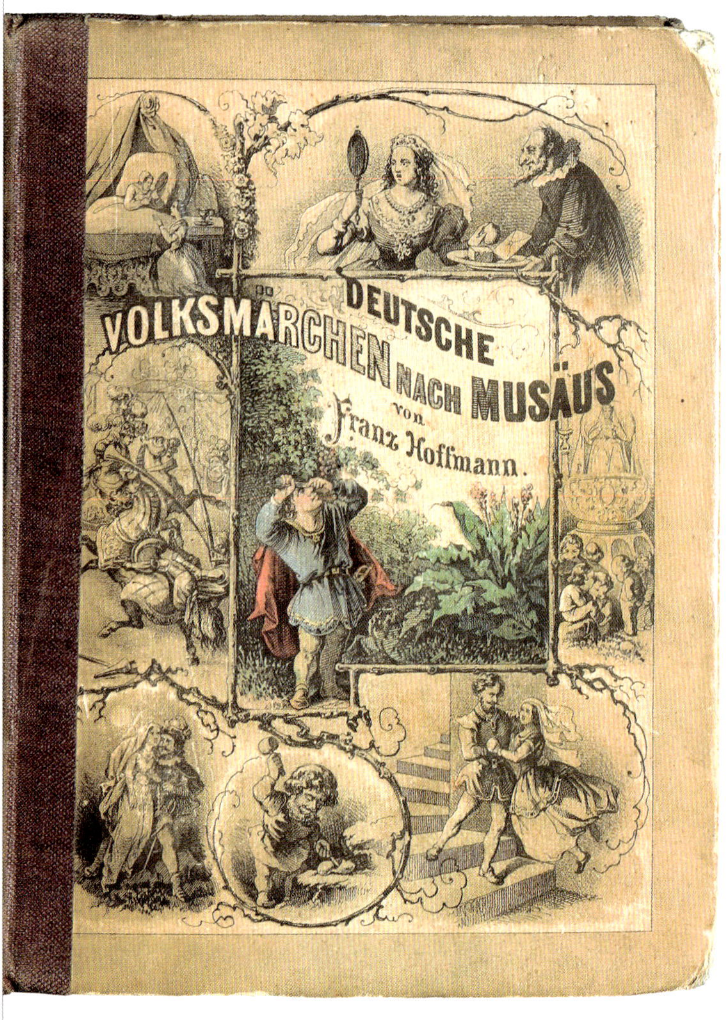

Abb. 11
Volks-Märchen. Für die reifere Jugend
– Johann Karl August Musäus, neu überarbeitet von Franz Hoffmann – Buchcover – Schmidt & Spring 1866 – Staatliche Bibliothek Regensburg, 999/Germ. 728 –

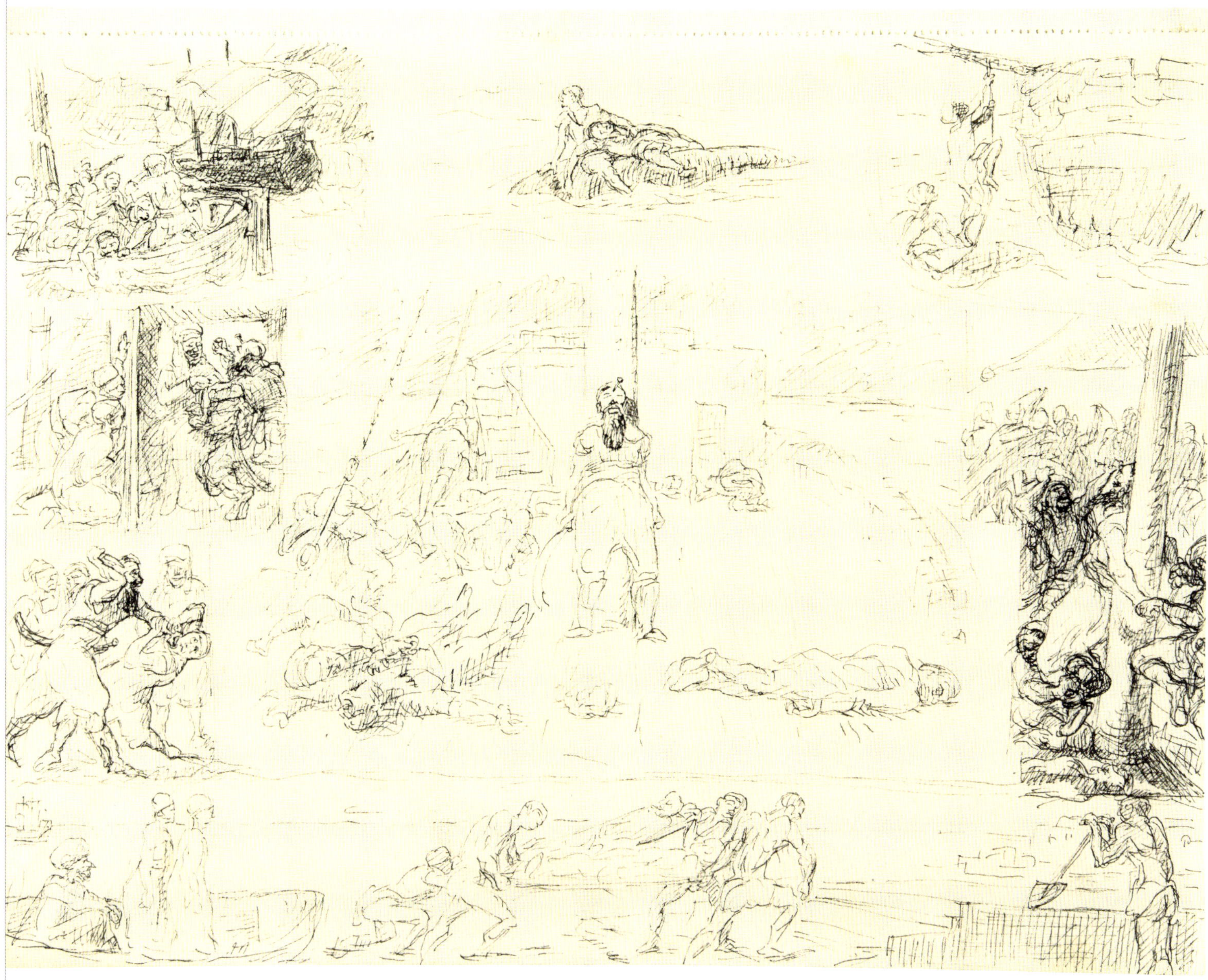

Abb. 12
Das Gespensterschiff (Nach Hauff)
– Vorzeichnung für *Alte Märchen mit der Feder erzählt* von Max Slevogt – um 1920 – Feder in Schwarz – 20,7 × 26,7 cm – Museum Georg Schäfer, Schweinfurt – MGS 3045A –

Zudem wies Zimmermann darauf hin, dass dem Zeichner das Gedächtnis manchmal einen Streich gespielt hat und auch seine »übermütige Laune« daran Teil hat, dass sich Dinge finden, »die in den alten Geschichten ganz anders oder sogar manchmal gar nicht stehen«.[65] Es handelt sich also erneut um eine sehr eigenwillige Umsetzung durch Slevogt.

Dieser verband die einzelnen Szenen mit verschiedenen fantasievollen Arabesken – die alle auf ihre Art und Weise den Charakter und die eigene Atmosphäre der Erzählungen aufgreifen. So finden sich bei *Sechse kommen um die Welt* symmetrische und aus ihren vertikalen Hellebarden gebildete Formen, die eine große Verwandtschaft zu dem Buchcover der Ausgabe von Musäus aufweisen, jedoch viel spielerischer verbunden sind.

Dagegen sind es beim *Tapferen Schneiderlein* dynamische Bögen, welche die Szenen beisammenhalten und starke Assoziationen zu dem Handwerkszeug des listigen Schneiders – Nadel und Faden – hervorrufen (Kat. 54). Die Märchen, die im Orient handeln, wie etwa *Kalif Storch* (Kat. 59), werden mit arabischen Architekturfragmenten und Bogen luftig in

Schwüngen verbunden. Dagegen stehen die festen Mauern des Schlosses des grausamen *Ritters Blaubart* mit der versteckten Wendeltreppe, die – vielleicht inspiriert von der gleichnamigen Operette – wie auf einer Opernbühne inszeniert sind (Kat. 58). Slevogt illustrierte auch in dieser Mappe jedes Märchen seiner ganz eigenen Atmosphäre entsprechend. Er folgt mit diesem Gestaltungsschema der traditionellen Form der Bilderbögen des 19. Jahrhunderts, deren bekannteste Vertreter Moritz von Schwind oder Franz von Pocci etwa für die spätromantischen *Münchner Bilderbögen*, Märchen illustrierten.[66] Doch Slevogt änderte auch dieses Schema seinem Stilempfinden entsprechend: Er brach die schematische und meist streng symmetrische Gliederung auf und folgte keiner einheitlichen Leserichtung mehr. Wie schon bei vorherigen Projekten illustrierte er nicht Szene für Szene der Handlung. Dadurch wurden seine frei und schnell auf das Papier gebrachten Federzeichnungen auch bei diesem Werk von der Funktion lediglich textbegleitender Illustrationen losgesprochen und als eigenständige Künstlergrafik wahrgenommen. Zum Teil löste er sich sogar von der Textvorlage und variierte frei nach seinen Vorstellungen.

Die Bilderbögen des 19. Jahrhunderts zeigten populäre, volkstümliche Themen – darunter auch die von Slevogt illustrierten bekannten Märchen –, die durch eine hohe Auflage für jeden erschwinglich und durch die Darstellungen zugleich leicht verständlich waren.[67] Genau genommen griff Slevogt zwar auf diese tradierte und damals eher überholte Gestaltungsform zurück, deren populärer Charakter bestimmt in seinem Sinne war, aber er modernisierte diese gleichzeitig durch seinen unverwechselbaren Stil und seine scheinbar kaum zu bändigende Fantasie der freien Interpretation. Der Text musste sich bei ihm den Illustrationen im Sinne eines modernen Malerbuchs absolut unterordnen. Der Leser bzw. Betrachter ist selbst gefordert, die Zeichnungen zu sortieren und sich somit die Handlung zu erschließen. Im Gegensatz zu den Bilderbögen, die es für nur wenige Groschen auf billigem Papier gedruckt zu kaufen gab, sind seine Märchen in diesem Fall in einer edlen und limitierten Mappenausgabe publiziert worden. Somit mögen auch diese Märchen wohl leider kaum die im Vorwort angesprochenen Kinder und Jugendlichen erreicht haben.

Slevogts Märchenillustrationen zeigen exemplarisch die Vielseitigkeit und die innovativen Ideen des Künstlers. Allein bei diesen Themen deckte er eine unglaubliche Bandbreite an Motiven ab und nutzte immer wieder neue Techniken. Buchlösungen oder Einfälle für neue Projekte zeigen seine scheinbar endlose Kreativität. Slevogts Charaktere, die er sich selbst aussuchte und mit einem psychologischen Gespür zeichnete, sind sympathische Helden mit menschlichen Zügen, die dazu verleiten, sich mit ihnen ein Stückchen weit selbst zu identifizieren.[68] Dadurch kann sich der Leser umso intensiver in die Geschichten hineinversetzen und mitleiden. Slevogt legte dabei keinen Wert auf eine akribische Genauigkeit bzw. historische Authentizität. Vielmehr waren es zeitlose Erzählungen, die in einer Märchenwelt spielen. Der bürgerliche Slevogt, der sich nur höchst ungern den Unwägbarkeiten von Reisen aussetzte, reiste vor allem mithilfe seiner großen Gabe der Fantasie. Sein Ziel – den Illustrationen persönlichste Gestaltung »in eigenwilliger Ungebundenheit« zu ermöglichen – erfüllte Slevogt in seinen Märchenillustrationen mit Bravour.
In seinem umfassenden illustrativen Werk bekommt die Textgattung der Märchen den gleichen Stellenwert zugesprochen wie der Roman, das Drama oder das Epos. Bildhaft setzte Slevogt dies im monumentalen Deckenfresko seines Bibliothekszimmers auf seinem Landgut Neukastel um, das alle Literaturgattungen durch zentrale Figuren seiner Illustrationen vereint. In der nordwestlichen Ecke verewigte er Scheherazade, wie sie dem Kalifen die Märchen aus *1001 Nacht* (weiterhin) erzählt.

– **1** Slevogt 1920 b, S. 145, sowie in: *Kunst und Künstler* (Berlin, Verlag Bruno Cassirer), XXII, 1924, S. 362–366. Siehe auch Kat. 117. – **2** Die Personifikation ähnelt in Haltung und Aussehen sehr stark der im gleichen Jahr gemalten Loreley, die auf dem Felsen sitzt, und entspricht nicht der klassischen Ikonografie dieses Themas. Max Slevogt, *Loreley*, 1886, Öl auf Leinwand, 34,60 × 18,20 cm, GDKE, Landesmuseum Mainz, Inv.-Nr. MP 2017/1. Auch die Königin der Nacht aus Mozarts *Zauberflöte* wird oft in Verbindung mit einem Halbmond dargestellt (vgl. Kat. 37). – **3** Slevogt 1920 b, S. 142. – **4** Ebd., S. 140 f. – **5** Sein Vetter Paul Cassirer realisierte mit Max Slevogt ebenfalls zahlreiche Buchprojekte, darunter u. a. *Lederstrumpf*, der 1909 in seiner nach der geschäftlichen Trennung von Bruno Cassirer gegründeten Pan-Presse erschien. Brühl 1991, S. 177–196, Achenbach 2006, S. 60. – **6** Nut 1989, S. 45 f., Achenbach 2006, S. 64. – **7** Slevogt 1920 b, S. 140. – **8** *Randzeichnungen zu Mozarts Zauberflöte*, 47 Radierungen von Max Slevogt, Verlag Paul Cassirer, Berlin 1920; *Goethes Faust. Zweiter Teil*, mit 510 Lithografien und 11 Radierungen von Max Slevogt, Verlag Bruno Cassirer, Berlin 1927. – **9** Vgl. ausführlich: Brühl 1991, S. 229–244. – **10** Zu Ludwig Richter vgl. ausführlich: Schweinfurt 2019, S. 101–121. Zu Moritz von Schwind vgl. Seifert 1996, S. 90 f. – **11** Waldmann 1912, S. 28. – **12** Cassirer 1924, S. 3. – **13** Vgl. hierzu Feulner 2018 a, S. 70. – **14** Baron Kleudgen soll Slevogt noch in Würzburg mit dem Thema bekannt gemacht haben. Dieser soll ihm sogar selbst entworfene Illustrationen zum Kopieren geliehen haben. Vgl. Heffels 1960, S. 750, Anm. 4. Vgl. auch Abb. 7, S. 121. Eine englische Ausgabe mit Illustrationen des Jugendstilkünstlers Herbert Granville Fell ist auch in der Bibliothek in Neukastel nachweisbar: Herbert Granville Fell: *The history of Ali Baba and the forty thieves*, London 1895, Signatur BSL 286, sowie *The forty thieves. Walter Crane's Picture Books*, Re-Issues, London/New York 1898, Signatur BSL 290. Des weiteren Enno Littmann: *Die Erzählungen aus den Tausendundein Nächten*, 1921, drei Bände, Signatur BSL 1704–1706, alle LBZ/Landesbibliothek Speyer. Zur Familienbibliothek vgl. Schlechter 2021, S. 265. – **15** Karl Scheffler (1869–1951) war Kunstkritiker und Publizist sowie u. a. langjähriger Chefredakteur der Monatszeitschrift *Kunst und Künstler*, die von Bruno Cassirer herausgegeben wurde. Scheffler war dort als Lektor, Bearbeiter neuer Bücher und Anreger im weitesten Sinne tätig. – **16** Scheffler 2011, S. 104.

17 Wedekind 2018, S. 25. **18** Cassirer: Vorwort, in: Cassirer 1924, S. 2. *Ali Baba und die Vierzig Räuber. Ein Märchen aus tausendundeiner Nacht*, mit 42 Zeichnungen von Max Slevogt, Verlag Bruno Cassirer, Berlin 1903 (1. Auflage), 1921 (2. Auflage = Band X des Märchenbuchs); Rümann 1936, Nr. 3. Zu *Ali Baba* vgl. ausführlich: Saarbrücken 2015 und Imiela 1968, S. 63–68. **19** Laut einer Anekdote soll Else Cassirer für Bruno Cassirers Engagement für das Kinder- und Jugendbuch verantwortlich gewesen sein, da diese für ihre Töchter Agnes und Sophie gute Kinderbücher wünschte. Nut 1989, S. 112. **20** Feulner 2018 c, S. 110. **21** Zu der Ägyptenreise vgl. ausführlich Dresden 2014. **22** Max Slevogt, *Scheherazade*, 1897, Kat. 63; Max Slevogt, *Der Lastenträger und die drei Schwestern (aus 1001 Nacht)*, 1907, Öl auf Holz, 32,50 × 43,80 cm, GDKE, Landesmuseum Mainz, Max Slevogt-Galerie, Inv.-Nr. LHS 99/2. **23** Gerdemann 2018, S. 7–10. Vgl. allg. zur Rezeption des Orients Karge 2014; zur Definition des Orientbegriffs vgl. Thum 2010. **24** Vgl. u. a. die höchst erotisch aufgeladenen Gemälde von Jean-Léon Gérôme oder die verklärten Haremsdarstellungen von Max Bredt. **25** Max Slevogt, *Hasan fliegt auf den Schultern des Feuerdrachen bis an die Grenzen des Himmels und hört die Engel Gott verherrlichen*, 1921, Lithografie, 12,1 × 20,5 cm, Sievers/Waldmann 1962, Nr. 514. **26** Feulner 2018 b, S. 150, Anm. 3. **27** Cassirer: Vorwort, in: Cassirer 1924, S. 3; so auch Zitat Guthmann, vgl. Imiela 1968, S. 401, Anm. 44. **28** Scheffler 1972, S. 140.

29 Erste Zeichnungen entstanden bereits, während Slevogt noch in München tätig ist. Guthmann 1920, S. 146–148; Imiela 1968, S. 64. **30** Max Slevogt, *Conto-Buch für Ali Baba*, 1903–1932, Notizbuch, 16,5 × 10,4 cm, GDKE, Landesmuseum Mainz, Max Slevogt-Galerie, Inv.-Nr. LHS 2009/2, S. 1–7, auf den folgenden Seiten sind Einnahmen und Ausgaben notiert. **31** Scheffler 1972, S. 139–142, hier: S. 140. **32** Max Slevogt, *Layoutbuch zum »Ali Baba«*, 1903, Tusche, Bleistift, Klischees, 305 × 210 mm, GDKE, Landesmuseum Mainz, Slevogt-Archiv, Grafischer Nachlass, Inv.-Nr. DL SL NL 2021/108. **33** In der fertigen Publikation wurde zwischen diesen Seiten eine Art Titelblatt mit einem Aquarell und der Schrift »Sesam öffne dich« als reine Abbildung eingefügt (nur in der 1. Auflage). **34** Für die Transkription danke ich sehr herzlich Frau Dr. Eva Wolf. **35** Saarbrücken 2015, S. 12. **36** Jacobs 2006, S. 107. **37** Ebd., S. 104–106. **38** Cassirer: Vorwort, in: Cassirer 1924, S. 2, 14 f. **39** Saarbrücken 2015, S. 10.

40 Cassirer: Vorwort, in: Cassirer 1924, S. 2. Dennoch gab er 1921 eine zweite Auflage heraus, nachdem die erste vergriffen war. Ebd., S. 17. **41** *Sindbad der Seefahrer*, mit 33 Kreidelithografien von Max Slevogt, Verlag Bruno Cassirer, Berlin 1908. Vgl. Sievers/Waldmann 1962, Nrn. 37–74. **42** Im Nachlass haben sich noch zwei weitere Entwürfe des Titelblatts erhalten: Max Slevogt, *Entwurf zum Titelblatt »Sindbad«*, 1907, Wasserfarbe, Pinsel, 210 × 180 mm, GDKE, Landesmuseum Mainz, Slevogt-Archiv, Grafischer Nachlass, Inv.-Nr. DL SL NL 2015/503 r; Max Slevogt, *Entwurf zum Titelblatt »Sindbad«*, 1907, Tusche, 210 × 180 mm, GDKE, Landesmuseum Mainz, Slevogt-Archiv, Grafischer Nachlass, Inv.-Nr. DL SL NL 2015/503 v. **43** Cassirer: Vorwort, in: Cassirer 1924, S. 19. Die Zeichnungen wurden notgedrungen während eines Gichtanfalls von Slevogt in seinem Bett auf Umdruckpapier gezeichnet. Vgl. Imiela 1968, S. 158. **44** *Die Inseln Wak Wak*, mit 56 Lithografien von Max Slevogt, Verlag Bruno Cassirer, Berlin 1921; Rümann 1936, Nr. 49. **45** Imiela 1968, S. 222. Diese Liebeslieder wurden später unter dem Namen *Arabische Liebeslieder* als eigene Mappe herausgegeben. Max Slevogt, *Arabische Liebeslieder*, mit 12 Kreidelithografien, einmalige Auflage von 20 Exemplaren, Verlag Bruno Cassirer, Berlin 1923. **46** Cassirer: Vorwort, in: Cassirer 1924, S. 3. **47** Brief von Max Slevogt an Karl Voll vom 16. April 1907: »[…] Ferner habe ich den orientalischen Odysseus Sindbad, mit Lauter Lithographien illustriert, u. werde ihn / aber / wieder bei Bruno Cassirer unterbringen. Es frägt sich bei den Arbeiten, ob man auf größeres Publikum, was ich nicht habe, rechnen darf, oder auf eine kleine Liebhaberausgabe. Letzteres ist vielleicht klüger, aber doch schade, da ich nun doch einmal das Bedürfnis dabei habe, (wohlgemerkt bei zeichnerischen Dingen) ›viele‹ gegen ihren Willen zu beglücken, u. es mir leidtut, daß es / nicht möglichst viele / kleine Zwackel in die Hände bekommen. Vielleicht ist es beim Sindbad möglich.« Zit. nach Slevogt 2018, Voll Nr. 1, S. 364. **48** Druckgrafiken in hohen Auflagen bei gleichbleibender sehr guter Qualität herzustellen, war auch das Ziel der Künstlervereinigung SPOG, die sich um 1920 mit Max Slevogt, Bernhard Pankok, Emil Orlik und Josef Grünberg formierte. Vgl. hierzu ausführlich Feulner 2021 b, S. 55. **49** Zit. nach Imiela 1968, S. 401, Anm. 43. Achenbach 2006, S. 71.

50 *Rübezahl*, erzählt von K. A. Musäus. Für die Jugend von Christian Morgenstern, mit 47 Federzeichnungen von Max Slevogt, Verlag Bruno Cassirer, Berlin 1909, vgl. auch Rümann 1936, Nr. 77. **51** Imiela 1968, S. 163. **52** Neben Max Slevogt wirkten an den Illustrationen der Bände auch Leopold von Kalckreuth, Walter Klemm, Carl Strathmann, Karl Walser, Bernhard Hasler und Alfred Kubin mit. Brühl 1991, S. 230. **53** Rümann listet 15 *Deutsche Märchen* auf, die bei Bruno Cassirer erschienen, vgl. Rümann 1936. **54** Vergleiche Söhn Nrn. 324 und 699. **55** *Reineke. Illustrationen zu dem Märchen Reineke Fuchs der Gebrüder Grimm*, dem Verleger und Freunde Bruno Cassirer gewidmet, mit 12 Radierungen von Max Slevogt, Verlag Bruno Cassirer, Berlin 1928. Vgl. auch Söhn Nrn. 817–828. Diese Fabeln waren auch in mehreren Ausgaben in der Familienbibliothek (heute in LBZ, Landesbibliothek Speyer) vorhanden und eines seiner Lieblingsbücher, das er laut seinem Freund Guthmann immer am Pfingstsonntag las. Vgl. Guthmann 1955, S. 305. Auch malte er für seinen engen Freund Josef Grünberg die vorgesehene Hinrichtung des Fuchses. Vgl. Max Slevogt, *Reineke Fuchs bei der vorgesehenen Hinrichtung*, Eiweiß-Malmittel auf Leder, GDKE, Landesmuseum Mainz, Max Slevogt-Galerie, Inv.-Nr. LHS 83/3. **56** Scheffler 1911. **57** Rümann Nrn. 78–80 (viele dieser Zeichnungen wurden als Holzschnitte von Oscar Bangemann reproduziert und 1920 von Bruno Cassirer in Rümann Nr. 52 verwendet). Vgl. auch Söhn Nrn. 294–328; Imiela 1968, S. 164. Eine Vielzahl der Vorzeichnungen hat sich im Grafischen Nachlass (heute Landesmuseum Mainz) erhalten. **58** Imiela 1968, S. 166. **59** *Alte Märchen mit der Feder erzählt in Worte gefasst von Joachim Zimmermann*, mit 20 Reproduktionen nach Federzeichnungen von Max Slevogt, in Pergamentmappe, Propyläen Verlag, Berlin 1920 (Auflage 200 Stück).

60 15 der Vorzeichnungen dieser Märchenillustrationen befinden sich in der Sammlung des Museums Georg Schäfer, Schweinfurt (Kat. 55–60), drei verblieben im Nachlass Slevogts und befinden sich heute im Landesmuseum Mainz: *Die Schwanenprinzessin*, *Das Kalte Herz* und *Der goldene Vogel*, GDKE, Landesmuseum Mainz, Slevogt-Archiv, Grafischer Nachlass, Inv.-Nr. DL SL NL 2021/109–111. **61** Zur Definition der »Arabeske« und dem Begriff der »romantischen Arabeske« vgl. ausführlich Busch 2013. **62** Zu dem Cover für *Kunst und Künstler* vgl. drei Entwurfszeichnungen, in: Mainz 2018, Kat. 1.17 und 1.18, S. 42 f. Zu den Neu-Cladower Fresken vgl. Owesle 2018.

63 Johann Karl August Musäus, *Volks-Märchen. Für die reifere Jugend*, neu überarbeitet von Franz Hoffmann, Stuttgart 1866, LBZ, Landesbibliothek Speyer, Signatur BSL 200 (vgl. Abb. 11). Bruno Cassirer gab diese Volksmärchen 1909 auch als Reprint heraus. In einem Brief vom 11. November 1911 fragte er seinen Freund Karl Voll, ob dieser auch die erste Ausgabe (erschienen zwischen 1782 und 1786, in fünf Bänden, der zweite Band enthielt auch *Die Legenden von Rübezahl*) mit Lithografien und Zeichnungen von Richter und Schröder kenne. Slevogt hatte sie in seiner Bibliothek gefunden. Karl Voll beriet Slevogt bei den Märchenillustrationen. Vgl. Slevogt 2018, Voll Nr. 8, S. 383. **64** Imiela 1968, S. 222; Schweinfurt 2009, S. 166. Vgl. auch Schweinfurt 2001, S. 70–119.

65 Zimmermann: Vorwort, in: Slevogt 1920 a, siehe Kat. 54. **66** Zur sequenziellen Gestaltung der Bilderbögen vgl. ausführlich Auringer 2021. **67** Hilscher 1977, S. 17–19. **68** Slevogt selbst identifizierte sich beispielsweise u. a. mit Sindbad, vgl. Imiela 1968, S. 274.

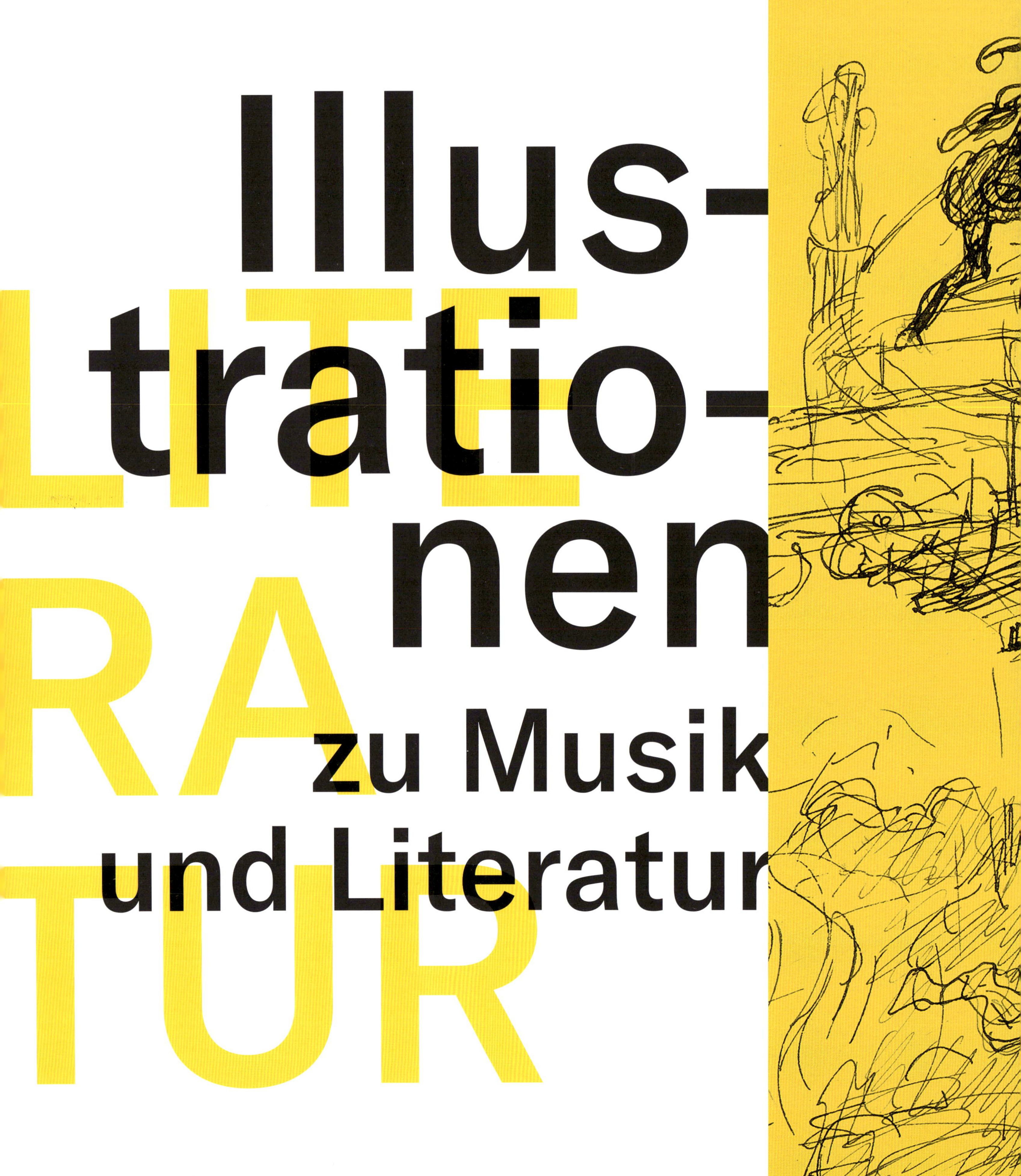
Illus-
tratio-
nen
zu Musik
und Literatur
LITE
RA
TUR

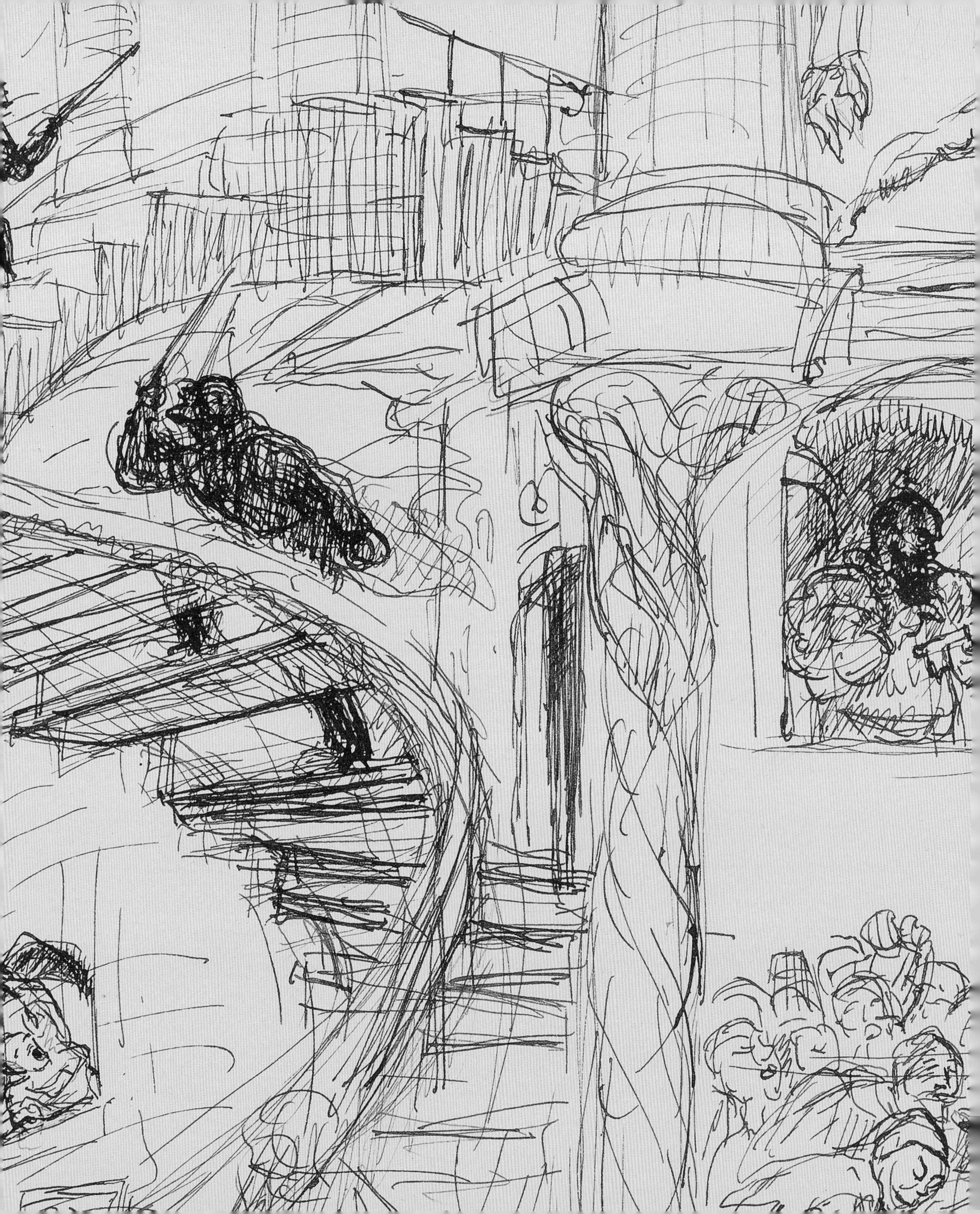

053

Schumann-Sonate

– 1886 – Feder und Tusche in Blau und Schwarz auf Papier – 21 × 33,1 cm – GDKE – Direktion Landesmuseum Mainz, Slevogt-Archiv, Grafischer Nachlass – Inv.-Nr. DL SL NL 2001/101 –

Lit.: Imiela 1968, S. 15. – Saarbrücken/Mainz 1992, S. 16, Abb. 4, S. 16. – Schenk 2015, S. 66 (Anm. 237, 238), 312, Abb. 9.

Das Blatt gehört zu Slevogts frühesten Darstellungen musikalischer Themen. Der Künstler interpretierte in den Jahren zwischen 1886 und 1888, also noch in seiner Studienzeit, in ähnlicher Weise *Beethoven-Sonate* und *Chopin Präludien* in Bildern. Dabei ging es ihm wohl vor allem um die Übersetzung von Stimmungen und Gefühlen, die die Musik in ihm auslöste, in eine Vision auf dem Papier. Auch in dem sogenannten *Roten Buch* im Landesmuseum Mainz, mit dem er sich während seiner Studienjahre eine Motiv- und Themensammlung aufbaute, findet man eine Reihe von musikalischen Interpretationen, u. a. zu *Carmen*, *Rigoletto*, *Tristan*, ein *Andante maestoso* oder eine *Bach-Fuge*. Manche Zeichnungen sind mit Notenauszügen versehen.

Um welche Schumann-Sonate es sich hier handelt, ist noch nicht eindeutig bestimmbar. Die Figuren lassen an Schumanns Klaviersonate in fis-Moll, op. 11, denken, die er 1835 komponierte und Clara Wieck mit dem Zusatz »von Florestan und Eusebius« widmete. Schumann griff dabei die Figuren der beiden Brüder aus Jean Pauls *Flegeljahren* auf: Florestan vertritt die stürmisch-leidenschaftliche Seite, Eusebius die bedächtig-lyrische.

Die Sonate hat einen stark biografisch geprägten Hintergrund, denn Claras Vater war zu dieser Zeit gegen eine Verbindung zwischen seiner Tochter und Schumann. Die Musik setzt die emotionalen Spannungen, aber auch fantasievolle Ideen um. Musikalisch würde aber ebenso Schumanns dritte Sonate, op. 14, passen, insbesondere das »Andantino de Clara Wieck« des dritten Satzes. Slevogts bildliche Interpretation der Musik ist figürlich und irreal. Er übersetzte sie in eine Liebes- und Flugszene, in der das eng aneinandergeschmiegte Paar sich über die Wolken eines nächtlichen Himmels erhebt, begleitet von dunklen Vögeln, einem Lyra-Spieler und weiteren engelhaften, aber nur als Schatten gegebenen Figuren im Hintergrund. Das Paar erinnert an Paolo und Francesca, das unglückliche Liebespaar aus Dantes *Göttlicher Komödie*. Das frühe Blatt lässt zudem an musikalische Interpretationen von Moritz von Schwind, den Slevogt in seinen frühen Jahren studierte, oder an Max Klinger, etwa dessen *Evocation* aus der Serie *Brahmsphantasie. Opus XII* von 1894 denken. – **KR**

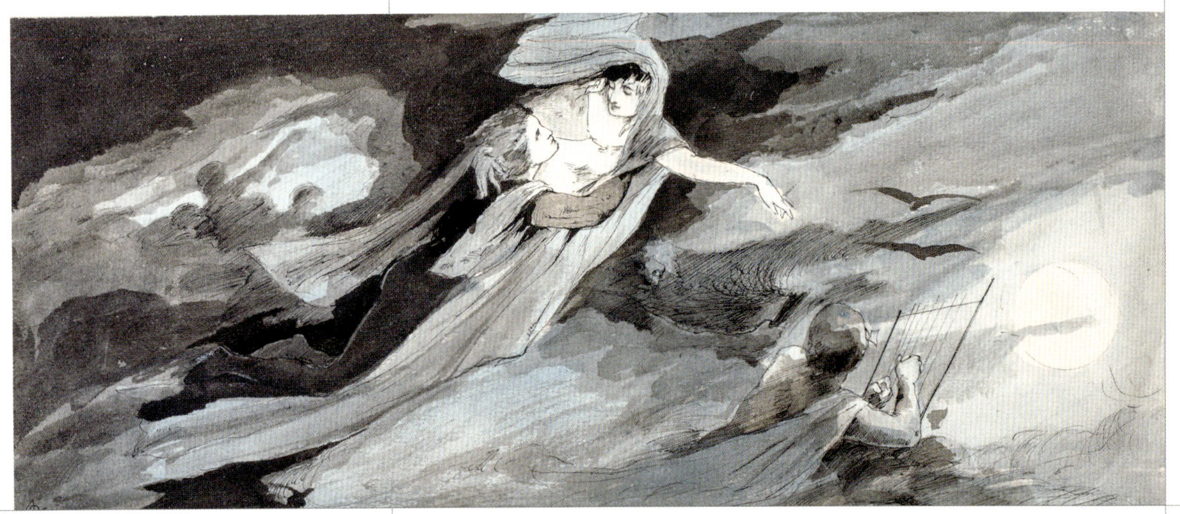

Märchen

Alte Märchen mit der Feder erzählt

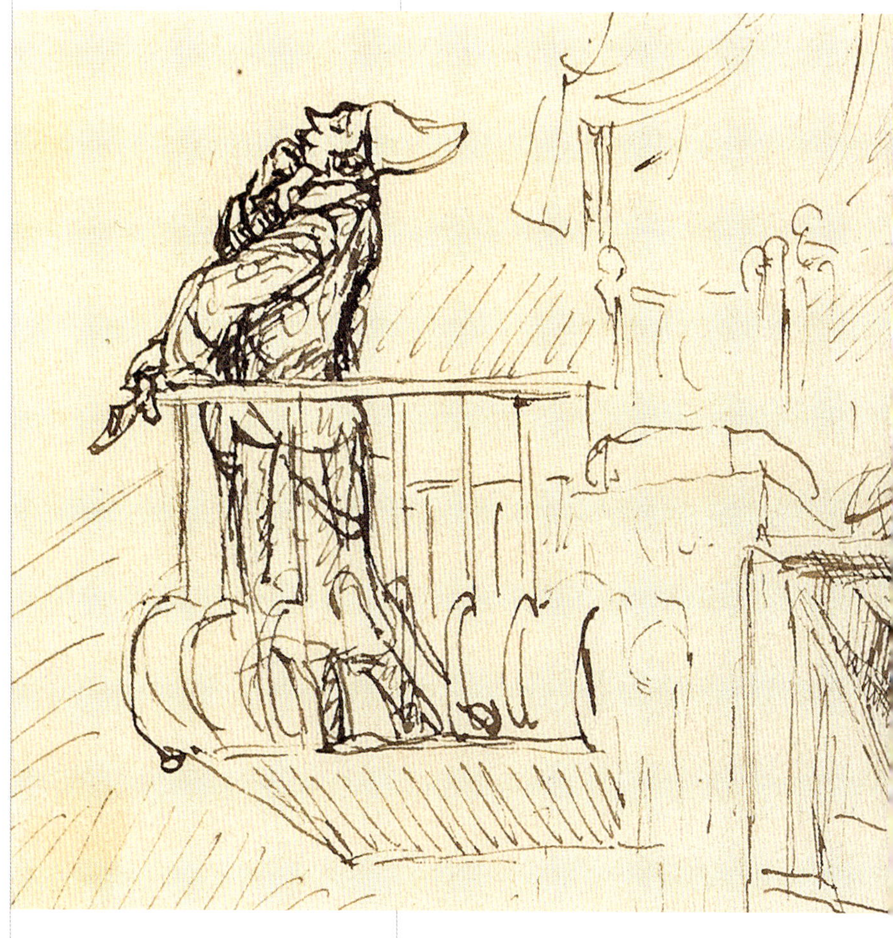

Der Propyläen Verlag in Berlin, geleitet von Emil Herz, veröffentlichte seit seiner Gründung 1919 neben Werken zur Geschichte und Kunstgeschichte auch Klassiker und Belletristik. 1920 verhandelte Slevogt mit dem einflussreichen Kunstkritiker und Herausgeber Julius Elias über die Publikation der *Alten Märchen*. Elias förderte, ähnlich wie Cassirer, die Künstlerillustration. Die Idee war wohl gemeinsam mit den Freunden Guthmann und Zimmermann während des Rückzugs nach Neukastel in den Kriegsjahren entstanden.
Anders als in den meisten Märchenbüchern folgen hier die Texte den 20 Illustrationen. Die Bilder sind nicht in den Text eingefügt, sondern füllen jeweils eine ganze Querseite. Autor der oft ebenfalls nur eine Seite umfassenden Texte war der mit dem Künstler befreundete Joachim Zimmermann.
Er schuf freie Nacherzählungen und erklärte dazu im Vorwort des Buches, seine Worte möchten dazu dienen, »damit ihr [die Leser] leichter den munteren Sprüngen der Feder folgen könnt. Zumal da der Zeichner leider keinen allzugroßen Ordnungssinn bewiesen hat.« Zimmermann meinte damit die unorthodoxe Anordnung der einzelnen Szenenbilder, die sich in kunstvollen Kompositionen, aber ohne systematische, klar chronologische Reihung zu einem großen Bild der Erzählung zusammenfügen. Er verwies zudem darauf, dass sich Slevogt zuweilen von der Geschichte löste und frei hinzuerfunden habe. Aber: Märchen könnten eben »immer neu gelesen und angeschauet werden«.
Tatsächlich knüpfte Slevogt zwar zum einen an die Tradition der Bilderbögen des 19. Jahrhunderts an, nahm sich zum anderen aber größere künstlerische Freiheiten und spielte mit den Möglichkeiten der Komposition von Bildern im Bild. Immer wieder fand er für den Charakter und Verlauf der Handlung eigene Strukturen, Gliederungs- und Verbindungselemente. Mal ist es ein architektonischer Rahmen, wie bei der Geschichte um den Ritter Blaubart, mal ein pflanzlicher, etwa bei *Paiwai und Paiwuzzo*, wo von Affen bekletterte Lianen die Einzelbilder trennen. Oft finden sich Anklänge an die Bühne, die seine Liebe für Theater und Oper offenbaren. Die ausgewählten Märchen stammen von verschiedenen Autoren, unter ihnen die Gebrüder Grimm, Wilhelm Hauff und Charles Perrault. – KR

054

Alte Märchen mit der Feder erzählt

– von Max Slevogt, in Worte gefasst von Joachim Zimmermann – Berlin, Propyläen Verlag – 1920 – Museum Georg Schäfer, Schweinfurt – o. Inv.-Nr. –

Lit.: Rümann 1936, Nr. 63. – Heffels 1952, S. 76–78. – Imiela 1968, S. 222. – Söhn 2002, Nr. 329. – Marks 2008.

Slevogts Federzeichnungen wurden für den Band fotomechanisch als Strichätzungen reproduziert. Die Zeichnungen wurden fotografiert, das Negativ wurde dann in säurefester Form auf eine Metallplatte kopiert; es folgte die Ätzung, durch die die zu druckenden Linien erhaben stehen blieben. Diese Technik ermöglichte eine hohe Auflage, führte aber zu qualitativen Einbußen. Verloren gingen beim Druck vor allem die feinen Nuancen, die zarten Federstriche und Abstufungen in der Farbigkeit der Tinte. Es gab neben der hier vorliegenden günstigen »Volksausgabe« auch eine teurere »Prachtausgabe« in Pergamentmappe und auf Büttenpapier, bei der die Bilder passepartouriert waren und eine Originallithografie – *Schneewittchen bei ihrer Morgentoilette* – beigelegt war. – KR

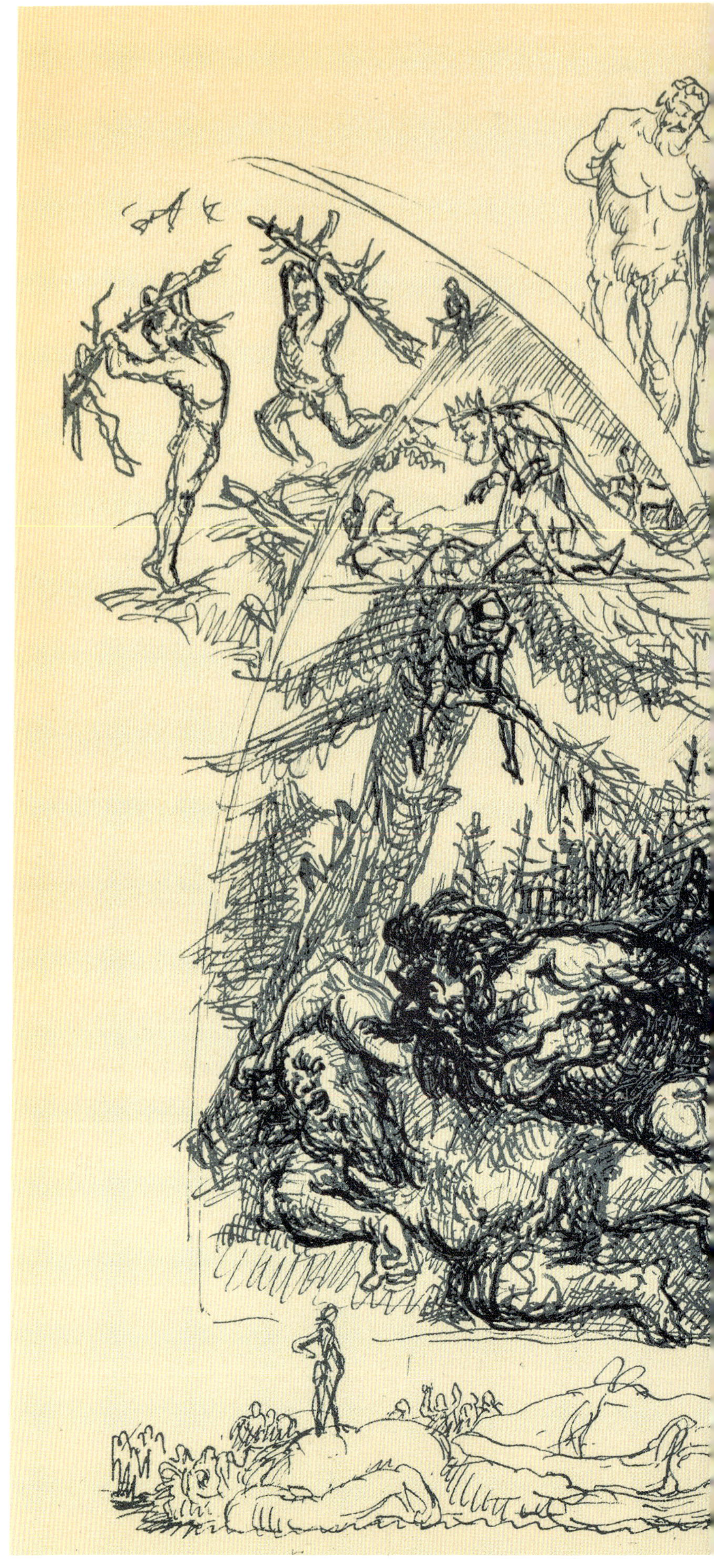

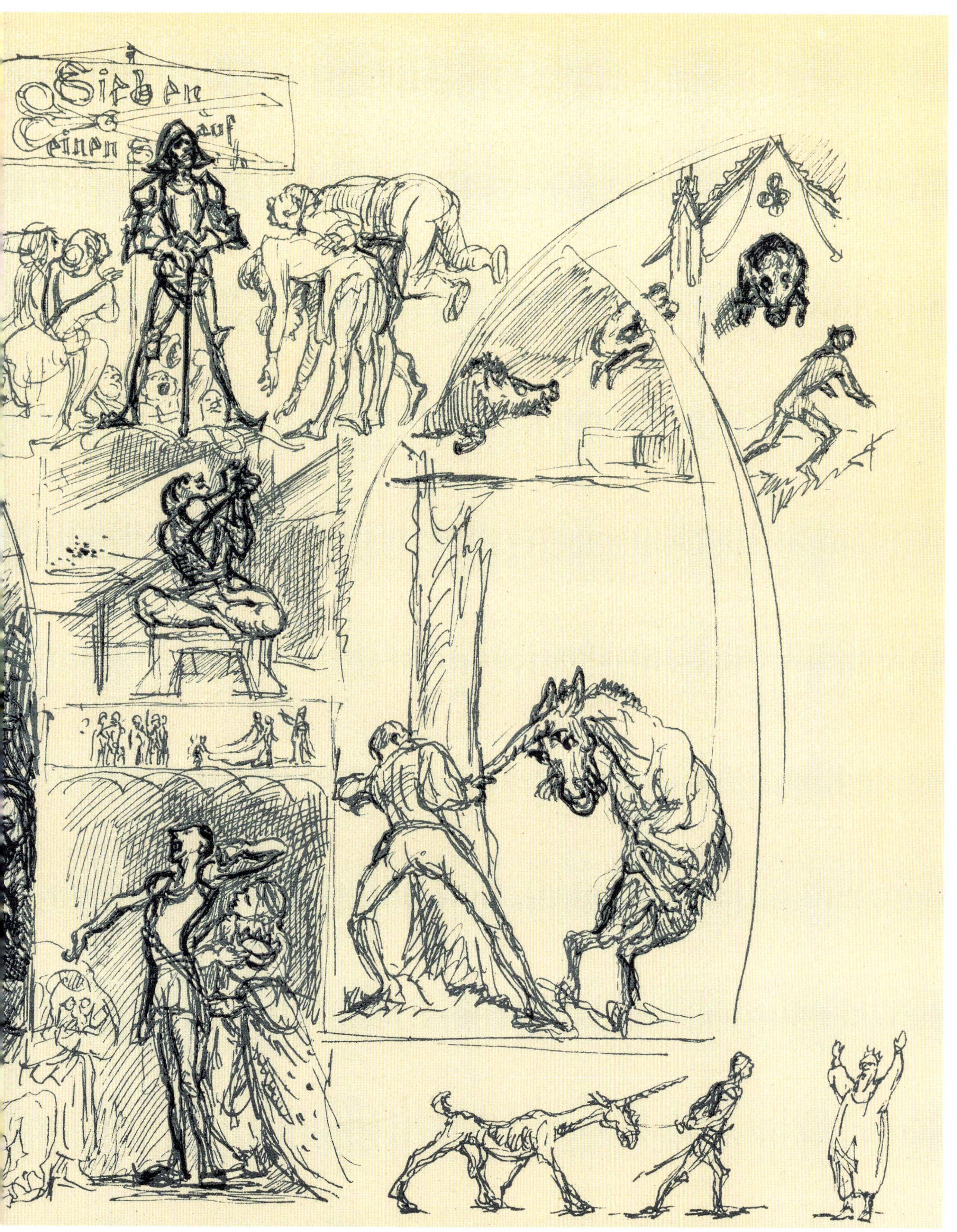
Sieben
auf
einen

055

– Vorzeichnung zu den *Alten Märchen mit der Feder erzählt* – um 1920 – Feder in Braun und Schwarz – 20,7 × 26,7 cm – Museum Georg Schäfer, Schweinfurt – Inv.-Nr. MGS 3042A –

Lit. zu allen Vorzeichnungen: Schweinfurt 2001, S. 70–75 und S. 118 f. – Schweinfurt 2009, S. 166, Kat. 80 a – j.

Das tapfere Schneiderlein (Nach Grimm)

Im Museum Georg Schäfer befinden sich 15 Vorzeichnungen für die *Alten Märchen mit der Feder erzählt*, die 1920 im Propyläen Verlag veröffentlicht wurden. Drei weitere und ein Entwurf für die Titelbeschriftung werden in der Graphischen Sammlung des Landesmuseums Mainz aufbewahrt.[1]

Die Bilderzählung zum *Tapferen Schneiderlein* beginnt im Zentrum mit dem Schneider bei der Arbeit – neben sich das Marmeladenbrot, um das die Fliegen schwirren. Nachdem er die sieben Fliegen auf einen Streich erlegt und sich eine entsprechende Aufschrift für den Gürtel gestickt hat, halten ihn die Menschen für einen großen Helden, der sieben Menschen auf einen Streich getötet habe. Man erkennt oben den bewunderten Schneider als stolzen Ritter, einem Herkules gleich.

Der König versucht, diesen Helden für sich zu gewinnen und lockt ihn mit der Hand seiner Tochter, wenn er zuvor drei schwierige Aufgaben bestehen würde. Links ist im oberen Teil eines Spitzbogens zu sehen, wie der König den schlafenden Schneider entdeckt. Darunter und links darüber spielt sich die erste Probe ab: Der Schneider soll zwei Riesen töten. Von einem Baum aus bewirft er sie mit Steinen; sie verdächtigen sich gegenseitig, geraten in Kampf und töten sich. Oben links schlagen sie mit ausgerissenen Stämmen aufeinander ein; das Schneiderlein schaut zu. Ganz unten auf der Seite steht der Schneider auf einem der toten Riesen, daneben liegt der zweite.

Auf der rechten Seite des Blattes, im unteren Teil des Spitzbogens und darunter, folgt die zweite Aufgabe: Der Schneider soll ein Einhorn fangen. Er lässt sich von ihm jagen und es mit seinem Horn gegen einen Baumstamm rennen, in dem es stecken bleibt. So kann er es zum König führen, der jubelnd die Arme hebt. Oben rechts folgt die dritte Aufgabe, bei der ein Wildschwein gefangen werden soll.

056

– Vorzeichnung zu den *Alten Märchen mit der Feder erzählt* – um 1920 – Feder in Schwarz – 20,5 × 26,7 cm – Museum Georg Schäfer, Schweinfurt – Inv.-Nr. MGS 3051A –

Aladdin oder die Wunderlampe (Nach Tausendundeine Nacht)

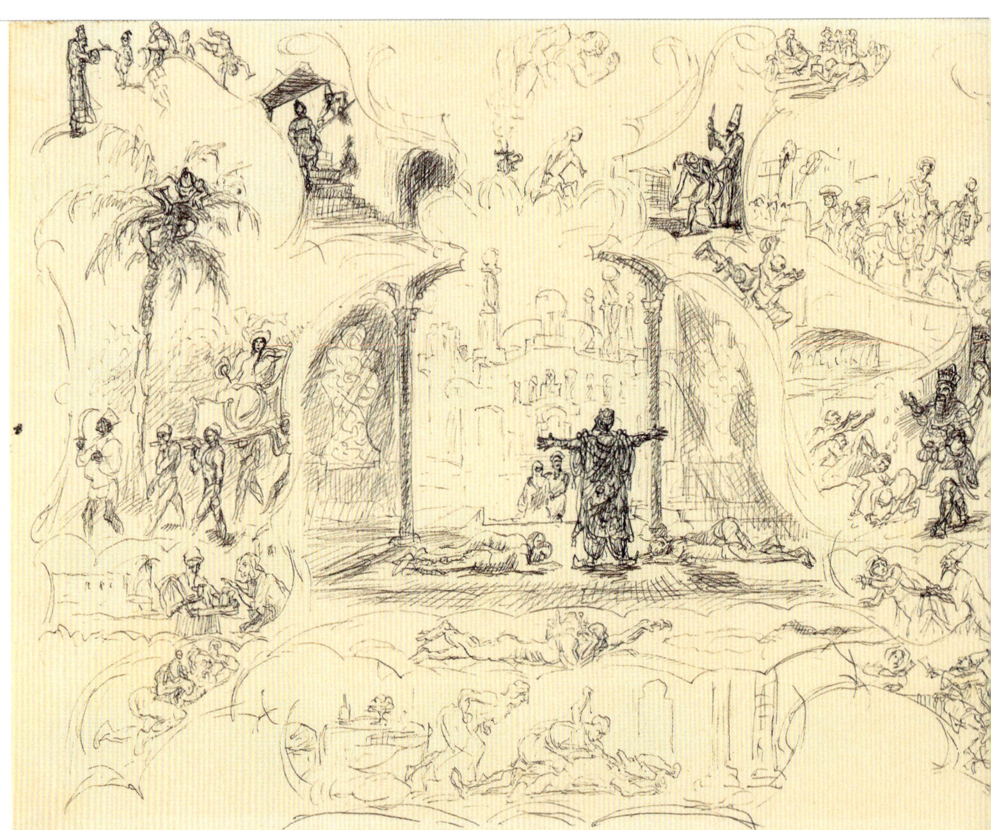

Der Schneider lässt es in eine Kapelle rennen, springt geschickt aus dem Fenster und schlägt die Tür zu. Das Schwein bleibt im Fenster hängen. Unten mittig endet das Märchen mit dem erschöpft gähnenden, aber belohnten Schneider, der nun von seiner jungen Gemahlin, der Prinzessin, umsorgt wird. — **KR**

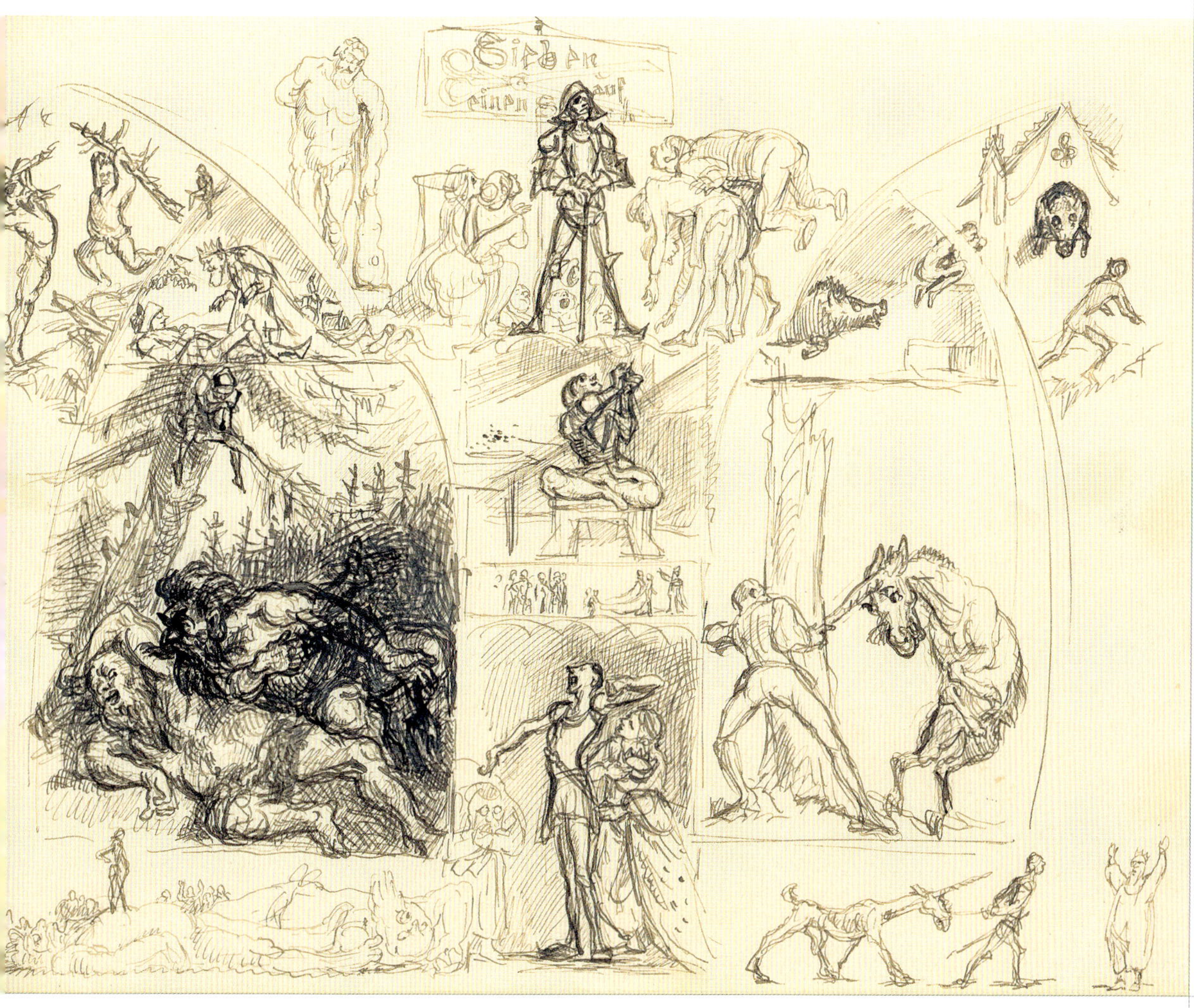

— **1** *Die Schwanenprinzessin*, Feder in Schwarz, 23,5 × 33,1 cm/*Das kalte Herz*, Feder in Schwarz auf einer Skizzenbuchseite, 20,5 × 26,6 cm/*Der goldene Vogel*, Feder in Schwarz, 21 × 26,6 cm/*Entwurf der Titelbeschriftung*, schwarze Tinte auf Transparentpapier, 15 × 31 cm.

Slevogt macht es dem Betrachter hier nicht ganz leicht, die Szenen der Geschichte in der richtigen Reihenfolge zu finden. Die Erzählung beginnt in der oberen linken Ecke. Ein Zauberer entdeckt zwischen spielenden Kindern den armen Jungen Aladdin. Er schickt ihn in eine Höhle, um aus einem unterirdischen Garten eine Lampe zu holen. Weil der Junge die Lampe aber nicht abgeben will, schickt ihn der Zauberer wieder in die Tiefe und schließt ihn ein (Bild oben rechts der Mitte). In der Höhle reibt Aladdin zufällig an einem Ring, den er vom Zauberer erhalten hatte. Ihm erscheint ein Geist, der ihn befreit. Zurück bei der Mutter entdeckt er, dass ein noch mächtigerer Geist in der von ihm mitgebrachten Lampe wohnt (oben Mitte), doch er und die Mutter nutzen dieses Glück nur in bescheidenem Maße. Jahre später verliebt sich Aladdin in die Tochter des Sultans. Links sieht man, dass er von der Spitze einer Palme aus beobachtet, wie die Prinzessin zum Bad getragen wird. Mit einem Gefäß voller Edelsteine schickt er die Mutter zum Sultan, um für ihn um die Hand seiner Tochter anzuhalten (oben rechts).

Dank der Zauberkräfte des Lampengeistes erscheint bald darauf Aladdin selbst als reicher Mann im prächtigen Aufmarsch (Bild rechte Seite) und überzeugt den Sultan. Er lässt sich über Nacht einen eigenen Palast gegenüber dem Sultanspalast zaubern. Dort leben er und die Prinzessin vorerst glücklich, bis der böse Zauberer davon erfährt. Es gelingt ihm, die Zauberlampe gegen eine andere zu tauschen (Bild unten links). Prinzessin und Palast lässt er mithilfe des Geistes nach Afrika bringen (Bild unten mittig) und bedroht die Prinzessin (Bild unten rechts). Aladdin nutzt seinen verbliebenen Zauberring und folgt ihnen (Bild unten links). Er tötet den Zauberer (Bild unten mittig) und kehrt mit Frau und Palast zurück. Mit ausgebreiteten Armen empfängt der Sultan in der Abschlussszene im Zentrum des Blattes das zurückkehrende Paar und den ebenfalls wieder aufgetauchten Palast. — **KR**

057

– Vorzeichnung zu den *Alten Märchen mit der Feder erzählt* – um 1920 – Feder in Braun und Schwarz – 20,6 × 26,7 cm – Museum Georg Schäfer, Schweinfurt – Inv.-Nr. MGS 3038A –

Paiwai und Paiwuzzo (Aus der Erinnerung erzählt)

Diesmal ließ Slevogt die grausame Geschichte unten mittig beginnen und entwickelte sie nach oben aufsteigend gegen den Uhrzeigersinn. Ritter Blaubart führt seine neue Ehefrau in seinen Palast, wo das Paar mit Fanfarenklängen empfangen wird. Vor einer Reise händigt Blaubart seiner Frau alle Schlüssel aus (Rundbogenfenster links), von denen sie einen nicht benutzen darf.

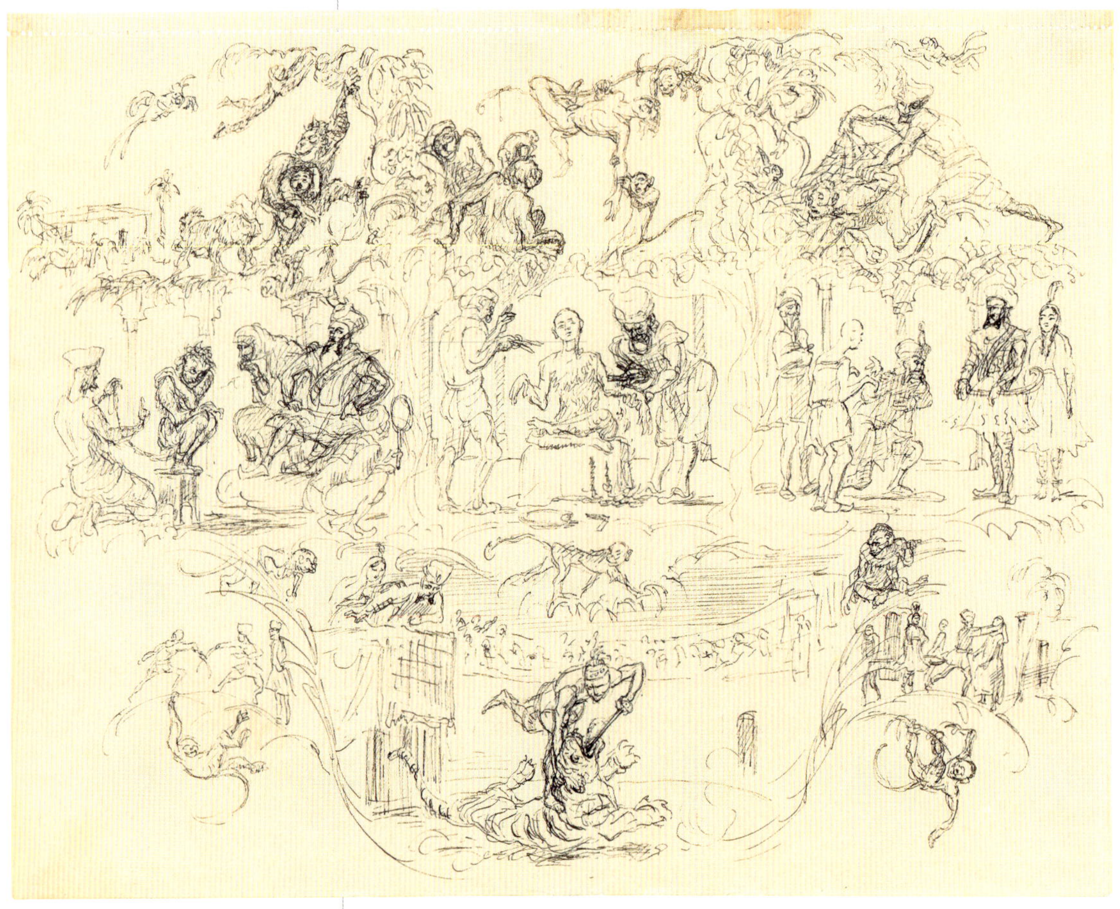

Dem kleinen Jungen Paiwai entfliegt sein geliebter Papagei Paiwuzzo. Er sucht ihn im Urwald und wird dort von Affen entführt (oben links), die ihn wie ein eigenes Kind aufziehen und ihm ihre Künste beibringen (oben Mitte). Bald fühlt er sich selbst wie ein Affe. Eines Tages wird er von einem Bauern mit einem Netz gefangen (oben rechts). Dieser zeigt ihn als besonders gelehrigen Affen in der Stadt und am Hof des Fürsten (mittlere Bilderreihe links). Dort entdeckt man, dass er doch eigentlich ein Mensch ist, schert seine Haare, kleidet ihn (Mitte) und präsentiert ihn dem Fürsten und der Prinzessin, die sich in den jungen Mann verliebt.

Paiwai wird zum Edelmann ausgebildet (unten links) und tritt in einem Turnier gegen einen Tiger an, um die Hand der Prinzessin zu gewinnen. Mit seiner bei den Affen erlernten Geschicklichkeit tötet er den Tiger (Bild unten mittig). Er heiratet die Prinzessin und kehrt zu seiner Mutter zurück. – KR

058

Vorzeichnung zu den *Alten Märchen mit der Feder erzählt* um 1920
Feder in Schwarz
22,1 × 28,5 cm Museum Georg Schäfer, Schweinfurt
Inv.-Nr. MGS 3049A

Ritter Blaubart (Nach Perrault)

Doch die Neugier führt die Alleingelassene zu dem verbotenen Zimmer (Rundbogenfenster rechts). Als sie es öffnet, macht sie eine furchtbare Entdeckung: Auf dem Boden liegen die blutigen Köpfe, an den Wänden hängen die Körper der vergangenen Ehefrauen Blaubarts (oben rechts). Vor Schreck lässt sie den Schlüssel fallen, der dabei blutig wird.

Blaubart erkennt dies bei seiner Rückkehr und will nun auch sie töten. Die junge Frau kann gerade noch ihre Schwester alarmieren. Blaubart steht kurz davor, seiner Frau den Kopf abzuschlagen (oben Mitte), als im letzten Moment der von der Schwester gerufene Bruder und seine Helfer in das Schloss eindringen (links). Sie töten Blaubart und befreien die Bedrohte. KR

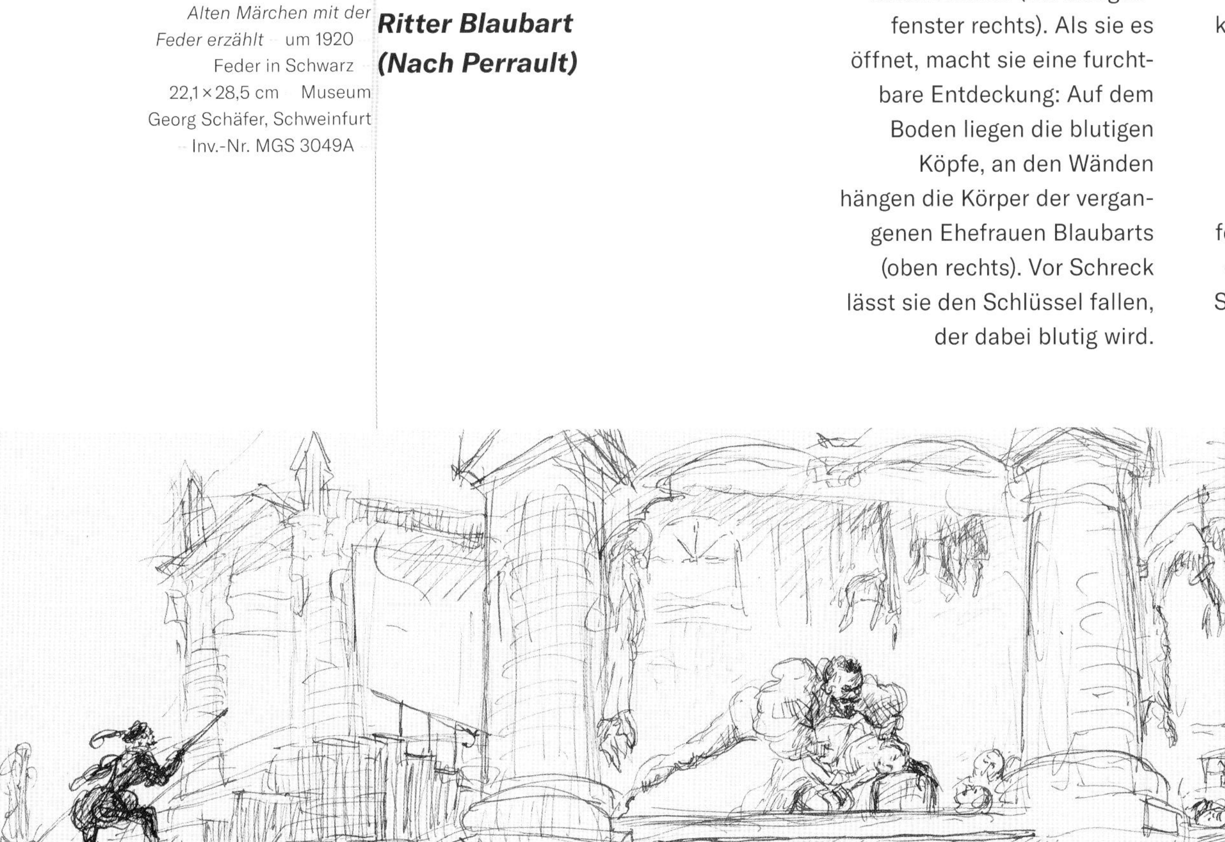

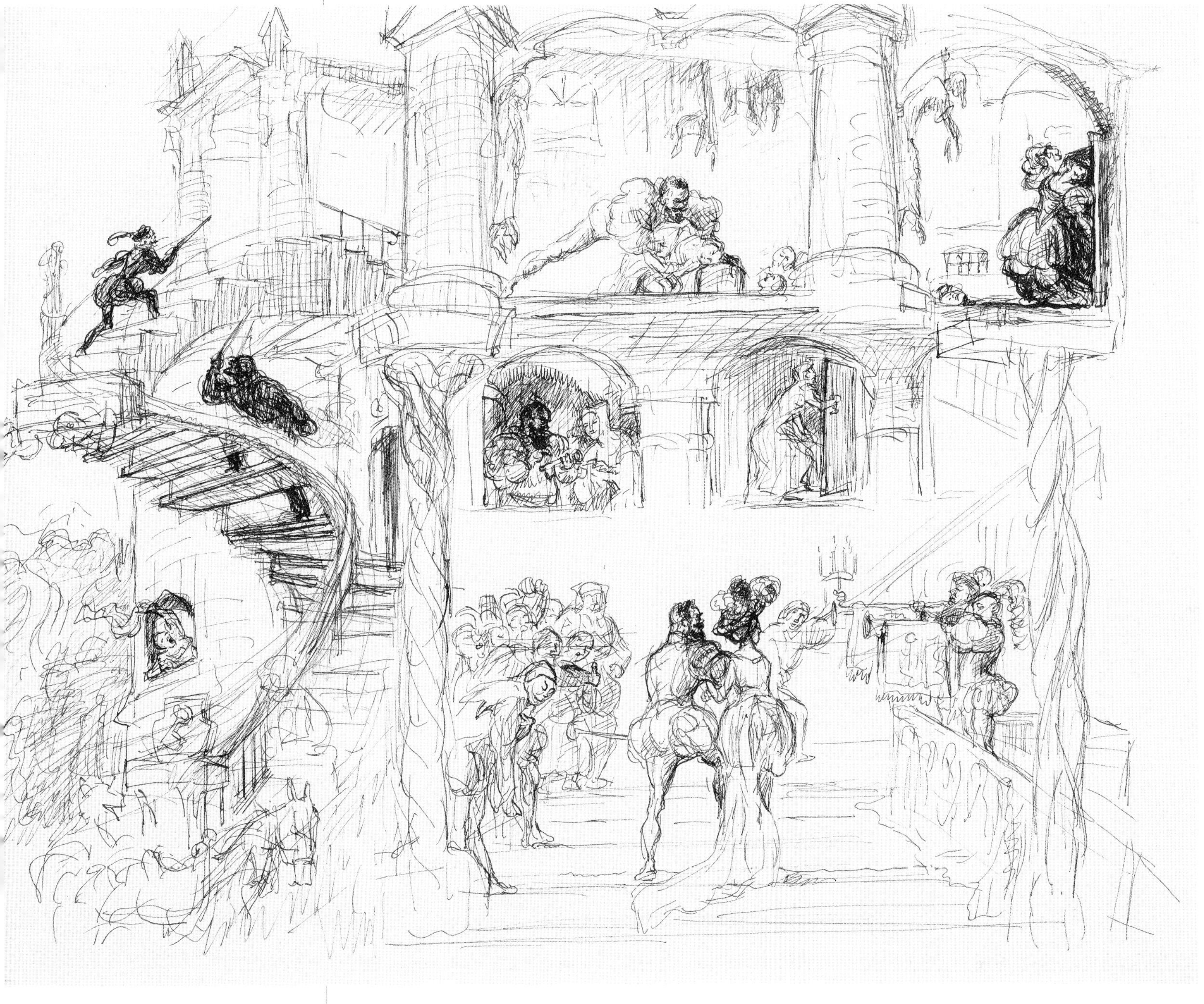

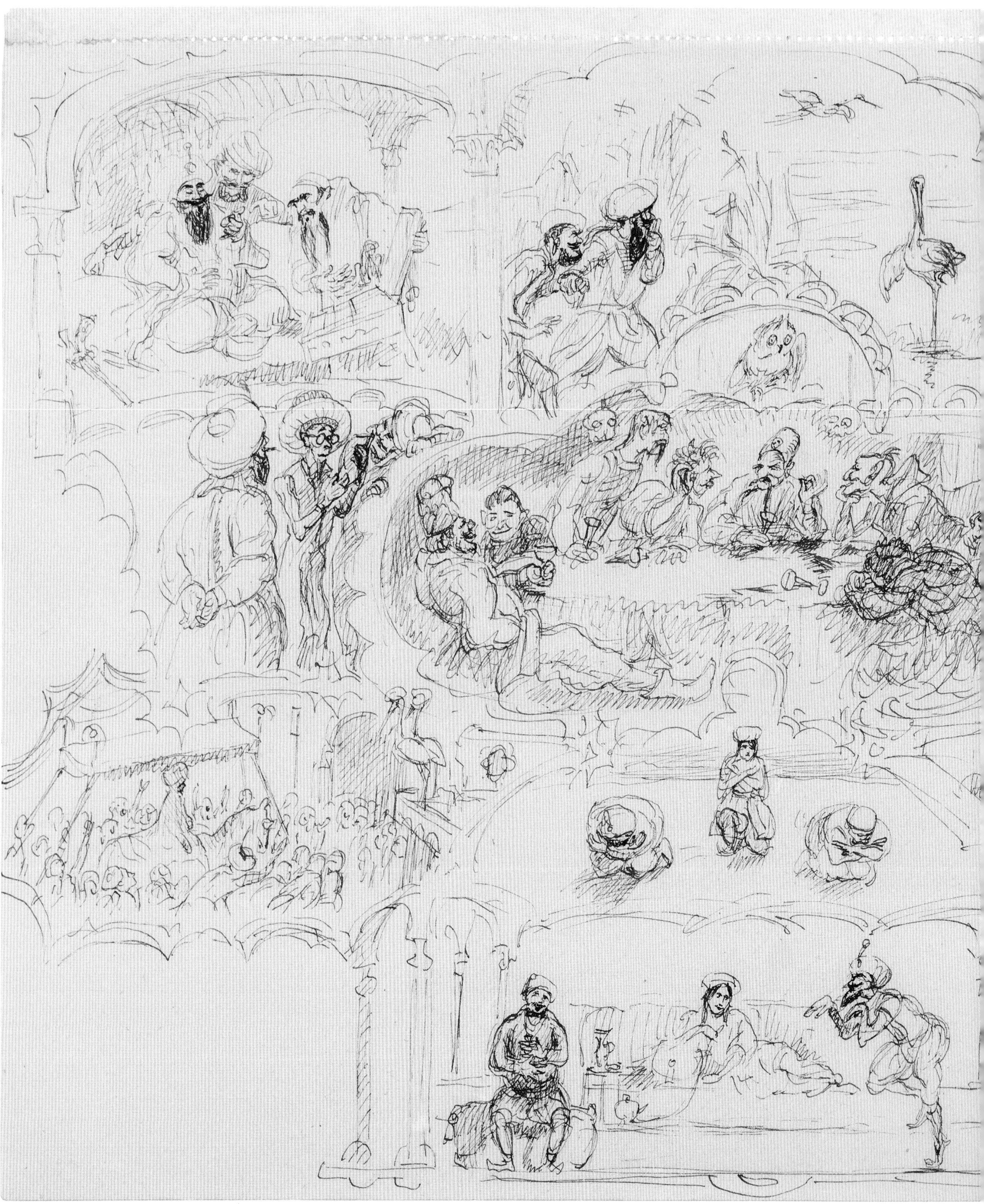

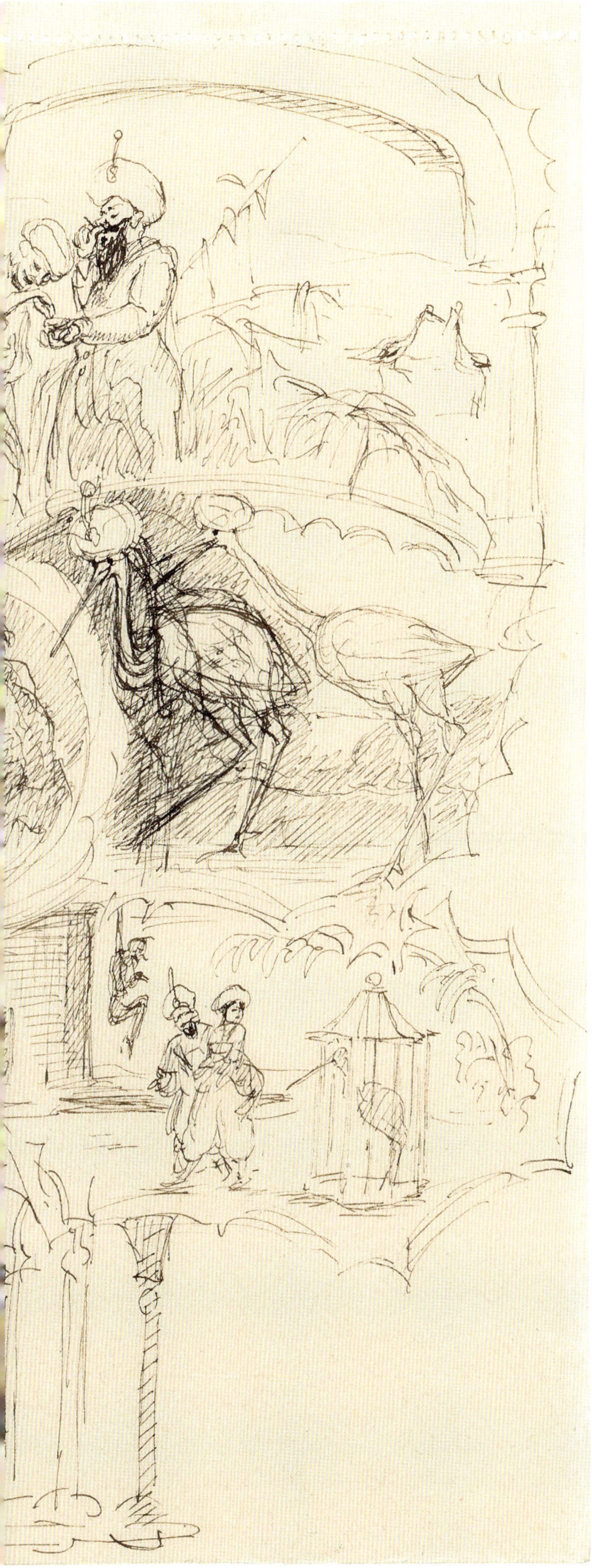

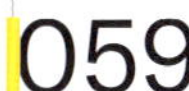

– Vorzeichnung zu den *Alten Märchen mit der Feder erzählt* – um 1920 – Feder in Braun und Schwarz – 20,5 × 26,7 cm – Museum Georg Schäfer, Schweinfurt – Inv.-Nr. MGS 3044A –

Die Geschichte vom Kalif Storch (Nach Hauff)

Der Kalif von Bagdad erwirbt gemeinsam mit seinem Großwesir von einem Krämer ein Pulver und ein Papier mit geheimnisvollem Text (oben links). Ein Gelehrter erklärt den beiden (Bild darunter), dass sich derjenige, der das Pulver schnupfe und dazu »Mutabor« sage, in ein Tier seiner Wahl verwandeln und dessen Sprache sprechen würde. Die Rückverwandlung erfolge mit dem gleichen Wort und einer dreimaligen Verneigung nach Osten. Man dürfe aber während der Verwandlung auf keinen Fall lachen, da man dann das Wort vergesse.

Am nächsten Morgen wollen die beiden das Pulver an einem Teich ausprobieren. Dort entdecken sie zwei Störche (oben Mitte). Sie nehmen das Pulver (oben rechts), sprechen das Zauberwort und verwandeln sich in Störche (darunter). Nun hören sie, was die anderen beiden Störche sich erzählen. Als die Störchin anfängt, sich im Tanzen zu üben, müssen die beiden lachen und vergessen daraufhin das Zauberwort.

Sie bleiben in ihrer Storchengestalt. In Bagdad ruft man nach dem Verschwinden des Kalifen bald einen Nachfolger aus. Die beiden Verwandelten beobachten dessen Einzug in die Stadt von einem Dach aus (unten links). Es ist der Sohn eines bösen Zauberers. Eines Nachts treffen der Kalif und sein Wesir eine weinende Nachteule (etwas oberhalb der Mitte). Sie ist eine vom Zauberer verhexte indische Prinzessin und führt die beiden zu einem Treffen des Zauberers (Mitte). Es stellt sich heraus, dass der Zauberer auch der Krämer war, der ihnen das Pulver verkaufte. Zufällig hören sie aber auch das vergessene Zauberwort. Sie können sich zurückverwandeln, und auch die Eule wird plötzlich wieder zum Menschen (etwas unterhalb der Mitte). Der Kalif lässt den Zauberer hängen und seinen Sohn in einen Storch verwandeln, den er einsperrt (unten rechts). Er heiratet die indische Prinzessin; ab und an spielt er ihr und dem Wesir noch einmal den Storch vor (unten mittig). – KR

060

– Vorzeichnung zu den *Alten Märchen mit der Feder erzählt* – um 1920 – Feder in Braun und Schwarz – 20,5 × 26,7 cm – Museum Georg Schäfer, Schweinfurt – Inv.-Nr. MGS 3040A –

Die zertanzten Schuhe (Nach Grimm)

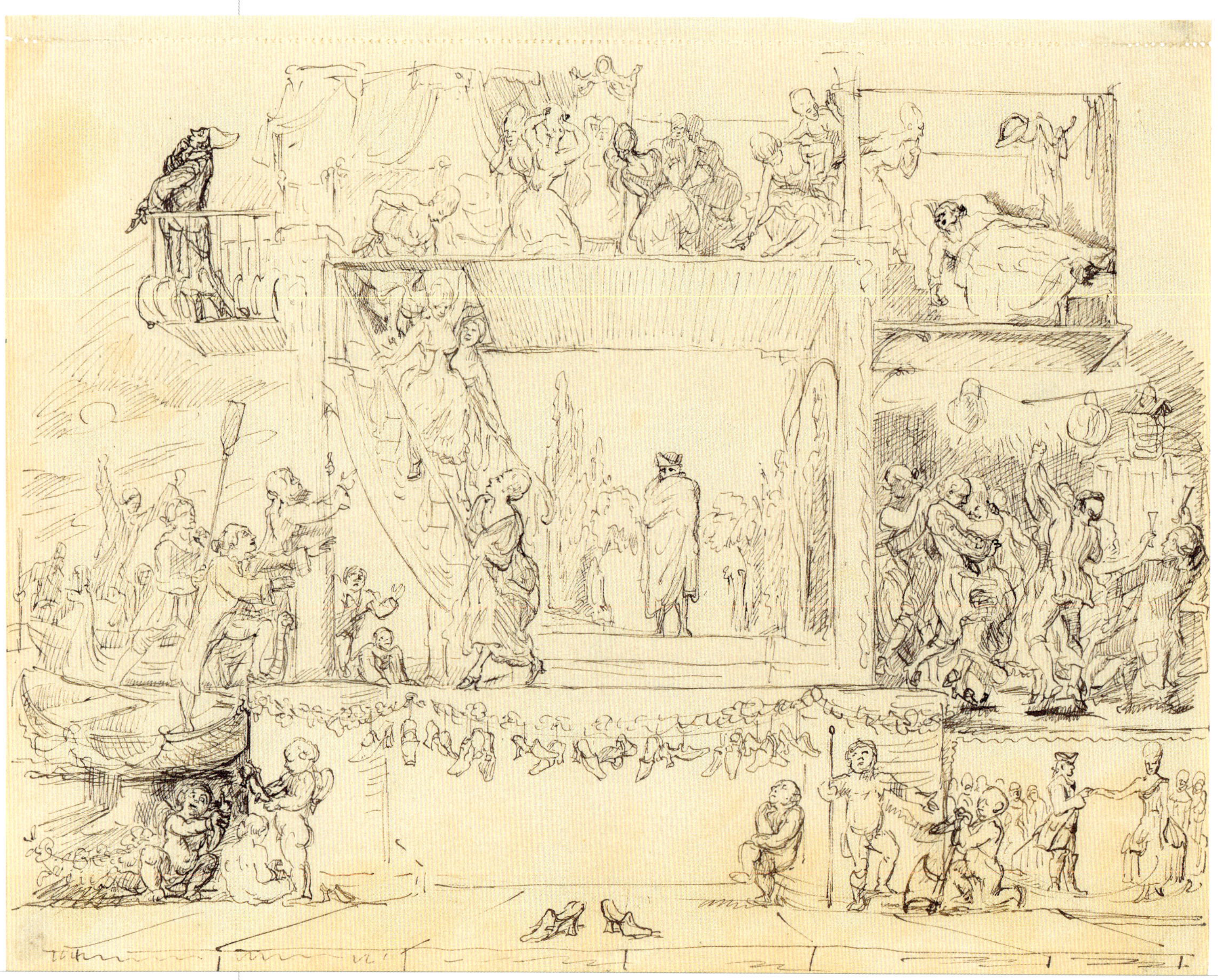

Auf dem Balkon seines Schlosses, mit einem Schuh in der Hand (oben links), rätselt ein König, wie es sein könne, dass die Schuhe seiner zwölf Töchter jeden Morgen zertanzt seien, obwohl sie alle in einem verriegelten Saal schlafen würden. Eines Tages erscheint ein abgedankter Soldat mit einem Mantel, der ihn unsichtbar macht, um den Fall aufzuklären. Als die jungen Frauen glauben, er schlafe fest, schleichen sie durch einen geheimen Ausgang nach draußen. Am Wasser warten in Booten Prinzen auf sie (oben Mitte und Mitte links). Der Soldat folgt ihnen (Mitte). In einem Schloss wird bis in die Nacht hinein gefeiert (rechts mittig). Am nächsten Morgen berichtet der Soldat dem König, was er beobachtet hat. Er darf sich dafür eine Prinzessin zur Frau wählen (rechts unten); der König lässt die Prinzen hinrichten. Unten sieht man die arbeitslosen Liebesgötter mit einem Henkersbeil und den an den Nagel gehängten Tanzschuhen. – KR

061

— aus: Karl Immermann, *Tulifäntchen. Ein Heldengedicht in drei Gesängen*, S. 35, — mit Radierungen von Max Slevogt — Berlin, Propyläen Verlag — 1923 — Museum Georg Schäfer, Schweinfurt — o. Inv.-Nr. — Lit.: Söhn 2002, Nr. 577.

Tulifäntchen im Ohr des Schimmels

»Sprach der Held,
Don Tulifäntchen:
»Nicht will schrittlings,
nicht will querwärts
Ich auf diesem Schimmel
reiten.
Nein, ich setze mich ins
Ohr ihm
Und gebiet' ihm, wie er
gehen soll.«

[...]

Staunend sahn die
guten Eltern
Nach dem wunderbaren
Sohne,
Sahn noch lange
seiner Augen
Tatendeutungsvolles
Leuchten
Unterm Helm
von Haselnußschal'
Aus dem Ohr des wackern
Schimmels.«

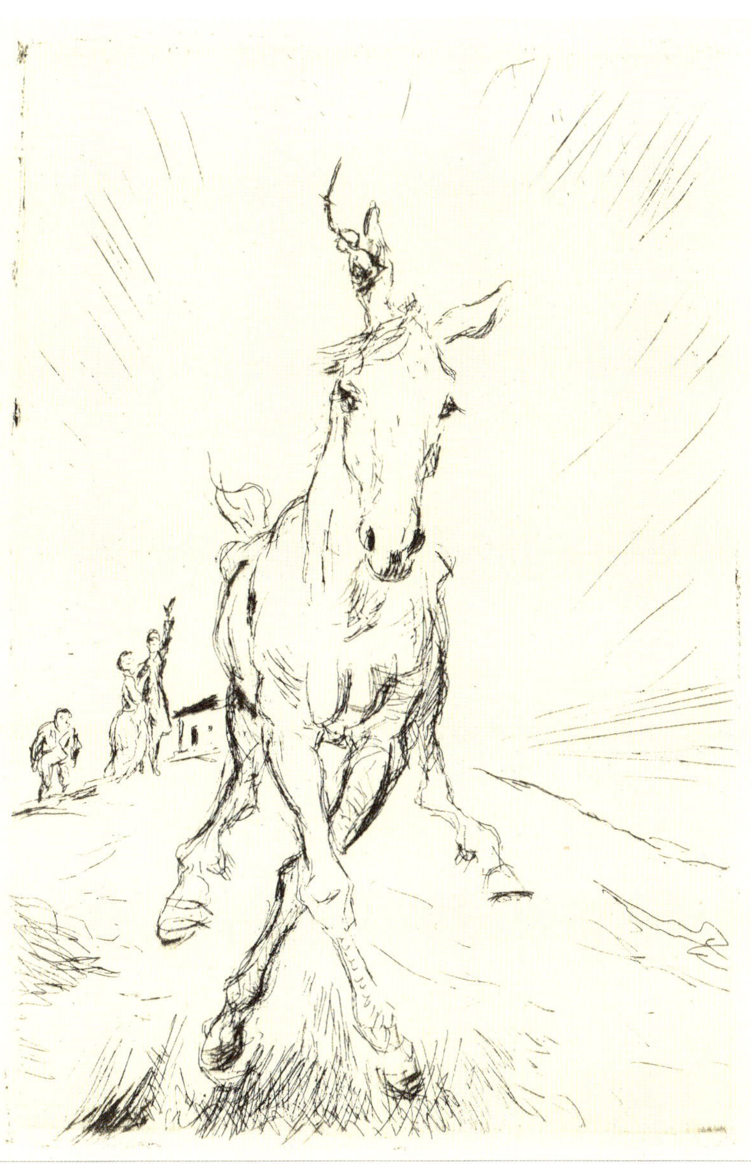

Das komisch-satirische Versepos von Karl Leberecht Immermann (1796–1840) erschien erstmals 1830 und mit Verbesserungen, an denen Heinrich Heine mitgewirkt hatte, erneut 1835. Es handelt von dem fingerlangen und fingerdicken kleinen Helden Tulifäntchen, der gemeinsam mit seinem Schimmel Zuckladoro verschiedene Abenteuer erlebt, u. a. in Micromona, dem »Land der Weiber«, wo er eine Fliege tötet. Seine Haupttat ist die Befreiung der Prinzessin Balsamine aus der Gefangenschaft des Riesen Schlagododro, dessen Mauern er einstürzen lässt. Er heiratet die Prinzessin, endet aber in ihrem Käfig. Schließlich entkommt er mit der Hilfe einer Fee und zieht in das Märchenland Ginnistan ein. Satirisch werden im Verlauf der Geschichte Themen wie Adel, Kleinstaaterei, Geniekult und Frauenemanzipation behandelt.[2] Slevogt hatte den Vertrag mit dem Propyläen Verlag im Sommer 1922 geschlossen.[3] Man plante bereits als weiteres Projekt die Illustration des *Don Quijote*. — KR

— **2** Vgl. *Kindlers Literatur Lexikon* im dtv, Zürich 1986, Band 11, S. 9632–9633. — **3** Vgl. einen Brief von Emil Herz an Slevogt, 28. Juli 1922, aus Berlin, mit dem Vertragsentwurf LBZ/Pfälzische Landesbibliothek Speyer, Nachlass Max Slevogt.

063

– 1897 – Öl auf Leinwand – 137 × 192 cm – bezeichnet unten links: M. Slevogt 1897 – Museum Pfalzgalerie Kaiserslautern, Leihgabe der Bayerischen Staatsgemäldesammlungen, Neue Pinakothek, München – Inv.-Nr. 9216 –

Lit.: Voll 1912, S. 19. – Alten 1926, S. 16 f. – Scheffler 1940, S. 36. – Imiela 1968, S. 41, 359, Anm. 2. – Saarbrücken/Mainz 1992, Kat. 23, S. 433, 506. – Mainz 2014, S. 26 f. – Hannover 2018, Kat. 18, Abb. S. 190.

Scheherazade (Dem Kalifen die Geschichten aus 1001 Nacht erzählend)

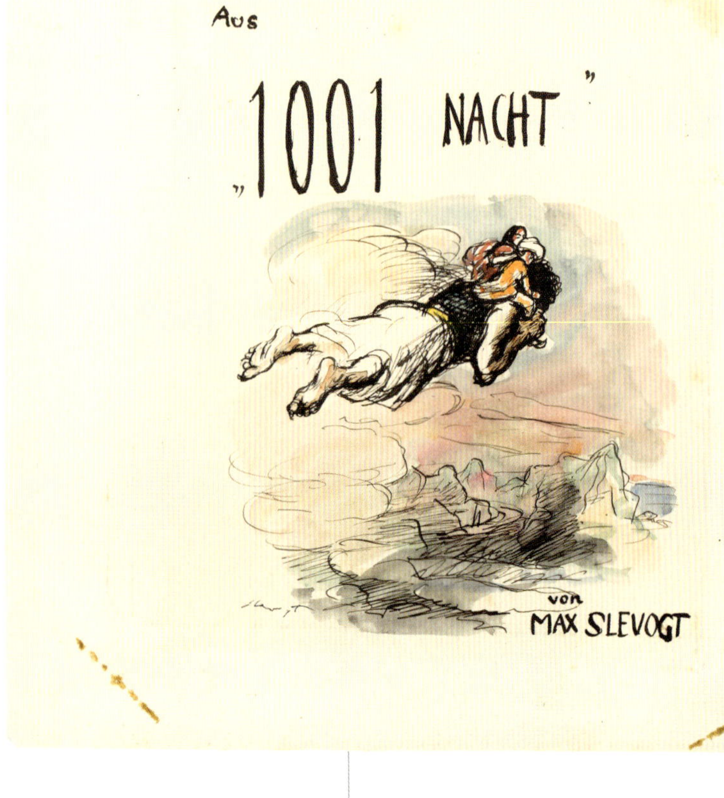

062

– um 1900 – Gouache über Feder in Schwarz – 21,7 × 20,9 cm – Saarlandmuseum – Moderne Galerie, Saarbrücken, Stiftung Saarländischer Kulturbesitz, aus der Sammlung Kohl-Weigand – Inv.-Nr. KW 233 –

Lit.: Bremen 1959, Kat. 75. – Saarbrücken 2015, S. 63, 71, Kat. 36.

Titelblattentwurf zu 1001 Nacht

Mit diesem großformatigen und szenischen Werk, das 1900 auf der Pariser Weltausstellung präsentiert wurde, ging Slevogt kompositorisch neue Wege und schuf ein erzählerisches Motiv, an das seine Illustrationstätigkeit anschließt. Für die Darstellung saßen die Schauspielerin Clothilde Schwarz und ihre Schwester sowie der Bildhauer Matthias Streicher Modell und verkörperten so die Rahmenhandlung der *Märchen aus 1001 Nacht*, zu denen Slevogt auch eine Reihe von Buchillustrationen fertigte (vgl. Kat. 62). In ein orientalisches Gewand gekleidet, sitzt Scheherazade auf dem Bett des Kalifen, der sein müdes Haupt mit seiner rechten Hand abstützt. Hinter beiden, am rechten Bildrand platziert, befindet sich Scheherazades Schwester Dinharazade, die wohl einen Fächer in den Händen hält. Der Fokus liegt ganz auf der Darstellung des Erzählens. Die dialoghafte Interaktion zwischen Scheherazade und dem Betrachter wird durch ihre frontale Ausrichtung auf ihn und die redenden Gesten – die erhobenen Hände – verdeutlicht. Die gesamte Szene ist in ein rötlich-warmes Licht getaucht und spricht mit der orientalisch anmutenden Farbigkeit das Märchenhafte an. Die »aus dem Dunkel hervorblitzende, vibrierende und leuchtende Glut«[4] ist dem Eindruck der großen Historiengemälde Rembrandts geschuldet. – **RS**

– **4** Alten 1926, S. 17.

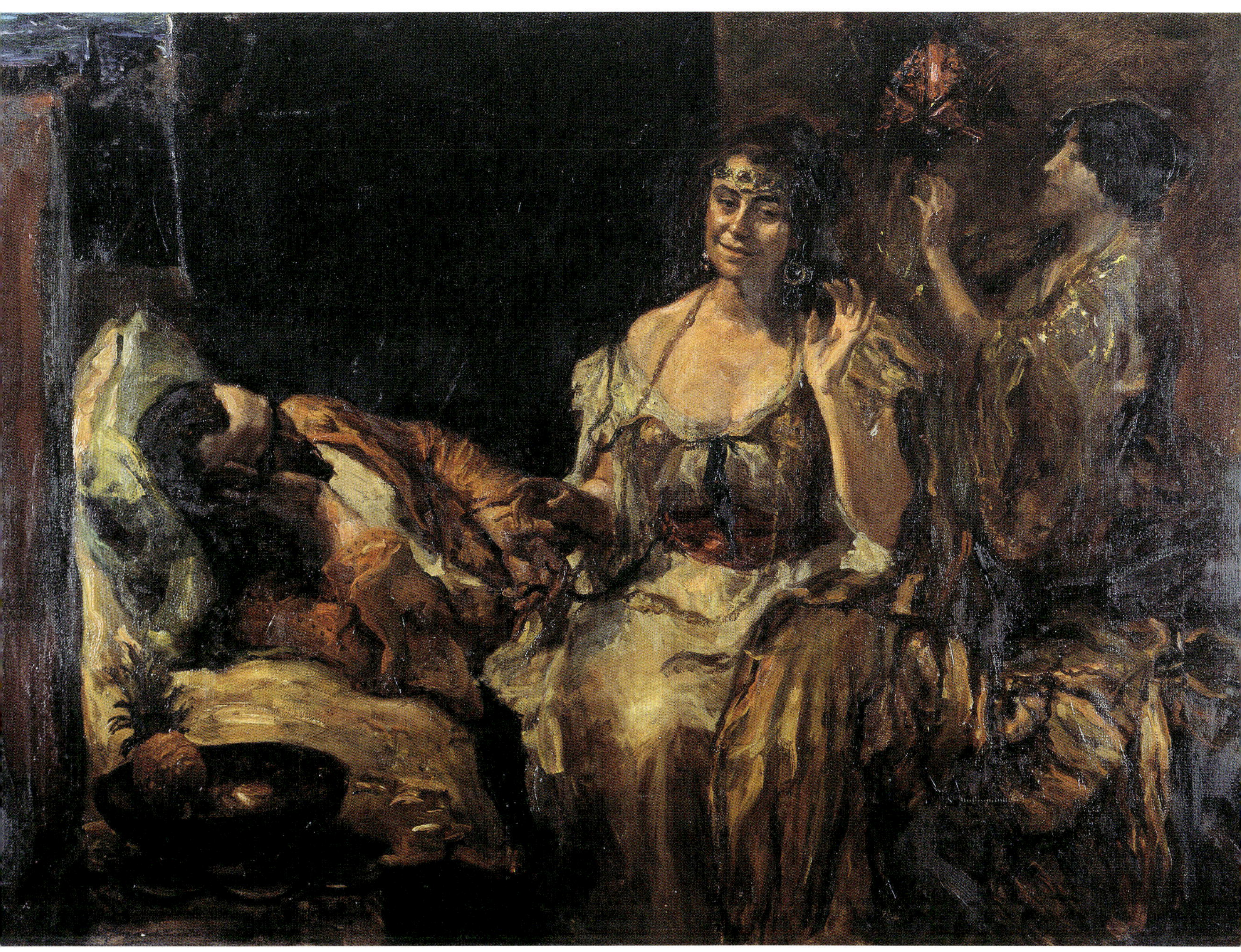

064

– Berlin, Bruno Cassirer – 1903
– Museum Otto Schäfer, Schweinfurt – Inv.-Nr. ILL 13,3 8
–

Lit.: Osborn 1902/03 – Imiela 1968, S. 63–68, S. 367–369 (Anm. 4).

Ali Baba und die vierzig Räuber. Improvisationen von Max Slevogt

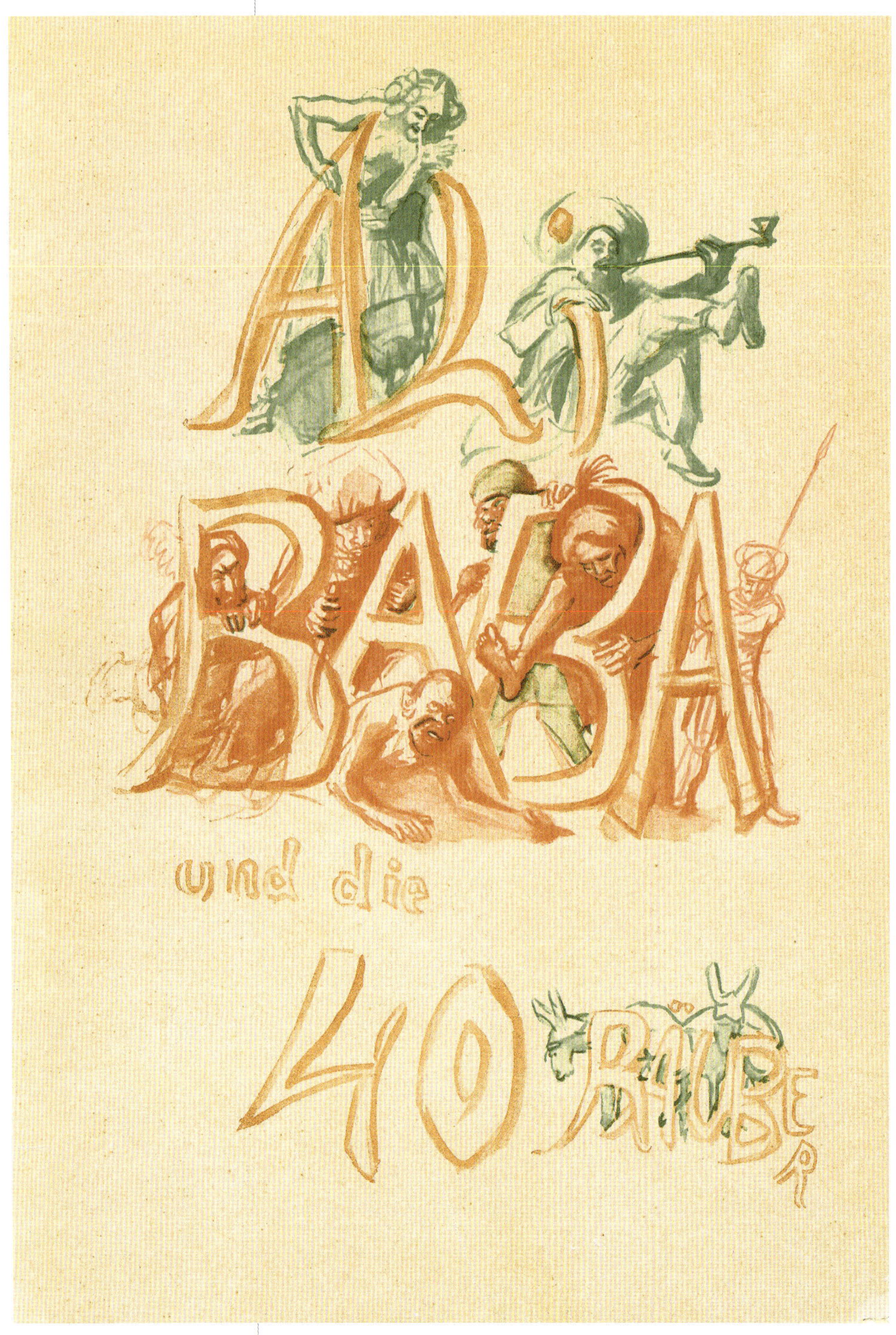

Von 1898 bis 1902 arbeitete Max Slevogt für den Verlag von Bruno Cassirer an den Illustrationen zu *Ali Baba.* Er hatte das Thema selbst ausgewählt. Seine Arbeit daran begann kurz nach seinem Aufenthalt in Amsterdam, wo er Rembrandts Zeichnungen neu für sich entdeckt hatte. Ganz bewusst entschied man sich, bei der Publikation des *Ali Baba* den Begriff der »Improvisationen« im Untertitel zu verwenden,[5] denn weniger die abgeschlossene Komposition einzelner Bilder als die Fortentwicklung der Geschichte in der Bilderfolge lag dem Künstler am Herzen. Hierauf sollte der Leser bereits mit dem Titel hingewiesen werden. Slevogt konzentrierte sich auf Aktion und Geste. Ein Bild leitet zum folgenden weiter. Jedes von ihnen gibt der Fantasie des Betrachters Raum für eigene Gedanken.

Die Figuren werden nur durch wenige Merkmale charakterisiert. Slevogt reduzierte zudem die bildliche Schilderung der Orte und Räume auf ein Minimum. Er dachte ebenfalls darüber nach, seine Zeichnungen ganz ohne den Text zu veröffentlichen, doch hierbei lenkte Cassirer ein.

In den etwa vier Jahren der Vorarbeiten entwarf der Künstler ungefähr 150 Blatt, also weit mehr Bilder, als später abgedruckt werden konnten. Darunter sind zahlreiche Varianten zu einigen Motiven, etwa zum Tanz der Morgiane am Ende der Geschichte (Kat. 68). Anfangs arbeitete er bei den Entwürfen mit Deckfarben, später mit Feder und Aquarell. Dem Charakter der Improvisation steht somit ein langes Experimentieren und Sich-Annähern bzw. Durchspielen verschiedenster Möglichkeiten gegenüber. Auch noch während des Drucks überarbeitete Slevogt bereits klischierte Bilder, wenn er mit ihnen nicht zufrieden war.

Unter den Entwürfen und den abgedruckten Darstellungen findet man Höhepunkte der Erzählung, aber ebenfalls kleine Randmomente oder sogar Szenen, die im Text nicht ausdrücklich vorkommen. Ein Beispiel dafür ist die Darstellung des Räuberhauptmanns, der die Maultiere mit den in Ölschläuchen versteckten Räubern in die Stadt treibt (Kat. 67). Hier, wie auch in einigen anderen Illustrationen, erweiterte der Künstler das Geschehen um Groteskes oder Komisches: Ein bockendes Maultier lässt den Betrachter darüber lachen, wie der Räuber nun durchgeschüttelt wird. In solchen Elementen erweist sich der Künstler als selbstständiger Fabulierer. – **KR**

– **5** Vgl. Imiela 1968, S. 64.

065

Der Hauptmann spricht zu den Räubern (Entwurf zu »Ali Baba und die vierzig Räuber«)

– um 1898–1903 – Gouache über Feder in Schwarz und Deckweißhöhungen, mit Japanpapier eingefasst – 15 × 11,5 cm – Saarlandmuseum – Moderne Galerie, Saarbrücken, Stiftung Saarländischer Kulturbesitz, aus der Sammlung Kohl-Weigand – Inv.-Nr. KW 340 –

Lit.: Bremen 1959, Kat. 55. – Saarbrücken 2015, S. 35, 70, Kat. 15.

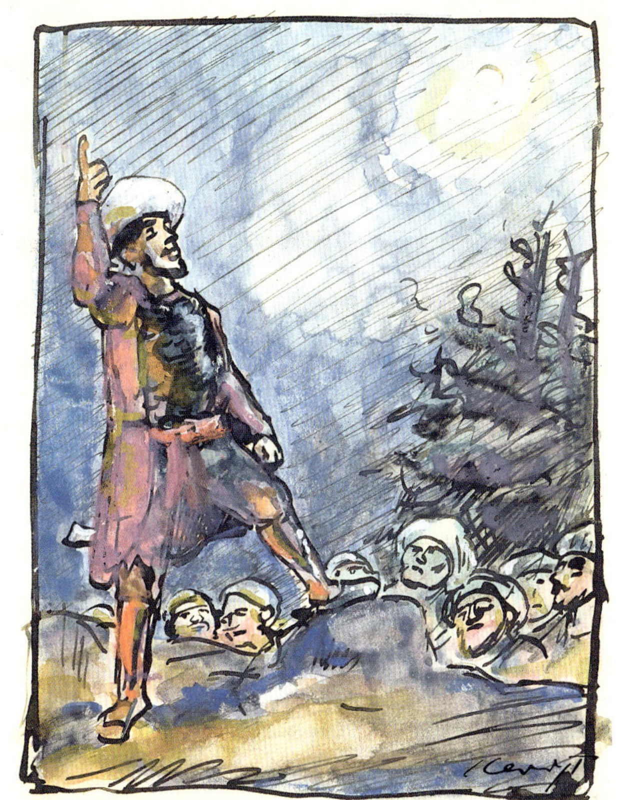

Dieser wohl eher frühe farbige Entwurf erschien nicht in der Publikation, sondern wurde durch eine andere Fassung ersetzt (S. 24). In der finalen Fassung steht der Hauptmann nicht mehr auf einem Felsen über seinen Leuten, sondern mit ihnen auf gleicher Ebene und erhebt den Finger weit weniger theatralisch. Hier erscheint er wie ein deklamierender Schauspieler und zudem eher wie ein morgenländischer Prinz als wie ein zu Rache und Mord aufrufender Räuber. – **KR**

Die Darstellung erscheint unverändert auf Seite 29 des Buches. Ihr geht auf der vorherigen Seite die Enthauptung des ersten Kundschafters der Räuber voraus. Beide waren in die Stadt geschickt worden, um das Haus Ali Babas zu finden und zu markieren, ließen sich dabei aber von der schlauen Morgiane in die Irre führen. Dafür müssen sie ihre Köpfe lassen. – KR

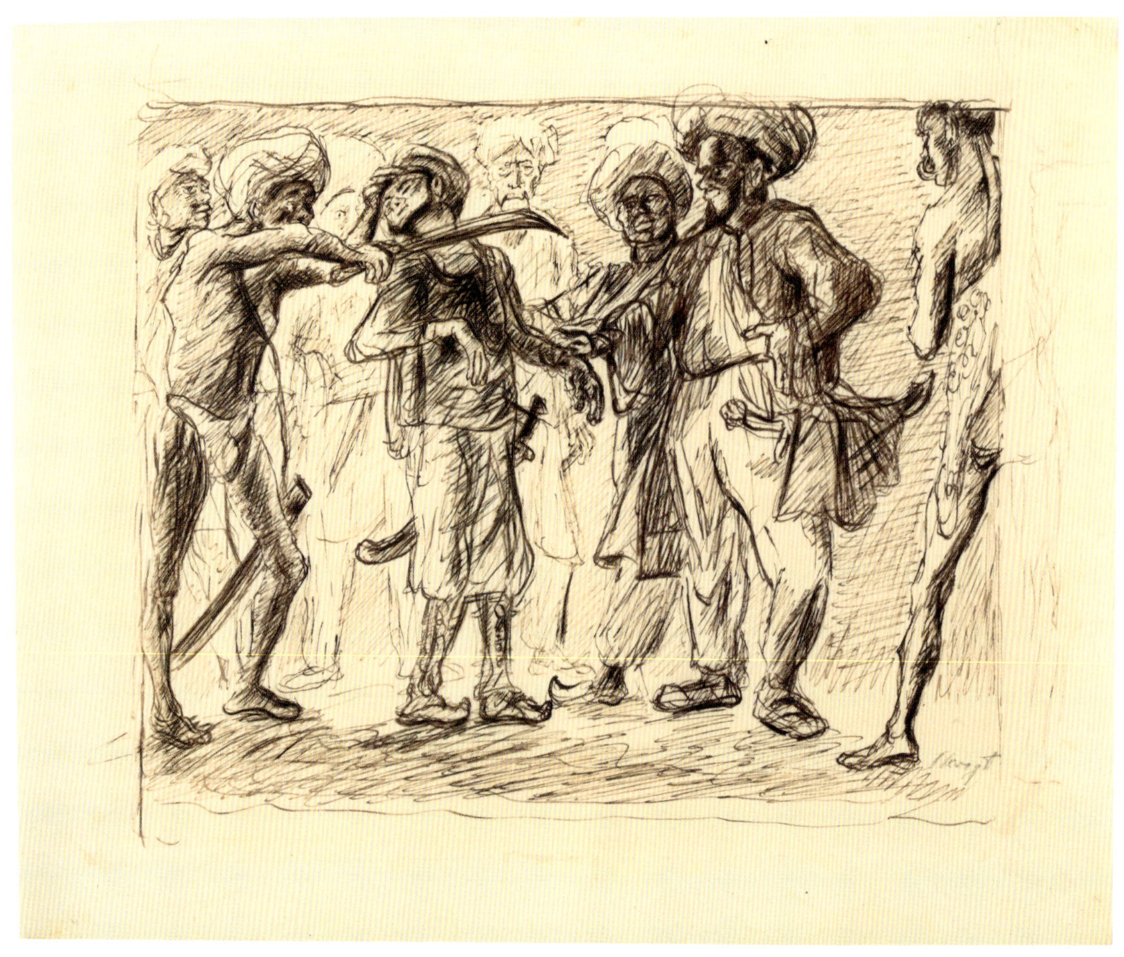

066

– um 1898–1903 – Feder in Schwarz – 17,3 × 21 cm – Saarlandmuseum – Moderne Galerie, Saarbrücken, Stiftung Saarländischer Kulturbesitz, aus der Sammlung Kohl-Weigand – Inv.-Nr. KW 162 –

Lit.: Bremen 1959, Kat. 57. – Saarbrücken 2015, S. 38, 70, Kat. 18.

Der Hauptmann lässt den Kundschafter enthaupten (Entwurf zu »Ali Baba und die vierzig Räuber«)

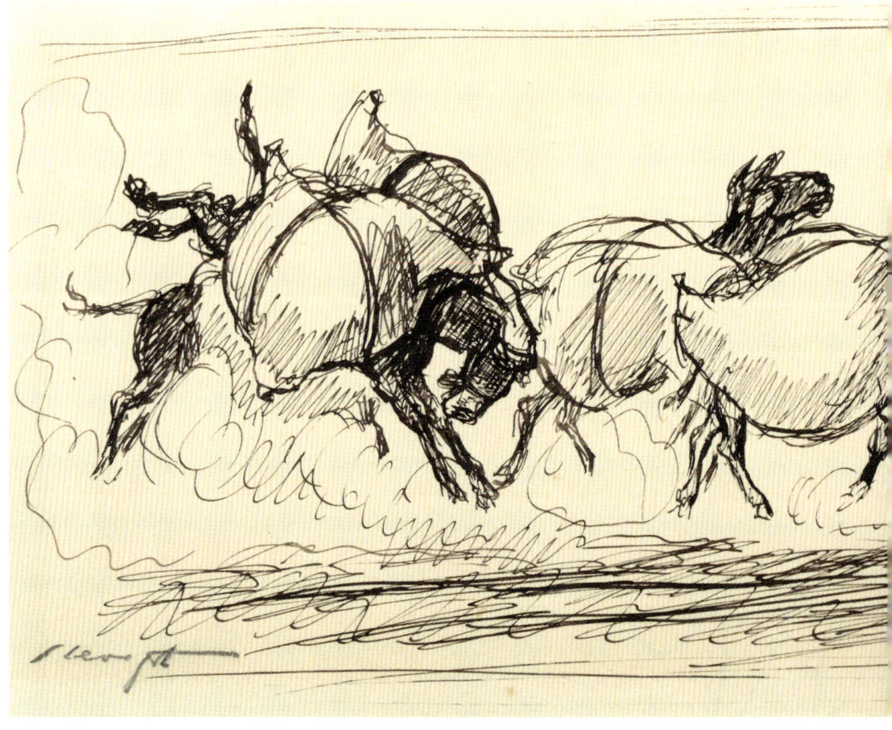

067

– um 1898–1903 – Feder in Schwarz – 22,1 × 28,5 cm – Saarlandmuseum – Moderne Galerie, Saarbrücken, Stiftung Saarländischer Kulturbesitz, aus der Sammlung Kohl-Weigand – Inv.-Nr. KW 163 –

Lit.: Bremen 1959, Kat. 58. – Saarbrücken 2015, S. 39, 70, Kat. 19.

Der Räuberhauptmann mit den Eseln (Entwurf zu »Ali Baba und die vierzig Räuber«)

Die Darstellung findet sich im Buch auf Seite 30. Die Szene entspringt der Fantasie Slevogts, da sie so nicht im Text zu finden ist.

Der Hauptmann treibt die Maultiere mit den in den Ölschläuchen versteckten Räubern in die Stadt. Ein Maultier schlägt aus und rüttelt damit die beiden Räuber auf seinem Rücken ordentlich durch. – KR

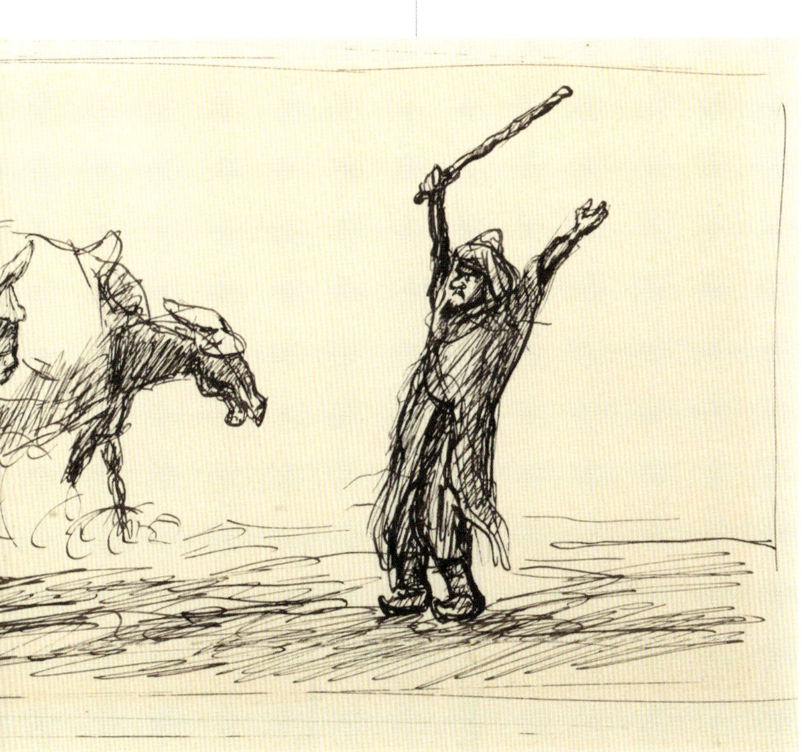

068

– um 1898–1903 – Gouache, Aquarell, Tusche und Deckweiß – 30,6 × 21 cm – Saarlandmuseum – Moderne Galerie, Saarbrücken, Stiftung Saarländischer Kulturbesitz, aus der Sammlung Kohl-Weigand – Inv.-Nr. NI 1045 –

Lit.: Imiela 1968, S. 64, Abb. 128. – Frankhäuser/Krischke/Paas 2007, S. 64, Abb. S. 64. – Saarbrücken 2015, S. 45, 71, Kat. 24. – Schenk 2015, S. 61, Anm. 220, Abb. 8.

Morgianes Tanz (Entwurf zu »Ali Baba und die vierzig Räuber«)

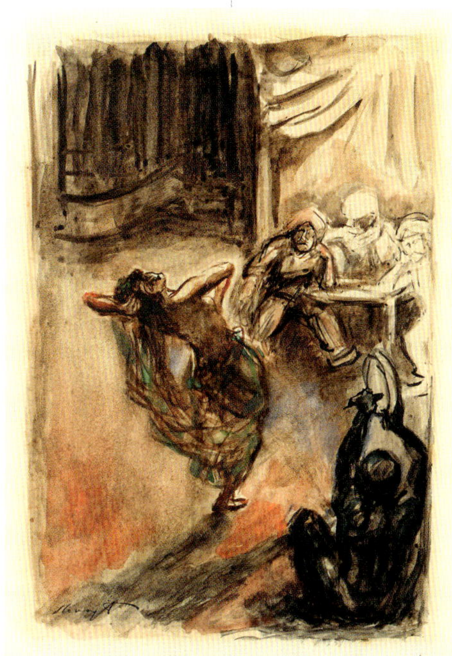

Zu keinem anderen Motiv entstanden so viele Entwürfe und Variationen wie zum Tanz Morgianes, der klugen Dienerin Ali Babas, die ihrem Herrn zweimal das Leben rettet und schließlich von ihm freigelassen und mit seinem Sohn verheiratet wird.

Die Darstellung geht in ihrer weiten Ausarbeitung über viele andere Entwürfe hinaus und erinnert an Slevogts Porträts von Tänzerinnen (vgl. Kat. 10). Hinten im Bild sitzen Ali Baba, sein Sohn und der als Kaufmann verkleidete Räuberhauptmann am Tisch. Letzterer plant die Ermordung Ali Babas, aber Morgiane kommt ihm zuvor. In ihrem letzten Tanz zieht sie einen Dolch und ersticht ihn. Mit ihrem aufreizenden Tanz, weit zurückgelehnt, nähert sich Morgiane der Männerrunde. Die Mimik und Gestik des Räubers können sowohl als Erstaunen über ihre Erscheinung als auch Entsetzen darüber gelesen werden, dass sein Plan vereitelt werden könnte. Das rote Licht um die Tänzerin deutet die Bluttat bereits an. Die vorliegende Fassung wurde nicht im Buch abgebildet. – KR

Am 16. April 1907 schrieb Slevogt an Karl Voll: »Ferner habe ich den orientalischen Odysseus, Sindbad, mit lauter Lithographien illustriert, u. werde ihn aber wieder bei Bruno Cassirer unterbringen. Es frägt sich […], ob man auf größeres Publikum, was ich nicht habe, rechnen darf, oder auf eine kleine Liebhaberausgabe. Letzteres ist vielleicht klüger, aber doch schade, da ich nun doch einmal das Bedürfnis dabei habe, (wohlgemerkt bei zeichnerischen Dingen) ‚viele' gegen ihren Willen zu beglücken, […]. Vielleicht ist es beim Sindbad möglich.«[6] *Sindbad der Seefahrer* erschien 1908 im Verlag von Bruno Cassirer mit 33 Originallithografien und war Slevogts erste größere Illustrationsfolge wie auch sein erstes Buch mit Originalgrafik. Dies sicherte die Qualität der Bilder.

069

– 1908 – Kreidelithografie – 15,8 × 20,9 cm – Saarlandmuseum – Moderne Galerie, Saarbrücken, Stiftung Saarländischer Kulturbesitz, aus der Sammlung Kohl-Weigand – Inv.-Nr. KW 3387 –

Lit.: Sievers/Waldmann 1962, S. 18, Nr. 48, Abb. 48

Bei den Adlern im Diamantgebirge/Bei den Adlerjägern im Diamantgebirge (Folge »Sindbad der Seefahrer«)

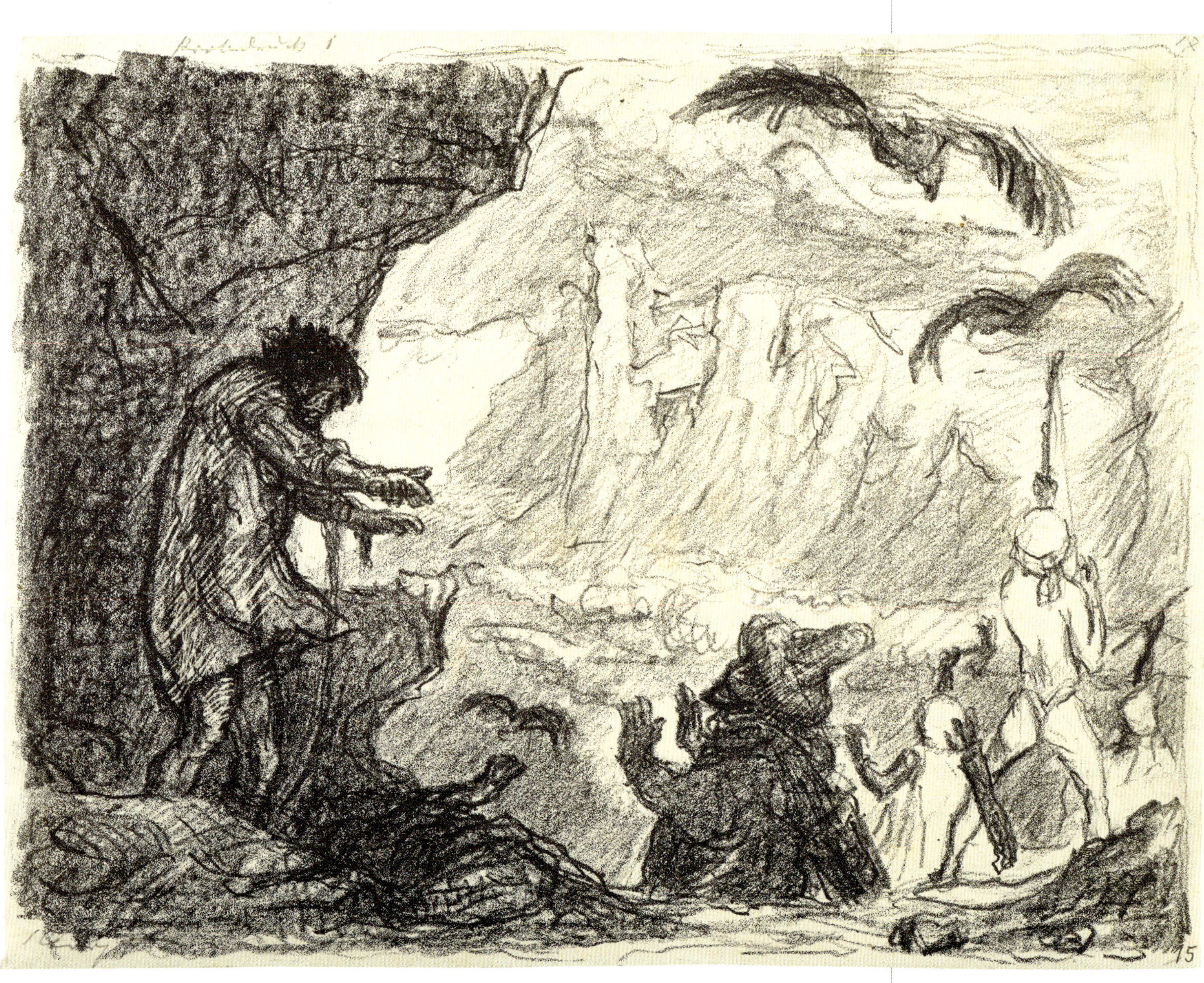

Der Künstler knüpfte hier einerseits motivisch an *Ali Baba* (Kat. 64 68) an, entwickelte seine Illustrationen andererseits aber auch weiter, insbesondere in der Verbindung von Figuren und Raum. Die Handlung bot ihm dafür zahlreiche Möglichkeiten mit Flügen, Fluchten, Fahrten auf dem Wasser, tiefen Brunnen und hohen Bäumen, die von der Hauptperson der Geschichte bezwungen werden müssen. Außerdem beschäftigte sich Slevogt hier noch wesentlich intensiver mit der Umsetzung von Beleuchtung, Licht und Schatten. In den Entwürfen arbeitete er zum Teil farbig und versuchte, die erzielte Wirkung in die schwarz-weiße Kreidezeichnung zu übersetzen. 1909 schrieb Karl Scheffler: »Dieser Künstler gleicht selbst ein wenig seinem Sindbad, den es immer wieder ins Unerforschte trieb.«[7] *Sindbad der Seefahrer* gehört zu den *Märchen aus 1001 Nacht*, die Scheherazade dem König erzählt, um nicht sterben zu müssen. Der arme Lastträger Sindbad trifft auf seinen Namensvetter, einen reichen Kaufmann und Seefahrer, der ihm von seinen sieben abenteuerlichen Reisen erzählt. Auf seiner zweiten Reise wird Sindbad auf einer Insel vergessen, auf der er das Ei des Vogels Rock entdeckt. Mit seinem Turban bindet er sich an den Fuß des Riesenvogels, der ihn in ein Tal voller Schlangen und Diamanten bringt. Dort werfen Kaufleute Fleischstücke in das Tal, an denen die Diamanten kleben bleiben. Adler bringen sie herauf. Um aus dem Tal zu entkommen, bindet auch Sindbad sich einen Hammel um und lässt sich von den Vögeln – die Taschen voller Diamanten – nach oben bringen. Der Betrachter steht gemeinsam mit Sindbad auf den Felsen über dem Tal. Sindbad hat sich gerade von dem toten Hammel, der vor ihm liegt, befreit und schildert einem der überraschten Jäger seine Geschichte. Im Hintergrund sieht man weitere Männer, die den Adlern das Fleisch abjagen. Slevogt zeigt Sindbad nicht als glücklich Befreiten mit diamantgefüllten Taschen, sondern zeichnete ihn wie einen Gefangenen, dem mühevoll die Flucht gelungen ist, in einem zerlumpten kurzen Gewand, mit Stricken an den Handgelenken, zerzaust, zerschunden und wenig märchenhaft. Auch der verschattete Vordergrund dramatisiert die Szene. Die Abbildung befindet sich im Buch auf Seite 23. — **KR**

— **6** Imiela 1968, S. 398 f., Anm. 22. — **7** Scheffler 1909, S. 35 f., und Scheffler 1920, S. 189.

070

— 1908 — Kreidelithografie — 13 × 14,5 cm — Saarlandmuseum – Moderne Galerie, Saarbrücken, Stiftung Saarländischer Kulturbesitz, aus der Sammlung Kohl-Weigand — Inv.-Nr. KW 3451 —

Lit.: Sievers/Waldmann 1962, S. 18, Nr. 50, Abb. 50.

Die Blendung des Riesen (Folge »Sindbad der Seefahrer«)

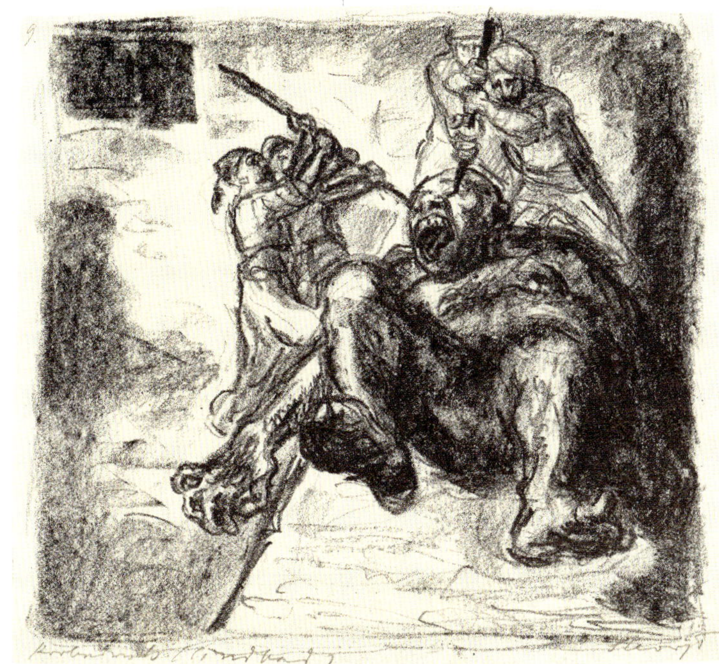

Bei seiner dritten Reise landet Sindbad auf der Affeninsel. Er, die Seeleute und die anderen Kaufleute treffen dort in einem Schloss auf einen schwarzen Riesen mit roten Augen, der Menschen frisst. Nachdem der Kapitän gefressen wurde, blenden Sindbad und seine Leute den Riesen mit zwei Spießen. Sie flüchten, werden aber von ihm und zwei weiteren Riesen verfolgt. Nur Sindbad und zwei Gefolgsleute können entkommen. Die Geschichte hat große Ähnlichkeit mit den Erlebnissen des Odysseus und seiner Gefährten mit dem Kyklopen Polyphem.

Slevogt illustrierte die grausame Szene, in der dem im Liegen überwältigten Riesen die Augen ausgestochen werden. Er ist hier mehr Opfer als Ungeheuer; sein Schmerz zeigt sich in der heraushängenden Zunge, den eingekrallten Fingern und strampelnden Beinen. Das Bild ist auf Seite 25 abgebildet. — **KR**

071

— 1908 — Kreidelithografie in Schwarz, Schabtechnik — 23,9 × 10,8 cm — Saarlandmuseum – Moderne Galerie, Saarbrücken, Stiftung Saarländischer Kulturbesitz, aus der Sammlung Kohl-Weigand — Inv.-Nr. KW 3389 —

Lit.: Sievers/Waldmann 1962, S. 19, Nr. 70, Abb. 70.

Die Riesenschlange am Baum (Folge »Sindbad der Seefahrer«)

Ebenfalls auf der dritten Reise kommen Sindbad und zwei seiner Kameraden, die vor den Riesen flüchten konnten, auf eine Insel mit einer gigantischen Schlange. Sie versuchen, sich vor ihr auf Bäume zu flüchten, doch die Schlange folgt ihnen; Sindbads Freunde werden von ihr verschlungen. Schließlich bindet Sindbad Bretter um sich, mit denen die Schlange ihn nicht fressen kann.

Das Bild zeigt die Flucht Sindbads auf einen hohen Baum. Er muss beobachten, wie sein Kamerad von der Schlange getötet wird. Das schmale Hochformat unterstreicht Höhe und Aufwärtsbewegung. Aus dem Dunkel nähert sich die Riesenschlange. Sindbad umklammert den Stamm und strebt dabei dem Licht zu. Das Format ließ sich aber schließlich nicht in das Buchformat einfügen, weshalb Slevogt die Szene noch einmal als deutlich weniger effektvolles Querformat zeichnete. Es ist auf Seite 29 abgebildet. — **KR**

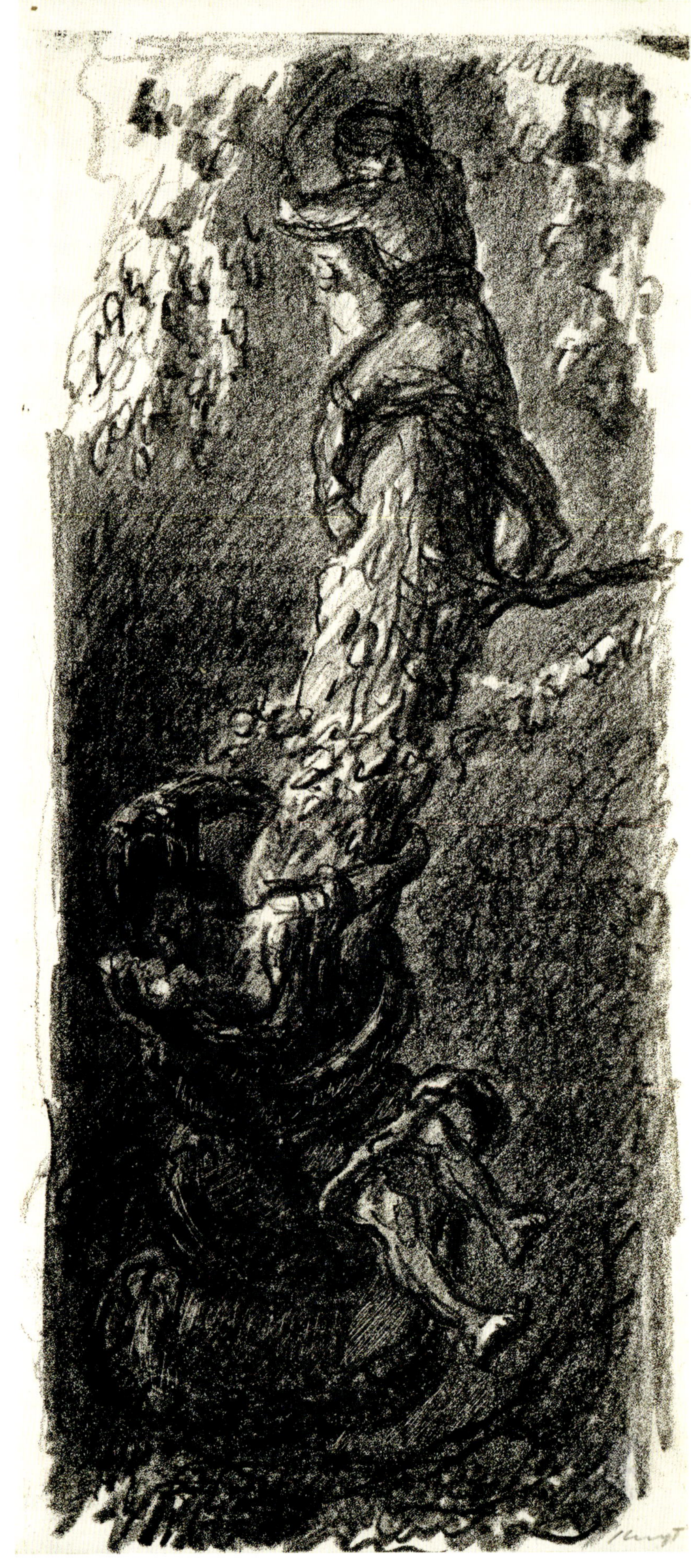

Die Szene zeigt wohl das Ende der vierten Reise. Sindbad war lebendig mit seiner verstorbenen Ehefrau begraben worden, konnte aber durch einen zweiten geheimen Ausgang aus der Grabhöhle entkommen. Am Ufer wird er von den Seeleuten eines Schiffes aufgenommen. — KR

072

— 1908 — Kreidelithografie in Schwarz — 13,7 × 16,9 cm — Saarlandmuseum – Moderne Galerie, Saarbrücken, Stiftung Saarländischer Kulturbesitz, aus der Sammlung Kohl-Weigand — Inv.-Nr. KW 3450 —

Lit.: Sievers/Waldmann 1962, S. 19, Nr. 57, Abb. 57.

Sindbad winkt vom Ufer her der herauffahrenden Schaluppe (Folge »Sindbad der Seefahrer«)

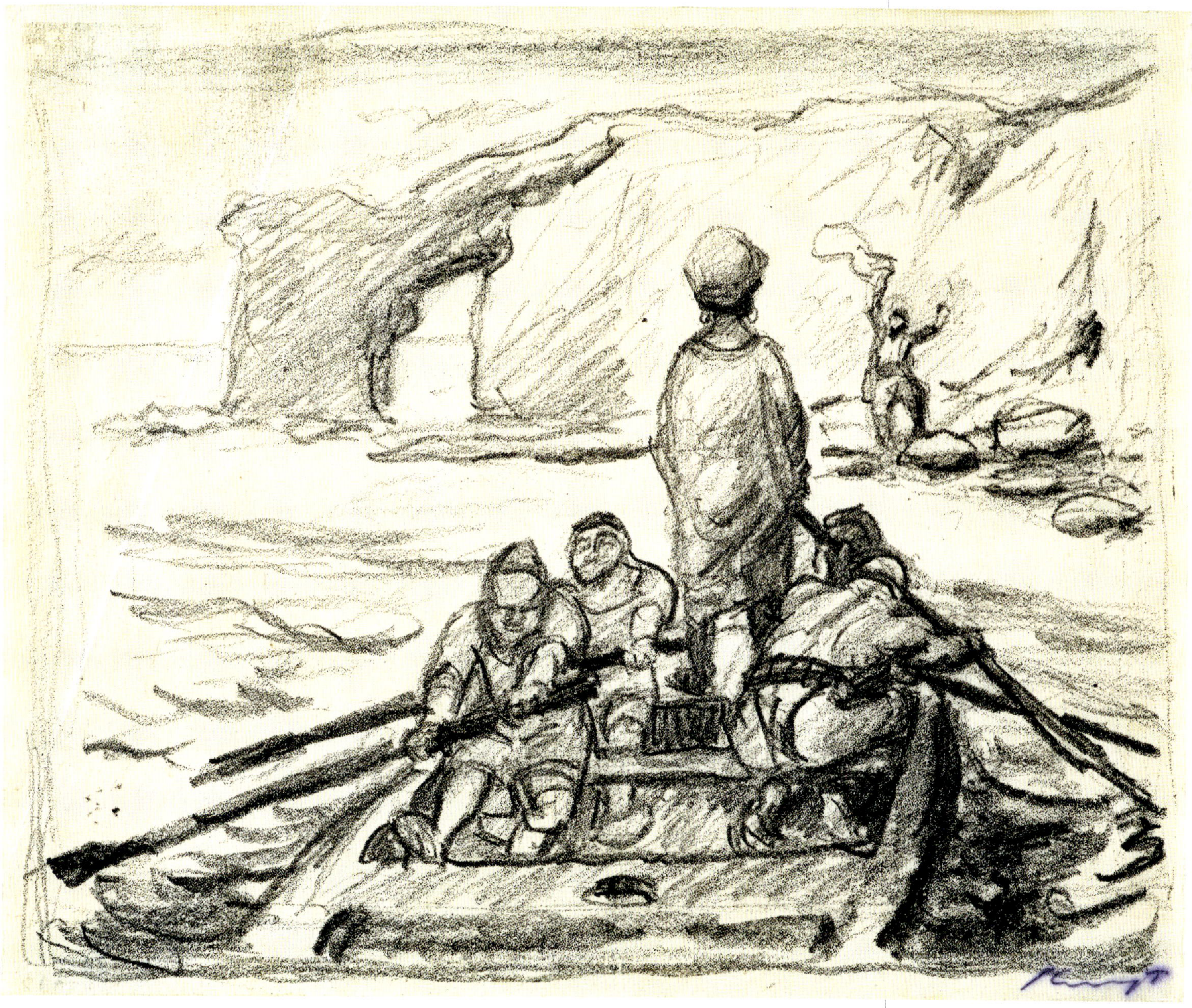

073

– aus: Max Slevogt, *Die Inseln Wak Wak. Eine Erzählung aus Tausendundeiner Nacht* – Die deutsche Übertragung auf Grund der Burtonschen englischen Ausgabe von E. P. Greve – Die Gedichte bearbeitet von Herbert Eulenberg mit 54 Kreidelithographien – Verlag Bruno Cassirer, Berlin 1921 – Staatliche Museen zu Berlin, Kunstbibliothek – Sammlung Buchkunst Inv.-Nr. NB 6821mtl –

Lit.: Söhn 2002, Nr. 498.

Hasan ergreift die Königstochter

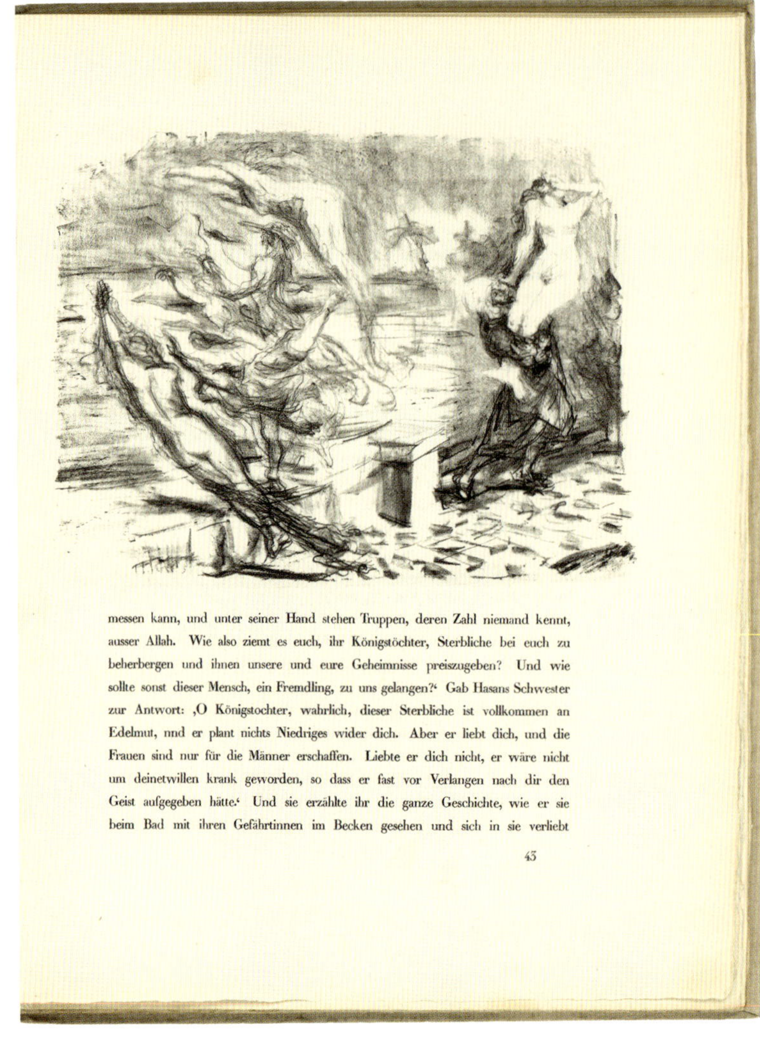

messen kann, und unter seiner Hand stehen Truppen, deren Zahl niemand kennt, ausser Allah. Wie also ziemt es euch, ihr Königstöchter, Sterbliche bei euch zu beherbergen und ihnen unsere und eure Geheimnisse preiszugeben? Und wie sollte sonst dieser Mensch, ein Fremdling, zu uns gelangen?‘ Gab Hasans Schwester zur Antwort: ‚O Königstochter, wahrlich, dieser Sterbliche ist vollkommen an Edelmut, nnd er plant nichts Niedriges wider dich. Aber er liebt dich, und die Frauen sind nur für die Männer erschaffen. Liebte er dich nicht, er wäre nicht um deinetwillen krank geworden, so dass er fast vor Verlangen nach dir den Geist aufgegeben hätte.‘ Und sie erzählte ihr die ganze Geschichte, wie er sie beim Bad mit ihren Gefährtinnen im Becken gesehen und sich in sie verliebt

43

Die Erzählung *Die Inseln Wak Wak* gehört zu den *Märchen aus 1001 Nacht.* Slevogt kannte sie wohl schon aus seiner Schulzeit.[8] 1920 erhielt er dann von Bruno Cassirer den Auftrag für 60 Lithografien zu der abenteuerlichen Geschichte und im Juli 1921 den Vertrag.[9]

Zur Handlung: Der Goldschmied Hasan wird von einem Magier entführt und rettet sich in ein Schloss, das von sieben Schwestern bewohnt wird. Als er dort durch eine verbotene Tür geht, sieht er Vögel, die sich in Frauen verwandeln, und verliebt sich in die Schönste unter ihnen. Er erfährt, dass er sie nur dann zurückhalten könne, wenn er ihr Federkleid stehlen würde. Er lauert den Vogelfrauen auf und nimmt das Federkleid. »Doch als Hasan sie [die Schöne] mit einer Stimme süsser als Honig also reden hörte, wuchs seine Liebe noch, die Leidenschaft überwältigte ihn, und er hatte keine Geduld mehr, sich ihr fernzuhalten. Und also sprang er hervor aus seinem Versteck, stürzte auf sie zu, packte sie am Haar, riss sie an sich und trug sie hinab in den Unterbau des Schlosses [...].« In der Folge nimmt er die noch widerwillige Prinzessin zur Frau, doch bald flüchtet sie. Keine Gefahren und Wege scheuend, folgt Hasan ihr auf die gefährlich-fantastischen Inseln Wak Wak und gewinnt sie schließlich zurück. In der Erzählung verbinden sich Orient, Zauberwelt und Abenteuer, Erotik und Bedrohung durch das Weibliche, Sehnsüchte und Enttäuschungen, Erfolge und Niederlagen.

Slevogt setzte seine Illustrationen in einer duftig-zarten Zeichenweise um, die den Zauber des Märchens widerspiegelt. Bei der Illustration *Hasan ergreift die Königstochter* sieht man links die fliehenden, sich in die Lüfte erhebenden Gefährtinnen der Prinzessin, die sich in einer Art Wirbel in Vögel zurückverwandeln. Anders als in der Erzählung packt Hasan seine Geliebte hier nicht an den Haaren, sondern hebt sie in die Höhe. Die Darstellung erinnert nicht nur an Frauenraub-Interpretationen der Kunstgeschichte, sondern auch an Bilder des Kampfes zwischen Herkules und Antäus, bei denen der Held dem Riesen durch das Hochheben die Kraft nimmt (vgl. Abb. S. 104). Interessant ist bei Slevogts Umsetzung der Szene, wie sich Hasan in Liebe der Prinzessin zuwendet, die Geraubte sich aber von ihm abwendet, wobei zugleich ihr nackter, ihm schutzlos ausgelieferter Körper mit seinem dunklen Gewand kontrastiert.

– KR

– **8** Vgl. Imiela 1968, S. 222.
– **9** Verlagsvertrag zu *die Inseln Wak! Wak!*, vgl. Kat. 74

Der Verleger und Kunsthändler Bruno Cassirer (1872–1941) kam in Breslau zur Welt. Nach einem Studium der Kunstgeschichte in Berlin und München gründete er zusammen mit seinem Vetter Paul Cassirer 1898 in Berlin den Großen Kunstsalon und die Verlagsbuchhandlung Bruno und Paul Cassirer. Drei Jahre danach trennten sich die Wege der beiden Partner, und Bruno führte den Verlag allein fort. Er war einer der wichtigsten Förderer des deutschen und französischen Impressionismus in Deutschland und spielte bei der Entwicklung des Genres des illustrierten Künstlerbuchs eine große Rolle; daneben amtierte er als Sekretär der Berliner Secession. 1938 ging der aus einer jüdischen Familie stammende Cassirer ins englische Exil. Das älteste illustrierte Buch, für das Slevogt die Illustrationen lieferte, war 1903 *Ali Baba* (Kat. 64); der erhaltene Briefwechsel zeigt, welch große Rolle Cassirer bei der Entwicklung dieser Buchform spielte. Am 15. Juli 1921 schlossen Bruno Cassirer und Slevogt einen Verlagsvertrag, der den Künstler dazu verpflichtete, Lithografien für ein Märchen aus *1001 Nacht* zu schaffen.

074

Verlagsvertrag (zu »Die Inseln Wak Wak«)

– Bruno Cassirer Verlagsbuchhandlung – Berlin, 15. Juli 1921 – 1 Doppelblatt, 35 × 21,7 cm – Landesbibliothekszentrum Rheinland-Pfalz/Pfälzische Landesbibliothek Speyer – Nachlass Max Slevogt N 100 –

Lit.: Imiela 1968, S. 222 f., 426, Anm. 21. – Vierhaus 2005, S. 304. – Schlechter 2014, S. 24 f., Nr. 4.

18. 7. 1921

Bruno Cassirer
Verlagsbuchhandlung
Derfflingerstr. 15
Berlin

V e r l a g s v e r t r a g !

Zwischen den Verlag Bruno Cassirer, Berlin und Herrn Professor Max Slevogt, Berlin wurde heute folgender für die beiden Vertragsschliessenden und deren Rechtsnachfolger bindender Verlagsvertrag abgeschlossen.

§ 1.

Herr Professor Max Slevogt zeichnet für den Verlag Bruno Cassirer etwa 60 Lithographien für das Märchen aus Tausend und eine Nacht

" die Inseln Wak ! Wak !"

§ 2.

Es sollen von diesem Werk folgende Ausgaben erscheinen:
Ausgabe A, die Lithographien ohne Text auf Einzelblättern in einer Auflage von 50 Exemplaren. Jede Lithographie wird von Herrn Professor Slevogt handschriftlich unterzeichnet.
Ausgabe B, die Buchausgbe des Werkes. Die Lithographien werden mit der Hand in den Buchtext eingedruckt. Von diser Ausgabe sollen etwa 300 Exemplare hergestellt werden.
Als dritte Ausagbe sollen 12 Lithographien, die Herr Professor Slevogt zu Gedichten des Märchens gezeichnet hat, in einer Auflage von 30 Exemplaren mit diesen Gedichten als besonderes Buch erscheinen. In dieser Ausgabe unterzeichnet Herr Professor Slevogt jede Lithographie. Ferner zeichnet Herr Professor Slevogt für diese Ausgabe einen besonderen Umschlag.

§ 3.

Der Verlag Bruno Cassirer erwirbt die Lithographien von Slevogt in den genannten Ausgaben mit allen Rechten. Beide Vertragsschliessenden verpflichten sich, keine weiteren Ausgaben als die im § 2 genannten von den Lithographien des Herrn Professor Slevogt zu veranstalten.

Professor Slevogt 10 % vom Ladenpreis des verkauften Exemplars dieser Ausgabe, wobei der Ladenpreis des gehefteten Exemplars als Grundlage der Verrechnung gilt. Die Honorarverrechnung hat halbjährlich zu erfolgen.
Bei Erscheinen des Werkes erhält Herr Professor Slevogt a Konto des später fälligen Honorars die Summe von M. 10000.-- (Zehntausend Mark).

§ 5.

Vorhandene Probedrucke der Lithographien gehören Herrn Professor Slevogt, dem Verlag gehört das Imprimatur der Lithographien. Ferner erhält Herr Professor Max Slevogt von der Ausgabe A ein Freiexemplar, von der Ausgabe B zwei Freiexemplare und von der Ausgabe C fünf Freiexemplare.

Berlin, den 15. Juli 1921. Bruno Cassirer

Laut Vertrag sollte als Ausgabe A eine Mappe mit den Illustrationen ohne Text in einer Auflage von 50 Exemplaren produziert werden. 1922 erschien unter dem Titel *Die Inseln Wak Wak. Eine Erzählung aus Tausendundeiner Nacht* (Kat. 73) die als Ausgabe B bezeichnete, großformatige Buchfassung in einer Auflage von 360 Exemplaren; hier wurden die Illustrationen lithografisch in den Text eingefügt. Slevogt erhielt laut Vertrag die Hälfte der Einnahmen, auf die der Verlag eine Vorauszahlung von 40 000 Mark leistete. Das Märchen erzählt die Geschichte des Kaufmannssohns Has(s)an, der auf einer abenteuerlichen Reise seine verschwundene Gattin sucht. – AS

Abenteuer

075

— übersetzt und bearbeitet von K. Federn, mit Original-Lithographien von Max Slevogt — Pan-Presse, Verlag Paul Cassirer, Berlin 1909 — Staatliche Museen zu Berlin, Kunstbibliothek – Sammlung Buchkunst — Inv.-Nr. NB 6251gr. —

Lit.: Alten 1926, S. 95 f., Abb. 104, S. 88. — Sievers/Waldmann 1962, Nr. 390.

Hartherz entkommt aus: James Fenimore Cooper, »Lederstrumpf-Erzählungen«. Band 5: Die Prärie, S. 455

Der Romanzyklus *Lederstrumpf-Erzählungen* des amerikanischen Autors James Fenimore Cooper (1789–1851) erschien zwischen 1823 und 1841 in fünf Bänden. Die Hauptfigur ist der Waldläufer Natty Bumppo, auch Lederstrumpf genannt.[10] Die Handlung spielt zwischen 1740 und 1804. Sie bildete eine der wesentlichen Grundlagen zur Entstehung des literarischen Wildwest-Genres. Die *Lederstrumpf-Erzählungen* gehörten außerdem zu den ersten Publikationen der Pan-Presse, dem Verlag Paul Cassirers.

Max Slevogt notierte zu den von ihm zum Großteil aufbewahrten Skizzen, dass er 1907 in einer Nacht mit den ersten Entwürfen begonnen habe, als ihm das Jugendbuch wieder in die Hände gefallen sei.[11] So ging die Idee zur illustrierten Publikation also vermutlich auf ihn zurück. Der Künstler liebte Abenteuergeschichten – einige finden sich in seiner Bibliothek. Schon als Kind hatte er »Indianer« gespielt und spielte es noch 1908 zusammen mit Tilla Durieux und Paul Cassirer in den Dünen von Nordwijk.[12]

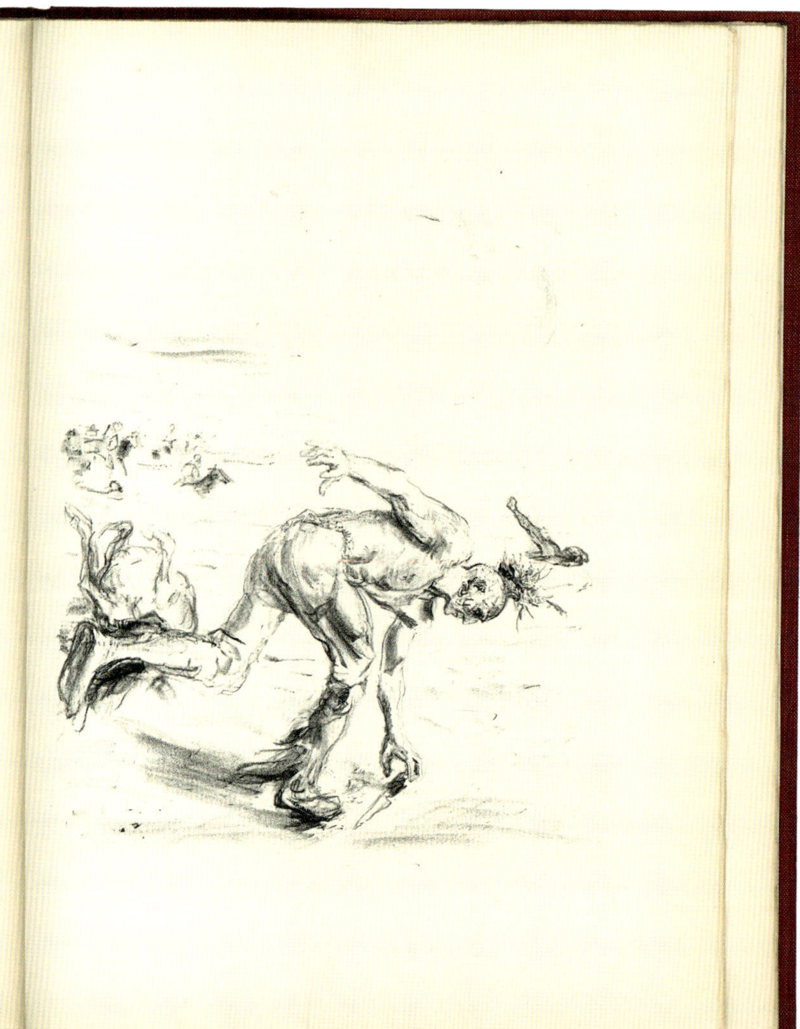

Im Berliner Völkerkundemuseum studierte er für seine Arbeit nützliche Objekte.[13] Besondere Bedeutung maß er jedoch bei diesen Illustrationen der Landschaft bei. Seine Zeichenmaterialien waren Kreide, teilweise aber auch Pinsel und Feder. Hiermit erreichte er selbst im Schwarz-Weißen eine ausgesprochen malerische Wirkung.

Slevogt schuf für den *Lederstrumpf* bis 1910 312 Initialen, Voll- und Halbbilder, hauptsächlich als Kreidelithografien, zum Teil aber auch unter Einsatz von Pinsel und Feder. Schon 1908 führte er die Illustrationen zu den beiden Bänden *Wildtöter* und *Der letzte Mohikaner* aus, 1909 folgten *Der Pfadfinder* und *Die Ansiedler*; den Abschluss bildete *Die Prärie* 1910 (obwohl als Erscheinungsjahr der Publikation 1909 angegeben ist). Zu dem Roman *Die Prärie* gehört auch die Darstellung des Entkommens von Hartherz. Das Motiv wurde am 1. März 1910 erstmals gedruckt.

Zur Handlung: Der inzwischen alte Lederstrumpf lebt zurückgezogen als Trapper. Er hilft von Sioux bedrohten und bestohlenen Siedlern, deren Gruppe sich etwas später spaltet. Ein Teil verbündet sich mit den feindlichen »Indianern«. Diesen stehen die Pawnee mit ihrem Häuptling Hartherz gegenüber. Hartherz ist das Sinnbild des idealen »Indianers«. Lederstrumpf und die ihn begleitenden Siedler schließen sich ihm an, geraten dann aber in die Gefangenschaft der Sioux. Diese fordern den Tod von Hartherz. Als er von einem der Sioux mit einem Tomahawk bedroht wird, kann er ihm die Waffe entwenden, tötet ihn und entkommt: »Dann bahnte er sich mit der blutigen Waffe einen Weg, schoß durch die Öffnung, welche die erschrockenen Weiber freiließen, und war mit einem Sprunge den Abhang hinuntergeflohen.« (S. 454) Mit seinen Kriegern kehrt er zurück und tötet auch den Feind Mahtoree. Die Siedler und Lederstrumpf werden befreit. Lederstrumpf verbringt sein Lebensende mit den Pawnee.

Slevogts Illustration zeigt die Flucht des Häuptlings in Richtung Wasser, wo die Krieger seines Stammes ihm entgegenkommen. Statt eines Tomahawks sieht man ein Messer, nach dem er, vorwärts stürzend, greift. — **KR**

076

Harry Hurry schleudert einen Huronen ins Wasser

— aus: James Fenimore Cooper, *Lederstrumpf-Erzählungen in der ursprünglichen Form. Band 1: Der Wildtöter*, zw. S. 128 und 129 — Buchschmuck und Bilder von Max Slevogt — übersetzt und bearbeitet von K. Federn — Berlin, Verlag Neufeld & Henius, 1922 — 150. Exemplar von 150 auf Bütten gedruckten Büchern — Museum Georg Schäfer, Schweinfurt — o. Inv.-Nr. —

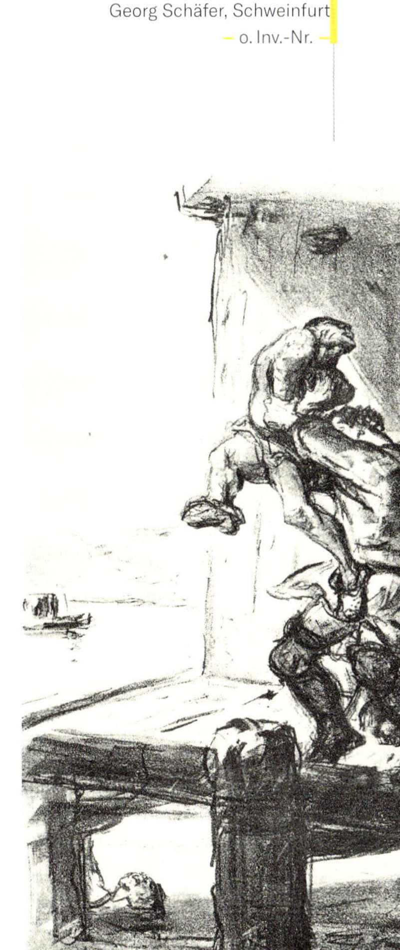

»Harry Hurrys ungeheure Körperstärke, vereint mit seiner Übung im Ring- und Faustkampf, machten ihn selbst für ein halbes Dutzend unbewaffneter Feinde zu einem gefährlichen Gegner. […] In rasendem Anlauf faßte er den nächsten Huronen um den Leib, hob ihn in die Höhe und schleuderte ihn ins Wasser, als wäre er ein kleines Kind.« (S. 154) Ikonografisch erinnert die Szene an Herkules und Antäus.

— **10** Carl Suesser veröffentlichte 1934 die Vermutung, dass die Hauptfigur Lederstrumpf auf dem Pfälzer Johann Adam Hartmann aus Edenkoben beruhen könnte. Dies wusste Slevogt aber noch nicht. — **11** Vgl. Imiela 1968, S. 159. — **12** Vgl. ebd., S. 399 f., Anm. 27. — **13** In seinem Nachlass befindet sich auch ein historisches Foto, das eine Gruppe von Native-American-Kriegern 1890 zeigt, vgl. Feulner 2018 b, S. 152.

077

– aus: *Band 2: Der letzte Mohikaner*, zw. S. 192 und 193 –

Unkas springt herab um Cora zu retten

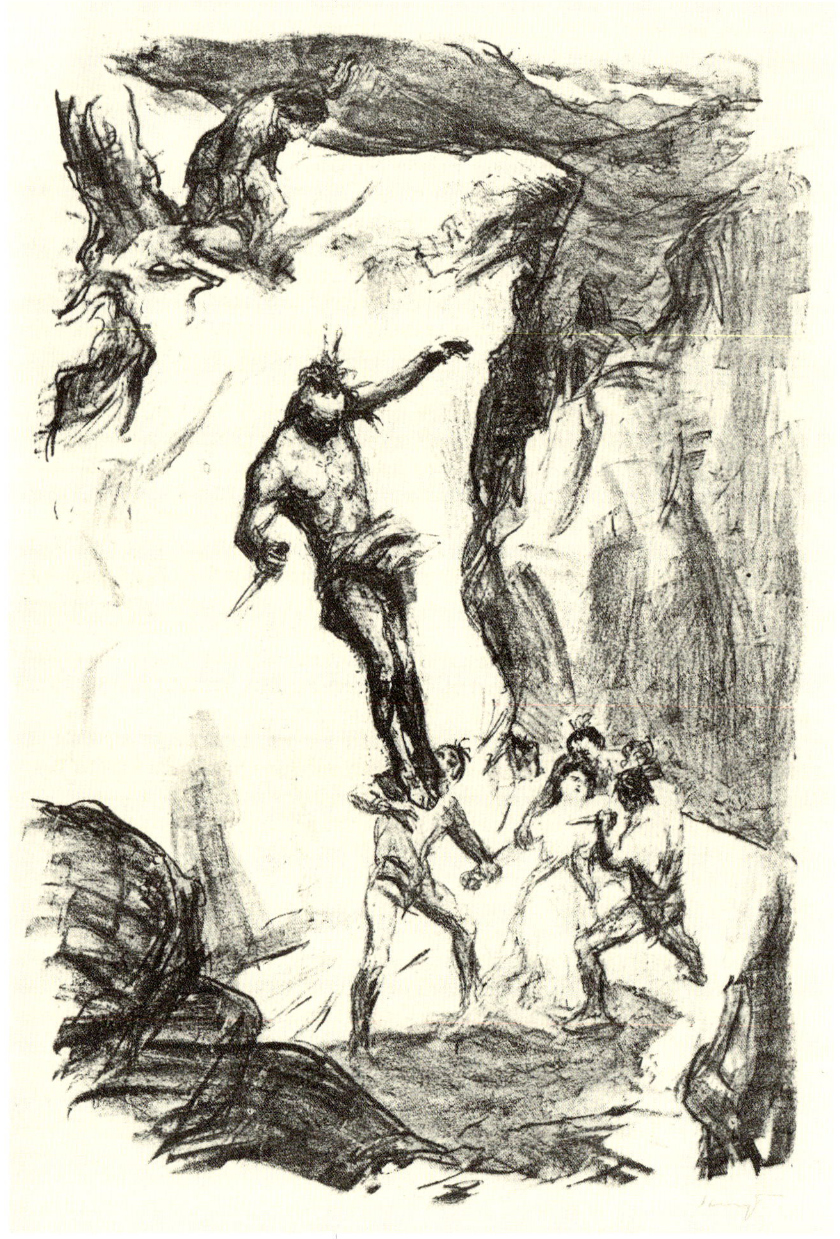

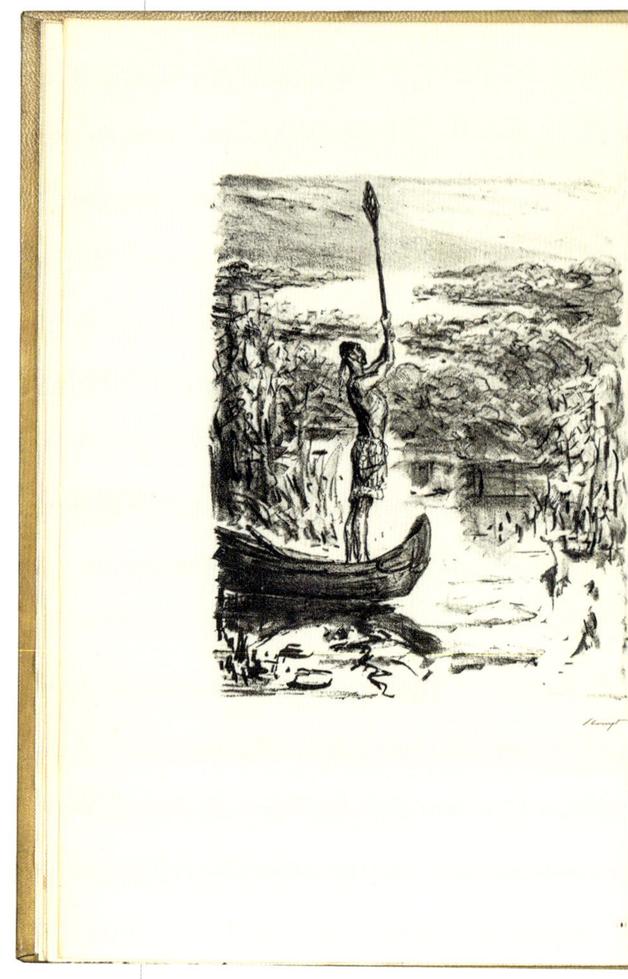

078

– aus: *Band 3: Der Pfadfinder*, Frontispiz –

Chingachgook im Kanu hebt das Ruder

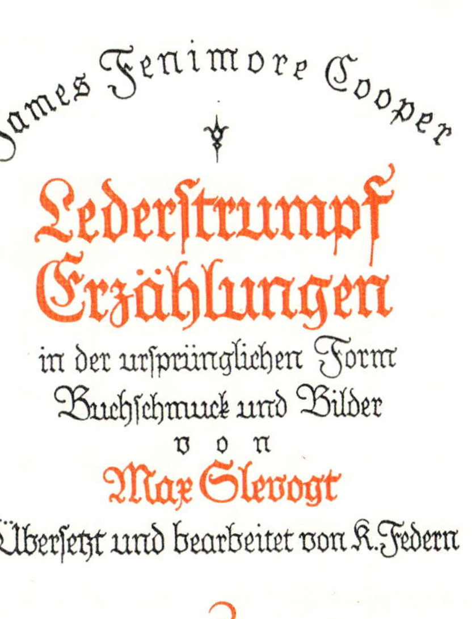

James Fenimore Cooper

Lederstrumpf Erzählungen

in der ursprünglichen Form
Buchschmuck und Bilder
von
Max Slevogt
Übersetzt und bearbeitet von K. Federn

19 22

erlag Neufeld & Henius Berlin

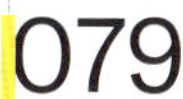

079

aus: *Band 5: Die Prärie*, zw. S. 160 und 161

Ismael Bush schießt seinen erhängten Schwager Abiram los

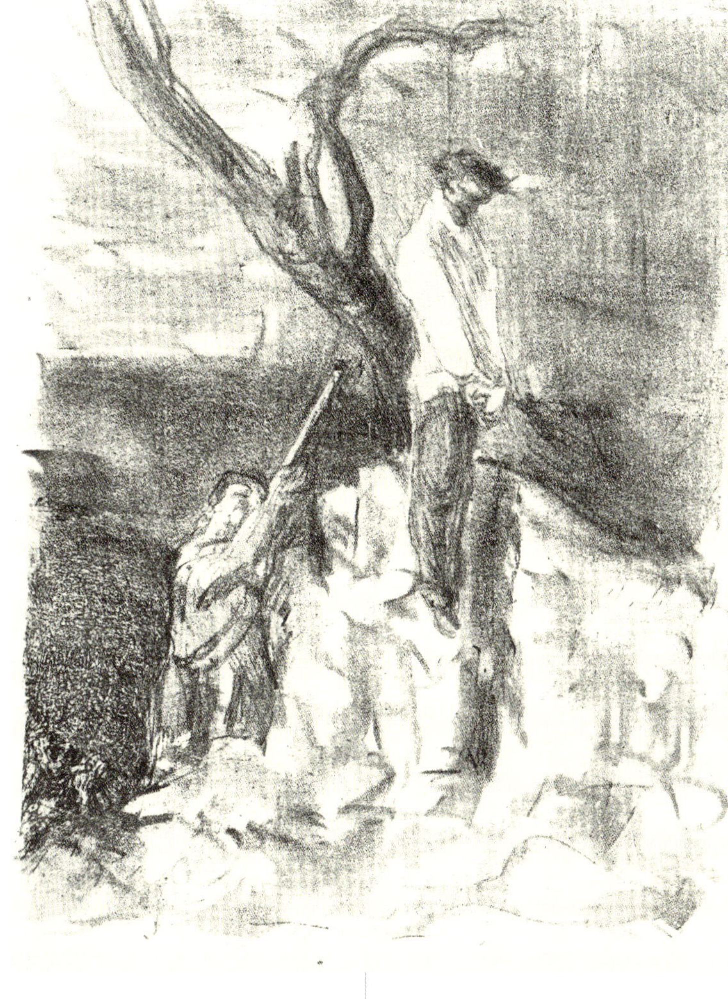

080

aus: *Band 4: Die Ansiedler*, zw. S. 64 und 65

Der Panther springt herab

082

– 1. Teil, 10. Kapitel, Abb. S. 67 – schwarze Kreide – 19 × 16 cm – bezeichnet oben rechts: 49 – Museum Georg Schäfer, Schweinfurt – Inv.-Nr. MGS 3070A –

Lit. zu allen Vorzeichnungen: Imiela 1968, S. 425, Anm. 16. – Schweinfurt 1983, Nr. 124 und 125. – Schweinfurt 2009, S. 174–176, Kat. 82 a–k.

Diaz ersticht den Häuptling »Pantherkatze«, Vorzeichnung zu »Der Waldläufer«

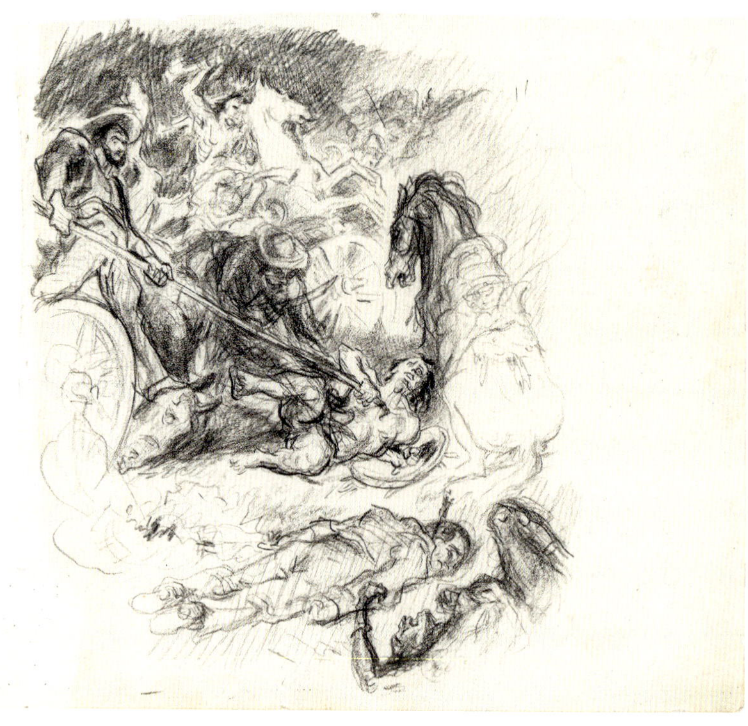

081

– mit Steinzeichnungen von Max Slevogt – nach der Übertragung von Julius Hoffmann – Berlin, Propyläen [1921] – Museum Georg Schäfer, Schweinfurt – o. Inv.-Nr. –

Lit: Rümann 1936, Nr. 20. – Imiela 1968, S. 221. – Lang 1998, B 209. – Söhn 2002, Nr. 405–472. – Schweinfurt 2009, S. 182, Abb. S. 183, Kat. 83.

Der Waldläufer von Gabriel Ferry (ohne Abbildung)

Der Roman *Der Waldläufer/Le coureur des Bois* von Gabriel Ferry (eigentlich Eugène Louis G. de Bellemare, 1809–1852) erschien 1850 in Brüssel und wurde zum bekanntesten Werk des Autors. Ein Jahr darauf publizierte die Franckh'sche Verlagshandlung in Stuttgart eine deutsche Fassung. 1852 folgte die Bearbeitung von Julius Hoffmann mit Illustrationen von Ferdinand Koska. Hoffmanns Fassung war auch die Grundlage für die Ausgabe des Propyläen Verlags mit Slevogts Illustrationen im Jahr 1921. 1879 wurde zudem eine Bearbeitung »für die Jugend« durch Karl May im Verlag Neugebauer in Stuttgart herausgegeben.

Schon zwischen 1903 und 1905 hatte Slevogt erste Zeichnungen zu diesem Buch geschaffen. Der Band mit seinen Illustrationen erschien in einer Auflage von 1 500 Stück in zwei Ausgaben: 300 Vorzugsausgaben mit der von Slevogt signierten Originalradierung *Der Waldläufer* sowie 1 200 Bücher mit der Originallithografie *Reiterkampf.* Der Zusatz »Mit Steinzeichnungen« führt allerdings in die Irre, da es sich um fotomechanische Reproduktionen der Zeichnungen handelt. Slevogt fertigte für das Buch insgesamt 66 Vorlagen – Initialen, ganzseitige Bilder, Textabbildungen und Randzeichnungen.

Zur Geschichte, die in Mexiko spielt: Der junge Tiburcio/Fabian ist eigentlich der entführte Sohn eines spanischen Grafen. Als dann auch noch sein Pflegevater, der gerade eine Bonanza entdeckt hat, ermordet wird, schwört der junge Mann Rache. Zwei Gruppen begeben sich auf die Suche nach dem Schatz: Tiburcio und zwei Waldläufer, die ihn schon als Kind gerettet hatten, sowie die Mörder des Vaters, zusammen mit Tiburcios Onkel, der ihn damals entführte. Auf dem Weg kämpfen sie gegen die Apachen und deren Häuptling Schwarzvogel. An der Bonanza klärt sich alles auf, der böse Onkel und der Mörder des Pflegevaters sterben. Doch wieder neue Bösewichte, die »Teufel der Savanne«, haben es auf den Schatz abgesehen und verbünden sich mit den Apachen. Auch sie werden schließlich dank der Unterstützung durch die Komantschen besiegt. Tiburcio gewinnt die schöne Rosarita zur Frau. – KR

Bei den Zeichnungen handelt es sich um Illustrationsvorlagen für die Ausgabe des Romans *Der Waldläufer* von Gabriel Ferry, der 1921 im Berliner Propyläen Verlag erschien. Im Museum Georg Schäfer befinden sich insgesamt 22 Vorlagen dazu. Die Notizen auf den Zeichnungen benennen die wohl ursprünglich geplante Seitenzahl für die Abbildung. Allerdings verschob sich dann alles um einige Seiten nach hinten. Zusätzlich findet man Angaben über nötige Verkleinerungen und zur Platzierung der Bilder, z. B. vom Text gerahmt oder als Vignetten. Es wurde schließlich versucht, die Illustrationen in unmittelbarere Nähe zu derjenigen Textstelle, auf die sie sich bezog, zu stellen.

Die Zeichnungen wurden fotomechanisch reproduziert, vermutlich, weil sich dadurch leichter Variationen in der Abbildungsgröße umsetzen ließen. Der Versuch des Drucks als Lithografie mit besserer Qualität scheint gescheitert zu sein. Erste Studien zum Roman sind in einem Skizzenbuch des Künstlers von 1903 bis 1905 zu finden.[14]

Die vorliegende Zeichnung zeigt den Überfall der Apachen, die von Cuchillo angelockt wurden, auf das Lager der Goldsucher. Als Kämpfer tut sich der Häuptling Pantherkatze besonders hervor. Der Fährtenleser Pedro Diaz reitet ihm entgegen, Oroche durchtrennt die Sehnen der Hinterbeine des Pferdes; der Häuptling stürzt und Diaz ersticht ihn mit seiner eigenen Lanze: »Der Indianer hatte den Todesstoß erhalten, aber kein Schrei kam über seine Lippen […] und mit einer Hand, welcher der nahe Tod noch nichts von ihrer Kraft geraubt, ergriff der indianische Häuptling entschlossen den Schaft der Lanze, der immer noch von Diaz festgehalten wurde. Ein letzter Kampf begann.« (S. 69) – KR

– **14** Vgl. Imiela 1968, S. 154.

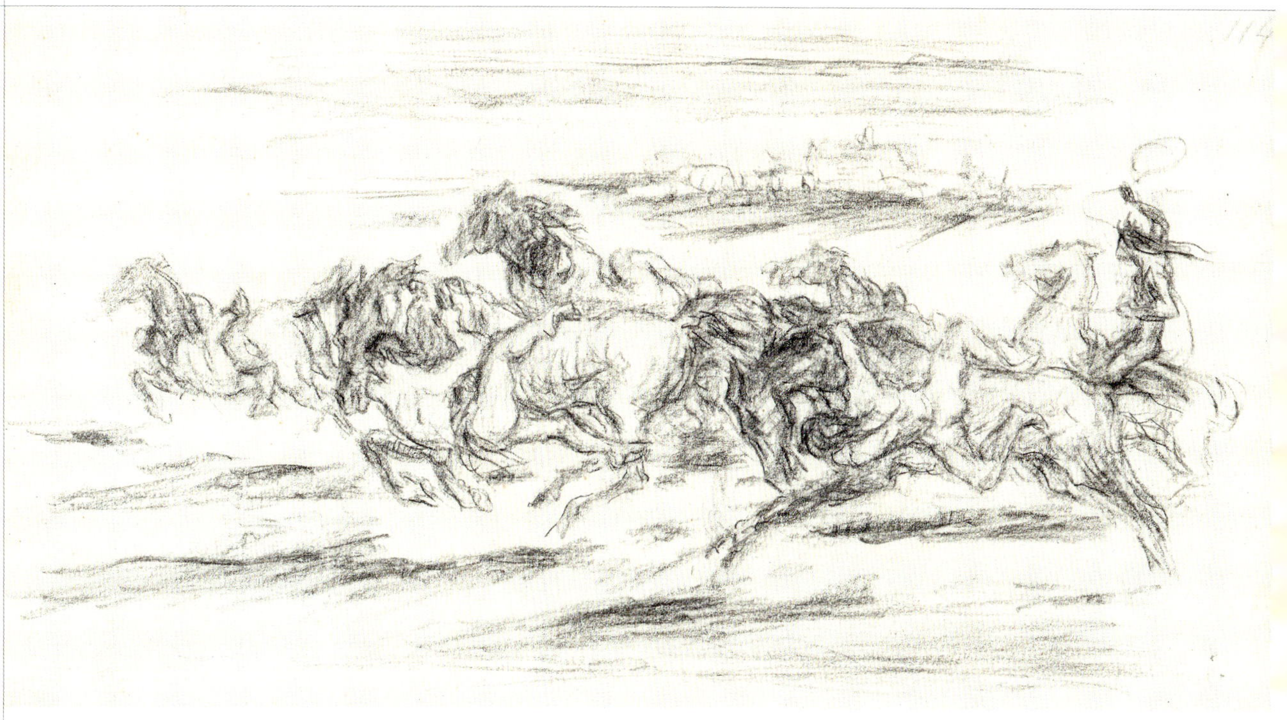

083

– 1. Teil, 19. Kapitel, Abb. S. 143 – schwarze Kreide – 10,3 × 20 cm – bezeichnet oben rechts: 114 – Museum Georg Schäfer, Schweinfurt – Inv.-Nr. MGS 3077A

Der Häuptling »Schwarzvogel« jagt wilde Pferde und täuscht die Mexikaner, Vorzeichnung zu »Der Waldläufer«

Vor den Augen der Mexikaner nähern sich Pferde dem Lager. »Unter den Indianern, die hinter den auf der Ebene umherjagenden Tieren herangaloppiert waren, wurde der Schwarzvogel sichtbar. […] Auf den Pferden, die bis dahin herrenlos schienen, saßen mit einemmal Reiter mit wallenden Federbüschen […].« (S. 142 f.) Sie hatten sich zuvor seitlich an den Tieren festgehalten, sodass man sie nicht sehen konnte. – KR

084

– 1. Teil, 23. Kapitel, Abb. S. 174 – schwarze Kreide – 19 × 14,4 cm – bezeichnet oben rechts: 141 – Museum Georg Schäfer, Schweinfurt – Inv.-Nr. MGS 3080A –

Baraja und Oroche kämpfen um den Goldblock, Vorzeichnung zu »Der Waldläufer«

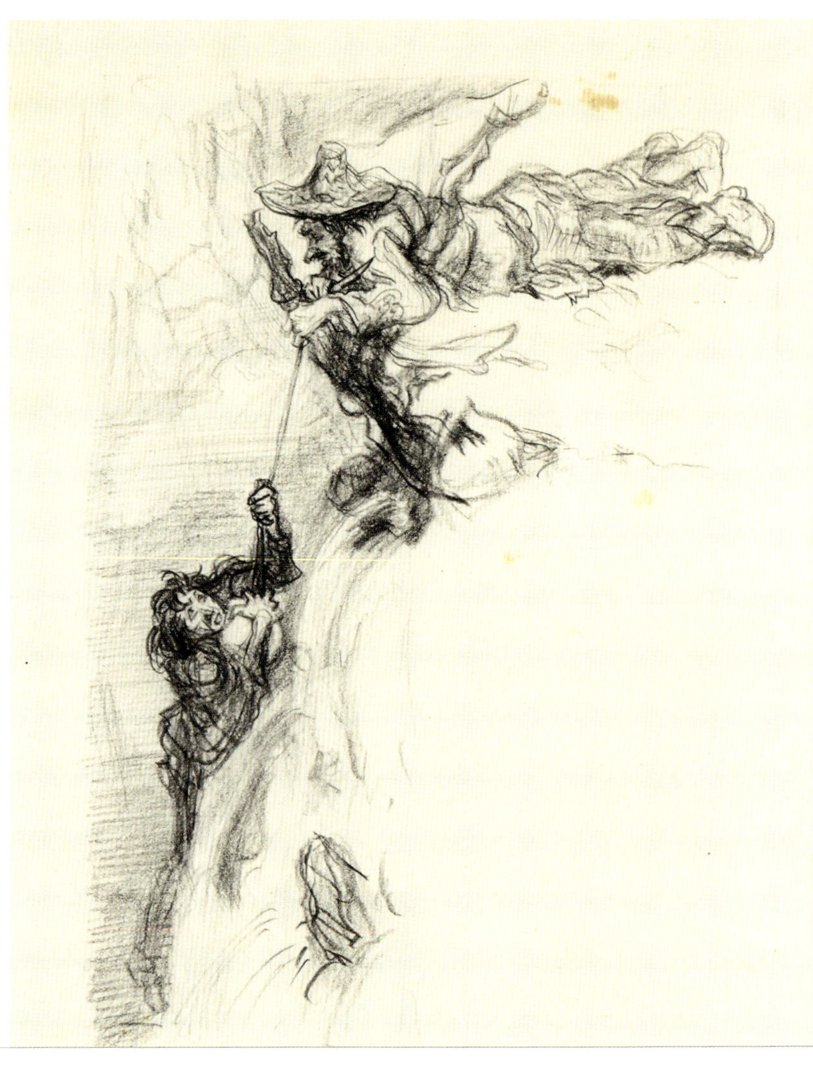

Nachdem Cuchillo den Goldblock in einem Abgrund des Goldtals entdeckt hatte, ihn aber nicht bergen konnte, machen sich Baraja und Oroche an diese Aufgabe. Oroche wird an einem Seil, das um einen Stamm gewickelt ist und von Baraja gehalten wird, in den Abgrund hinuntergelassen. Er greift sich das Gold und lässt sich hinaufziehen: »[…] bald aber ging es viel langsamer, bis er [Baraja] mit einemmal zu ziehen aufhörte. Die Hände Oroches konnten den Boden noch nicht erreichen. […] Ein teuflischer Gedanke durchzuckte ihn [Baraja]. ›Gebt mir den Goldblock‹, sagte er […]. ›Nein, nein, tausendmal nein,‹ schrie der Gambusino, dem plötzlich der Angstschweiß über die Stirne herablief und der seinen Schatz mit den Armen umschlossen hielt. […] ›Ihr würdet den Strick dann fahren lassen.‹« Baraja droht, Oroche und das Gold fallen zu lassen, und zieht einen Dolch heraus. Er beginnt, den Strick anzuschneiden. – KR

085

– 1. Teil, 25. Kapitel, Abb. S. 183 – schwarze Kreide – 21,5 × 15,5 cm – bezeichnet oben rechts: 141 – Museum Georg Schäfer, Schweinfurt – Inv.-Nr. MGS 3081A –

Fabian hält Gericht über Don Antonio, Vorzeichnung zu »Der Waldläufer«

Der gefangene Don Antonio/ Don Estevan (Tiburcios Onkel) soll sich vor Tiburcio/Fabian, Rosenholz und José im Beisein Diaz' verteidigen. Während seine »Richter« auf Felsen Platz nehmen, will er stehen bleiben. Rosenholz berichtet, wie er damals den halb toten Fabian auf dem Meer fand. José führt die Geschichte der Ermordung von Fabians Mutter und Entführung des Kindes weiter aus. Fabian verhört ihn weiter, aber Don Estevan will zunächst nicht gestehen. Bald muss er aber zugeben, dass er der Onkel von Fabian ist und sich dessen Erbe aneignen wollte. Fabian will Rache üben und »steckte den Dolch mit der Spitze in den Sand. Der Dolch warf einen seiner Länge gleichen Schatten. ›Die Sonne‹, rief er, ›soll die Augenblicke messen, die Ihr noch zu leben habt. Sobald der Dolch keinen Schatten mehr wirft, werdet Ihr vor Gott erscheinen.‹« (S. 185) – KR

086

– 2. Teil, 19. Kapitel, Abb. S. 328 – schwarze Kreide – 20 × 8,5 cm – bezeichnet unten rechts: Seiten=stück pag. 278 – Museum Georg Schäfer, Schweinfurt – Inv.-Nr. MGS 3084A –

Kampf mit den Apachen am Engpass des Flusses, Vorzeichnung zu »Der Waldläufer«

»Der Fluß durchströmte hier den bereits beschriebenen Engpaß. Er war zwischen zwei hohen Ufern eingedämmt, deren felsige Ränder sich zueinander hinneigten […]. Auf jeder Seite des durchbrochenen Bogens setzte gerade ein Krieger zum Sprung über den Raum an, der ihn von dem anderen trennte. […] Den Augenblick benutzend, sprang der andere mit dem Rufe: ›Die Antilope kann noch weiter springen!‹ über den Abgrund hinüber und umklammerte den Leib des Brennenden Strahls.« (S. 328) – KR

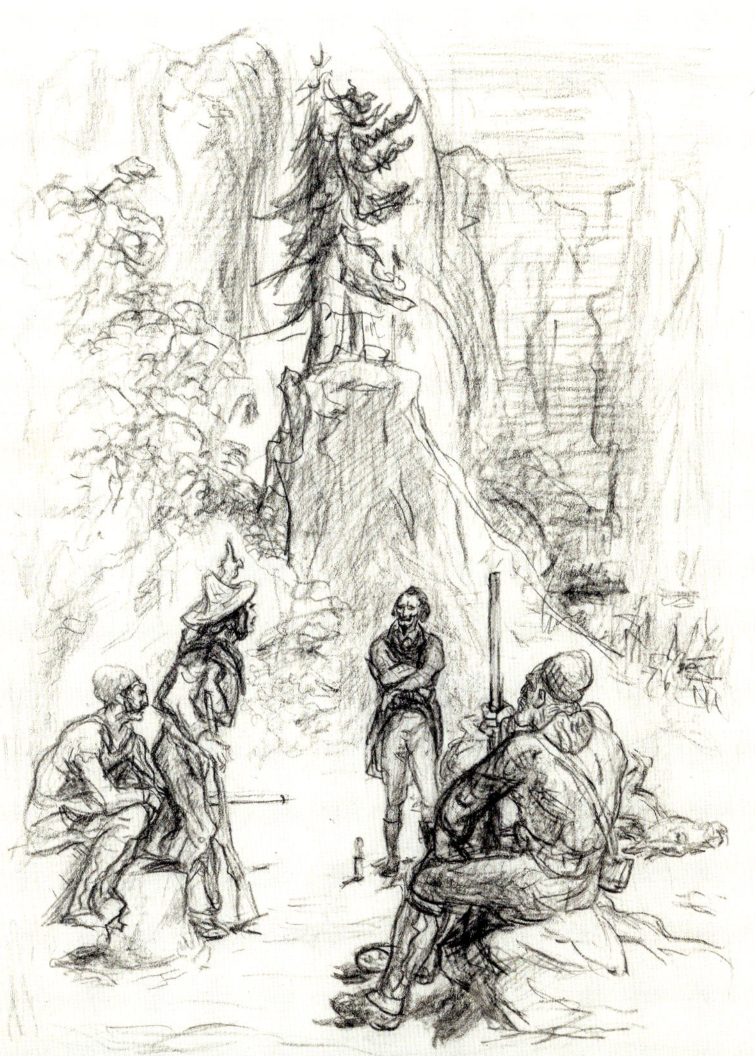

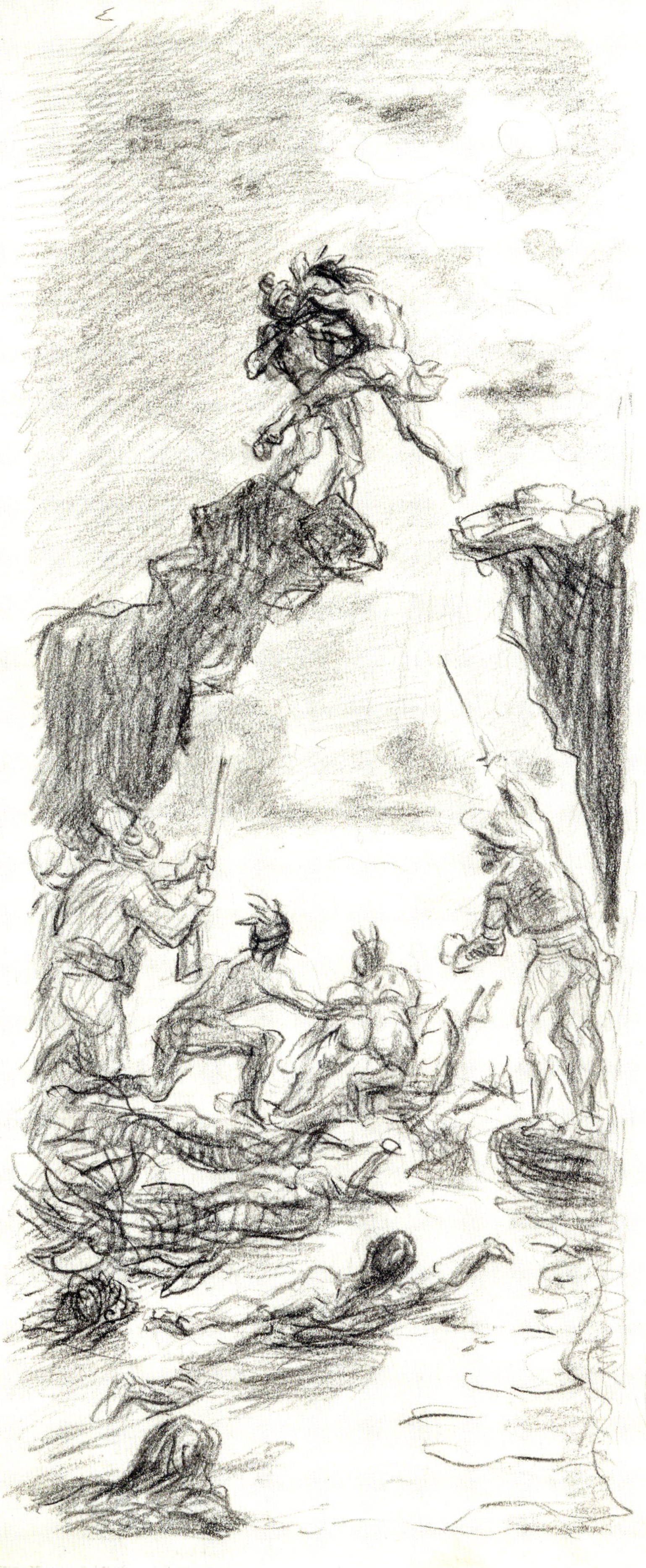

087

– 2. Teil, 23. Kapitel, Abb. S. 352 – schwarze Kreide und Bleistift – 12,5 × 21,2 cm – bezeichnet unten: verkleinern Ober (?)leiste pag. 294 – Museum Georg Schäfer, Schweinfurt – Inv.-Nr. MGS 3086A –

Rosenholz und José wälzen den schützenden Baumstamm gegen ihre Feinde, Vorzeichnung zu »Der Waldläufer«

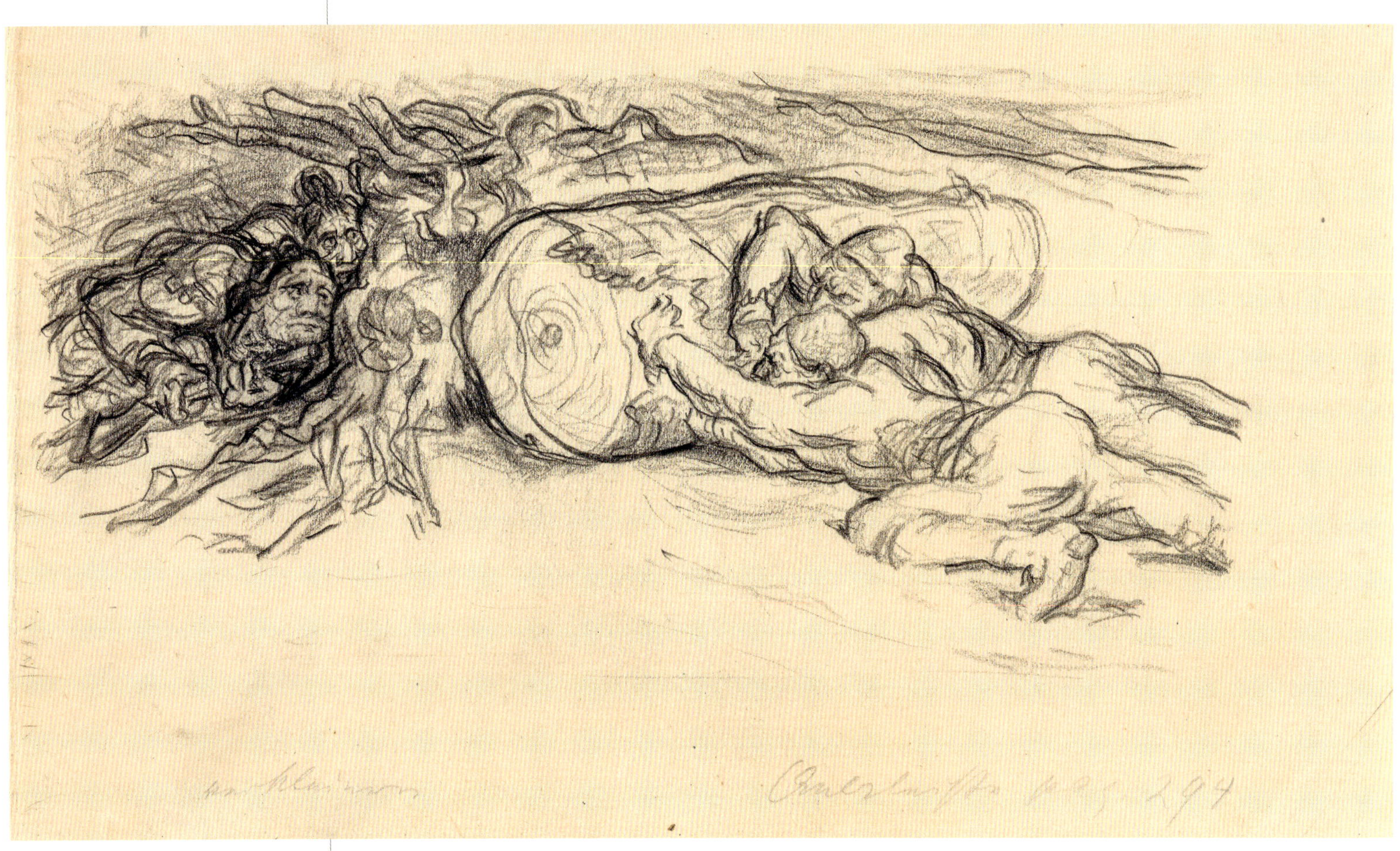

Es kommt zum Kampf der beiden Helden Rosenholz und José gegen Rothand und den Mestizen. Erstere nähern sich ihren Feinden, indem sie einen Baumstamm, hinter dem sie Deckung gesucht haben, dem Baumstamm der beiden anderen entgegen rollen. »Hinter dem Baumstamm auf dem Bauch liegend, rollten die beiden Jäger die Walze vor sich her […]. In der Tat waren nun die Baumstämme so nahe beieinander, daß die zwei Banditen, die wortlos und ohne sich zu regen, mit furchtbar rollenden Augen dalagen, den Atem der keuchenden Jäger deutlich hören konnten.« (S. 351) Zugleich schießen Komanchen von einem Baum aus auf sie. »Es war für die Zuschauer ein Augenblick höchster Spannung, als die Bäume gleich zwei Fahrzeugen, die auf dem Meere gegeneinanderfahren, im Begriff waren, aneinanderzustoßen.« (S. 351 f.) Im Zweikampf tötet Rosenholz Rothand und José den Mestizen. – KR

Mythos, Bibel und Sage

088

– 1895 – Tuschfeder in Schwarz und Aquarell – 14,2 × 22,5 cm – Rückseite: Skizze der von links kommenden Gruppe – GDKE – Direktion Landesmuseum Mainz, Slevogt-Archiv, Grafischer Nachlass – Inv.-Nr. DL SL NL 2021/105 –

Lit.: Imiela 1968, S. 34, Abb. 119. – Saarbrücken/Mainz 1992, S. 480, Kat. 254, Abb. 254. – Frankhäuser/Krischke/Paas 2007, S. 11, 50, Abb. S. 51. – Schenk 2015, S. 60, Anm. 219.

Tanz der Salomé, Studie zum gleichnamigen Bild/Skizze zur Gesamtkomposition

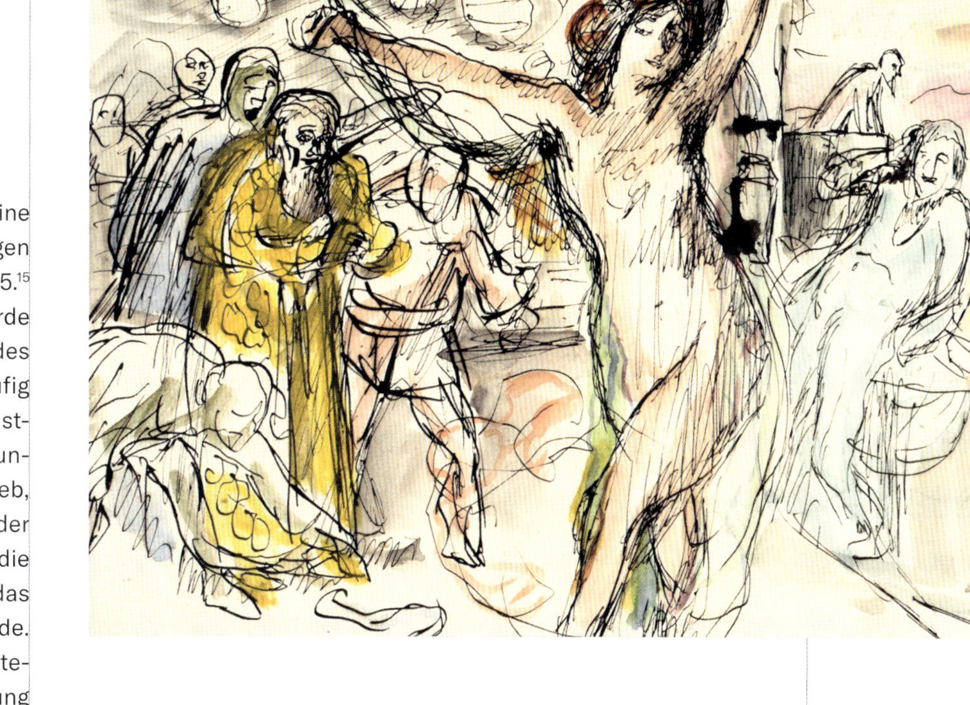

Es handelt sich hier um eine Skizze zu dem gleichnamigen Gemälde von 1895.[15] Das Thema der Salome wurde vor allem durch Oscar Wildes Drama zu einem häufig bearbeiteten Motiv der Künstler gegen Ende des 19. Jahrhunderts. Wie Imiela schrieb, interessierte Slevogt an der Geschichte wohl mehr die unerfüllte Begierde als das grausige Ende. Während in der rechten unteren Ecke klein die Enthauptung Johannes des Täufers zu sehen ist, tanzt Salome groß im Vordergrund ihren lasziven Schleiertanz. Sie wird umringt von Beifall klatschenden, sich verbeugenden, lüsternen Männern. Vorn in Gelb sieht man Herodes. Der Tanz findet auf einer Terrasse statt, die die räumliche Teilung der Komposition in eine höher gelegene Hauptszene und die tiefer gelegene Nebenszene ermöglicht. Gelbes Licht deutet den Sonnenaufgang, aber auch die Schwüle der Atmosphäre an.

Um 1895 spielte der Tanz in mehreren Werken des Künstlers eine zentrale Rolle: in seinem *Triptychon des Tanzes* (vgl. Kat. 1, 2), im *Totentanz* (Kat. 133) und im *Tanz der Salomé*. In den beiden letztgenannten Werken verbinden sich Tanz und Tod. – **KR**

– **15** *Tanz der Salomé*, 1895, Öl auf Holz, 68 × 100 cm, Stiftung Raczynski im Nationalmuseum in Posen.

089

– aus: Gustave Flaubert, *Herodias* – Übersetzt von Walter Unus – Mit 6 ganzseitigen Original-Kreidelithographien von Max Slevogt – 7. Prospero-Druck, Erich Reiss Verlag, Berlin 1919 – Staatliche Museen zu Berlin, Kunstbibliothek – Sammlung Buchkunst – Inv.-Nr. NB 6609 mtl –

Lit.: Söhn 2002, Nr. 189.

Herodias flieht vor dem predigenden Jochanan

Herodias ist eine der *Drei Erzählungen* des französischen Schriftstellers Gustave Flaubert (1821–1880). Jede der drei Geschichten, die 1877 veröffentlicht wurden, greift das Leben eines Heiligen in einer Epoche des Christentums auf. Flauberts Umdichtung des biblischen Textes über Johannes den Täufer (Mk 6, 21–29) vertritt die Antike. Doch sie heißt nicht *Johannes,* sondern trägt den Namen der Frau des Herodes Antipas und Mutter Salomes. Sie ist die treibende Kraft der Handlung und des tragischen Endes. Als Johannes/Jochana(a)n Herodias bei einer zufälligen Begegnung als Sünderin brandmarkt, schwört sie Rache und wünscht seinen Tod. Ihr Mann lässt Johannes aber zunächst nur gefangen nehmen. In dieser Gefangenschaft verflucht der Prediger Herodias erneut. Bei einem Fest, bei dem Herodes der schönen Salome für ihren verführerischen Tanz sein halbes Königreich vermachen will, fordert sie, angestiftet durch ihre Mutter, den Kopf des Johannes. Herodes lässt den Propheten daraufhin widerwillig enthaupten. Die ausgestellte Szene ist der Auslöser für das weitere Unheil. Slevogt nahm sich der von Flaubert als geradezu übermenschlich charakterisierten Gestalt des Johannes an und übersetzte sie in ein ausdrucksstarkes Bild, eine Art figürliches Ausrufezeichen. Er zeigte den Prediger in ekstatischer Pose, umringt von einer Menschenmenge. Slevogt zeichnete seinen Körper in Anspannung und Streckung, die Beine im weiten Schritt, die Arme als Umspannen von Tiefe und Höhe, der Bart emporgeschwungen. Sein Finger zeigt auf die Sünderin, die im Wagen vorbeigefahren ist: Herodias. Die Zuhörer – einer verneigt sich vor Johannes – haben es gehört und verfolgen mit ihren Blicken die Flüchtende, die sich rächen wird. – KR

»Also soll er frei sein?«
Kopfschüttelnd verneinte der Tetrarch; er fürchtete sich vor Herodias, Mannäi und dem Unbekannten.
Phanuel versuchte ihn zu überreden; als Gewähr für seine Pläne berief er sich auf die Unterwerfung der Essäer unter die Könige. Man hatte Achtung vor diesen armen, durch Qualen nicht zu beugenden, leinwandgekleideten Männern, die in den Sternen die Zukunft lasen.
Antipas erinnerte sich eines Worts von ihm, das er eben gesagt:
»Was war das, was du mir Wichtiges melden wolltest?«
Ein Neger kam dazu. Sein Leib war weiß vom Staub. Er röchelte und konnte nur sagen:
»Vitellius!«
»Wie? kommt er?«
»Ich habe ihn gesehn. Vor drei Stunden ist er hier!«
Die Vorhänge in den Gängen bewegten sich wie im Wind. Geräusch füllte das Schloß, ein Lärmen von rennenden Menschen, geschobenem Gerät, klirrendem Silbergeschirr; und von der Höhe der Türme klangen die Trompetenhörner, die zerstreuten Sklaven zusammenzurufen.

Achill, der im Zorn auf Agamemnon nicht mehr am Kampf der Griechen gegen die Trojaner teilnehmen wollte, ändert seine Haltung nach dem Tod seines Freundes Patroklos durch Hektor. Achill will ihn rächen. Es gelingt ihm, Hektor im Kampf zu töten. Dann schleift er den Leichnam mit seinem Streitwagen dreimal um das Grab des Patroklos. Erst auf Bitten Priamos', Hektors Vater, gibt er den Toten heraus.

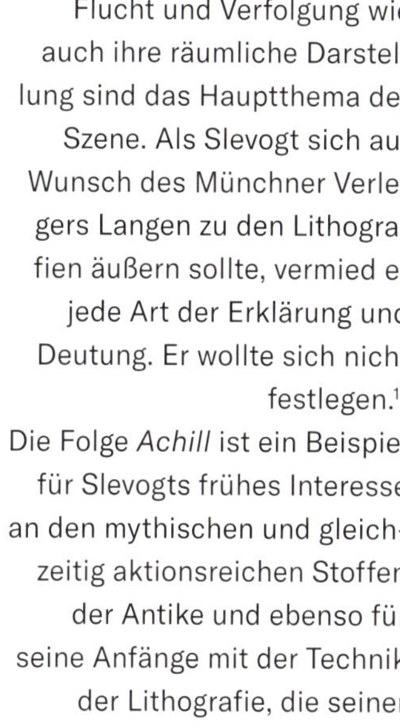

090

Hektors Flucht

– aus: *Achill*, Blatt XI – 15 Lithographien zur *Ilias* von M. Slevogt – München, Verlag A. Langen, 1907 – LBZ/Pfälzische Landesbibliothek Speyer – Inv.-Nr. 1 b 252 (rara) –

Lit.: Sievers/Waldmann 1962, Nr. 27. – Imiela 1968, S. 157, 398.

Slevogts Mappe mit 15 Illustrationen beginnt mit Helena, deren Schönheit und Raub durch Paris den Krieg auslöste, und endet mit der Bestattung des Patroklos. *Hektors Flucht* gehen das Wüten Achills und die *Flucht der Troer* voraus. Ihr folgen *Hektors Tod* und der *Triumph des Achill*.

Der begleitende Text zu der vorliegenden Lithografie lautet: »– – – So drang jener im Flug/ Grad an, doch es flüchtete Hektor/Längs der troischen Mauer,/die hurtigen Kniee bewegend.« (Gesang 22, Vers 140) Mit »hurtigen Knien«, in gestrecktem und zugleich gebücktem Lauf flieht Hektor vor dem aggressiv heraneilenden Achill. Ohne Ausarbeitung der Gesichter, allein durch die Haltung im Laufen, charakterisierte Slevogt die beiden Hauptakteure der Geschichte.

Als Hintergrund dienen die Mauern Trojas. Die Aktion der Flucht und Verfolgung wie auch ihre räumliche Darstellung sind das Hauptthema der Szene. Als Slevogt sich auf Wunsch des Münchner Verlegers Langen zu den Lithografien äußern sollte, vermied er jede Art der Erklärung und Deutung. Er wollte sich nicht festlegen.[16]

Die Folge *Achill* ist ein Beispiel für Slevogts frühes Interesse an den mythischen und gleichzeitig aktionsreichen Stoffen der Antike und ebenso für seine Anfänge mit der Technik der Lithografie, die seiner schnellen Arbeitsweise entgegenkam. *Achill* war die zweite, weiter ausgearbeitete Lithografien-Folge nach *Penthesilea* 1905/06. Die Herausgabe im Verlag von Albert Langen in München vermittelte der befreundete Eduard Fuchs. 1920/21 befasste sich Slevogt dann erneut mit der Figur des Hektor, indem er ihm eine eigene Publikation widmete (vgl. Kat. 91–98).

Als mögliches Vorbild für einige der *Achill*-Illustrationen nennt Imiela den Zyklus von Peter Cornelius. – **KR**

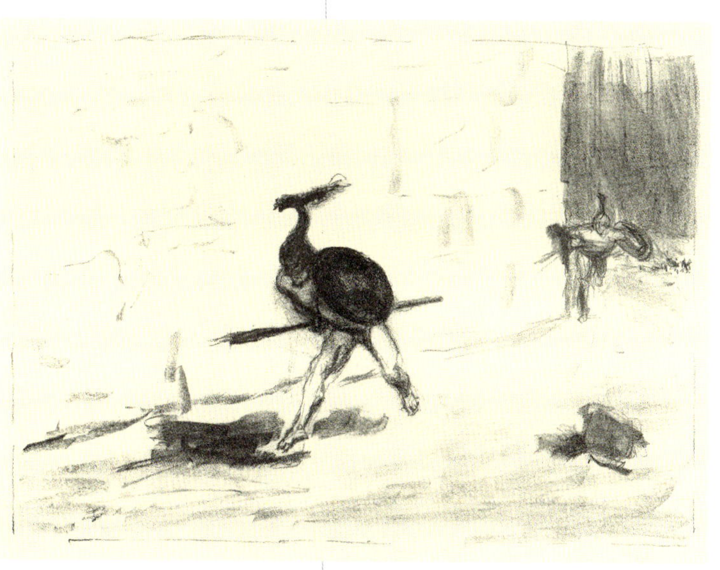

– **16** Vgl. Imiela 1968, S. 157.

091–098

– Max Slevogt – 9 Kreidelithographien zur *Ilias* – Verlag Bruno Cassirer, Berlin o. J. (1921) – Staatliche Museen zu Berlin, Kunstbibliothek – Sammlung Buchkunst – Inv.-Nr. NB 6814quer –

Lit.: Imiela 1968, S. 398. – Söhn 2002, Nr. 338–346.

Hektor

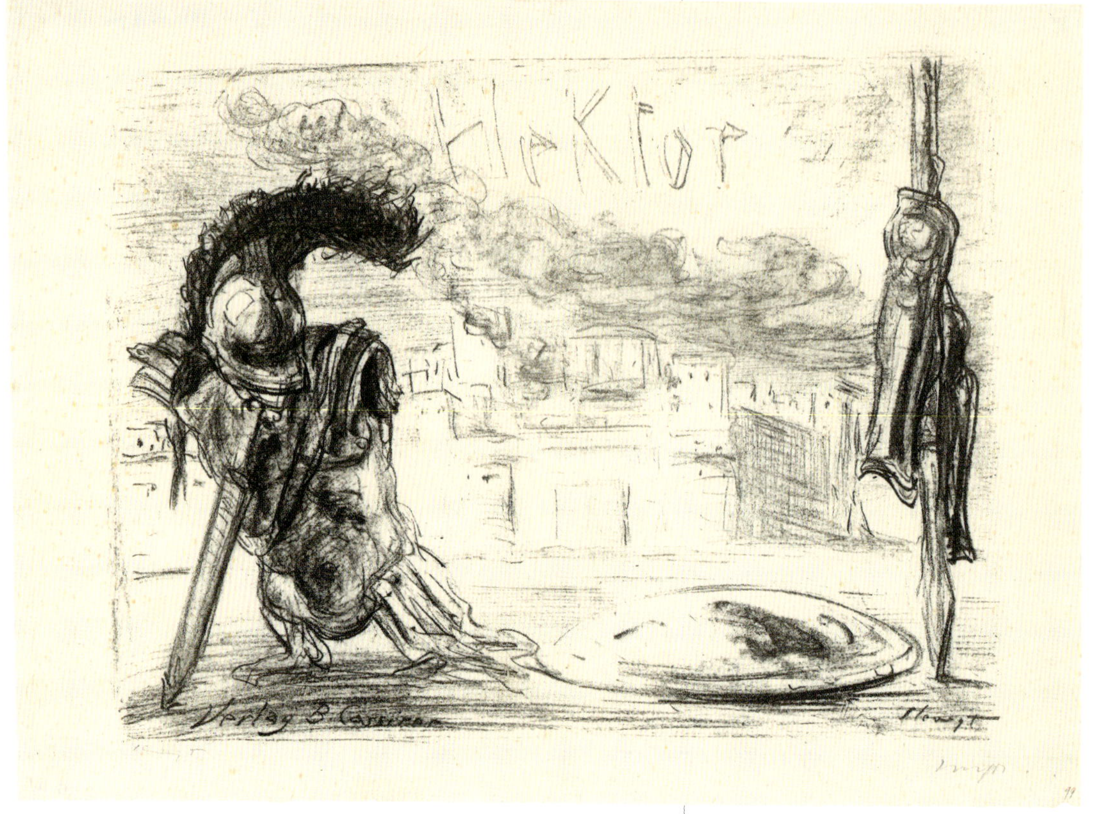

Mit der Folge *Hektor* setzte Slevogt seine Beschäftigung mit der Antike und Homers *Ilias* fort und widmete der tragischen Gegenfigur zu Achill (vgl. Kat. 90) eine grafische Reihe. Da die Lithografien zwischen 1915 und 1920 entstanden, spielten die Kriegserlebnisse für die Umsetzung der Geschichte eine prägende Rolle. Dies beginnt bereits bei den allein zurückbleibenden Frauen und Kindern. Stellvertretend für sie steht Andromache mit ihrem Sohn, die auf dem zweiten Blatt der Folge statt des aufbrechenden Hektor ins Zentrum der Szene gerückt ist. In den beiden letzten Blättern geht es dann nicht mehr so sehr um einzelne Figuren wie Priamos, sondern um die Trauer eines Volkes nach Krieg und brutalem Tod. Slevogt hatte sich in der besetzten Pfalz eine eigene Druckwerkstatt eingerichtet, publizierte *Hektor* dann aber 1921 im Verlag von Bruno Cassirer in einer kleinen Auflage von 50 Exemplaren.

Hektor war der Held auf der Seite der Trojaner, ein Sohn von Priamos, der Bruder des Paris und Ehemann von Andromache. Er hatte im Trojanischen Krieg die Schiffe der Griechen angezündet und Achills Freund Patroklos getötet. Achill rächte sich, indem er Hektor nicht nur tötete, sondern auch seine Leiche an seinen Streitwagen band, um ihn um die Stadt zu schleifen. Bevor er ihn noch den Hunden zum Fraß vorwerfen konnte, bat Vater Priamos um die Leiche des Sohnes, damit er von den Trojanern bestattet werden könne. – **KR**

091

– Lithografie auf China – 27 × 36,5 cm/35 × 44,5 cm – Inv.-Nr. OS 1943,268/01 –

Lit.: Söhn 2002, Nr. 338.

Hektor (Titelblatt)

092

Lithografie auf China
31 × 42/35 × 44,5 cm
Inv.-Nr. OS 1943,268/02

Lit.: Söhn 2002, Nr. 339.

Hektor nimmt Abschied von Andromache und Kind

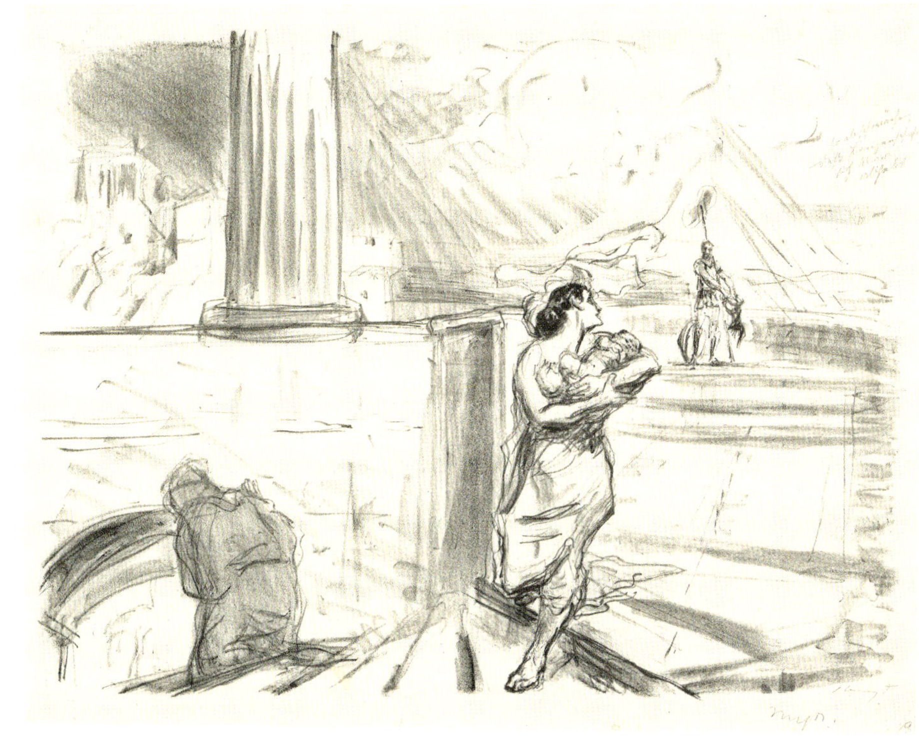

093

Lithografie auf China
26,5 × 37,5 cm/35 × 44,5 cm
Inv.-Nr. OS 1943,268/03

Lit.: Söhn 2002, Nr. 340.

Hektor stürmt mit den Trojanern gegen die Danaer

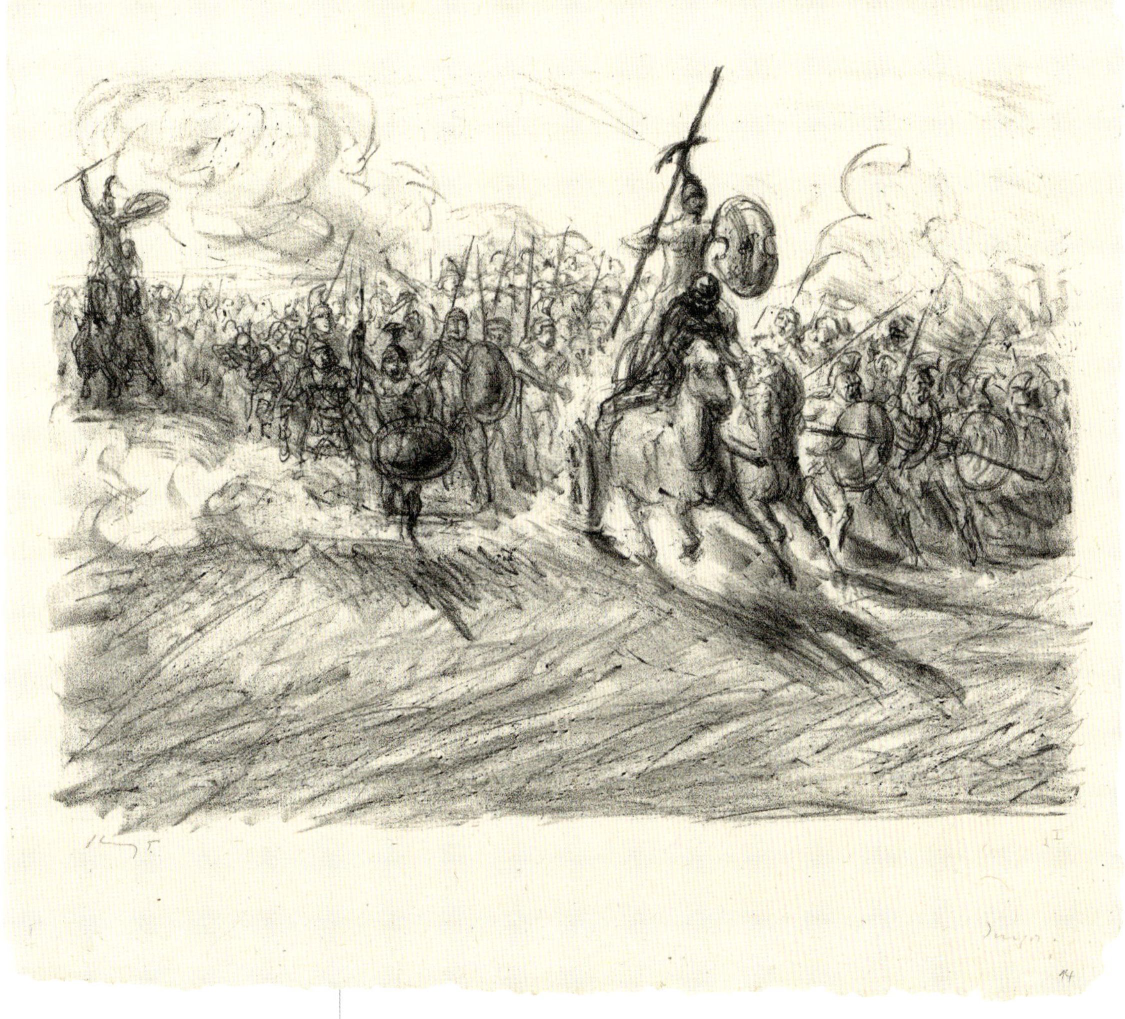

Mit den »Danaern« sind die Griechen gemeint. In den ersten Kämpfen steht es unentschieden zwischen Trojanern und Griechen, weil beide Seiten von den Göttern unterstützt werden.

Aias der Telamonier/Ajax der Große war der beste Krieger der Griechen und wurde nur von Achill übertroffen. Nachdem sich Achill zunächst aus den Kämpfen zurückgezogen hatte, sollte er schließlich im Zweikampf gegen Hektor antreten. Beide kämpften einen Tag lang und trennten sich mit nur kleinen Verletzungen (7. Gesang). – KR

094

– Lithografie auf China –
26,5 × 38 cm/35 × 44,5 cm
– Inv.-Nr. OS 1943,268/04 –
Lit.: Söhn 2002, Nr. 342.

Hektors Kampf mit Ajax

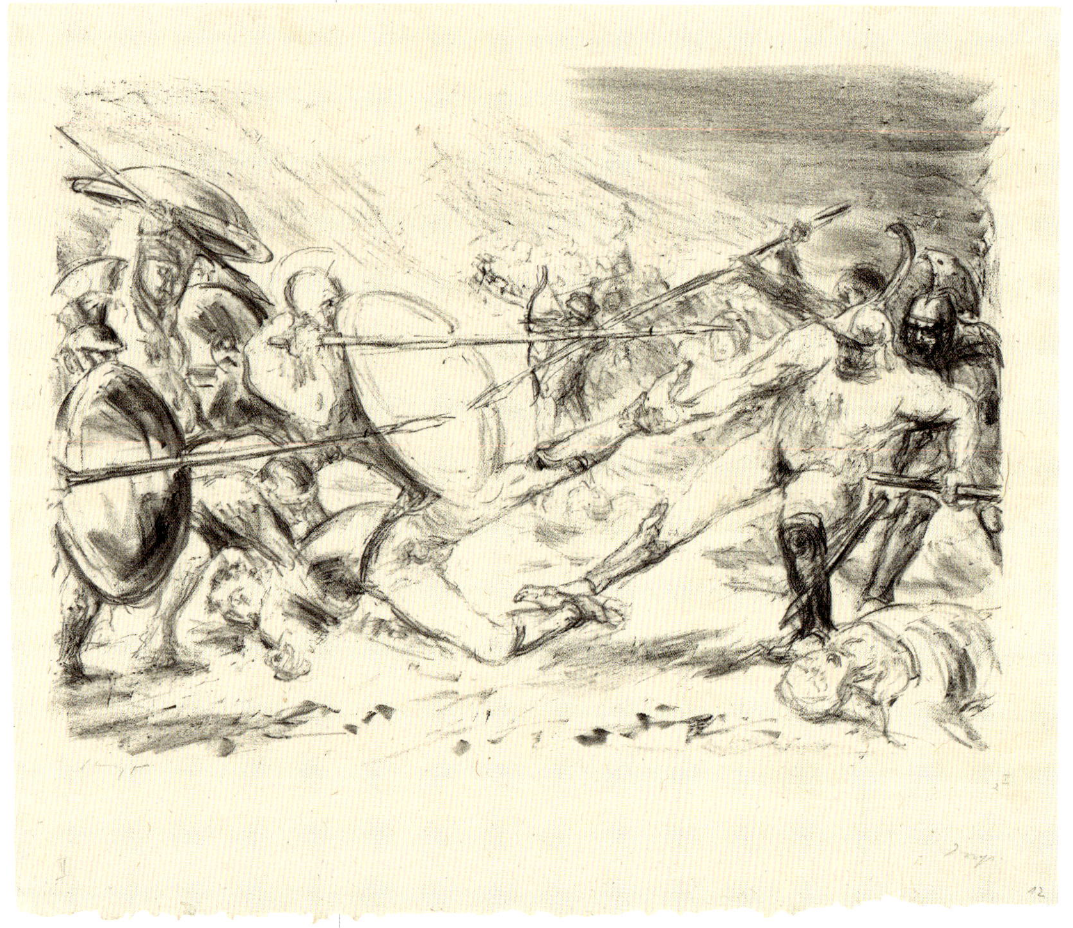

095

– Lithografie auf China –
27,5 × 38,3 cm/35 × 44,5 cm
– Inv.-Nr. OS 1943,268/05 –
Lit.: Söhn 2002, Nr. 343.

Achilleus und der getötete Hektor

Ein finaler Kampf zwischen dem zurückgekehrten Achill und Hektor soll die Entscheidung bringen. Mit Athenes Unterstützung siegt Achill. Hektor verlor zuvor die Hilfe Apolls. – KR

»Stirb! mein eigenes Los,
das empfang' ich, wann
es auch immer
Zeus zu vollenden beschließt,
und die andern unsterblichen
Götter!
Also sprach er und zog die
eherne Lanz' aus dem
Leichnam;
Sie dann legt' er zur Seit',
und raubte die Wehr von
den Schultern,
Blutbefleckt. Da umliefen
ihn andere Männer Achaias
Die ringsher anstaunten
den Wuchs und die herrliche
Bildung
Hektors; und auch keiner umstand ihn ohne Verwundung.«
(22. Gesang, Z. 365–371)

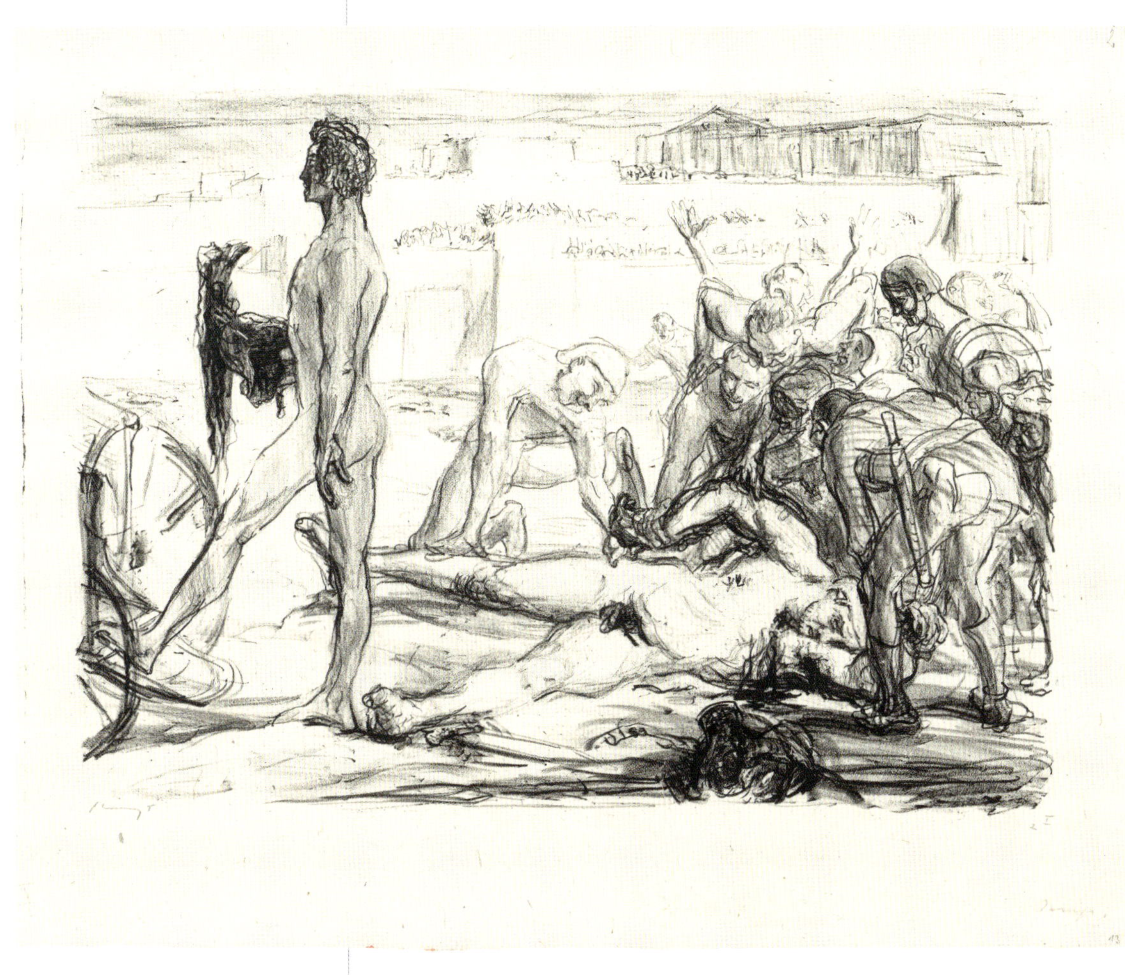

096

– Lithografie auf China –
27,3 × 38,3 cm/35 × 44,5 cm
– Inv.-Nr. OS 1943,268/06 –
Lit.: Söhn 2002, Nr. 344.

Achilleus schleift den getöteten Hektor mit seinem Wagen zu den Schiffen

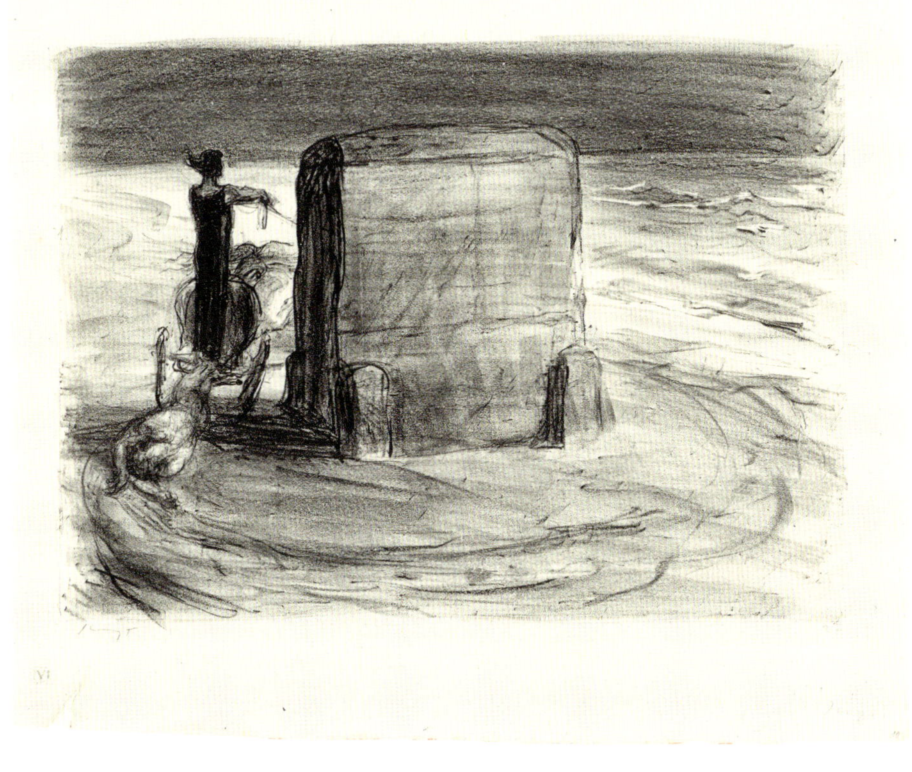

»Schnell, nachdem er ins Joch
die hurtigen Rosse gespannet,
Hektor drauf zum Schleifen
befestiget hinten am Sessel,
Zog er ihn dreimal ums Grab
des Menötiaden Patroklos.«
(24. Gesang, Z. 14–16)

097

– Lithografie auf China –
26,5 × 37,8 cm/35 × 44,5 cm
– Inv.-Nr. OS 1943,268/07 –

Lit.: Söhn 2002, Nr. 345.

Die Troer beklagen den Tod Hektors

Die Trojaner, vor allem aber Hektors Vater Priamos, beklagen den Tod und die rachsüchtige Schändung durch Achill. Durch Einwirken der Götter gibt Achill den Toten endlich heraus. – **KR**

»Nur Kassandra, schön wie die goldene Aphrodite,
Stieg auf Pergamos Höh', und schauete ferne den Vater,
Welcher im Sessel stand, und den stadtdurchrufenden Herold,
Auch in dem Maultierwagen, gestreckt auf Gewande, den Leichnam.
Laut wehklagte sie nun, und rief durch Ilios' Gassen:
Eilt ihn zu schaun, ihr Troer und Troerinnen, den Hektor«
(24. Gesang, Z. 699–704)

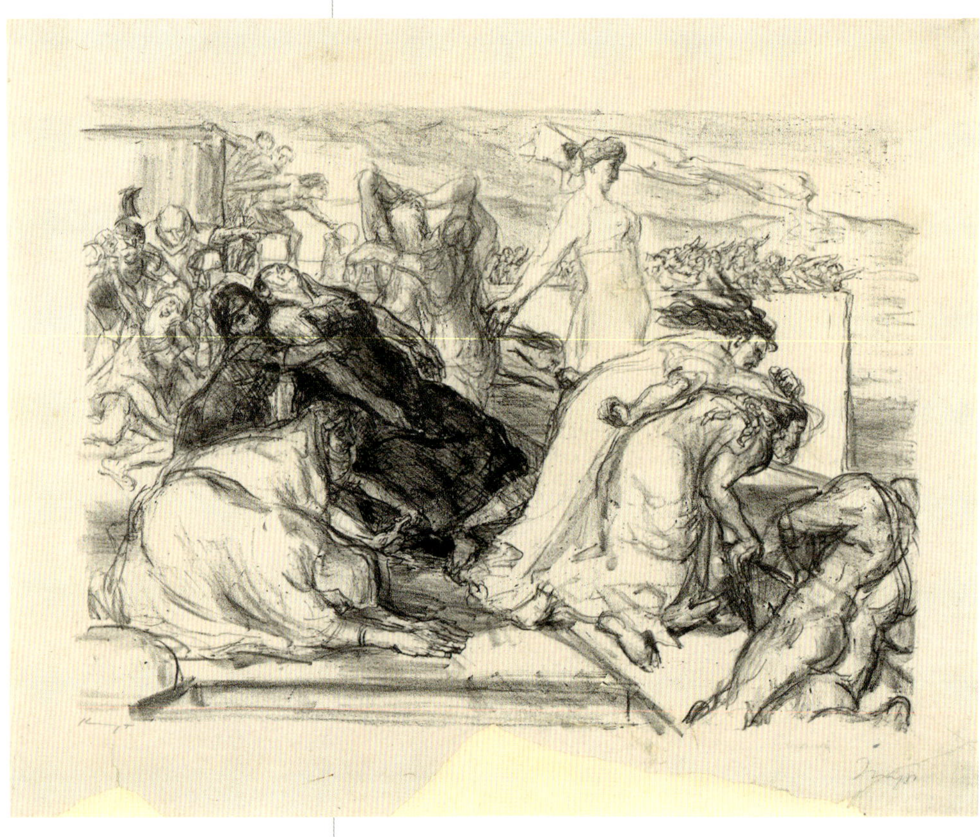

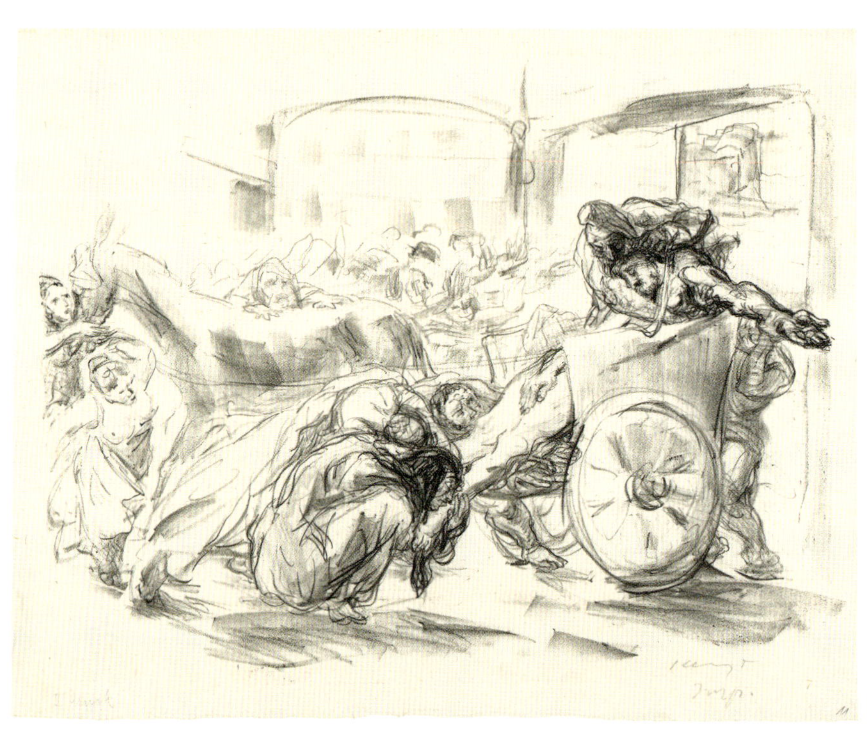

098

– Lithografie auf China –
30,5 × 41 cm/35 × 44,5 cm
– Inv.-Nr. OS 1943,268/08 –

Lit.: Söhn 2002, Nr. 346.

Der tote Hektor wird nach Troja gebracht und beweint

099 – 101

Die Nibelungen

– 7 Holzschnitte auf Chinapapier – Hg. als Mitgliedergabe der Verbindung zur Förderung deutscher Kunst, vormals Verbindung für historische Kunst – Charlottenburg, O. Felsing-Panpresse, 1925 – GDKE – Direktion Landesmuseum Mainz, Slevogt-Archiv, Grafischer Nachlass –

Lit.: Alten 1926, Abb. 158, 159. – Imiela 1968, S. 200–201, Abb. 193. – Saarbrücken/Mainz 1992, S. 83, Abb. 12, S. 84. – Söhn 2002, 759, 760, 761. – Imiela 1987, S. 240–243. – Schenk 2015, S. 265, Anm. 1064.

Slevogt beschäftigte sich schon in seiner Würzburger Zeit – vor seinem Studium in München – mit den *Nibelungen*, und auch in dem sogenannten *Roten Buch* mit Zeichnungen aus der Zeit um 1886 befindet sich eine Skizze zum Tod Siegfrieds (Landesmuseum Mainz). Der Erste Weltkrieg führte dann zu einem Wiederaufgreifen des Themas, nun beeinflusst von den erlebten Schrecken des Krieges. Sowohl für den *Bildermann* als auch die *Beilage zur Kriegszeitung* wandte sich der Künstler dem Kampf Siegfrieds mit dem Drachen zu.[17] Hinzu kam die Beschäftigung mit Wagners *Ring des Nibelungen.* Im August 1924 hörte Slevogt in Bayreuth neben zwei anderen Opern die beiden *Ring*-Teile *Siegfried* und *Götterdämmerung*. Noch im selben Jahr malte er drei Wandbilder mit Siegfried und Brünnhilde, darunter auch *Siegfrieds Tod,* im Musikzimmer des Slevogthofs Neukastel.

1925 erschien nun mit einer Auflage von etwa 200 Stück die grafische Folge *Die Nibelungen*, bestehend aus sieben Holzschnitten, an der Slevogt schon seit 1918/19 arbeitete. Vier Bilder hatte er selbst ins Holz geschnitten, die restlichen übernahm der Holzschneider Oskar Bangemann, der für den Verlag von Bruno Cassirer auf Faksimile-Holzschnitte nach Künstlerzeichnungen spezialisiert war. *Die Nibelungen* sind ein düsterer, zum Großteil aus Nachtszenen bestehender Zyklus, der unter allen grafischen Arbeiten nicht nur durch die Technik des Holzschnitts, das Clair-obscur und das beherrschende Schwarz heraussticht. Die Bilder erzählen von Tod und Untergang. Nur schemenhaft heben sich die Figuren vom Hintergrund ab, etwa, wenn Hagen nach Siegfrieds Tod das Gold der Nibelungen im Rhein versenkt.

Das expressivste Blatt der Folge ist *Siegfrieds Ermordung*: Auf einem Jagdausflug von Hagen zu einem Wettlauf aufgefordert, tötet Hagen Siegfried von hinten mit seinem Speer. Kriemhild hatte zuvor die verwundbare Stelle markiert. Slevogt zeigt den getroffenen Helden, der sich mit dem Speer im Rücken gegen seinen Mörder aufbäumt. Er steht auf Zehenspitzen, etwas schräg nach vorn geneigt, seinen Schild hoch erhoben; das Blut sprudelt aus der Wunde. Man glaubt, er würde im Fallen noch Hagen erschlagen, der gebückt, aber siegreich vor ihm steht. Die Lichtung um die beiden wirkt wie im Lichtblitz erhellt, als wenn mit der Ermordung ein Blitz oder eine Bombe eingeschlagen hätte. Bei der Darstellung des gleichen Themas im Musikzimmer auf Neukastel liegt der vom Speer getroffene Held ausgestreckt am Boden. Den Schild hält er über dem Kopf. Die Pose ähnelt dem Holzschnitt, mit Ausnahme der einmal stehenden und einmal liegenden Haltung. Es ist bislang nicht bekannt, ob Slevogt Fritz Langs *Nibelungen*-Filme sah, die 1924 in die Kinos kamen. Sie wurden im Frühjahr 1924 im Berliner Ufa-Palast uraufgeführt.

Das Blatt *Hagen und Volker halten Wacht* basiert auf dem 30. Aventiure. Die auf Rache sinnende Kriemhild ist inzwischen die Frau des Hunnenkönigs Etzel. Sie lädt ihre Brüder und Hagen zu einem Fest an ihren Hof. Misstrauisch kommen die Geladenen. Man fürchtet einen nächtlichen Überfall. Hagen und Volker übernehmen deshalb die Wache. Volker spielt zur Beruhigung auf seiner Fidel. Slevogt zeigt die beiden Wachenden erhöht auf einem architektonischen Sockel, den sitzenden Hagen und den musizierenden Volker. Unten schleichen sich die Hunnen an. Diese sind mit zarten Linien geritzt, während sich die beiden Burgunder fast als Silhouetten von einem bewegten Himmel abheben. – KR

– 17 Vgl. hierzu Imiela 1987.

099

– von Max Slevogt in Holz geschnitten – 29,5 × 39,7 cm – signiert unten rechts mit Bleistift: Slevogt – Inv.-Nr. Sl. Goedeckemeyer 68/1 –

Siegfrieds Ermordung

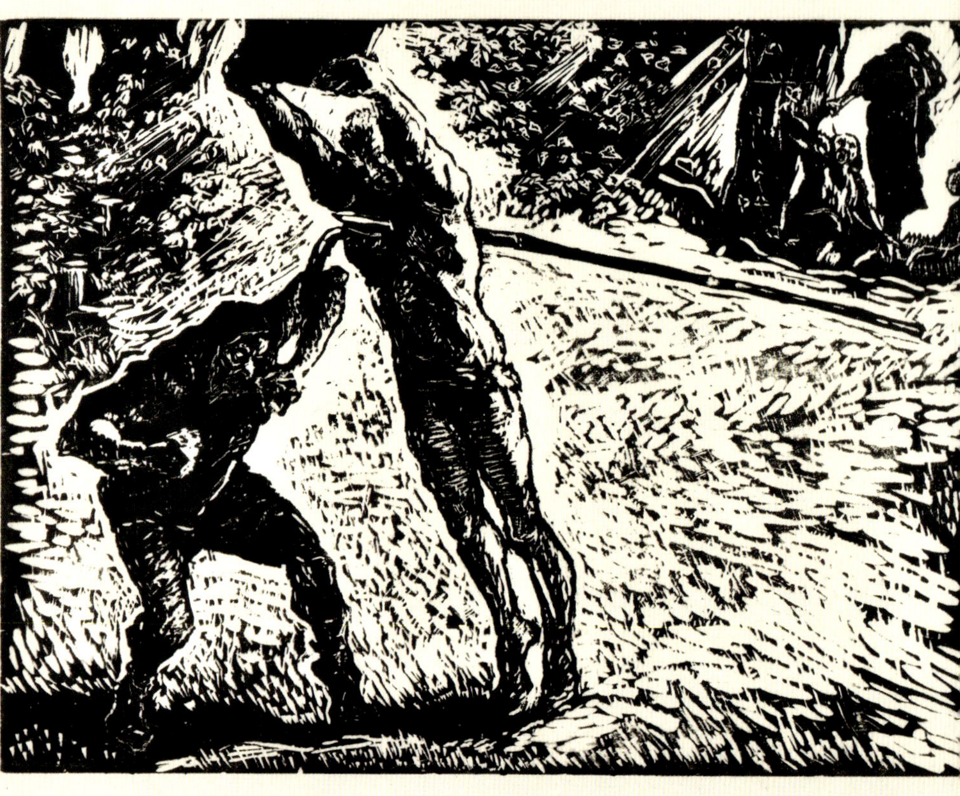

100

– von Oskar Bangemann in Holz geschnitten – 29,9 × 40 cm – signiert unten links mit Bleistift: Slevogt – Inv.-Nr. Sl. Goedeckemeyer 68/2 –

Hagen versenkt den Schatz

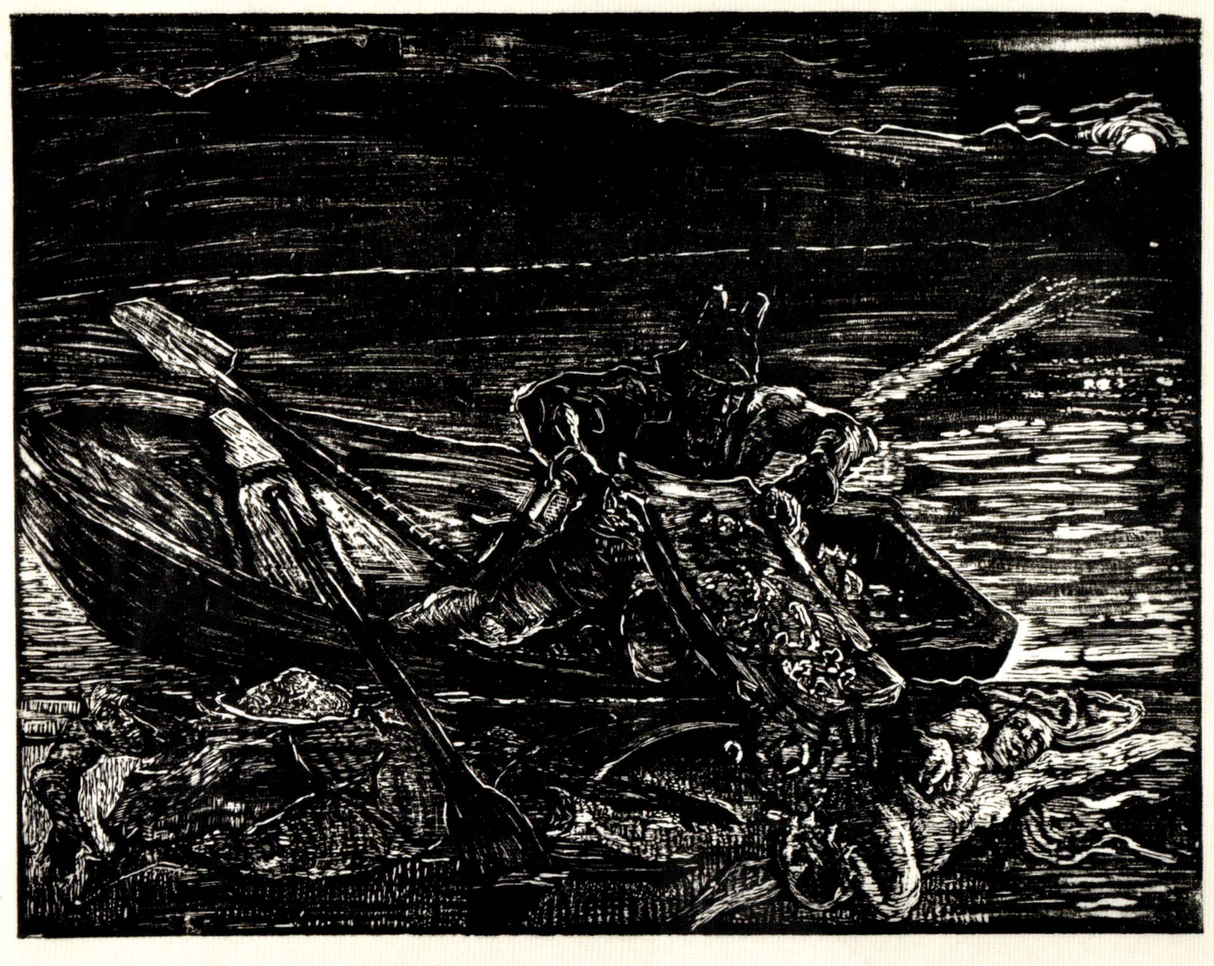

101

– von Max Slevogt in Holz geschnitten – 29,5 × 40 cm – signiert unten links mit Bleistift: Slevogt – Inv.-Nr. Sl. Goedeckemeyer 68/3 –

Hagen und Volker halten Wacht

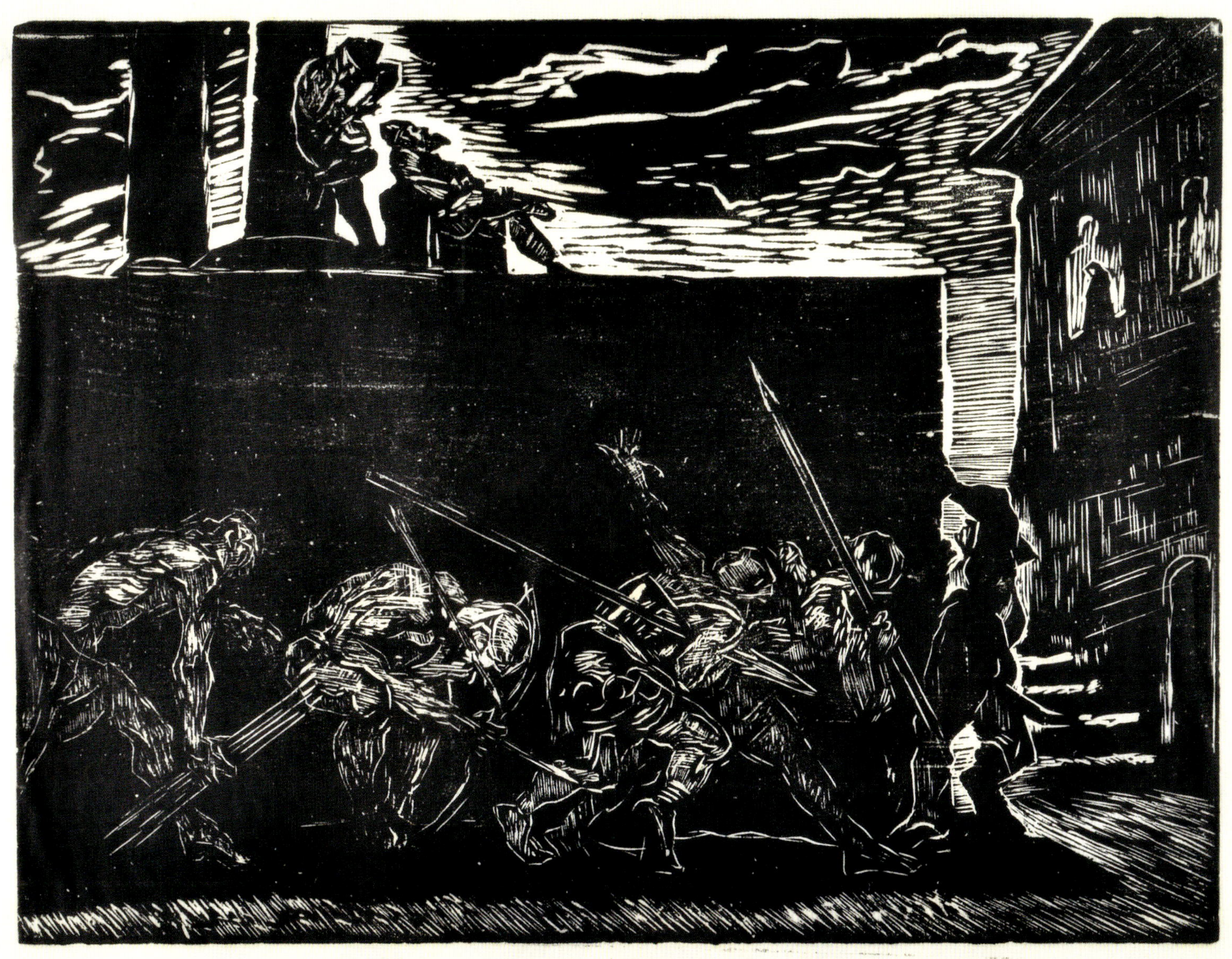

102

— 1920/21 — Feder in Braunschwarz auf Papier (Seite aus einem Skizzenbuch) — 27,5 × 21,8 cm — bezeichnet oben rechts mit Bleistift: 53; signiert unten links mit Bleistift: Slevogt — Museum Georg Schäfer, Schweinfurt — Inv.-Nr. MGS 1044A —

Titelblattentwurf zu Ovids »Ars amatoria«

Die Zeichnung ist ein Entwurf zum Titelbild der Publikation *Des Publius Ovidius Naso Lehrbuch der Liebe,* das 1921 in Paul Cassirers Pan-Presse herausgegeben wurde.[18] Es enthält neben dem Titel sieben weitere Lithografien im Text von Slevogt.

Der römische Dichter Ovid (43 v. Chr. – 17 n. Chr.), einer der großen Poeten der klassischen Epoche und bis heute vor allem durch seine *Metamorphosen* bekannt, verfasste die *Ars amatoria* (*Liebeskunst*) zwischen 1 v. Chr. und 4 n. Chr. Das durchaus unterhaltsame Lehrgedicht in drei Büchern gibt Anleitungen zum erfolgreichen Spiel mit der Liebe und beschreibt sie als Kunst, die es zu beherrschen gilt. Angefangen beim Kennenlernen, reichen die Empfehlungen über Methoden und Tricks, die Liebe zu gewinnen und zu erhalten, bis hin zu sexuellen Praktiken und Verweisen auf die Mythologie. Vermutlich gab das damals erfolgreiche, aber auch provozierende Werk den Vorwand zu Ovids Verbannung nach Tomis am Schwarzen Meer. Das Interesse an diesem Text lebte Ende des 19. Jahrhunderts wieder auf.

Slevogts Entwurf greift in vier Figurengruppen rund um den verkürzten, rechteckig gerahmten Titel verschiedene Passagen des Buches auf. Die Figuren oben nehmen auf die Einleitung zum ersten Buch Bezug, in der es heißt: »Mich hat Venus bestellt dem zarten Amor zum Bildner; […] Wild zwar ist er und oft zu widerstreben geneigt mir, Aber ein Knab', ein Kind, leicht zu regieren und weich.« Hierzu zeigt der Künstler den an der Leine geführten, gebändigten kleinen Liebesgott. Die beiden Figurengruppen auf der rechten Seite widmen sich dem Gewinn der Liebe durch Umwerbung und gutes Benehmen einerseits, andererseits durch Anbetung und Verehrung. Kniend und sich verneigend verbildlicht Slevogt nicht ohne Humor die Aussage des Dichters, die Geliebte solle sich mächtig fühlen, bzw. den Satz: »Und sei, wer du auch bist, nicht mit den Bitten zu karg.« Gemäß dem »zweiten Lernziel« (»Wie gelingt es, die Erwählte zu erbitten!«) soll die Annäherung durch den Mann zärtlich und höflich beginnen, doch: »[S]ie wünschet besiegt dennoch zu werden im Kampf.« Slevogt wählte zur Veranschaulichung auf der linken Seite des Blattes eine Frauenraubszene, ähnlich dem Raub der Sabinerinnen. Dieser Verweis findet sich ebenfalls bei Ovid.

Der Entwurf wurde für das endgültige Titelblatt noch einmal deutlich überarbeitet. Als Rahmung fügte der Künstler eine wesentlich größere, von zwei Säulen gerahmte Tafel ein. Der Frauenraub wurde drastisch reduziert, oben entfiel die Gruppe, die dem Beherrscher Amors folgt. In der Anbetungsszene verzichtete Slevogt auf eine der Figuren, und unten mittig ergänzte er das Bild um eine Pasiphae mit dem liegenden Kretischen Stier. Der Titel erhielt damit mehr Platz, die Gliederung wurde klarer. Leider gingen aber auch ein Großteil der Dynamik und Bewegtheit des Entwurfs verloren. — KR

— **18** *Des Publius Ovidius Naso Lehrbuch der Liebe.* Deutsch von Ernst Hohenemser, XVIII. Werk der PAN-Presse, Berlin, Paul Cassirer, 1921. Vgl. Söhn 2002, WV 473-480, Titel Nr. 473.

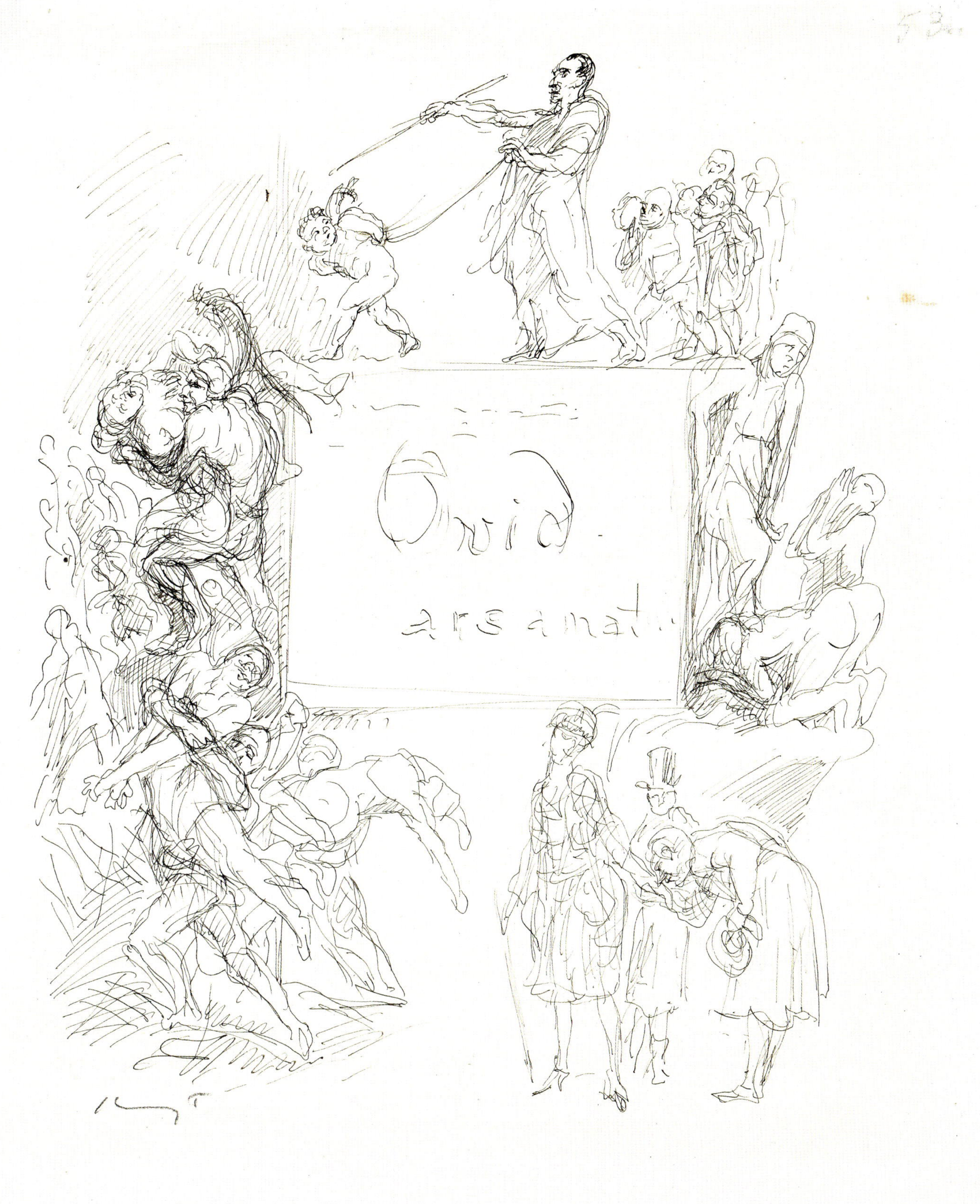
Ovid
ars amat

103

– 1918 – Holzstich, gestochen von Reinhold Hoberg, auf Japanpapier – 23 × 17,2 cm (Blatt), 17,5 × 13,2 cm (Druckstock) – Saarlandmuseum – Moderne Galerie, Saarbrücken, Stiftung Saarländischer Kulturbesitz, aus der Sammlung Kohl-Weigand – Inv.-Nr. KW 5748 –

Lit.: Saarbrücken 2018, S. 280, Kat. 111, Abb. S. 103.

Don Quichote und Sancho Pansa

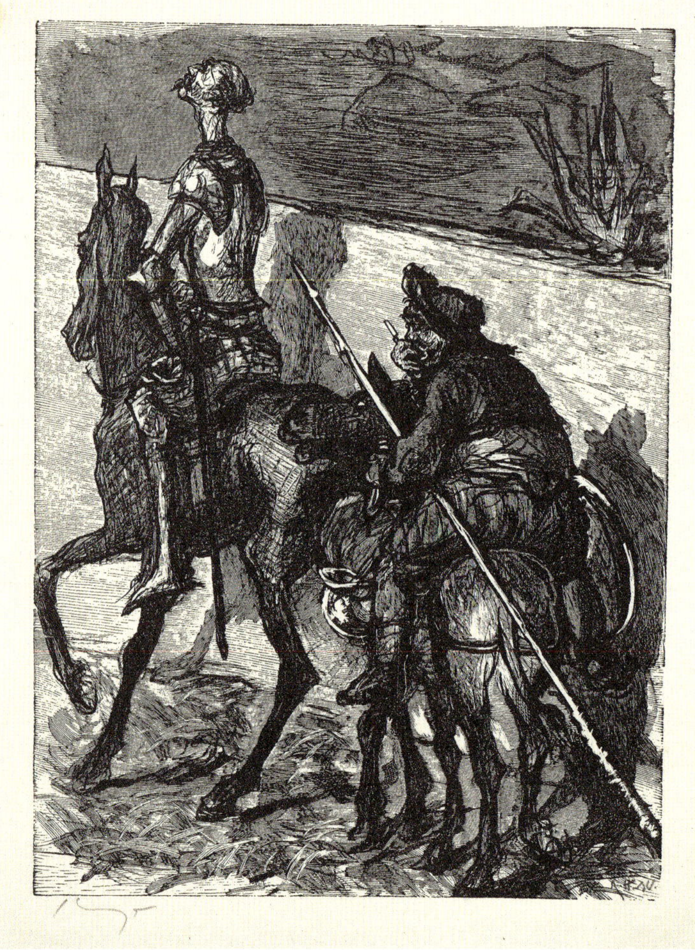

Slevogt wandte sich der Figur des Ritters von der traurigen Gestalt über mehrere Jahre hinweg in Gemälden und Zeichnungen zu. Im 19. und frühen 20. Jahrhundert hatten sich zahlreiche Künstler, unter ihnen Grandville, Honoré Daumier, Gustave Doré oder Alfred Kubin, mit der von Miguel de Cervantes Saavedra im 17. Jahrhundert erfundenen Romangestalt beschäftigt. Don Quichotes tragikomischer Charakter, sein Changieren zwischen Heldentum und Narretei und sein Wandel an und über die Grenzen zwischen Wirklichkeit und Traum, Realität und Ideal, machten ihn zu einer Schlüsselfigur der Kunst. Max Slevogt verlieh dem spanischen Ritter und seinem Diener mit diesem Holzschnitt aus dem Jahr 1918 einen unmittelbaren Zeitbezug, der Krieg, Sinnlosigkeit und Ignoranz zusammenbringt.

Don Quichote reitet voran. In kerzengeradem Sitz, den Kopf gereckt, schaut er gen Himmel und scheint die Welt um sich nicht wahrzunehmen. Ihm folgt ein gekrümmt und bedrückt auf seinem Esel sitzender Sancho Pansa, der die Welt betrachtet, aber nur eine Seite von ihr sehen kann, denn rechts verläuft eine Mauer. Don Quichote will nicht und Sancho Pansa kann nicht über diese Mauer hinwegsehen. Stolz und Mut des ersten ergeben sich möglicherweise aus seiner Ignoranz, die Bedrückung des zweiten hat ihre Ursache vielleicht in seiner eingeschränkten Wahrnehmung der Realität. – KR

»Das skurrile, weil unverstandene Tun des Spaniers muß für Slevogt eine Beziehung zu der eigenen Stellung in seiner Zeit gehabt haben. Resigniert sieht Slevogt sich künstlerisch immer mehr, bis zur Ratlosigkeit, abgeschlossen. Dem Alternden bleibt der Zugang zu der jüngsten Malerei versagt. Seine und seiner Weggenossen Vorstellungen sind beiseitegeschoben. Sein Handeln deckt sich nicht mehr mit dem Wirken, der Impuls nicht mehr mit der Resonanz. Don Quichote ist zur Schlüsselgestalt für diese Unzulänglichkeit geworden, wohl auch aus dem Wissen um die eigene Unfähigkeit, den abgerissenen Kontakt zum lebendigen Strom des Neuen herzustellen.«[20]

104

Don Quichote und Dulcinea

– 1923 – Öl auf Leinwand – 62 × 75 cm – bezeichnet unten links: Slevogt 23 – Kunsthalle Kiel – Inv.-Nr. 649 –

Lit.: Imiela 1968, S. 219, 424, Anm. 5. – Saarbrücken/Mainz 1992, Kat. 165, S. 464. – Luckow 2007, S. 230.

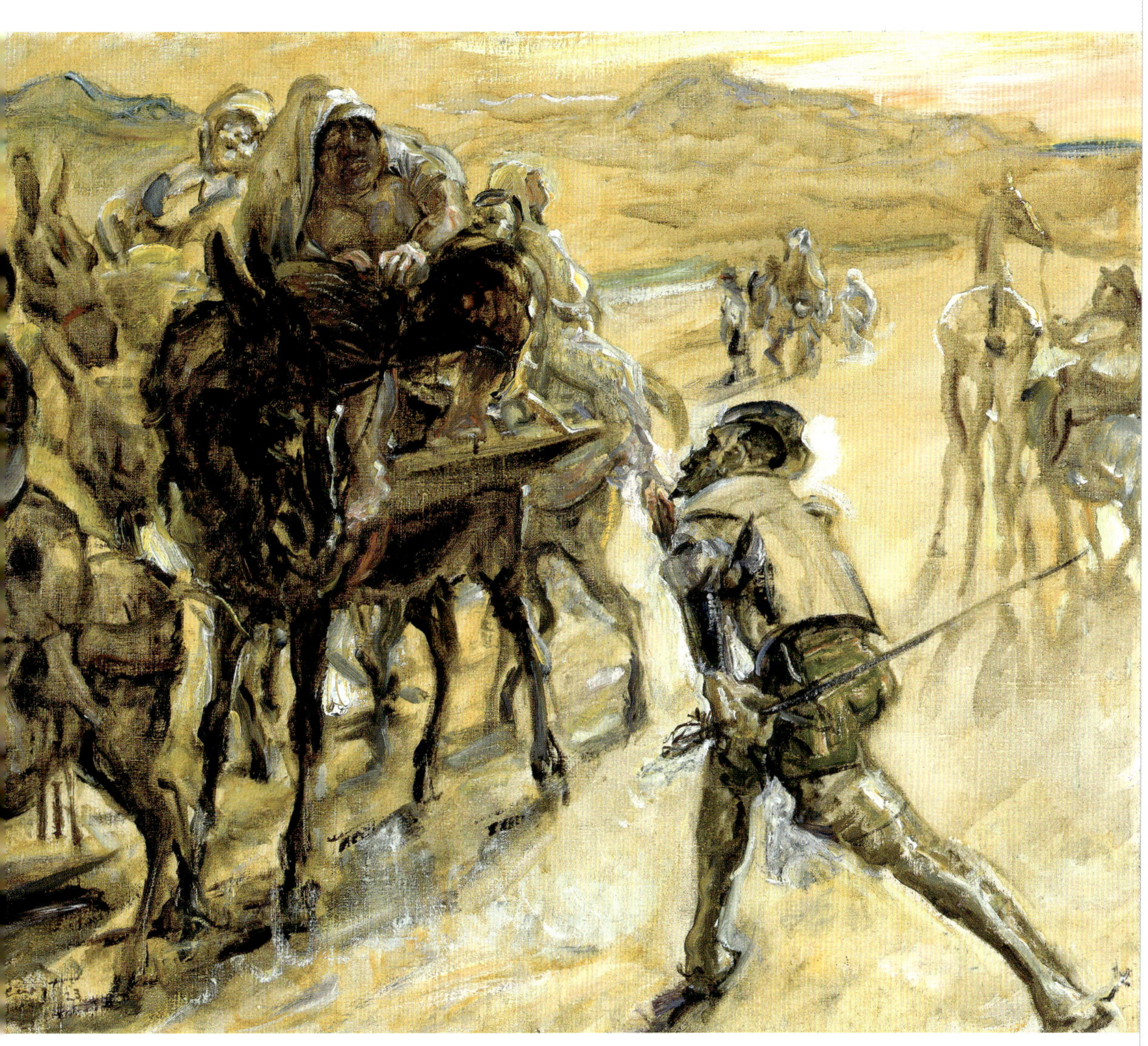

Neben verschiedenen Personen beleben Tiere die Szene, die zum imaginären Gefolge der Dulcinea gehören. Die diagonal gestaltete Komposition lenkt dabei den Blick durch das Geschehen und lässt das Auge an der Bergkette im Hintergrund ruhen. Die tonige Farbigkeit – ähnlich einer Camaieu-Malerei in abgestuften Ockertönen – versetzt den Betrachter regelrecht in die karge und heiße Region La Mancha in Zentralspanien. Bildliche Anregungen zu Slevogts Arbeiten boten etwa jene Honoré Daumiers. In 70 Werken – Gemälden und Zeichnungen – widmete sich der französische Künstler den Darstellungen von Don Quichote und seinem Begleiter Sancho Pansa, die in ihrer Tonalität der von Slevogt nahestehen. – **RS**

– **19** Saarbrücken/Mainz 1992, S. 464. – **20** Imiela 1968, S. 219 f.

105

– 1889 – Öl auf Pappe – 47,5 × 62 cm – GDKE – Direktion Landesmuseum Mainz – Inv.-Nr. SL 20 –

Lit.: Imiela 1968, S. 423, Anm. 5. – Saarbrücken/Mainz 1992, S. 464. – Ebenkoben 2005, S. 55. – Schenk 2015, S. 110, 451.

Ein Sommernachtstraum

Im Gegensatz zum späteren Werk von 1921 (Kat. 106) mit derselben Szenendarstellung und leicht veränderter Komposition, bei der jedoch die impressionistische Malweise stärker betont wird, liegt das Hauptaugenmerk auf der düsteren Nachtszene. Der Mond ist größer dargestellt, teilweise verdeckt und hüllt die gesamte Szenerie in ein atmosphärisches Licht. Die dunkle Malweise ist darüber hinaus typisch für die Zeit in Slevogts Schaffensphase. – **RS**

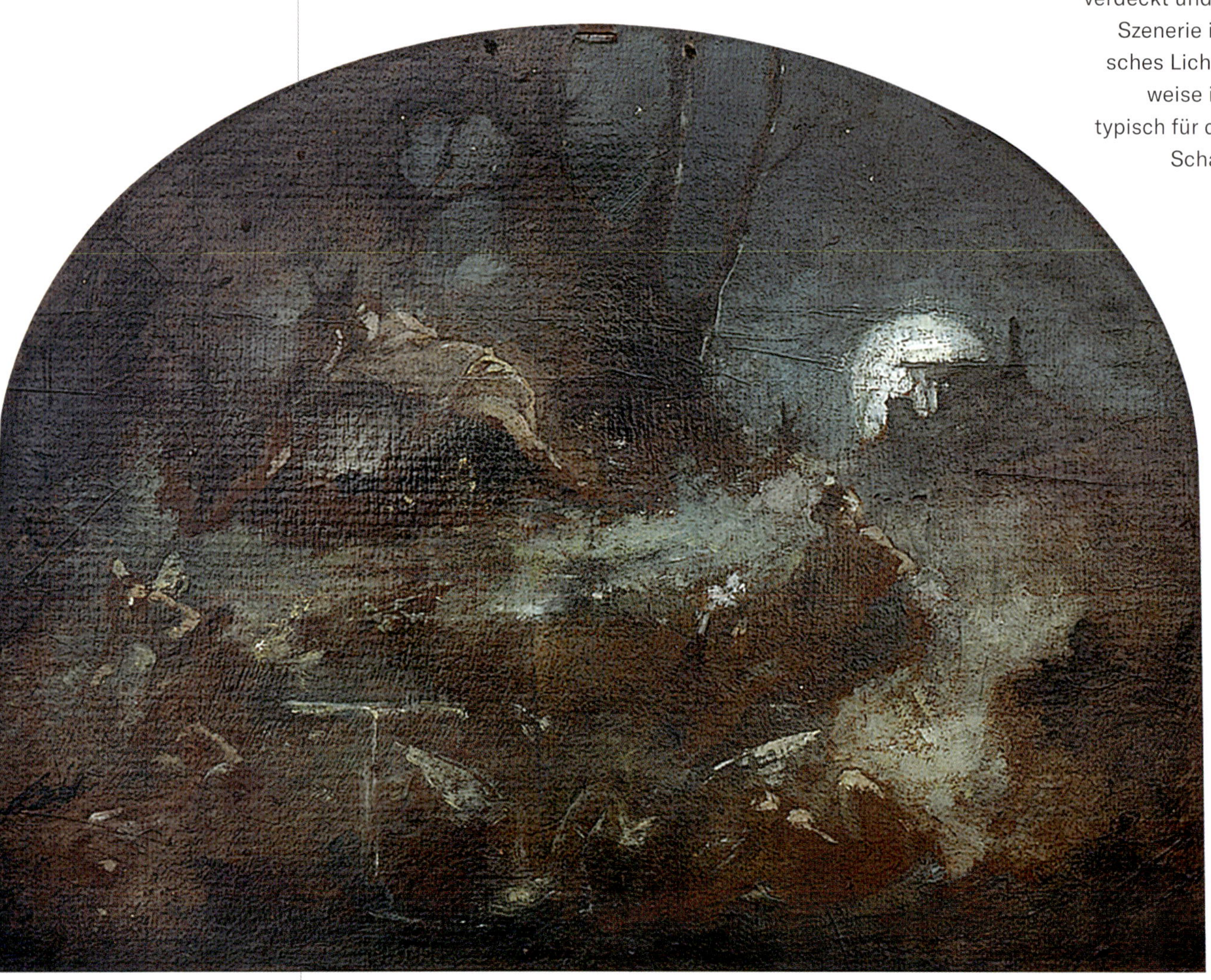

Die nach oben hin rundbogig abgeschlossene Studie zeigt die 1. Szene des 4. Akts aus William Shakespeares Komödie *Ein Sommernachtstraum* und gehört zu der ersten Beschäftigung mit diesem Thema. In dieser zeigt der kleine Puck seinem Gebieter Oberon, dem König der Elfen, die Folgen seines launenhaften Einfalls: Der eselköpfige Zettel und Oberons Gattin Titania liegen in inniger Umarmung zwischen den Bäumen, andere Elfen- und Feengestalten tun es ihnen gleich.

106

– 1921 – Öl auf Leinwand – 109,5 × 160 cm – bezeichnet unten links: Slevogt – Städel Museum, Frankfurt am Main – Inv.-Nr. SG325 –

Lit.: Imiela 1968, S. 219, 423, Anm. 5. – Saarbrücken/Mainz 1992, Kat. 166, S. 464, 524. – Schenk 2015, S. 110.

Ein Sommernachtstraum

Ob sich der Berliner Künstler für seine Darstellung zum *Sommernachtstraum* von der musikalischen Vertonung von Felix Mendelssohn Bartholdy hat inspirieren lassen, ist nicht überliefert. Zumindest wird Slevogt aber Max Reinhardts Shakespeare-Aufführungen gekannt haben, denn ab 1904 bestand ein künstlerischer Austausch und Kontakt zwischen den beiden. Reinhardts Neuinszenierung vom *Sommernachtstraum* vom 31. Januar 1905 stellte »in der Geschichte des ›modernen‹ deutschen Theaters [einen] epochalen Wendepunkt dar«[21] und wurde von den Zeitgenossen stürmisch gefeiert. Theaterkritiken schrieben ein lebendiges Bild und nahmen gewissermaßen Slevogts Gemälde von 1921 vorweg: »Es war wirklich der Traum einer Sommernacht, in der der Wald seine neckischen, lieblichen Geheimnisse erschließt, ein Traum, den man gläubigen Auges mitansehen durfte […].«[22] Ein langjähriger Weggefährte Reinhardts, der Schauspieler Eduard von Winterstein, schrieb in seinen Memoiren, dass es »ein wirklicher, richtiger Wald« war und »beim Klange des Mendelssohn'schen Scherzo die Elfen – nicht mehr mit den obligaten Baströckchen angetan, sondern halbnackte, schlanke Mädchen, nur mit grünen Schleiern bedeckt – sich an den Händen haltend, hügelauf, hügelab um und durch die Bäume sich wanden – das war ein berauschender Anblick«.[23] Aber auch die Aufführung des *Sommernachtstraums* von Max Reinhardt aus dem Jahr 1921 im Großen Schauspielhaus, für die der Impressionist Hans Meid die Bühnenbilder schuf,[24] könnte Anregungen für Selvogts Gemälde geliefert haben.

Statt der dunklen Farbigkeit der früheren Ölstudie (Kat. 105) wirkt das wesentlich größere Gemälde mit seinem hellen und weichen Kolorit verklärt mystisch. In der linken oberen Ecke prangt als einzige Andeutung der Nacht ein Sichelmond. Deutlicher treten in diesem *Sommernachtstraum* aber die einzelnen Figuren zutage. Puck begleitet Oberon in seinem Muschelwagen, beide vom Geschehen durch das Schilf am Ufer abgeschirmt, und verweist auf das wilde Treiben.

Zwischen den Bäumen und Sträuchern liegen vollkommen nackt Titania und Zettel. Sowohl im Vordergrund in Ufernähe als auch am Horizont tummeln sich zahlreiche Gestalten. »Im nächtlichen Elfenzauber sind die Unterschiede zwischen der Menschen- und der Geisterwelt aufgehoben, sind die Sinne benommen, ist sogar die Gestalt verwandelt. Die Betroffenen werden ihr Handeln selbst nie verstehen und doch durch das Erlebnis des Absonderlichen für immer ergriffen sein.«[25]

Ähnlich wie die Studie aus dem Jahr 1889 das Bild von 1921 vorbereitet, könnte dieses wiederum als Vorlage für das Wandgemälde gedient haben, das Slevogt im Juni 1929 für den Berliner Bankier Paul Kempner im Musiksaal seines Wohnhauses schuf; beschrieb doch Slevogts Freund Johannes Guthmann das Wandgemälde als ein »in leichtester, spritzigster Aquarellmanier«[26] ausgeführtes Ölbild auf weißem Schleiflack.[27] – RS

– **21** Marx 2006, S. 17. – **22** Ernst Heilborn, *Frankfurter Zeitung* v. 4. Februar 1905, zit. nach Marx 2006, S. 18. – **23** Winterstein 1947, S. 569, zit. nach Marx 2006, S. 18. – **24** Mozarteum Salzburg 1996, S. 30. – **25** Imiela 1968, S. 219 – **26** Guthmann 1948, S. 144. – **27** Das Wandgemälde wurde bei den Bombenangriffen auf Berlin zerstört. Bildliche Zeugnisse konnten nicht aufgefunden werden. Vgl. Schenk 2015, S. 110.

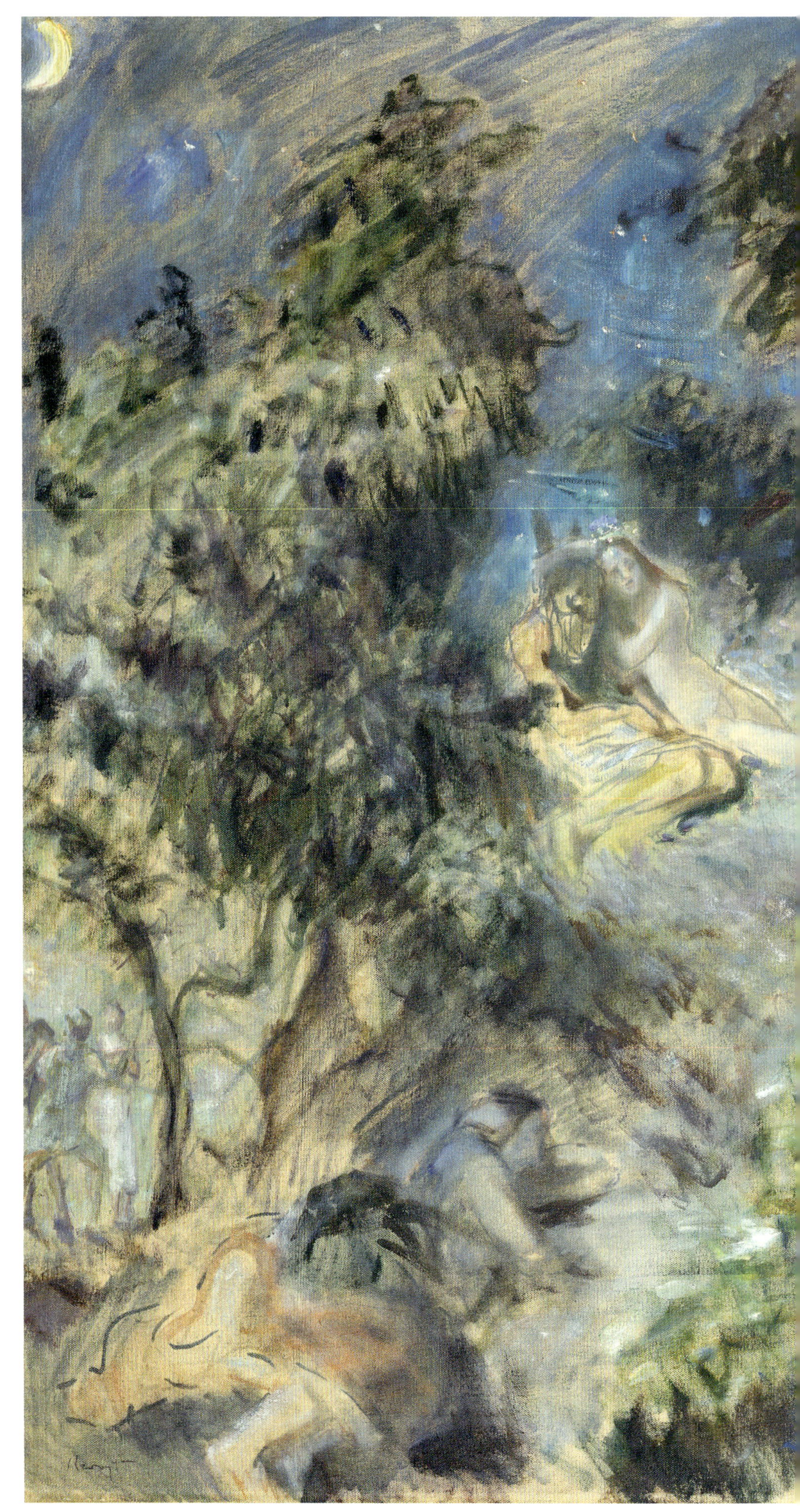

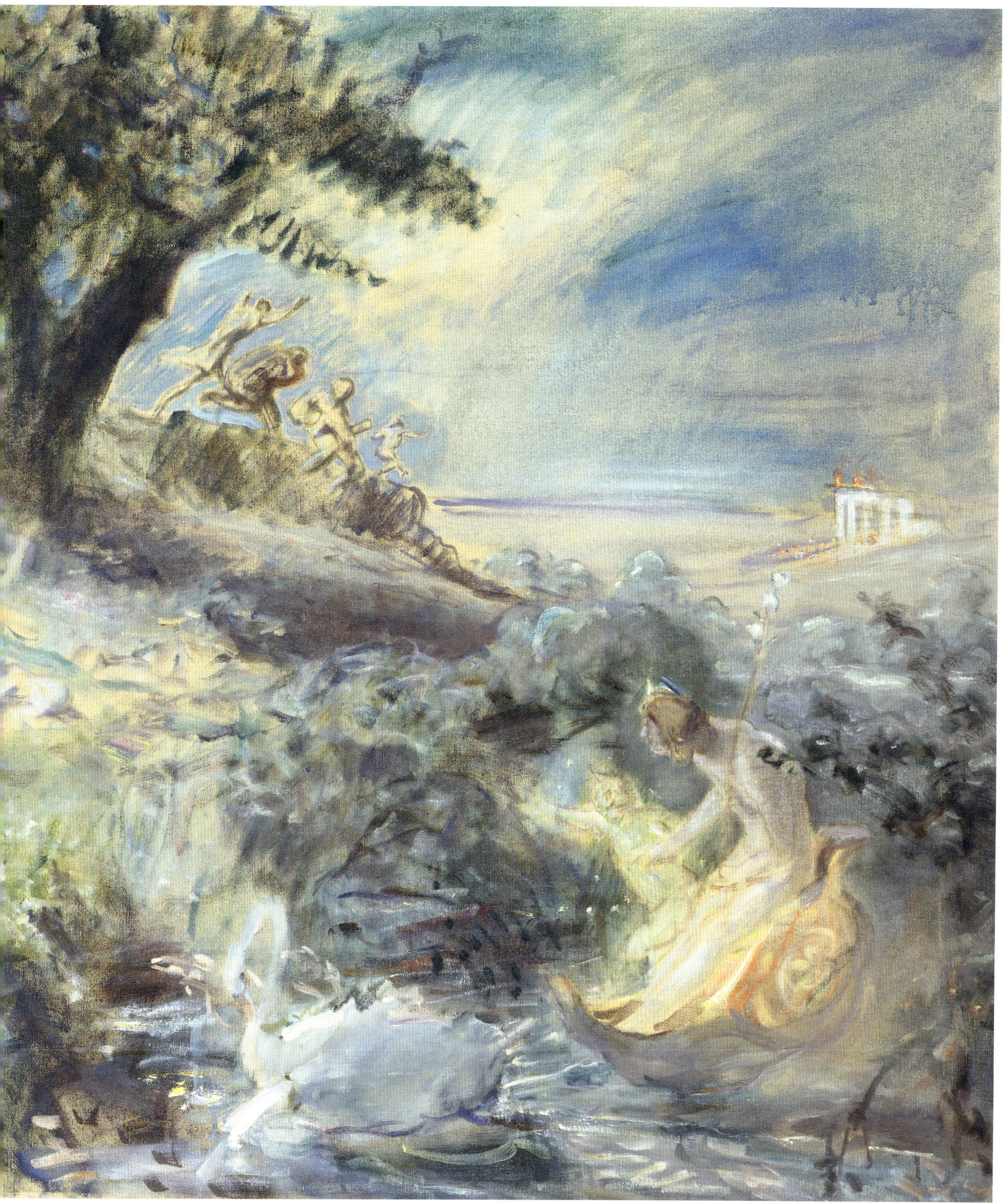

107–108

– 13 Lithographien – Berlin, Bruno Cassirer, o. J. [1927] – 7. Exemplar von 30 – GDKE – Direktion Landesmuseum Mainz, Slevogt-Archiv, Grafischer Nachlass –

Lit.: Söhn 2002, S. 801–813. – Schenk 2015, S. 110.

Macbeth

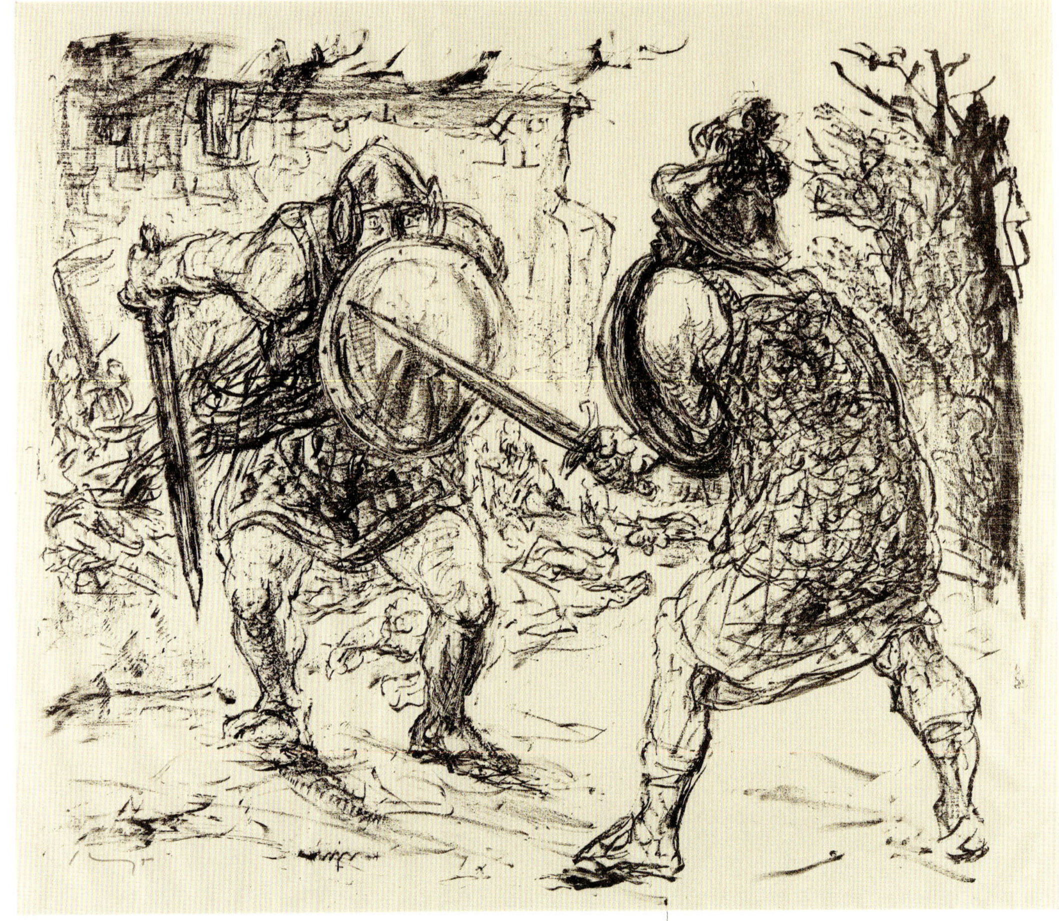

Erneut beschäftigte sich Slevogt mit einem tragischen Antihelden und einem grausamen Stoff. William Shakespeares im Schottland des 11. Jahrhunderts spielende Tragödie ist wohl die blutigste und brutalste des Dichters. Es geht um Machtgier, Verrat und Mord, Rache, Gewissensnöte, Wahnsinn und die Bedrohung durch das Übernatürliche. Nicht kleinteilig und zart – wie etwa noch bei den *Alten Märchen* – illustrierte der Künstler die ausgewählten Szenen, sondern mit kraftvoll ausgreifenden, skizzenhaft rohen Linien und großer Präsenz der Figuren. Im entscheidenden Kampf am Ende des Dramas stehen sich der eigentlich schon geschlagene und an sich zweifelnde Macbeth und sein Gegner Macduff gegenüber.

Nachdem bereits, wie prophezeit, der Wald von Birnam den Berg hinaufgezogen war, kommt nun mit Macduff der nicht von einer Frau Geborene, um Rache zu nehmen. Macbeth muss der Vorhersage nach sterben. Zum Abschluss der Bilderfolge lässt Slevogt die Hexen im wilden Reigen um den abgeschlagenen und aufgespießten Kopf von Macbeth tanzen und fliegen. Der Einsatz von Rot untermalt den blutigen Charakter der Szene. – **KR**

107

– aus der Mappe *Macbeth* – Lithografie – 34,5 × 45,5 cm – signiert unten rechts: Slevogt – Inv.-Nr. Sl. Goedeckemeyer 62/11 –

Macbeth kämpft mit Macduff

108

Das Haupt des Macbeth

– aus der Mappe *Macbeth* – Farblithografie in Schwarz und Rot – 34,5 × 45,5 cm – signiert unten rechts: Slevogt – Inv.-Nr. Sl. Goedeckemeyer 62/12 –

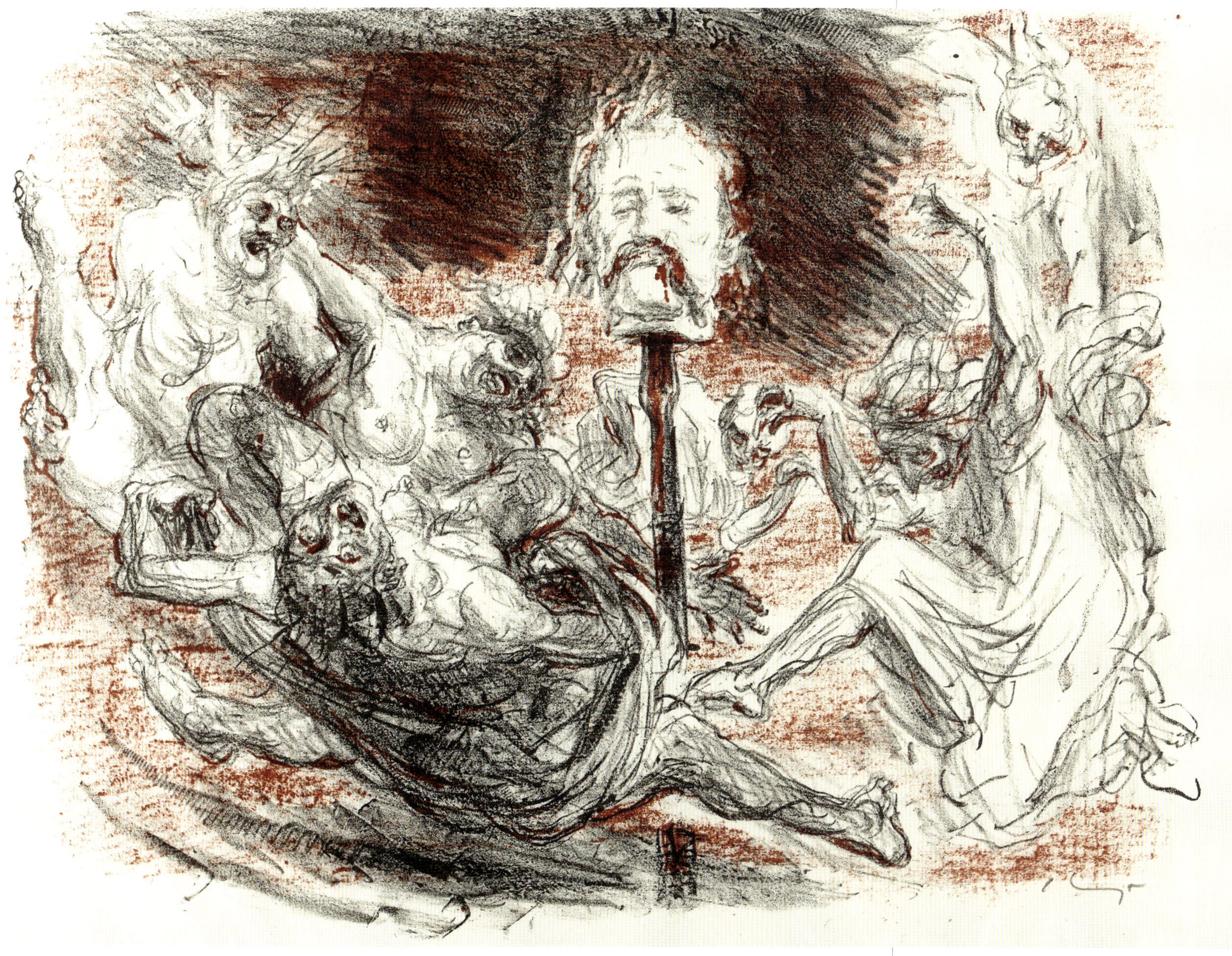

109

– 1928 – Kaltnadelradierung auf Bütten – 33 × 25,2 cm (Blatt), 12,4 × 9,4 cm (Platte) – Saarlandmuseum – Moderne Galerie, Saarbrücken, Stiftung Saarländischer Kulturbesitz, aus der Sammlung Kohl-Weigand – Inv.-Nr. KW 3494 –

Lit.: Söhn 2002, S. 121, Nr. 827. – Krischke/Paas 2007, S. 6–8. – Saarbrücken 2018, S. 280, Kat. 102, Abb. S. 179.

Reineke erklimmt die Staatsleiter (Bl. 11 der Folge »Illustrationen zu dem Märchen Reineke Fuchs der Gebrüder Grimm«)

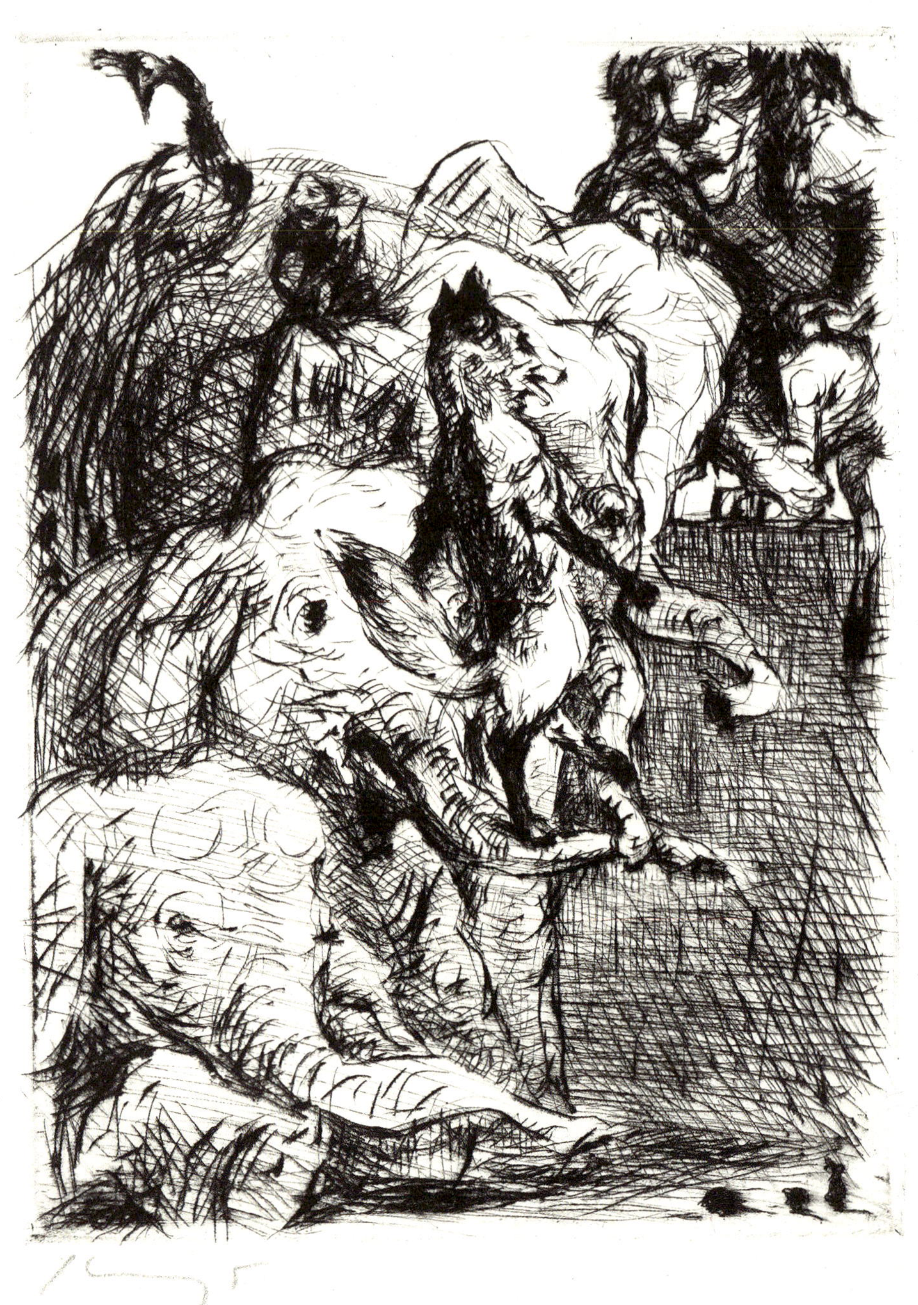

Bei der Darstellung handelt es sich um das elfte Blatt der Illustrationen zum Märchen *Reineke Fuchs* der Gebrüder Grimm. Die Folge erschien 1928 im Verlag von Bruno Cassirer in Berlin und ist Cassirer gewidmet. Sie besteht aus zwölf Kaltnadelradierungen und wurde in einer kleinen Auflage von nur 50 Stück herausgegeben. Es ist zudem Slevogts letzte Publikation. Johannes Guthmann schilderte, dass es Slevogts Gewohnheit gewesen sei, am Pfingstsonntag den *Reineke Fuchs* (allerdings den von Goethe) zu lesen.[28] Der gesellschaftskritische Ton der Fabel durchzieht die Radierungen, die die Geschichte zugleich auch mit Slevogts Gegenwart verzahnen. Reineke, der skrupellose Aufsteiger, lässt sich mit ihnen vor dem Hintergrund von Weimarer Republik, Börsenkrach und Weltwirtschaftskrise denken. Der Künstler versetzte ihn in einzelnen Szenen auf die Trabrennbahn oder in den Boxring, um aktuelle Bezüge deutlich zu machen. – KR

– 28 Vgl. Krischke/Paas 2007, S. 6.

Goethes *Faust*

1918 hatte Paul Cassirer Slevogt vorgeschlagen, die beiden Teile von Goethes *Faust* in einer kleinen Bilderauswahl von 24 Lithografien zu illustrieren, aber erst 1924 nahm sich Slevogt des Projekts in veränderter Form an. Mit Bruno Cassirer einigte er sich auf eine Ausgabe des zweiten *Faust*-Teils, die sowohl lithografische Randzeichnungen und Umrahmungen als auch eingedruckte Radierungen umfassen sollte. Bei den Lithografien arbeitete er mit Feder und Kreide. Die Technik der Radierung hatte er in seinem Spätwerk wieder neu für sich entdeckt. Er schrieb darüber in einem Brief an Bruno Cassirer: »In letzten Zeiten aber beschäftigt mich's altgebrauchtes, früher von mir glatt verachtetes mir dienstbar zu machen […] ich versuche, dem allgemeinen Fluch der Illustratoren, der Wiederholung – nicht in der Erfindung, aber in der technischen Ausdrucksweise einigermaßen zu entgehen!«[29]

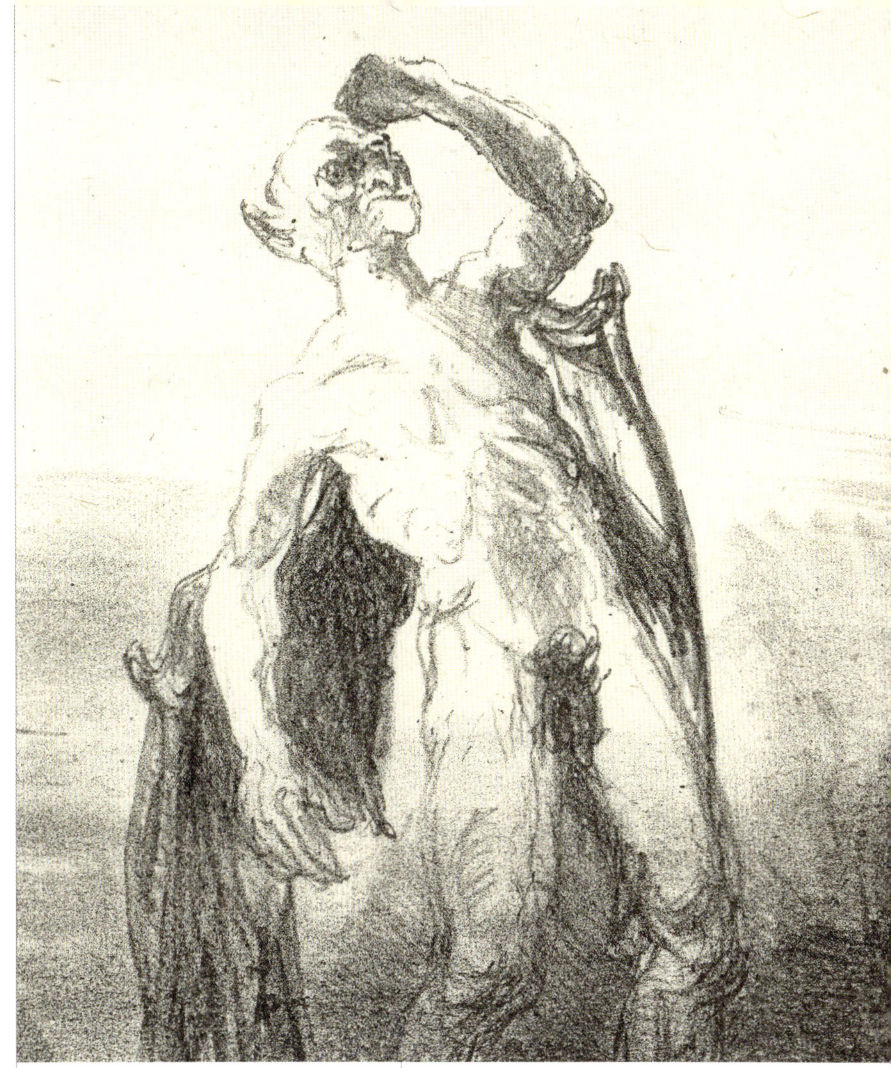

Ein großer Aufwand schmählich! Ist vertan
– Detail – Kat. 115 –

Für *Faust* arbeitete Slevogt zudem stärker als sonst an einer formalen Verknüpfung von Text und Bild. Das Dekorative/Ornamentale schließt an die Randzeichnungen zur *Zauberflöte* (Kat. 38) an. Bei einigen Seiten verbinden sich zudem Illustration und bühnenartige räumliche Darstellung.

Im Dezember 1924 hatte Slevogt schon fast alle Radierungen zum zweiten *Faust*-Teil fertiggestellt. Mit Vollendung

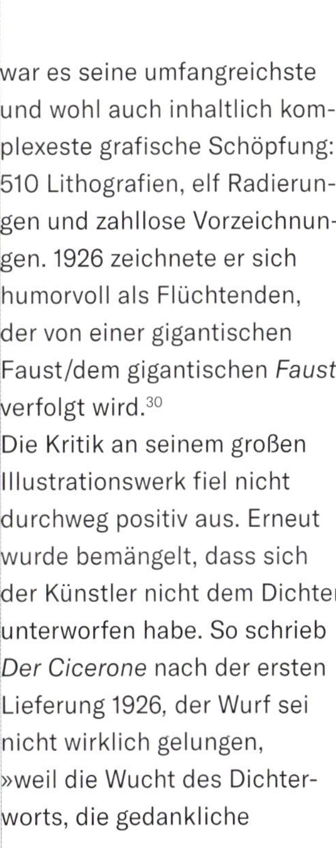

war es seine umfangreichste und wohl auch inhaltlich komplexeste grafische Schöpfung: 510 Lithografien, elf Radierungen und zahllose Vorzeichnungen. 1926 zeichnete er sich humorvoll als Flüchtenden, der von einer gigantischen Faust/dem gigantischen *Faust* verfolgt wird.[30]

Die Kritik an seinem großen Illustrationswerk fiel nicht durchweg positiv aus. Erneut wurde bemängelt, dass sich der Künstler nicht dem Dichter unterworfen habe. So schrieb *Der Cicerone* nach der ersten Lieferung 1926, der Wurf sei nicht wirklich gelungen, »weil die Wucht des Dichterworts, die gedankliche Großartigkeit nirgends aufgenommen ist […].«[31]

Dies scheint heute nicht gerecht, denn in seinen Bildern verbinden sich in Anlehnung an den Text Dichtung, Mythos, Geschichte und Vision. Hinzu kommen Anspielungen auf kunstgeschichtliche Vorbilder und eine spannende Psychologisierung der Figuren durch den Künstler, aber auch Übertragung der Dichtung auf die eigene Lebenssituation und Verfassung.[32] Hiermit ging Slevogt über die reine Illustration hinaus. – **KR**

– **29** Zit. bei Imiela 1968, S. 240. – **30** Slevogt war teilweise mit der Druckqualität unzufrieden, und schließlich gab es noch Honorar- bzw. Abrechnungsstreitigkeiten mit Cassirer. Der *Faust* in der Buchausgabe kostete 1930 882 Mark. – **31** Vgl. *Der Cicerone*, 18. Jg. 1926, S. 31. – **32** Gesundheitlich ging es Slevogt in dieser Zeit nicht gut. Er spürte das Älterwerden, und aufgrund von Krankheit musste die Arbeit an dem großen Projekt immer wieder pausieren.

110–116

Goethes Faust – Zweiter Teil

– Max Slevogt – Bruno Cassirer, Berlin 1927 – Mappenausgabe, jedes Blatt handsigniert, eines von 50 Exemplaren – Staatliche Museen zu Berlin, Kunstbibliothek – Sammlung Buchkunst – Inv.-Nr. NB 7206gr –

Lit.: Krischke/Paas 2007, S. 4 f.

Karl Scheffler berichtete, wie die Arbeit am *Faust* verlief: Slevogt gab zunächst die Stellen im Buch an, die er mit Vollbildern, halbseitigen Illustrationen oder Vignetten illustrieren wollte. Scheffler erstellte dann für einen Textteil Seiten, auf denen der Platz für die Bilder freigelassen war. Wenn der Künstler einverstanden war, wurden die Lithografie-Steine so vorbereitet, dass Slevogt erkennen konnte, welchen Platz er für die Zeichnung hatte; alternativ zeichnete er Vignetten und Umrahmungen auf ein Blatt Papier mit dem Text. Diese Zeichnungen wurden im Folgenden auf den Lithostein umgedruckt. Es folgten Probedrucke, Korrekturen, Schmutzabzüge und Klebelayouts für den Drucker, erneute Korrekturen, erneutes Zusammenführen von Text und Lithografien, wieder Probedrucke, dann endlich der Druck der Vorzugsausgabe ohne Text, schließlich die Buchausgabe in vier Lieferungen.[33] – KR

110

Schrecken ist genug verbreitet

– Radierung auf Bütten – 45 × 35 cm –

Lit.: Söhn 2002, Nr. 815, 63.

Ein Schauplatz des 1. Akts ist die Kaiserliche Pfalz: Mephisto als neuer Hofnarr erfindet für den verschuldeten Kaiser das Papiergeld. Kurz darauf findet in einem weitläufigen Saal ein Karneval nach florentinischem Vorbild statt. Unter die mythologischen und allegorischen Figuren mischen sich auch Faust als Plutus/Reichtum, Mephisto als Geiz und der Kaiser als Pan. Kurz nach dem Erscheinen Plutus' kommt es zu einem flammenden Inferno. So endet der Mummenschanz. »[…] zu Leiden wandelt sich die Lust. –/Zu löschen läuft die Schar herbei,/Doch keiner bleibt von Flammen frei […].« (Z. 5937–5939) Plutus/Faust spricht: »Schrecken ist genug verbreitet,/Hilfe sei nun eingeleitet!« (Z. 5970/5971) – KR

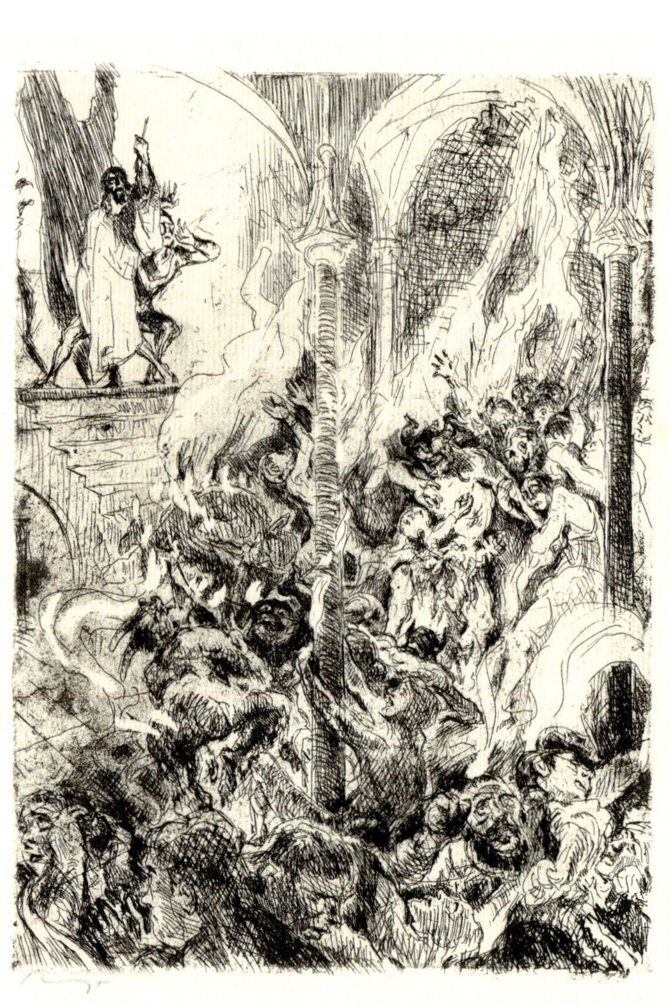

– **33** Vgl. Scheffler 1948, S. 86 f.

111

Radierung auf Bütten
45 × 35 cm
Lit.: Söhn 2002, Nr. 815, 127.

Auf einmal aber steigt ein Dunst empor

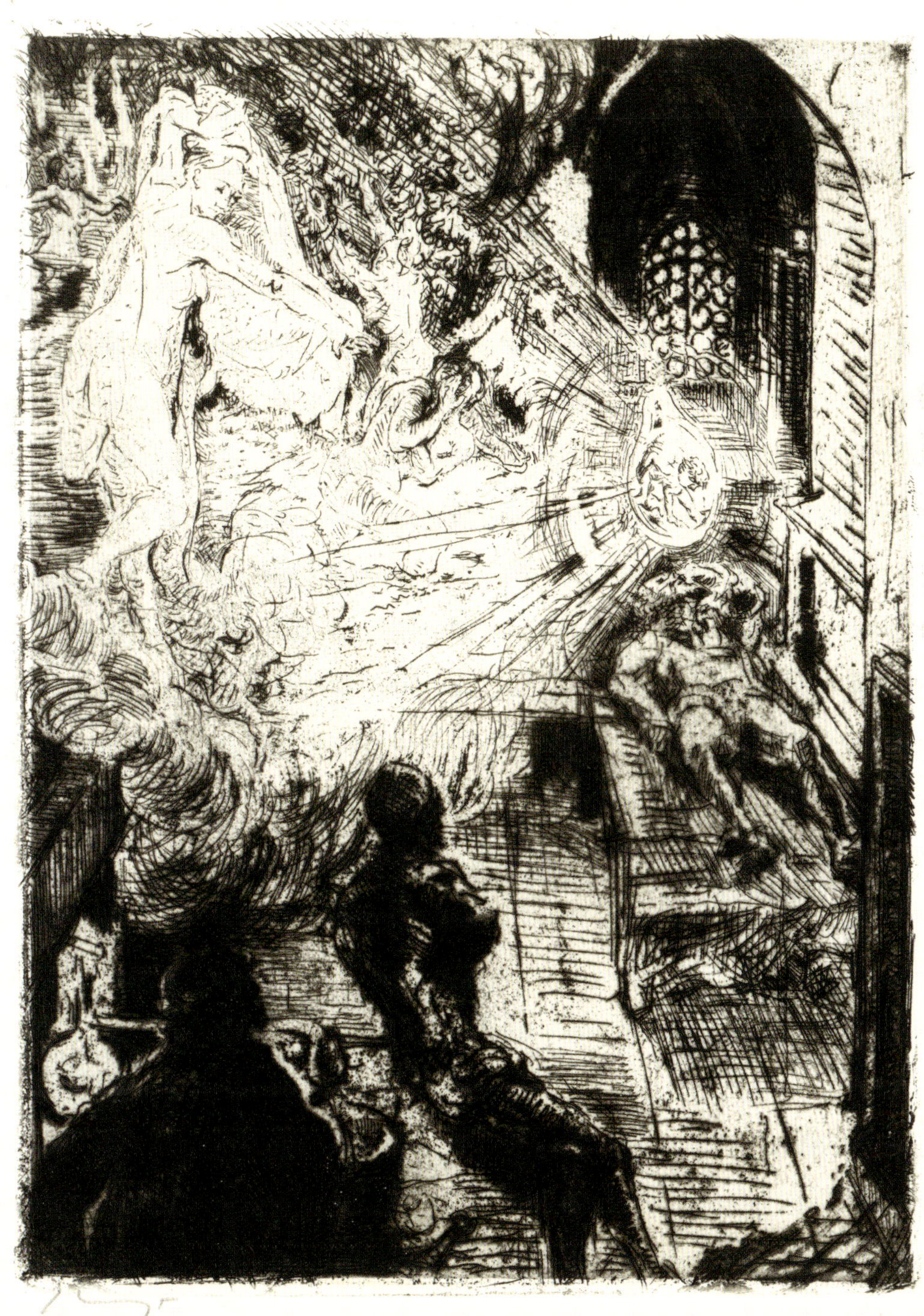

Der noch immer paralysierte Faust liegt auf dem Lager in seinem alten Studierzimmer an der Universität. Mephisto besucht Wagner, dem es in seinem Beisein gelingt, in einer Phiole einen künstlichen Menschen, den Homunkulus, herzustellen. Dieser entdeckt Faust. Die Phiole schwebt über dem Träumenden. In dessen Gedankenwelt sieht Homunkulus liebliche Frauen und spricht: »[…] Auf einmal aber steigt ein Dunst empor/Und deckt mit dichtgewebtem Flor/Die lieblichste von allen Szenen.« »Waldquellen, Schwäne, nackte Schönen,/Das war sein ahnungsvoller Traum;/Wie wollt' er sich hierher gewöhnen!/Ich, der Bequemste, duld' es kaum.« (2. Akt, Z. 6918–6920, 6931–6935) — KR

112

– Lithografie auf Chinapapier – 45 × 35 cm –

Lit.: Söhn 2002, Nr. 815, 155.

Ein Reuter kommt herangetrabt

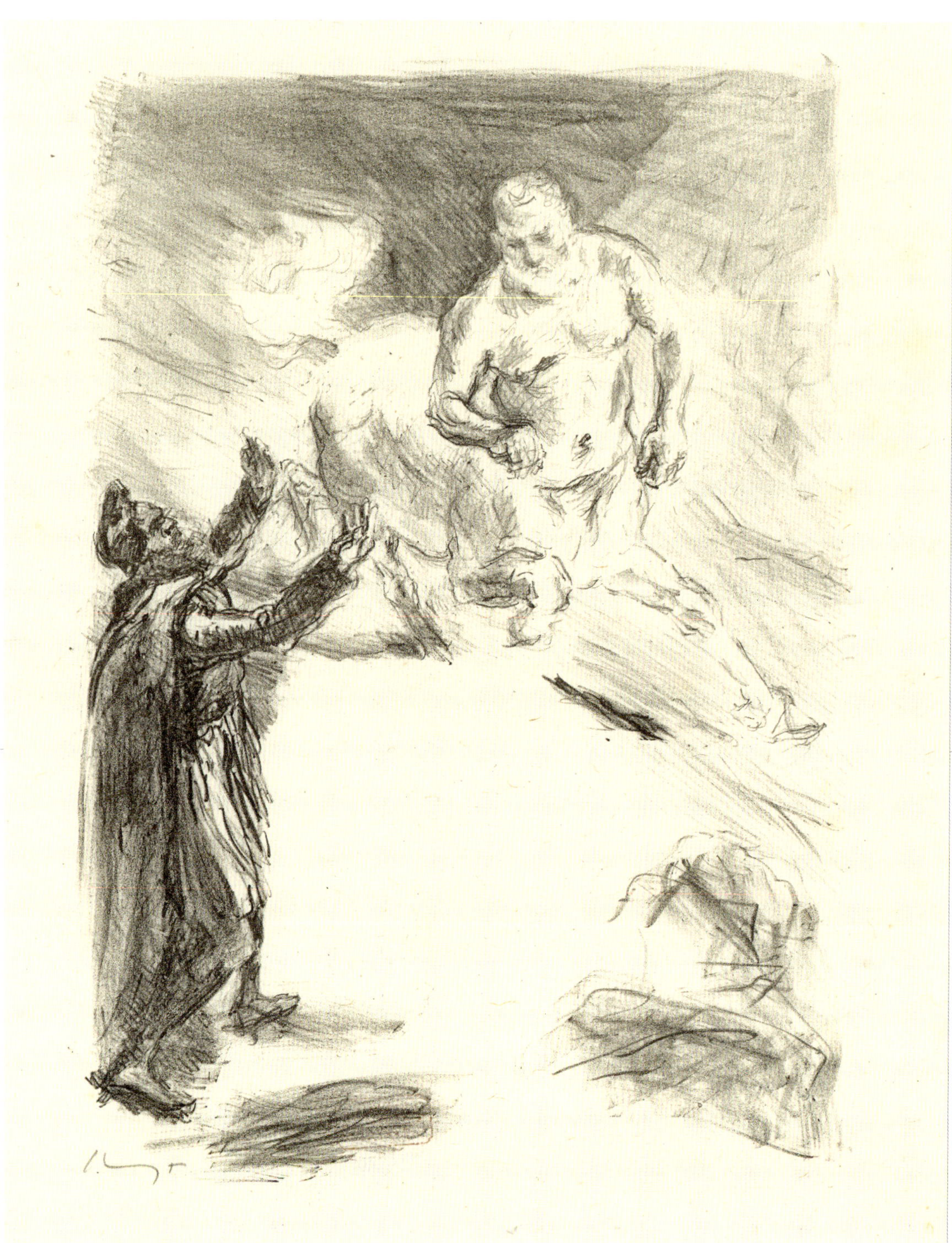

Bei der klassischen Walpurgisnacht sucht Faust Helena. Die Sphinx rät ihm, Chiron zu befragen.
Am unteren Peneios entdeckt er ihn:
»Ein Reuter kommt herangetrabt,/Er scheint von Geist und Mut begabt,/Von blendend weißem Pferd getragen […] /Ich irre nicht, ich kenn' ihn schon,/Der Philyra berühmter Sohn! –/Halt, Chiron! Halt! Ich habe dir zu sagen […]« (2. Akt, Z. 7325–7330)
Chiron trägt Faust zu Manto, die ihn in die Unterwelt führt.

– KR

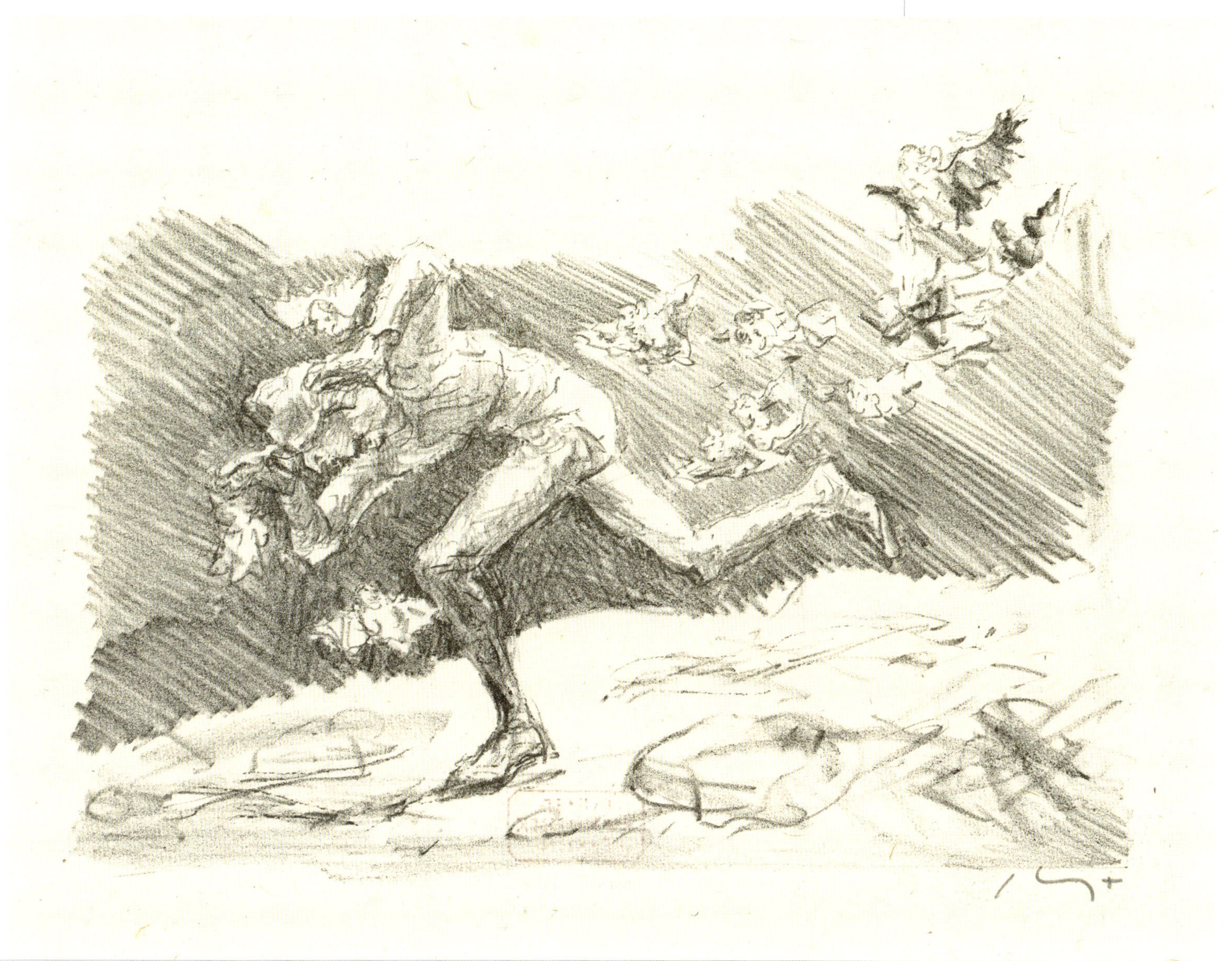

Mephisto wird von den Lamien, dämonisch-blutdürstigen Wesen, bezirzt und dann verfolgt. Die Lamien: »Fahrt auseinander, schwankt und schwebet/Blitzartig, schwarzen Flugs umgebet/den eingedrungenen Hexensohn!/Unsichre, schauderhafte Kreise!/Schweigsamen Fittichs, Fledermäuse!/Zu wohlfeil kommt er doch davon.« (2. Akt, Z. 7785–7790) Mephisto stürzt davon. – KR

113

– Lithografie auf Chinapapier – 45 × 35 cm –

Lit.: Söhn 2002, Nr. 815, 184.

Blitzartig, schwarzen Flugs umgebet den eingedrungnen Hexensohn!

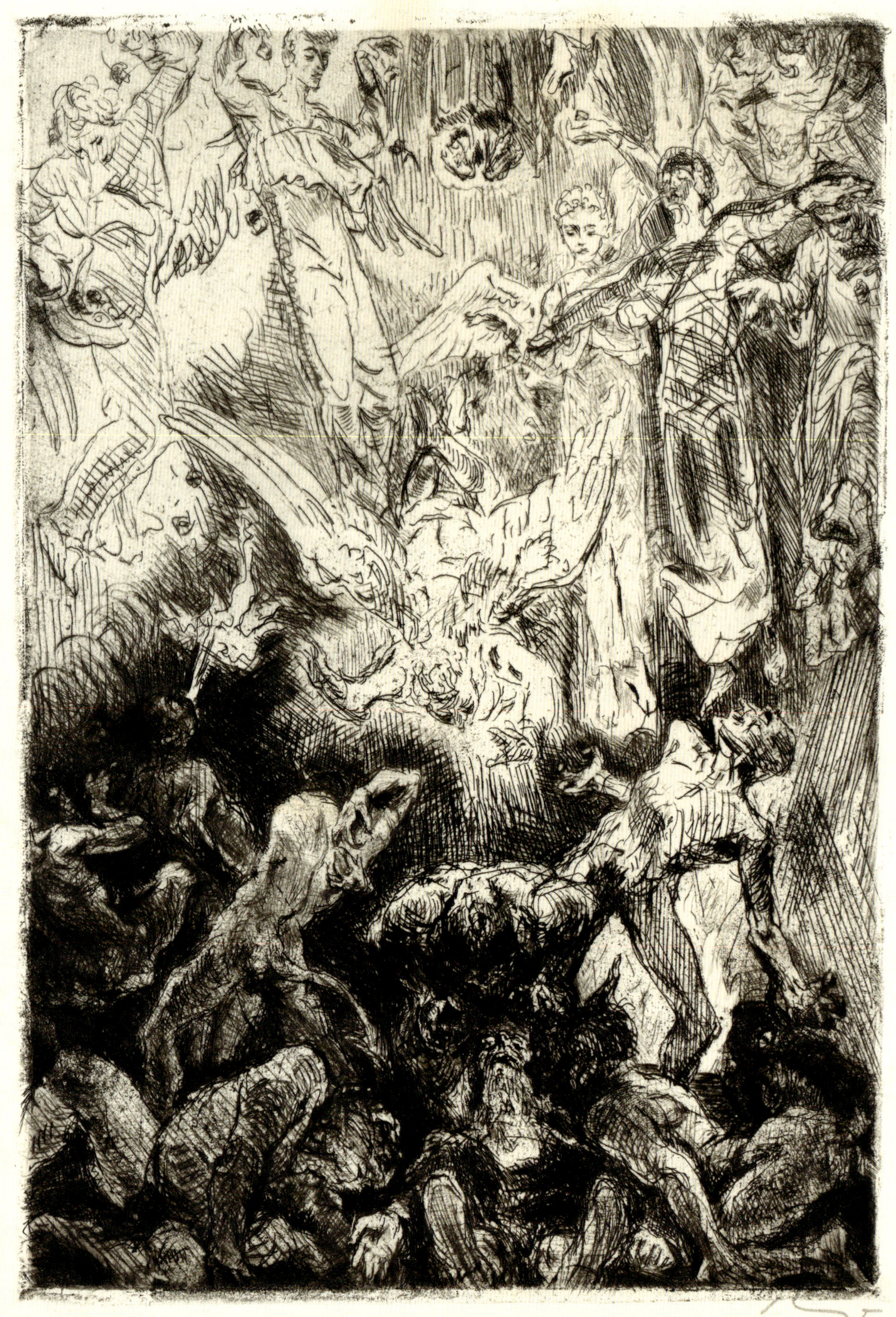

114

– Radierung auf Bütten – 45 × 35 cm –
Lit.: Söhn 2002, Nr. 815, 414.

Chor der Engel

Im 5. Akt kommt es zur Grablegung Fausts: Alt und blind stirbt Faust in dem Glauben, mit seiner uneigennützigen Tat der Gewinnung von Land für die Besitzlosen etwas tun zu können, das ihn irgendwann zum Augenblick sagen lassen könnte: »Verweile doch, du bist so schön.«

Mephisto und die Lemuren schaufeln sein Grab, die Hölle öffnet sich, aber es erscheinen zugleich auch die Himmlischen Heerscharen, die dem Sünder Faust vergeben und Rosen streuen. Mephisto empfindet plötzlich beim Anblick der Engel Liebesgelüste: »Auch mir! Was zieht den Kopf auf jene Seite? […] Ich mag sie gerne sehn, die allerliebsten Jungen […].« (Z. 11759/11763)

Die Engel nähern sich und nehmen schließlich Fausts Seele mit sich.
Der Chor der Engel: »Heilige Gluten!/Wen sie umschweben,/Fühlt sich im Leben/Selig mit Guten/Alle vereinigt/Hebt euch und preist!/Luft ist gereinigt,/Atme der Geist!« (Z. 11817–11824)

Slevogt stellt Himmel und Hölle einander gegenüber, unten gequälte Leiber in Höllenqualen, oben der Chor der Engel. Ein Engel fliegt auf den Körper Fausts zu. Rechts steht der verzückte Mephisto, abgelenkt durch die Schönheit der Engel. – KR

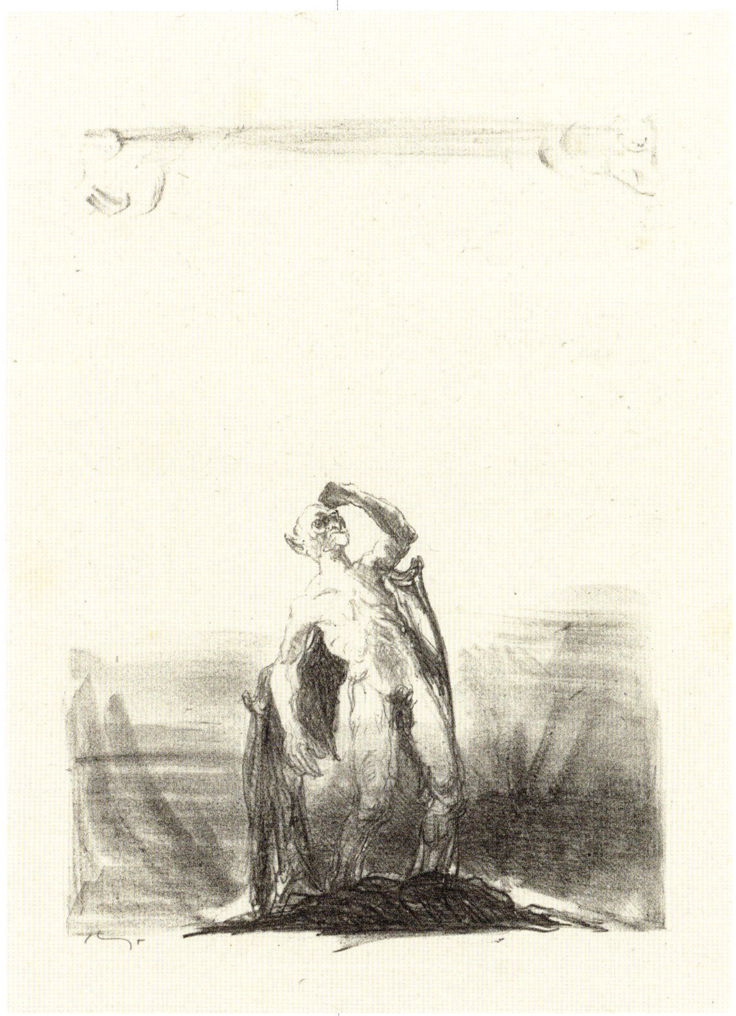

115

– Lithografie auf Chinapapier – 45 × 35 cm –
Lit.: Söhn 2002, Nr. 815, 423

Ein großer Aufwand, schmählich! Ist vertan

Mephisto: »Doch wie? – wo sind sie hingezogen?/Unmündiges Volk, du hast mich überrascht,/[…]
Mir ist ein großer, einziger Schatz entwendet:/Die hohe Seele, die sich mir verpfändet,/Die haben sie mir pfiffig weggepatscht. […] Ein großer Aufwand, schmählich! Ist vertan […].« (5. Akt, Z. 11825–11837)

116

Radierung auf Bütten
45 × 35 cm
Lit.: Söhn 2002, Nr. 815, 439.

Teufel flohen, als wir trafen

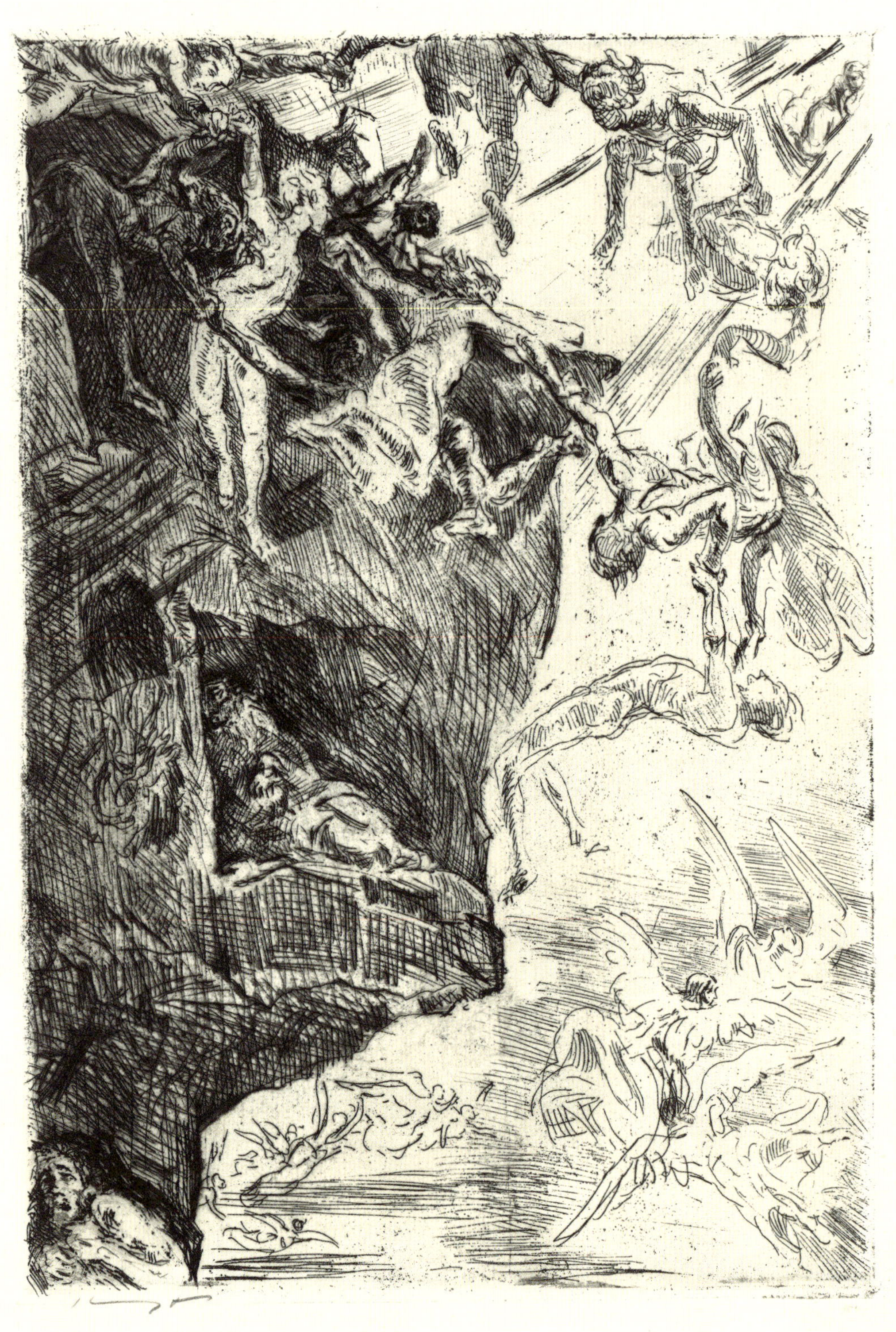

Vorbei an Anachoreten und seligen Knaben tragen Engel die Seele Fausts: »Jene Rosen aus den Händen/Liebend-heiliger Büßerinnen/Halfen uns den Sieg gewinnen,/Uns das hohe Werk vollenden,/Diesen Seelenschatz erbeuten./Böse wichen, als wir streuten,/Teufel flohen, als wir trafen./Statt gewohnter Höllenstrafen/Fühlten Liebesqual die Geister;/Selbst der alte Satansmeister/War von spitzer Pein durchdrungen./Jauchzet auf! Es ist gelungen.« (Z. 11942–11953)

117

Manuskript »Pro domo« (mit vier Randillustrationen), für den Almanach des Verlags Bruno Cassirer, undatiert (1919/1920)

– Feder in Eisengallustinte auf Briefpapier (Bruno Cassirer Verlagsbuchhandlung) – 2 Blätter à 28,7 × 21,1 cm – Saarlandmuseum – Moderne Galerie, Saarbrücken, Stiftung Saarländischer Kulturbesitz, aus der Sammlung Kohl-Weigand – Inv.-Nr. KW 54 –

Lit.: Imiela 1957, S. 135, Kat. 307Z. – Imiela 1968, S. 67, 369, Anm. 9. – Saarbrücken 2015, S. 64–68, 71.

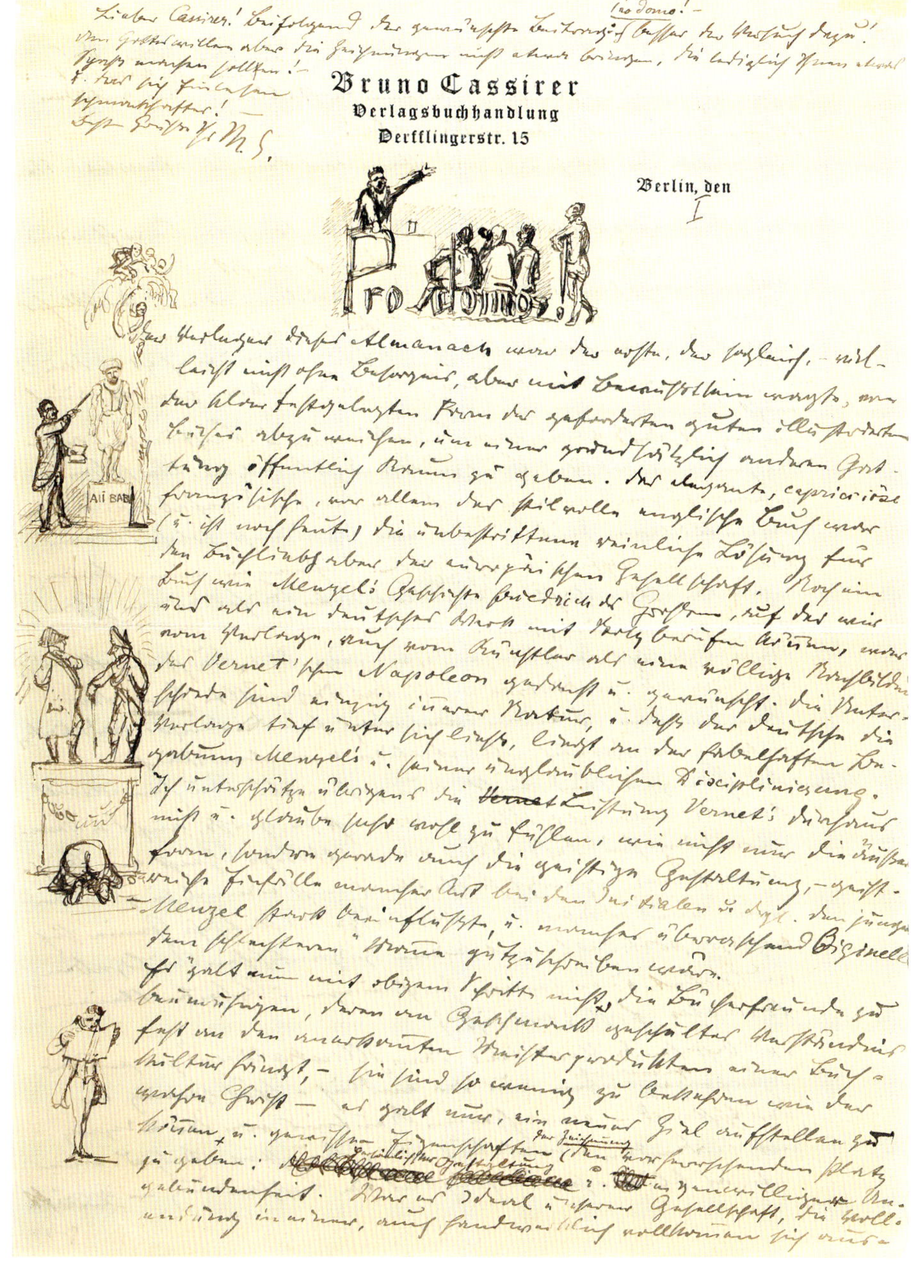

Bruno Cassirer
Verlagsbuchhandlung
Derfflingerstr. 15

Berlin, den

Pro domo – in eigener Sache – verfasste Max Slevogt 1920 einen Artikel für seinen Verleger Bruno Cassirer, in dem er zu seinen Illustrationen und der Rolle dieses Genres innerhalb der Hierarchie der Künste Stellung bezog. Er antwortete damit auch auf die Kritik an seinen frühen Illustrationen und an deren improvisatorischem Charakter. Slevogt schildert zunächst, wie über lange Zeit hinweg feste Formen und Traditionen die Buchgestaltung prägten. Sein Ziel sei jedoch, »gewissen Eigenschaften der Zeichnung den vorherrschenden Platz zu geben: persönlichster Gestaltung in eigenwilliger Ungebundenheit.« Er wünschte sich bei der Buchgestaltung größere Freiheit für den Zeichner und eine nicht länger dem Text untergeordnete Bedeutung der Illustration.

Weiter führte er aus: »Es giebt keine Ästhetik aus Erz, nur aus weichem Wachs. Einem gotischen Dome vergleichbar, immer neue Überraschungen enthüllend, neue Pfeiler ansetzend, die nach oben streben, immer unvollendet, jederzeit fertig, erwächst die Kunst […].« Slevogt wollte nicht zwischen höherer Kunst, wie der Malerei, und niederer Kunst, als welche oft die Illustration angesehen wurde, unterscheiden. Kunst hatte für ihn grundsätzlich zwei Quellen: die Einbildungskraft und die Gestaltungskraft. »Je mehr diese Kräfte sich durchdringen, desto vollkommener auch – die Illustration!« – KR

Skizzenbuch

118

Skizzenbuch

– 1907/1923 (?) – Heft mit grünem Umschlag und 25 Doppelseiten, davon 15 mit Zeichnungen – 34 × 21,2 cm (geschlossen), 34 × 42,5 cm (aufgeschlagen) – beschriftet auf einem Klebezettel auf der Vorderseite: Güterverpachtung von Offenbach.; auf der Rückseite bezeichnet: Einnahmen / von Güterzinßen […] / Martini 1827. 1828. – Museum Georg Schäfer, Schweinfurt – Inv.-Nr. MGS 18B –

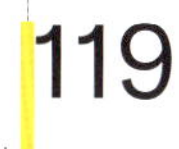

119

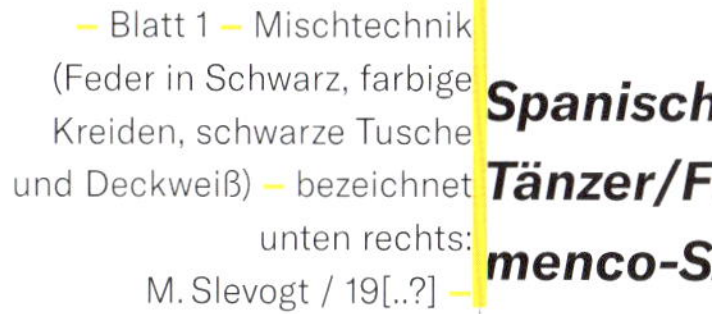

– Blatt 1 – Mischtechnik (Feder in Schwarz, farbige Kreiden, schwarze Tusche und Deckweiß) – bezeichnet unten rechts: M. Slevogt / 19[..?] –

Spanische Tänzer/Flamenco-Szene

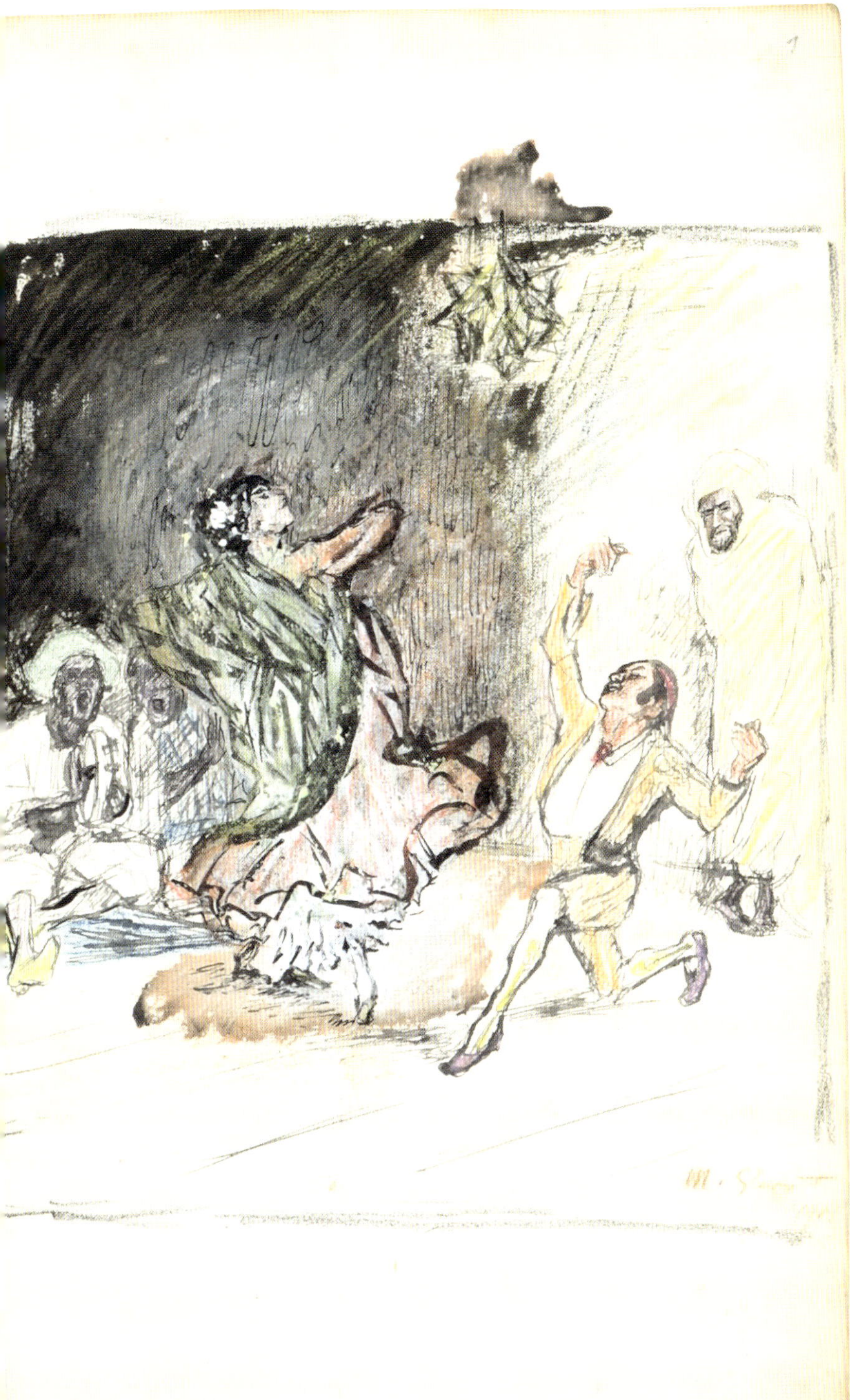

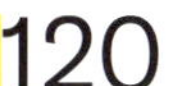

120

– Blatt 2 – Feder in Schwarz und farbige Kreiden –

Flamingo-Jagd

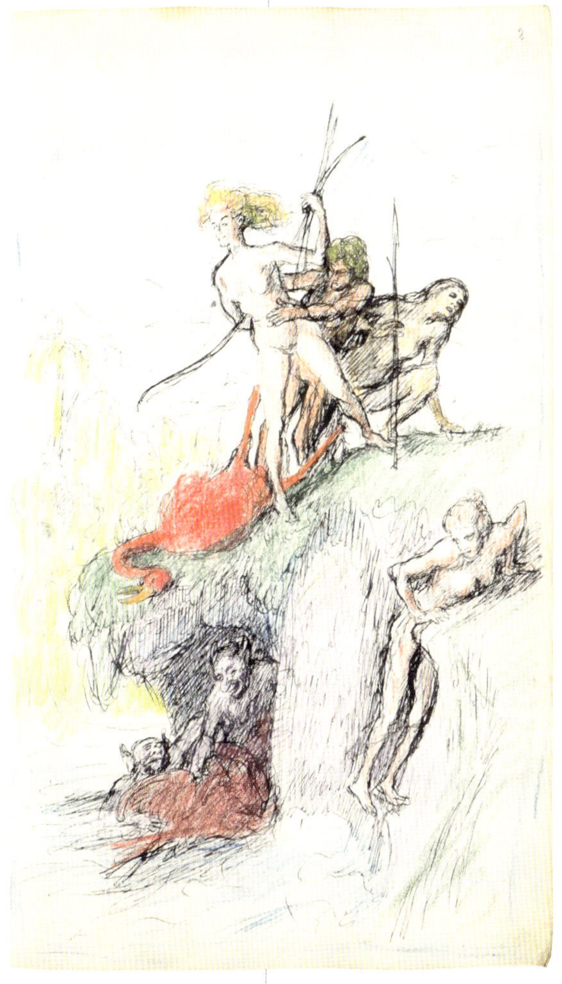

121

– Blatt 3 – Feder in Schwarz, teilweise mit farbigen Kreiden koloriert –

Titel-Rahmung mit Menschen und exotischen Tieren

Die Zeichnung wurde als Titel für Emil Waldmanns Buch *Max Slevogt* verwendet, das 1923 bei Bruno Cassirer erschien.[34] Seit etwa 1908 entstand eine ganze Reihe Titel- und Einbandentwürfe, in denen Figuren und ornamentale Rankenwerke zum dekorativen Rahmen werden, der aber nichts mehr mit den Ideen des Jugendstils gemein hat. – KR

– **34** Vgl. Söhn 2002, Bd. 2, Nr. 569, Abb. S. 224.

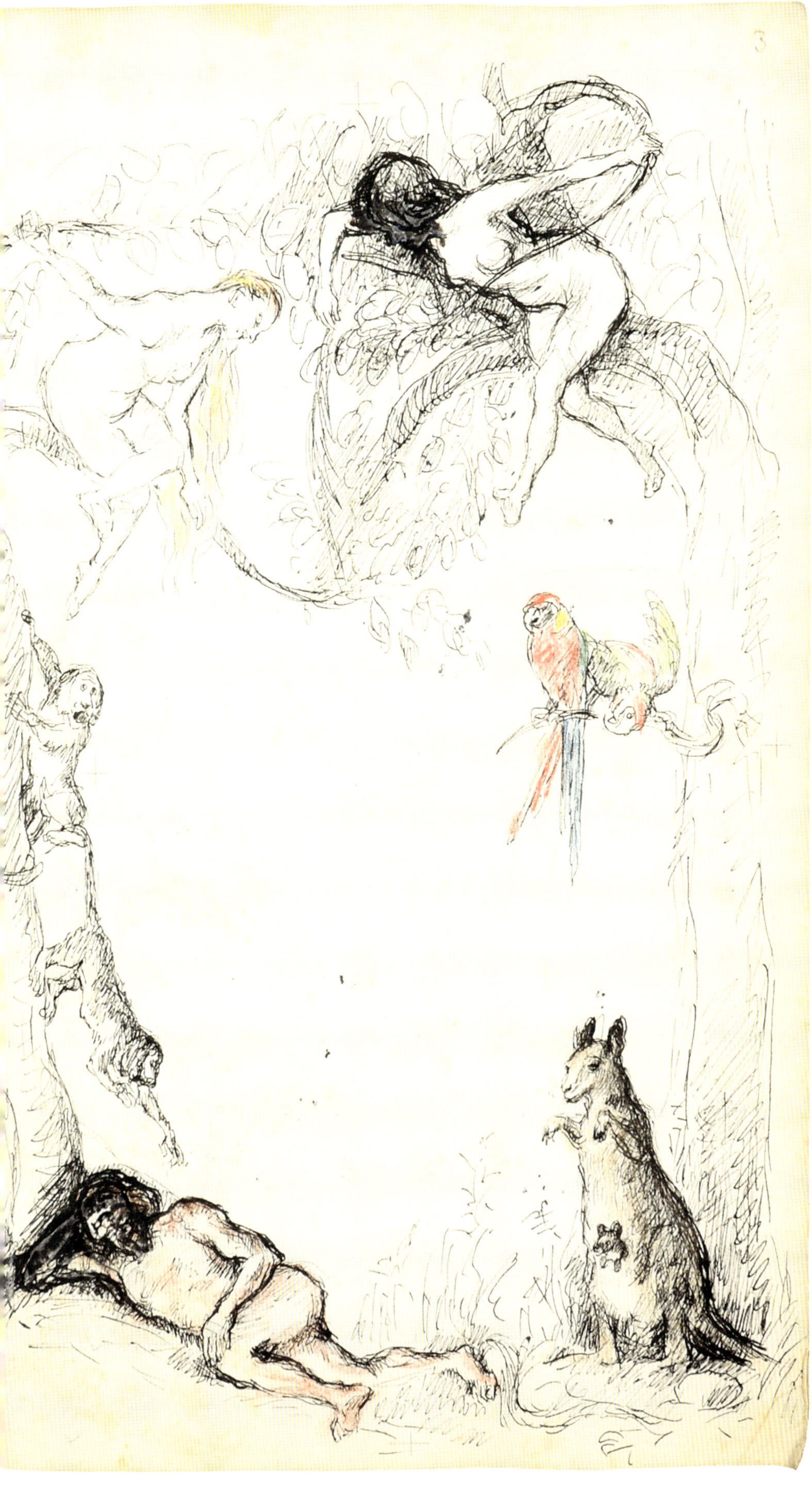

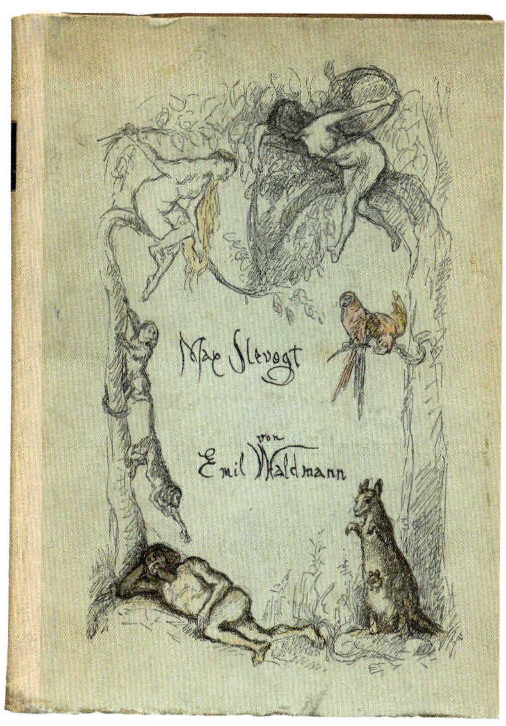

Max Slevogt
– Emil Waldmann – Berlin, Bruno Cassirer, 1923 – Museum Georg Schäfer, Schweinfurt –

122

– Blatt 4 – Feder in Schwarz –

Vier Figuren-Entwürfe (Musizierender Pan auf drei knienden Frauen sitzend, zwei tanzende Paare, liegendes Paar)

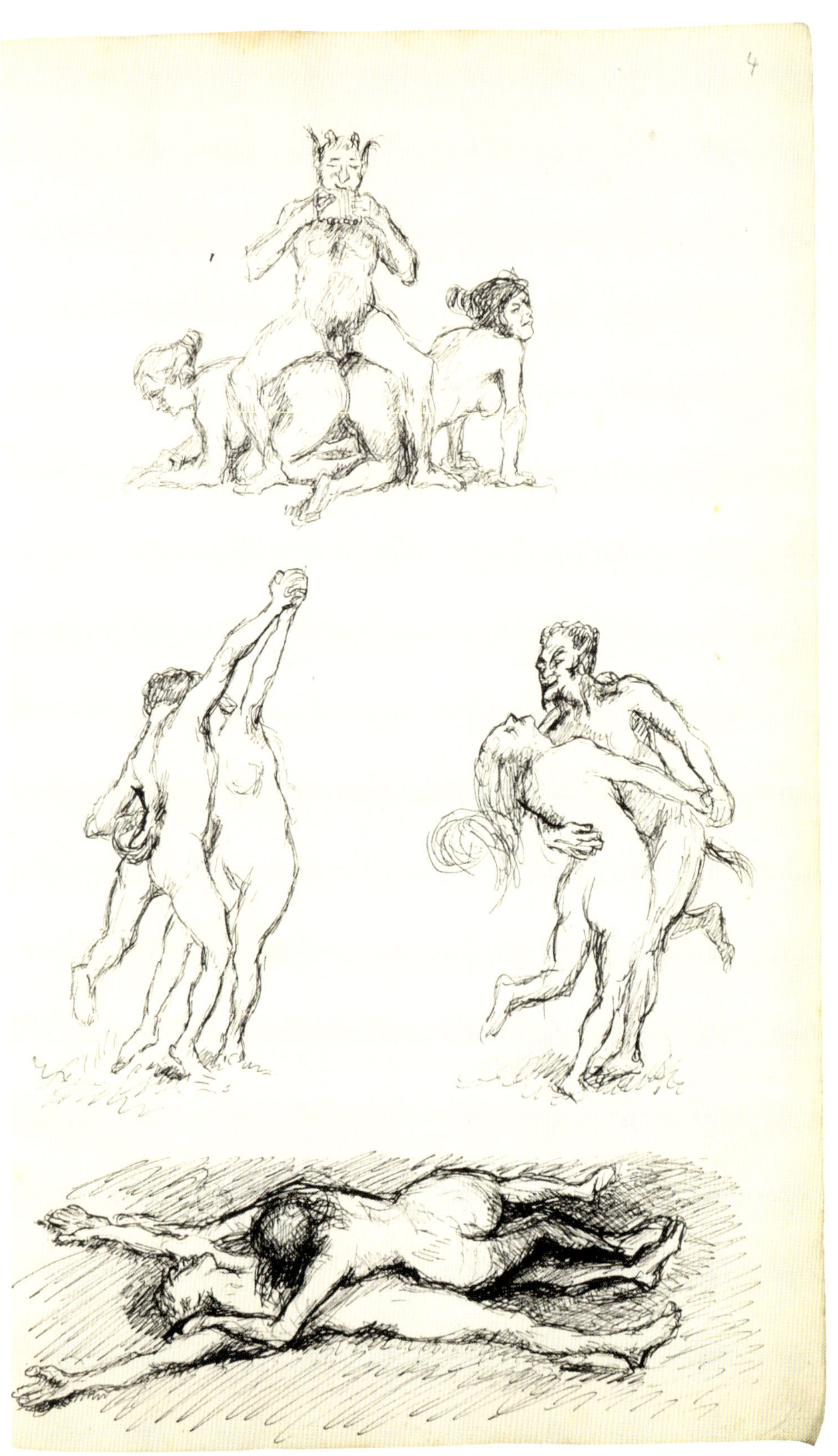

123

— Blatt 5 und 6 — Feder in Schwarz —

Misslungene Enthauptung I und II

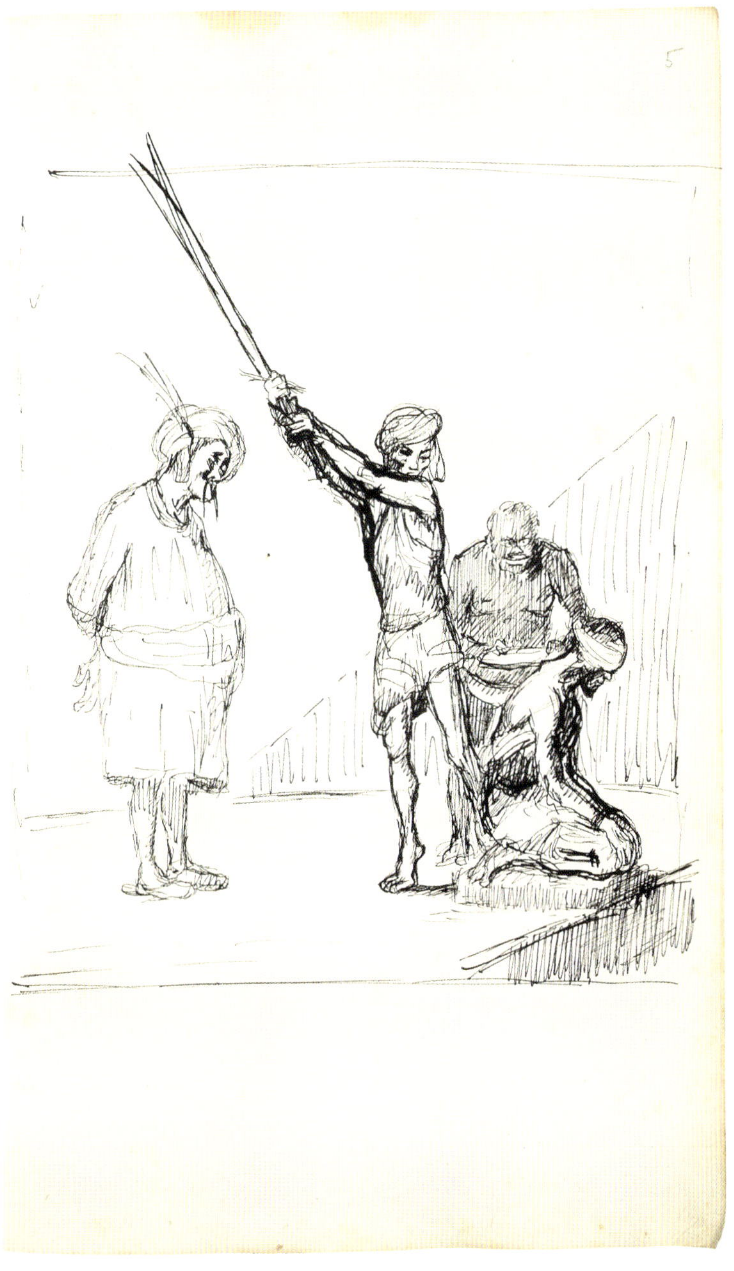

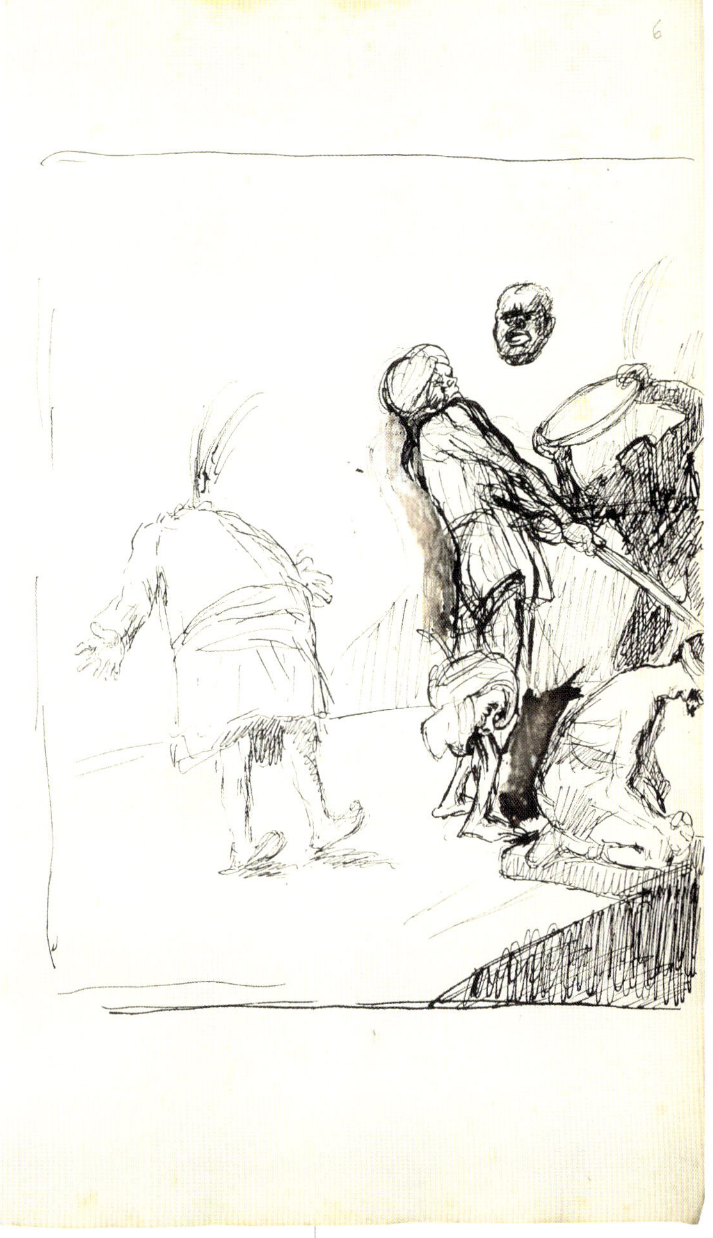

124

– Blatt 7

– Feder in Schwarz –

Riese mit kleiner Frau in seiner Hand

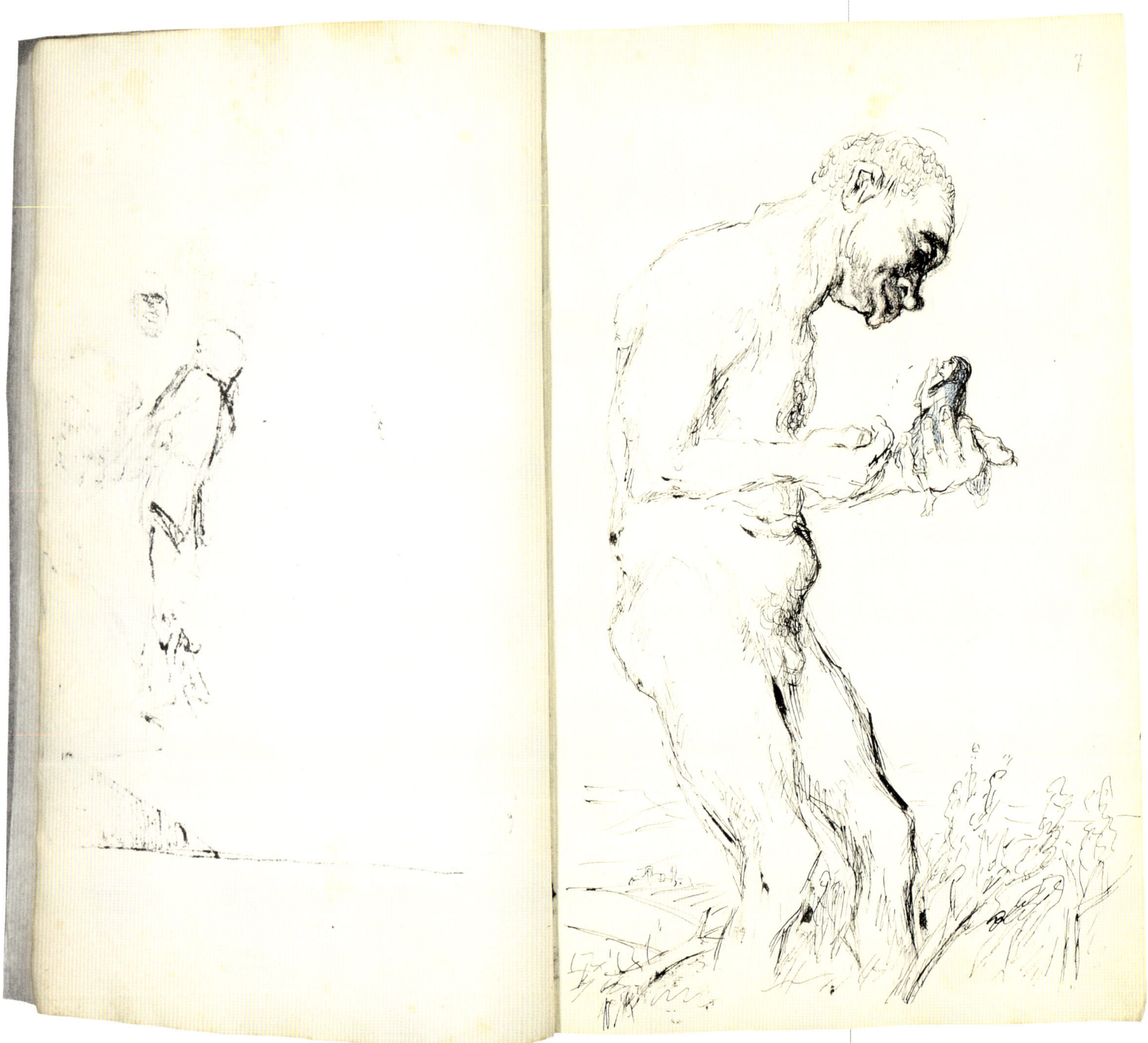

125

– Blatt 8
– schwarze Kreide

Figurenszenen (Begrüßungsszene/ Akrobaten oder Tänzer)

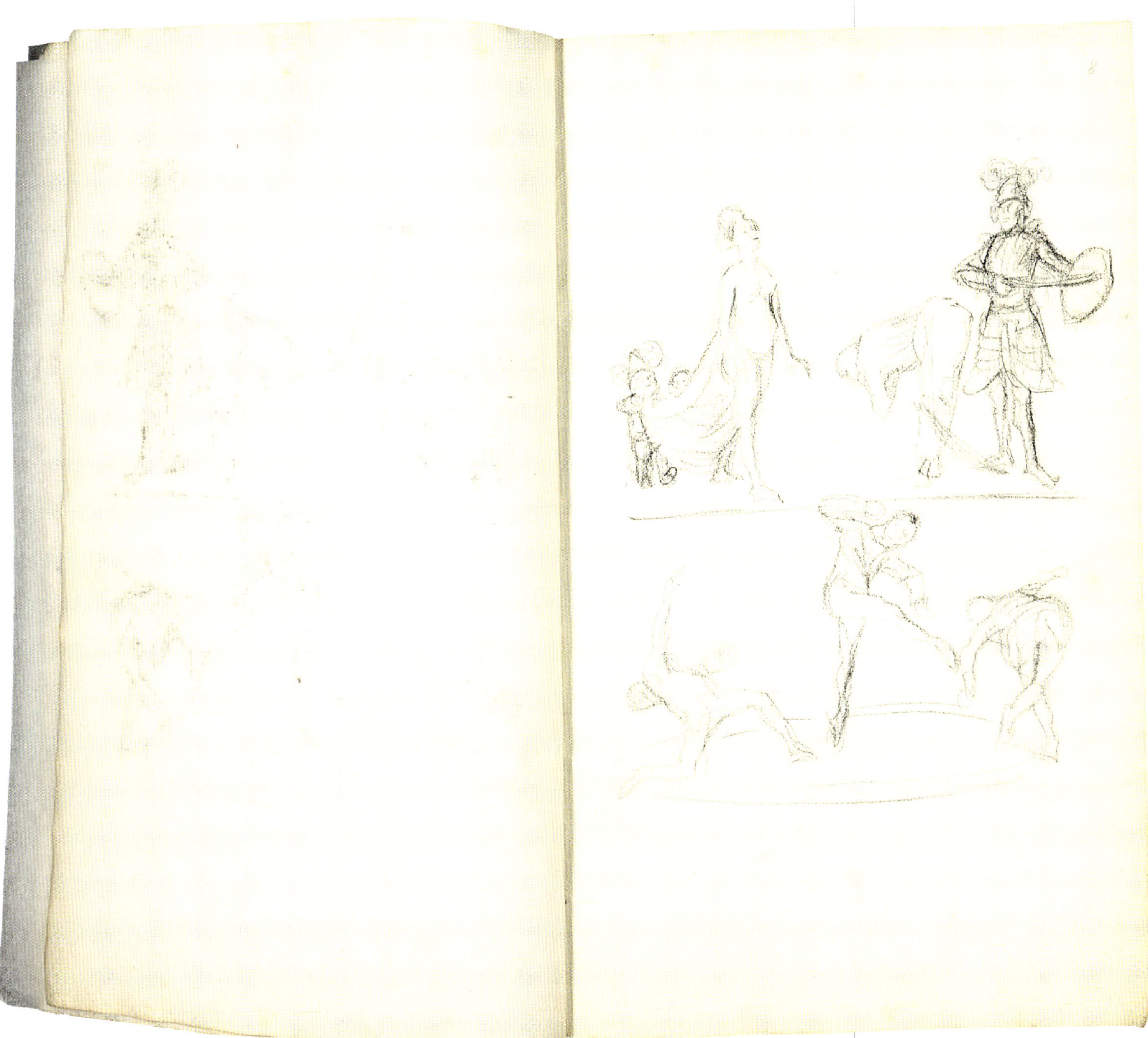

126

Entwurf für die Wandbilder des Pavillons von Neu-Cladow – um 1911 (?) – Blatt 9 – Wasserfarben –

Szene zur »Zauberflöte« (Papageno und Papagena an einem Brunnen mit figürlicher Rahmung)

Auf dem Grundstück des mit Slevogt befreundeten Johannes Guthmann in Neu-Cladow bei Berlin leitete Paul Schultze-Naumburg bis 1911 einige Umbauten. Für die Wand des hier neu entstandenen Gartenpavillons wurde Slevogt gebeten, eine Wandbemalung zu entwerfen und auszuführen. Im Juni 1911 begann er mit der Arbeit. Die Wandbilder wurden 1924 nach Berlin gebracht, wo sie 1944 zerstört wurden. – KR

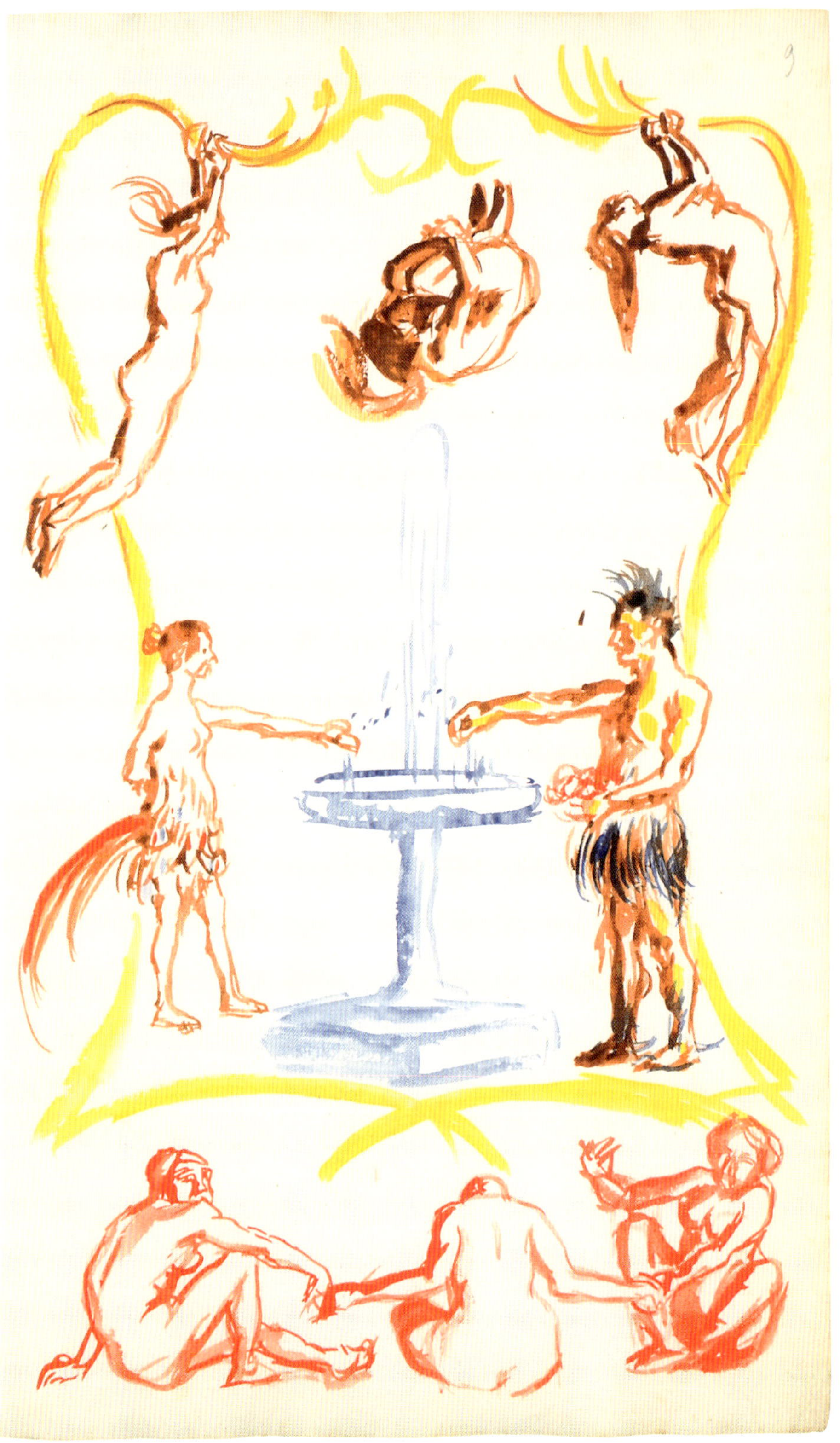

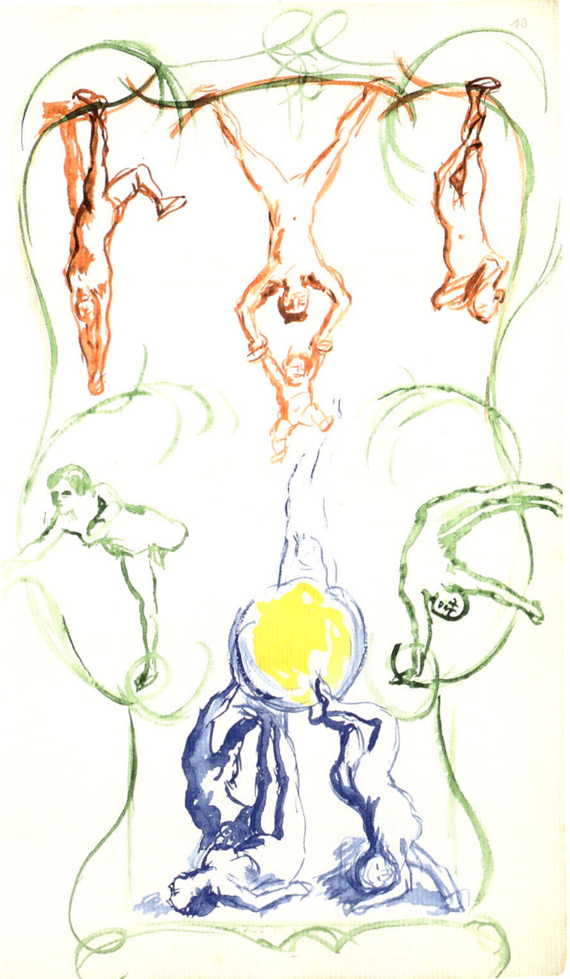

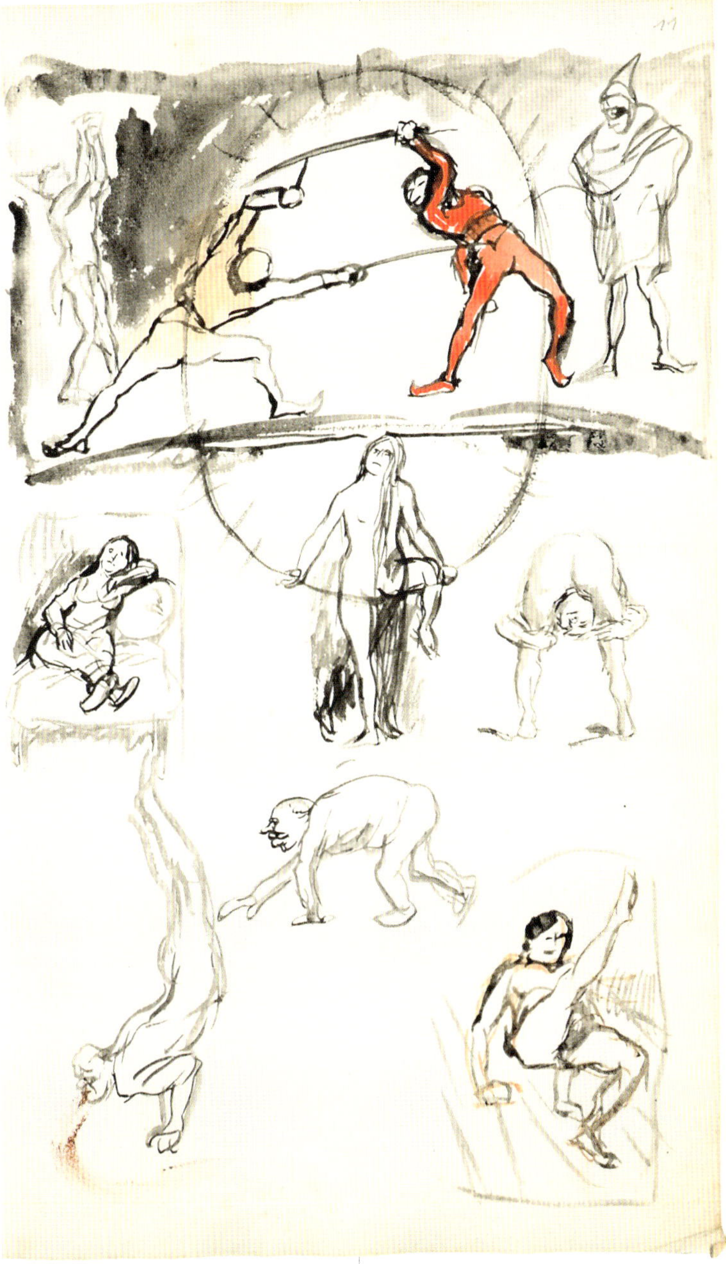

128

— Blatt 11 — Pinsel/Tusche in Schwarz und Rot —

Figurenstudien (Fechtszene, Sitzende, verschiedene Akrobaten)

127

— Entwurf für die Wandbilder des Pavillons von Neu-Cladow — um 1911 (?) — Blatt 10 — Wasserfarben —

Rahmung/ Arabeske mit Akrobaten und einem Kind

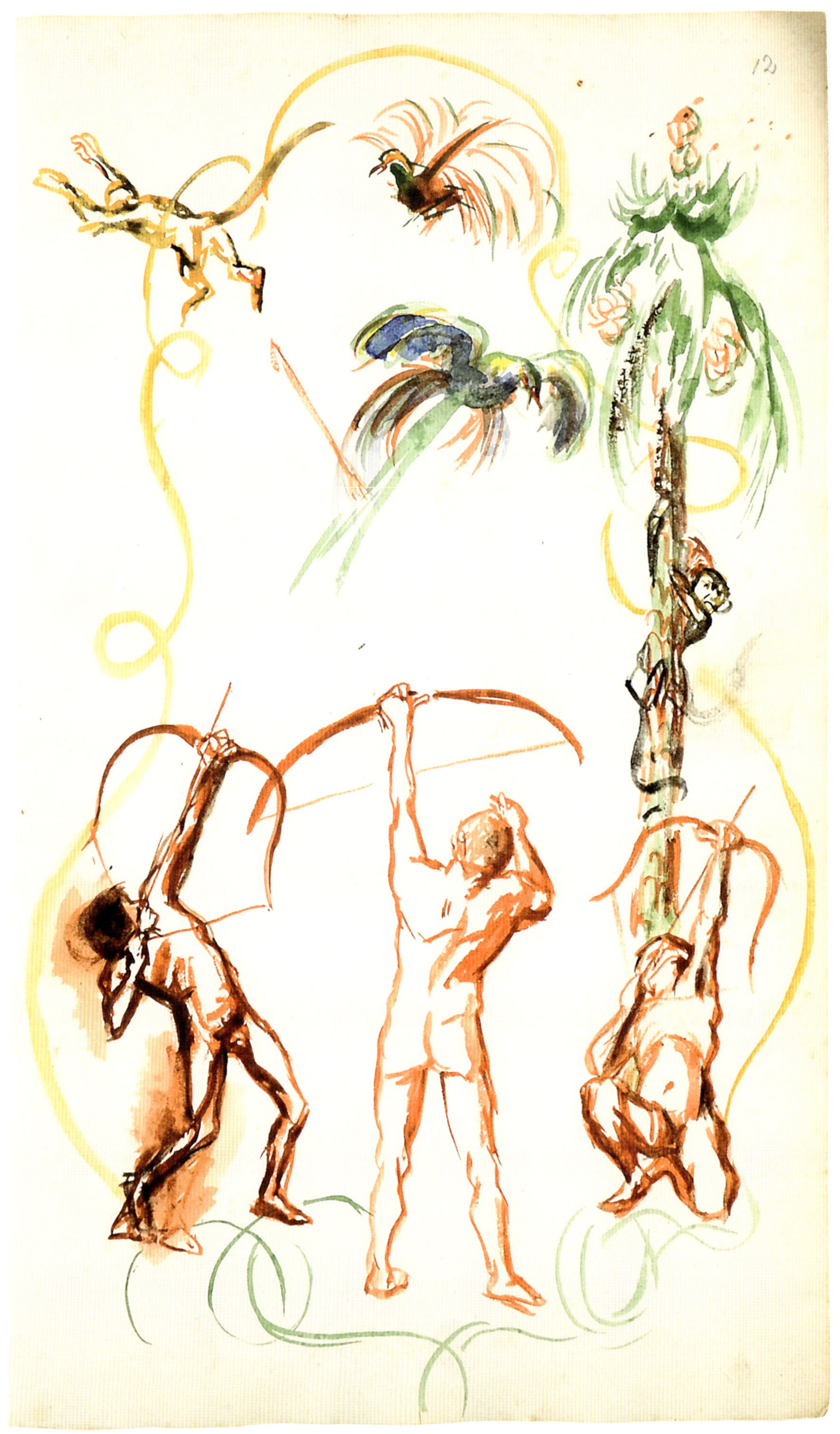

129

— Blatt 12
— Wasserfarben —

Vogel- und Affenjagd

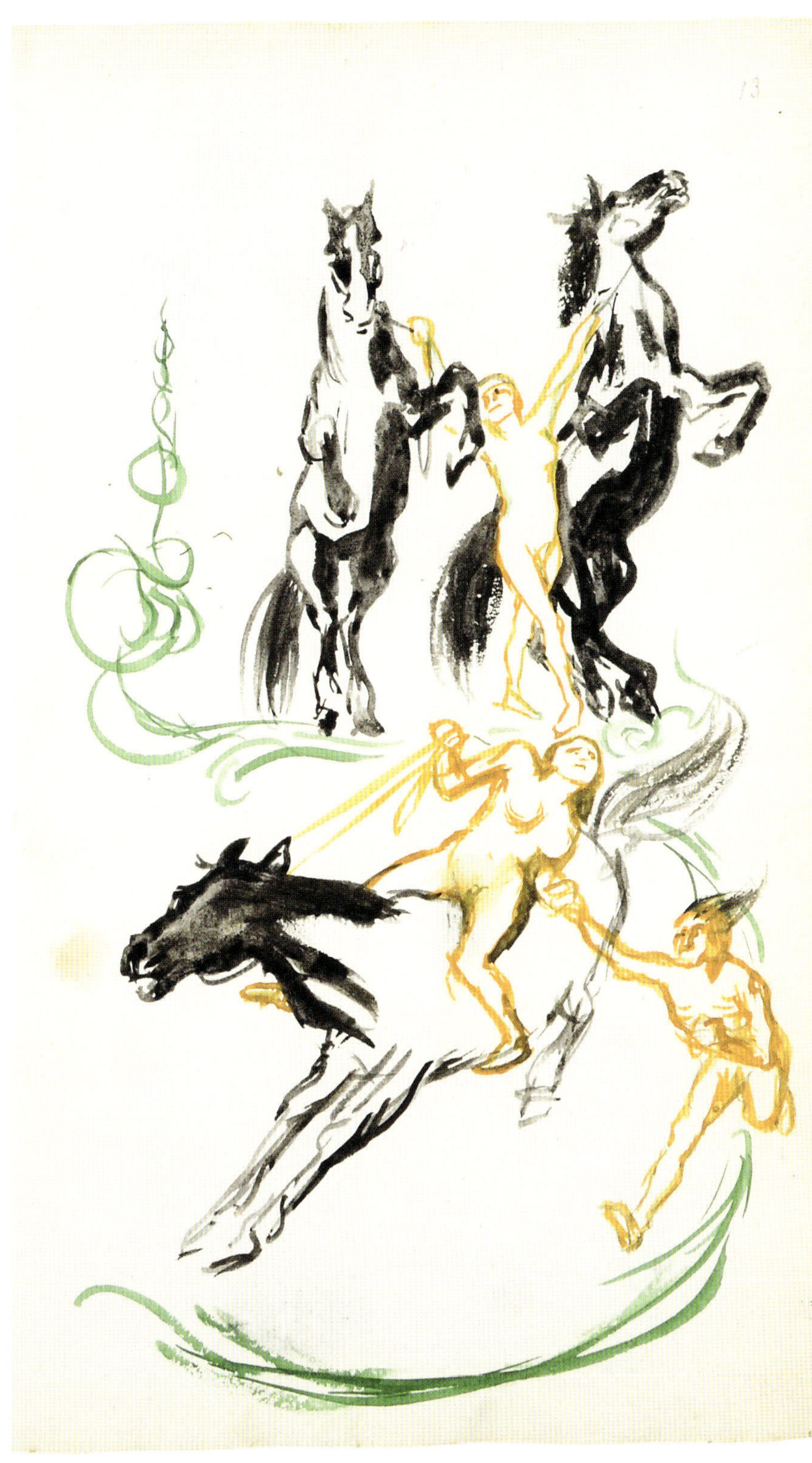

130

— Blatt 13
— Wasserfarben —

Kunststücke mit Pferden

Das Motiv wurde auf dem Pergamenteinband von Emil Waldmanns Buch *Max Slevogt* verwendet, das 1923 bei Bruno Cassirer in einer Vorzugsausgabe mit 100 Exemplaren erschien. — KR

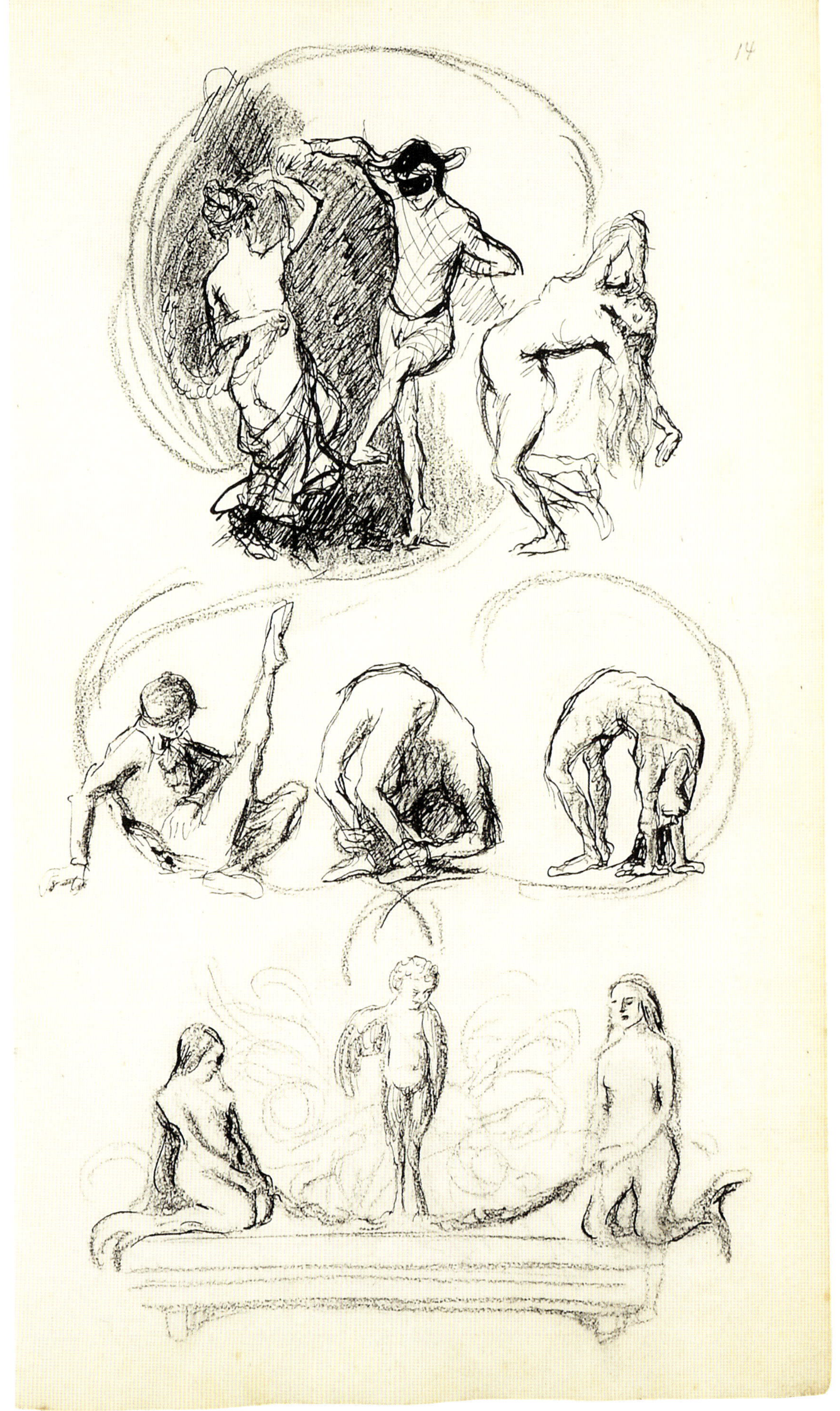

131

Blatt 14 – Feder in Schwarz und schwarze Kreide

3 Figurenstudien (Tanzszene mit Harlekin, Verrenkungsakrobaten, mythische Figuren als Sims- oder Portaldekoration)

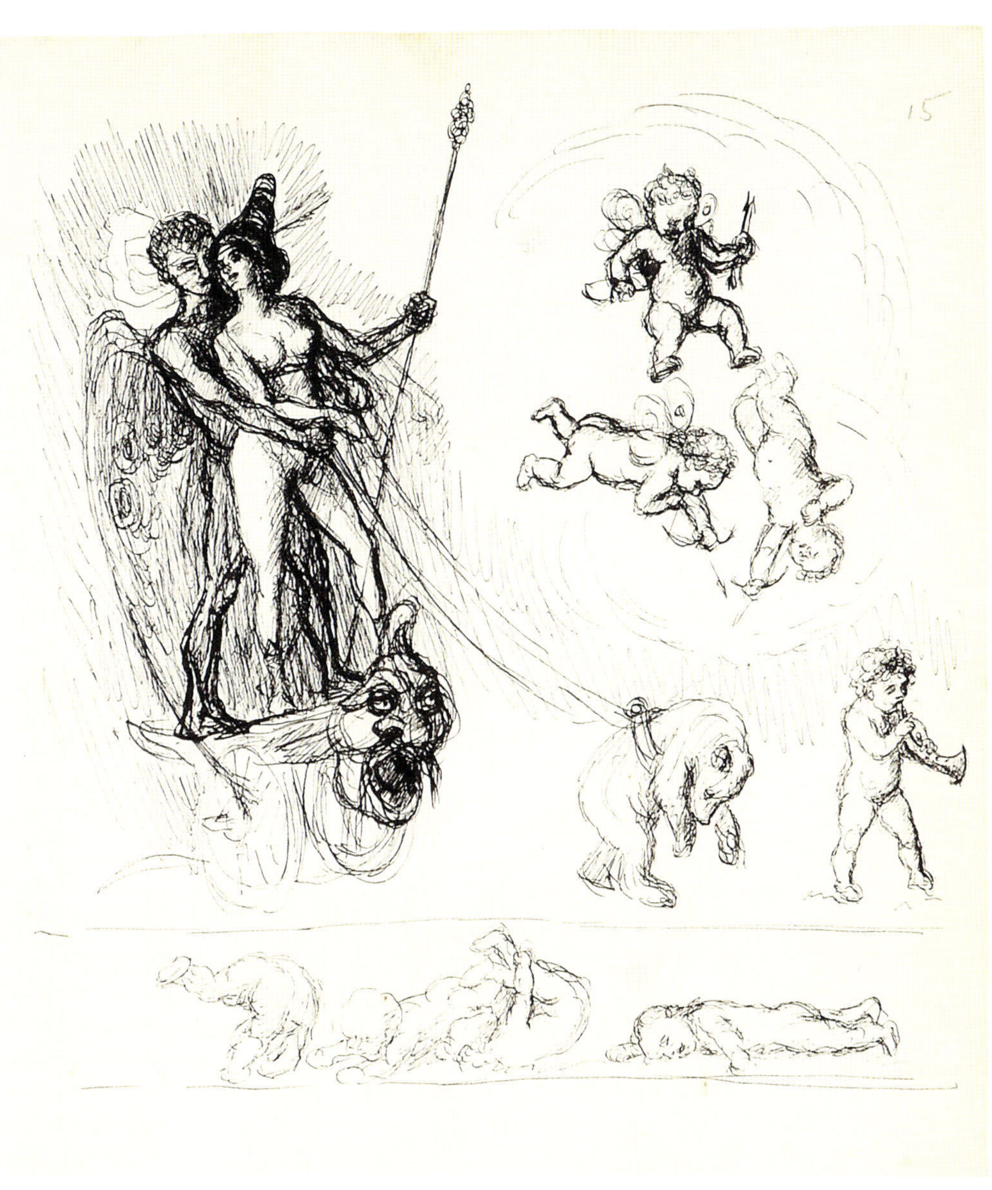

132

Blatt 15 – Feder in Schwarz

Figuren-Fantasie

WOLF EIERMANN

BÜH
NE

Sl

Sch

vogt, der reck-liche

KÜNSTLERKLISCHEE UND REZEPTIONS-ÄSTHETIK 1903–1940

Es war Émile Zola, der 1868 bei den Werken von Claude Monet monierte, dass dieser keine Landschaft malen könne, ohne Herren oder Damen in großer Toilette hineinzustellen.[1] Feine Maßanzüge und kostbare Roben bestimmten in den 1870er Jahren auch bei den anderen Impressionisten in Paris die großen Bildformate. Konkret kritisierte Zola dabei die Verknüpfung metropolitaner Elégance mit einfacher ländlicher Natur, eine Motivkombination, die später auch in den Gemälden Max Slevogts immer wieder auffällt.[2] Heute sind diese Gemäldemotive präsenter als die thematisch differierenden Arbeiten auf Papier. Das kann beim Publikum zu einer verzerrten Rezeptionsästhetik führen: Slevogt, der Porträtist einer mondänen Belle Époque. Doch was sollte daran zu monieren sein, war es doch auch in Deutschland noch bis zum Ende der 1960er Jahre Sitte, bei Besuchen auf dem Land die feine Sonntagskleidung dem ledrigen Wandererhabit vorzuziehen. Doch die Kritik ging tiefer und betraf eine Verständnisebene, die später, am Vorabend der Revolution von 1918, an Aktualität eher noch zunahm.

Ging es beim Vorwurf Zolas – denn als solchen muss man seine Bemerkung werten – vordergründig um eine Kunst, die sich als Ware einer vermögenden Kundschaft anbiederte, oder, wenn sie es *nicht* tat, um Kunst, die eine Welt des Müßiggangs und der ländlichen Zerstreuungen etwa als Idyllenmaskerade karikierte? Oder, nun fortgeschrieben in die Zeit Slevogts, handelte es sich bei der Wahl der Bildmotive nicht eher um die internen Spielregeln einer Künstlergruppe, die mit dem schönen Schein wie mit einer »Theatersonne« (Eduard Fuchs) spielte? Mit Slevogt steigt man nicht nur ein in die Geschichte der deutschen Kunst an der Schwelle zum 20. Jahrhundert, sondern auch in die Geschichte einer unter vielen Aspekten urteilenden Kunstkritik, welche oft bedenkenlos die Deutungshoheit an sich riss. Einer der ersten Slevogt-Bearbeiter erkannte den dunklen Schatten bereits 1906: »Der Prozess über den Wert oder Unwert von Kunstwerken vollzieht sich neuerdings schneller als vor einigen Jahrzehnten«.[3] Bereits im Begriff »Unwert« spiegelt sich das heraufziehende Unheil, das ab 1933 alle progressiven Künstlerinnen und Künstler das Fürchten lehrte. Slevogt verstarb 1932.

Obwohl zur Riege seiner Kritiker auch bedeutende Fachleute gehörten,[4] wirken ihre Kategorisierungen seines Malstils disparat und – trotz des hohen Selbstbewusstseins der Autoren – nicht erst aus heutiger Sicht auch unsicher.[5] Schubladenartige Zuordnungen zu Malschulen und Stilkategorien kamen in jenen Tagen nicht nur Fachleuten sogleich in den Sinn. So warnte 1908 Rosa Luxemburg in der *Leipziger Volkszeitung* vor den »dekadenten Klecksereien eines Slevogt«, für die gewisse Leute bei der sozialdemokratischen Arbeiterschaft um Verständnis werben würden. Ihr Seitenhieb zielte dabei auf den Parteigenossen Eduard Fuchs, der, ohne einen Künstlernamen zu nennen, 1893 im *Süddeutschen Postillon* selbst die »Fäulnis und Schwäche« der Décadence als Zeichen einer bourgeoisen Kunst angeprangert hatte,[6] seither mit Slevogt aber eng befreundet war. Slevogt, dekadent? 1903 hatte Fuchs seinen Freund doch dafür gewonnen, ein symbolkräftiges Schlussbild der Maiausgabe des Vorwärts-Verlags zu entwerfen (Abb. 1). Es zeigt einen Metallarbeiter mit nacktem Oberkörper vor rauchenden Fabrikschloten, der zwei Adler auf seinen Armen hält.

Darunter als Bildlegende ein Text von Ferdinand Freiligrath (1810–1876), einem Teilnehmer der 1848er Revolution: »Wir sind die Kraft! Wir hämmern jung das alte morsche Ding, den Staat, die wir von Gottes Zorne sind das Proletariat!« Ein Bezug zum leidenden *Christus am Kreuz* war durch die Körperhaltung der männlichen Figur gegeben. Fuchs lobte das Motiv als »gemalten Marxismus« und sah in Slevogt einen der »genialsten Könner der modernen Rinnsteinkunst«.[7] Voilà: Slevogt, der Marxist.

Standortfragen der deutschen Kunst um 1900

Die deutsche Kunst jener Zeit hatte sich zu positionieren: Die *soziale* Frage beeinflusste ihre Themen, die *nationale* Frage kritisierte das Verhältnis zur jungen französischen Malerei, also dem selbst in seinem Heimatland noch oft genug geschmähten Impressionismus, und aufgrund der gesellschaftlichen Umbrüche stellte sich bald die Kernfrage: Für wen malen wir eigentlich? Zwar hatten die Sezessionsbewegungen die Vormachtstellung der Akademien bereits gebrochen und Kunst war keine Kunst der Herrschenden mehr (denn wäre diese These richtig gewesen, dann wäre nach der Revolution 1918 auch der Kunstmarkt gleich mit untergegangen).

Eduard Fuchs sah jedoch in seiner Funktion als Redakteur mehrerer sozialdemokratischer Parteiblätter wie z. B. der Karikaturzeitschrift *Der wahre Jakob* von Anfang an auch die Arbeiterschaft als Zielgruppe der jungen Kunst und wies den Genossen damit zugleich die Aufgabe einer gesellschaftlichen Mitträgerschaft zu. Doch nicht nur in Parteiauseinandersetzungen, sondern auch in Kunstkreisen blieb die Diskussion um die eigentliche Zielgruppe virulent; im Bauhaus mündete sie in neuen Marketingstrategien hin zur Industrie, zum Design, zur Massenproduktion. 1928 war Slevogt offenbar gezwungen, sich in einem Punkt deutlich zu positionieren: Er sah weniger nationalistische Politiker als vielmehr eine größere »Malerpartei« hinter dem Versuch, den Impressionismus diffamierend der »kapitalistischen Vorkriegsgesellschaft in die Schuhe zu schieben«. Damit stellte er anlässlich der zu seinem 60. Geburtstag stattfindenden Berliner Akademieausstellung auch klar, dass er sich zu diesem Stil bekenne.[8]

Impressionismus Frankreich – Deutschland

Der Kulturaustausch zwischen Deutschland und Frankreich fand nicht mehr in klosterartig abgeschlossenen Kunstakademien oder Malerateliers statt. Musik und Schauspiel gehörten in das neue Netzwerk der bildenden Künste, wenn sich in den Pariser, Münchner oder Berliner Kaffeehäusern alle Geschlechter, Maler mit Lyrikerinnen, Schauspielerinnen mit Sängern, Zuschauer mit Kritikern trafen. Die neue Begegnungskultur der Bohème brachte traditionelle Grenzen zu Fall, sie war gattungsübergreifend und international. Dazu traten Parallelen in der Kunstkritik beider Länder, wie es auch literarische Brücken gab zwischen der französischen Dritten Republik und dem verfassungsrechtlich wie gesellschaftlich kontrastierenden Wilhelminischen Deutschen Kaiserreich. Das Klischee von der Bohème als Nährboden für die junge Kunst war ab den 1860er Jahren im literarischen Frankreich entwickelt worden. Schon vor seinem ersten Besuch in Paris 1889 hatte Slevogt Zolas Roman *L'Œuvre* von 1885 gelesen,[9] der als 14. Band in dessen Romanfolge *Rougon-Macquart* erschienen war und von der Pariser Künstlerszene und einem Impressionisten handelte,

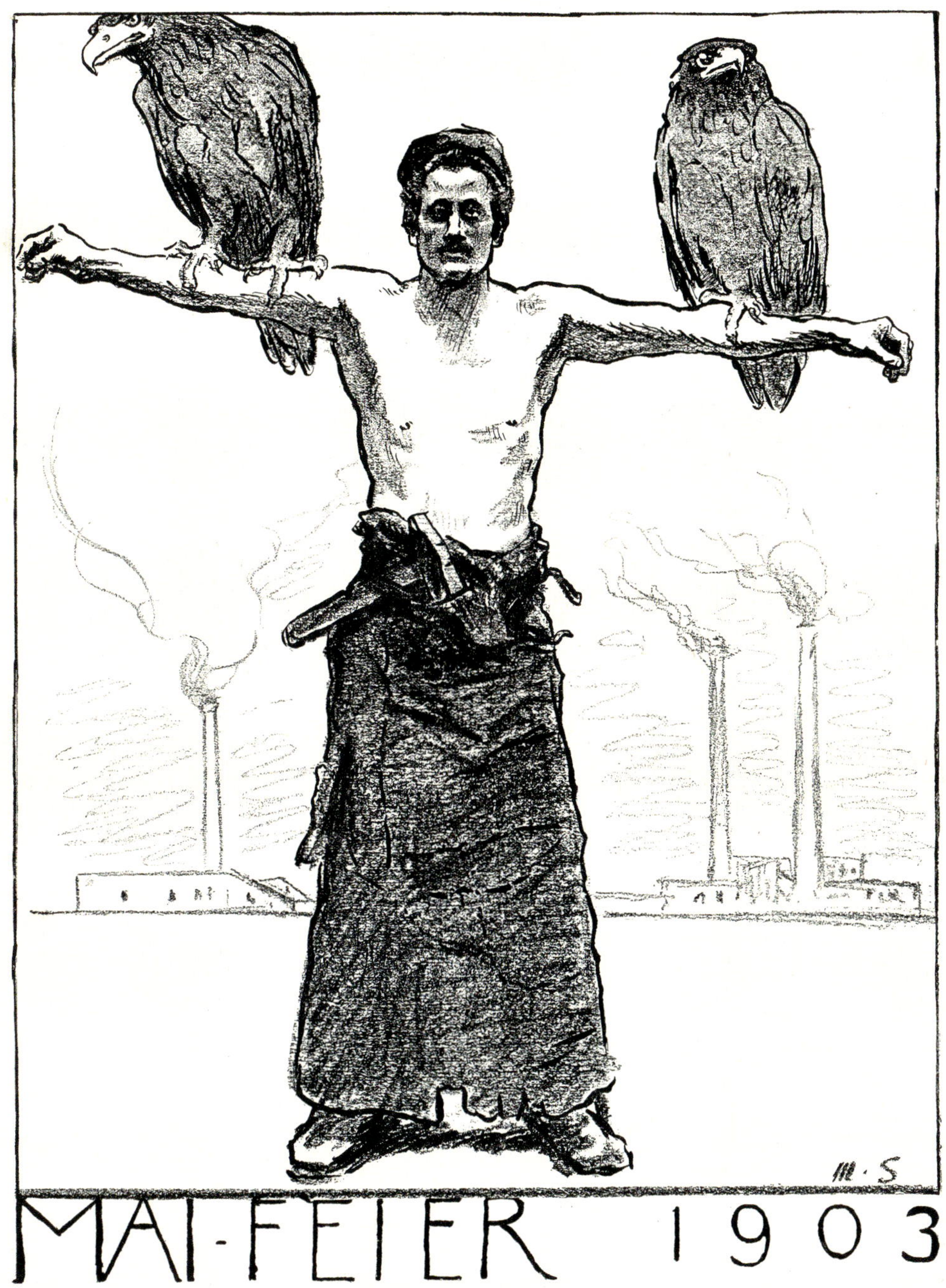

Abb. 1
***Wir sind die Kraft!*, Schlussbild der »Maizeitung« des Vorwärts-Verlags**
– 1903 –

den man mit Paul Cézanne identifizieren wollte. Als Kunstkritiker und Mentor wandte sich Zola vor allem Camille Pissarro zu, der bäuerliche Themen statt den üblichen Sonntagsvergnügungen favorisierte. Doch trotz dieser publizistischen Unterstützung gelang ihm erst spät der Durchbruch, nur wenige Sammler wollten einen *Gärtner* oder eine *Feldarbeiterin* erwerben. Privat stand Pissarro tatsächlich dem Agrokommunismus des Pjotr Alexejewitsch Kropotkin nahe. Seine künstlerischen Themen und politischen Einstellungen stimmten darüber hinaus mit seinem bescheidenen Auftreten überein.

Eine Generation später, im Fin de Siècle, verstieß eine solche authentische Haltung aber geradezu gegen den Spirit einer weitaus distanzierteren Avantgarde.

Thomas Manns *Die Buddenbrooks* verfolgte in der Darstellung einer Hansestadtfamilie ein anderes Ziel als Zolas Meisterwerk, doch das auch in diesem Lübecker Bürgerepos erkennbare Erzählmodell »Aufstieg und Fall« kam wie bei Zola nicht ohne eine gesellschaftlich »gehobene Schicht« samt ihren Vergnügungsbeschreibungen aus. Diese fungierten als moralisches Zollmaß der dekadenten Vorkriegsgesellschaft. Das war kein Epochenphänomen der Literatur allein. Auch die Malerei setzte das mondäne Finanzbürgertum als Chiffre für eine neue Gesellschaftselite ein. Für den Adel war bis 1918 in den Darstellungen ein die Etikette leicht vernachlässigendes Benehmen vorgesehen – sichtbar in den Werken Slevogts beim sitzenden *General von Sichart* (1906) sowie den Bildern von der Hofhaltung des bayerischen Prinzregenten (*Prinzregent Luitpold bei der Trauermesse der Georgsritter*, 1909, Aquarell; *Souper in Nymphenburg*, 1908).

Slevogt, der Impressionist

Die Schwierigkeit einer Positionszuweisung der Impressionisten wurde bereits in Frankreich in der Rezeption der Bilder deutlich, wenn etwa die Addition mondäner Motive zu einer Fehlinterpretation führte: Was nämlich Zola bei Monet als »comme-il-faut«, als Anpassung des Malers an eine erhoffte Käufergruppe, zutiefst kritisierte und dabei als Komparativ die realistischen Bilder eines Courbet oder eines Millet heranzog,[10] wurde als Kritikpunkt haltlos, als er später bemerkte, dass sich Millets Heuhaufenmotive nicht nur bei Pissarro, sondern überraschenderweise als Serienbilder auch bei Monet wiederfanden. Die von Zola in die Ecke der Salonmaler gestellten Impressionisten definierten ihre Kunst eben nicht über das Thematische, deshalb konnten sie problemlos jedes Thema aufgreifen, an dem sich die Licht- und Farbthesen des Impressionismus aufzeigen ließen.

Zolas folglich haltlose Sozialkritik auf das heute wie eine Boygroup titulierte »Dreigestirn des deutschen Impressionismus« Max Liebermann, Lovis Corinth und Max Slevogt[11] und auf deren Bildwelten zu übertragen, birgt also mehr Tücken

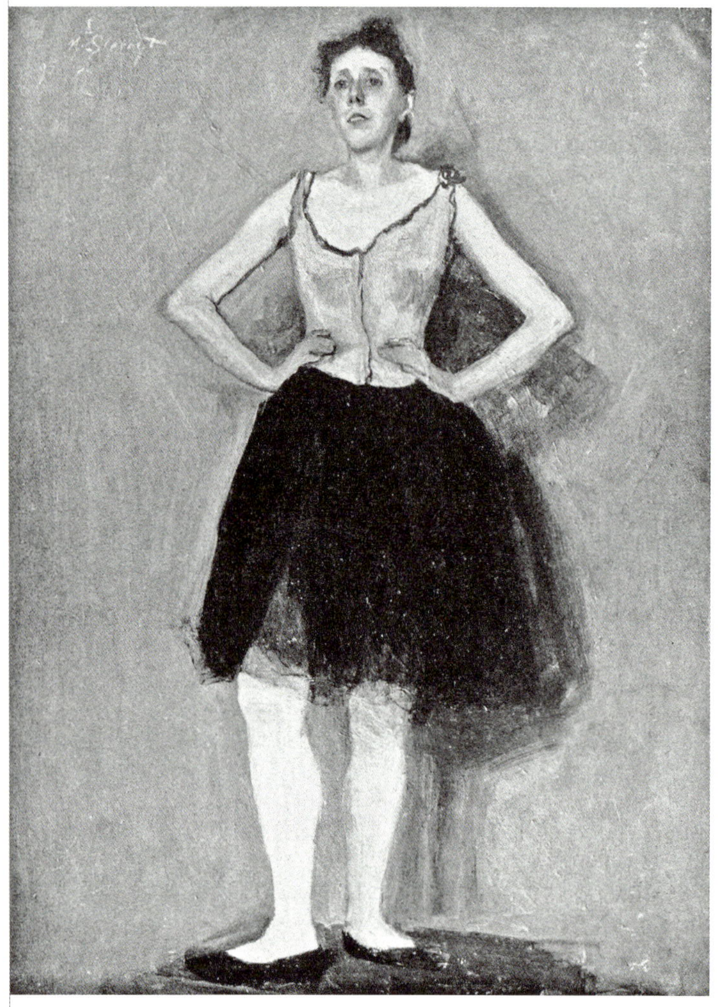

Abb. 2
Schaubudentänzerin
– 1895 – Öl auf Leinwand – verschollen –

als die einer bloßen Generationsverschiebung, mag als Vademecum auf dem Weg zur Klärung der Position Max Slevogts im Kunstgeschehen seiner Zeit aber trotzdem hilfreich sein. Voraussetzung dafür ist die jüngst erneut durch eine Ausstellung in Saarbrücken gefestigte Erkenntnis, dass sich Slevogt auch mittels eigener Anschauung an der französischen Kunst seiner Zeit nicht nur an Manet und Monet,[12] sondern z. B. auch an Daumier und Toulouse-Lautrec orientierte.[13]

Noch 1904 wurde für Slevogt wohlmeinend die von einigen national orientierten Künstlern als Schimpfwort gewertete[14] Bezeichnung »Impressionist« in der Zeitschrift *Kunst und Künstler* verneint,[15] doch nahezu alle namhaften deutschen Kritiker brachten Slevogt mit dem französischen Impressionismus in Verbindung. 1913 lobte ihn Georg Biermann als »kühnen Impressionisten«, wobei er beim Landschaftsgemälde *In der Rheinpfalz* die »van Goghschen Elemente selbstständig in sich aufgenommen« habe.[16]

Hermann Uhde-Bernays bezog 1918 die Etikettierung Slevogts nur auf den deutschen Impressionismus, dessen Unterscheidungskriterien zu Frankreich er dem Leser zuvor zu erläutern versuchte: »Slevogt ist dann der unumstrittene Statthalter der impressionistischen Kunst in deutschen Landen, wenn wir den Begriff in deutschem Sinne, wie er historisch festgelegt wird, als Wirklichkeitsmalerei schlechterdings festhalten wollen, jede Reflexion ausschalten.«[17]

Slevogt, offenbar keineswegs dem Vergleich mit Frankreichs Größen abgeneigt, sprach in der Zurückweisung der deutschen Impressionismuskritik gar von einem Franzosen als »Eideshelfer«, wenn ihm als Maler geglaubt werden soll.[18] Er selbst blieb der französischen Kunst treu. Im Winter 1924 empfing er einen Schüler in seiner Berliner Wohnung. Dieser beschreibt an den Wänden Bilder von Liebermann, Diez und Oberländer, kombiniert mit denen von Courbet, Delacroix und Manets Gemälde *Straße mit roten Fahnen am 14. Juli*, das Slevogt von der Witwe Manets erworben hatte.[19] 1926 wurde nun vorsichtiger analysiert, dass Slevogt zwar zu den wichtigsten Impressionisten zähle, der Betrachter aber am »Kern seiner Kunst« vorbeigehen würde, »wenn man ihm unter dem Gesichtswinkel des Impressionismus oder unter dem irgendeines anderen starren Kunstprogramms gegenübertreten wollte.«[20]

Schrecklich und brutal

Aber war auch Slevogt ein solcher dem Thematischen gleichgültiger »Impressionist«, war er nicht ganz im Gegenteil einer der besten Themen-Illustratoren seiner Zeit[21] und stand damit in einer völlig anderen Beziehung zum Inhaltlichen als die französischen Kollegen der Vorgeneration, die inzwischen Serien der Fassade der Kathedrale von Rouen malten, nur um daran Farbveränderungen der Natur zu demonstrieren?

Die deutsche Rezeption verknüpfte dagegen noch immer Inhalt mit Farbauftrag: »Jahraus, jahrein kehrte in den Kritiken das Wort *brutal* wieder«, konstatierte der für Slevogt als Mentor »in treuester Lebensfreundschaft«[22] wirkende Karl Voll 1906 und gestand seinen Kritikerkollegen zu, dass anfangs eine »nicht abzustreitende Schwerfälligkeit« dessen Bilder rauer erscheinen ließ.[23] Im selben Jahr hatte Hans Rosenhagen gemäkelt, dass Max Slevogt mit seinen frühen Werken »die Masse doch auch eher abstößt als anzieht« und führte als Beispiel das Gemälde *Menschenpaar* von 1894 an.[24] 1912 zog Voll dagegen ein anderes Bildbeispiel für die Definition des Schrecklichen heran.

So habe Slevogt 1895 in seiner Münchner Zeit ein erschütterndes Bild einer »ehemaligen Zirkustänzerin« gemalt, »die aus den durch Not und Elend groß gewordenen Augen in das Elend schaut«. Es handelt sich um ein Bild, das den verharmlosenden Titel *Schaubudentänzerin* trug (verschollen, Abb. 2). Der Malstil dieser Darstellung ist in heutigen Augen aber eher eine Paraphrase und künstlerische Antwort auf vergleichbare Motivlösungen von Degas und Renoir.[25] Immerhin, so Voll, galt Slevogts Kunst für »technisch sehr leistungsfähig, aber doch für brutal«. Deswegen habe er in München den Beinamen »Der Schreckliche« erhalten.[26]

Emil Waldmann, seit 1914 Direktor der Kunsthalle Bremen und als solcher Erwerber von Werken des Künstlers, bezog 1923 dieses Attribut dagegen zum einen auf das Skandalbild *Danaë* (1895), zum anderen auf bestimmte Illustrationen, bei denen man sich an Karl Volls »Beiwort« erinnere.[27] Damit traten die Illustrationen nun mehr als die Gemälde in den Fokus des Interesses. Hierzu hatte der Künstler gleich mehrere Beispiele geliefert. So führte Slevogt für den *Simplicissimus* 1898 die Vorzeichnung zur Illustration *Spottvers* mit der Köpfung einer Frau aus (Abb. 3), die das Makabre der Décadence aufnimmt,[28] aber in ihrer geradezu fröhlichen Drastik eine neue Seite anschlägt – passend zum Bildtext, wenn sich die vom Teufel geköpfte

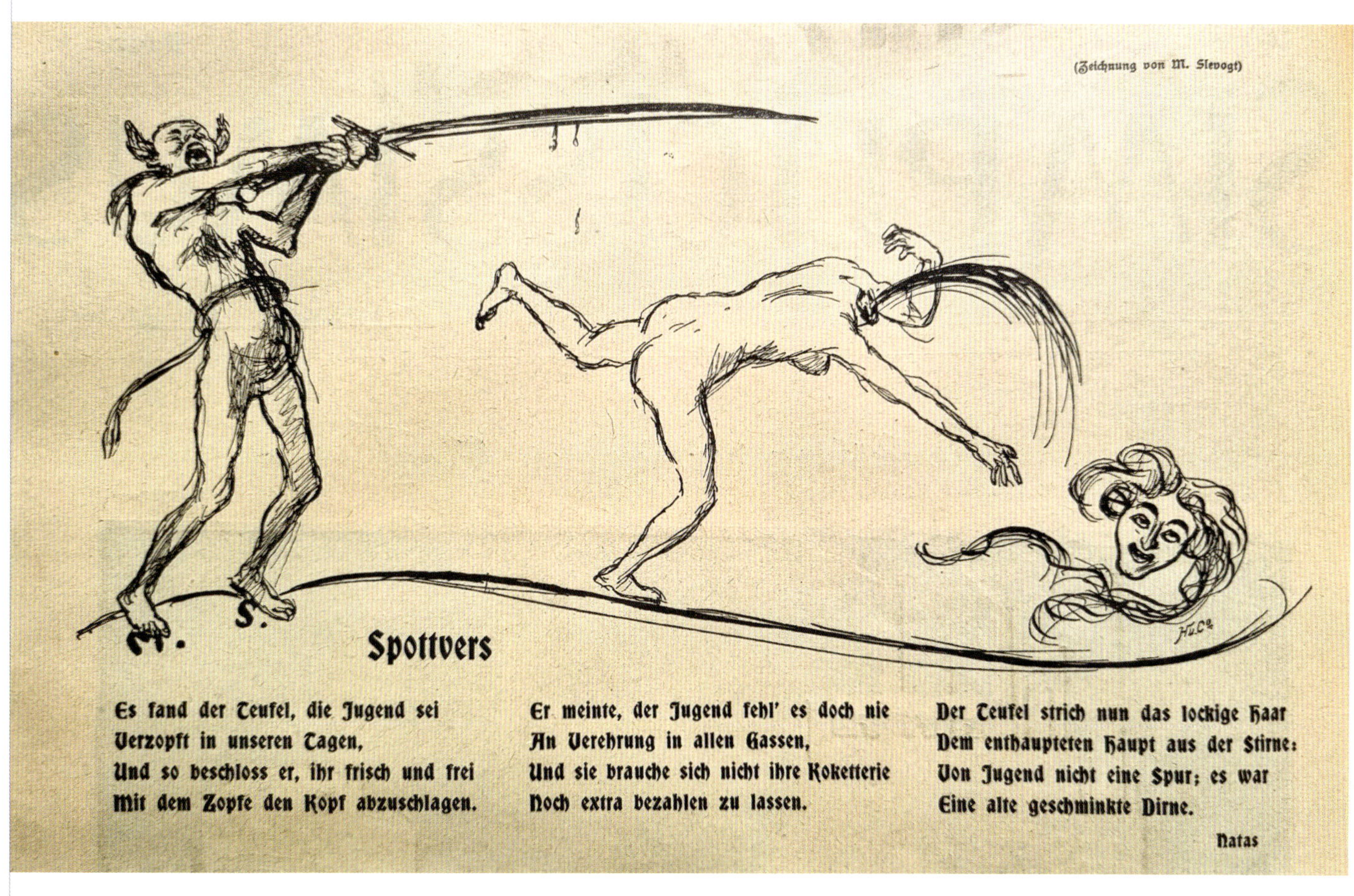

Abb. 3
Illustration zu *Spottvers* von Natas
– nach Max Slevogt –
in: *Simplicisssimus* – 1898 –

»Jugend« als alte geschminkte Dirne entpuppt.[29] Bis zum Ausbruch des Ersten Weltkriegs entstanden in den Folgejahren ebenso drastische Illustrationen wie solche zu *Ali Baba* (vgl. Kat. 64) und *Rübezahl* (1909). Für *Rübezahl* zeichnete er z. B. den Todeskampf eines Gehängten über einer Menschenmenge.

Das Grauenvolle

Eine Vorstellung davon, was mit Schrecklichem, Brutalem im Abgleich zur Realität gemeint war, vermittelt das von Bruno Cassirer 1917 verlegte *Kriegstagebuch* des als Zeichner eingesetzten Slevogts. Das Bild eines gefallenen Engländers wird mit einem Kommentar seines Frontbegleiters verknüpft: »Der Anblick verendeter Tiere erregt zwar nicht Schrecken und Grauen, nur Mitleid, auch Ekel vor den gedunsenen und aufgebrochenen Kadavern. Aber zerstückelte, zerrissene Menschenleiber, verrenkte Glieder, wie Puppen aus Sägemehl auf den Haufen geworfen, in schwärzlichen Blutlachen gebettet, Gesichter, nein, Fratzen in Angst und Todesnot verzerrt, grünlichfahl oder von Cyanose geschwärzt, fletschende Zähne und ausgelaufene Augen – das ist grauenhaft und hässlich.«[30]

Slevogt selbst hatte im Vorwort vor einer grauenerregenden Wirkung seiner Publikation gewarnt. Als Maler empfinde man zwar noch die Verstümmelung von Häusern, Bäumen stimmungsvoll, reizvoll, auch darstellbar, nicht so aber den »verstümmelten Menschen, den Kadaver«. »Kunst ist Gestaltung«, schrieb Slevogt dazu, »was sie nicht deuten kann, versagt sich ihr.«[31] Mit dieser zentralen Aussage zu seinem gesamten künstlerischen Schaffen, die seiner »Bankrotterklärung als Kriegsmaler«[32] folgte, wird klar, welche Rolle der Deutbarkeit seiner Bilder zukommt. Er stellte als Zeichner die bildnerische Gestaltung in einen unmittelbaren Sinnzusammenhang zur Bildaussage, doch musste diese Aussage nicht der intellektuellen Erwartungshaltung des Betrachters entsprechen. Denn es stellte sich bereits lange vor dem *Kriegstagebuch* die Frage, ob der Schein der Heiterkeit und des mondänen Glamours in seinen Gemälden nicht bereits zuvor trog.

Haupt der Medusa: das Mondäne als eigentlicher Abgrund

Den Glanz der Belle Époque widerzuspiegeln, sich damit zugleich an ein finanzstarkes Publikum zu wenden, gewann in europäischen Künstlerkreisen, insbesondere bei den akademischen Salonmalern an Attraktivität. Für die Impressionisten konnte die Thematik leicht zur Fallgrube der Belanglosigkeit, ja des Kitsches, werden, Zolas Kritik an Monets Frühwerk ist auch dahingehend zu verstehen. Aber wer konnte sich den Fliehkräften des Kunstmarkts entziehen, wenn öffentliche Aufträge entfielen? Mit Käthe Kollwitz und Heinrich Zille reüssierten im deutschen Kaiserreich zwei Zeitgenossen Slevogts, die einen anderen künstlerischen Ansatz wählten – mit dem Resultat, dass jede Art von Kunst, die »das Elend noch scheußlicher darstellt«, von Kaiser Wilhelm II. in einer berühmten Schmährede bewusst als »Rinnsteinkunst« diffamiert[33] wurde. Im Fall Slevogts schwankte die Kunstkritik, vermutlich irritiert von der Divergenz zwischen impressionistischer Maltechnik, »schrecklichen« Themen und dem großbürgerlichen Habitus Slevogts. Denn dieser trat nicht nur als Maler auf, der die Amusements der höheren Gesellschaft zwischen Opernabend, Rennplatz, Jagdreiterei und Sommerfrische schilderte.

Auch sich selbst präsentierte er neben Emil Orlik auf der Trabrennbahn. 1908 widmete und schenkte Max Liebermann ihm sein Bild *Polospieler im Jenischpark*.[34] Zu diesem Habitus zählt auch, dass sein pfälzischer Rückzugsort Neukastel, auf den Relikten einer Vorburg thronend, eine Parallele zu Max Liebermanns Potsdamer Wannseevilla im feudalen Gutshausstil bildete – beides mit einer deutlichen Attitüde mehr zum Lebensstil europäischer Malerfürsten als zu dem der Bohème.[35] Man wird diesen großbürgerlichen Auftritt beider Künstler nicht abstreiten können. Nach 1918 galt dieser als so unmodern wie der Impressionismus selbst. Kritik daran wurde selbst im Katalog der Geburtstagsausstellung 1918 geäußert. Dort durfte der 50-jährige Maler die Bemerkung Gustav Paulis lesen, dass Slevogt das fragwürdige Glück gehabt habe, als einer der späten Vertreter des Impressionismus geboren zu werden, freilich um den Preis, dass er die Weggenossen mit der Zeit verliere und sich die Jugend vom Impressionismus abwende. Wie gut, dass auch Slevogt die Form vergeistige und »durch und durch formal« sei.[36]

Der dabei zutage tretende Vorwurf des Festhaltens an einem überholten Malstil löst sich nur auf, wenn man das Œuvre Slevogts von einer größeren Eigenständigkeit her begründet. Eine andere Stimme meinte acht Jahre später, der nunmehr 58-jährige Slevogt sei durch Impressionismus, Expressionismus und alle anderen Kunstströmungen hindurchgeschritten als ein »Meister eigner Art«.[37] Die Kritiker Slevogts erkannten, dass sich zwar die Avantgarde der Malerei vom Reinmalerischen hin zu Abstraktion und Expression bewege. Die Jüngeren agierten aber nicht mehr auf einem Gebiet, in dem die menschliche Figur die Hauptrolle spielte. Das Festhalten, ja das gekonnte Steigern des Figurativen bis hin zum Szenischen, ergab sich für Slevogt durch einen anderen künstlerischen Ausgangspunkt. Dieser blieb zugleich Basis für den ungeahnt breiten Aufstieg eines neuen Mediums, das ab den 1890er Jahren künstlerische Höhen erklomm, auch deswegen, weil es nun in Farbe gedruckt und in großer Auflage verbreitet werden konnte: die Karikatur. Und es waren jene Zeichnungen für *Simplicissimus* und *Jugend*, die Slevogts Weg in die Kunst der Illustration mindestens ebenso ebneten wie der Anschluss an die Künstlergruppe der Impressionisten.

Chronologisch gesehen gehen sie allen Arbeiten für die Bühne voraus. Früh wird dabei die Funktion eines engen Freundes und eifrigen Sammlers seiner Werke deutlich: Eduard Fuchs war nicht nur Redakteur und politischer Publizist, er sammelte auch unermüdlich Karikaturen, bevorzugt jene des Honoré Daumier. Slevogts Einstieg in die Welt der Satire ging aber trotz der engen Freundschaft zu Fuchs von der Arbeit für ein neues Magazin aus, einer Drehbühne, auf welcher die Gesellschaft des deutschen Kaiserreichs in einen karikaturesken Concours d'Élégance zur Pariser Gesellschaft zu treten hatte: das 1896 in München erscheinende Magazin *Simplicissimus*. Es erlebte einen kometenhaften Aufstieg und finanziellen Erfolg.

Im *Simplicissimus* wurden der Kulturaustausch wie auch der Kulturabgleich zwischen Frankreich und Deutschland in der Vorkriegszeit deutlich. Hier verdrängte französischer Chic jene Biederkeit des Deutschen Michels, wie sie etwa in den konkurrierenden *Fliegenden Blättern* stets als Ansatzpunkt für die deutsche Satire gewählt worden war.

Der *Simplicissimus* blieb die ersten Jahre stark von französischen Magazinen und französischer Karikaturkunst beeinflusst; die Redaktion wurde seitens des Herausgebers Albert Langen aufgrund seines juristisch bedingten Exils faktisch von Paris aus geleitet. Das bissige Magazin, das fortan mit gekonnten Illustrationen glänzte und die deutschen Zensurbehörden in Atem hielt, beschäftigte bereits im Jahr seiner Gründung Max Slevogt als Zeichner. »Slevogt der Schreckliche« wurde nicht nur für Humoristisches, sondern sogleich für die Illustrationen der Texte eines der schwierigsten Literaten seiner Zeit ausgewählt: Frank Wedekind. Im *Simplicissimus* blieb man als Künstler schon deshalb an das Figurative gebunden, weil nur so Gesellschaftssatire wirken konnte, die für jeden Leser verständlich war. Das oben erwähnte Mondäne als Zollmaß der Gesellschaft wurde dabei auch von den anderen Zeichnern wie etwa Thöny und Reznicek medusenhauptartig eingesetzt: Die Schärfe der Sozialkritik zielte auf den Lebensstil der oberen Zehntausend ebenso wie auf die »Demimonde«.

Die dadurch so elegant daherkommende Satire bediente sich einer im Theaterwesen erprobten Umkehrlogik: Ihre Projektionsfläche konnte nicht nur das soziale Elend sein, sondern auch die glänzende Welt. Die Satire kann alles Schöne, Glitzernde, Goldene völlig ohne den matten, dunklen Gegensatz der Blechnapfwirklichkeit der Hinterhöfe darstellen, denn das übertrieben Idealisierte, das Hochstilisierte, die blow-up-fakes der damaligen Zeit wurden in ihrer berauschenden Wirkung sogleich durch eine giftige Zutat gestört, welche die Darstellung konterkarierte: den scharfen Humor. Dieser ergab sich aus der überraschenden Kombination von Bild und Bilderläuterung und dem Bewusstsein des Betrachters, dass es sich gerade *nicht* um die Verkörperung der schönen Welt, sondern ganz im Gegenteil um deren Kritik handelte. Dies verunklärend, trat allerdings das Faktum hinzu, dass im *Simplicissimus* zensurverdächtige Texte bewusst mit scheinbar harmlosen Illustrationen versehen wurden – die Mehrdeutigkeit gehörte zum Geschäft.

Maskenball und/oder Totentanz

Slevogt übernahm bereits im Jahr 1896 die Illustrationen der Ballade *Das arme Mädchen* von Frank Wedekind (1864–1918). Der Schweizer Autor, dessen Theaterstücke in Deutschland aufgrund ihrer »Unsittlichkeit« in der Regel Zensurverbot hatten und allenfalls in geschlossenen Veranstaltungen aufgeführt werden durften, arbeitete eine Zeit lang in München. Albert Langen war als Verleger anfangs sein Hauptförderer, im ersten Jahrgang des Satiremagazins erschienen 24 Beiträge von ihm. Obwohl er in der Einschätzung seines Enkels durch den *Simplicissimus* eigentlich erst berühmt wurde, rächte sich Wedekind später für die in seinen Augen ungenügende Bezahlung angesichts höherer Vergütungen für die Zeichner Reznicek, Thöny, Heine und den Schriftsteller Ludwig Thoma an ihnen und Langen mit den Bühnenstücken *Hidalla* (1900) und *Oaha* (1908).[38] Slevogt blieb dagegen außen vor. Im Jahr 1900 unterstützten Slevogt und Wedekind den Protest gegen das als »Lex Heinze« in Berlin beschlossene Zensurgesetz.[39] Mehrfach trafen sich Slevogt und Wedekind danach in Berlin.[40]

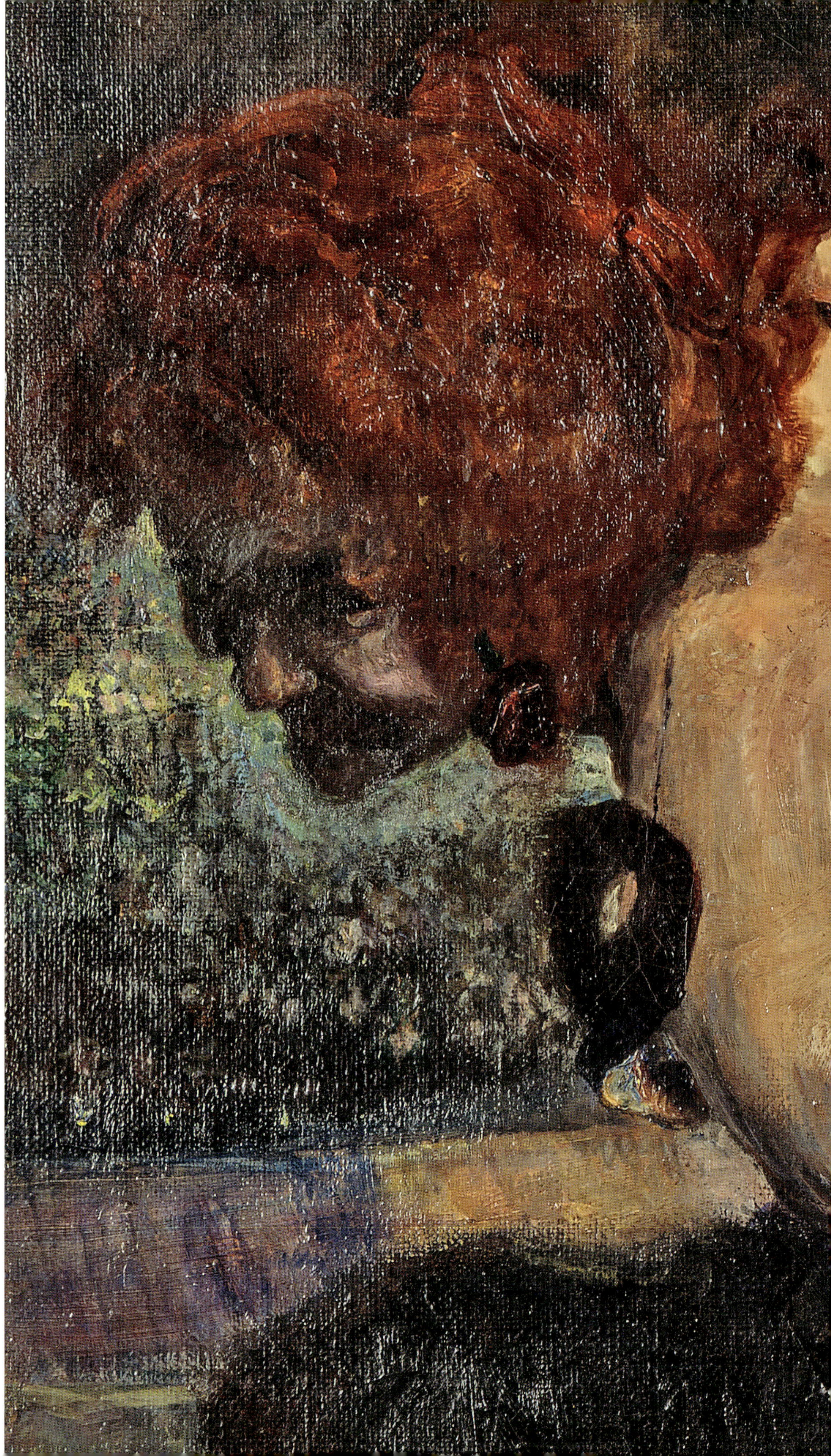

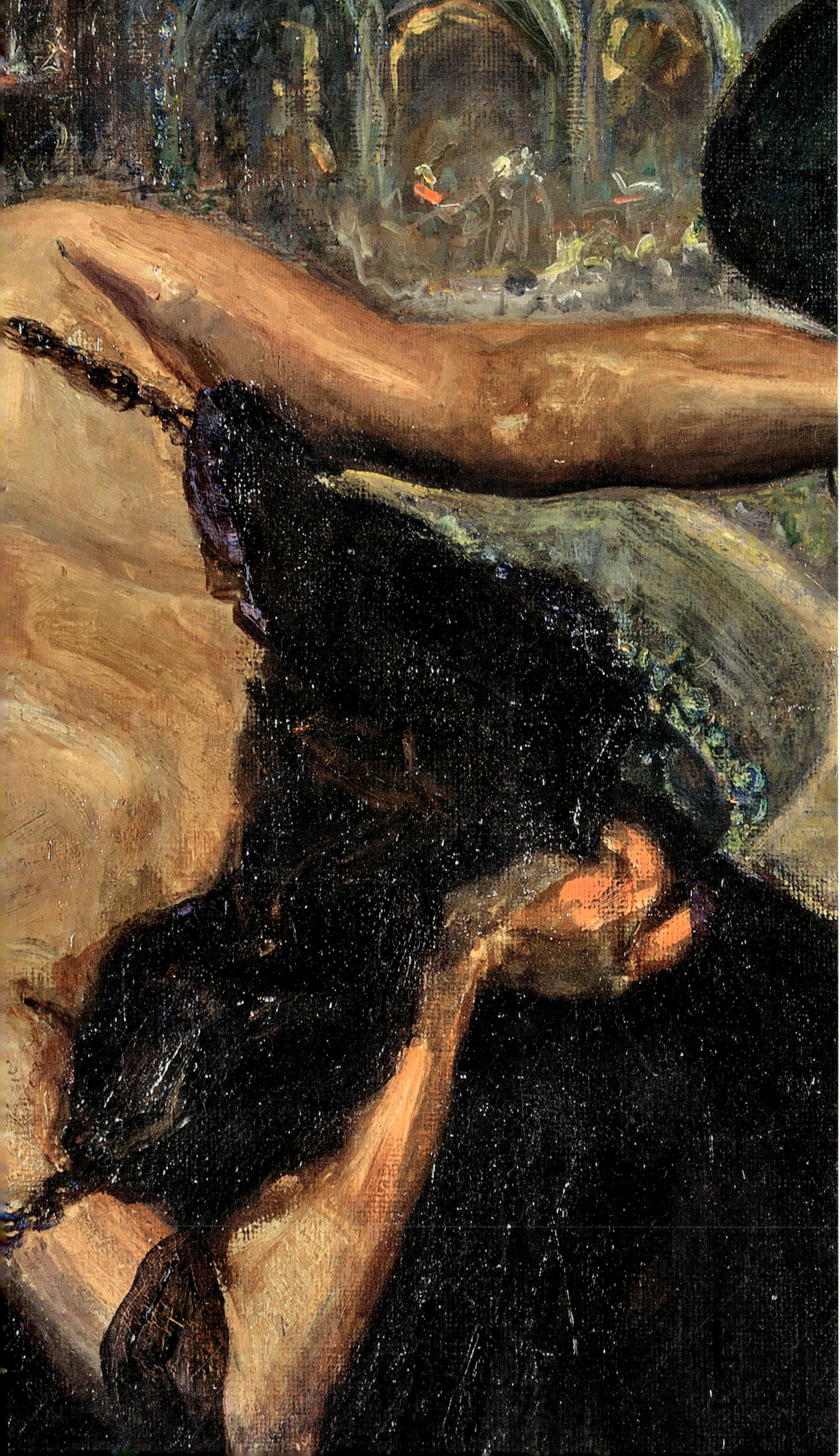

1911 verwahrten sich Slevogt, Thomas und Heinrich Mann, Richard Strauss und andere Größen energisch gegen das Aufführungsverbot der Stücke von Frank Wedekind.[41]

Die Beschäftigung Slevogts mit Texten Wedekinds kulminierte in einem Gemälde aus dem Jahr 1896, das einen Maskenball darstellt, aber merkwürdigerweise den Titel *Totentanz* erhielt (Abb. 4).[42] 1992 wurde von Beate Reifenscheid die undatierte Zeichnung einer weiblichen Rückenfigur als Modellstudie für die Frau im Bild vorgestellt,[43] doch neben der abweichenden Kopfhaltung stehen dieser Interpretation andere Bildentwürfe Slevogts entgegen. 1898 illustrierte Slevogt z. B. die Dichtung *Vom großen Karneval* von Jakob Wassermann mit einer wenig bekleideten Frau, die drei nackte Teufel an Nasenringen hinter sich herzieht, im Gesichtsausdruck und in der Körperhaltung damit der weiblichen Figur im *Totentanz* näher stehend (Abb. 5).

Zudem ist von einem Toten, oder zumindest einem »Totenschädel« (so Reifenscheid) nichts zu erkennen. Eine Erklärung, wie es zu der Bilderfindung kam, liefert Hans Rosenhagen, der 1906 Slevogt zu seiner Münchner Zeit zitierte:

Abb. 4
Maskenball/Totentanz
– Öl auf Leinwand – 1896 –
Kat. 133 –

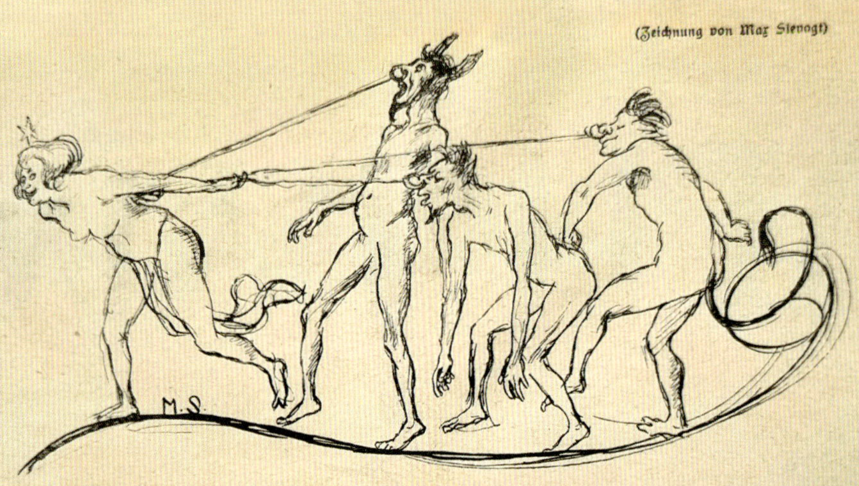

Vom großen Karneval

Sehnsüchtig erbetene, stumme Nacht
Der schluchzenden Schmerzen, der heimlichen Thränen, —
Ich könnte mich tot und verdorben wähnen
Und fühlte nicht deine tröstende Macht.

Im Dämmergrau und im Nebelmeer,
An Pfützen vorbei zu Blumenbeeten,
Bevor sich die Wolkenbänke röten,
Geh ich, ein bleicher Sucher umher.

Wo ist meiner Liebe schwerstes Glück?
Wo ist jene wundervolle Stunde,
Die nichts hinterließ, die Wunde auf Wunde
Eröffnete meinem angstvollen Blick?

Was soll der rasende Mückentanz?
Was soll das Gelächter eurer Dirnen?
Wir stehen mit seltsam erglühenden Stirnen,
Und keine der Frauen reicht uns den Kranz.

Und keine der Göttinnen reicht uns den Kranz,
Und die Häupter, die blutigen, unbeschirmten,
Sie fallen in dem gefahrenumstürmten
Berauschenden Karnevalsfirlefanz.

Jakob Wassermann

Abb. 5
Illustration zu *Vom großen Karneval* von Jakob Wassermann
– nach Max Slevogt – in: *Simplicissimus* – 1898 (Zweitverwendung 1899) –

»Im Café sah ich eine übermütige Kellnerin einen platzsuchenden, verdrießlichen Gast sich nach – zu einem freien Stuhl – durchs ganze Lokal ziehen und der Plan zum ›Totentanz‹ war da. Das Leben ist es, das sich den Tod zum Tanze holt. Der Tod mag gar nicht tanzen.«[44]

Rosenhagen, vielleicht von einer weiteren Äußerung Slevogts beeinflusst, transportierte nun mühelos das Motiv eines makraben Tanzes von Gerippen in den Themenbereich des Münchner Karnevals und fuhr fort: »Diese rothaarige Dirne in schwarzem Kostüm, die den grünen widerstrebenden Domino so eilig über die Galerie eines großen Theater- und Redoutensaals mit sich fort zieht, ist ein fast dämonisch elementares Wesen.«[45] Warum aus dem »Tod« dann ein grüner »Domino« wurde, bleibt unklar. Letztlich hilft aber eine literarische Vorlage Wedekinds bei der Entschlüsselung des Bildes: Wedekind hatte bereits 1890/91 in München das Stück *Frühlings Erwachen* geschrieben, das aus Zensurgründen nur Freunden aus den Bohèmekreisen bekannt wurde, die Wedekind in den täglich besuchten Cafés und Bierhallen,[46] aber auch auf Faschingsbällen und im Umkreis des *Simplicissimus* traf. Der belesene Illustrator Slevogt wird auch dieses Skandalstück Wedekinds gekannt haben. Im zweiten Akt trifft dort Moritz auf Ilse. Sie erzählt ihm, dass sie vergangenen Karneval drei Tage und Nächte nicht aus den Kleidern kam. Von der Redoute ins Café, mittags ins Bellavista. abends Tingl-Tangl, nachts zur Redoute. In der dritten Nacht fand sie ein gewisser Heinrich bewusstlos im Straßenschnee.

14 Tage lang verließ sie als Gefangene seine Behausung nicht, musste als Modell dienen zwischen Ariadne, Leda und Ganymed. »Dabei schwärmte er von Umbringen, von Erschießen, Selbstmord und Kohlendampf. Frühmorgens nahm er eine Pistole ins Bett, lud sie voll Spitzkugeln und setzte sie mir auf die Brust: Ein Zwinkern, so drück ich! – Oh, er hätte gedrückt, Moritz, er hätte gedrückt!«[47]

Die Amusements im Karneval in einen locker-dekadenten Zusammenhang zur mittelalterlichen Todesvorstellung zu bringen – dies durchaus mit einem moralischen Anspruch –, deutet auf Slevogts Tätigkeit im Karikaturbereich. Dazu trat, dass über ihre tagesaktuelle Funktion der Bloßstellung einer Person oder Gesellschaftsgruppe hinaus die Karikatur als historische Quelle erkannt wurde. Sie wurde dabei weniger als Zerrspiegel der jeweiligen Gesellschaft gesehen denn als deren eigentlicher Brauchtums- und Sittenspiegel. Hohe Auflagen erreichten *Die Sittengeschichte der Völker* von Eduard Fuchs und später die *Sittengeschichte des Weltkriegs* von Magnus Hirschfeld.

Maler(fürst-)klischee und eine Rezeptionsästhetik Slevogts als impressionistischer Belle-Époque-Maler gehen an seinen künstlerischen Ansätzen, die immer auch Literatur und Bühne oszillieren, vorbei. Dass sie in ihrer mitunter diabolischen Dynamik zwischen Realität und drastischer Fantasie für Publikum wie Fachkritik kaum mit Stilgesetzen zu erklären war, weil sie stets mit dem jeweiligen Medium, wie z. B. der Satire, verbunden blieb, wurde Slevogt selbst vielleicht erst nach dem Scheitern seiner Kriegszeichnungen bewusst: »Kunst ist Gestaltung, was sie nicht deuten kann, versagt sich ihr.« Nicht alles in seinem Schaffen vermag diese Aussage erklären. Was die Eingangsfrage einer Anbiederung an den Publikumsgeschmack seiner Zeit betrifft, wozu bereits Karl Scheffler 1911 anmerkte, Slevogt beherrsche die »große Toilette« malerisch »nicht so wie die Natur außerhalb des Salons«,[48] eilte ihm Karl Voll 1912 sogleich zur Hilfe: »Die Frauenbildnisse von Slevogt, zumal wenn sie durch gute Toiletten ihm Gelegenheit geben, alle Kunst seiner Technik zu entfalten, werden wohl einmal besonders geschätzt werden, weil sie nun etwas ganz anderes als die im 19. Jahrhundert üblichen Toilettenstücke sind.«[49]

Wobei Leser wie Betrachter vielleicht gerade Aufklärung über jenes »etwas ganz anderes« erwartet hatten.

1 Zola 1994, S. 107, 113. **2** Z. B. Gemälde *Freilichtstudie (Dame mit großem Hut)*, 1899; *Picknick*, unvollendet, 1903; *Dame in grauem Pelz*, 1905; *Souper in Nymphenburg*, 1908; *Garten in Godramstein mit verwachsenem Baum und Weiher*, 1910; *Badehaus an der Havel*, 1912; *Nini Slevogt am Weinspalier*, 1911, sowie die von Karl Voll 1912 aufgezählten »Herrenreiter«-Darstellungen. **3** Rosenhagen 1905/06, S. 123. **4** Hans Rosenhagen (1858–1943) studierte Kunstgeschichte und arbeitete als Herausgeber und als Kritiker bei Tageszeitungen, Slevogt porträtiert ihn 1908. Emil Heilbut (1861–1921) war Kunsthändler und Sammler der Werke des französischen Impressionismus, später dann Redakteur der von Bruno Cassirer verlegten Zeitschrift *Kunst und Künstler*. Prof. Dr. Karl Voll (1867–1917), eigentlich ein promovierter Romanist, hatte sich im Jahr 1900 über die Malerei der Brüder Van Eyck habilitiert und wirkte u. a. als Konservator an der Alten Pinakothek München. Prof. Dr. Georg Biermann (1880–1949) war Historiker, Lehrer an der Kunstschule Florenz, Verleger und Herausgeber der Zeitschrift *Der Cicerone*, einer Halbmonatsschrift für die Interessen des Kunstforschers und Sammlers. Prof. Dr. Hermann Uhde-Bernays (1873–1965) hatte Kunstgeschichte und Germanistik studiert. **5** So hielt z. B. H. Uhde-Bernays Karl Voll für einen Autodidakten mit eigenem kritischem System, welches als ästhetischen Katechismus den Realismus der holländischen Kunst und damit für die Moderne den Impressionismus als allein seligmachend aufgenommen habe; Uhde-Bernays 1918 a, 18. **6** Zit. nach Weitz 1991, S. 141, 451, Anm. 21. **7** Weitz 1991, S. 247, 481, Anm. 20. **8** Max Slevogt, Vorwort vom 28. September 1928, in: Berlin 1928, S. 5 f. **9** Heilbut 1904, S. 218; Scheffler 1940, S. 24. **10** Vgl. Eiermann 1999, hier S. 9–30. **11** Alten 1926, S. 1. Der Autor widerspricht dieser Zuordnung Slevogts zum Impressionismus aber im Folgenden, vgl. S. 2. **12** Hausenstein 1914, S. 143. **13** Saarbrücken 2018, S. 140, 144. **14** Vgl. dazu Vinnen 1911, S. 2 f. **15** Heilbut 1904, S. 216. **16** Biermann 1913, S. 11. **17** Uhde-Bernays 1918 b, S. 326. **18** Slevogt: Vorwort, in: Berlin 1928, S. 6. **19** Das Bild im Besitz Slevogts erwähnt Emil Heilbut bereits 1904, Heilbut 1904, S. 218. Heinsheimer 1968, S. 8.

20 Alten 1926, S. 2. **21** Vgl. Max Goering: »Als Illustrator hat Slevogt die unbestrittene Vormachtstellung als solcher in der deutschen Kunst«, Thieme/Becker Künstlerlexikon, Eintrag Max Slevogt, 1936, S. 132; Rümann 1936, S. 6.

22 Uhde-Bernays 1918 a, S. 19 **23** Voll 1906, S. 386. **24** Rosenhagen 1905/06, S. 124, 128. **25** Auguste Renoir, *Balletttänzerin*, 1874. **26** Voll 1912, S. 14 und Tafel 14; vgl. zum Titel: Scheffler 1940, Abb. S. 23. Das Bild gilt seither als verschollen. **27** Waldmann 1923, S. 55, 118. **28** Vgl. Eiermann 2016, S. 103, 104 **29** »[...] Von Jugend nicht eine Spur; es war Eine alte geschminkte Dirne.« **30** Slevogt 1917, S. 5, 74.

31 Ebd., S. 5, 74, 89, Abb. 32. **32** Ebd., S. 75. **33** Rede von Kaiser Wilhelm II. anlässlich der Eröffnung der Siegesallee in Berlin, 1901, in: Penzler 1907, S. 62; vgl. Rhein 2010, S. 14–17.

34 Gemeint sind z. B. das Gemälde *Rennplatz in Frankfurt*, 1902; das Aquarell *Hyde Park mit Reitern*, 1905; *Jagdreiterin*, 1906; *Trabrennen*, 1907. Das Bild *Polospieler im Jenischpark*, 1907, von Max Liebermann befindet sich heute im Landesmuseum Mainz.

35 Lehmann 2018, S. 12–13. **36** Pauli, in: Berlin 1918, S. 5–8. **37** Wackernagel 1926, S. 8. **38** Regnier 2010, S. 280. **39** Forcht 2016, S. 47.

40 Z. B. 1908 bei der Beerdigung von Walter Leistikow oder 1910 beim Verleger Paul Cassirer. Nach Einschätzung des Reporters W. Chamerus: Ein Siegesmahl, Glossen zum Berliner Wedekind-Rummel, in: *Allgemeine Rundschau*, IX. Jahrgang 1912, S. 507, waren Slevogt und Liebemann aber nicht eigentliche Anhänger Wedekinds. **41** Reiser 2009, S. 154. **42** Voll 1906, S. 385. **43** Reifenscheid 1992, S. 18, Abb. 8. **44** Rosenhagen 1905/06, S. 128 f. **45** Ebd.

46 Pawlischek 1998, S. 58. **47** Frank Wedekind, *Frühlings Erwachen, eine Kindertragödie*, zweiter Akt, siebte Szene, ungekürzte, gemeinfreie Internetausgabe 20. Oktober 2021, Hg. Damnick, S. 48 f. **48** Scheffer 1969, S. 53.

49 Voll 1912, S. 29.

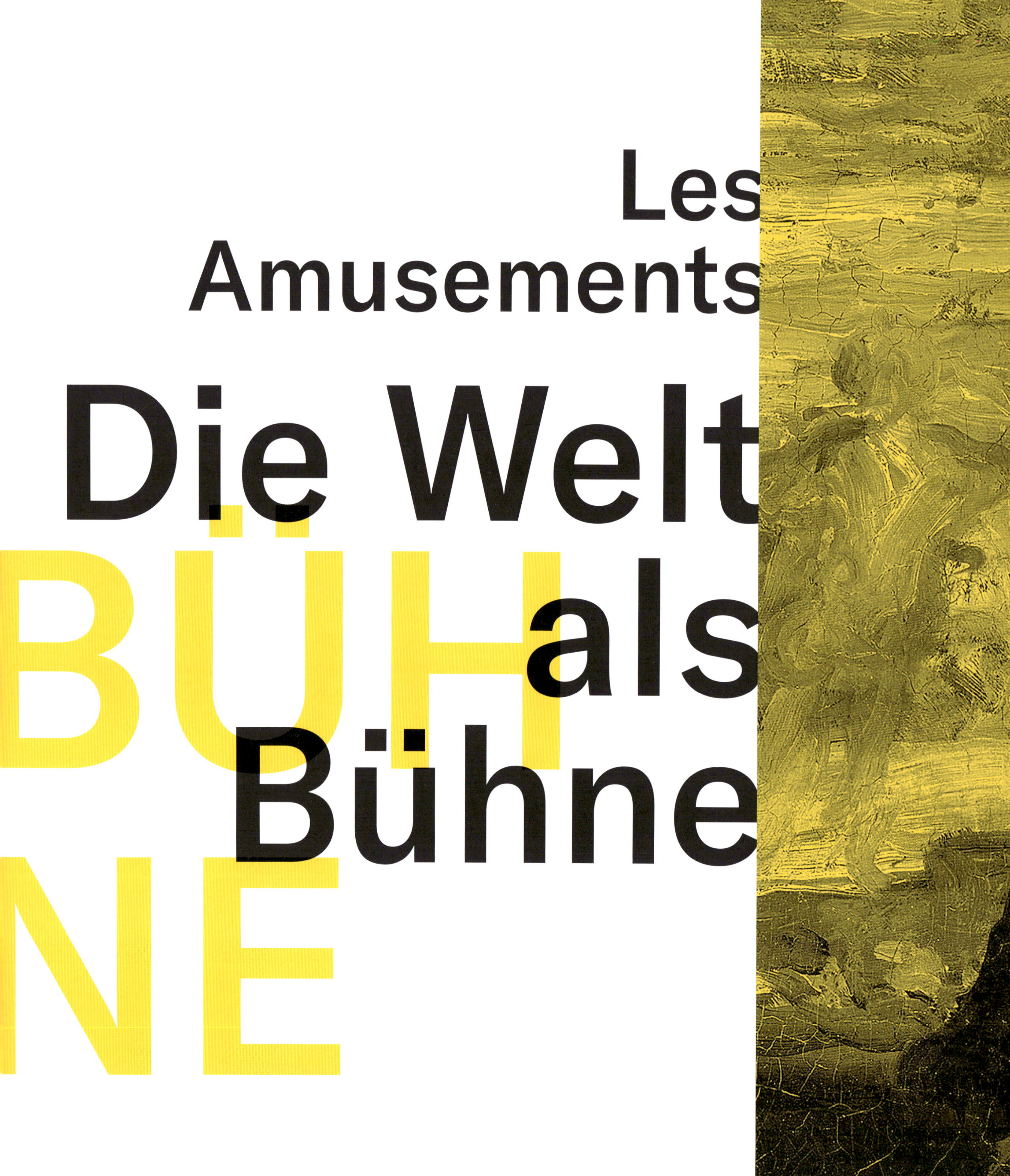
Les
Amusements
Die Welt
als
Bühne
BÜH
NE

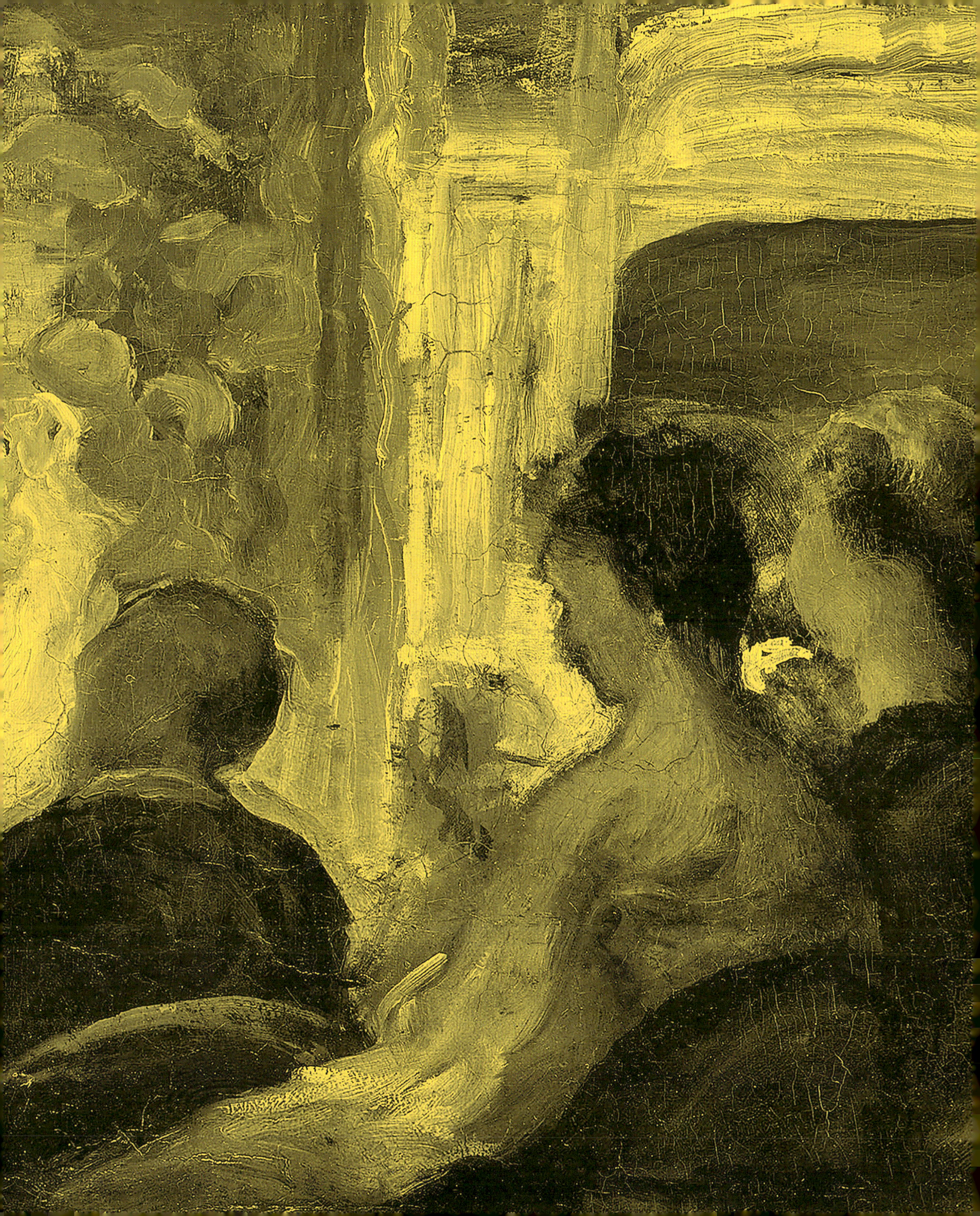

133

– 1896 – Öl auf Leinwand – 102 × 123 cm – bezeichnet unten rechts: M. Slevogt 96 – Museum Georg Schäfer, Schweinfurt – Inv.-Nr. MGS 4306 –

Lit.: Imiela 1968, S. 34, 354, Anm. 36. – Saarbrücken/Mainz 1992, Kat. 25, S. 18. – Schweinfurt 2000, S. 220. – Frankhäuser/Krischke/Paas 2007, S. 16 f., 58 f. – Mainz 2014, S. 25.

Der Totentanz/ Maskenball

Der Anlass für diese Darstellung war eine Beobachtung Slevogts während der »Immergrün-Redouten« im Kaim-Saal in der Münchner Türkenstraße. Vor einer fantastischen Raumarchitektur eines riesigen Theatersaals zieht eine rothaarige Frau in schwarzem Tüllkleid stürmisch am Betrachter vorbei. Ihre schwarze Augenmaske ist ihr auf die Schulter gerutscht. Eine Modellstudie (Landesmuseum Mainz) aus dem Jahr 1895 zeigt eine Dame im schwarzen Kleid in einer ähnlichen Haltung, doch statt des späteren maskierten Mannes hält sie sich an einem Vorhang fest. Auch die Haltung des linken Armes wurde im späteren *Totentanz* ins Drastisch-Verrenkte verändert, sodass die fließende – fast taumelnde – Bewegung unterbrochen scheint. Die rechte Hand der Dame ergriffen, zieht sie ein maskierter Mann, mit Bauta – einer venezianischen Halbmaske – und Tabarro (Mantel)[1] bekleidet, zurück. Die Kombination aus Maske, markanter Kinnpartie und sichtbaren Zähnen lässt letztlich Assoziationen zu einem Totenschädel zu.

Der Bewegungsgegensatz zwischen den beiden Personen wird mithilfe der dunklen und kräftigen Farben zusätzlich gesteigert und betont den Kampf der Geschlechter, wenn auch beide Gestalten farblich zu einer Einheit verschmelzen. Ein weiterer Kontrast kommt in der Kombination aus nah und fern zum Tragen. Die direkte Thematisierung des Todes gehört zu den gängigen Motiven des Fin de Siècle. Vergänglichkeit und Lebensgenuss sind allgegenwärtige Gegensätze. Diese Widersprüchlichkeit setzte Slevogt auch in der Mimik der Frau fest. Sie blickt nicht entsetzt, vielmehr umspielt ein freches Grinsen ihren Mund. Sie gibt sich dem wilden und opulenten Treiben dieses Maskenballs hin und belächelt den Tod. Motivisch und farblich lassen sich deutliche Einflüsse eines Franz von Stuck und Arnold Böcklins erkennen. Der *Totentanz* stellt zudem den Abschluss einer Phase sinnlich-erotischer Bildthemen in Slevogts Œuvre dar. – RS

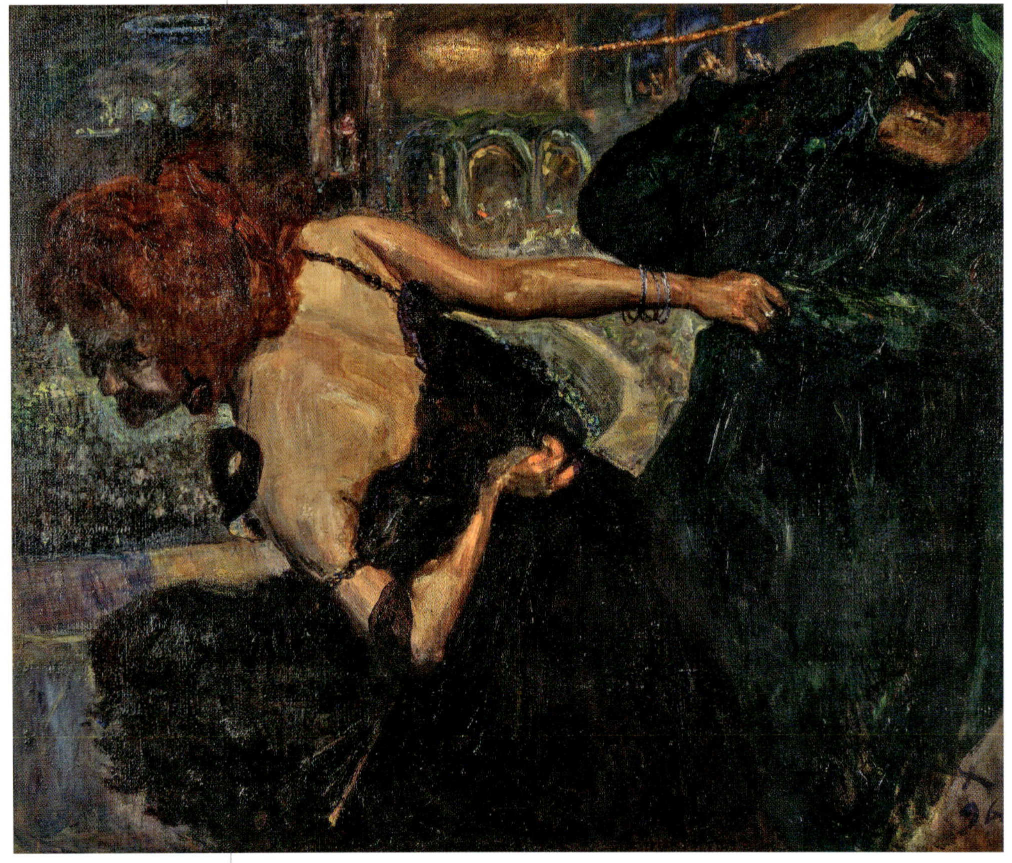

– 1 Der dunkle Umhang kann auch als »Domino« bezeichnet werden, der als Verkleidung diente.

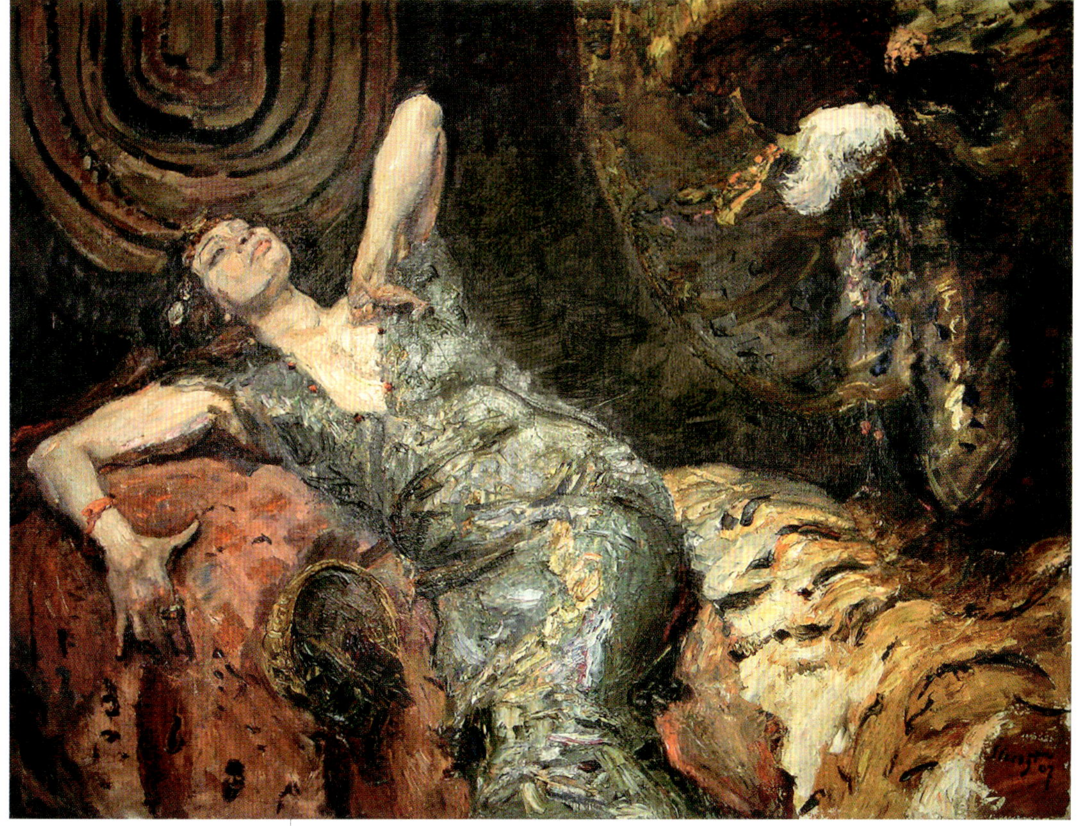

134

– 1907 – Öl auf Leinwand – 132 × 173 cm – signiert unten rechts: Slevogt 07 – Privatbesitz – o. Inv.-Nr. –

Lit.: *Katalog der fünfzehnten Ausstellung der Berliner Secession*, verlegt bei Paul Cassirer, Berlin 1908, Nr. 219. – Voll 1912, S. 30, Nr. 95. – Wedekind 2018, S. 29, Anm. 40.

Kleopatra. Die Schauspielerin Tilla Durieux als Kleopatra

Die aus Wien stammende Schauspielerin Tilla Durieux (1880–1971) lebte und arbeitete seit 1903 in Berlin, wo sie u.a. am Deutschen Theater, im Theater am Schiffbauer Damm, im Lessingtheater und am Königlichen Schauspielhaus tätig war. Sie zählt zu den bekanntesten Schauspielerinnen ihrer Zeit. Künstler wie Eugen Spiro, Max Liebermann, Lovis Corinth, Franz von Stuck oder Auguste Renoir porträtierten sie. Seit 1903 war sie mit Paul Cassirer liiert, später verheiratet. Über ihn lernte sie Max Slevogt kennen. Er und das Paar waren lange freundschaftlich miteinander verbunden. Slevogt porträtierte Durieux mehrfach seit 1907. 1921 stellte er sie in ihrer Rolle als Weib des Potiphar in der *Josephslegende* dar, 1931 erschien eine Folge aus 14 Lithografien unter dem Titel *Theater-Skizzen. Tilla Durieux als Weib des Potiphar*, die den Kult um Durieux und die Faszination, die von ihr auf der Bühne ausging, zum Ausdruck brachte.

Die Kleopatra spielte sie erst ab 1913 in Shakespeares *Antonius und Cleopatra*, so dass Slevogt mit seinem Gemälde ein »Rollenporträt« vorwegnahm, aber auch ein großes Motiv der Kunstgeschichte aufgriff, den »Tod der Kleopatra«. Er wählte die Schlussszene des Dramas, in der sich die ägyptische Herrscherin durch das Gift von Schlangen selbst tötet. Das Gemälde war 1908 auf der Ausstellung der Berliner Secession zu sehen. Es blieb danach zuerst im Besitz von Durieux, die es dann an den Sammler Carl Steinbart verkaufte. – KR

135

– Honoré Daumier (Marseille 1808–1879 Valmondois) – um 1865 – Öl auf Mahagoniholz – 26,5 × 35 cm – Hamburger Kunsthalle – Inv.-Nr. HK-5281 –

Lit.: Hofmann 1985, S. 90. – Saarbrücken/Mainz 1992, S. 14 f. – Hamburger Kunsthalle 2016, S. 120.

Eine Theaterloge

In dieser Ölstudie ließ er den Betrachter Teil des Bildes werden, indem er den Blick vom Parkett zur Bühne einfing, auf der in bewegter Haltung zwei Personen agieren. So werden wir als Betrachtende gleichermaßen in das Geschehen eingebunden und sind Zuschauer im Theater. Das Publikum, das im Schatten sitzt und wie der Beobachter zur hell erleuchteten Bühne schaut, ist in einer Gegenlichtsituation abgebildet. Der malerische Farbauftrag, ohne sonderliche Beachtung von Details, betont den Hell-Dunkel-Kontrast. Dieser lässt zugleich die Grenzen zwischen Bühne und Zuschauerraum verschwimmen und entindividualisiert das Publikum. Nicht nur die bühnenhafte Lichtinszenierung, sondern auch die Ausdrucksstärke von Daumiers Gemälden haben nachfolgende Maler beeinflusst. Es ist wohl anzunehmen, dass Slevogt das hier präsentierte Bild während seiner Parisbesuche 1889 und 1900 gesehen hat und es ihn dadurch nachhaltig inspirierte.
– RS

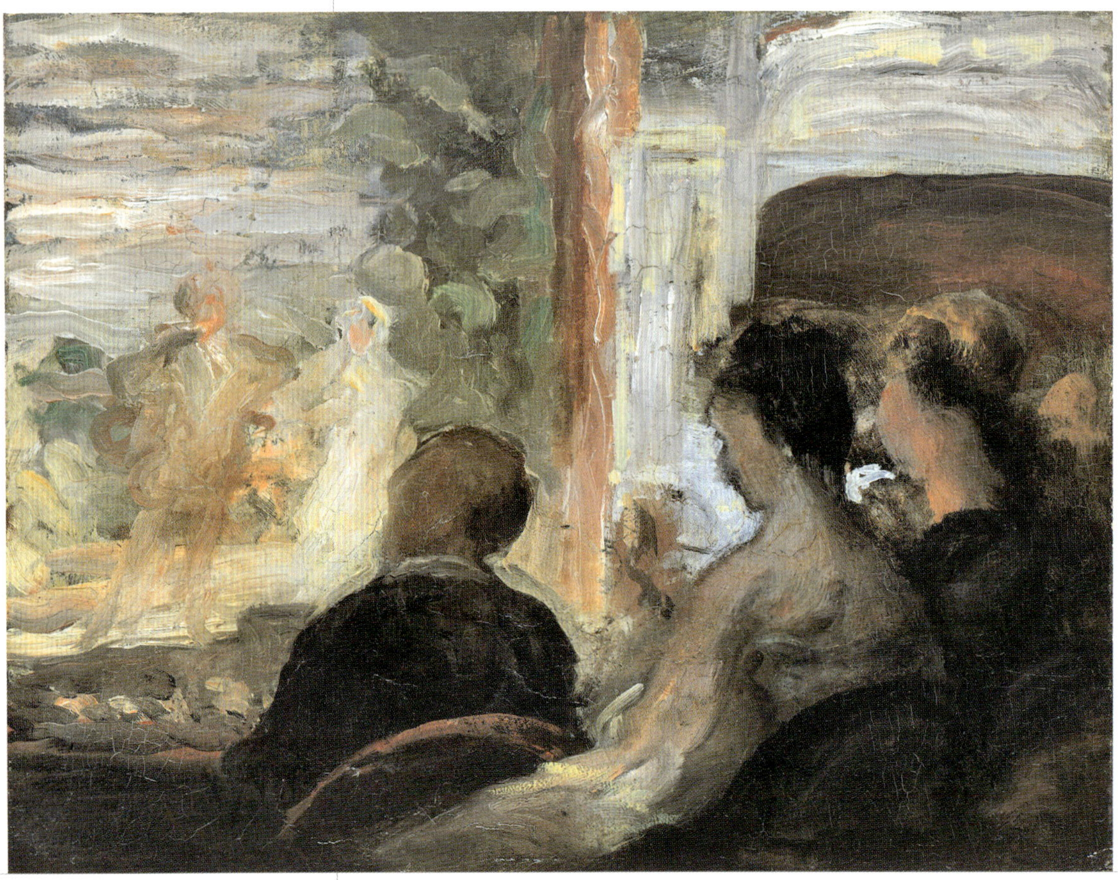

Honoré Daumier (1808–1879) – Maler, Bildhauer und bekannter Karikaturist der französischen Satirezeitschrift *Le Charivari* – hatte engen Kontakt zur Schule von Barbizon, deren stilistische Ausprägung in diesem Werk deutlich zum Vorschein kommt.

In zahlreichen Gemälden, Zeichnungen und Karikaturen hielt Daumier das Geschehen vor, auf und hinter der Bühne der Pariser Theater fest und bildete damit die gesamte französische Gesellschaft ab.

An-hang

Biografie

Literatur

Bildnachweis

Impressum

Biografie Max Slevogt[1]

KARIN RHEIN

1868–1875
Max Slevogt wird am 8. Oktober in Landshut geboren. Der Vater, Friedrich Ritter von Slevogt, ist bayerischer Offizier. Die an Musik interessierte Mutter Caroline, geb. Lucas, stammt aus Brebach/Saarbrücken. Die Eltern trennen sich 1869. 1870 stirbt der Vater an Kriegsverletzungen. Mutter und Sohn ziehen 1874/75 nach Würzburg.

1875–1884
Schulzeit in Würzburg und erster privater Zeichenunterricht bei Ludwig Prechtlein. Slevogt besucht mit seiner Mutter Konzerte und Opernaufführungen. Er nimmt Unterricht im Klavierspiel und im Gesang. Zeitweise überlegt er, Musiker zu werden.

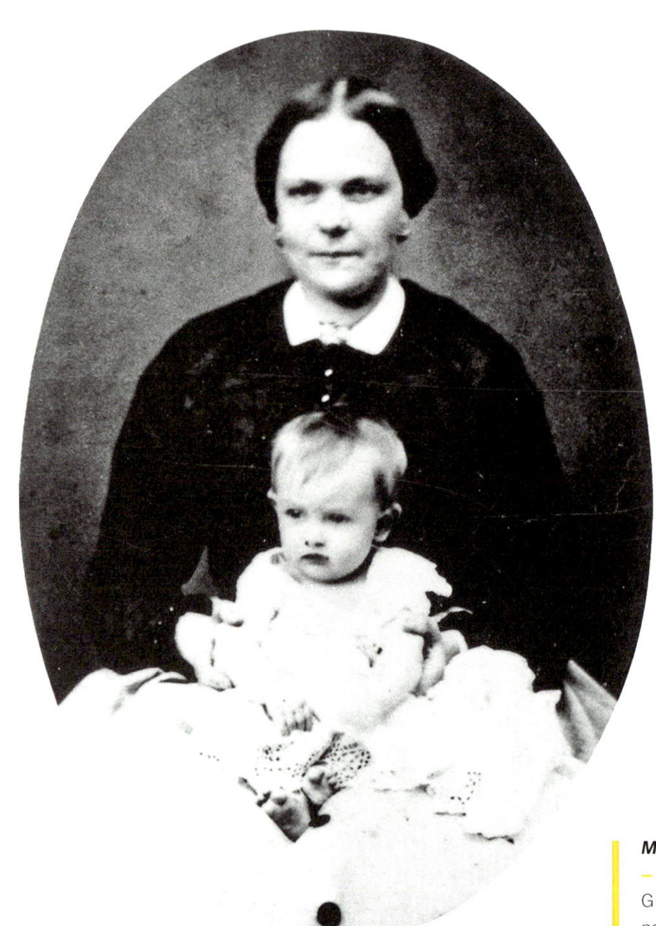

Max Slevogt mit seiner Mutter
– um 1886 – Fotografie – Digitalisat GDKE RLP, Landesmuseum Mainz, nach Vorlagen aus Privatbesitz –

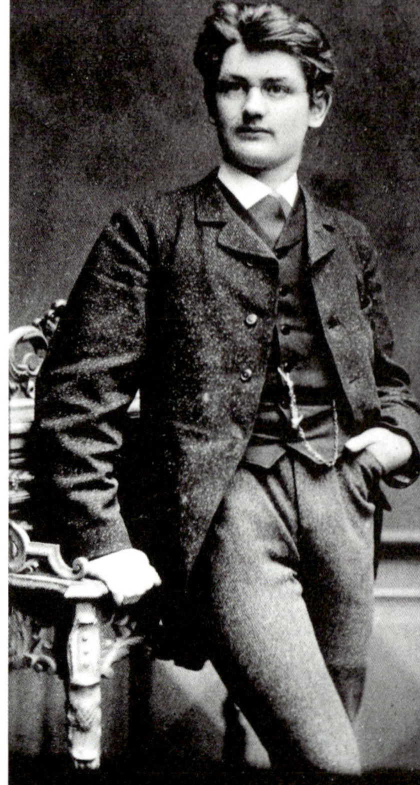

Max Slevogt
– um 1886 – Fotografie – Digitalisat GDKE RLP, Landesmuseum Mainz, nach Vorlagen aus Privatbesitz –

1884–1889
Studium an der Akademie der Bildenden Künste in München, u. a. bei Johann Herterich und Wilhelm von Diez. Zum Thema Musik entstehen erste Zeichnungen wie *Schumann-Sonate* (Kat. 53) oder *Chopin Präludien*. 1885 befreundet sich Slevogt mit dem Musikkritiker Theodor Goering. 1886 besucht er mit seiner Mutter eine Aufführung von *Tristan und Isolde* in Bayreuth.

1889
Studiensemester an der Académie Julian in Paris und Besuch der Weltausstellung.

1890
Beendigung des Studiums. Reise nach Italien, danach Beginn als freier Maler in München und erste Versuche mit Drucktechniken.

1892
Erste Ausstellung im Künstlerverein in München. Slevogt wird zum Mitbegründer der Münchner Secession.

1893
Vollendung des Gemäldes *Ringerschule*, das er 1893 bei der ersten Ausstellung der Secession zeigt.

1894
Slevogt erlebt in München erstmals Francisco d'Andrade in der Rolle des Don Giovanni. Beide werden später Freunde. Er porträtiert ihn in den kommenden Jahren mehrfach, ebenso andere Bühnenkünstler.

1895
Slevogt beschäftigt sich in diesem und in den folgenden Jahren mit dem Thema Tanz, etwa in *Tanz der Salome* (Kat. 88) oder dem düsteren *Totentanz* (Kat. 133), der zudem von seinen Besuchen der Schwabinger Künstlerfeste angeregt ist. Ermutigt von Richard Strauss, reicht er Kostümentwürfe für die Neuinszenierung von Mozarts *Titus* am Münchner Nationaltheater ein.

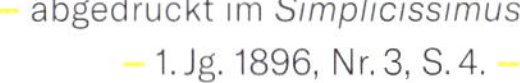

Illustration zu Frank Wedekinds »Das arme Mädchen«
– abgedruckt im *Simplicissimus*
– 1. Jg. 1896, Nr. 3, S. 4. –

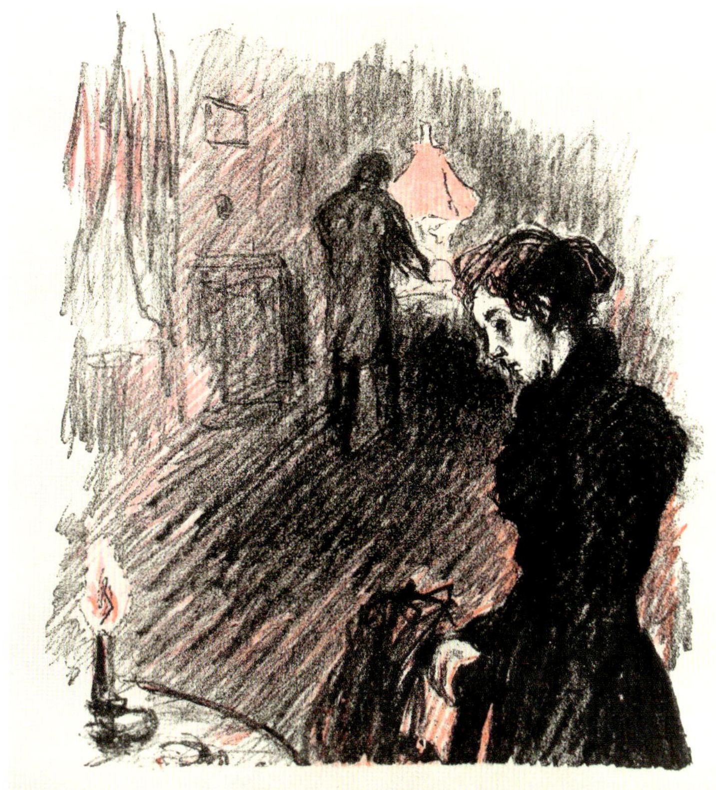

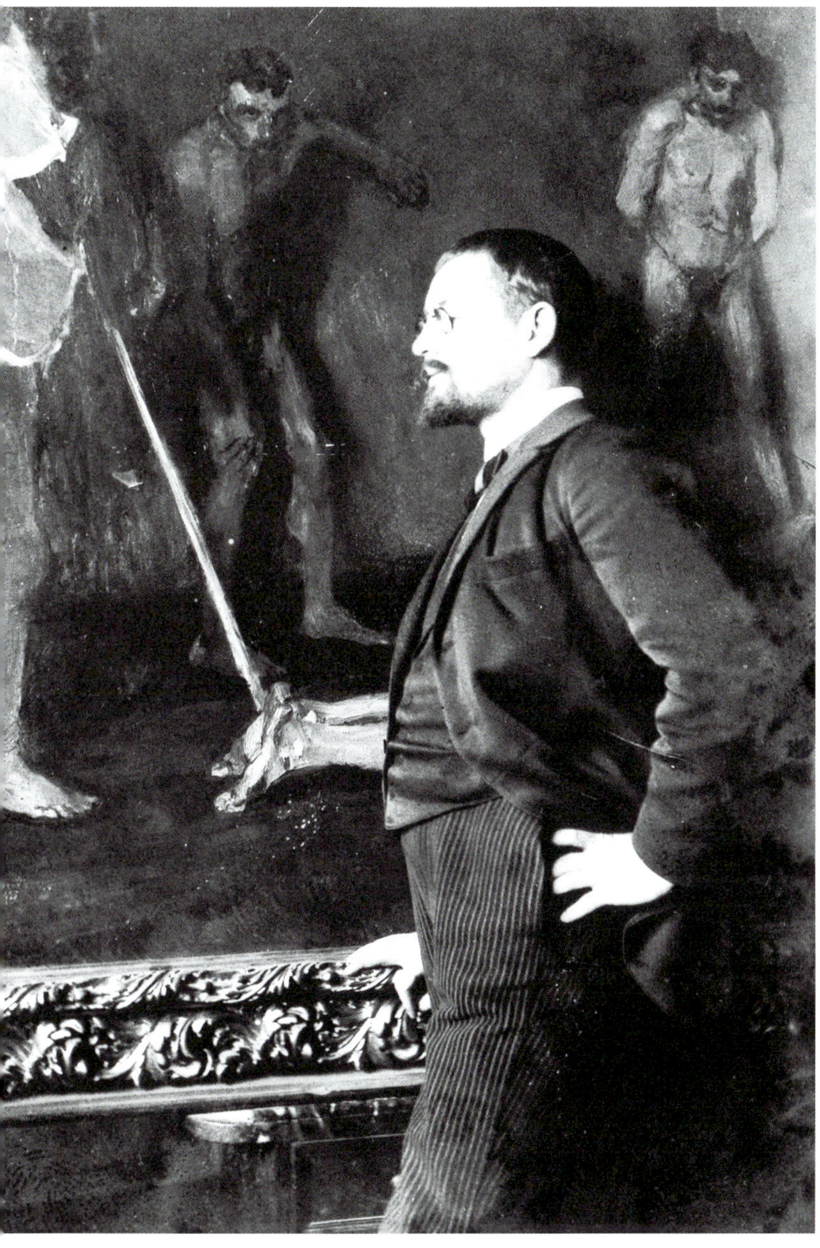

Slevogt vor seinem Gemälde »Ringerschule«
– 1893 – Fotografie – Digitalisat GDKE RLP, Landesmuseum Mainz, nach Vorlagen aus Privatbesitz –

1896
Arbeit als Zeichner für die Zeitschriften *Jugend* und *Simplicissimus*, die ihn zu intensiverer Beschäftigung mit moderner Literatur führt. Besuch der *Götterdämmerung* im Nationaltheater München.

1897
Erste Einzelausstellungen in Wien und Dresden.

1898
Heirat mit der Jugendfreundin Antonie Finkler aus Neukastel in der Pfalz. Reise nach Amsterdam zum Studium der Werke Rembrandts, die großen Einfluss auf seine Arbeit als Zeichner haben.

1899
Slevogts Gemälde *Danaë* von 1895 stößt bei seiner Ausstellung in München auf heftige Kritik und wird entfernt. Zeitgleich bemüht man sich in Berlin um den Künstler, vor allem Paul und Bruno Cassirer drängen ihn zum Umzug. In Berlin wird das Triptychon *Der verlorene Sohn* bei der Ausstellung der Secession zum Erfolg. Der Kunstsalon Cassirer zeigt 35 Werke Slevogts zusammen mit Arbeiten von Manet, Degas u. a.

– **1** Wesentliche Literatur zur Biografie: Schenk 2015, Imiela 1968.

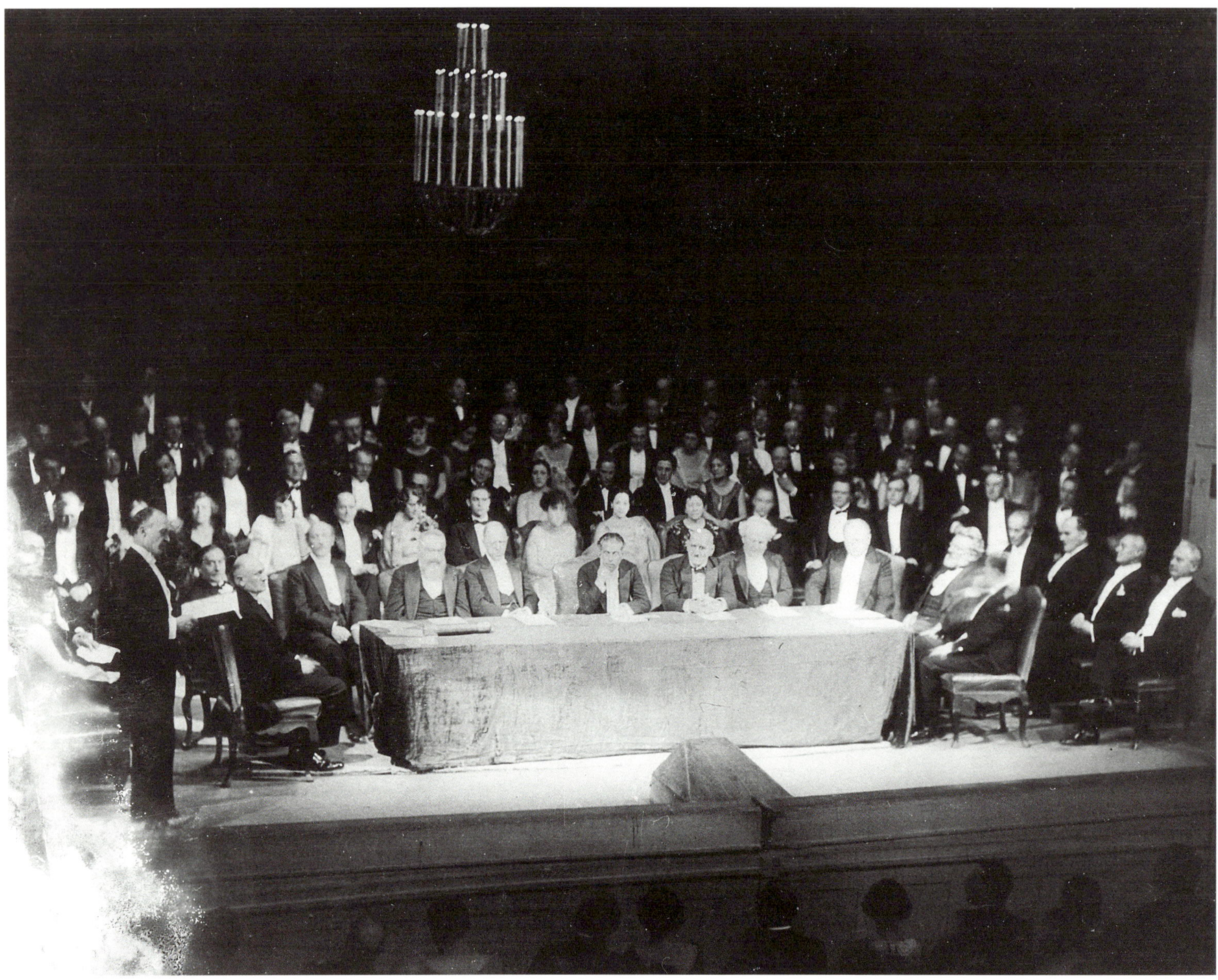

25-jähriges Bühnenjubiläum von Max Reinhardt
– Berlin 1921 – Fotografie – ullstein bild – am Tisch v. l. u. a.: Leopold Jessner, Alfred Kerr, Tristan Bernard, Max Reinhardt, Gerhart Hauptmann und Max Slevogt –

1900
Auf der Weltausstellung in Paris ist Slevogts Gemälde *Scheherazade* (Kat. 63) zu sehen.

1901
Während eines längeren Aufenthalts in Frankfurt am Main entsteht eine Reihe von wegweisenden Studien im Zoologischen Garten.
Slevogt erhält auf Anregung des bayerischen Prinzregenten Luitpold den Professorentitel, dennoch zieht er nun nach Berlin. Er malt die japanische Schauspielerin Sada Yakko (Kat. 6) während ihrer Europatournee.

1902
Das Gemälde *Das Champagnerlied/Der weiße d'Andrade* entsteht. Mit ihm beginnt eine Reihe von Rollenporträts.
Slevogt wird Ordentliches Mitglied der Berliner Secession.

1903
Ali Baba und die vierzig Räuber erscheint im Verlag von Bruno Cassirer. Slevogts erster Illustrationsband erregt mit dem improvisierten Charakter der Zeichnungen Aufmerksamkeit (Kat. 64–68).

1904
Entwurf erster Bühnenbilder und Kostüme für Otto Brahms Neuinszenierung des *Florian Geyer* von Gerhart Hauptmann und für den *Richter von Zalamea* von Pedro Calderón de la Barca sowie für Max Reinhardts Aufführung von Shakespeares *Die Lustigen Weiber von Windsor*. Slevogt beginnt die Radierfolge *Schwarze Szenen*.

1905/06
Der Künstler unternimmt Versuche mit der Drucktechnik der Lithografie, in der u. a. die Folgen zur *Ilias* und zu *Sindbad* entstehen (Kat. 90–98, 69–72).

Selbstbildnis als Jäger – 1907 – Öl auf Leinwand – 128 × 105 cm – Museum Georg Schäfer, Schweinfurt – Inv.-Nr. MGS 4745 –

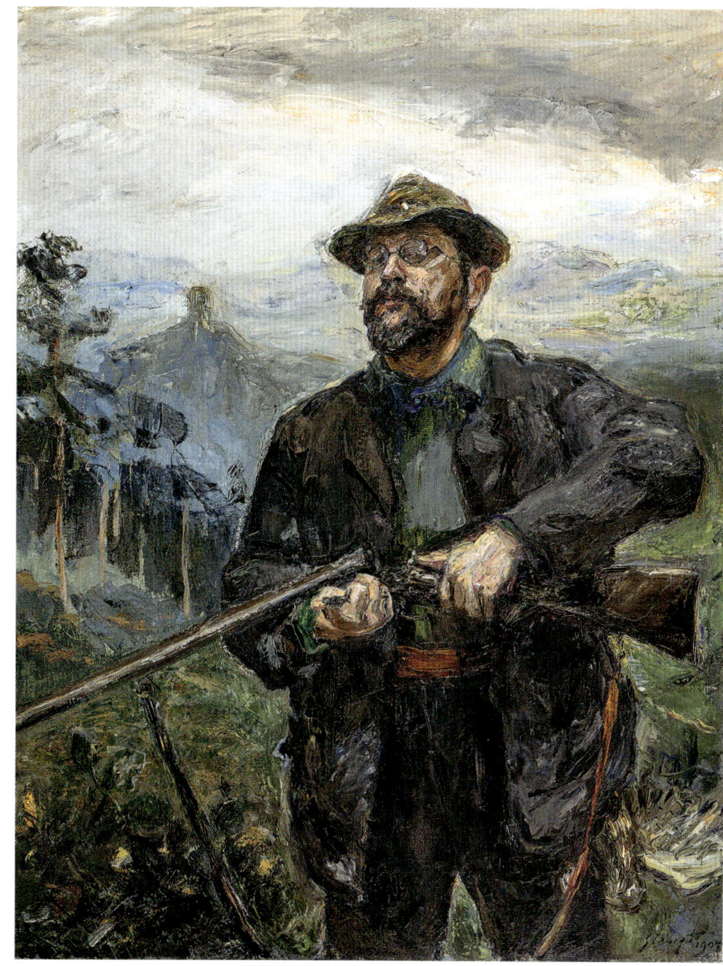

1908
Erste Ölskizze zum Thema des Venusbergs (*Hörselberg*) aus Wagners *Tannhäuser*. 1910 folgt das Monumentalgemälde (heute im Germanischen Nationalmuseum in Nürnberg, siehe auch Kat. 45).
Veröffentlichung der Lithografien zu *Sindbad der Seefahrer* und Erscheinen der ersten Illustrationen zu den *Lederstrumpf-Erzählungen* (Kat. 75).
Slevogt arbeitet nun regelmäßig in der Pfalz, wo er auch einer weiteren Leidenschaft, der Jagd, nachgehen kann.

Slevogt mit Familie vor seinem Gemälde »Hörselberg« – 1908 – Fotografie – Digitalisat GDKE RLP, Landesmuseum Mainz, nach Vorlagen aus Privatbesitz –

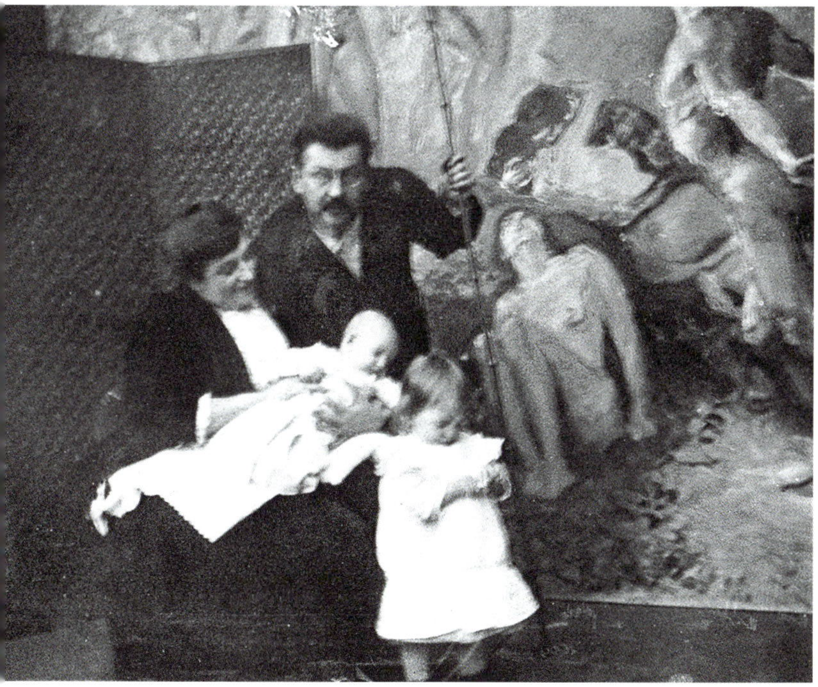

1909
Der Künstler erlebt die Tänzerin Anna Pawlowa in der Berliner Krolloper. Kurz darauf malt er sie als *Bajadere* (Kat. 8).

1911
Auftrag für die Ausmalung des Gartenpavillons seines Freundes Johannes Guthmann in Neu-Cladow bei Potsdam und Beginn mit den Illustrationen zu den *Lebenserinnerungen von Benvenuto Cellini*.

1912
Slevogt zeichnet die ersten Notenillustrationen zu Mozarts *Zauberflöte*. Die Oper wird ihn über viele Jahre immer wieder beschäftigen, z. B. 1917/18 in einer Radierfolge und 1924 in den Wandbildern für Neukastel.

1914
Der Maler wird Mitglied der Akademie der Bildenden Künste Berlin und ist Gründungsmitglied der Freien Secession, die sich von der ursprünglichen Berliner Secession abspaltete.
Reise nach Ägypten mit an-

schließendem Aufenthalt in Italien.
Slevogt ersteigert den Landsitz Neukastel, der zuvor seinen Schwiegereltern gehörte. Er wird in den kommenden Jahren immer wieder Motiv seiner Malerei.
Bei Ausbruch des Krieges meldet sich Slevogt als »Kriegsmaler« und reist im Oktober an die Westfront. Im November kehrt er, von den Erlebnissen erschüttert, als Kriegsgegner zurück.

1916
Beteiligung an Paul Cassirers Kriegszeitschrift *Bildermann*.

1917
Berufung als Vorsteher eines Meisterateliers für Malerei an die Akademie der Bildenden Künste Berlin.

1918
Erscheinen der großformatigen Holzschnittfolge zum *Nibelungenlied* (Kat. 99–101). Erste große Ausstellung seines Werkes in der Freien Secession Berlin zu seinem 50. Geburtstag

1921
Vollendung des Gemäldes *Sommernachtstraum* (Kat. 106). Schon seit 1889 beschäftigt sich der Künstler mit Shakespeare. Tod des Freundes d'Andrade.

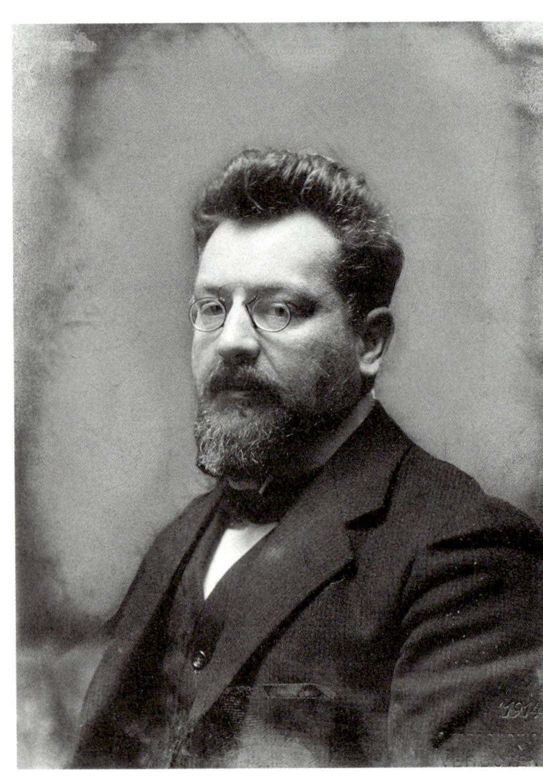

Max Slevogt
– 1914 – Fotografie von Marta Wolff – ullstein bild –

1924
Ernennung zum Mitglied des Ordens pour le Mérite für Wissenschaften und Künste. Slevogt entwirft Bühnenbilder und Kostüme für Mozarts *Don Giovanni* in der Dresdner Staatsoper (Kat. 28–33). Besuch der Festspiele in Bayreuth, bei denen er von da an regelmäßig zu Gast ist; von Neuem entdeckt er »sein Herz für Wagner«.[2] 1928 erhält er Zugang zu Haus Wahnfried und trifft die greise Cosima Wagner. Fertigstellung des Musiksaals in Neukastel mit Wandbildern zu u. a. Goethe, Mozart und Wagner. Von 1924 bis 1926 arbeitet Slevogt immer wieder an den Illustrationen zu *Goethes Faust. Zweiter Teil* (Kat. 110–116).

1927
Erneuter Besuch von *Tristan und Isolde* in Bayreuth. Slevogt malt einen Bühnenentwurf zum ersten Akt. Veröffentlichung der Illustrationen zu Goethes *Faust*. Fertigstellung der Wandbilder zu *Phantasien* nach Wilhelm Hauff im Bremer Ratskeller.

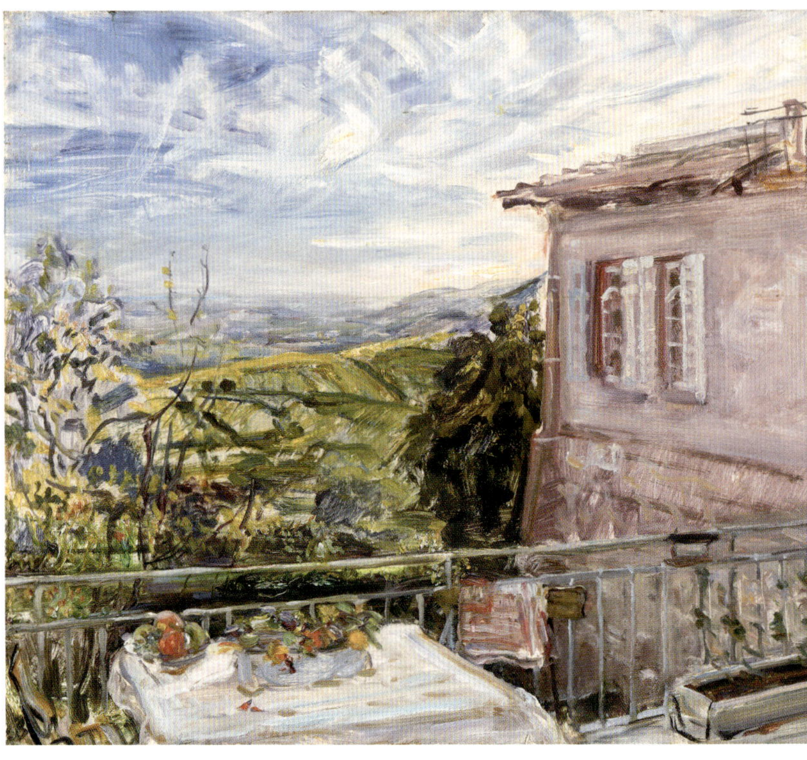

Terrasse in Neukastel
– 1925 – Öl auf Holz – 54,5 × 66,1 cm – Bayerische Staatsgemäldesammlungen – Neue Pinakothek, München – Inv.-Nr. 9273 –

– **2** Imiela 1960, S. 46, Brief vom 31. Oktober 1924.

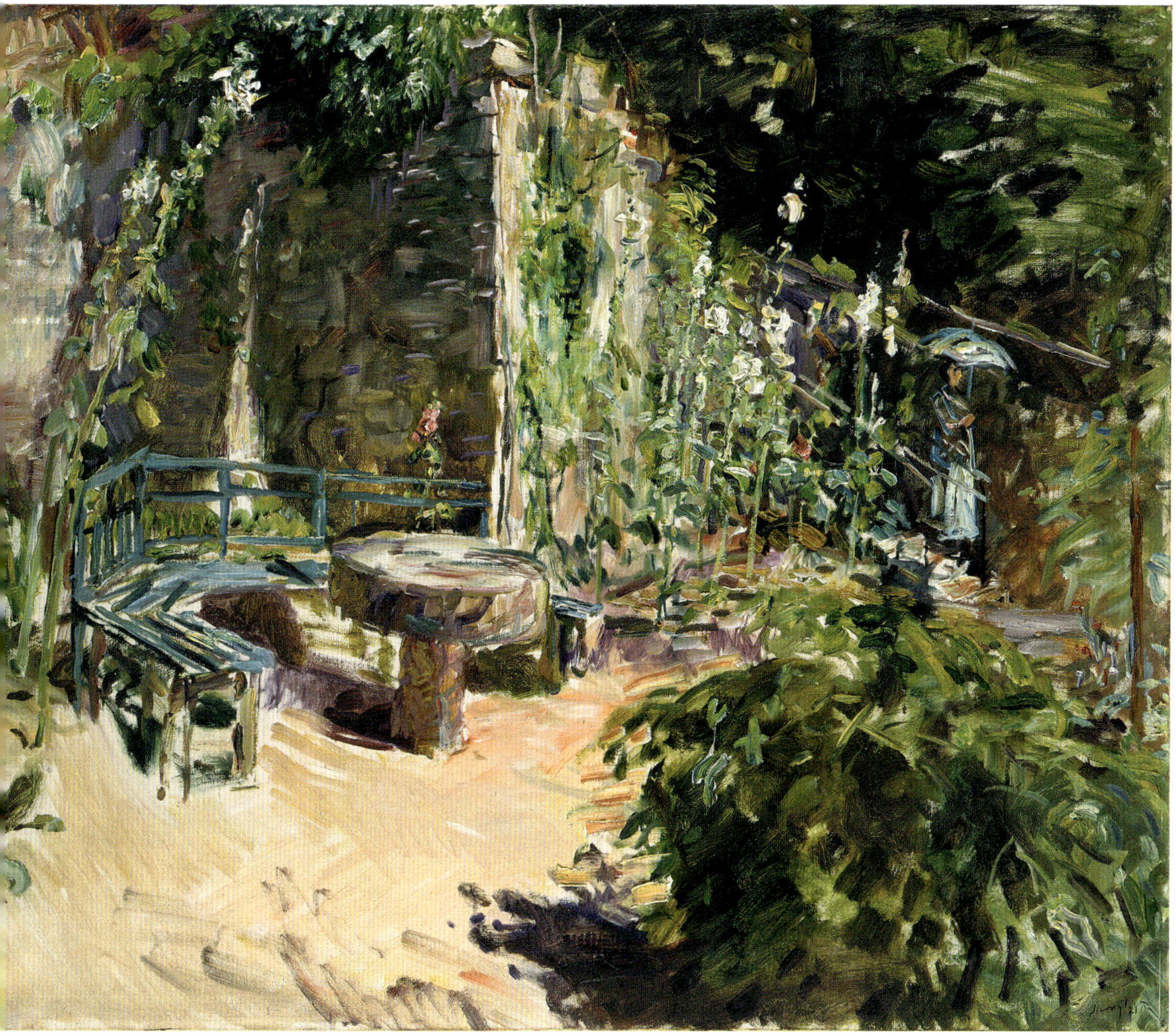

Sonnige Gartenecke
– 1921 – Öl auf Leinwand – 90,5 × 110,5 cm – Bayerische Staatsgemäldesammlungen – Neue Pinakothek, München – Inv.-Nr. 9094 –

1928
Retrospektive in der Preußischen Akademie der Künste in Berlin zum 60. Geburtstag. Auftrag zu Bühnenbildern und Kostümen für Mozarts *Zauberflöte* in der Berliner Staatsoper, die jedoch verschoben werden muss. Stattdessen Vorschlag zu Bühnenentwürfen für den *Freischütz* von Carl Maria von Weber. Aus Salzburg kommt eine Einladung an den Künstler, sich an einer Ausstellung über moderne Bühnenentwürfe zur *Zauberflöte* zu beteiligen. Als letzter Illustrationszyklus des Künstlers erscheint *Reineke Fuchs*.

1930
Der Intendant der Städtischen Oper Berlin-Charlottenburg bittet Slevogt um Bühnenbildentwürfe zu einer *Don-Giovanni*-Inszenierung auf der Grundlage der Dresdner Aufführung (Kat. 28–33). Die Kritiken fallen weniger positiv aus als in Dresden.
Slevogt bittet den Dirigenten Arturo Toscanini, sich für ihn und eine neue Bühnenausstattung des *Rings des Nibelungen* in Bayreuth einzusetzen. Weder der Dirigent noch die Wagners in Bayreuth, mit denen er noch einmal 1932 Kontakt aufnimmt, gehen auf seinen Vorschlag ein. Dafür erhält Slevogt eine Anfrage für eine *Ring*-Inszenierung in Darmstadt. Im Nachlass des Künstlers finden sich dennoch einige Entwürfe für die *Walküre* (Kat. 47, 48).

1932
Slevogt stirbt am 20. September in Neukastel an einem Herzanfall.

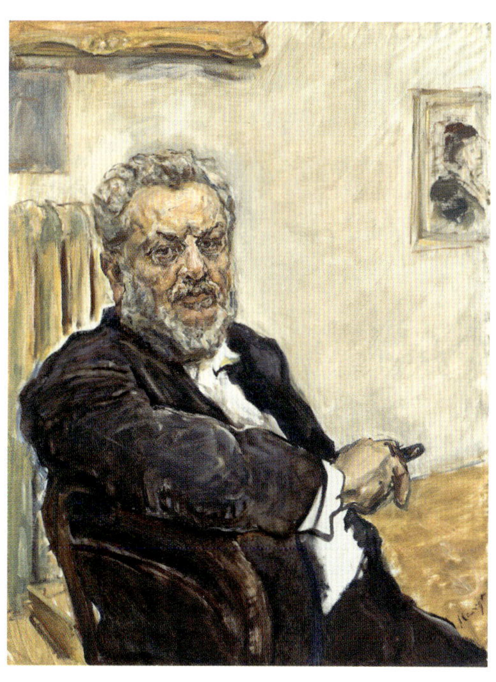

Selbstbildnis
– um 1929/30 – Öl auf Leinwand – 90,5 × 70,2 cm – Bayerische Staatsgemäldesammlungen – Neue Pinakothek, München – Inv.-Nr. 9657 –

Literatur

Achenbach 2006
Sigrid Achenbach: Die Rolle Max Liebermanns und Max Slevogts in den Verlagen Bruno und Paul Cassirer, in: Feilchenfeldt/Raff 2006, S. 59–75.

Adriani 1986
Götz Adriani: *Toulouse-Lautrec. Das gesamte graphische Werk, Sammlung Gerstenberg*, Köln 1986.

Alten 1926
Wilken von Alten: *Max Slevogt*, Bielefeld/Leipzig 1926.

Auringer 2021
Julian Peter Friedrich Auringer: *Der sequenzielle Bilderbogen des 19. Jahrhunderts* (zugl. Univ.-Diss., Hannover), Online-Publikation unter: www.repo.uni-hannover.de/handle/123456789/4937 (18.10.2021).

Bauer 2016
Oswald Georg Bauer: *Die Geschichte der Bayreuther Festspiele*, Bd. 1: 1850–1950, Berlin/München 2016.

Berend-Corinth 1958
Charlotte Berend-Corinth: *Die Gemälde von Lovis Corinth. Werkkatalog*, München 1958.

Berlin 1918
Max Slevogt. Ausstellung zum 50. Geburtstag des Künstlers, veranstaltet von der Freien Secession und Paul Cassirer, Berlin 1918.

Berlin 1928
Max Slevogt. Gemälde, Aquarelle, Pastelle, Zeichnungen zu seinem 60. Geburtstag ausgestellt in der Preußischen Akademie der Künste, Berlin 1928.

Berlin 2002
Nationalgalerie Berlin. Das XIX. Jahrhundert. Katalog der ausgestellten Werke, Leipzig 2002.

Biedermann 2014
Heike Biedermann: Die Bilder der Ägyptenreise von Max Slevogt in der Galerie Neue Meister in Dresden, in: Dresden 2014, S. 44–46.

Biermann 1913
Georg Biermann: Die Gemäldesammlung B. Lippert in Magdeburg, in: *Der Cicerone*, Jg. V 1913, S. 1–14.

Bott 2009
Gian Casper Bott: *Albert von Keller. Salons, Séancen, Secession*, Ausst.-Kat. Kunsthaus Zürich, München 2009.

Brabant 2016
Dominik Brabant: Welt als Bühne. Theatralität und Performanz in der Malerei Max Slevogts, in: Wedekind 2016, S. 93–114.

Bremen 1959
Max Slevogt. Aquarelle und Zeichnungen aus der Sammlung Kohl-Weigand, Ausst.-Kat. Kunsthalle Bremen, Bremen 1959.

Brühl 1991
Georg Brühl: *Die Cassirers. Streiter für den Impressionismus*, Leipzig 1991.

Busch 2014
Werner Busch: Die Arabeske – Ornament als Bedeutungsträger. Eine Einführung, in: *Verwandlung der Welt: die romantische Arabeske*, Ausst.-Kat. Freies Deutsches Hochstift, Frankfurter Goethe-Museum und Hamburger Kunsthalle, hg. von Werner Busch, Petersberg 2013, S. 13–27.

Cassirer 1924
Bruno Cassirer: *Max Slevogt. Ein Verzeichnis der von ihm illustrierten Bücher, Mappenwerke und Graphiken*, Berlin 1924.

Chemnitz 2011
Max Slevogt. Malerei und Grafik. Eine Kooperation mit dem Saarlandmuseum Saarbrücken, Ausst.-Kat. Kunstsammlungen Chemnitz, hg. von Ingrid Mössinger, Leipzig 2011.

Cymbron 1999
Luísa Cymbron: Andrade, d'Andrade, Francisco de, in: *Die Musik in Geschichte und Gegenwart. Allgemeine Enzyklopädie der Musik*, begr. von Friedrich Blume, 2. Auflage von Ludwig Finscher, Personenteil, Bd. 1, Kassel u. a. 1999, Sp. 651.

Dieckmann 2018
Friedrich Dieckmann: *Max Slevogts Randzeichnungen zu Mozarts Zauberflöte*, Landau 2018.

Dorpheide/Elste 2000
Bernhard Dorpheide/Martin Elste: Busch, Fritz, in: *Die Musik in Geschichte und Gegenwart. Allgemeine Enzyklopädie der Musik*, begr. von Friedrich Blume, 2. Auflage von Ludwig Finscher, Personenteil, Bd. 3, Kassel u. a. 2000, Sp. 1344 f.

Dresden 2014
Max Slevogt. Die Reise nach Ägypten 1914, Ausst.-Kat. Staatliche Kunstsammlungen Dresden, Galerie Neue Meister und Kunstsammlung Nordrhein-Westfalen, Dresden 2014.

Duisburg 1968
Max Slevogt. Zeichnungen und Aquarelle aus der Sammlung Kohl-Weigand zu seinem 100. Geburtstag, Ausst.-Kat. Wilhelm-Lehmbruck-Museum der Stadt Duisburg, Recklinghausen 1968.

Durieux 1965
Tilla Durieux: *Eine Tür steht offen. Erinnerungen*, Berlin 1965.

Durieux 1979
Tilla Durieux: *Meine ersten neunzig Jahre. Erinnerungen. Die Jahre 1952–1971 nacherzählt von Joachim Werner Preuß*, 5. Auflage, Berlin/München 1979.

Edenkoben 2005
Sigrun Paas/Roland Krischke: *Max Slevogt in der Pfalz*, Slg.-Kat. Max Slevogt-Galerie in der Villa Ludwigshöhe bei Edenkoben, München/Berlin 2005.

Edenkoben 2007
Gernot Frankhäuser/Roland Krischke/Sigrun Paas: *Tänzerinnen um Slevogt*, Ausst.-Kat. Max Slevogt-Galerie in Schloss Villa Ludwigshöhe, Edenkoben, München/Berlin 2007.

Eiermann 1999
Wolf Eiermann: Camille Pissarro 1830–1903, ein Künstlerleben, in: *Camille Pissarro*, Ausst.-Kat Staatsgalerie Stuttgart, hg. von Christoph Becker, Ostfildern-Ruit 1999, S. 1–35.

Eiermann 2016
Wolf Eiermann: Die Bildwelt der Décadence in Deutschland, in: *Lockruf der Décadence, Deutsche Malerei und Bohème 1840–1920*, Ausst.-Kat. Museum Georg Schäfer Schweinfurt, München 2016, S. 85–128.

Elsaesser 2002
Thomas Elsaesser: *Filmgeschichte und frühes Kino. Archäologie eines Medienwandels*, München 2002.

Elste 2006
Martin Elste: Toscanini, Arturo, in: *Die Musik in Geschichte und Gegenwart. Allgemeine Enzyklopädie der Musik*, begr. von Friedrich Blume, 2. Auflage von Ludwig Finscher, Personenteil, Bd. 16, Kassel u. a. 2006, S. 964–967.

Feilchenfeldt/Raff 2006
Rahel E. Feilchenfeldt/Thomas Raff (Hg.): *Ein Fest der Künste. Paul Cassirer. Der Kunsthändler und Verleger*, 3. Auflage, München 2006.

Feulner 2018a
Karoline Feulner: Der tragische Mythos. Max Slevogts Antikenrezeption, in: Hannover 2018, S. 69–75.

Feulner 2018b
Karoline Feulner: »Indianer« in den Dünen von Noordwijk. Slevogts Lederstrumpf-Illustrationen, in: Mainz 2018, S. 150–153.

Feulner 2018c
Karoline Feulner: »Ich wäre lieber auf Neuk. als hier!«. Slevogts Reisen, in: Mainz 2018, S. 110–113.

Feulner 2021a
Karoline Feulner: Ankunft Berlin: Slevogts Skizzenbuch 1901/1902, in: Wedekind 2021, S. 1–17.

Feulner 2021b
Karoline Feulner: Die Hexenküche der Künstlergemeinschaft SPOG, in: Mainz 2021, S. 50–65.

Fiedler 2003
Leonhard M. Fiedler: Reinhardt, Max, in: *Neue Deutsche Biographie*, hg. von der Historischen Kommission bei der Bayerischen Akademie der Wissenschaften, Bd. 21, Berlin 2003, S. 357–359.

Forcht 2016
Georg W. Forcht: *Frank Wedekind und die Anfänge des deutschsprachigen Kabaretts*, Herbolzheim 2016.

Gathy 1840
August Gathy (Hg.): *Musikalisches Conversations-Lexikon. Encyklopädie der gesammten Musik-Wissenschaft für Künstler, Kunstfreunde und Gebildete*, 2. Auflage, Hamburg 1840.

Gerdemann 2018
Anja Gerdemann: Das Gemälde Bazar in Assuan I von Max Slevogt im Hessischen Landesmuseum Darmstadt, in: *Sehnsucht Orient* (= Blickfang 3), Ausst.-Heft Hessisches Landesmuseum Darmstadt, Memmingen 2018, S. 4–40.

Gumppenberg 1929
Hanns von Gumppenberg: *Lebenserinnerungen. Aus dem Nachlass des Dichters*, Berlin/Zürich 1929.

Gurlitt 1924
Hildebrand Gurlitt: Max Slevogt und Mozart, in: *Zur Neu-Inszenierung und -Einstudierung von Mozarts »Don Giovanni«* im Auftrag der Leitung der Staatsoper, hg. von Hans Tessmer, Dresden 1924, S. 9–11.

Guthmann 1920
Johannes Guthmann: *Scherz und Laune. Max Slevogt und seine Gelegenheitsarbeiten*, Berlin 1920.

Guthmann 1948
Johannes Guthmann: *Schöne Welt. Wandern und Weilen mit Max Slevogt*, Berlin 1948.

Guthmann 1955
Johannes Guthmann: *Goldene Frucht. Begegnungen mit Menschen, Gärten und Häusern*, Tübingen 1955.

Hamburg 2016
Hamburger Kunsthalle (Hg.): *Hamburger Kunsthalle. Kunst aus acht Jahrhunderten. Ein Führer durch die Sammlung*, Hamburg 2016.

Hannover 2018
Max Slevogt. Eine Retrospektive zum 150. Geburtstag, Ausst.-Kat. Landesmuseum Hannover, hg. von Thomas Andratschke, Petersberg 2018.

Hartje 2005
Nicole Hartje: Max Slevogt. Die Berliner Jahre, in: Wuppertal/Berlin 2005, S. 9–27.

Hartje-Grave 2014
Nicole Hartje-Grave: Tänzerinnen – Triptychon, in: Mainz 2014, S. 148–185.

Hartje-Grave 2018
Nicole Hartje-Grave: »Stark genug, Bilder erzählenden Inhalts zu malen.« Thematische Kompositionen bei Max Slevogt, in: Hannover 2018, S. 51–67.

Hausenstein 1914
Wilhelm Hausenstein: *Die bildende Kunst der Gegenwart, Malerei – Plastik – Zeichnung*, Stuttgart 1914.

Heffels 1960
Monika Heffels: Die Buchillustration von Max Slevogt (Kurzfassung der Diss.), in: *Archiv für Geschichte des Buchwesens II*, 1960, S. 749–766.

Heilbut 1904
Emil Heilbut: Einige neuere und ältere Arbeiten von Max Slevogt, in: *Kunst und Künstler*, Jg. II 1904, S. 214.

Heinsheimer 1968
Fritz Heinsheimer: *Erinnerungen an Max Slevogt. Max Slevogt als Lehrer, Künstler und Mensch*, hg. von Franz Josef Kohl-Weigand, St. Ingbert 1968.

Hilscher 1977
Elke Hilscher: *Die Bilderbogen im 19. Jahrhundert* (zugl. Diss., Münster 1975), Studien zur Publizistik, Bd. 22, München 1977.

Hofmann 1985
Werner Hofmann (Hg.): *Die Hamburger Kunsthalle*, München 1985.

Homburg 1956
Mozart und Slevogt. Ausstellung. Zeichnungen, Radierungen, Gemälde, Ausst.-Kat. Museum der Stadt Homburg, hg. vom Museum der Stadt Homburg mit der Volkshochschule, Homburg 1956.

Imiela 1956
Hans-Jürgen Imiela: Slevogt und Mozart, in: Homburg 1956, S. 23–45.

Imiela 1957
Hans-Jürgen Imiela: *Max Slevogt und Neukastel*, St. Ingbert 1957.

Imiela 1960
Hans Jürgen Imiela (Hg.): *Max Slevogt an Johannes Guthmann. Briefe von 1912–1932*, St. Ingbert 1960.

Imiela 1968
Hans-Jürgen Imiela: *Max Slevogt. Eine Monographie*, Karlsruhe 1968.

Imiela 1987
Hans-Jürgen Imiela: Max Slevogt, in: *Die Nibelungen. Bilder von Liebe, Verrat und Untergang*, Ausst.-Kat. Haus der Kunst, München, hg. von Wolfgang Storch, München 1987, S. 240–243.

Imiela 1991 a
Hans-Jürgen Imiela: Max Slevogt und Francisco d'Andrade, in: Mainz 1991, S. 7–44.

Imiela 1991 b
Hans-Jürgen Imiela: Die Bühnenbilder zu Don Giovanni, Dresden 1924, in: Mainz 1991, S. 60–75.

Imiela 1996
Hans-Jürgen Imiela: Slevogt und Mozart, in: Mozarteum Salzburg 1996, S. 9–28.

Jacobs 2006
Stephanie Jacobs: Wider den »Unrat der Gründerjahre«. Paul Cassirer und die Pan-Presse, in: Feilchenfeldt/Raff 2006, S. 102–121.

Kaiserslautern 1968
Max Slevogt zum 100. Geburtstag, Ausst.-Kat. Pfalzgalerie Kaiserslautern, Kaiserslautern 1968.

Karge 2014
Henrik Karge: Realismus und Imagination: Ägypten in der Orientmalerei des 19. Jahrhunderts, in: *Imagination und Anschauung. Ägyptenrezeption und Ägyptenreisen in der ersten Hälfte des 20. Jahrhunderts*, hg. von den Staatlichen Kunstsammlungen Dresden, Dresden 2014, S. 76–85.

Keitz 2009
Ursula von Keitz: Gabelentz, Georg von der, in: *Killy Literaturlexikon. Autoren und Werke des deutschsprachigen Kulturraumes*, hg. von Wilhelm Kühlmann, Bd. 4, 2. Auflage, Berlin/New York 2009, S. 92.

Köln/München 2001
Meisterwerke von Fra Angelico bis Bonnard. Fünf Jahrhunderte Malerei. Die Sammlung des Dr. Rau, Ausst.-Kat. Wallraf-Richartz-Museum Köln und Haus der Kunst München, Mailand 2001.

Krischke 2007
Roland Krischke: »Die berauschende Verkettung von Gebärden«. Faszination des Tanzes um 1900, in: Edenkoben 2007, S. 23–39.

Krischke/Paas 2007
Roland Krischke/Sigrun Paas: *Slevogt und Goethe*, Ausst.-Kat. Max Slevogt-Galerie, Edenkoben, hg. von der Max Slevogt-Galerie, Landesmuseum Mainz, Berlin 2007.

Lehmann 2018
Doris H. Lehmann: Malerfürsten. Facetten einer modernen Erfolgsgeschichte, in: *Malerfürsten*, Ausst.-Kat. Bundeskunsthalle Bonn, Bonn 2018, hg. von Rein Wolfs, S. 8–13.

Luckow 2007
Dirk Luckow (Hg.): *Kunsthalle zu Kiel. Die Sammlung*, Köln 2007.

Mainz 1972
Max Slevogt. Nachlass auf Neukastel, Slg.-Kat., hg. vom Mittelrheinischen Landesmuseum Mainz, Mainz 1972.

Mainz 1991
Hans-Jürgen Imiela/Berthold Roland: *Slevogt und Mozart. Werke von Max Slevogt zu den Opern »Don Giovanni« und »Die Zauberflöte«*, Ausst.-Kat. Max Slevogt-Galerie in Schloss Villa Ludwigshöhe, Edenkoben, und Landesmuseum Mainz, Mainz 1991.

Mainz 2014
Max Slevogt. Neue Wege des Impressionismus, Ausst.-Kat. Landesmuseum Mainz, Konzept Sigrun Paas, München 2014.

Mainz 2018
Ein Tag am Meer. Slevogt, Liebermann & Cassirer, Ausst.-Kat. Landesmuseum Mainz, hg. von der Generaldirektion Kulturelles Erbe Rheinland-Pfalz, Landesmuseum Mainz, bearb. von Karoline Feulner, München 2018.

Mainz 2021
Hexenküche. Max Slevogts druckgrafische Experimente, Ausst.-Kat. Landesmuseum Mainz, hg. von der Generaldirektion Kulturelles Erbe Rheinland-Pfalz, Landesmuseum Mainz, bearb. von Karoline Feulner und Eva Wolf, Dresden 2021.

Marks 2008
Jana Marks: *Studien zur Märchensammlung Alte Märchen mit der Feder erzählt von Max Slevogt, in Worte gefasst von Joachim Zimmermann (1920)*, Manuskript Magisterarbeit, Erlangen 2008.

Marx 2006
Peter W. Marx: *Max Reinhardt. Vom bürgerlichen Theater zur metropolitanen Kultur*, Tübingen 2006.

Moeller 2017
Stéphanie Moeller: Kultur des Spektakels. Vergnügung in der Weimarer Republik, in: *Glanz und Elend der Weimarer Republik*, Ausst.-Kat. Schirn Kunsthalle Frankfurt am Main, München 2017, S. 119–124.

Mozarteum Salzburg 1996
Internationale Stiftung Mozarteum Salzburg/Hans-Meid-Stiftung Frankfurt am Main (Hg.): *Mozarts Opern im Werk von Max Slevogt und Hans Meid*, mit Beiträgen von Rudolph Angermüller, Franz Hermann Franken und Hans-Jürgen Imiela, Bad Honnef 1996.

Müller 1981
Oskar A. Müller: *Albert von Keller, 1844 Gais/Schweiz – 1920 München*, München 1981.

Negendanck 1998
Ruth Negendanck: *Die Galerie Ernst Arnold (1893–1951). Kunsthandel und Zeitgeschichte,* Weimar 1998.

Nut 1989
Harry Nut: *Bruno Cassirer,* Preußische Köpfe 25, Berlin 1989.

Osborn 1902/03
Max Osborn: Bücherbesprechungen. Max Slevogt, Ali Baba und die vierzig Räuber, in: *Kunst und Künstler. Illustrierte Monatsschrift für Bildende Kunst und Kunstgewerbe*, Jg. II 1902/03, S. 368–369.

Owesle 2018
Miriam-Esther Owesle: Innere Schau und äußerer Schein. Die Neu-Cladower Wandmalereien als Schlüssel zum Impressionismusverständnis Max Slevogts, in: Hannover 2018, S. 95–101.

Owesle 2021
Miriam-Esther Owesle: »… Ausdruck freundschaftlicher Übereinstimmung in wichtigsten Lebensfragen«. Max Slevogt und Johannes Guthmann im Spiegel ihrer Korrespondenz, in: Wedekind 2021, S. 38–41.

Paas 1999
Sigrun Paas: Bildnis des Sängers Francisco d'Andrade, in: *Max Slevogt. Gemälde 1889–1931*, Galeriehandbuch 4, Niedersächsische Landesgalerie Hannover, Hannover 1999, S. 52.

Paas 2014
Sigrun Paas: »Wir können kein Licht auf die Palette spritzen.« Max Slevogt, die Lenbach-Doktrin und München vor 1900, in: Mainz 2014, S. 13–33.

Pantzer 2005
Peter Pantzer (Hg.): *Japanischer Theaterhimmel über Europas Bühnen. Kawakami Otojiro, Sadayakko und ihre Truppe auf Tournee durch Mittel- und Osteuropa 1901/1902*, München 2005.

Passarge 1961
Walter Passarge: *Wand- und Deckengemälde auf Neukastel*, Heidelberg/Berlin 1961.

Pawlischek 1998
Margaretha Pawlischek: »Das Leben ist Geschmacksache«, in: Helmut Bauer/Elisabeth Tworek: *Schwabing, Kunst und Leben um 1900*, Essayband zur Ausstellung *Schwabing, Kunst und Leben um 1900*, Münchner Stadtmuseum, München 1998, S. 56–67.

Penzler 1907
Johannes Penzler (Hg.): *Die Reden Kaiser Wilhelms II in den Jahren 1901 bis Ende 1905*, Leipzig 1907.

Petzet 1928
Walter Petzet: Slevogts Beziehungen zur Musik, in: *Signale für die musikalische Welt*, Berlin, Jg. LXXXVI 1928, Nr. 40, 3. Oktober 1928, S. 1139–1140.

Petzet 1991
Walter Petzet: Slevogts Beziehungen zur Musik, in: Mainz 1991, S. 152.

Preetorius 1944
Emil Preetorius. Das szenische Werk, Einführung von Wilhelm Rüdiger, 3. Auflage, Berlin/Wien 1944.

Regnier 2010
Anatol Regnier: *Frank Wedekind – Eine Männertragödie*, München 2010.

Reifenscheid 1992
Beate Reifenscheid: Slevogt. Von der Akademie zu »möglichen Welten«, in: Saarbrücken/Mainz 1992, S. 11–21.

Reiser 2009
Rudolf Reiser: *Alte Häuser – Große Namen*, München 2009.

Rhein 2010
Karin Rhein: Es gibt mehr als einen Zille, in: *Heinrich Zille. Zwischen Rinnstein und Akademie*, Ausst.-Kat. Museum Georg Schäfer, Schweinfurt, Schweinfurt 2010, S. 8–28.

Riemann 1882
Hugo Riemann: *Musik-Lexikon. Theorie und Geschichte der Musik, die Tonkünstler alter und neuer Zeit mit Angabe ihrer Werke, nebst einer vollständigen Instrumentenkunde,* Leipzig 1882.

Roland 1990
Berthold Roland: *Max Slevogt. Eine Auswahl der Gemälde, Aquarelle, Pastelle und Zeichnungen aus der Max-Slevogt-Galerie von Schloss »Villa Ludwigshöhe«, Edenkoben, und dem Landesmuseum Mainz*, Mainz 1990.

Roland 1991
Berthold Roland: Die Bühnenbildentwürfe für die »Zauberflöte« an der Staatsoper Berlin 1928, in: Mainz 1991, S. 138–143.

Rosenhagen 1905/06
Hans Rosenhagen: Max Slevogt, in: *Die Kunst für Alle*, Jg. XXI 1905/06, S. 123–138.

Rümann 1936
Arthur Rümann: *Verzeichnis der Graphik von Max Slevogt in Büchern und Mappenwerken*, Hamburg 1936.

Saarbrücken/Mainz 1992
Max Slevogt. Gemälde, Aquarelle, Zeichnungen, Ausst.-Kat. Saarland Museum Saarbrücken und Landesmuseum Mainz, hg. von Ernst-Gerhard Güse, Hans-Jürgen Imiela und Berthold Roland, Stuttgart 1992.

Saarbrücken 2006
Slevogt und Mozart – Bild und Musik. Illustrationen zu den Opern »Don Giovanni« und »Die Zauberflöte«, Ausst.-Kat. Saarlandmuseum Saarbrücken, hg. von Ralph Melcher, Ottweiler 2006.

Saarbrücken 2015
Max Slevogt – Ali Baba und die vierzig Räuber, Ausst.-Kat. Saarlandmuseum, Moderne Galerie, hg. von Roland Mönig, Saarbrücken 2015.

Saarbrücken 2018
Slevogt und Frankreich, Ausst.-Kat. Saarlandmuseum, Moderne Galerie, hg. von Roland Mönig, Saarbrücken 2018.

Scheffler 1907
Karl Scheffler: Bühnenkunst, in: *Kunst und Künstler,* Jg. V 1907, S. 216–244.

Scheffler 1909
Karl Scheffler: M. Slevogt als Illustrator, in: *Kunst und Künstler*, Jg. VII 1909, S. 25–36.

Scheffler 1911
Karl Scheffler: Slevogts neue Zeichnungen für Kinderbücher, in: *Kunst und Künstler*, Jg. IX 1911, S. 242–246.

Scheffler 1920
Karl Scheffler: *Deutsche Maler und Zeichner im neunzehnten Jahrhundert*, Leipzig 1920.

Scheffler 1924
Karl Scheffler (Red.): *Kunst und Künstler. Illustrierte Monatsschrift für Kunst und Kunstgewerbe*, Jg. XXII 1923/24.

Scheffler 1924
Karl Scheffler: Slevogts Dekorationen zu Mozarts Don Giovanni, in: *Kunst und Künstler*, Jg. XXII 1924, S. 264–269.

Scheffler 1940
Karl Scheffler: *Max Slevogt*, Berlin 1940.

Scheffler 1948
Karl Scheffler: *Die fetten und die mageren Jahre. Ein Arbeits- und Lebensbericht*, München/Leipzig 1948.

Scheffler 1969
Karl Scheffler: *Eine Auswahl seiner Essays aus Kunst und Leben 1905–1950*, hg. von Carl Heise und Johannes Langner, Hamburg 1969.

Scheffler 2011
Karl Scheffler: *Die fetten und die mageren Jahre: Ein Arbeits- und Lebensbericht,* Wädenswill 2011 (Nachdruck 1946).

Scheffler 1972
Karl Scheffler: Bruno Cassirer und das illustrierte Buch, in: *Imprimatur*, N. F., 1972, S. 139–142.

Schenk 2005
Carola Schenk: Max Slevogt und das Theater. Die Entwicklung des Schauspieler-Rollenporträts, in: Wuppertal/Berlin 2005, S. 147–155.

Schenk 2015
Carola Schenk: *Die Bühnenbildentwürfe im Werk von Max Slevogt*, München 2015.

Schenk 2016
Carola Schenk: Max Slevogt als Bühnenbildner. Bühnenbildentwürfe für das Sprech- und Musiktheater im Werk von Max Slevogt, in: Wedekind 2016, S. 115–133.

Schenk 2018
Carola Schenk: Slevogt – Ein Leben zwischen Schauspiel, Tanz und Oper, in: Hannover 2018, S. 25–33.

Schenk 2021
Carola Schenk: Slevogt betritt die Bühne. Slevogt im Berliner Theaterumkreis von Otto Brahm, Gerhart Hauptmann und Max Reinhardt, in: Wedekind 2021, S. 47–67.

Schlechter 2014
Armin Schlechter: *Aus Max Slevogts Briefkasten. Zeugnisse aus seinem schriftlichen Nachlass, Landesbibliothekszentrum Rheinland-Pfalz*, Patrimonium 368, Schriften des Landesbibliothekszentrums Rheinland-Pfalz 10, hg. von der Kulturstiftung der Länder, Berlin 2014.

Schlechter 2018
Armin Schlechter: Paul Cassirer an Max Slevogt. Briefe des Kunsthändlers und Verlegers an den Künstler, in: Mainz 2018, S. 54–63.

Schlechter 2021
Armin Schlechter: Die Familienbibliothek von Max Slevogt, in: Wedekind 2021, S. 237–272.

Schmitz 2017
Frank Schmitz: *Kleine Geschichte der Staatsoper Unter den Linden*, Berlin 2017.

Schweinfurt 2000
Bruno Bushart/Matthias Eberle/Jens Christian Jensen: *Museum Georg Schäfer Schweinfurt. Erläuterungen zu den ausgestellten Werken*, Slg.-Kat. Museum Georg Schäfer, Schweinfurt, Schweinfurt 2000.

Schweinfurt 2001
Traum, Märchen, Thriller. Phantasiestücke von Johann Heinrich Füssli, Arnold Böcklin bis Max Slevogt, Ausst.-Kat. Museum Georg Schäfer, Schweinfurt, bearb. von Sigrid Bertuleit, Schweinfurt 2001.

Schweinfurt 2009
Bilder wie Worte. Deutsche Zeichnungen und illustrierte Bücher 1800–1924, Ausst.-Kat. Museum Georg Schäfer, Schweinfurt, bearb. von Claudia Valter, Schweinfurt 2009.

Schweinfurt 2010
Meisterwerke der Porträtkunst. Aus dem Gesamtbestand der bedeutenden Privatsammlung der Kunst des 19. Jahrhunderts. Ausst.-Kat. Museum Georg Schäfer, Schweinfurt, hg. von Sigrid Bertuleit, Schweinfurt 2010.

Schweinfurt 2019
Ludwig Richter. Schöne heile Welt, Ausst.-Kat. Museum Georg Schäfer, Schweinfurt, bearb. von Karin Rhein, Dresden 2019.

Seifert 1996
Helene Seifert: Illustrationen Moritz von Schwinds in Kinder- und anderen Büchern, in: *Moritz von Schwind. Meister der Spätromantik*, Ausst.-Kat. Staatsgalerie Stuttgart und Museum der bildenden Künste Leipzig, hg. von der Staatlichen Kunsthalle Karlsruhe, Ostfildern 1996.

Sievers/Waldmann 1962
Johannes Sivers/Emil Waldmann: *Max Slevogt. Das druckgraphische Werk, Radierungen, Lithographien, Holzschnitte. Erster Teil 1890–1914*, hg. von Hans-Jürgen Imiela, Heidelberg/Berlin 1962.

Slevogt 1907
Max Slevogt: Meine Lithographien zur Ilias, in: *März. Weihnachtsheft*, Jg. I 1907, Heft 24, S. 473–478.

Slevogt 1917
Max Slevogt: *Ein Kriegstagebuch*, Berlin 1917.

Slevogt 1920 a
Max Slevogt: *Alte Märchen mit der Feder erzählt, in Worte gefasst von Joachim Zimmermann*, Berlin 1920.

Slevogt 1920 b
Max Slevogt: Pro domo! Publiziert in: *Almanach des Verlages Bruno Cassirer für 1920*, o. O. u. J. [Berlin/Leipzig 1920], S. 140–145.

Slevogt 1924
Max Slevogt: Meine Inszenierung des Don Giovanni, in: *Melos, Zeitschrift für Musik*, Jg. IV 1924/25, Heft 3, S. 173–176.

Slevogt 2018
Max Slevogt: *Briefe 1898–1932*, bearb. und komm. von Eva Wolf, hg. von Roland Mönig, Saarbrücken 2018.

Söhn 2002
Gerhart Söhn (Hg.): *Max Slevogt. Das druckgraphische Werk. Mappen, Bücher, Zeitschriften 1914–1933*, Düsseldorf 2002.

Speyer 1927
Max Slevogt. Der Graphiker und Illustrator, Ausst.-Kat. Pfälzischer Kunstverein Speier (sic!), Speyer 1927.

Stocker 2018
Mona Stocker: »Ein Unikum in unserer Kunstgeschichte« – Das Französische an Max Slevogts Papierarbeiten, in: Saarbrücken 2018, S. 136–147.

Suhr 1992
Norbert Suhr: Max Slevogt als Graphiker, in: Saarbrücken/Mainz 1992, S. 74–93.

Thum 2010
Bernd Thum: Was ist Orientalismus? Was ist Okzidentalismus?, in: *Das fremde Abendland? Orient begegnet Okzident von 1800 bis heute*, Ausst.-Kat. Badisches Landesmuseum Karlsruhe, hg. von Schoole Mostafawy und Harald Siebenmorgen, Stuttgart 2010, S. 30–32.

Trier 2003
Dankmar Trier: Fanto, Leonhard, in: *Saur Allgemeines Künstler-Lexikon. Die Bildenden Künstler aller Zeiten und Völker*, Bd. 36, München/Leipzig 2003, S. 552.

Tübingen 1986
Toulouse-Lautrec. Gemälde und Bildstudien, Ausst.-Kat. Kunsthalle Tübingen, Köln 1986.

Uhde-Bernays 1918 a
Hermann Uhde-Bernays: Nachruf Karl Voll, in: *Der Cicerone*, Jg. X 1918, S. 18–20.

Uhde-Bernays 1918 b
Hermann Uhde-Bernays: Die Entwicklung der Impressionistischen Kunst in Deutschland, in: *Der Cicerone*, Jg. X 1918, S. 315–326.

Vierhaus 2005
Rudolf Vierhaus (Hg.): *Deutsche Biographische Enzyklopädie (DBE)*, 2. Auflage, Bd. 3, München 2005, S. 304.

Vierhaus 2006
Rudolf Vierhaus (Hg.): *Deutsche Biographische Enzyklopädie (DBE)*, 2. Auflage, Bd. 5, München 2006.

Vierhaus 2007
Rudolf Vierhaus (Hg.): *Deutsche Biographische Enzyklopädie (DBE)*, 2. Auflage, Bd. 7, München 2007.

Vinnen 1911
Carl Vinnen: *Ein Protest deutscher Künstler*, Jena 1911.

Volkmann 1908
Ludwig Volkmann: *Das Bewegungsproblem in der bildenden Kunst, Führer zur Kunst*, hg. von Hermann Popp, Bd. 14, Esslingen 1908.

Voll 1906
Karl Voll: Max Slevogt, in: *Süddeutsche Monatshefte*, 1906, Heft 3, S. 381–387.

Voll 1912
Karl Voll: *Max Slevogt, 96 Reproduktionen nach seinen Gemälden*, München/Leipzig 1912.

Wackernagel 1926
Martin Wackernagel: *Max Slevogt*, München-Gladbach 1926.

Waldmann 1912
Emil Waldmann: Max Slevogt als Illustrator, in: *Die graphischen Künste*, Jg. XXXV 1912, S. 25–35.

Waldmann 1921
Emil Waldmann (Hg.): *Max Slevogts Graphische Kunst*, Dresden 1921.

Waldmann 1923
Emil Waldmann: *Max Slevogt*, Berlin 1923.

Wedekind 2016
Gregor Wedekind (Hg.): *Blick zurück nach vorn. Neue Forschungen zu Max Slevogt*, Bd. 2: Phoenix. Mainzer Kunstwissenschaftliche Bibliothek, Berlin/Boston 2016.

Wedekind 2018
Gregor Wedekind: Am Tisch im Romanischen Café. Max Slevogts Berliner Konstellationen, in: Mainz 2018, S. 20–29.

Wedekind 2021
Gregor Wedekind (Hg.): *Max Slevogts Netzwerke. Kunst-, Kultur- und Intellektuellen-Geschichte des späten Kaiserreichs und der Weimarer Republik*, Bd. 6: Phoenix. Mainzer Kunstwissenschaftliche Bibliothek, Berlin/Boston 2021.

Weitz 1991
Ulrich Weitz: *Salonkultur und Proletariat. Eduard Fuchs – Sammler, Sittengeschichtler, Sozialist*, Stuttgart 1991.

Wien 2009
Lovis Corinth – Ein Fest der Malerei, Ausst.-Kat. Belvedere, Wien, hg. von Agnes Husslein-Arco und Stephan Koja, München 2009.

Wien/Saarbrücken 2021
Lovis Corinth. Das Leben, ein Fest! Life, a Celebration, Ausst.-Kat. Belvedere, Wien und Saarlandmuseum – Moderne Galerie, Saarbrücken, hg. von Stella Rollig, Alexander Klee, Andrea Jahn und Kathrin Elvers-Švamberk, Köln 2021.

Wuppertal/Berlin 2005
Max Slevogt. Die Berliner Jahre, Ausst.-Kat. Von der Heydt-Museum, Wuppertal, und Stiftung Brandenburger Tor, Berlin, hg. von Sabine Fehlemann, Köln 2005.

Zola 1994
Emile Zola: *Die Salons von 1866–1896, Schriften zur Kunst*, 2. Auflage, Weinheim 1994.

Bildnachweis

bpk/Bayerische Staatsgemäldesammlungen, S. 231

bpk/Nationalgalerie, SMB/Jürgen Liepe, S. 19

bpk/SSK/Carsten Clüsserath, S. 45, 51

bpk/SSK/Raphael Maaß, S. 49, 68, 146, 147

bpk/SSK/Tom Gundelwein, S. 32, 35, 41, 57, 67, 81, 82, 94/95, 109, 142, 145, 148–151, 176, 184, 193

bpk/Städel Museum/Ursula Edelmann, S. 180/181

bpk/Staatsgalerie Stuttgart, S. 17

Staatliche Museen zu Berlin, Kunstbibliothek, Dietmar Katz, S. 108, 152, 154, 164–170, 185–192

Stiftung Stadtmuseum Berlin/Reproduktion: Dorin Alexandru Ionita, Berlin, S. 69

ullstein bild, Berlin, S. 26/27, 44, 228, 230

Albertinum | GNM, Staatliche Kunstsammlungen Dresden, Foto: Hans-Peter Klut, S. 40

Albertinum | GNM, Staatliche Kunstsammlungen Dresden, Foto: Elke Estel/Hans-Peter Klut, S. 38

Staatliche Kunstsammlungen Dresden, Kupferstich-Kabinett, Foto: Herbert Boswank, S. 211

SLUB/Deutsche Fotothek/Ursula Richter, S. 62/63, 78

Hamburger Kunsthalle/bpk, Foto: Elke Walford, S. 48

SHK/Hamburger Kunsthalle/bpk, Foto: Elke Walford, S. 220/221, 224

Kunsthalle zu Kiel, Foto: Martin Frommhagen, S. 177

Theaterwissenschaftliche Sammlung Universität zu Köln, S. 33

GDKE, Landesmuseum Mainz, Slevogt-Archiv, S. 18, 28, 29

GDKE, Landesmuseum Mainz, Slevogt-Archiv, Grafischer Nachlass, S. 30/31, 36/37, 46, 56, 59, 75–77, 85, 88–91, 96, 97, 111, 117, 120, 121, 172–173, 178, 182, 183

GDKE, Landesmuseum Mainz, Slevogt-Archiv, Grafischer Nachlass, A. Garth, S. 12/13, 72/73, 119, 130

GDKE, Landesmuseum Mainz, Slevogt-Archiv, Grafischer Nachlass, U. Rudischer, S. 116, 118, 122–124

GDKE, Landesmuseum Mainz, Slevogt-Archiv, Grafischer Nachlass, R. R. Steffens, S. 121

GDKE, Landesmuseum Mainz, Slevogt-Archiv, Grafischer Nachlass, Süße-Krause, S. 8/9, 21, 163

GDKE RLP, Landesmuseum Mainz, nach Vorlagen aus Privatbesitz, S. 226, 227, 229

KARL & FABER Kunstauktionen, München, S. 54, 65

Germanisches Nationalmuseum, Nürnberg, S. 92

Lukas & Zink, Fotografen, Regensburg für das Kunstforum Ostdeutsche Galerie Regensburg, S. 25

Staatliche Bibliothek Regensburg, S. 124

Museum Georg Schäfer, Schweinfurt, S. 4/5, 42/43, 47, 60, 79, 83, 84, 93, 105–108, 110, 112/113, 125, 128/129, 131–141, 155–162, 174, 194–207, 212, 213, 216/217, 218, 223, 227, 229

Museum Otto Schäfer, Schweinfurt, S. 144

Wolf Eiermann, Schweinfurt, S. 55

Artothek, S. 143, 230, 231

Landesbibliothekszentrum Rheinland-Pfalz, Pfälzische Landesbibliothek, Speyer, S. 50, 66, 71, 74, 80, 86, 87, 98–101, 153, 165

The Phillips Collection, Washington, D. C., S. 24

Stiftung Schlösschen im Hofgarten, Wertheim, Foto: Kurt Bauer, S. 41

Belvedere, Wien, S. 39

ÖNB/Wien, S. 54

Cover:
Max Slevogt: Der Totentanz / Maskenball, Kat. 133, Museum Georg Schäfer, Schweinfurt

Impressum

Dieser Katalog erscheint anlässlich der Ausstellung

Les Amusements
Max Slevogts Inspirationen durch Bühne und Literatur

13. 3. bis 19. 6. 2022

AUSSTELLUNG

Konzept: Karin Rhein und Wolf Eiermann

Museumsleitung: Wolf Eiermann

Graphische Sammlung und Öffentlichkeitsarbeit: Karin Rhein

Volontariat: Robert Seegert

Verwaltung: Detlev Bayer

Ausstellungsaufbau und Haustechnik: Matthias Langer und Thomas Richter

Sekretariat und Registrarwesen: Cornelia Brückner

Museumspädagogik: Patrick Melber

Restauratorische Betreuung: Udo Cox

KATALOG

Herausgeber: Museum Georg Schäfer

Konzept: Karin Rhein und Wolf Eiermann

Redaktion: Karin Rhein

Lektorat: Adrienne Heilbronner, Sandstein Verlag

Gestaltung: Michaela Klaus, Sandstein Verlag

Satz und Reprografie: Christian Werner, Jana Neumann, Sandstein Verlag

Druck und Verarbeitung: FINIDR s.r.o., Český Těšín

Schrift: GT America

Papier: Luxo Art Samt 150 g/m²

Autorenkürzel:

KR Karin Rhein

AS Armin Schlechter

RS Robert Seegert

Aus Gründen der besseren Lesbarkeit wird im Text verallgemeinernd das generische Maskulinum verwendet und auf die gleichzeitige Verwendung der Sprachformen männlich, weiblich und divers verzichtet. Sämtliche Formulierungen und Personenbezeichnungen gelten aber gleichermaßen für alle Geschlechter.

Die Deutsche Nationalbibliothek verzeichnet diese Publikation in der Deutschen Nationalbibliografie; detaillierte bibliografische Daten sind im Internet über http://dnb.dnb.de abrufbar.

www.sandstein-verlag.de
ISBN 978-3-95498-667-5

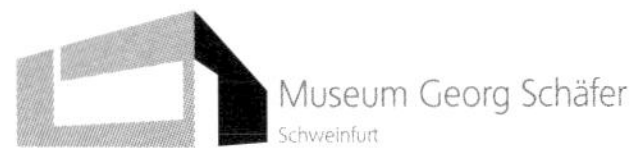

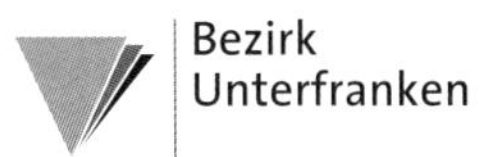